학문과 정치

학문과 정치

막스 베버와 21세기 전자인간시대

양성철

KOREA
UNIVERSITY
PRESS
고려대학교
출판문화원

머리말

지금 세상이 온통 바뀌었다. 부단히 쉴 새도 없이, 숨가쁘게 바뀌고 있다. 알게 모르게, 알든 모르든 지금 우리는 별천지, 신천지에 살고 있다. 딴 터, 딴 틀, 딴 판이 되었다. 자연 인간, 전자인간, 인공지능 기계 인간(AI bots), 복제 인간… 사람도 끊임없이, 쉴 새 없이 하루가 다르게 초읽기로 뒤죽박죽이 되고 있다.

온라인, 오프라인, 공간(space), 사이버 공간(cyberspace), 지구, 우주, 다우주(multiverse)… 현실은 물리적 현실(physical world), 가상현실(virtual reality), 증강현실(augmented reality), 혼합현실(mixed reality)로 우리 삶이 뒤범벅이 되고 있다. 통째로 바뀌고 있다. 이런 세상, 이런 삶, 이런 사람들 속에 끼여 숨 가쁘게 허겁지겁 순간순간 살고 있는 나. 어리둥절하고 어리벙벙하다.

크게는 과학이 낳은 이 온갖 기계, 기기(器機), 편의 시설에 둘러싸여, 작게는 전자 기기가 가져다준 간편함과 안락함 속에 휩싸여, 나는 신난다. 가슴 설렌다. 하지만, 다른 한편으로는 나도 모르게 쓸쓸하고, 외롭고, 갈수록 무기력, 무감각해진다. 내가 나도 모르게 기계의 한갓 부품이 되어 가고 있구나! 하는 두려움까지도 느끼며…

이는 꼭 나만의 혼란일까? 아니면, 적어도 지금 앞서가는, 잘나가는 나라들의

>>>

머리말

사람들과 삶의 모습일까? 문제는 이 헷갈림이 빛의 속도로 번지고, 퍼지고 있다는 데 있다. 아직도 수많은 것들이 크게 다르고 뒤떨어진 아프리카, 아시아, 라틴 아메리카의 오지나 그 원주민들에게까지도 그렇다.

이 책은 독일이 낳은 출중한 정치사회학자인 막스 베버(Max Weber, 1864–1920)가 거의 100년 전에 뮌헨대학에서 진행한 과학(학문)과 정치에 대한 강의노트를 번역하는 작업에서 처음 비롯했다.

하지만, 그의 이 두 강의노트를 번역하는 동안 내 나름대로 딴생각을 하게 됐다. 강의노트 속 그의 통찰과 혜안을 지금 21세기 '전자인간시대'(era of homo electronicus)의 학문(과학)과 정치환경 속에서 한번 재조명해 보고 싶은 새 욕심이 생긴 때문이다.

누군가는 나의 이런 접근을 허황한 시도라고 비판하고 평가절하할 수도 있을 것이다. 하지만, 천 리 길도 첫걸음부터라는 소박한 생각으로 이 저술을 시작했고, 마무리 아닌 마무리를 지었다. 따라서, 이 책은 두말할 필요도 없이, 한없이 미흡하고 미숙하다. 내 개인적인 능력과 전문성의 한계를 훨씬 뛰어넘는 거의 무모에 가까운 모험이라고 나 스스로 인정한다.

그럼에도 불구하고 나는 거의 평생 동안 정치학을 천직으로 알고 살아오면서 배우고, 가르치고, 읽고, 써 왔으며, 잠깐이지만 정치판과 외교 현장에 뛰어들어 한몫을 담당한 체험도 했기 때문에, 이 모임 저 모임, 이곳 저곳, 여기저기 나라 안팎을 쏘다니면서 온갖 사람과 만나고, 대화하고, 부딪치며, 보고, 듣고, 읽고,

느낀 것들이 이 책 속에 알게 모르게 고스란히 녹아 있다.

구체적으로, 이 책의 구성과 내용, 번역의 기술적인 문제 등을 간략히 소개하면, 다음과 같다.

1부 '학문의 길' 제1장에서는 "강의는 무엇인가?"라는 질문을 내 나름대로 던지고, 그동안의 내 체험을 중심으로 그 뜻을 살펴보았다.

제2장은 베버가 구분한 "학문의 외적 환경"과 "학문의 내재적 조건" 가운데 먼저 학문의 외적 환경을, 21세기 초 오늘의 현실 속에서, 특히 우리의 교육환경과 여건을 참작하여 비판의 눈으로 문제점들을 지적하고 있고, 제3장도 같은 접근 방식으로 오늘의 학문의 내재적 조건을 다루고 있다.

제4장은 베버의 모교인 오늘의 하이델베르크대학, 미국의 하버드대학, 그리고 서울대를 간략히 비교해 보았다. 이 장은 깊이 있는 비교 분석이라기보다는 호기심 차원에서 이 세 대학의 겉모습만 잠깐 조감해 본 정도라고 독자가 양해하면 좋겠다.

제5장은 베버가 크게 강조하며 명확히 구분한 학문(과학)과 종교를 오늘의 종교와 과학의 현주소 속에서 비교 분석했다. 이 장도 내 전문성과 능력을 훨씬 뛰어넘는 것이어서 두렵고 다루기도 힘겨웠지만, 한 문외한의 초보적 시도로 독자가 이해해 주길 바란다.

2부 '정치와 정치학' 제6장 "독일과 한반도—100년 전 그때와 오늘"에서는 베버가 살았던 시대의 독일과 우리, 그리고 지금 '전자인간'(homo electronicus) 시대의 독일과 우리의 삶을 내 나름대로 점검해 보았다.

제7장 "통일된 독일, 분단 속의 한국"에서는 제2차 세계대전 종식과 함께 거의 동시에 분단된 베버의 조국 독일과 저자의 조국 대한민국에 초점을 맞추었다. 안팎의 현실이 너무 억세게 얽히고설킨 탓에 저자의 생각만큼 깔끔하게 정리하지는 못했지만, 왜 독일은 그동안 재통일을 이루고 우리는 아직도 분단의 굴레를 벗어나지 못하고 있는가를 한번 성찰해 보았다.

제8장은 우리 조국의 평화통일의 길에서 한편으로는 가장 큰 걸림돌이요, 또 다른 한편으로는 21세기 대한민국이 세계 속에서 새로운 도약을 할 수 있는 최선, 최악의 가능성을 함께 안고 있는, 어찌 보면 온갖 모순과 자가당착투성이인 오늘의 북한을 다루어 보았다.

이 '북한'이라는 극도로 병영국가화된, 숨막힐 정도로 폐쇄, 고립된 해괴한 정치경제체제를 해부해 보고, 자유 민주 평화통일을 이룩하는 데 수많은 안팎의 걸림돌을 어떻게 극복할 수 있는가를 내 나름대로 고민해 보았다. 일제의 한반도 강점, 남북 분단, 남의 미 군정, 북의 소련 섭정, 한국전쟁, 남북대치, 대결과 대화, 그리고 북의 핵 문제에 이르기까지 다양한 측면에서 살펴보았다.

어릴 적 고향 마을에서 철부지로 6 · 25동란을 몸소 겪은 뒤부터 내가 학자라는 천직을 선택한 뒤 이제까지, 나는 자유민주주의와 시장경제의 큰 틀 속에서 분단을 극복하고 조국의 평화적인 통일을 이룩할 수 있는 그 해법을 찾기 위해 내 스스로 쉴 새 없이 배우고, 일하고, 끊임없이 글쓰기를 계속해 왔다고 해도 결코 지나친 말이 아닐 것 같다. 이 장은 그러한 내 속앓이의 한 단면, 편린(片鱗)인 셈이다.

제9장에서는 지금 우리 인간 삶의 모습—그 터와 틀과 판—을 내 나름대로 '전자인간' 시대로 규정하고, 쉴 새 없이 거의 빛의 속도로 변화하는 모습을 한번 살펴보았다. 이 장 역시 이 저자의 전문성을 훨씬 뛰어넘는 작업이었다.

제10장은 사실상 이 저자의 마지막 장이다. 따라서, 이 책의 결론과 요약을 대신해서 내가 거의 평생 붙들고, 매달린 정치학과 정치 문제의 현주소를 오늘의 전자인간시대 속에서 다뤄 보았다. 특히, 전자 민주주의 이론과 실상에 대해 오늘의 정치현실에 초점을 맞추어 비교 분석을 시도했다. 이 문제에 대한 후학들의 보다 전문적이고 체계적인 연구와 분석을 일깨우고 싶다는 소박한 생각으로.

3부 제11장 "베버의 삶과 학문"에서는 베버의 가정환경, 사생활, 학문배경과 학술활동, 사회경력, 당시 안팎의 정세 등 한 인간으로서의 그의 '이력서'를 내 나름대로 엮어 보았다.

그리고 12장과 13장은 베버의 강의의 우리말 번역문이다. 제12장은 베버의 〈직업으로서의 학문〉 영문본과 독일어 원문본을 대조해 가면서 우리말로 내가 직접 번역한 것이다.

제13장도 그의 〈직업으로서의 정치〉를 같은 방식으로 번역한 것이다. 제12장과 제13장까지 그의 강의노트 우리말 번역문에는 필요한 곳에 번역자의 촌평, 해설을 각주로 덧붙였다.

머리말

베버의 두 강의노트

이 졸저에서 베버의 두 강의노트 번역문은 총 13장 가운데 3부의 두 장이다. 이 책 저술의 직접적인 동인(動因)이 되었을 뿐만 아니라, 거기에서 그가 제시한 개념들이나 그의 학문, 종교, 정치에 대한 통찰과 분석이 이 책 속에 여기저기 고스란히 녹아 있다.

베버는 뮌헨대학교에서 학생과 강사들, 그리고 그의 강의에 참석한 대학교수들에게 1919년 1월과 2월 사이에 위 두 강의를 했다. 이 강의는 거의 100년이 지난 지금도 학계에서 고전 같은 가치를 지닌다.

그는 이 강의를 마치고 안타깝게도 1년 뒤인 1920년 1월 22일 56세의 나이에 폐렴으로 타계한다. 이 두 강의—〈직업으로서의 과학〉과 〈직업으로서의 정치〉[1]는 사실상 그의 마지막 저술이다. 그렇기에, 이 강의노트는 상대적으로 짧지만 그가 그때까지 천착한 그의 연구의 알맹이, 그 정수(精髓)와 핵심이 뭉쳐져 마치 다이

---

1 베버의 〈직업으로서의 학문〉(Wissenschaft als Beruf)과 〈직업으로서의 정치〉(Politik als Beruf)는 1919년 1월과 2월 사이에 독일 뮌헨대학교에서 행한 그의 두 강의 제목이다. 그의 첫 강의 제목을 대부분 영문으로 "Science as a Vocation"으로 번역하지만, 최근 저자가 읽은 베버 부인이 쓴 남편의 전기 영문 번역본(Marianne Weber, *Max Weber: A Biography* with a new introduction by Guenther Roth, translated and edited by Harry Zohn, New Brunswick, U.S. and Oxford, UK, 1988)에서는 "Scholarship as a Vocation"(직업으로서의 학문)으로 영역한 것이 흥미롭다. 베버의 강의 내용이 어떻게 보면 비단 과학자뿐만 아니라, 학문을 '천직'(calling)으로 생각하는 모든 학문 연구자에 대한 그의 성찰이라고도 볼 수 있기 때문에 "직업으로서의 학문"이라는 영역이 꼭 틀린 것은 아닌 것도 같다. 보다 자세한 것은 Marianne Weber, *Max Weber: A Biography*, pp. 315, 349, 664, 707(Chronology of Max Weber, "1919") 참조.

아몬드처럼 응고된 것 같은 느낌이다. 적어도 나에겐 그렇다.

나는 서울 동숭동 대학 시절에 베버라는 이름과 그의 저서, 《프로테스탄트 윤리와 자본주의 정신》(*Protestant Ethic and the Spirit of Capitalism*, 1904)의 제목 정도는 어렴풋이나마 알고 있었다.

그 뒤 미국 하와이대 대학원에서 이 책을 사서 한두 번 읽었던 것으로 기억한다. 내가 소장한 책의 절반 정도는 몇 년 전 이미 대한민국 국회도서관에 기증했지만, 지금 내 서재에 남아 있는 그의 책을 찾아 보니 아직도 일곱 권[2]이나 된다.

특히 그의 위 《프로테스탄트 윤리와 자본주의 정신》은 두 가지 영문 번역본이 있으니 한때 나는 그의 저서에 꽤 심취했었던 것도 같다.

더구나 내 두 졸저[3]에서도 이미 그의 강의 내용을 비교적 상세하게 소개한 바도 있다. 지금 다시 읽어 보니 내 이해가 크게 부족했었구나 하고 부끄럽기도 하다.

---

2 Max Weber, *The Theory of Social and Economic Organization*, translated by A. M. Henderson and Talcott Parsons, edited with an Introduction by Talcott Parsons (New York: The Free Press, 1947, 1964); *The Protestant Ethic and the Spirit of Capitalism*, translated by Talcott Parsons with Foreword by R. H. Tawney (New York: Charles Scribner's Sons, 1958); *The Protestant Ethic and the Spirit of Capitalism*, trans. by Talcott Parsons, Introduction by Anthony Giddens (New York: Charles Scribner's Sons, 1958, 1976); *The Methodology of the Social Sciences*, translated and edited by Edward A. Shils and Henry A. Finch with A Foreword by Edward A. Shils (New York: The Free Press,1949); *Economy and Society: An Outline of Interpretive Sociology*, 2 vols., edited by Guenther Roth and Claus Wittich (Berkeley: University of California Press,1978).

3 양성철, 《한국정부론: 역대정권 고위직 행정엘리트 연구(1948–1993)》(서울: 박영사, 1994), 제18장 결론: 정치와 정치학, pp. 505–521; 양성철, 《삶의 정치: 이제 정치도 새롭게 태어나자》(서울: 서울프레스, 1997), 제2장 정치는 왜 하는가? pp. 51–64 참조.

머리말

내가 이번 번역에 사용한 〈직업으로서의 학문〉 독일어 원문은 38쪽이다. 그리고 영문 번역본은 28쪽이다. 〈직업으로서의 정치〉 독일어 원문은 45쪽이고, 영문 번역본은 52쪽이다. 논문으로는 좀 긴 글이지만, 책은 물론 아니다.

이 두 강의는 그러나 무언가 나를 끌어들이고 감동을 줄 만큼 흥미롭고 인상적이어서 내가 여러 차례 읽고 또 읽고 했던 것이 사실이다. 학생들을 가르칠 때도 그의 이 두 글을 가끔 인용하며 힘주어 강조한 것은 물론이다.

하지만 그의 가정환경, 성장배경, 학문적 업적, 특히 그가 살았던 독일의 정치·경제·사회상황, 국제적 여건이나 정세 등을 거의 모른 채, 아니 보다 정확히는 위의 글과 그의 개인적 성장배경, 당시 독일 국내 상황, 국제적 여건 등을 연계에서 생각하거나 분석해 보지 못한 채 그의 글을 인용하거나 그의 글에 대해 이러쿵저러쿵 왈가왈부했다고 생각하니 무척 당혹스럽기도 하다.

몇 년 전에 미국의 한 서점에서 그의 부인이 쓴 전기를 발견하고 한번 읽어 보겠다고 구입했었지만, 처음 몇 장만 읽고 서재 책장에 꽂아 두었던 것을 이 책을 쓰면서 이제야 다시 꺼내 좀 더 자세히 훑어봤다.

솔직히 그의 부인이 쓴 전기는 가족들 간의 서신 등 이것저것 너무 잡다한 것들이 많아서 아직도 정독이나 완독은 하지 못했다. 앞부분과 필요한 장들은 좀 읽었지만 다른 부분은 참조만 했다.

미국에서의 대학원 시절에 구입한 파슨스(Talcott Parsons) 교수가 번역한 베버의 영문 번역서(제1장)[4]와, 짧지만 그가 소개한 베버 이력도 함께 다시 한 번 읽었다.

예술가든, 사회과학자든, 자연과학자든 그 사람의 작품이나 저술, 또는 이론을 제대로 이해하고 평가하기 위해서는 그가 살았던 안팎의 정세, 가정환경, 사생활, 학문배경과 학술활동, 사회경력 등 최소한의 '이력서' 파악은 필수라고 나는 새삼 깨닫는다. 인간은 누구나 끝내는 그가 살았던 시대의 산물이라는 한계까지도 말이다.

물론, 궁극적으로는 누구든 사람을 평가한다는 것은, 특히 그 평가 대상이 베버와 같은 뛰어난 학자인 경우는 장님 코끼리 만지는 격이나 수박 겉핥기 같다는 생각도 든다. 더구나 그의 많은 저술이나 학문적 업적에 대해서는 내가 왈가왈부할 만큼 천착하지 못해, 여기서는 이 두 강의의 내용에 국한한다는 것도 독자에게 분명히 미리 밝힌다.

끝으로, 다음 몇 가지 기술적인 문제들도 독자에게 미리 알리고자 한다.

나는 그의 두 강의의 독일어 원문이 아닌 영문 번역본을 재번역했다. 독일어를 고교 시절에 3년, 대학에서 2년 배웠지만, 그 뒤 거의 손을 뗀 셈이라, 독일어 원

---

4 Max Weber, *The Theory of Social and Economic Organization*, edited with an Introdution by Talcott Parsons, Chapter 1. The Author and His Career, pp. 3–7. 파슨스는 하이델베르크대학에서 박사학위를 받을 때, 베버의 막내 동생, 알프레트 베버(Alfred Weber)와 학문적으로 교제한 것으로 알려졌다. 자세한 것은 그의 Profile, 참조.

문을 내가 바로 우리말로 번역한다는 것은 문자 그대로 나에겐 언감생심이기 때문이다.

하지만, 베버가 핵심 개념이라고 강조하는 개념은 독일어 원어와 영어 번역을 부기했다.

또 하나, 이 두 강의는 전문 학술지에 발표한 논문이나 저서는 아니다. 그가 캠퍼스 강의실 청중(대부분 대학생, 대학원생) 앞에서 직접 강의한 내용이다. 따라서, 문장의 의미가 함축적이고 문장과 문장 사이의 연결고리도 자주 끊긴다. 하여, 그의 강의의 직역이 어렵고, 또 그 원문 그대로 직역을 하면 그가 의도하는 내용을 독자에게 전달하기도 힘들다고 생각한다. 그러다 보니 저자가 번역하면서 때로는 의역도 하고 주석이나 촌평, 해설 등을 곁들인 대목들이 자칫 혼란스럽고 난삽하게 느껴질 수도 있다는 점을 독자에게 미리 밝힌다.

그의 글을 읽다 보면 폭넓고 깊은 학문 천착에서 쏟아져 나오는 이야기 속에 그의 번득이는 통찰과 지혜가 여기저기 샛별처럼 빛나고 돋보인다. 문자 그대로 주옥(珠玉) 같은 문구가 수두룩하다. 적어도 이 역자가 평생 정치학을 공부하고, 또 정치·외교 현장에서 10년 가까이 일해 본 체험에서 보아도 그렇다.

한마디로, 좋은 의미에서 그의 글이 심오하다는 것은 말할 것도 없지만, 또 어렵고 딱딱하기도 하다.

솔직히 말하면, 나는 그의 강의노트 한 페이지를 놓고, 아니 한 줄을 놓고, 온 밤을 고생해도 그가 전하려는 뜻이 무엇인지 고민을 거듭한 것이 한두 번이 아니었다. 요새 노인들이 자주 걸리는 대상포진까지 겪으며…

그의 강의 내용 중에 필요하다고 판단하면, 각주로 내 촌평을 달기도 했다. 그리고, 원문에는 소제목이 하나도 없지만, 내 두 강의 번역문에는 독자의 이해를 돕기 위해 임의로 강의 내용에 따라 소제목을 달고, 또 강의 내용에 나오는 인물이나 중요한 사건, 사물, 사안에 대해서도 그의 원문에 대괄호 [ ]를 하고 직접 해설을 하거나 주석을 달기도 했다. 그리고 보다 자세한 설명이 필요한 개념, 구절, 문장은 미주(endnotes)로 처리하기도 했다.

또 하나, 베버의 이 두 글의 원문은 강의노트이기 때문에 대부분 문장이 1인칭, '나' 혹은 '우리'로 시작하고 끝난다. 따라서, 그의 첫 강의, 〈직업으로서의 학문〉과 두 번째 강의, 〈직업으로서의 정치〉 모두 그대로 1인칭으로 시작하고 끝맺음도 1인칭을 살리려 노력했고, 그가 청중 앞에서 말한 그대로 존칭도 살렸다.

끝으로 덧붙이면, 내가 이 책을 쓰느라고 독일이 낳은 한 탁월한 사회과학자인 베버의 두 강의 내용을 붙들고 지난 수 년간 사실상 함께 살다 보니 마침 2014년이 그의 탄생 150주년이었다. 그에겐 기념비적인 해 아닌가? 다시 3년이 흘렀지만, 이젠 죽이 되든 밥이 되든 나는 그를 기리기 위해 이 책을 꼭 마무리를 지어야겠다는 다짐을 하게 된다.

이런 나에게 이 원고가 책으로 탈바꿈할 수 있도록 크게 도움을 준 전 고려대학교출판문화원장 유석훈 교수께 깊은 고마움을 전하고 싶다. 유석훈 전 원장은 그

동안 서너 차례 모임에서 만나거나 이메일을 주고받다가, 우연한 기회에 서로 만나 책 출판 이야기가 나오자 흔쾌히 출판 기회를 마련해 주셨다. 그리고, 이 졸저의 출판을 위해 애써 준 출판문화원 편집실 여러 분께도 고마움을 전하고 싶다.

용인 수지에서

2017년 11월

양성철

차 례

머리말 05

제1부 학문의 길

1장 강의는 무엇인가? 21
2장 학문의 외적 환경 38
3장 학문의 내재적 조건 80
4장 하이델베르크대, 하버드대, 서울대 119
5장 오늘의 눈으로 본 과학과 종교 129

제2부 정치와 정치학

6장 독일과 한반도: 100년 전 그때와 오늘 177
7장 통일된 독일, 분단 속의 한국 226
8장 북한 287
9장 전자인간시대의 삶과 세상 364
10장 전자인간시대의 정치 419

차 례

제3부 막스 베버

11장 베버의 삶과 학문 487
12장 직업으로서의 학문 503
13장 직업으로서의 정치 552

–

주석 640
참고문헌 719
찾아보기 730

1부

학문의 길

제1장

강의는 무엇인가?

막스 베버가 뮌헨대학에서 1919년 1월과 2월[1] 사이에 〈직업으로서의 학문〉(Wissenschaft als Beruf)과 〈직업으로서의 정치〉(Politik als Beruf) 강의를 했으니, 2019년 1월이면 정확히 100년이 된다.

그가 살던 시기와 지금 독일 국민의 삶과 세상은 말과 글로 표현하기 힘들 정도로 엄청난 변혁을 거듭해 왔다. 문자 그대로 뽕나무 밭이 푸른 바다로 몇 번 바뀌는 변동을 쉴 새 없이 거치며 오늘에 이른 셈이다. 우리나라를 포함, 다른 나라와 국민들에게도 그때와 오늘의 삶과 세상이 변화하는 폭, 속도, 내용, 겉모습 등도 무한히 다양하고 다채로운 것은 물론이다.

물론 남 보츠와나, 동 나미비아, 서남 아프리카 지역 등에 흩어져 사는 쿵(!Kung)족이나 아프리카 적도 밀림 지대의 피그미족, 중남미 아마존 강 유역의 미주 원주민, 그리고 뉴기니 섬의 원시족 등은 그동안 그 수나 영역은 크게 줄어들었으나, 대부분 아직도 사실상 인류문명권 밖에서 기원전 9000년 당시 인류 조상의 삶의 모습[2]을 엿볼 수 있을 만큼 미개하고 원시적인 것도 사실이다.

넓은 의미에서 이렇게 거의 완전히 딴판에서 딴짓하는 지금 세상의 삶에 관해서는 2부 '정치와 정치학', 특히, 제9장('전자인간시대의 삶과 세상')과 10장('전자인간시대의 정치')에서 보다 자세히 밝히고 있다.

여기서는 베버가 살았던 학문(과학)의 세계, 즉 외적 환경과 학문의 내재적 조건, 그리고 오늘날의 학문 외적 환경 변화와 그가 주창한 학문의 내재적 조건의 적정성 또는 상관성에 초점을 맞춰, 잠시 살펴보고자 한다.

베버의 과학(학문)에 관한 강의를 21세기 상황에서 재조명하기에 앞서, 그의 강의 제목에 대해 다음 세 가지 의문을 먼저 제기하고, 내 나름대로 한번 풀이해 본다.

즉, 그의 강의는 우리가 통상 말하는 대학강의인가? 아니면 일반 대중(청중)을 상대로 한 강연인가? 이 제목에 나오는 단어(개념), "Beruf"는 우리말로 '직업'인가, '소명'인가? 그리고 단어, "Wissenschaft"는 우리말로 '학문'인가, '과학'인가?

강의는 강연이 아니다

언제부턴가 나는 '강의'(講義)[3]와 '강연'(講演)[4]은 다르다는 생각을 하게 되었다. 그렇다. 강의는 강연이 아니다. 나는 대학에 들어간 뒤부터 지금까지, 10년 정도의 외도(外道)와도 같은 시기를 빼면, 40년이 훨씬 넘게 미국과 한국의 대학 캠퍼스를 떠나지 않고 살아왔다. 그동안 나는 비단 대학생만을 상대로 한 캠퍼스에서의 강의뿐만 아니라, '정치연설'을 포함, 대중을 상대로 한 수많은 강연을 캠퍼스 밖에서 온갖 형태로 수없이 많이도 했다. 그럼에도 불구하고 나는 이 두 단어(개념)가 어떻게 다르고 같은지 깊이 생각하지 못했는데, 그것이 좀 아쉽고 부끄럽기까지 하다.

《한한대자전(漢韓大字典)》(민중서관, 1965)에 의하면, 한문으로 '강의', '강연'의 첫 글자, '講'은 크게 여섯 가지 뜻—풀이하다; 이야기하다; 익히다(연습하다); 꾀하다; 토구(討究, 즉 사람, 사물, 사건 등의 이치를 검토, 연구)하다; 화해하다—이 있다.

'강의'의 뒤 글자, '義'는 유교에서 말하는 인간관계의 도덕적 기본 도리인 삼강오륜(三綱五倫)[5]의 첫 번째 핵심개념인 군신유의(君臣有義)의 '義'이다. 군주와 신하를 함께 묶는 기본 윤리가 의(義)요, 의리(義理)이다. 이 밖에도 '義'는 사람이 지켜야 할 올바른 길, 또는 군주, 국가, 공공을 위한 일이나 마음씨 등을 뜻한다.

'강연'의 '演'은 원래 물이 흐른다는 뜻이지만, 연설, 연극, 연기, 연출, 연주, 연예, 연습 등 사람의 어떤 행위, 행동, 또는 그 과정을 말한다. '義'가 올바른 인간관계와 행동의 한 원리나 가치 같은 덕목이라면, '演'은 하나의 행동, 행위 그 자체이다.

'義'는 우리말로 정의(正義), 정도(正道), 진실, 진리, 영어로는 'justice', 'truth', 'righteousness'에 가깝고, '演'은 우리말로 공연, 출연, 흥행, 영어로는 'play', 'performance', 'presentation'과 같은 뜻이다.

위 뜻풀이로 보면, 베버의 〈직업으로서의 학문〉은 대학 캠퍼스 강의실 안에서 주로 학생들을 상대로 행한 강의이지, 강연이나 연설은 아니다. 영어로 바꾸어 말하면 'lecture'다. 베버의 학문적 세계와 지식체계를 글이 아니고 말(speech)로 표현한 것이다. 베버의 역저들을 종합, 영문으로 번역한 로스(Guenther Roth)와 비티히(Claus Wittich) 교수는 이 역저 서문에서 베버의 두 강의를 이렇게 요약[6]한다.

베버의 특강―〈직업으로서의 학문〉과 〈직업으로서의 정치〉―은 그의 역저, 《경제와 사회》의 지식체계의 핵심이다. 1차 세계대전이 끝난 뒤 곧바로 정치적으로 혼미에 빠진 소수의 학생들에게 뽑아내 들려준 "그 스스로도 모르게 튀어나온 신념고백(unwilling testament)"이다.

지금[1968년]은 수천 명의 학생들이 그의 철학적, 정치적 조망(眺望)과 "학자적 원동력"이 함께 녹아든 이 두 "수사학적 걸작"의 "날카로운 개요"를 읽었다. 그러나 이 두 연설의 "압축성(compactness)"은 쉽게 이해하기 힘들다. 《경제와 사회》는 이 두 강의에서 거의 찾기 힘든(보이지 않는) 내용들을 설명하고 있다.

또한 강의는 'performance, dialogue, seminar, symposium'[7] 등이 아니다. 따라서, 엄밀한 의미에서 (과)학자들끼리 모인 자리에서의 연구 실험 결과나 그 실적의 논문 발표도 아니다. 베버의 글 내용으로 보면, 보통 우리가 생각하는 대중연설이라기보다는 그의 학문 연구에 바탕을 둔 대학강의라고 볼 수 있다.

물론 대학 캠퍼스에서도 예술, 미술, 음악 등 전공 학생이나 교수가 그들 분야의 공연을 할 수 있고, 졸업식 등 학교 행사 때뿐만 아니라, 캠퍼스에서도 순수 학생만이 아닌 시민 등이 모인 실내 강연장이나 캠퍼스 내 야외 시설에서 연설이나 강연, 공연을 한다.

그러나 베버는, 교수는 강의실에서 학생에게 자기 전공 분야의 문제를 여러 가지 구체적인 사례나 객관적이고 합리적인, 즉 과학적인 비교 분석을 통해 학생들로 하여금 그들 스스로 이해하고 판단할 수 있도록 지도하는 것이지, 교수 자신의 정치적 입장이나 그의 개인적 의견을 일방적으로 주입시키거나, 자기의 정치적 소신과 견해를 따르도록 설득, 선동하는 것은 결코 용납될 수 없다고 분명히 선을 긋는다.

그는 만약 캠퍼스에 그런 교수가 있다면, 강의실 안이 아니라 대중이 많이 모이는 길거리로 나가 거기서 대중강연을 해야지, 대학 내 강의실에는 그런 교수가 설 자리가 결코 없다고 강하게 역설한다.

베버는 당시 그를 포함, 독일 국민이 겪고 있었던 제1차 세계대전 중 대학 캠퍼스에서 전쟁을 적극 찬성하는 주전론자 동료 교수 한 사람과, 거꾸로 전쟁을 적극 반대하는 반전 평화론자 동료 교수 한 사람의 실명까지 밝히며, 두 사람 모두 강의실과 캠퍼스를 떠나 길거리로 나가서 시민 대중을 향해 연설하라고 주장한다.

21세기 초고속, 최첨단, 전자인간시대인 지금도 베버의 위 입장은 올바른 지적이요 생각이라고 본다. 현실적으로 대학 강의실에서도 교수가 칼로 무 자르듯, 자기 개인의 정치적 소신과 견해를 100% 배제하고, 가치중립적인(value-free) 강의를 할 수 있는가는 큰 의문으로 남지만 말이다.

특히, 기초과학 분야의 교수가 아닌, 정치학을 포함하는 사회과학 교수는 가치중립적인 강의를 한다는 것이 훨씬 더 어려운 처지에 놓인 것이 아닐까? 정치학을 거의 평생 생업, 즉 천직으로 알고 살아온 나에게도 가치중립적인 정치학 강의, 즉 내 개인의 정치이념이나 사상을 명확히 구분하고, 객관적인 기준과 비교정치학적 접근으로 국내외 정치현상에 대해 분석, 비판, 해설, 전망 등을 한다는 것은 현실적으로 결코 쉽지 않은 과제요 도전이라고 솔직히 인정하고 싶다.

재미있는 사실은, 베버의 아버지는 한때 독일 제국의회 의원을 지낸 정치인이며, 따라서 그는 정치인 공직자 가정환경에서 태어나 자랐을 뿐만 아니라, 그 스스로도 당시 독일사회당, 독일사회민주당 등에서 정당 활동에 참여했고, 세상을 떠나기 1년 전인 1919년에는 독일민주당 집행(운영)위원으로 선출되기도 한다. 그는 결코 상아탑에만 틀어박힌 이른바 백면서생(白面書生)은 아니었다. 지금 기준으로 보면 그는 진보성향의 민주정치사회관을 지닌 인물이었다.

따라서, 그의 학교 밖에서의 활발한 정치·사회·언론활동과 캠퍼스 안에서의 걸출한 교수, 연구활동을 감안하면, 얼핏 보기에 그가 위에서 역설하는 대학강의와 대중연설의 구분이 모순으로 느껴지고, 그의 그런 주장이 자가당착같이 보이기도 한다.

그러나 궁극적으로는, 모든 사람이 다 그렇지만, 한 인간의 시간과 공간 속 한 단면만 보고 그 인간을 평가하거나 단정할 수는 없지 않는가?

아무런 원칙이나 근거도 없이, 그때는 그렇게 이야기하던 사람이 지금 와서는 이렇게 말을 한다든지, 저기서는 저렇다고 우기더니, 여기서는 이렇다고 딴말, 딴짓을 한다든지, 노동자 앞에서는 이것을 주장하고, 기업주 앞에서는 저것을 역설한다든지, 어릴 적 망나니 같던 친구가 지금 와서는 이처럼 선비같이 표변했다든지, 어릴 적 그토록 착한 아이가 천하에 쓸모 없는 저런 망나니가 되었다든지 하는 평가와 같이, 누구든 어떤 사람의 한두 가지 단면만을 놓고, 그를 판단하려는 것은 무리이다. 특히 평가자가 그 스스로 겪어서 알고 있는 극히 인상적인 체험만으로 한 인간을 평가하기는 쉽지만, 이 역시 객관적이지도 못하고, 종합적인 다면 인물 평가도 아니다.

이처럼 누구든 사람은 다른 사람이나 집단 등의 끊임없는 평가의 대상이 되고, 또 수시로 바뀌는 평가에 따라 그 사람에 대한 실망, 낙망, 절망, 또는 감동, 감탄, 감격 등이 쉽게 그리고 자주 바뀌기 마련이다. 아니, 가장 가까운 인간관계인 남편과 아내 사이에도 이른바 육감칠정(六感七情)[8]이 하루에도 쉴 새 없이 반복과 번복을 거듭하지 않는가?

베버도 예외가 아니다. 그가 캠퍼스 밖에서 당시 독일사회민주당 간부로 활동하는 모습을 본 사람이나 학생은 그를 '정치인'이나 '정치편향 교수'로 인식했을 수 있다. 그의 가족관계, 결혼, 혼외정사 등에 초점을 맞춘다면, 누군가는 그의 한 인간으로서의 도덕성에 의아해할 수도 있다. 아니면, 또 누군가는 그 역시 완전무결한 '신'이 아닌 한 사람의 인간이었구나 하는 자위적인 안도감을 느낄 수도 있다.

혹은 이 글을 쓰고 있는 나처럼, 그가 이 두 강의를 한 지 거의 100년이 지난 지금, 그의 강의를 번역하는 와중에 학문(과학)과 정치에 관한 그의 통찰이나 예리한 분석을 제시하는 구절을 읽으며, 출중한 학자로서의 그의 위상이나 면모를 재음미, 재인식하는 것은 또 다른 차원 아닌가?

요즘 우리나라에서도 정치 현장에 뛰어든 대학교수는 '정치교수'(polifessor), 언론, TV 등 대중매체에 자주 들락거리거나 심지어 전속 프로그램에 등장하면 '언론-방송교수'(telefessor)라고 신조어까지 들먹이며 비꼰다. 학생 입장에서도 그 교수의 주업과 부업이 무엇인지 헷갈릴 정도로 캠퍼스와 정치판, 대중매체의 장을 지나치게 넘나드는 것은 문제가 있다고 생각한다.

물론 교수를 포함, 사회 각계각층의 전문가가 뉴스나 뉴스 해설에 도움이나 보탬이 되는 분석, 해설, 정책 대안 등을 제공하는 것은 사회나 국가 차원의 봉사 활동이요, 필요한 기능이요, 긍정적인 기여라고 본다.

지금은 우리나라도 언론자유나 민주화가 크게 진전된 상황이지만, 한때, 특히 박정희, 전두환, 노태우 등 권위주의 군사독재 시대에는 교수로서 정부나 정치에 참여하거나 꼭두각시 노릇을 하면, '어용 교수'라는 낙인이 찍히고, 또 그런 행위는 많은 국민의 비난과 빈축을 사기도 했다. 우리나라에서는 국회가 2013년 8월 '겸직금지'조항을 강화한 국회법 개정안을 통과하기 전까지는 법적으로는 교수로서 국회의원 등 국가 공직에 근무하는 기간이 끝난 다음, 복직을 허용하고 있었다. 그러나 지금은 3개월 이내로 교수직을 내놓아야 한다. 겸임교수, 석좌교수 등 전임교수가 아니면 괜찮다(2013년 8월 13일 국회법 부칙 제2조).

미국 정치학 분야의 예를 들면, 1969년 당시 하버드대 국제정치학 교수이던 키신저(Henry Kissinger, 1923- . 원래 닉슨 행정부에서 부통령을 지낸 전 뉴욕 주지사 록펠러[Nelson Aldrich Rockefeller, 1908-1979]의 자문역으로 미 정계에 처음 발을 들여놓았다)가 닉슨과 포드 정부에 참여하여 대통령 국가안보보좌관, 국무장관을 역임했다. 1977년에는 컬럼비아대 국제정치학 교수였던 브레진스키(Zbigniew Brzezinski, 1928-)도 카터 행정부에서 국가안보보좌관을 지냈다. 그러나 이 두 교수는 2년 이상 연속 대학을 비울 수 없다는 두 대학 학칙 때문에 그들이 봉직했던 대학에 되돌아가지 않았다(못했다).

우리나라도 지금과 같이 천편일률적으로 국회가 통과시킨 법을 기준으로 복직을 불용하는 것보다는 일부 교수들의 정치판 참여나 정부, 기업 등에서의 일시적 '외도'에 대한 다른 나라 대학의 규정을 비교, 참고하여, 일정 휴직 기간이 지나면 복직이 가능하지 않도록 하는 등 대학마다 자율적으로 그 학교의 전통, 여건, 특성에 맞게 이른바 맞춤형 규정(학칙)을 만드는 것이 바람직하다고 생각한다.

굳이 옛 영화의 제목, 〈천의 얼굴을 가진 사나이〉(Man of a Thousand Faces, 1957)까지 들먹이지 않더라도, 사람은 누구나 일평생 살아가는 동안 비단 그의 겉모습뿐만 아니라 몸, 마음, 머리 등 그의 정신과 육체가 끊임없이 성장, 성숙, 노화, 퇴화하는 과정을 거치게 마련이며, 이 과정에서 여러 가지 형태의 활동을 하고 온갖 다른 얼굴과 모습들을 끊임없이 보이게 된다.

이러한 삶의 과정에서 한평생 한 우물만 파는 사람도 있고, 여러 가지 직업과 직장을 전전하는 사람도 있다. 일란성 쌍둥이[9]도 생각과 생김새, 신체 어딘가가 다른데, 하물며 사람마다 삶의 방식, 가치기준이 다른 것은 두말할 필요도 없지 않은가?

요컨대, 베버가 캠퍼스 안에서의 강의와 길거리에서의 시국강연을 구분한 것은 원칙적으로는 분명히 옳고, 지금도 유효하다. 하지만, 위에서도 밝혔듯이, 그 스스로도 활발하게 캠퍼스 밖 정치·사회 활동을 했기 때문에 얼핏 보면, 그의 그러한 구분이 모순같이 보이는 것도 사실이다.

그러나 그가 주장하는 것은 교수를 포함, 누구든 자기의 정치소신을 적절한 시간과 장소에서조차 밝히지 말라는 이야기가 아니라, 교수는 적어도 대학 강의실에서 학생을 상대로 강의할 때만은 (과)학자로서의 고유의 역할과 기능을 망각하지 말라는 경고나 지침이라고 볼 수 있겠다.

지금 한국, 독일, 미국을 포함, 전 세계 대학들도 크게 변했다. 끊임없이 변하고 있다. 요즘은 캠퍼스에서의 강의가 단순히 한 교수가 학생들 앞에서 그가 준비한 강의노트를 줄곧 읽어 주거나, 그것을 보며 일방적으로 학생들에게 사실이나 자기주장을 전달하거나 주입시키는 시대는 아니다.

비록 '쇼'는 아닐지라도 강의도 이제 거의 쇼에 가까울 정도로 온갖 시청각 기구나 영상 매체까지 동원하고, '분필 칠판'도 옛날이야기이다. 전광판, 스크린, 프로젝터, 영사기, 홀로그램, 프롬프터, 이제는 '전자칠판'[10]까지 등장한 삶과 세상이 아닌가?

지금은 대학강의도 순수한 의미의 강의가 아니라, 일종의 종합적이고 포괄적인 '연출'이라면 과장일까? 시청각은 물론이고 오감, 육감[11]까지 자극하는 역동적인 '종합예술'의 'presentation', 'performance'로 바뀌어 가고 있지 않은가? 더구나, 전자인간시대에 걸맞게 마치 이른 봄 비 온 뒤에 죽순 돋아나듯, 온갖 '사이버 대학'이나 '온라인 강의'가 여기저기에서 판치는 세상 아닌가? 한마디로, 대학도 전자인간시대 변화의 물결에 예외가 될 수 없다.

대량 수강생에 열린 온라인 강의

구체적으로 보기를 들어 보자. 한양사이버대, 서울사이버대, 경희사이버대, 고려사이버대, 숭실사이버대, 세종사이버대, 열린사이버대, 서울디지털대, 한국방송통신대 등 우리나라 사이버 대학은 대부분 유료이고, 수강 등록을 한 학생에게만 강의가 열려 있다. 하지만, 2008년부터 미국에서 시작한 무크(Massive Open Online Course, MOOC)는 대부분 무료이고, 전 세계 어디서나 누구나 수강할 수 있다는 차이가 있다. 우리나라도 교육부가 한국형 온라인 공개강좌(K-MOOC) 시범 운영을 2015년 10월 14일부터 시작했다(www.kmook.kr). 서울대, 성균관대, KAIST, 이화여대, 연세대, 한양대 등에서 23개 강좌가 운영 중이고, 이 프로그램 방문 건수는 연 총 69만 건(2016년 2월 말 현재)이고, 실제로 수강생은 6만 6,000명, 강좌당 평균 2,400명꼴이라고 한다.

미 매사추세츠 공대(MIT) 아가왈(Anant Agarwal) 교수는 2007년부터 가르치는 그의 강의 과목, '회로와 전자공학'(Circuits and Electronics)을 신청한 2012년 봄 학기 수강생 목록을 보고 깜짝 놀랐다고 한다. 이 강의는 캠퍼스 밖에서도 인터넷으로 세계 어디서든 누구나 들을 수 있는 열린 강의인 이른바 'MIT 오픈코스웨어'(ocw.mit.edu) 과목으로, 미적분 지식이 필요한 전공자가 대상인데도 전 세계 162개국에서 무려 155,000명이나 등록[12]했기 때문이다.

2015년 7월 현재 무크를 제공하는 대학, 기관 등이 70여 개이다. 이 가운데 90개 강좌 이상 제공하는 온라인 강의 기구[13]만도 일곱 군데—Coursera(903강좌), edX(430강좌), Sayler.org(283강좌), Canvas Network(234강좌), Future Learn(146강좌), Miriada X(95강좌), World Mentoring Academy(91강좌)—나

된다. 보기를 들면, 2014년 7월 기준 코세라(Coursera)의 경우, 22개 나라의 수강생이 650만 명이고, 강좌 수는 625개로 236개 대학이 참여[14]하고 있다.

강의도 영어뿐만 아니라 스페인어, 이탈리아어, 프랑스어, 독일어, 포르투갈어, 폴란드어 등이 사용된다. 온라인 교육 범주도 예술, 건축, 디자인에서 수의학까지 31개로 다양하고, 수강 신청 과목(Cloud of tags)도 인터넷, 뇌, 안드로이드, 비단뱀, 역사, 정치, 경제, 통계 등 거의 모든 인간 활동의 연구영역을 망라한다.

크리스텐슨(Clayton Christensen) 하버드대 경영대학원 교수는 "교육의 질은 높고 가격은 싼 무크 기술은 교육시스템을 바꿀 것"이라면서 "15년 내에 미국 대학의 50%가 사라질 수 있다"고 말한다. 리프(Rafael Reif) MIT 총장은 "무크 덕분에 컴퓨터 수업은 스탠퍼드대에서, 문학은 영국 에든버러대에서 수강하는 등 분야별 최고 수준의 교육을 받을 수 있을 것"이라며, "전 세계 어느 지역에서나 학생들이 온라인 수업을 듣고 학위를 받는 날이 올 것"이라고 했다. 위의 아가왈 교수도 "무크 덕분에 고등교육의 대중화가 이루어지고 양질의 평생교육 시대가 열리고 있다"[15]고 내다봤다.

우리나라도 지금 알게 모르게, 쉴 새 없이 학교, 학습 풍경이 바뀌고 있다. 충북대 경영정보학과 송대진 교수는 몇 년째 벌써 인공지능(AI)을 활용해 공학 · 수학 같은 '이성'과 예술 · 인문학 같은 '감성'을 융합하는 교육을 하고 있다. 인간의 심리를 분석해 마케팅에 적용하고 음악의 분위기를 수치화하는 등 학생들 주도하에 진행되는 프로젝트로서 그에 의하면, 이 과정에서 학생들이 발휘하는 창의력이 감탄을 자아낸다고 한다. 그는 주입식 교육과 선행학습으로 어려움을 겪고 있는 교육현장에 AI기반 융합교육은 재미있는 대안이 될 수 있다고 힘주어 말한다. 서울대도 인터넷, 스마트폰, 노트북 등이 강의실 풍경을 바꾸어 가는 소용돌이 속에 있다고 한다.[16] 또 하나, KT는 2015

년 7월 6일 지리산 중턱에 자리 잡은 경남 하동군 청암면 청학동 전통 마을의 청학동서당을 ICT 복합문화공간인 '기가(Giga) 서당'으로 탈바꿈하는 데 성공했다. 전자 기업 애니랙티브가 개발한 전자칠판(BeTouch)을 사용, 서당 훈장이 센서가 장착된 펜으로 한자를 쓰면, 340km 떨어진 서울에서 학생들이 대형 텔레비전 모니터를 보고 그대로 따라 읽고 쓰는 전자인간시대의 새 수업 방식[17]이 이미 시작된 것이다.

직업인가, 소명인가?

베버의 〈직업으로서의 학문〉에서 독일어 'Beruf'를 우리말로 어떻게 번역해야 하는가 하는 문제를 논하고자 한다. 'Beruf'는 직업, 생업, 전문직, 사명, 소명, 천직 등을 뜻한다. 영어로는 'vocation, profession, calling' 등으로 번역한다. 그의 이 강의를 읽고 또 읽다 보면, 그는 위 여러 개념들 모두를 아우르는 뜻으로 'Beruf'를 사용하고 있다고 생각된다.

다시 말하면, 모든 사람이 이상적인 인간이 아니듯이, 모든 (과)학자가 이상적인 (과)학자는 아니다. (과)학자, 예술가, 직업인 등 다른 모든 직업도 마찬가지가 아닐까?

드물게나마 누군가는 한 가지 직업이나 직종에 처음부터 끝까지 일생 동안 헌신하기도 하겠지만, 나 자신을 포함, 대부분의 직업인은 여러 가지 직업과 직장을 옮겨 가며 삶을 꾸려 간다. 더구나 과학, 특히 생명과학의 획기적인 발전으로 인간의 평균수명이 계속 늘어남으로써 한 직장, 한 직업, 한 장소에서 한평생을 바치는 사람은 크게 줄어드는 추세이다.

베버는 극히 드물고 뛰어난 이상형(理想型, Idealtypus, ideal type) (과)학자와,

과학과 학문을 생업으로 하는 대부분의 일반적인 (과)학자, 그리고 그들이 하는 과학 또는 학문을 구분한다. 그가 살았던 기독교 문화권에서의 이상형 (과)학자는 신의 부름을 받은, 즉 소명(召命, berufen, calling)이 뚜렷한 전문가라고 할 수 있겠다. 그의 소명 개념은 우리가 사는 동아시아 불교 및 유교 문화권, 특히 유교 문화권에서의 하늘이 내린 직업, '천직'(天職)에 가깝다. 학문이든 정치든 먹고 살기 위한 생업으로서의 직업인(lebt von, live off)과 생존이라는 모든 인간의 기초적 요구를 뛰어넘어, 더 큰 과학 과제, 목표 또는 정치적 대의(大義)나 사명을 위해 헌신하는 (과)학자나 정치인(lebt für, live for)을 적어도 개념적으로 베버가 나누는 것은 흥미롭다.

위에서도 강조했지만, 〈직업으로서의 정치〉 강의에서 그는 직업정치인을 마찬가지로 두 가지 부류로 나누지만, 비단 직업정치인뿐만 아니라 (과)학자, 예술인, 기업인 등 모든 직업인에게도 같은 잣대의 구분이 적어도 이론적으로는 가능할 것으로 보인다.

이러한 개념 구분도 물론 현실 속에서는 직업인을 칼로 무 자르듯 두 부류로만 쉽게 나눌 수 없다는 것도 그는 분명히 밝힌다. 한 직업정치인의 삶에서 어디까지가 먹고 살기 위해 일하는 것이고, 어디까지가 소명과 천직으로 생각하며 헌신하는 것인가를 정치 현장과 현실 정치에서는 구분하기 어렵다는 것이다. (과)학자도, 더 나아가서는 모든 직업인들도 마찬가지이다.

아무튼 위 두 부류의 (과)학자와 직업정치인을 베버가 개념적으로 구분한 것도 흥미롭고, 현실 속에서 이 두 부류를 실제로 식별하는 것이 아주 어렵다는 그의 인식도 옳다고 본다. 무엇보다도, 거의 100년이 지난 지금도 그의 이러한 통찰은 유효하다.

과학이냐 학문이냐?

베버의 이 강의 제목(주제)에서 독일어 'Wissenschaft'는 우리말로 '학문'이나 '과학'으로, 영어로는 'scholarship'이나 'science'로 번역한다. 'Beruf'의 위두 가지 번역처럼, 'Wissenschaft'의 두 가지 의미의 우리말과 영어 번역 모두 옳다고 생각한다. 사실 그 스스로의 학문편력과 배경을 보면, 'Wissenschaft'를 학문 또는 과학으로 번역하는 것은 모두 틀리지 않다. 왜 그런가를 잠시 살펴보자.

베버가 이 강의를 시작하면서 "우리, 정치경제학자들은"이라고 스스로 밝히는 것이 먼저 눈에 띈다. 그는 소년 시절에는 역사에 심취했다고 한다. 그가 열세 살 나이에 쓴 첫 논문 제목은 〈독일에서의 황제와 교황의 위치〉이다.

그가 하이델베르크대학에 입학했을 때의 첫 전공은 법학이었다. 베를린대로 옮긴 뒤에도 그는 법학 공부를 계속했고, 당시 괴팅겐대학에서 사법관 시보(試補, Referendar) 준비를 하여 합격한다. 그리고 1889년 25세의 나이로 베를린대에서 법학박사 학위를 받는다. 그는 학위논문에서 역사와 법을 아우르는 유럽 중세시대 무역회사의 역사를 다룬다. 다시 3년 뒤인 1892년에는 〈로마 농업사〉로 대학교수 국가 자격증을 얻는다. 그리고, 같은 해 베를린대에서 그의 주임교수를 대신해서 법학 강의를 시작한다.

그 다음 해인 1893년에는 프라이부르크대 경제학 교수로, 베를린대에서는 상법학 교수로 동시에 임명이 고려되기도 한다. 그는 1894년 30세의 나이로 프라이부르크대 경제학 교수로 임명되어, 그 다음 해에 첫 강의를 시작한다. 그러나 다시 2년 뒤인 1896년에는 그의 모교인 하이델베르크대 정치학 교수로 임명되어 돌아온다.

36세(1903년)인 그는 모교 하이델베르크대에서 명예교수(Honorarprofessor)

가 된다. 그리하여, 강단에서 학생을 가르치는 것은 멈추고, 그의 역저, 《개신교 윤리와 자본주의 정신》(*Die protestantische Ethic und der Geist des Kapitalismus*, 1905) 집필에 전력한다. 그 뒤 1917년 10월에는 비엔나대 경제학 교수 임용이 고려되고, 다음 해인 1918년에 이 대학 경제학 교수직을 수락한다.

따라서, 그의 대학교수직 이력만 봐도, 베버는 법학, 경제학, 정치학 교수를 역임했고, 그의 저서나 연구를 기준으로 보면, 역사, 정치사, 무역사(또는 교역사), 법학, 사회과학(Sozialwissenschaft), 사회정치(Sozialpolitik), 사회경제(Sozial-oekonomik) 등 연구 분야가 다채롭다. 나아가, 중국의 도교, 유교, 인도의 힌두교와 불교 등에 관한 비교 연구와 종교사회학까지 그가 섭렵한 분야는 넓고 다양하다. 그의 역저, 《경제와 사회》(*Wirtschaft und Gesellschaft*)와 논총 등 그의 학문의 너비와 깊이는 그를 어느 특정 전문 학문 분야 한 상자 속에 결코 넣기 힘들다.

더구나 베버의 〈직업으로서의 학문〉 강의 내용에서 봐도, 'Wissenschaft'는 학문과 과학을 동시에 뜻한다고 말할 수 있다. 그는 이 강의에서 상대적으로 좁은 의미의 '(자연)과학'과 넓은 의미의 '학문'이라는 직업을 이야기하고 있기 때문이다. 특히 정치학, 사회학, 경제학 등도 사회과학이라는 측면을 그가 강조하는 것이 돋보인다.

뒤에서 좀 더 구체적으로 다루겠지만, 먼저 이 강의에서 베버가 실제로 다루거나 인용하고 있는 학문 분야와 그가 거론하거나 인용하는 (과)학자나 철학자, 시인, 소설가 등 예술가만 봐도 사회과학자로서의 그의 위상은 물론이고, 인문, 예술, 문화, 종교와 사회과학과 자연과학을 넘나드는 한 출중한 학자로서의 그의 면모를 쉽게 터득할 수가 있다.

베버가 이 강의에서 짧게라도 논평한 학문 분야를 거론한 순서로 보면, 자연과학(natural sciences), 물리학(physics), 화학(chemistry), 천문학(astronomy),

현대의학(modern medicine), 미학(aesthetics), 법학(jurisprudence), 역사와 문화과학(historical and cultural sciences), 사회학(sociology), 역사학(history), 경제학(economics), 정치(과)학(political science), 신학(종교학, theology), 그리고 이러한 과학 분야를 해석하는 것을 주목적으로 하는 문화철학(cultural philosophy) 등이다.

또 그가 이 강의에서 거론하거나 인용하는 인물도 다채롭다. 역시 그의 강의에 나오는 순서대로 열거하면,

괴테(Johan Wolfgang von Goethe, 1749–1832, 독일 문호); 헬름홀츠(Herman L. F. Helmholtz, 1821–1894, 독일 생리, 물리, 수학자); 랑케(Leopold von Ranke, 1795–1886, 독일 역사학자); 마이어(Julius Robert von Mayer, 1814–1878, 독일 의사, 물리학자, 열역학[thermodynamics]의 창시자의 한 사람); 이혜링(Herman von Ihering, 1850–1930, 독일에서 태어나 브라질 남부 대도시 상파울루에 "Museu Paulista"를 설립한 동물학자); 플라톤(Plato, B.C.427?–B.C.347?, 고대 그리스 철학자); 다빈치(Leonardo Da Vinci, 1452–1519, 이탈리아 화가, 조각가, 건축가, 과학자); 소크라테스(Socrates, B.C.470?–B.C.399, 고대 그리스 철학자); 갈릴레이(Galileo Galilei, 1564–1642, 이탈리아 천문학자, 물리학자); 베이컨(Francis Bacon, 1561–1626, 영국 정치가, 철학자); 스바메르담(Jan Swammerdam, 1591–1659, 네덜란드 곤충학자, 처음 현미경으로 적혈구 관찰); 슈페너(Philipp Jakob Spener, 1635–1705, 독일의 루터교 신학자. 경건주의의 기초자); 푀르스터(Bernhard Förster, 1843–1889, 독일 반(反)유대 극우 민족주의자, 주전[主戰]주의자요, 니체 여동생의 남편); 셰퍼(Dietrich Schaefer, 1845–1929, 독일 베를린의 역사학자, 주화[主和]주의자); 니체(Friedrich Wilhelm Nietzsche, 1844–1900, 독일 철학자); 밀(James Mill, 1773–1836, 영국

철학자, 경제학자, 공리주의 창시자의 한 사람); 보들레르(Charles Pierre Baudelaire, 1821–1867, 프랑스 시인); 톨스토이(Lev Nikolayevich Tolstoy, 1828–1910, 러시아 문호); 칸트[18](Immanuel Kant, 1724–1804, 독일 철학자); 루카치(G. V. Lukács, 1885–1971, 헝가리 출신 문학비평가, 마르크스주의 철학자); 성(聖) 아우구스티누스(St. Augustine, 304–430)

등이다.

간추리면, 앞으로 이 책의 여러 장 이곳저곳에서 보다 상세히 밝히겠지만, 베버가 위 두 강의를 한 지도 벌써 거의 100년이 지난 지금, 학문도, 정치도, 직업도, 세상도 우리의 상상을 초월할 만큼 변했다. 딴 터, 딴 틀, 딴 판이다. 한마디로 딴 삶, 딴 세상이다. 우리는 지금 '별천지'에 산다.

물론 개념으로서는 지금도 '강의'와 '강연'의 구분이 가능하고, 이론적으로도 그 차이를 인정, 인식할 수는 있지만, 이제는 배우고 가르치는 방식과 수단이, 학문과 과학의 연구방법과 접근방식이 뿌리부터 달라지고 흔들리고 있다. 마치 그가 살던 초기 전기 시대가 지금은 초기 전자인간시대로, 빛의 속도로 쉴 새 없이 바뀌고 있는 것처럼.

그럼에도 불구하고, 특히 베버가 두 강의에서 크게 강조하고 있는 과학자나 예술가, 정치인이 천직으로서 꼭 지니고 지켜야 할 개성(Persönlichkeit, personality)은 모든 직업인의 실제 현실은 아닐지라도, 적어도 그 목표나 이상, 그리고 귀감이나 전범으로서는 아직도 유효하다.

제 2 장

—

학문의 외적 환경

—

다음은 베버의 강의, 〈직업으로서의 학문〉(제12장 참조)에서 적어도 나에게 큰 감동을 안겨 준 몇 가지 그의 통찰이랄까, 아니면 아직도 유효, 유용한 학문(과학)과 (과)학자에 대한 그의 관찰이랄까 하는 것들을 간략히 살펴보고자 한다. 이를 달리 표현하면, 거의 100년이 지난 지금 학문의 외적 여건은 얼마나 변했거나 변하지 않았고, 어떻게 같거나 다른가를 비교해 본다.

먼저 그의 이 강의는 대학에서 (과)학자로서 일하고 싶은 대학원생에게 당시 미국 대학의 여건과 비교하며 독일 대학의 특수성을 밝히는 것으로 시작한다.

돈이 없으면 아예 (과)학자가 되겠다는 꿈도 꾸지 말라?

당시 (그리고 지금도) 미국 대학원생은 조교(연구 또는 강의 조교)로 시작하여

지도교수의 연구를 돕거나 강의를 맡는다. 조교의 봉급은 반숙련공 노동자 월급 정도지만 그래도 처음부터 급여를 받는다.

그러나 당시 독일 대학원생은 공식적으로 대학이 주는 급여는 없고, 그가 맡은 과목을 듣는 수강생들이 몇 푼씩 모아 주는 돈이 고작이었기 때문에 누군가 대학에 머물며 (과)학자가 되려면, 맨 먼저 "부호(富豪) 전제조건"(plutokratischen Voraussetzungen, Plutocratic prerequisites)을 갖추어야 한다고 베버는 밝힌다.

캠퍼스에서 아무런 구체적인 기약이나 보장도 없이 수년 동안 공부와 연구를 계속하려면, 요샛말로 재벌이나 억만장자의 아들딸은 아닐지라도 대학, 특히 대학원 생활을 하며 입고, 먹고, 자는 일, 즉 삶에 따르는 의식주 문제의 근심과 걱정에서는 최소한 벗어나야 한다는 이야기다.

당시 독일에서 대학원생이 캠퍼스에 남아서 (과)학자나 교수가 되려는 생각은 일종의 '도박'에 가깝다. 최소한 몇 년을 대학에 남아 계속 버틸 수 있는 돈(재원, 재력)이 없다면, 아예 처음부터 꿈도 꾸지 말라는 당부다.

그의 위 경고는 엄포 같기도 하지만, 특히 지금도 우리나라에서는 학교에서 연구를 계속하려면 유산, 재산, 여유자금 등으로 부모가 잘살거나, 아니면 학생 스스로 과외 등 학비를 마련하는 능력이나 수완이 있거나, 아무튼 최소한 생존과 학비 조달에 문제가 없어야 한다. 이러한 기본조건 충족 없이는 대학, 대학원에서 버틸 수 없는 것이 현실이다.

물론 지금은 앞서 언급한 "부호 전제조건" 없이도 독일을 포함, 미국은 물론이고, 우리나라도 일정한 자격요건을 갖춘 대학(원)생은 여러 가지 국가·기업·개인 장학금, 연구비, 국가 지원금 등을 지원받을 수 있는 것도 베버가 살던 당시의 대학 환경에 비해 상대적으로 훨씬 긍정적이고 좋은 변화라면 변화다.

우리나라 대학 등록금이 학부모나 대학생, 대학원생에게 너무 큰 부담으로 불거지자, 2012년 대통령 후보들이 여야를 막론하고 너도나도 "반값 등록금"을 부르짖었으나, 선거가 끝나자마자 '바람과 같이 사라지다'가 되었으니, 국민은 누구를 믿고 살아야 한단 말인가? 이는 선거공약(公約)이 공약(空約)이 된 구체적인 사례요, 국민과 유권자, 특히 대학 재학생과 대학 지망생, 그 학부모, 친척, 친지들을 속인 전형적인 정치사기에 가깝다. 21세기 전자인간 시대 선거 판에서 속이 뻔히 들여다보이는 거의 기만 수준의 이런 선거공약은 결코 되풀이되어서는 안 되는 '신종' 선거범죄행위다.

얼핏 보기엔, 베버의 "부호 전제조건" 경고는 오늘의 우리 대학(원)의 현실과 동떨어진 것도 같지만, 깊이 들여다보면 지금도 대학에서, 특히 대학원에 몇 년이고 남아서 (과)학자를 꿈꾸는 특수전문가나 교수 지망생에게는 근본적으로 유효하다.

위 전제조건 충족 없이는 학문의 길은 지금도 어렵고, 서글프고, 외롭고, 고달프기 때문이다. 몇 가지 보기를 구체적으로 들어 보자.

교수 연봉

우리나라 대학의 경우 대학 정규직 교원은 전임강사에서 시작해 조교수, 부교수, 정교수로 승진한다. 비정규직 교원은 시간강사, 석좌교수, 특임교수, 초빙교수, 겸임교수, 객원교수, 연구교수, 기금교수, 외래교수, 임상교수, 계약교수, 대우교수, 예우교수 등이 있는데, 요즘 '교수' 앞에 붙는 직함이 부쩍 늘다 보니 자질이 의심되는 경우도 많다.

초빙교수를 "초딩교수"라고 비꼬고, 객원교수를 돈 되는 자리만 찾는 "개

근교수"라고 부르며, 석좌교수는 예산만 축내는 "적자교수"라고 꼬집고, 산학협력교수를 싸게 학교에 들어왔다고 "싼학교수"라고 깔보는 등 온갖 우스갯소리까지 떠도는 것이 지금 대학의 웃지 못할 현주소다.[1]

한 자료[2]에 의하면, 2009년 기준, 대학 시간강사의 시간당 강사료는 최저 13,000원에서 최고 97,000원으로, 평균 35,000원이라고 한다. 주당 9시간 기준으로 연봉은 평균 1,012만 원으로, 한 달에 100만 원이 채 안 된다. 도시근로자 최저 1년 생계비인 4인 가족 1,600만 원보다도 더 낮다. 이는 전임강사 평균 보수 4,495만 원의 1/4 수준이다.

2010년도와 2015년도 대한민국 대학별, 직위별 교수 연봉을 비교한 통계자료[3]에 의하면, 2010년도 정교수의 경우, 최고 연봉은 고려대로 1억 5,468만 원이고, 최저는 초당대학교로 6,942만 7천 원이다. 2015년 4월 1일 기준으로는 한국대학교수 평균연봉이 정교수, 9,481만 2천 원, 부교수, 7,576만 1천 원, 조교수, 5,383만 9천 원이다. 그리고 정교수 평균연봉 상위 대학은 가톨릭대(성의캠퍼스) 2억 117만 원, 연세대(서울캠퍼스) 1억 6,293만 원, 인제대(부산캠퍼스) 1억 4,028만 원, 성균관대 1억 3,473만 원 등이다. 상위 대학들의 경우 모두 의대가 있는 대학이라는 공통점이 있다. 이 연봉은 각종 수당, 급여, 연구비를 포함했고, 이 4개 대학 역시 의대가 있다.

〈위키피디어〉(Wikipedia) 자료에 의하면, 미국 대학 정교수 평균 연봉이 최고 136,634달러에서 최저 68,214달러로, 지금은 한국 대학의 교수 연봉이 미국과 거의 비슷한 수준에까지 와 있다.

더구나 세계은행(World Bank World Development Indicators)의 2011–2015년 구매력기준(Purchasing Power Parity, PPP) 1인당 국민소득(Gross Domestic Product per capita)은 우리나라가 34,355달러이고, 미국은 54,629달러이므로, 오히려 위 미 대학 교수 평균 연봉에 비해 한국 대학 교수 연봉이 상대적

으로 훨씬 높다는 이야기도 된다.

미국은 1960년대에는 대학강사진의 75%가 전임 종신교수(full-time tenured) 이거나 종신의 길로 가는 교수들(tenure-track professors)이었다. 지금은 그러나 대학들이 재정 사정이 열악해져서 그 비율이 27%로 급감했고, 그 자리를 대학원생들, 과목별 계약직 강사, 해마다 계약을 해서 연장하는 '시한부 교수' 등이 채우고 있는 실정이라는 보도[4]도 있다.

최근 뉴질랜드 대학교들이 한 회계법인(Deloitte)에 용역을 주어 조사한 호주, 뉴질랜드, 캐나다, 영국, 미국 등 5개국 대학교원 연봉 비교 조사 결과도 눈길을 끈다.

구매력기준 미국 달러(2012 PPP US$)로 이들 나라의 연봉 비교를 한 〈표 2-1〉에서 보면, 정교수의 연봉은 캐나다(121,800달러), 미국(118,600달러), 호주(109,600달러), 영국(94,100달러), 뉴질랜드(91,500달러) 순이다.

물론 교수 연봉을 제대로 비교 분석 및 평가하기 위해서는 이 나라들의 생

표 2-1

호주, 캐나다, 뉴질랜드, 영국, 미국 교수 연봉 비교

교원등급	호주	캐나다	뉴질랜드	영국	미국
강사 (Lecturer)	63,500	79,300	52,900	54,600	73,100 (조교수)
전임강사 (Senior Lecturer)	76,400	x	65,600	66,300	x
부교수	89,900	97,200	85,000	83,800	86,000
교수*	109,600	121,800	91,500	94,100	118,600

* 호주, 뉴질랜드, 영국의 경우는 교수 연봉의 최소치임. X는 해당 직제(자료)가 없음.
출처: University Staff Academic Salaries and Remuneration: A Comparison of New Zealand and Select International(Australia, Canada, UK and USA) Data, April 2012.

활환경, 국민소득 수준, 물가지수뿐만 아니라 교수 정년 시기, 연금, 수당, 복지 혜택 등도 포괄적으로 감안해야 보다 균형 잡힌 상대적 평가가 가능할 것이다.

한국 교수는 '특권계급'인가?

세계 경제 발전사에서 유례를 찾기 힘든 초고속 경제 성장과 발전[5]을 이룩한 우리나라에서 대학도 적어도 외형적으로는 그 발걸음을 같이해 왔다고 해도 과언이 아니다. 대학이 그 성장과 발전에 기본 원동력의 하나로 기여한 것은 물론이다.

그러나 그 그늘도 만만치 않다. 위에서도 지적했듯이, 대학교 전임 교직원과 비전임 시간강사의 임금격차는 극심하다. 특히 미국 등 선진국 대학에서 종신교수가 점차적으로 줄어드는 추세에 있는데, 한국 대학은 이 새 흐름이 아직도 더딘 것 같다. 더구나 그 숫자를 가늠하기는 어렵지만, '전임 교직원'이라는 좁은 문을 통과한 순간부터 교수들이 더욱 연구에 몰두, 몰입하기보다는 학문 연구는 제쳐 놓고, 딴짓을 하고 딴전만을 부린다면 문자 그대로 "염불보다 젯밥에만 눈이 간다"면 큰 문제가 아닌가?

미국에서의 교수 시절 나는 1980년대 초 종신 정교수가 된 지 얼마 안 되어 당시 친분이 있던 그 대학교 학무부총장을 인사차 만나러 그의 집무실을 찾아간 일이 있었다.

허름한 지하실에 있는 좁디좁은 그의 집무실을 보고 나는 먼저 놀랐다. 한국 대학들은 물론이고 우리나라 각 분야의 '높은 자리에 있는 분들'은 대부분 지위가 높을수록 '큰 방'을 차지하는데, 땅이 우리나라보다 거의 100배나 넓은 나라에서 왜 이렇게 좁은 방에 대학 '부총장'이란 사람이 초라하게 앉아 있을까? 하며 나는 속으로 크게 의아했다.

그런데 그는 먼저 내 승진을 축하한 다음, 조용히 그러나 냉철한 한마디를 나에게 던지는 것이 아닌가? 대충 다음과 같은 그의 제언(경고)이 지금도 내 머릿속에 생생하게 남아 있다.

대학교수는 종신교수가 된 다음 두 종류로 갈립니다. 한 부류는 종신 정교수가 되면, 지금까지보다도 더 열심히 열정과 몰입으로 그의 학문 연구에 전심전력하고, 또 한 부류는 이제 직업에 대한 근심 걱정이 사라졌다며 열심히 하는 척하던 연구마저도 팽개치고 딴짓만 하지요. 후자를 우리는 '학문 폐경기'(academic menopause)가 너무 일찍 찾아왔다고 우려합니다.

최근 카이스트(KAIST) 총장으로 6년 7개월 동안 재임한 서남표 박사는 한 일간신문과의 고별 인터뷰에서 KAIST 교수들과 불화가 심한 이유는 무엇이었냐는 기자의 질문에 다음과 같이 대답했다:

교수협의회와의 불화가 문제였다. 교수의 20%가량이 테뉴어[tenure, 종신교수 자격] 심사 때문에 그 불안한 교수들을 활용해 총장 축출운동을 했다. 로플린 전 총장도 교수협의회의 이런 조직적인 반발로 연임 불가 결정을 했다. 들은 얘기지만 교수협의회가 보직교수를 소속학과로 불러 "돌아오면 알아서 하라"며 인민재판 하듯 사퇴를 종용했다고 한다. 한국 교수는 '특권계급'이다.[6]

종신교수 제도는 교수라는 특수한 전문직업의 개인적인 삶의 안정성을 보장함으로써 그의 학문 연구의 자율성, 창의성, 독창성 등을 독려하기 위한 제도적 장치다. 따라서, 종신교수 자격 심사는 순수한 학문 업적 등 오직 교수 자질에 대한 엄격하고 정밀한 객관적 기준에 따른 판단과 결정이지 '인민재판'이 아니다. 종신교수 또한 이 본래 목적과 취지를 훼손하면서까지, 스스로 "학문적 폐경기"를 자초해서도 안 된다고 나는 생각한다.

내 개인적인 체험으로는 종신교수직을 포함, 미국에서의 교수 승진 심사는 연구 업적, 수강 학생의 강의 평가, 동료 교수 평가, 캠퍼스 안 학무(學務) 기여, 캠퍼스 밖 봉사 활동 등 대충 다섯 가지 기준을 갖고 평가한다.

문제는 위에서 서 박사가 한국 대학교수를 '특권계급'이라고 비판한 것은 베버가 당시 독일 교수사회를 '아카데미 귀족사회'라고 지적하는 것과는 본질적으로 다르다.

베버가 학문의 내재적 특성과 그 학문 연구에 종사하는 교수의 자율성, 창의성, 독창성을 중시하고 있다면, 서 박사는 캠퍼스 내에서의 종신교수 자격 심사에 자격이나 자신이 없는 일부 교수들의 학문 외적 '직권남용이나 월권 행위'를 꾸짖고 있는 것이다.

베버가 정치권이나 관료, 기타 사회단체를 포함, 외부 세력이나 학교 내 교육행정요원 등 캠퍼스 안팎의 부당하고 부적절한 간섭과 개입, 불법, 편법, 월권행위가 (과)학자의 연구활동이나 자율성을 훼손하는 것을 경고하고 있다면, 서 박사는 캠퍼스 내에서 일부 교수들이 (과)학자로서의 본분을 망각한 비(非)학자적이고, 반(反)학문적 행태를 보이는 것에 대한 비판인 셈이다.

우스갯소리지만, 요즘 우리나라에서 교수를 "아무도 모르는 걸 가르치면서 사기를 칠 수 있는 경지에 이른 사람"이라고 정의하고, 박사는 "나만 모르는 줄 알았더니 남들은 정말 아무것도 모르더라는 사실을 증명한 사람에게 주는 학위"라는 농담이 대학의 현실이 아니기를 진심으로 바란다.

물론, "미꾸라지 한 마리가 온 강물을 흐려 놓는다"라는 우리 속담도 있지만, 이런 빈정거림의 대상은 대학교수사회의 극소수라고 나는 믿고 싶지만… 어느 직장, 직업이나 그런 비아냥의 대상은 있기 마련이다.

(과)학자 지망생의 꿈과 현실

한편, 지금 21세기 과학을 직업으로 추구하는 '새내기' 과학자의 삶은 과연 어떤 상황일까? 공교롭게도, 영국 브라이튼대학의 에릭슨(Mark Erickson) 교수는 1999년 11월부터 2000년 6월 사이에 실제 현장에서 일하고 있는 물리학자 13명, 생화학자 13명 등 총 26명의 자원자를 집중 인터뷰 형식으로, 막스 베버가 〈직업으로서의 학문〉에서 제기한 이들의 학문 외적 여건(external conditions), 직업 안정감(job security)과 내적 또는 심리적 상태(inward conditions) 등을 조사[7]했다.

이들 가운데 생화학 인터뷰 참가자는 미국과 일본의 대규모 공동연구 프로젝트 연구원들이고, 물리학 인터뷰 참가자는 대학강사, 박사 후 과정 연구원(post-doctoral researchers)과 박사(Ph. D)과정 학생 등이다. 참가자들 중에는 영국인뿐만 아니라 비(非)영국인도 포함되었다.

영국의 고등교육 환경은 1980년 대처 수상(Margaret Hilda Thatcher, 1925–2013, 수상 재임 1979–1990)의 대대적인 '개혁'이 전환점이 되었고, 특히 새 교육법(The 1988 Education Act) 통과로 1992년에는 과학기술전문학교(Polytechnics)가 없어지고 이를 대학들이 흡수한다. 그리고 대학의 연구가 실제 기업이나 상업활동과 연계되어 부(富)의 창출에 함께 노력하는 방향으로 대수술을 단행한다.

이 결과로 영국은 지금 세 가지 독특한 그룹에 의해 고등교육기관이 운영되고 있다. 첫 번째 그룹은 대학의 교수들(lecturers)로 그들이 속한 대학에서 연구활동을 해야 하는 것이 교수 임용 조건이 된다. 연구평가이행(RAE, Research Assessment Exercise) 기구를 통한 교수들의 연구업적 평가를 근거로 연구비를 할당하기 때문에 교수들의 연구활동에 대한 압력이 극도로 증가했다. 두 번째 그룹은 박사과정 학생들로 캠퍼스 교수진의 지도하에서 학위를 준비하면서 일한다. 숫자가 가장 많은 세 번째 그룹은 전임연구원이지만 거의 대부분 단기계약직으로(즉 연구위원회에서 받는 기금이 소멸할 때까지) 대부분 영구직인 교수의 지도하에서 일한다. 이를 보통 계약연구원(CRS, contract research staff)이라고 부른다.

다시 말하면, 영국에서는 대부분 대학을 졸업하자마자 박사학위과정을 시작하고, 박사학위를 가진 다음엔 계약연구원(CRS)으로 일자리를 갖고, 궁극적으로는 대학강사(교수)가 되어 박사학위과정 학생을 지도하며, 동시에 연구 프로젝트를 받아서 계약연구원을 고용하여 연구를 진행한다.

하나의 큰 맹점은 그러나 위 연구평가이행(RAE)에서 계약연구원의 연구실적은 전임강사(교수)의 10%만을 인정하고, 그 지도교수는 실제 연구에 직접 참여하지 않았는데도 자신의 지도하의 연구를 자기 연구업적으로 100% 인정받으며 그가 다시 연구기금을 받는 데 이 업적이 크게 도움을 준다는 것이다.

이는 전임교수와 계약연구원 간의 건널 수 없는 차별이 아닌가 한다. 아마 이러한 현상은 한국 대학의 현주소와도 크게 다르지 않다[8]고 생각한다. 우리나라 신문에서 가끔 보듯이, 예외적 현상이라고 믿고 싶지만, 지도교수가 연구기금을 마음대로 개인용품이나 심지어 집의 가구 구입비용으로 쓰는가 하면, 그의 지도를 받는 연구원이나 박사학위 학생을 마치 옛날 부잣집 주인이 "머슴 부리듯" 한다고 하지 않는가?

더구나 에릭슨의 위 설문 인터뷰 조사에 의하면, 모두 임시계약직인 26명 대부분이 직업에 대한 불안감과 스트레스를 갖고 있다. 또 이들 대부분이 직업(직장) 안정감이 중요하다고 느끼면서도 그중 몇 사람은 그들의 현 처지를 앞으로 갖게 될 혜택, 즉 영구직장(직업)에 대한 준비 과정으로 간주[9]하며, 지금도 캠퍼스에서 벌어지고 있는 위와 같은 차별과 불공정한 처우를 꾹 참고 견디고 있다고 한다.

문제는 그러나 베버가 활동하던 당시의 캠퍼스의 교수 지망생에게나, 거의 100년이 지난 지금의 교수 지망생에게나, 박사학위를 받은 뒤 캠퍼스에 남아서 교수로 평생 (과)학자로서의 삶과 연구를 꾸려 간다는 보장이 없는 것이 현재 대학의 현실이라는 것이다.

박사학위 소지자 실업률과 교수직 취업률

더구나 대학, 대학원을 졸업하고 해외 유학까지 가서 유명 대학에서 박사학위를 받아도 지금 한국 대학에서 교수직을 구하는 일이 쉽지 않은 것은 어제 오늘의 일이 아니다. 문자 그대로 "하늘의 별 따기"다. 미국, 영국 등 다른 나라도 크게 다르지 않지만 우리나라가 상대적으로 훨씬 더 우심한 셈이다.

구체적으로, 미국의 과학분야 박사학위 소지자의 실업률을 한번 살펴보자.

미 국립과학재단(U.S. National Science Foundation) 과학자원통계분과(Division of Science Resources Statistics)에서 실시한 박사학위 소지자 설문조사 결과인 〈표 2-2〉에서 보면, 2008년도의 경우, 미국의 박사학위 소지자는 총 662,600명이다.

표 2-2

미 과학분야 박사학위 소지자 실업률, 2001-2008

박사학위분야	2001	2003	2006	2008
모든 분야	노동자 수			
	582,500	606,300	630,300	662,600
생물, 농업, 환경생명과학	142,400	148,800	158,200	167,200
컴퓨터정보과학	10,900	12,300	13,700	16,400
수학, 통계학	26,300	29,000	29,300	30,300
자연과학	113,200	115,700	115,800	118,100
심리학	89,600	93,000	97,500	100,500
사회과학	77,200	79,600	81,100	82,700
엔지니어링	101,300	104,400	108,000	118,100
보건학	21,500	23,600	26,500	29,300
모든 분야	실업률			
	1.3	2.1	1.4	1.7
생물, 농업, 환경생명과학	1.1	2.0	1.4	1.9
컴퓨터정보과학	1.3	2.5	1.1	1.1
수학, 통계학	1.4	2.4	1.1	1.0
자연과학	1.7	2.6	2.1	2.4
심리학	0.8	1.7	1.0	1.3
사회과학	1.3	1.5	1.0	1.3
엔지니어링	1.7	2.7	1.4	1.8
보건학	0.5	1.4	0.9	1.2

Based on count of doctorate recipients in labor force; percentage unemployed reported in tables 2 and 3 is based on count of all doctrorate recipients.

출처: National Science Foundation/Division of Science Resources Statistics, Survey of Doctorate Recipients: 2001, 2003, 2006, 2008.

표 2-3

미 과학, 엔지니어링, 보건분야 박사학위 소지자 취업률, 2008

전공 분야	전체 취업	4년제 대학교	영리단체	비영리단체	연방정부	주정부 지방정부	자영업	기타
	651,200	269,400	212,200	42,900	43,700	18,900	41,000	23,100
생물, 농업, 환경생명과학	164,000	77,100	43,200	13,900	14,200	4,500	5,600	500
컴퓨터정보과학	16,200	6,900	7,400	600	500	200	400	300
수학, 통계학	30,000	17,200	8,100	1,000	1,500	200	900	1,000
자연과학	115,300	38,800	50,700	6,300	8,700	2,500	4,200	4,100
심리학	99,200	33,200	19,700	9,700	5,100	5,700	20,100	5,800
사회과학	81,500	50,100	10,700	5,100	4,700	2,700	3,900	4,300
엔지니어링	116,000	30,400	66,400	3,700	7,100	2,300	5,000	1,100
보건학	28,900	15,800	5,900	2,700	1,900	800	900	900

4–year educational institution includes 4–year colleges or universities, medical schools (including university–affiliated hospitals or medical centers), and university–affiliated research institutes.

NOTE: Numbers represent weighted counts, rounded to nearest 100.

출처: National Science Foundation/Division of Science Resources Statistics, Survey of Doctorate Recipients: 2008.

그리고 박사학위 소지자를 생물, 농업, 환경, 생명, 컴퓨터 정보과학, 수학, 통계학, 생명과학을 제외한 물리학, 화학, 천문학 등 자연과학, 심리학, 사회과학, 엔지니어링, 건강 등 학문분야별로 나누어 살펴보았다.

2008년의 경우, 이 모든 분야 박사학위 소지자 실업률이 평균 1.7%로 다른 직업의 평균 실업률보다 상대적으로 훨씬 낮다는 것이 눈에 띈다. 적어도 이 통계자료로 보면, 학력과 전문성이 높을수록 취업률도 상대적으로 높다는 가정이 가능하다.

그러나 2001년부터 2008년까지를 함께 보면, 박사학위 소지자 실업률이 2001년에는 1.3%였는데 2003년에는 2.1%까지 올라가고, 2008년에는 1.7%로 약간 낮아지는 등 박사학위 소지자의 실업률도 약간의 변동을 보이고 있다. 특히 2008년은 세계적인 '재정 침체기'에 접어들어 오늘에 이르고 있기 때문에 그 이후의 이 계층 실업률의 동향이 궁금하지만 아직 그 자료를 찾지 못한 것이 아쉽다.

〈표 2-3〉은 이들 박사학위 소지자를 누가 고용하고 있느냐를 보여 준다. 보기를 들면, 물리, 화학 등 자연과학과 엔지니어링 박사학위 소지자의 경우는 영리를 추구하는 사기업이 가장 많이 고용했고, 생명, 농업, 환경, 수학, 통계학, 사회과학, 보건의 경우는 4년제 고등교육기관이 임용하고 있는 것이 눈에 띈다.

더구나 2008년 위 분야 미 박사학위 소지자 총 651,200명 가운데 4년제 대학교 취업자는 269,400명으로 전체 박사학위 소지자의 41%이고, 나머지는 기업, 연방정부, 주정부, 지방정부 등이다. 참고로 미국 인구(313,914,040명, 2012년 7월 기준) 가운데 과학 분야 박사학위 소지자는 2% 남짓이다.

과학(학문)연구는"지식인 귀족사회"의 몫이다?

위에서도 언급한 바 있지만, 과학수련(연구)은 "지식인 귀족사회의 몫"이라는 다음과 같은 베버의 입장을 좀 더 자세히 살펴보자.

> 민주주의는 그것이 정착되어야 하는 곳에서는 실천되어야 합니다. 학문적 훈련은, 우리가 독일 대학들의 전통에 따라서 실천하게 되어 있는 것으로서, '지식인 귀족사회의 일'이며, 결코 이를 우리는 감춰서는 안 됩니다. 물론, 가르침을 받지는 않았지만 배우려는 마음이 열려 있는 학생들에게 학문의 문제들—우리에게만 결정적인 것들을—을 이해할 수 있도록 설명하는 것이나, 그리고 그들이 독립적으로 사유하도록 하는 것은 아마 가장 어려운 교육 과제라고 하겠습니다.

베버가 본 가장 어려운 교육과제는 한 교수의 자격(자질)이며, 이는 수강생 숫자, 즉 그가 가르치는 학생들에게 얻는 인기와는 연관이 없다고 했다. 교수가 학생들로부터 인기가 자자하다는 것도 그 교수의 '개인적인 능력'인 것은 사실이지만, 이 능력은 그 사람의 학자적 자질과 반드시 일치하지는 않는다는 것이다.

교수사회는 민주주의 사회가 아닌 소수의 과학(학문)연구에 전심전력하는 특수집단—지식인 귀족사회—이라는 그의 입장은 지금도 유효하다.

베버가 대학교수라는 직업군, 즉 학계—아카데미아(academia)—를 '지적 귀족사회'로 규정하고, 그 자율성, 자주성, 특수성을 강조하고 있는 위 구절은 우리나라 대학에도, 더 나아가서는 세계 모든 대학에까지도 시사하는 바가 무척 크다고 믿는다.

우리나라는 이승만 장기 권위주의 체제, 특히 박정희, 전두환, 노태우 등 군사독재 시기를 거치면서, 대학의 고유성, 특수성, 독립성은 물론이고, 학문 연구의 자주성, 자율성, 독창성이 크게 위축되고 훼손되는 상황을 겪었다.

권위주의 및 군사정권 시기에 대한 일종의 반작용으로, 김영삼, 김대중, 노무현 정부의 민주화 과정을 거치면서 한때 거의 '방종'에 가깝도록 자유민주주의 목소리와 '과잉요구'가 마치 '자유 봇물'이 터지듯 급물살을 탄 것도 사실이다.

그처럼 상황이 급변하는 소용돌이 속에서 대학가에서도, 특히 대학총장 직선제가 도입되자 일반 정치마당에서나 볼 수 있는 금품 살포, 향응, 교내 보직 사전 보장 약속 등 불법, 편법 선거전이 총장 후보들 간에 벌어지는 웃지 못할 작태, 추태와 괴현상이 벌어지기도 했다.

베버의 위 "지식인 귀족사회" 주장은 우리나라의 경우, 한편으로는 정치권력을 포함, 어떤 외부세력도 결코 대학의 학문연구의 자율성, 자주성, 독창성을 간섭, 침해, 훼손할 수 없다는 경고이기도 하지만, 다른 한편으로는 한때 우리나라 대학가 총장 선거 비리와 타락상이나 아직도 사라지지 않은 교수 임용을 둘러싼 금품 살포, 금품 수뢰 등이 대학이라는 "지식인 귀족사회"의 위상을 스스로 추락시키는 자해, 자학 행위에 대한 일침이기도 하다.

물론 베버의 당시와 오늘의 대학은 크게 다르다. 특히 소수 정예 엘리트 교육이 주를 이룬 그 당시와 지금처럼 고등교육마저도 보편화, 개방화, 대중화된 교육 시대에는 대학교육이 이 두 교육목표—일반교육과 전문교육—를 함께 충족시켜야 하기 때문이다. 그럼에도 불구하고 대학사회가 다른 사회 영역과 달리 "지식인 귀족사회"로서의 정체성과 권위를 가져야 하고, 지켜야 한다는 것은 과학(학문)연구의 객관성, 자율성, 독창성의 '최후의 보루' 중 하나이기에 그의 주장은 지금도 근본적으로 유효하다고 나는 생각한다.

교수가 되는 길은 (과)학자로서의 자질보다 운(행운, 불운)이 앞선다?

설령 위에서 베버가 제기한 "부호 전제조건"을 갖춘 대학원생이 수년 동안 연구와 고생 끝에 박사학위를 받고, 또 독일에서처럼 국가교수자격증(Habilitation)까지 얻었다 하더라도, 그가 대학교수로 임용되는 것은 그의 능력보다는 운이 더 크게 작용한다는 그의 지적도 원칙적으로 옳다. 그는 "지구상에 있는 직업 가운데 교수직처럼 운이 크게 작용하는 경우를 모른다"고까지 단언한다.

물론 그는 우리 삶에서 운은 누구에게나, 그리고 모든 직업에서도 다 마찬가지라는 단서도 덧붙인다.

운, 불운 가운데서도 특히 "너무나—지나치게—인간적인" 요인들을 그는 거의 100년 전 독일 대학사회의 교수 임용 절차의 맹점으로 지적한다. 이는 오늘의 우리 대학사회 교수 임용에 적용해도 크게 다르지 않다. 이 요인들은 우리나라 교육계뿐만 아니라, 모든 직업 채용 현실에 적용하면 아직도 뿌리 뽑지 못한 학연, 지연, 혈연 등 '삼연'(三緣)을 닮았다. 지금 조금씩이나마 이 폐해가 수그러지고, 누그러지고 있다고는 하지만 말이다.

대학가에 범용한 교수들이 왜 득실거릴까?

당시 독일 대학에서 출중한 교수들보다도 범용한 교수들이 판치는 실상을 교수진용과 교육 관련 부처의 저열함 때문이라고 탓하는 것은 공평하지 않다고 베버가 지적하는 것도 흥미롭다.

그는 오히려 "범용한 인간의 득세", 즉 중간치들이 판치는 것은 "인간 협동의 법칙" 때문이라고 보았다. 특히 교수 임용을 추천하는 대학교수들과 이를 승인하는 교육부처의 결탁이 문제라는 것이 그의 관찰이다. 또 교수 임용에 당시 일부 독일 정치인까지 간여하여 교수 자격 미달자들이 득실거리는 것을 부채질하고 있다고 그는 비판한다.

당시 베버는 독일 교수 임용을 비판하면서 로마교황과 미 대통령 후보 선출을 보기로 든다.

로마교황청에서의 교황 선출의 경우도 가장 인기 있는 후보(추기경)보다는 두 번째, 세 번째 인물이 실제로 선출되고, 당시 미국 대통령 후보도 가장 적합한 자질을 가진 후보가 아닌 제2, 제3의 인물이 후보로 등장하였듯이, 독일 대학 교수 임용도 비슷한 오류를 자주 범하는 것에 대해 놀랄 것이 없다고 그는 비꼰다.

그가 위에서 제시한 보기를 읽으며, 나는 세르반테스가 그의 걸작, 〈돈키호테〉(1605, 1615)에서 문학(희곡)작품 경연대회 1등 상은 언제나 꿍꿍이속 정실(情實)로, 미리 이미 결정된 상태이므로 사실은 2등이 1등이고, 3등이 2등이라고 풍자하는 구절을 문득 생각하게 된다.

교수 임용도 사람이 하는 짓이므로, 누구나 좋든 궂든 학연, 지연, 혈연 등 인간적인 것을 깡그리 없앨 수는 없다 하더라도, 적어도 합리성, 공정성, 객관성을 최대화하고, 인간적인 요인들은 최소화하는 자세, 노력, 실천을 베버는 넌지시 강조하고 있는 것이다.

위에서도 이미 밝혔듯이, 우리나라 현실에서 보면 베버가 이야기하는 "너무나—지나치게—인간적인" 요인들이란 비단 교수 채용이나 승진뿐만 아니라 다른 모든 분야를 망라해서 뿌리 깊은 우리 정치사회문화의 병폐인 이른바 삼연—혈연, 지연, 학연—을 닮은 것은 맞지만, 문제는 그는 거의 100년 전 독일 대학의 "불편한 진실"을 지적하고 있다면, 우리에겐 이것이 지금도

"불행한 현실"이라는 것이다.

유대인 교수 임용 차별에 대한 경고

당시 독일에서의 유대인 차별에 대한 베버의 경고는 섬뜩하기까지 하다. 마치 그가 타계한 뒤, 히틀러의 나치가 준동하고, 나치 독일 정권이 등장하여 제2차 세계대전 중에 600만 명이 넘는 유대인이 대량 학살당하는 참상을 예언, 예견이라도 한 듯하다.

다른 모든 사회 분야보다도, 특히 지식사회의 전당인 대학의 학문세계에까지 깊이 스며든 유대인 인종차별이기에 더욱 놀랍다.

그는 다음과 같이 당시 독일의 반유대인 정서를 밝힌다.

> 만약 그가 유대인이라면 "아예 그런 희망을 버리라"라고 사람들은 말할 것입니다. 그가 유대인이 아니더라도 이런 질문을 꼭 할 것입니다: "탁월하지 못한 얼치기들, 얼간이들이 해마다 당신보다 더 잘나가는 꼴을 당신이 보고도 분통이 터지거나 울분을 터뜨리지 않고 버틸 수 있다고 정녕 믿는가?" 이 질문에 대해 자연히 이런 대답을 항상 들을 것입니다: "물론이지요, 나는 오직 내 '천직'을 위해 살 뿐입니다."

그러나 오직 극소수만이 이런 꼴을 울분 없이 견딜 수 있다고 베버는 역설한다.

그의 위 지적을 오늘의 한국 대학 현실에, 특히 대학교수직 임용에 적용한다면, 얼마나 현실성이 있을까? 오늘의 한국 대학은 지역차별, 출신교차별, 성차별 등에서 얼마나 자유롭고 떳떳한가?

누누이 강조하지만, 그가 지적한 교수 임용에 있어서의 "너무나—지나치게—인간적인" 요인들이란 우리나라 대학 현실에서는, 기업 등 다른 직업의 경우도 크게 다르지 않지만, 바로 거의 고질에 가까운 뿌리 깊은 지연, 학연, 혈연, 즉 삼연이 아닐까 한다.

물론 우리나라도 지금 심각한 노동인구 부족과 급격한 출산율 감소로 이른바 다문화 가정이 늘어나고, 이 숫자도 완만하게나마 증가하고 있다. 특히, 중국, 몽골, 네팔, 베트남, 필리핀, 인도네시아 등 아시아 국적자의 이민이 지금 120만 명 선을 넘었다. 좋은 현상이다. 이에 따른 인종차별, 저임금 중노동, 임금차별 등 '노동착취' 같은 부작용도 뒤따르지만.

아직까지는 이민자들의 숫자로 봐서, 요샛말로 '다문화 가정'에 대한 심각한 인종차별이 두드러지게 나타나지는 않고 있지만, 베버 당시 독일의 유대인에 대한 뿌리 깊은 인종차별에 대한 위 경고를 우리도 지금부터 무겁게, 무섭게 받아들이고 예방책을 서서히 찾아야 한다.

다시 한 번 강조하지만, 그가 지적한 합리적이고 객관적인 (과)학자의 자질 기준이 아닌 "너무나—지나치게—인간적인" 요인들—정실—이 판치는 당시 독일 대학의 교수 임용에 대한 경고는 우리나라 대학에서 아직도 뿌리 뽑지 못한 위 '삼연'이라는 고질에 큰 경종이 아닌가 한다.

물론 우리 대학들도 지금 이 고질을 조금씩이나마 차츰차츰 치유해 가는 과정에 있는 것도 사실이지만, 인종차별, 지역차별, 성차별, 출신교에 따른 학력차별은 본질적으로 객관성, 합리성, 공정성, 형평성을 정면으로 부정하는 행태다. 그리고 이런 행위는 그 개인이나 집단의 무지와 편견의 소치일 뿐이다.

무엇보다도, 이러한 행태가 만연한 그런 대학, 그런 사회, 그런 나라는 원천적으로 그 대학의 학문(과학) 발전을, 그 사회의 성숙을, 그 나라의 성장을 스스로 가로막는 자해, 자학 행위를 방치하는 것과 다를 바 없다.

바로 이러한 편견과 무지를 제거하는 데 가장 앞장서야 할 대학이, "지식인 귀족사회"인 학계가, 이 고질에서 아직도 벗어나지 못하고 있다면 그 대학, 그 사회, 그 나라는 치명적인 함정에 빠져 있는 것이 아니겠는가?

마치 고평가된 화폐가 판치면, 저평가된 화폐는 장롱이나 개인 금고 속에 숨는다는, 즉 금융시장에서 "악화(惡貨)가 양화(良貨)를 몰아낸다"는 그레셤의 법칙처럼, 무지와 편견 때문에 학교도, 기업도, 사회도, 나라도 범용한 인간들이 득세하고 판치는 세상이라면, 특히 그런 대학 환경에서 출중한 (과)학자가 대학 밖으로 밀려나거나 대학 밖에서 맴돌고 있다면, 치명적인 범국민적, 범국가적 손실이 아니고 무엇인가?

한국 대학 양적 성장의 빛과 그림자

한국 대학의 양적 성장과 그 폐해도 잠깐 살펴보자.

교육과학기술부가 내놓은 통계(표 2-4) 수치로 보면, 2015년 현재 우리나라엔 전문대학은 142개, 학생 수는 72만여 명, 교원 수는 12,900여 명이다. 대학교는 201개, 학생 수는 217만여 명에 교원 수는 66,600여 명이고, 대학원은 1,197개에 학생 수는 33만 명에, 교원 수는 8,551명에 이른다. 그러나 같은 자료 2013-2015년 통계는 이제 양적 성장이 멈추는 조짐을 보여 준다.

〈표 2-5〉와 〈표 2-6〉에서 보듯이, 1945년 일제로부터 조국 광복을 맞은 해에 우리나라 대학 교원 수는 1,490명, 한국전쟁의 참화를 겪은 2년 뒤인 1955년에는 2,420명이고, 1997년이 되면 69,157명으로 46배 이상 증가한다. 그리고 2012년에 이르면 대학교수는 전문대학 13,078명, 대학교 63,121명,

표 2-4

한국 고등교육 현황

구분	학교개황								
	학교 수			학생 수			교원 수		
	'13	'14	'15	'13	'14	'15	'13	'14	'15
전문대학	140	139	142	757,721	740,801	720,466	13,015	12,920	12,991
대학교	200	201	201	2,214,173	2,206,694	2,173,939	64,193	65,547	66,629
대학원	1,200	1,209	1,197	329,822	330,872	333,478	7,436	7,677	8,551

출처: 교육부, 교육통계연보, www.moe.go.kr

표 2-5

한국 대학교원 수 증가 추세 (1945-1997)

구분	1945	1955	1965	1975	1980	1985	1990	1995	1997
전문대학			890	1,398	5,488	6,406	7,382	10,384	12,468
교육대학			305	791	564	623	694	766	814
대학(교)	1,490	2,420	5,305	10,080	14,458	26,047	33,340	45,087	53,300
방송통신대							136	166	166
산업대							855	2,106	2,248
각종학교						412	504	468	161

주: ① 각종학교는 대학 수준 및 전문대학 수준을 포함함.
② 공란은 통계연보에 기록이 없거나 해당 고등교육기관이 출범하기 전의 것임.
자료: 교육통계연보(교육부, 1997).

대학원 6,699명, 총 82,899명으로 늘어난다. 해방 당시 대학교수 수의 55배가 넘는다.

한 자료에 의하면, 해방된 해인 1945년 우리나라의 문맹률은 80% 이상이

표 2-6

교수현황 (1997)

구분	교원 수(인)		
	국공립	사립	계
전문대학	658	11,810	12,468
교육대학	814	–	814
대학(교)	13,793	39,507	53,300
방송통신대	166	–	166
산업대학	1,331	917	2,248
각종학교	100	61	161
총계	16,862	52,295	69,157

주: 대학원의 교수는 학부와 구분되지 않고 대학, 산업대학 등의 교수 수에 포함되어 있음.
자료: 교육통계연보(교육부, 1997).
출처: 한국학중앙연구원.

었다. 대학생 수는 7,800명, 1955년에는 85,000명, 1965년에는 132,000명, 1975년에는 26만 명, 1984년에는 100만 명을 넘는다.[10]

이처럼 교육의 양적 팽창은 엄청나지만, 이에 따르는 교육의 질적 향상도 그러한가는 큰 의문으로 남는다. 이제 교육정책의 방향과 우선순위도 양에서 질로, 성장에서 성숙으로, 외형에서 내실로 점차 바뀌어야 할 차례라고 나는 믿는다.

구체적으로 살펴보자. OECD 회원국 성인(25–64세) 교육통계에 의하면, 우리나라 성인 고등교육 이수율이 2002년 23.9%에서 2012년 41.7%로 거의 두 배 가까이 늘어난다. 캐나다, 일본, 이스라엘, 미국에 이어 5위로 껑충 뛰었다. 하지만, 같은 시기 우리나라 성인 독해능력은 0.3으로 OECD 국가 평균치 1.2 수준[11]을 크게 밑돌고 있다. 이는 겉으로 보면 고학력자가 많이 늘어났지만, 실질 학력은 허술하다는 증거다.

21세기 초 지금 우리나라 대학은, 특히 지방 국공립 전문대학은 위에서 밝힌 학문 외적 교수 임용 압력과 개입으로부터 자유로운가? 최근 수십 년 동안에 우후죽순처럼 새로 생긴 온갖 사립대학이나 대학원들은 어떤가? 아직도 '독버섯'만이 더 우글거리는 꼴은 아닐까?

주로 무명, 신설 사립대학들이지만 그 설립자나 이사장이 교수 자리를 팔고, '교수 자리 구직자'는 그 자리를 일단 얻겠다고 억대의 금품으로 사는 등 우리나라 몇몇 대학의 웃지 못할 꼬락서니는 또 어떤가?

전국 350개 대학(4년제 200곳, 전문대 140곳) 가운데 77개교가 구조조정 단계에 있고, 이 가운데 지난 2년 동안 5개교가 이미 퇴출되었고, 21개교가 경영 부실 대학, 13개교가 학자금대출 제한 대학, 43개교가 재정지원 제한 대학으로 지정되었다.

한 보도에 의하면, 4대강 사업 시공사 선정 과정에서 2009년 5월부터 2013년 3월 사이에 전남대 토목공학과 교수 정원 5명 가운데 4명이 모두 줄줄이 뇌물 수뢰 혐의로 3명이 직위해제 되고, 네 번째 교수마저 직위해제 될 판이라고 하니[12] 건설사들과 연루된 교수들의 부패, 비리, 뇌물 고리가 꼭 이 전남대 토목공학과에만 국한된 것일까? 아니면, 문자 그대로 '빙산의 일각'일까?

최근 국회청문회[13]에서 사회부총리 겸 교육부장관 후보로 나온 한국교원대 김명수 교수의 제자 논문 표절, 논문 중복 게재, 교수 칼럼의 제자 대필, 부당 연구비 수령, 주식 내부 거래 의혹 등도 비단 이 특정 교수뿐만 아니라 일부 교수들의 불법, 탈법, 부당, 비리 행위의 '백화점' 같은 총체적인 부패 난맥상의 표본을 보는 것 같아서 나는 솔직히 어안이 벙벙하여 말문마저 막혔다.

또 하나, 감사원이 최근 12개 국립대 교수 19명이 연구비를 횡령한 것을 적발하고 징계를 요청했다는 뉴스[14]다. 이들의 거의 몰염치, 파렴치한 타락상도 점입가경이다. 연구비를 교수 개인의 주식 투자 비용으로 쓰는가 하면, 연구비 계좌로 체크카드를 발급받아 자기 집에서 피자 시켜 먹고, 아이들 장난감 사 주고, 군 장교 복무 중인 아들 부부를 '유령 연구원'으로 등록, 그들 통장으로 연구비를 지급하는 등 교수가 아니라, 골목시장 야바위꾼보다 더 추잡한 짓거리를 했으니, 이런 환부를 도려내지 않고 베버가 얘기한 "귀족 사회"로서의 교수의 위상을 어떻게 지키고 떠받칠 수 있겠는가?

더구나 많은 대학들이 이미 학생 정원 미달로 골머리를 앓고 있다. 이에 대한 임시방편으로 교직원을 학생 모집에 동원하여, 고교의 대학 진학지도 교사들을 찾아가 금품과 선물 등을 건네는가 하면, 정원 충당을 위해 심지어 교직원과 그 가족들을 '전액 장학생'으로 허위 등록하고, 교직원이 대학 지망생들로부터 학과를 기재하지 않은 '백지 원서'를 받아 대신 써 주고 합격 · 입학시키는 등 온갖 불법, 편법, 임시변통이 난무하다[15]는 기사는 또 어떤가?

신입생 편법 유치를 위한 금품 제공, 신입생 충원율, 졸업생 취업률 등 교육지표 과장, 허위 공시, 교직원연금 불법 전용, 학교 공금횡령 등 대학 내 각종 불법, 비리, 부정[16]이 아직도 근절되지 않고 만연하며, 대학행정, 특히 교비회계의 투명성도 갈 길이 멀다고 한다.

간단히 말하면, 우리나라는 출산율 격감으로, 5천만 현 인구를 정점으로 인구 증가가 완만해질 것으로 전망된다. 따라서 교육도 이제까지의 수요(학생)보다 공급(학교)과잉 현상이 날로 심각해지고 있다. 특히 청년실업은 위험수준이라고 해도 과언이 아니다.

한국고용정보원 자료[17]에 의하면, 2012년 대졸 이상 학력 구직자는 75만 4천 명이지만, 같은 학력에 대한 기업의 구인(求人) 수요는 3만 9천 명에 그쳤다. 또 2013년 말 기준 '괜찮은 일자리' 수요는 70만 명인데, 그 공급은 7만

8,595명으로 수요의 겨우 11%에 그친다. 특히 대졸자 등의 중소기업 회피 현상도 심각하다.

참고로, 2013년 '괜찮은 일자리' 공급 전망은 다음과 같다.

(단위: 명)

500대 기업(금융사를 포함, 매출액 기준)	37,317
60대 주요 외국계 기업	1,179
초·중등 교사	11,106
중앙·지방 공무원(일반직)	13,621
공공기관	15,372
합계	78,595

이공계 기피 현상도 위기 수준이다. 2011년 11월 이공학계 지도층 인사 10명, 산업계 종사자 183명, 공과대학생 196명 등 총 540명을 대상으로 심층 인터뷰와 이메일 설문조사의 결과인 공학한림원의 〈2012 공학기술계 우수 인력 양성을 위한 조사결과 종합보고서〉는 더욱 놀랍다.

공과대학생이 선호하는 직업 순위에서 의사 및 한의사(15.8%), 공무원, 금융인(15.8%)이 1, 2위이고, 과학, 공학자는 3.1%에 그쳤다. 그러나 같은 설문에서 응답자들이 "국가 발전에 기여하는 직종"과 "미래 비전 있는 직종" 모두 1위로 과학, 공학자로 각각 68.1%와 47.4%로 꼽고 있는 것은 아이러니의 아이러니다. 이것은 바로 그동안 우리나라 교육정책의 심각한 정책 부실, 착오, 목표 혼선 등 온갖 오류와 차질이 낳은 기현상이 아니라면 무엇일까?

따라서, 정부 차원에서는 이젠 빈말, 공약(空約)이 되고 만 반값 등록금 등 '정치성 선심' 공약보다도 인구격감 문제, 학생과 교육기관 수요공급의 문제, 부실교육기관의 정리, 청년취업 및 실업 문제, 이공계 등 교육의 전략적 우선순위 등을 종합적으로 심층 분석하는 과감한 새 교육개혁이 요구되는 시점이 아닌가 한다.

지금 우리 교육은 국내용, 지식형(型), 대기업 취업용에 머물러 있다. 국제형, 융합형, 창업가형 교육방식으로 바꿔야 한국이 살아남을 수 있다.

한국은 전 세계의 0.007%도 안 되는 인구, 1.6%도 안 되는 국내총생산(GDP)을 보유한 나라다. 국내에 머물러서는 먹고살 길이 없다. 국제화가 선택이 아니라 필수인 나라다.

그런데 교육은 세계무대에서 활동하는 데 필요한 내용, 즉 글로벌 시티즌십을 전혀 가르치지 않는다. 국제무대에서 중요한 것은 유창한 영어보다 세계시민으로서의 자질이다.

다른 문화에 대한 이해, 신뢰, 정직, 에티켓이 필수다. 이런 능력을 길러야 진취적인 미래도 가능하다. 젊은이들이 국내 대기업에 취직하기보다 세계로 나아가는 걸 꿈꾸게 해야 한다.

위 한동대학교 김영길 전 총장의 한 신문사와의 인터뷰[18] 기사가 내 눈길을 끈다. 우리 교육의 패러다임을 새로 찾고 바꾸는 데 좋은 참고가 될 만하다.

물론 이런 이야기는 수십 년 전부터 한국 교육계 소수 지도자들이 해 왔다. 그러나 관건은 이러한 방향으로 교육정책을 바로잡아 흔들림 없이 일관되게 꾸준히 집행, 실천, 현실화하는 것이다.

대통령을 위시하여 우리나라 교육정책 결정 담당자, 당국자에게 나는 다시 묻고 싶다.

조국 광복 뒤 한국 대학과 대학생의 양적 급성장이 대학과 학문(과학)의 질적 향상을 함께 가져왔는가? 아니면, 거꾸로 질적 저하, 저질화를 부추겼는가? 더구나 세계 유례가 없는 문자를 창제한 나라에서 도대체 '대학원대학교'

는 무슨 난센스인가? 이런 이름을 허락한 교육부처 담당관은 어느 나라 사람인가? 대학원대학교는 영어나 다른 외국어로 어떻게 번역할 수 있을까?

우리나라는 대학원대학교를 포함, 지금 전문대학, 교육대학, 각종 학교(전문대학, 대학과정, 방송통신대학, 산업대학, 기술대학, 원격대학, 사이버대학, 사내대학, 대학 부설 대학원) 등 거의 혼란스러울 정도로 온갖 이름(간판)을 가진 고등교육기관이 난무하고 판친다.

중 · 고등학교 간판도 마찬가지다. 이명박 정부가 지난 5년간 "고교 다양화" 정책을 펴면서 시작된 고교 시스템의 혼란은 또 어떤가? 일반고, 과학고, 외국어고는 좀 시간이 지나 이름만은 생소하지 않지만, 자율형 사립고, 자율형 공립고, 특성화고, 마이스터고 등 이젠 고교 이름만 외우기에도 벅차니, 고등학교 이름이 동네북도 아닌데 이 무슨 꼬락서니인가? 대학교 학과도 마찬가지다. 시대의 변화에 따라 새로 생겼다지만 사이버국방학과, 산업보안학과, 융합보안학과, 사이버경찰학과, 정보보안학과, 경호보안학과, 사이버수사경찰학부, 정보통신보안학과, IT융합학부(스마트IT보안), 에너지그리드학과, 스마트운행체공학과, 광메르카트로닉스공학과, 휴먼기계바이오공학부?

교육은 백년지계(百年之計)라는 말이 무색할 정도로 정권, 장관, 교육감이 바뀔 때마다 교육정책이 난도질 당하니, 대한민국은 "학과 작명소", "교육실험 공화국"[19]이라는 비웃음까지 서슴없이 나오는 요지경이다. 미국 학술원 회원이고 캘리포니아대 명예교수인 조장희 박사는 최근 한 칼럼에서 BK21, WCU(World Class University), 기초과학연구프로젝트(IBS)도 해 봤지만, 우리나라 교육부나 관련 부처가 '노벨상' 수상 조급증에 빠져, 30년, 40년 학문연구의 기본을 망각하고, 예산 낭비, 시간 낭비, 인재 낭비의 수렁에서 아직도 헤매고 있다는 비판도 심각하게 받아들여야 한다.

우리나라 교육, 특히 대학교육의 모양새가 마치 서울을 비롯한 우리나라 대부분의 중소·대도시 거리의 고층 건물은 물론이고, 시가지 건물마다 그 벽이나 유리창에 빽빽이 어지럽게 들러붙은 '흉물' 같은 간판, 광고 게시물, 플래카드 같은 모양새라면, 지나친 과장인가?

도시 건물의 이 흉물스런 모습이 사라지는 순간이 바로 적어도 '겉모습의 선진국'이 되는 첫걸음이듯이, 우리나라 대학들의 온갖 불법, 탈법, 비리로 얼룩진 겉치레가 사라지는 순간이 선진국 수준의 대학이 되는 첫걸음이라고 적어도 이 저자는 생각한다.

우리나라 대학교들은 대부분 캠퍼스 시설물 차원의 외양은 이제 어느 정도 구색을 갖추었다고 본다.

지금부터는 대학의 학생, 교수, 연구원, 교직원 등 '인간자원' 차원의 질적 개선과 학문(과학) 연구의 내실에 투자하고 정성을 쏟는 것을 새 출발점으로 삼아야 하지 않을까?

물론 좋은 의미에서는 우리나라 교육의 양적 팽창이 그동안 세계에서 유례를 보기 힘든 우리나라의 급속한 경제성장, 산업화, 도시화, 중화학공업, 정보, 전자, 통신 기술의 선도적 발전 등에 결정적으로 기여한 것도 숨길 수 없는 사실이다. 교육이 바로 이러한 눈부신 발전의 초석이요 원동력이었다고 본다.

특히 세계에서 가장 짧은 시간에 문맹인구가 거의 사라진 나라, 그리고 경제협력개발기구(OECD), 국제교육성취도평가협회(IEA) 등이 실시하고 있는 각종 국제교육평가기구의 조사에서 한국 초·중·고 학생들이 수학, 과학, (언어)독해력 등에서 최상위권에 드는 것도 우리나라 교육 발전과 성장의 중요한 방증이다. 거듭 밝히지만, 교육이 바로 우리나라 국가 번영의 가장 큰 실마리요 원동력이라는 것에 이론(異論)을 제기할 사람은 드물다.

하지만, 위에서도 지적했듯이 우리나라 교육의 눈부신 발전과 국가 번영에의 결정적인 기여라는 그 밝은 빛 못지않게, 그 검은 그림자도 만만치 않다. 보기 하나를 더 들어 보자.

한 국제교육평가기구 보고서에 의하면, 수학, 과학, 독해력에서 우리나라 초 · 중 · 고 학생이 최상위권에 들면서도, 배움에 대한 흥미나 수학과 과학에 대한 자신감은 상대적으로 낮았다.[20] 한 어린 학생의 서슴없는 이야기를 들어 보자.

중학교 3학년 이모(15세) 양은 밤 12시가 되어야 잠든다. 오후 5시에는 학원에 가서 수학과 영어를 공부하고, 월, 수, 금요일에는 중국어, 화, 목, 토요일에는 영어 수업을 인터넷으로 받는다. 수업이 끝나는 밤 10시부터 학교와 학원에서 내 준 숙제를 하다가 11시-12쯤에야 잔다. 초등학교 때는 영어·수학 학원은 기본이고 태권도와 한문 학원도 다녔다. 이 양은 "공부해야 한다는 걸 알지만 너무 하기기 싫어서 스트레스 때문에 배탈이 자주 난다. 그래도 나는 친구들에 비해 학원을 덜 다니는 편"[21]이라고.

우리 이웃 중국의 대학교육은 어떤 상황일까? 우리나라와는 모든 면에서 아직도 너무나도 다르지만, 지금 중국에서 자녀의 '가오카오'(高考, 대학수학능력시험)를 위한 부모와 학생의 치열한 '합동작전'도 한국 부모와 학생의 '혈투'에 못지않다는 보도다. 아니 우리보다 더 우심하고 혹독하다. 중국은 인구 14억 명(1,401,520,179명, Worldometers, 2015년 9월 8일)으로 단연 세계 1위지만, 대학생 수도 미국의 2,100만 명보다 더 많은 3,100만 명으로 세계 1위다.

중국 안후이성(安徽省) 후미진 한 산골 마을에서 대학 준비생으로 3년을 같은 예비학교에서 밤낮없이 기계처럼 살다가 '가오카오' 시험 성적 차이 하나만으로, 인생의 갈림길이 한순간에 갈라지는 피눈물 나는 현장 리포트[22]는 두 아이를 길러 본 이 저자에게도 깊은 감동을 준다. 중국에서는 이를 "시험 한 번이 평생을 결정한다"(一考定終生)[23]며 울부짖는다 한다.

마오탄창(毛坦長)은 인구 5천 명 정도의 작은 도시다. 이곳에 그보다 네 배 더 많은 2만 명의 학생을 가진 중국형, "대학예비학교"(cramming school)인 마오탄창 고등학교의 두 학생 이야기다. 이 학교 3학년생 양 웨이(Yang Wei, 18) 군의 아버지는 산골 마을 복숭아 과수원 농부이고, 어머니는 그곳의 한 방직 공장 여공이다. 같은 학년 차오 잉셩(Cao Yingsheng, 18) 군의 아버지는 매일 12시간씩 1년에 50주를 인근 도시 고층빌딩 건설현장에서 일하는 막노동 일꾼이다.

이 두 아이 부모의 일평생 피맺힌 소원은 아들만은 집안에서 처음으로 대학을 나와 과수원이나 건설현장의 막노동(打工, dǎgōng) 일꾼이 아니라, 넥타이 매는 직업인이 되는 것이다. 165에이커 규모의 이 학교 캠퍼스는 안전요원이 골프 카트를 타고 수시로 감시하고, 감시 카메라가 교실, 숙소, 시가지에 설치되어, 학생들의 움직임을 24시간 녹화하는 등 생활도 공부도 마치 군대나 포로수용소같이 엄격하게 통제한다.

양 군이 사는 상자 같은 2단 침대 방에는 책상, 밥 짓는 전기솥이 고작이다. 양 군 어머니는 직장을 그만두고, 주말도 없이 매일 아침 6시 20분부터 밤 10시 50분까지 공부에만 매달린 3학년생 아들 뒷바라지하느라 1년 동안 이 좁은 공간에서 함께 살고 있다. 매 일요일 모의시험 때만 3시간 자유 시간이 있다. 휴대폰, 노트북 컴퓨터도 사용 못한다. 그의 단칸방엔 전기선도 없어서 비디오 놀이, 당구, 인터넷 카페도 할 수 없다.

한마디로, 이 글을 실은 《뉴욕타임스》 기자에게 "만약 당신이 3년 동안 내가 치른 대학 입학 모의고사 시험 종이를 모두 이어 놓았다면, 전 세계를 감쌀 수 있다"[24]고 양 군이 푸념할 정도다.

이 학교 500명의 교사는 여섯 명씩 팀(팀장과 다섯 과목 선생)으로 나뉘어, 학생 100명에서 170명을 하루 17시간 동안 집중 교육시킨다. 각 팀 학생들 가운데 중국의 120개 정도의 1류 대학에 합격하면, 합격자 1명당 보너스는 500달러로 팀 교사 전원이 나누어 갖고, 매년 합격률이 꼴찌인 팀은 자동 해고된다.

이 학교는 1998년엔 98명만이 대학 입시 합격 점수를 받았으나, 2013년에는 9,312명이 합격선에 들었다고 한다. 이 학교를 관찰한 기자는 실제 캠퍼스에 가서 위 두 학생과 부모를 직접 인터뷰하고, SNS를 통해서도 2014년 국가시험 때까지 추적 관찰한다. 양 군은 다행히 2등급 대학인 안후이대학에 합격해서 부모의 한을 풀어 주게 됐지만, 차오 군은 점수도 미달인 데다가 재수할 돈도 없어 그의 아버지를 따라 건설현장으로 간다는 눈물겨운 실화(實話)다.

2015년도 가오카오 시험은 총 942만 명이 6월 7-8일(일부 지역은 9일까지) 응시했다. 이날 허난성(河南省) 뤄양(洛陽)시는 고사장 상공에 날개가 여섯 개 달린 드론(무인기)까지 띄워 500미터 이내 상공에서 라디오 주파수를 탐지해 수험생 부정행위를 감시하는가 하면, 2014년에 발생한 초소형 카메라, 이어폰, 문자 전송기 등을 이용한 부정행위 재발을 막기 위해 올해는 수험생 신분증과 수험증만 고사장에 허용하고, 모든 필기도구는 성(省) 당국이 제공했다. 하지만, 올해도 장시성(江西省)에서 조직적인 대리시험이 적발돼 조사 중이며, 대리시험 값은 최소 7만 위안(약 1,200만 원)이라고.[25]

다시 우리나라 교육현장 이야기로 돌아와 최근 한 조사[26]를 보면, 세계 11세 아동이 학업 스트레스를 느끼는 비율(%)은 한국(50.5), 포르투갈(47.2), 핀란드(44.6), 스페인(44.4), 영국(42.1), 미국(40.6), 스위스(24.7), 독일(23.9), 프랑스(20.8), 네덜란드(16.8) 순으로, 우리나라 아동은 평균치(33.3%)보다 20%가 넘는 수치를 기록한, 세계에서 스트레스가 가장 많은 삶을 산다는 이야기다.

핀란드의 교육은 중국, 한국과 극적인 대조를 이룬다. 물론 핀란드는 인구로 보면, 520만 명 정도로 5천만 명인 우리나라와도 비교가 안 된다. 그러나 영토는 13만 평방미터로 우리나라(99,720km^2)보다도 넓다. 하여, 핀란드는 인구밀도가 평방미터당 44.9명인데 우리는 1,305명으로 29배다. 따라서, 두 나라 교육환경의 단순비교는 금물이지만, 몇 가지 우리가 그곳에서 배우고 참고해야 할 것들이 있다. 하나는 아이들이 놀고 즐기면서 현장 중심으로 공부한다는 것이다. 그리고 선생과 학생의 관계는 자기 집처럼 따뜻하고 허물이 없다고 한다. 또 하나는 초·중·고 선생이 되려면 연구와 현장경험을 전문화한 교육학 석사학위를 필수로 하고 있다는 것이다.

이와 관련 한국에서 개최된 2015년 세계교육포럼(World Education Forum)에 참석한 국제교육(Education International) 대표, 호프굿(Susan Hopgood)의 한국 교육에 대한 비판적 시각도 심각히 받아들여야 한다. PISA의 높은 점수에만 매달리거나, 한국의 급속한 양적 성장에 대해 자화자찬 하기보다는, 한국의 10대 소년·소녀의 자살률이 10년(2001–2011년) 사이에 57%나 급증한 것이나, 교사들의 '표현의 자유'가 사실상 허용되지 않고 있고, 교사와 교육행정관과의 대화가 차단된 현실에 대한 그의 비판[27]을 우리 정부는 경청하고, 열린 자세로 구체적인 해결책을 마련해야 할 것이다.

왜 이처럼 스트레스와 자살률이 심각한 상황에 이르렀을까? 그 무엇보다도, 나는 초·중고생 학부모의 '과잉교육' 강박관념이나 그러한 교육 풍토의 산물이라고 생각한다.

학부모가 자기 어린아이가 정규 학교 수업이 끝나자마자 다시 온갖 시시

콜콜한 사설학원에 보내며, 꼭두새벽부터 밤 12시까지 아이들만의 시간과 세상을 갖도록 잠시도 놔주지 않고 들들 볶고 억척을 떤다면?

돈 봉투는 물론이고 무슨 수단과 방법을 써서라도 자기 아들딸만은 일류대학을 가야 한다는 거의 병적인 강박관념이나 '일류대학 병'도 어제오늘의 일은 물론 아니다. 이런 학부모의 아이들은 과연 어떤 정서를 가지고 자랄까? 이런 학부모의 '병'을 교묘하게 이용하여 돈벌이에만 혈안이 된 사설학원이나 잡상인처럼 설치는 '악덕' 입시 브로커들의 비리와 병폐는 또 어떤가?

학부모의 '일류대학 병'이 이젠 미국, 영국 등의 '일류대학 병'으로까지 번져 가고 있는 것도 같다. 최근 SAT를 만점 맞은 한국계 '천재 소녀'라며, 그가 하버드대와 스탠퍼드대에서 2년씩 번갈아 학업을 이수한다는 전례가 없는 "입학 허가"를 받았다는 뉴스가 가짜로 드러난[28]것이 그 좋은 보기다.

국책기관을 사칭하는 "초 · 중고교 교사 채용정보 제공" 유령업체를 만들어 "9천만 원 내면 정교사 취직시켜 준다"는 "교직 사기 매매단"[29]은 또 어떤가? 이런 야바위꾼의 잡동사니 같은 교육환경에서 제대로 된 교육이 가능할까?

최근 불거진 충청남도 교육감 김종성의 장학사 시험문제 유출 사건은 한국 교육기관의 총체적 불법, 비리, 부정, 부패의 빙산의 일각이 아니기를 바란다. 2013년 2월 현재 전국 시도교육감 17명 가운데 형(刑)이 확정되었거나 수사를 받고 있는 사람만 6명이며, 이들 대부분이 인사비리[30]라니 말문이 막힌다. 매관매직이 조선시대 탐관오리의 옛이야기가 아니라 오늘의 한국 교육현장의 현주소인가?

전국교수공제회 총괄이사가 교수 회원 5천여 명이 맡긴 기금 총 6,771억 원 가운데 560억 원을 횡령하여, 최근 대법원이 그에게 징역 20년을 선고한 파렴치 사건[31]은 또 어떤가?

다른 중앙정부, 지방정부 공공부분의 비리, 부정, 부패도 여전히 만만치 않다. 문제는 교육기관의 부패, 부정, 비리는 집으로 말하면, 그 주춧돌이 망가지고 있는 것처럼 심각한 상황이라는 것이다. 2014년 4월 세월호 참사와 2015년 5-6월 메르스(MERS, 중동호흡기증후군) 사태에 대해 "시스템의 뼈대인 혜택-부담(요금, 세금), 위험-보상, 권한-책임, 직무-실력의 균형이 엉망이기 때문"이라는 최근 한 전문가의 진단[32]은 현 한국 교육의 난맥상에도 고스란히 적용된다고 생각한다.

경제협력개발기구(OECD) 34개 회원국 가운데 우리나라가 국내총생산(GDP) 대비 아동복지 지출 비중이 겨우 0.8%로 32위라는 통계[33]는 또 어떤가? 이를 자조하고만 있으면 안 되며, 정치권, 특히 박근혜 정부처럼 대한민국의 미래를 위해서 "창조경제" 구호만을 외칠 것이 아니라, 창조교육의 첫 출발인 유아, 청소년 교육과 복지를 최우선 과제의 하나로 설정하는 것이 급선무라고 생각한다.

구체적으로, 한국교육개발연구원이 전국 성인남녀 1,800명을 대상으로 실시한 '2012년 교육 여론조사'에 의하면, 정부가 가장 시급히 해결해야 할 교육 문제 순위는 다음과 같다.

학생의 인성, 도덕성 약화	35.8%
학교폭력	34.5%
높은 교육비 부담	11.6%
교권 약화	7.2%
학생인권 약화[34]	6.8%

위에서도 이미 밝혔지만, 비단 초·중·고 교육뿐만 아니라, 우리나라 대학교육도 문제가 많다. 염재호 고려대 총장의 한국 대학교육 현주소에 대한

다음 이야기도 대통령을 포함, 정부 교육 관련 결정자들이 과감하게 한국 교육을 혁신하는 데 심각하게 참고해야 한다고 본다.

"선진국은 대학교육에 거의 개입하지 않아요. 초·중·고는 지방자치단체가 관장하고 영·유아나 보육은 정부가 담당합니다. (거꾸로) 우리는 교육부가 대학을 담당하고 초·중·고는 주로 교육청에서 합니다. 그러다 보니 교육부 규제 방식이 초·중·고에서 하던 관행을 못 벗어나요. 출석부가 대표적인 예죠."

"사립대인 우리 학교 예산이 거의 2조 원이 되는데, 정부에서 주는 돈은 제로에 가깝습니다. 그러려면 자율형 사립고처럼 대표적인 대학에 대해서는 자율형 사립대를 인정해 등록금 규제도 풀어야죠. 등록금을 7년째 못 올리고 있는데, 결국 교수 대 학생 비율이 나빠지고 국제경쟁력 여력도 떨어지게 되죠. (…) 서울대는 1년에 4,000억 원 정도 예산 지원을 해 줍니다만… 고려대, 연세대, 경희대, 한양대공대가 우리 사회에 공헌한 바는 매우 크죠. 이 사립대 이공대에 1년에 200-300억 원만 줘도 잘할 수 있어요. KAIST는 2,000억 원 정도 들어가잖아요. 광주과기원, 대구경북과기원, 울산과기대를 과기원 체제로 바꾸고 부산, 경남도 또 만들어 달라고 그러죠. 모두 BK 지원 대상입니다."[35]

위 지적과 관련해서, 구체적으로 보기 하나를 들어 보자. 미 워싱턴 주의 경우, 주 대법원 판결(McClearly ruling)로, 주 정부 2015년 예산 사이클(2013-2015)에서 교육예산이 4조 달러에서 5조 달러 더 늘어나, 초·중·고(K-12) 예산이 15.3조 달러로 주 정부 총 예산의 45%를 차지하고, 고등교육 예산은 3.1조 달러로 9%, 그리고 조기교육 예산은 1억 6,300만 달러로 책정[36]되었다. 주마다 차이가 있겠지만, 적어도 위에서 염 총장이 지적했듯이, 중앙정부의 정부 예산 지원도 없이 사립대학의 자율성, 독립성을 해치는 과거의 해묵은 간섭, 감독 관행은 과감히 버려야 할 것이다.

우리나라 청년실업 문제, 특히 대학 졸업생 취업 문제도 위험 수준이다. 보기를 하나 들어 보면, 인천국제공항공사 공채 74명 모집에 11,000여 명이 응시하여 경쟁률이 170 대 1이고, 대졸 출신 일반직 경쟁률은 무려 300 대 1로 대학졸업생은 훨씬 극심한 취업난을 겪고 있다. 최근 슈바프 교수가 "청년실업은 유럽 경제의 미래를 빼앗고 앞으로 다가오는 수십 년의 그 성장잠재력을 파먹는 암이다"[37]라고 경고한 것은 우리에게도 맞는 지적이다.

우리나라 고등교육도 이제 새로운 성찰과 반성이 필요한 시점이다. 강규형 교수가 한 시사 칼럼[38]에서 요약했듯이, 1996년 대학과 대학원 설립요건을 대폭 완화하여 대학과 대학원의 우심한 난립과 심각한 수준의 부실화를 낳았다.

다시 강조하지만, 대학교육 정책도 우선순위가 그동안의 양적 성장 위주에서 질적 향상과 개선, 개혁으로 바뀌어야 한다고 본다. 유사학과 통폐합, 대대적인 정원 감축, 수준미달 대학 퇴출, 특수대학 대폭 감축 등의 대수술이 필요한 시점이다. 일차적으로는 대학이 자율적으로 풀 문제이다.

보다 근본적으로는, 통계청 조사[39]에 의하면, 9살에서 24살 우리나라 연령인구는 1978년 총인구의 36.9%를 정점으로, 2014년 현재 984만 명, 19%로 격감했다. 2020년이면 이 연령층은 16.3%, 2040년에는 13.5%, 2060년에는 11.4%로 더욱더 줄어들 것으로 전망한다. 이 전망치는 우리나라 출산율 기준을 연 1.42로 가정했을 때이지만, 2016년 우리 출산율은 세계 최하위인 연 1.17이므로 이마저 낙관적인 숫자다.

한마디로, 우리나라는 출산율 급감, 고령인구 급증이라는 새로운 인구구조 변화의 소용돌이 속에 휩싸여 있고, 이에 대응, 대처하는 중장기적이고 전반적인 국가교육정책을 신속히 개발, 집행해야 한다고 생각한다.

2014년 1월 말 교육부가 발표한 대학구조개혁 추진계획[40]이 그 첫 출발점이 되기를 바란다. 인구격감에 따른 학생 수 격감에 대한 대책으로 2015년부터 2023년까지 3년 단위로 대학 정원(2015-2017학년도에 각 4만 명, 2018-2020년도에 각 5만 명, 2021-2023년도에 각 7만 명)을 각 대학을 절대평가하여 5등급(최우수, 우수, 보통, 미흡, 매우 미흡)으로 나누어, 최우수대학은 자율적으로 정원을 감축하고 나머지 등급은 강제로 감축하게 하여 총 40만 명을 감축한다는 계획이다.

이 계획이 또 하나의 '공염불'이 되지 않도록, 실제로 차질이나 지체 없이 그리고 부당하고 불합리한 후유증과 역효과를 최소화하면서 성공할 수 있어야 한다.

요컨대, 좁은 의미에서의 스승 제자, 선생 학생이나, 넓은 의미에서의 교육은, 인류가 문명사회로 진화하는 그 첫 시작부터 지금까지 사람이 모여 사는 곳이면 어디서나 끊임없이 서로 가르치고, 서로 배우고, 함께 가꾸고 간직해 온 바람직한 삶의 방식이요 문화이자, 가장 오래된 그리고 가장 중요한 '배움의 삶'이다.

어느 나라 어느 통계에서도 한 인간이 이 세상에서 삶을 꾸려 가는 데 성공의 최소한의 필요조건은 교육—'배움의 삶'—이라는 것은 확률적으로 실증된다. 두말할 필요 없이 아는 것이 힘이다. 교육은 바로 사람의 앎을 깨우쳐 주고, 길러 주는 일이요, 그 길이다. 앎을 더 넓게, 더 깊게, 더 옳게, 더 바르게, 더 쉽게, 더 빠르게 가르치고 배우는 과정이다. 불완전한 인간에게 배움, 가르침, 앎의 길[41]은 끝이 없다. 누구든 그의 삶이 끝나는 순간까지…

교육 주무부처 간판 바꾸기 놀이

교육을 이런 시각에서 보면 우리나라 교육의 문제점은 교육 주관부처와 학교와 교직원, 학생과 학부모 등 네 곳 모두에 있는 것으로 보인다. 이들 가운데 교육 주무부처만을 한번 잠깐 살펴보자.

정권과 주무장관이 바뀔 때마다 덩달아 날뛰는 입시요강 바꾸기, 뒤집기가 버릇이 된 '바람개비' 같은 입시 위주의 교육정책.[42] 주무부처 간판(명칭)만 수시로 바꾸고 그 부처에서 일하는 공직자들은 부패 연결고리를 포함, 하는 짓은 크게 안 바뀌는 "고 모양 고 꼴"이거나 기껏해야 "새 모양 고 꼴"이라면?

물론 교육부처뿐만이 아니고 다른 부처도 마찬가지지만, 그리고 비단 우리나라뿐만 아니라 다른 나라의 경우에도 사회, 정치, 경제, 과학기술 등의 엄청난 발전과 혁명적 변화에 대응, 적응하기 위해 불가피하게 기존 정부 기구가 소멸, 축소, 대체, 병합, 확장 등 조직 개편을 하기 마련이다. 여기서 그러한 합리적이고 정상적인 대응 조치를 무시하거나 반대하거나 비판하는 것은 아니다.

구체적으로, 미국의 현 교육부(Department of Education)는 1980년 레이건 정부 때 기존 부처인 보건교육복지부(Department of Health, Education, and Welfare)에서 독립 부처로 떨어져 나왔다. 그러나 교육(education)이라는 간판 그 자체는 바뀌지 않았다.

한편 우리나라는 그동안 문교부(1948–1990), 교육부(1990–2001), 부총리 겸 교육인적자원부(2001–2004), 부총리 겸 과학기술부(2004–2008), 교육과학기술부(2008–2013), 교육부(2013), 다시 사회부총리 겸 교육부(2014–)… 이렇게 주무부처 이름만도 일곱 번 바뀌면서 '간판글자 붙였다 뗐다'를 거듭해 왔다.

교육이라는 두 글자가 무슨 죄가 있다는 것인가? 아니면, 작명 결정자의 무지, 무모, 무식의 산물인가? 아니면, 이것이 '간판 장수'나 '공문서 인쇄물 장사꾼'이 정권과 장관이 바뀔 때마다 한몫 챙기는 수작인가?

다른 부처도 엇비슷하지만, 대한민국 건국 이래 지금까지 교육부처 장관만도 59명이 거쳐 갔다. 2015년은 건국 67주년이므로 주무장관의 평균 재임기간이 겨우 1년을 조금 넘는다. "교육은 백년지계"라는 금언(金言)과는 거리가 멀어도 너무 멀다. 비아냥거리는 것이 아니라, 사실상 교육 주무장관 교체가 100년, 10년, 5년, 3년은커녕 사실상 거의 연중행사가 되어 버렸다.

죄도 없는 '교육' 두 글자, 간판만 난도질 당하고, 쉴 새 없이 바뀌는 교육책임자의 '자리 비우기, 채우기'의 반복은 교육(정책)이 헛돌고 겉도는 근본이유의 하나가 아닌가 한다.

속된 말로 표현하면, 이는 교육, 교육자, 교육공무원이 수박과 호박의 맛과 질을 높이는 데 열정을 쏟지 않고, 속은 호박인데 겉만 수박처럼 꾸미는 꼼수에만 마냥 몰두하는 꼴을 닮았다.

박근혜 정부가 들어서면서 교육 주무부처 간판이 두 차례나 바뀌는 수난을 겪었다. 다른 부처들을 포함, 교육과학기술부도 다시 '교육'은 반쪽으로 쪼개진 '교육부'에 남고, '과학기술'에서 '기술'이 빠지고, 이름도 거창한 신설 "미래창조과학부"로 변신, 새 살림을 꾸렸다.

박근혜 정권은 이것저것 짜 맞추기를 해서 지난 정부의 15부, 2처, 18청, 2원, 3실, 7위원회 등 총 47개 기구에서 17부, 3처, 17청, 2원, 5실, 6위원회 등 총 50개 기구로 늘렸다.

신설된 미래창조과학부는 영어로 "The Ministry of Science, Information and Communications Technology and Future Planning"이라고 한다. 이 영어를 그대로 옮기면, "과학, 정보, 통신, 기술, 미래 계획부"다. 우리 말 명칭

에 빠진 '기술'이 영어 명칭에 살아남은 것이 신기하다. 이 저자가 모든 나라들의 부처 명칭을 모두 조사하지 못했으니 단언할 수는 없지만, 이렇게 긴 이름을 가진 정부 부처가 이 세상 어느 나라에 있을까?

더구나 '과학과 기술'이면 됐지, 왜 거기에 미래창조(미래계획)와 정보통신까지 끼어들었을까? 미래창조는 한 부처만의 고유 사업이 아니라, 개인이나 가정, 그리고 기업 등 모든 민간 조직단체도 하는 것이 정상인데 왜 하필 한 부처만이 그것을 관장, 독점하겠다고 꼭 이름에까지 못 박아야 하는가?

국민의 한 사람으로서 나는 박근혜 정부의 최고 역점, 핵심 과제를 담당한다는 이 미래창조과학부가 성공하기를 빈다. 그리고 뜻한 바대로 모든 계획들이 좋은 결실을 맺기를 바란다.

우스갯소리로 들어도 좋지만, 북한 정치를 평생 공부한 한 학자로서 한마디 하면, 북한이 저 모양 저 꼴이 된 큰 이유의 하나가 바로 실속 없는 구호만 남발한 것이라고 생각한다. 그것이 '구호남발'에 그치지 않고, 국고 낭비, 시간 낭비, 인력 낭비, 국정 혼란으로 이어지기 때문이다. 김일성-김정일-김정은 3대 세습 체제를 치켜세우고 우상화하는 온갖 미사여구(美辭麗句), 농·공·상·경제 건설 구호는 물론이고, 당·정·군 선전 구호, 거의 무지막지한 대남 선전·선동 구호 등에만 몰두, 몰입한 것이다.

여기서 나는 북한의 변질된 3대 세습 전체주의 공산정권과 우리나라 정부를 비교하자는 것은 물론 아니다. 내 비판의 초점은 우리 정부가 부처 이름을 함부로 멋대로 자주 바꾸는 것도 수박 겉핥기 같은 '헛된 짓'이라는 이야기다. 한마디로, '행정안전부'를 '안전행정부'로 바꾼 박근혜 정권은 그렇다고 '세월호 참사'를 막았는가? 메르스 공포, 확산을 안전하게 예방, 조치했는가?

정권은 5년이라는 한시적인 수권(受權)집단이고, 정부는 대한민국이 보존되는 한 반영구적인 제도다. 따라서 정부조직 개편이나 부처 개명은 신중에 신중을 기해야 한다. 특히 교육부와 교육정책은 더욱 그렇다. 세상도 사람도 쉴 새 없이 바뀌고, 또 바뀌고를 거듭하지만, 집은 집이고 하늘은 하늘이듯이, 어제도 오늘도, 내일도 교육은 교육이다. 간판만 바꾼다고 교육 그 자체의 원목적과 의미마저 쉽게 바뀌거나 사라지지 않는다. 교육의 효율은 사람—교육 공급자와 수요자—의 노력, 능력, 실력, 헌신 등에 달려 있지 '간판 바꾸기'가 효율을 높이는 것은 아니지 않는가?라고 묻고 싶다. 박근혜 정부가 신설한 미래창조과학부의 긴 명칭에 대한 위 내 비판과 우려가 한갓 기우(杞憂)이기를 바랐지만 그는 끝내 국정농단 사태로 탄핵, 파면, 구속되는 사필귀정(事必歸正)의 비운을 맞았다. 박 정권을 잇는 문재인 정부는 또 한차례 정부부처 간판 바꾸기로 국고 낭비, 시간 낭비, 인력 낭비 '헛발질'은 이제 그만하고, 인구격감, 고령 인구 급증, 청년 실업 만성화 등에 대한 대책과 실행계획을 최우선 국정 과제의 하나로 흔들림 없이 실천, 실행하기를 바란다.

제 3 장

—

학문의 내재적 조건

—

과학자의 개성(자질)—수천 년 동안 침묵 속에 당신의 가설을 기다릴 수 있는가?

과학 분야에서 무엇인가 진정으로 "완벽하게 달성"할 수 있으려면 그는 엄격하고 철저한 전문가여야 하며, "천직"으로서의 과학자는 오직 엄격한 전문화(전문성)를 통해서만 그가 영구히 남을 만한 무엇인가를 "완벽하게 달성했다"는 것을 일평생 한 번쯤 스스로 완전히 느낄 수 있다고 베버는 말한다. 또 참으로 결정적이고 좋은 업적이란 항상 "전문화의 결과"라고 그는 강조한다.

그는 과학자(과학자 지망생)에게 다음과 같이 주문한다.

> 그리고 누구든 경주마에 곁눈 가리개를 한 것과 같은 능력이 없다면, 그리고 그의 영혼의 운명이 이 원고의 한 구절에 대해 그가 올바른 추측을 했는가, 못했는가라는 것에 달려 있다는 생각에 이르는 능력이 없다면 학문을 포기하십시오. 그런 사람은 학문에

대한 '개인적인 체험'을 결코 할 수 없습니다. 문외한들이 조롱하는 이러한 해괴한 도취 없이는, 이러한 열정(Leidenschaft, passion), 당신의 추측이 성공하게 될지 아닐지에 따라 '당신이 이 세상에 태어나기 전에도 수천 년이 지났고, 그리고 더 많은 수천 년이 앞으로 침묵 속에서 기다린다'라는 것 없이는, 당신에겐 학문이 천직이 아니니 다른 일을 해야 할 것입니다. 왜냐하면 그가 열정적인 헌신으로 그것을 추구하는 것이 아니라면 한 인간으로서의 아무런 인간적 가치가 없는 것이기 때문입니다.

그는 또 열정이 아무리 진기하고 심오할지라도, 그것만으로 한 과제의 과학적인 결과를 낳는 것은 아니라고 상기시킨다. 물론 열정은 결정적으로 중요한 영감(靈感, Eingebung, inspiration)의 필요조건이지만.

베버는 과학자와 과학아마추어를 구분한다. 과학자와는 달리, 아마추어에게는 한 개념(연구과제)을 규명하는 정확하고 신뢰할 수 있는 절차가 없다는 것이다. 또 그는 영감은 예술의 영역에서나 과학에서나 큰 역할을 하지만, 질에 있어서 그 영감의 의미나 결과(결실)가 다르다는 것이다. 하지만, 과학과 예술 모두 그 심리적인 과정은 플라톤의 열광(熱狂, mania, frenzy)과 영감이라고 본다.

베버는 과학 분야에서는 오직 그의 연구과제에만 몰두, 몰입하는 사람만이 개성이 있다고 힘주어 말한다. 그의 이 주문은 그러나 꼭 과학자뿐만 아니라 예술가도 마찬가지라고 나는 생각한다. 아니 모든 직업인에게까지도 그렇다.

그는 괴테를 보기로 든다. 괴테와 같은 천 년에 한 번 나타날 만큼 위대한 작가라 하더라도, 만약 그 자신의 '삶'을 그의 예술 작품에 접목(삽입)하려 들면, 그에 대한 대가를 치를 수밖에 없다는 것이다.

누군가 "내가 단순한 '전문가' 이상의 무엇인가를 어떻게 증명할 수 있을까?" 또는 "아무도 이제까지 말하지 않은 무엇인가의 형식과 내용을 어떻게 설명해야 할까?" 등 그가 헌신해야 할 과제의 '흥행주'나 '나팔수'가 되어 무대에 서서 스스로 그의 '체험'을 합리화하려 든다면, 그 사람은 과학자로서 개성이 없다고 베버는 잘라 말한다.

과학자는 이런 군중현상(heute massenhaft auftretende Erscheinung, cloud phenomenon)에 쉽사리 빠지지 말고, 오로지 자기 연구과제에만 내재적 헌신(innere Hingabe, inner devotion)을 쏟음으로써만이 그가 연구하는 과제의 중요성과 존엄성을 높인다고 역설한다.

그가 위에서 주문하는 과학자나 예술가의 내재적 조건이나 개성은 물론 과학자와 예술가의 이상형이다. 모든 과학 지망생이나 과학자의 현실, 현장 속의 모습은 물론 아니다. 현실적으로, 그가 주문하는 '이상형' 과학자는 문자 그대로 군계일학(群鷄一鶴)이다. 그러나 극소수의 이상형이든, 수많은 일반 과학자든 학문적 양심은 최소한의 필수요건이다.

두말할 필요 없이 어느 시대, 어느 나라, 어느 사회에나 비리, 부정, 부패는 있기 마련이다. (과)학자라고 예외가 아니다. 학계라고 불가침의 성역이 될 수 없다. 그러한 비정상, 부도덕, 불법행위의 형식, 내용, 빈도수, 규모 등이 다를 뿐이다. 아카데미의 부정, 부도덕, 불법행위도 비단 우리나라뿐만 아니라 세계 어느 곳에서나 있기 마련이지만, 특히 (과)학자의 학위·학술 논문 표절, 조작행위 등은 (과)학자로서의 가장 기본적인 결격요건이다.

2005년 서울대 수의학과 교수 황우석의 논문 조작 사건이나, 최근 논란이 되고 있는 바로 그 황 박사 논문 조작을 앞장서서 비판, 비난했던 같은 대학 같은 학과 교수 강수경의 논문 17편 조작 사건이 그 좋은 보기[1]다. 이 부끄러운 사건을 계기로 한국 대학들에 연구윤리규정 제정, 연구윤리부서와 연구진실성위원회 설치 등은 크게 늘었지만, 황우석과 비슷한 '연구조작', '부정'

사건을 뿌리 뽑기에는 아직도 갈 길이 한참 멀다.[2]

독일에서도 수상 메르켈(Angela Merkel) 내각의 연방교육연구부 장관 샤반(Annette Schavan)이 그가 30년 전에 쓴 박사학위논문 표절시비로 장관직에서 물러났다. 학위를 부여했던 뒤셀도르프대학교의 논문심사위원회에서 그의 표절 사실을 인정[3]했기 때문이다.

일본의 '전설적'(?)인 음악교사, 스즈키(Shinichi Suzuki, 1898–1998)의 '거짓말'도 거의 충격적이다. 개인적으로 이 저자가 그를 한 번 만난 일이 있기에 더욱 놀랍다.[4] 그의 '거짓말'과 실제 '사실'은 대충 이렇다.

거짓말은 그가 당시 저명한 바이올린 연주자요, 한때 베를린필하모닉 콘서트마스터(1901–1902)로 활동한 바 있는 클링글러(Karl Klingler, 1879–1971) 국립베를린음악학교(Staatlichen Hochshule fur Musik Berlin) 교수로부터 8년 동안(1920–1928) 유일하게 개인지도를 받았다는 것과 그가 베를린에 있을 때 아인슈타인(Albert Einstein, 1879–1955)과 교분을 나누었다는 주장 등이다. 그의 발자취를 비교적 철저히 조사 분석한 오코너(Mark O'Conner)는 스즈키의 주장이 모두 거짓말이며, "이것은 음악 역사에서 가장 큰 사기의 하나"라고 조목조목 그 증거를 제시[5]한다.

한국 소설가 신경숙의 소설 〈전설〉이 일본 소설가 미시마 유키오(平岡公威, 1925–1975)의 소설 〈우국〉(憂國)을 표절했다는 논란[6]도 마찬가지다.

한마디로, (과)학자든 예술가든 그의 연구 · 실험 결과나 예술작품이 오랫동안 남아 인류에 공헌하고 기여하려면, 오로지 그에게 주어진 과제에 모든 것을 바치는 피눈물 나는 각오와 노력이 있어야 한다는 이야기다.

오로지 돈 버는 데만 눈이 멀거나, 부나비처럼 얄팍한 대중적 인기나 각광만 좇아 허둥대지 말고, 오직 진리 탐구에, 그리고 자기에게 주어진 과제에 전심전력하라는 당부요 경고다.

베버의 이러한 이상형 (과)학자나 예술가의 내재적 조건이나 개성은 100년이 지난 지금도 변함없이 유효하다고 나는 생각한다. 물론 그러한 조건과 개성을 가지고 '이상형' 과학자, 예술가, 아니 모든 전문직업인의 사표(師表)가 된 경우란 물론 가뭄에 콩 나듯 지극히 드물다.

베버가 살았던 19세기 중반, 20세기 초에서 그가 이야기하는 이상형 (과)학자를 찾는다면, 아마 다윈(1809–1882), 마르크스(1818–1883), 프로이트(1856–1939) 같은 학자나 사상가가 아닐까 한다. 이들은 학문(과학)의 '개념'을 획기적으로 바꾼, 요새 용어로 말하면 새 패러다임(paradigm)을 창조한 (과)학자들이다. 위 세 (과)학자를 평가[7]하는 다음 구절이 내 눈길을 끈다.

> 가령 다윈이 동물의 왕국을 분류하고, 또 그 속에서 인간의 위치를 구체화했다면, 마르크스는 인간이라는 종(種)을 분류하고, 개인적인 삶이 매달린 "문화적 강제성들"을 강조하면서 인간과 사회의 상호관계를 지적했다. […]
>
> 가령 마르크스가 인간을 분류(유산자–무산자, 자본가–노동자)했다면, 프로이트는 그들(인간)을 개인화했다. 마르크스 이론은 우리를 문화의 강제적 역할에 초점을 맞추게 하고, 사회 변동 과정을 강조했다. 프로이트 이론은 이러한 문화적 양식(모형)에 따르는 개인의 성격 행태를 조명하고 그러한 사회적 적응 과정을 강조했다.

같은 책에서 프로이트가 개념화한 인간 개성의 3개 모델—구순기, 항문기, 성기기—과 막스 베버의 리더와 권력관계의 이상형 모델[8]—전통적, 카리스마적, 법적 · 합리적 리더십—을 (과)학자 모델의 전형적인 보기로 인용하고 있는 것도 매우 흥미롭다.

아마도 베버가 지금 살아 있다면, (과)학자의 이상형적 조건과 자질에 근접한 사회과학자로 그 자신을 마르크스, 프로이트와 함께 "사회과학 모델의 전형적 개발자"로 인용한 위 한 후학의 평가를 보고 그는 어떻게 반응할까? 궁금하다. 그의 정치지도자 개념 모델을 후학들로부터 인정받은 것에 대해 그가 기뻐서 흥분할 지경으로 날뛰지는 않겠지만, 그렇다고 흐뭇하게 생각하지 않을 것 같지도 않다. 그도 사람이기에…

요컨대, 그가 주문하고 있는 이상형 (과)학자의 경지에 이르는 것은 예나 지금이나 문자 그대로 "하늘의 별 따기"다. 그 경지는 마치 전 세계 등산인의 극소수 중 극소수만이 히말라야 산맥의 정상을 정복하듯이, 자연과학자, 사회과학자, 시인, 작가, 정치가, 아니 어떤 직업인이라도 노벨상 수상자가 되는 것만큼 어렵고 힘든 관문이다. '좁은 문의 좁은 문'이다.

물론, 세상만사가 다 그렇듯이, 아무리 철저한 엄선에 엄선을 거치고서도 모든 상의 수상자 가운데는 그 상을 받을 자격이 모자라는 '미심쩍은' 과학자, 작가, 시인, 정치인 등도 있겠고, 받지 못한 사람 가운데도 마땅히 받았어야 할 분도 더러 있겠지만… 끝내는 그러나 상은 상이고, 작품은 작품이다. 작품(저술) 평가의 잘못으로 상이 잘못 주어질 수는 있지만, 어느 작품이든 그 내용은 바꿀 수 없다. 시대에 따라 그 내용의 가치가 변할 수는 있어도…

베버가 거의 100년 전에 아카데미(학문과 과학계)를 "귀족사회"라고 규정한 것이나 과학자의 개성과 자질에 대한 극히 어려운 그의 주문을 최근 한 연구[9]가 엉뚱하게도 간접적으로나마 실증하고 있는 것도 흥미롭다.

이 연구는 그가 살았던 시대인 1905–12년과 1989–96년 두 기간의 지식인들과 민주화의 상관관계를 비교 분석한 것이다. 이 연구의 '지식인' 개념, 분석 방법, 자료 내용 등이 크게 다르고, 여러 가지 긴 설명이 필요하지만, 그의 "지식인 귀족사회"나 과학자의 자질(개성)과 관련된 이 연구 결과 가운데 극히 일부분만 소개하면, 다음과 같다.

20세기 후반기(1989–96)의 94개 비(非)민주 독립국가들과 지식인의 상관관계를 분석한 이 연구 결과를 보면, 객관적으로 측정할 수 있는 높은 교육을 받은, 즉 대학 · 대학원 졸업자 등을 뜻하는 '지식인'의 존재가 민주화에 중요하다는 것이 입증된다. 그러나, 더욱 중요한 조사 결과는 이 지식인 계량지수 가운데 오직 하나, 즉 이 나라들의 과학자협회 수만이 민주화에 큰 영향이 없다[10]는 것이다.

극히 간접적이고 아직 잠정적이지만, "좁게는 과학자와 민주화는 거의 상관관계가 없다! 넓게는 과학자와 정치는 상관관계가 없다!"는 위 연구 결과는 간접적으로나마 학문과 "과학세계는 귀족사회다"라는 베버의 주장이나 '이상형' 과학자는 "완벽"(Erfullung, fulfillment)을 추구해야 한다는 그의 주문을 뒷받침하고 있는 것 같아 내 눈길을 끈다.

이와 관련하여, 이 저자가 하와이대 대학원 시절, 1965년 말로 기억하는데, 당시 '실험사회심리학의 아버지'로 불리는 올포트(Floyd Allport, 1890-1978) 하버드대 교수의 특강에서 들은 이야기가 문득 떠오른다.

50년 전 강의였고, 내 영어도 짧아서 그때 그가 무슨 이야기를 했는지는 거의 기억이 없지만, 그가 이야기한 농담 비슷한 한두 마디는 아직도 내 귀에 생생하다.

하나는 미국 사람은 교회를 아무리 피하려 해도 대부분 평생 세 번은 갈 수밖에 없다는 이야기로, 그는 이 세 사건을 영어로 "hatch"(탄생, 즉 태어나 세례를 받을 때), "match"(결혼할 때), 그리고 "march"(죽고 나서 장례 행렬할 때)라고 우스갯소리를 했다.

또 하나는 "여러분은 아마 하버드대 교수라고 하면 관습에 묶이지 않고 가슴이 활짝 열린 자세로 자유로운 사고를 하며 편협하지도 않고 관대하며… 등등 한마디로 '대단한 인물인 것'같이 혹 생각할지 모르지만, 실은 '한 무리 고집불통들'(a bunch of bigots)일 뿐이오"라며 당시 청중을 웃겼던 일이다.

특히 올포트 교수의 두 번째 우스갯소리는 베버가 교수사회를 "귀족사회"로 규정한 것과 위 과학자협회 숫자와 민주주의는 별 상관관계가 없다는 계량분석 결과와 맥을 같이해서 내 해묵은 이 기억이 더욱 새롭다.

간추리면, 과학은, 아니 인간 삶과 예술과 학문의 어느 분야든, 궁극적으로는 폭정(暴政)과 선정(善政), 민주주의와 독재정치 등 정치와는 적어도 직접적으로는 무관하며, 오직 그의 전문, 특수, 특정 분야에 몰입, 몰두해야 한다는 베버의 주문은 지금 21세기 초 '전자인간'(homo electronicus) 시대에도 유효하다고 생각한다.

물론 과학자나 예술가라는 천직을 떠나 한 개인, 한 시민, 한 자유인으로서 그가 삶을 꾸리고 있는 나라가 권위주의, 공산전체주의, 군사정권 등 독재 체제이고, 자유와 인권이 유린된 처절하고 숨 막히는 상황에서 그가 그 독재에 저항, 항거, 투쟁하는 것은 또 다른 차원이다.

지난 세기 미국과 소련을 주축으로 한 두 진영 간 첨예한 냉전각축시대에, 1958년 노벨 문학상을 사양할 수밖에 없었던 파스테르나크(Boris Leonidovich Pasternak, 1890–1960)의 처참함은 어떤가? 1970년 노벨 문학상을 받은 솔제니친(Alexksandr Isayevich Solzhenitsyn, 1918–2008)이나 1975년 노벨 평화상을 받은 소련 핵물리학자 사하로프(Andrei Dimitrievich Sakharov, 1921–1989)는 온갖 개인적인 희생과 고난을 겪으면서도 끝까지 공산전체주의 독재 체제에 맞서 불굴의 항거를 한 그 좋은 보기다.

베버 스스로도 당시 독일사회민주당에서 출마 권유를 받는 등 현실 정치에 직간접적으로 참여했으며, 민주주의 정치를 지지했다. 그가 여기서 강조하는 것은 과학자의 자질과 개성이지 사회정치활동을 포함, 과학자나 예술가의 한 인간으로서의 삶과 학문 연구의 자유, 자율, 자주 그 자체를 부정한다거나 속박해야 한다는 이야기는 물론 아니다.

"완벽"의 경지

다음에는 베버가 말하는 과학의 완벽—완벽한 성취—이나 그가 개념화한 '이상형'에 이른 인물들을 두서너 가지 구체적인 보기를 들어 오늘의 눈으로 한 번 살펴보자.

첫째, 미 시사주간지, 《타임》(*Time*)은 1999년 12월 31일자 20세기 마지막 이슈에서 20세기 인물 가운데 표지 인물로 아인슈타인을 실었다.

이 주간지는 20세기를 "민주주의, 인권, 과학기술의 세기"로 정의하고, 그에 기여한 대표적인 인물들을 선정했다. 민주주의는 전체주의와의 투쟁, 그리고 온갖 비민주, 반민주 권력과의 항쟁에서 인권 수호와 획득에 기여한 인물을, 그리고 과학과 기술혁명은 우주의 신비를 벗기고, 자유정신과 자유시장의 힘을 풀어서 자유의 승리를 획득하는 데 기여한 인물로 기준을 잡았다.

그리하여, 과학과 기술혁신의 대표적인 20세기 표지 인물로 아인슈타인을 꼽았다. 히틀러(Adolf Hitler, 1889–1945), 스탈린(Joseph Stalin, 1879–1953), 마오쩌둥(Mao Zedong, 1893–1976) 같은 독재자와 맞서 승리한 정치지도자로는 미국의 루스벨트(Franklin D. Roosevelt, 1882–1942), 영국의 처칠(Winston L. Churchill, 1874–1965), 미국의 트루먼(Harry S. Truman, 1884–1972)을 선정했다.

인권운동가로는 인도의 간디(Mahatma Gandhi, 1869–1948), 미 흑인 인권운동가 마틴 루터 킹(Martin Luther King, Jr., 1929–1968)을, 그리고 스페인의 세계적인 화가 피카소(Pablo Picasso, 1881–1973)도 20세기 인물로 뽑혔다.

《타임》은 또 11세기부터 20세기까지 각 세기의 '대표적인 인물' 한 사람씩을 다음과 같이 선정한다.

11세기: 영국 정복자 윌리엄(William the Conqueror, c. 1027?–1087)

12세기: 기독교 십자군을 물리친 이슬람교도 지도자 살라딘(Saladin, c. 1138– 1193)

13세기: 유라시아 대륙 정복자 몽골의 칭기즈칸(Genghis Khan, c. 1162?–1227)

14세기: 이탈리아 화가, 조각가, 건축가 조토(di Bondone Giotto, 1266?–1337)

15세기: 독일 금속활자 발명가 구텐베르크[11](Johannes Gutenberg, c. 1395–1468)

16세기: 영국 여왕 엘리자베스 1세(Elizabeth I, 1533–1603)

17세기: 뉴턴(Isaac Newton, 1642–1727)

18세기: 제퍼슨(Thomas Jefferson, 1743–1826)

19세기: 에디슨(Thomas Edison, 1847–1931)

위의 미 주간지 《타임》이 선정한 지난 1천 년 동안의 세기적인 인물들을 살펴보면, 11–14세기까지는 정복자나 정복자를 물리친 지도자, 15세기부터는 과학자나 발명가가 대부분이라는 것이 흥미롭다. 물론, 대부분 선정된 인물이 유럽 중심적이고 구미 문화권을 벗어나지 못하고 있다는 것은 문제지만…

둘째, 다음은 찰스 머리(Charles Murray)가 그의 저서, 《인간의 성취—예술과 과학분야 정상 추구, 기원전 800년에서 1950년까지》(*Human Accomplishment: The Pursuit of Excellence in the Arts and Sciences, 800 B.C. to 1950*)에서 선정한 인물들을 간략히 살펴보자.

머리는 인간의 예술과 과학의 활동 영역을 8개 과학 분야—천문학, 생물학, 화학, 지구과학, 물리학, 수학, 의학, 기술학—와 4개 예술·사상 분야—미술, 문학, 음악, 철학—등 모두 12개 분야로 나누어 기원전 800년부터 1950년 사이의, 이 분야에 큰 업적을 남긴 인물들을 선정한다.

미술은 다시 중국, 일본, 서양으로, 문학은 아랍, 중국, 인도, 일본, 서양으로, 음악은 1200년 이후의 서양음악만을, 그리고 철학은 중국, 인도, 서양으로 구분하여 총 20개 범주로 나눈다.

분야, 인물, 나라 등 그의 선정 기준이 극히 자의적이지만, 그로서는 나름대로 '객관적이고 과학적인 기준'을 가지고 수집한 위 12개 분야, 20개 범주에 대한 183개 기초자료에서 1차적으로 19,794명의 과학자, 예술가, 철학자를 뽑아 내고 다시 1,183명의 중요한 인물로 압축한다.

이러한 선별 과정을 거쳐 각 분야에서 최고의 경지에 이른 과학자와 예술가를 20명씩, 그리고 그 가운데 다시 최고 순위 다섯 사람을 꼽는다.

여기서는 지면 관계상 각 분야별 최고 순위 다섯 사람씩만을 참고(위의 책, p. 96)로 여기에 소개하면 다음과 같다:

1. 천문학: 갈릴레이(Galileo Galilei); 케플러(Johannes Kepler); 허셜(William Herschel); 라플라스(Pierre-Simon de Laplace); 코페르니쿠스(Nicolas Copernicus)
2. 생물학: 다윈(Charles Darwin); 아리스토텔레스(Aristotle); 라마르크(Jean-Baptiste Lamarck); 퀴비에(Georges Cuvier); 모건(Thomas Hunt Morgan)
3. 화학: 라부아지에(Antoine Lavoisier); 베르셀리우스(Joens Berzelius); 셸레(Carl Scheele); 프리스틀리(Joseph Priestley); 데이비(Humphrey Davy)
4. 지구과학: 라이엘(Charles Lyell); 허턴(James Hutton); 스미스(William Smith); 아그리콜라(Agricola); 베르너(Abraham Werner)
5. 물리학: 뉴턴(Isaac Newton); 아인슈타인(Albert Einstein); 러더퍼드(Ernest Rutherford); 패러데이(Michael Faraday); 갈릴레이
6. 수학: 오일러(Leonhard Euler); 뉴턴; 가우스(Carl Gauss); 유클리드(Euclid); 라플라스
7. 의학: 파스퇴르(Louis Pasteur); 코흐(Robert Koch); 히포크라테스(Hippocrates); 갈레노스(Galenos); 파라셀수스(Paracelsus)

8. 기술: 에디슨(Thomas Edison); 와트(James Watt); 다빈치(Leonardo da Vinci), 하위헌스(Christian Huygens); 아르키메데스(Archimedes)
9. 중국화: 고개지(顧愷之); 조맹부(趙孟頫); 오도자(吳道子); 마원(馬遠); 동기창(董其昌)
10. 일본화: 셋슈 도요(雪丹等楊); 다와라야 소타쓰(俵屋宗達); 오가타 고린(尾形光琳); 하세가와 도하쿠(長谷川等伯); 가노 에이토쿠(狩 野永德)
11. 서양화: 미켈란젤로(Michelangelo); 피카소(Pablo Picasso); 라파엘로(Raphael); 다빈치(Leonardo da Vinci); 티치아노(Titian)
12. 중국문학: 두보(杜甫); 이백(李白); 백거이(白居易); 소동파(蘇東坡); 한유(韓愈)
13. 일본문학: 마쓰오 바쇼(松尾金作); 지카마쓰 몬자에몬(近松門 左衛); 무라사키 시키부(紫式部); 이하라 사이가쿠(井原西鶴); 모리 오가이(森鷗外)
14. 서양문학: 셰익스피어(William Shakespeare); 괴테(Johann von Goethe); 단테(Dante Alighieri); 비르길리우스(Virgil); 호메로스(Homer)
15. 인도문학: 칼리다사(Kalidasa); 비야사(Vyasa); 발미키(Valmiki); 아스바고사(Asvaghosa); 바르틀하리(Bhartrhari)
16. 아랍문학: 알 무타나비(al-Mutanabbi); 누와스(Abu Nuwas); 알 마아리(al-Ma'arri); 케이이스(Imru' al-Qays); 타맘(Abu Tammam)
17. 중국철학: 공자(孔子); 노자(老子); 주자(朱熹); 맹자(孟子); 장자(莊子)
18. 인도철학: 샨카라(Sankara); 나가르주나(Nagarjuna); 라마누자(Ramanuja); 붓다(Buddha); 마드바(Madhva)
19. 서양철학: 아리스토텔레스(Aristotle); 플라톤(Plato); 칸트(Immanuel Kant); 데카르트(René Descarte); 헤겔(Georg Hegel)
20. 서양음악: 베토벤(Ludwig van Beethoven); 모차르트(Wolfgang Amadeus Mozart); 바흐(Johann Sebastian Bach); 바그너(Richard Wagner); 하이든(Franz Joseph Haydn)

위 20개 범주, 12개 분야 최상위 총 100명 가운데 두 개 분야 최고 거장으로 뽑힌 인물은 갈릴레이(1564–1642, 천문학, 물리학), 라플라스(1749–1827, 천문학, 수학), 아리스토텔레스(B.C.384–B.C.322, 생물학, 서양철학), 뉴턴(1646–1723, 물리학, 수학), 다빈치(1452–1519, 기술학과 서양예술) 등 다섯 사람이다.

베버가 위에서 개념화한 과학과 예술의 완벽 또는 이상형 과학자와 예술가를 머리는 숫자로 100점 만점을 주는데, 과학 분야 100점 만점자는 갈릴레이(천문학), 다윈(1809–1882, 생물학), 산소를 발견한 프랑스의 라부아지에(1743–1794, 화학), 영국의 지질학자 라이엘(1797–1875, 지구과학), 뉴턴(물리학), 적분을 개발한 스위스 수학자 오일러(1707–1783, 수학), 프랑스의 화학자, 세균학자 파스퇴르(1822–1895, 의학), 스코틀랜드의 발명가 와트(1736–1819, 기술), 그리고 뉴턴은 1개 이상의 과학 분야(Combined Sciences) 만점자가 된다.

철학은 중국의 공자(B.C.552–B.C.479), 인도의 현대 힌두교 철학의 주류를 형성하는 베단타(Advaita Vedanta) 종파의 주창자 샨카라(700?–750?), 그리고 그리스의 아리스토텔레스를 뽑는다.

음악은 동양음악은 그의 명단에서 빠지고, 서양음악에서만 베토벤(1770–1827)과 모차르트(1756–1791)만이 100점 만점인 것이 흥미롭다.

미술은 중국 원나라 대의 조맹부(1254–1322), 일본의 셋슈 도요(1420–1506), 그리고 이탈리아의 미켈란젤로(1475–1564)가 오른다.

문학은 아랍 시인 알–무타나비(915–965), 중국 시인 두보(717–770), 인도 산스크리트어 시인, 극작가 칼리다사(400?–500?), 일본 하이쿠(俳句)의 마쓰오 바쇼(1644–1694), 그리고 서양문학에선 셰익스피어(1564–1616)를 만점자로 선정한다.

마지막 예시는 헤럴드 블룸이 그의 저서, 《천재》(*Genius*)[12]에서 선정한 '천재'

들이다. 그는 서구 중심의 소설, 희곡, 수필, 철학 등 문학, 사상, 철학 분야에만 국한해서 유대인 히브리어의 보석 'Seppir'(Sapphire, 靑玉)의 어원인 'Sefirot'라는 개념을 사용, 그 스스로 뽑은 100명의 '천재'들을 다시 10개 범주로 나눈다. 그의 설명에 의하면, 'Sefirot'는 "신(神), 아담 카드몬 혹은 신인, 신의 이미지 등을 동시에 모두 가진 자질"[13]이다. 이 10개 범주에서도 최고, 최상의 범주를 히브리어로 "왕관"(Keter)이라 부르며, 그가 이 범주에 으뜸 인물로 셰익스피어를 꼽아 "세속의 신"(secular Godhead)으로까지 치켜세우는 것이 눈길을 끈다.

그는 왕관 범주에 위의 셰익스피어 외에도, 스페인의 세르반테스(Miguel de Saavedra Cervantes, 1547–1616)를 "최초의 소설가"로, 프랑스의 몽테뉴(Michel Eyquem de Montaigne, 1533–1592)는 "최초의 수필가"로, 영국의 밀턴(John Milton, 1608–1674)은 "서사시 재창조자"로, 그리고 톨스토이(Lev Nikolayevich Tolstoy, 1828–1910)는 "서사시와 소설을 융합한 작가"로 뽑는다.[14]

간추리면, 베버의 (과)학자에 대한 "완벽한 성취" 주문이나 머리의 "100점 만점" 평가나 블룸의 "천재" 인문학 작품 기준이나 모두 범용, 범상한 (과)학자, 예술가, 문필가들 이야기는 아니다. 한 인간으로서 적어도 자기 전문, 전공 분야의 천착에서 "거의 신의 경지"에 다다른 극소수 중의 극소수 인물들이다. 이들 모두 동서양을 넘어 사표나 전범임은 물론이다.

이들은 그러나 한 특정 지역이나 국가가 고유의 기준을 갖고 뽑은 프랑스 파리 팡테옹(Panthéon) 등에 안치된 각계각층의 거장들과 비슷하지만, 이들도 사람이지, 오늘날 우리가 말하는 영생불멸, 전지전능의 신은 아니다. 사람, 아니 모든 생물(체)의 삶과 그 발자취는 궁극적으로 불변, 불후, 불멸의 세계는 아니기 때문이다.

과학은 예술과 어떻게 다른가?

위에서도 이야기했지만, 열정, 열광, 인내력, 몰입, 몰두 등 과학과 예술, 과학자와 예술가의 '개성' 차원의 전제조건에는 공통점이 있다. 하지만, 과학은 예술작품과 본질적으로 다른 운명(Schicksal, fate)을 갖고 있다는 것을 베버는 크게 강조한다.

과학적 사업(업적)은 진보(Fortschritts, progress)의 사슬에 묶여 있다는 것이다. 그러나 예술의 영역엔 같은 의미의 진보는 없다고 그는 역설한다. 그림의 경우, 화법은 변할 수 있어도 참으로 완벽한 경지에 이른 작품은 절대로 낡지도 않고 대체할 수도 없다. 언제 어디서나 개인들마다 나름대로 예술작품을 음미하는 취향은 다를 수 있다. 그러나 화법은 비록 다를지라도 한 화법의 완벽에 이른 작품을 또 다른 화법의 완벽에 이른 작품이 결코 앞지르거나 초월(능가)하지 못한다.

셰익스피어의 희곡 〈리어 왕〉(King Lear)이 소포클레스(B.C.496?–B.C.406)의 〈오이디푸스 왕〉(Oedipus Rex)을 대체하지 못하듯이, 피카소(1881–1973)의 〈게르니카〉(Guernica)와 다빈치의 〈최후의 만찬〉은 시대도 화법도 서로 다르지만 두 작품 모두 서로를 대체할 수는 없지 않은가? 마치 차이콥스키(1840–1893)의 교향곡 6번(B Minor, "Pathetique")이 베토벤의 교향곡 9번(D Minor, op. 125, "Choral")을 능가한다고 할 수도 없고, 대체할 수도 없듯이…

물론 끊임없이 진보, 발전하는 과학기술과 예술이 서로 적응하고 접목되어, 새 과학기술환경에 맞는 새로운 예술의 창조, 창작, 창출이 쉴 새 없이 이루어지고 있는 것도 현실이다. 요샛말로 예술과 과학의 융합, 통합, 접목은 또 다른 차원의 예술과 과학을 낳기 때문이다. 더구나, 과학기술의 진보와 발전이 이미 존재하는 작품, 작곡, 작시 등 창작품을 더 빠르게 더 정확하게 더 편리하게 그 창작자(생산자)와 소비자(애호가)에게 제공하는 데에도 끊임없이 기여하고 있다.

음악 음반(disc)의 변천을 보기로 들면, 축음기와 음반의 발명으로 음반 녹음, 재생이 가능해지고, 지금은 CD(compact disc), DVD(digital video disc), 그리고 Blue-ray 등 듣고 보는 기술도 발전을 쉴 새 없이 거듭하고 있지 않은가.

라디오 시대를 뛰어 넘어 흑백 TV 시대가 열리고, 다시 컬러 TV 시대, 그리고 플라스마 디스플레이 패널(PDP) TV 액정표시장치(LCD) TV 발광다이오드(LED) TV, 유기발광다이오드(OLED) '양자 점'(Quantum Dot, QD) SUHD TV, QLED TV로 쉴 새 없이 탈바꿈을 거듭하는 것[15]도 마찬가지다.

과학의 진보와 발전은 이처럼 예술작품과 접목, 융화, 융합하면서 거듭나기를 끊임없이 계속한다. 보기를 들면, 베토벤의 교향곡 9번을 듣는 청중이나 지휘자를 포함, 연주자, 합창단원 모두가 더 멋있게, 더 정확하게, 더 아름답게 듣고, 보고, 노래하고, 그 작품 연주나 공연을 더 손쉽게, 더 오래도록 간직할 수 있도록 새로운 과학기술이나 기기가 이 작품을 도와줄 수는 있지만, 그리고 이 작품을 누군가 편곡할 수는 있어도, 결코 이 작곡가의 작품 그 자체를 바꿀 수는 없지 않은가? 원작은 원작이고 편곡, 변주곡은 편곡, 변주곡일 뿐이다.

과학자는 그가 성취한 것이 시간이 지나면, 즉 곧바로, 아니면 10년, 100년, 1000년이 걸리더라도 끝내는 낡게 마련이라는 것을 안다. 위에서도 밝혔듯이, 베버는 이를 예술문화 영역과는 달리, 과학세계의 공동 운명이라고 보았다. 달리 표현하면, 과학, 과학기술의 진보는 원칙적으로 끊임없이 무한히 지속된다.

우주, 다(多)우주가 끝이 없듯이, 과학의 길도 마찬가지다. 인류가 이 지구상에 존재하는 한 과학연구, 진리탐구는 '영원한 진행형'이다. 물론 예술가의 창작, 창조, 창건 활동도 끊임없이 지속될 것이다.

그러나 모든 과학적인 완벽은 새로운 '질문'을 제기하여, 과학자 스스로 지금까지 성취한 '완벽'을 다시 더 앞서 나가고, 뛰어넘기 마련이다. 과학자는 따라서 그 누구든 이 엄연한 사실에 순응해야 하며, 이제까지 그가 달성한 과학 업적을 앞으로 누군가 더욱 진전시킬 것이라는 희망을 항상 함께 안고 살아야 한다고 베버는 통찰했고, 그 통찰은 지금도 옳다고 나는 생각한다.

예술은 모으는 일, 즉 '수집', '누적'이 가능하다면, 과학은 이제까지의 업적을 더 앞선 발전, 발견, 발명이 끊임없이 바꾸고, 갈아 치운다. 즉, '대체'한다고 할까?

꼭 완벽에 이르지는 못했다 하더라도 좋은 예술작품은 지금도 어디에선가 누군가는 보고, 듣고, 읽고, 노래하며 즐긴다. 그 진선미에 매료된다. 완벽에 가까운 작품일수록, 이른바 '신의 경지'에 거의 다다른 작품일수록, 그 기법이나 장르, 분야는 서로 다르더라도 개인 소장은 물론이고 박물관, 도서관, 미술관, 음악관 등에 모아지고 수집되기 마련이다.

그러나 과학기술이론이나 발명, 발견, 발전은 새 이론, 새 기술, 새 발명품이 옛 이론, 옛 기술, 옛 발명품을 끊임없이 교체, 대체를 거듭한다. 마치 1950년대 말 이 저자가 서울에서 대학을 다닐 당시에 방학이면 고향과 서울을 오갈 때 탔던, 가장 빠르고, 가장 비싼 특급열차, 태극호가 새마을호에 밀리고, 새마을호는 고속철도(KTX)에 밀려나고, 그동안 기차의 속도도 빨라져, 시간도 열 시간에서 네 시간, 세 시간, 두 시간으로 계속 줄어들고 있듯이. 1971년 우리나라 최초로 첫 운행을 시작한 서울 지하철 1호선을 2009년에 개통한 서울 지하철 9호선이 그동안의 과학기술 발전과 진보를 누적적으로 체현하여 속도, 장치, 설비 등 모든 면에서 훨씬 능가한 것도 마찬가지다.

한마디로, 과학이론은 물론이고 인류가 지금까지 끊임없이 개발, 개조, 개선해 온 과학기술과 기기도 대체되고, 녹슬고, 버려지기를 되풀이하면서 인류 문명이 오늘에 이른 셈이다. 바로 이것이 예술과 본질적으로 다른 과학이론과 과학기술의 내재적 운명이요, 목적이라는 베버의 통찰도 옳다. 지금 21세기 전자인간시대에도 그의 구분은 유효하다.

"인생은 짧고, 예술은 길고, 기회는 재빨리 스쳐 가고, 실험은 위험하고, 판단은 어렵다"는 '서양 의학의 아버지', 옛 그리스 히포크라테스(B.C.460?-B.C.377?)의 경구(警句)가 떠오른다. 히포크라테스의 위 예술과 '실험'은 요샛말로는 예술과 '과학'이 아닐까 한다. 그런데 그는 실험(과학)을 한마디로 "위험하다"(treacherous)라고 표현한다.

과학은, 그리고 실험은 지속될 수밖에 없고 새로운 발견, 발명, 발전이 끊임없이 옛것의 대체, 교체를 거듭하기 때문에 'treacherous' 하다는 것일까? 이 형용사의 뜻을 우리말 한마디로 이처럼 번역하거나 표현하기가 어렵다.

베버의 개념, 완벽과 히포크라테스의 위 '실험'에 대한 형용사, 'treacherous'를 나란히 놓고 보면 이 두 사람이 보는 과학(실험)과 예술의 눈은 본질적으로 같다.

완벽에 이른, 신의 경지에 이른 예술은 길다. 그러나 과학과 기술의 발견, 발명, 발전은 지금 곧 당장 접하면 견고한 것 같지만, 그리고 완벽한 것처럼 보이지만, 사실은 깨지기 쉬운 살얼음판같이 위험스럽고 믿을 수도, 방심할 수도 없고, 그 발판과 토대가 불안정하다고 할까?

지금까지의 나의 삶에서 글쓰기 용구를 보기로 들어 보자. 나는 어릴 적엔 붓이나 연필에 매달리다가 중·고교에 다닐 땐 잉크 펜에, 그리고 대학 시절엔 볼펜을 갖고 살았다. 미국의 대학원 시절엔 손가락으로 키를 눌러 종이를 치는 타이프라이터(수동식 타자기)를 한참 쓰다가, 어느 날 다시 전기 자동타자기(IBM)로 학위논문을 썼다.

교수 시절엔 PC(애플 II)를, 이제 삼성 스마트폰(II)과 삼성 데스크톱 컴퓨터(Magic Station)가 거의 내 손과 발처럼 요긴한 삶의 기기가 되었다. 그러나 내 스마트폰은 불과 몇 달 몇 년 사이에 신형 갤럭시 스마트폰(III, IV, V, VI, VII, VIII)과 LG G6 에 밀리고, 내 컴퓨터도 2, 3년이 지나자 이미 '낡은' 모델이 되고 말았다.

우리의 삶은 지금 어떤가. 인류가 농촌, 농본 사회에서 도시 산업사회로 변화, 변모를 시작한 것은 고작해야 300년 남짓이다. 족집게로 뽑듯이 어느 특정 인물, 국가, 시기를 지적, 지명하기는 어렵지만, 대충 제1차(1760–1870), 제2차(1870–1914), 제3차(1980–), 제4차(2016–) 산업혁명 등으로 구분하기도 한다. 하나 분명한 것은 지금 앞서가는 나라들의 삶은 디지털, 인터넷, 사물, 만물 인터넷, 로봇공학, 인공지능, 3D 프린팅, 자율주행차 등 위 3차/4차 산업혁명이 현재 진행형이다. 그리고 그 핵심엔 과학과 기술, 문화와 예술이 함께 복합적, 동시다발적으로 융화, 융합되어 새 도약이 이루어지고 있다. 이 '초읽기' 변화를 짜릿함과 오싹함, 흥분과 공포, 희망과 낙망, 기대와 우려가 뒤섞인 마음으로 이 저자는 지켜본다.

과학은 무엇인가?

과학과 과학기술이 끝없이, 끊임없이 진보하는 것이라면, 그리고 어제의 과학이론, 과학기술과 기기가 오늘에 와서 녹슬고, 다시 내일의 과학이론과 과학기술이 오늘의 것을 대체하는 과정을 끊임없이 반복, 번복하는데도 왜 우리는 과학에, 그 연구에 뛰어들고 매달리는가? 하는 질문도 베버는 제기한다.

그에 의하면, 과학기술은 우리 삶을 지식화하고, 합리화하며, 우리 삶의 온갖 멍에로부터 인간을 해방시킨다고 본다. 실질적으로는 과학의 경험들이나 결과물을 기술적으로, 상업적으로 활용하기 위해서다. 그래서 과학기술을 활용하여 "더 잘 먹고, 더 잘 입고, 더 밝게하고, 그리고 더 잘 '통치'하게 한다"는 그의 심오한 관찰은 아직도 유효하다.

위 베버의 과학의 우리 삶에의 실용성 가운데 더 잘 '통치'(regieren, rule or govern)하게 만든다는 마지막 단어가 내 눈길을 사로잡는다. 과학기술 발전이 우리 삶을 "더 잘 먹고, 더 잘 입고, 더 밝게 밝혀 준다"는 그의 분석은 쉽게 이해가 가지만, "더 잘 통치하게" 한다는 것은 무슨 뜻일까?

잠깐이지만 현실정치에 참여했고, 정치학을 평생 천직으로 알고 살아온 나에게는 이 구절에 특별히 관심이 쏠릴 수밖에 없다. 이 구절에 대한 내 나름대로의 해석은 이렇다.

과학기술의 발전과 진보는 정치와 접목하여 긍정적인 또는 부정적인 기여를 하고 있다. 그리고 긍정적인 기여가 부정적인 폐단을 상대적으로 훨씬 앞선다고 나는 생각한다.

긍정적으로는, 오늘과 같은 전자인간시대에 과학이 선거 과정을 전산화하는 데 기여하고 있다. 옛 그리스의 10만, 20만, 30만 도시국가의 직접민주주의 시대와는 달리, 과학기술적으로는 지금 인구 5천만의 대한민국, 인구 3억 2천만의 미국, 인구 12억 6천만의 인도, 인구 13억 3천만의 중국에서도 '전자형 직접민주주의'(digital or electronic direct democracy)가 가능한 과학기술 여건이 이미 만들어져 있다.

구체적으로, 2012년 봄 북아프리카 튀니지에서 시작하여 이집트, 리비아, 그리고 지금 시리아로까지 번진 이른바 '재스민 혁명'도 페이스북(Facebook), 트위터(Twitter), 유튜브(YouTube) 등 소셜네트워크서비스(SNS, social networking service)를 포함한 전자정보통신기술 혁명(ITC, Information, communication, technology revolution)이 직간접적으로 개인의 자유, 인권, 민주주의 등에 긍정적으로 기여했다고 본다.

이름도 생소한 'ISIS'(Islamic State of Iraq and Syria)의 야만적인 살육 행위, 인류 문화재 폭파 등, 수많은 새로운 문제점을 낳고, 또 낳고를 거듭하고는 있지만, 중장기적으로 내다보면, 전자인간시대의 과학기술의 발전도 앞으로 인류의 삶과 복지에 더욱 기여할 것이라고 나는 믿는다. 앞으로도 일시적인 퇴보나 지그재그(zigzag) '갈 지 자 꼴' 행보는 불가피하겠지만 말이다.

이제까지 사람이 수작업으로 하는 각종 선거의 투표, 개표의 전산 처리도 투·개표 과정의 온갖 부정과 오류를 크게 막을 수 있다. 물론, 투·개표 전산화에 따른 신종 전자형 부정과 투·개표 조작행위 같은 부작용도 낳고, 낳을 수 있겠지만… 가령, 2013년 12월 대한민국 대통령 선거에서 국정원을 비롯한 정부기관들의 특정 후보를 지지하는 '댓글 사건'이 신종 전자 부정선거의 표본이다.

우리나라의 경우, 급여 등 모든 금전 거래가 전산화함으로써 공무원, 회사원 등의 현금 수령과 거래가 거의 사라지고, 그런 옛날 방식의 거래에서 오는 부정, 비리, '배달 사고'도 급격히 줄어들고 있다. 그러나 전산회계 관련 직원의 전산회계 부정 등 신종 전자공금횡령이나 착복행위도 갈수록 늘어나고 있는 것은 전산화의 부정적인 부작용, 결과물이다.

큰 눈으로 보면, 그러나 오늘의 전자화는 지방 · 중앙행정을 포함, 국가경영의 투명성, 책임소재, 그리고 불법 · 부정행위의 '책임 추궁 가능성'(accountability)을 더 높이고, 공직자 비리, 부패, 부정을 막는 데 기여하고 있고, 공공기관이나 기업, 개인의 가정 경영에도 긍정적인 기여가 부정적인 폐해보다 상대적으로 앞선다고 본다.

우리나라의 경우, 대통령 후보는 물론이고 국무총리, 대법관, 장관 지명자 등 고위공직자 국회 청문회에서 이들의 과거 불법, 비리, 부정행위가 쉽게 빨리 샅샅이 밝혀지는 것도 전산화가 낳은 정치와 국정의 개선이 아닌가 한다.

고위공직자, 일반 국가공무원, 기업인, 회사원 등 그리고 일반 국민과 시민이 지금 갑자기 더 착해지고, 더 깨끗해지고, 더 도덕적인 '새로운 마음의 새 사람으로' 거듭난 것이 아니라, 공무, 공사(公事) 처리의 공개화, 투명화를 이끈 전산화, 즉 요샛말로 '전자 행정'(e-Administration), '전자 정부'(e-Government), '전자 정치'(e-Politics), '전자 기업'(e-Business), '전자 은행'(e-Banking) 등이 그들을 그렇게 만든 것이라면, 벌써 거의 100년 전에 과학기술 발전(혁신)이 '더 잘 통치한다'는 베버의 위 통찰은 놀랍고, 한편 존경스러울 정도로 그 혜안이 깊고 옳다.

《혁명론》(*On Revolution*)[16]에서 아렌트(Hannah Arendt, 1906–1975)의 과학 발전, 특히 기술혁신(technological breakthrough)에 대한 다음과 같은 관찰도 베버의 위 통찰과 같은 맥락이다:

> 모든 통치는 사람이 삶에 필요한 것들로부터 그를 해방하고 싶은 소원이 그 원초적이고 가장 합법적인 근원이다. 그리고 사람들은 폭력 수단을 이용, 강제로 다른 사람들로 하여금 그들을 위에 삶의 짐을 짊어지도록 하여 그러한 해방을 달성했었다. 이것이 노예제도의 핵심이다. 현대정치사상의 등장이 아니라, 오직 기술의 등장만이, 오직 폭력만으로 다른 사람을 통치하여 소수를 자유롭게 만든다는 오래된 그리고 끔찍한 진실을 뒤집었다. 정치수단으로 인류를 빈곤으로부터 해방시키겠다는 것보다 더 낡은 생각은 없다. 그보다 더 무익하고 더 위험천만한 것은 없다고 이제 우리는 말할 수 있다.

아렌트는 이처럼 노예해방도 정치가의 선동이나 정치혁명의 산물이라기보다는 기술혁신, 요즘 이야기로는 전산화 등 정보통신기술(ICT)혁명이 가져다 준 선물이라는 것이다.

간추리면, 인간 삶을 향상시키는 것은 과학기술혁신이지 정치혁명이나 그 폭력적 수단이 아니라는 것이다. 이 관찰은 베버와 아렌트가 한 목소리다. 아니 아렌트가 베버의 생각을 계승한 셈이다.

전 인류가 하나가 되게 하는 것도 끝내는 과학과 과학기술의 진보와 발전 없이는 불가능한 일이라는 것은 상식이다. 이제 명실 공히 전자인간시대에 살고 있는 우리에겐 전 인류가 하나가 되는 것이 한갓 꿈이 아니고 날로 현실이 되고 있다고 해도 결코 지나친 이야기가 아니지 않은가? 적어도 정보, 통신, 통상, 항공, 항해, 뉴스, 기술, SNS 등 연결성(connectivity)에서는 이미 그렇다.

죽음은 문명인에겐 아무런 의미가 없다?

베버는 러시아 문호 톨스토이를 인용, 문명인에겐 죽음이 아무 의미가 없다고 말한다. 문명인인 한 개인의 삶은 그 자체의 절박한 의미가 결코 끝나지 않는 '무한한' 진보(발전) 속에 묻혀 있기 때문이라며.

진보의 끊임없는 행진에는 그가 밟고 있는 자리에서 한 발자국 더 밟고 나가야 할 발걸음이 항상 기다리고 있다는 것이다. 따라서, 죽음에 이른 그 누구도 무한 속의 정상에 서지 못한다는 것이다.

하지만, 아브라함이나 지난날에 살았던 농부는 늙어서 삶에 만족하며 죽었다고 말한다. 왜냐하면, 그는 "삶의 유기적 순환"과 함께하며, 옳고 그름을 떠나서 인생의 의미나 죽음에 대한 의문도 알았고, 그가 스스로 풀어야 할 수수께기도 없이 그는 삶을 '충분히' 잘 살았다고 믿었기 때문이다. 그러나 문명인은 온갖 개념, 지식, 문제들에 의해 지속적으로 문화를 풍요롭게 하는 소용돌이 속에 묻혀 있기 때문에 "삶에 지칠지는 몰라도" 결코 "삶에 만족하지 못한다"는 것이다. 그는 정신적 삶의 오직 가장 사소한 부분만을 터득하며, 항상 잠정적이고, 단정적이지 않은 것에만 매달리기 때문에 죽음은 단순히 아무 의미가 없는 발생(사건)일 뿐이라는 것이다.

톨스토이는 과학은 두 가지 근본적인 문제, 즉 "우리는 무엇을 해야 하는가? 그리고, 우리는 우리 삶을 어떻게 꾸려 가야 하는가?"에 대해 대답하지 않는다는 것이다.

베버는 톨스토이의 위 질문을 다시 그 스스로 이렇게 바꿔 질문한다. "서로 다투고 있는 신들 가운데 어느 신을 향해 봉사(헌신)해야 하는가? 만약 완전히 다른 신을 향해 헌신해야 한다면, 그[신]는 누구인가?"라고. 그리고 그땐 오직 예언자와 구세주만이 대답할 수 있을 것이라고…

과학과 종교 또는 종교학은 함께 설 자리가 없다

베버가 생각하는 과학과 종교학의 관계, 그리고 더 넓게는 그가 생각하는 과학과 종교의 의미를 잠깐 살펴보자(종교와 과학의 문제는 이 책 제5장에서 보다 포괄적으로 다룬다).

그는 과학과 종교의 관계를 다음과 같이 솔직히 밝힌다.

과학이 오늘 날 비(非)종교적이라는 것을 과학자 스스로 겉으로는 인정하지 않더라도 아무도 그의 가장 깊은 내면의 실체(또는 자아, 즉 과학자의 생각)는 의심하지 않을 것이다.

다음은 위에서 인용하는 톨스토이의 생각을 유념하면서, 죽음의 문제를 21세기 초 오늘의 시점에서 한번 들여다보자.

넓은 의미에서 보면, 죽음은 동전의 앞뒤처럼 삶의 다른 축이며 삶과 죽음은 토속신앙을 포함, 모든 종교의 핵심이다. 더 나아가서, 베버는 과학과 종교학(신학) 모두 몇 가지 전제들을 가정하고 출발할 수밖에 없다며 과학과 종교의 전제들을 다음과 같이 구분한다. 먼저 과학의 전제들:

:: 모든 과학 연구는 논리와 방법의 규범(규칙)이 옳다(유효하다)
:: 과학 연구를 통에서 얻은 결과물(결실)은 세상이 알 만한 가치가 있다
:: 자연과학의 경우, 보기를 들면, 물리학, 화학, 천문학 등 과학이 추구(분석)할 수 있는 우주 변화의 궁극적 법칙들을 알아내는 것이 가치가 있다
:: 과학은 종교적 유대감을 거부하는 의미에서 종교가 제시하는 전제조건들로부터 자유로우며, 종교가 내세우는 '기적'과 '계시'를 모른다. 만약 과학이 알았다고 한다면, 과학은 그 스스로의 '전제조건들'에 불성실(부정직)하게 된다

마찬가지로, 종교학도 다음과 같이 몇 가지 전제를 가정한다:

:: 모든 종교학(신학, theology)은 신성한 가치들의 소유를 지적으로 합리화한다
:: 힌두교 신학을 포함, 모든 종교학은 세계는 의미가 있다고 전제한다. 그리고 문제는 이 의미를 어떻게 지적으로 인식할 수 있도록 해석하느냐 하

는 것이다

:: 일정한 '계시'는 구원에 필요한 '사실'이며, 그럼으로써만이 의미 있는 삶을 꾸려 갈 수 있다고 본다. 따라서 이 계시들을 무조건 믿어야 한다

:: 일정한 주관적인 상태와 행위들은 신성성을 가지며, 즉 종교적으로 의미가 있는 삶의 방식을 가지게 된다

베버는 종교학(신학)의 위 전제들은 과학의 한계를 넘는다고 본다. 그러므로 그들은 우리가 통상 알고 있는 '지식'이 아니고, '사로잡힘'이나 '홀림'(possession)이라고 규정한다. 따라서, 그는 믿음(신앙) 또는 '영성적 상태'(sonstigen heiligen Zustándlichkeiten)라는 '홀림'에 빠지지 않은 사람은 최소한 모든 과학의 대안으로서 종교학(신학)을 가질 수 없다는 것이다.

"긍정적인" 종교학의 경우 독실한 신자는 성(聖) 아우구스티누스(354–430)의 다음과 같은 문장에 다다른다고 베버는 주장한다.

> 나는 불합리하기 때문이 아니라, 어처구니가 없는데도 불구하고 (신을) 믿는다.

베버는 위 성 아우구스티누스 같은 종교 대가가 될 수 있는 능력(전제조건)이 바로 '지적 희생'(Opfer des Intelleckts, sacrifice of intellect), 즉 자기 지식을 재물로 바칠 수 있는 자세와 헌신이며, 이는 독실한 신앙인의 가장 결정적인 자질이라고 본다. 때문에 그는 "과학의 가치영역"과 "종교의 성역" 사이의 긴장상태에 결코 다리를 놓을 수 없다고 밝힌다. 그리하여, 그는 다음과 같이 그가 살고 있었던 시대를 분석한다.

> 우리 시대의 운명은 합리화와 지식화라는 특징을 가지며, 그 무엇보다도 '세계의 미

몽으로부터의 깨어남'이라는 특징을 갖습니다.

간추리면, 궁극적으로 베버는 과학과 종교는 결코 양립할 수 없으며, 두 영역 사이에 다리를 놓을 수도 없다는 것이다.

또 그는 "지적 희생" 없이는 돈독한, 독실한 신앙인이 될 수 없다고 보았다. 그리고 그는 이 강의를 하고 있었던 1920년대를 합리화, 지식화의 시대로 규정했다. 온 세상이 이제까지의 미몽과 마법에서 깨어나는 삶이요 운명이 되어 가고 있다는 그의 통찰은 놀랍다. 그것도 지금부터 거의 100년 전에…

최근 프란치스코 교황(Francis, 1936-)이 바티칸 교황청 과학원 회의에서 이른바 창조론과 진화론 논쟁에 대해, "창세기의 창조를 읽으면, 우리는 하느님이 마치 마술사가 마술방망이를 들고 모든 것을 다 한다고 상상하는 위험에 빠지기 쉽다. 그러나, 그렇지 않다"고 한 다음, "하느님이 인간을 창조했고, 그들로 하여금 각자 내재하는 법칙에 따라 진화해서 자기만의 완성을 하도록 했다"[17]고 해서 뉴스가 됐다.

그의 이 발언에 앞서 지난 20세기까지만 뒤돌아봐도 1950년 교황 비오 12세(Pius XII, 1876-1958)는 "교회는 〔…〕 인간의 몸의 기원에 관해서 이전에 존재한 생명체를 탐구하는 진화론에 관련한 〔…〕 연구와 토론을 금지하지 않는다"[18]라고 밝힌 바 있다. 1996년 교황 요한 바오로 2세(Ioannes Paulus II, 1920-2005)는 "교황 비오 12세가 진화론과 신앙론(doctrine of faith) 사이에 논쟁이 없다고 밝힌 뒤, 반세기가 훨씬 지난 지금, 많은 새로운 발견으로 진화론이 가정(hypothesis) 이상으로 인정받기에 이르렀다." 하지만, "진화론은 영혼을 생명체로부터나, 혹은 그 생명체의 부수현상으로 나타난 것으로 간주하는 것을 부추기는 철학사상 때문에 인간에 대한 진실과는 맞지 않는다"[19]며 한 발자국 더 진화론 쪽으로 다가서면서도 다른 한편으로는 애매한 여운을 남긴다.

현 교황의 전임인 베네딕토 16세(Benedictus XVI, 1927–)는 보다 구체적으로 우주 천체 기원의 "빅뱅" 이론이나 생명체의 기원에 대한 진화론을 수용하면서도 자연질서나 생명체의 출현, 지원, 번식, 분화(emergence, support, reproduction, differentiation)의 조건(환경)을 신이 조성했다는 교시[20]를 강조한다.

이처럼, 창조론과 진화론, 종교(가톨릭)와 과학의 갈등을 줄이려는 움직임은 이제까지 끊임없이 있어 왔고, 앞으로도 지속되겠지만, 베버가 위에서 지적한 과학이 비종교적이라는 관찰과는 직접적인 연관은 없다고 나는 생각한다.

오히려, 위의 잇따른 교황들의 교시는 로마 교황청이 과학이론(진화론, 빅뱅이론 등)을 처벌, 거부, 무시, 배제, 논쟁하는 쪽에서 지금은 경청, 대화, 인정, 수용하는 쪽으로 조금씩 더 다가서는 모습이기도 하다.

아무튼, 언제나 어디에서나 쟁점이 될 수 있는 과학과 종교의 문제는 다음 제5장에서 더 포괄적으로 다루어 보기로 한다.

과학의 전문화, 특수화는?

베버 시대의 과학에 비하면 오늘의 과학은 거의 혁명적인 발전과 비약을 거듭했다. 미리 분명히 밝히지만, 이러한 과학의 거듭된 비약적 발전을 이야기하기엔 나는 이 분야 비전문인으로서 역부족이다.

베버가 힘주어 말했듯이, 과학자는 오직 엄격한 전문화(전문성)로만 그가 영구히 남을 만한 무엇인가를 달성할 수 있으며, 참으로 결정적이고 좋은 업적이란 항상 전문화의 결과라는 것을 다시 한 번 상기하면서, 여기서 내가 할 수 있는 일은 물론 "수박 겉핥기식"이지만, 그동안 과학전문 분야에서의 전문화, 특수화와 그 과정만을 몇 가지 보기를 들어 살펴보고자 한다.

〈직업으로서의 학문〉(3부 제12장 참조) 강의에서 베버 스스로 거명한 과학자들을 호기심 삼아 이 저자가 세어 보니 여섯 사람이 나온다.

그가 이 강의에서 거명한 순서대로 열거하면, 독일의 생리학, 물리학, 수학자인 헬름홀츠(Herman L. F. Helmholtz, 1821–1894), 역시 독일의 의사, 물리학자, 열역학의 창시자인 마이어(Julius Robert von Mayer, 1814–1878), 독일 태생으로 브라질 상파울루에서 활동한 동물학자인 이헤링(Herman von Ihering, 1850–1930), 이탈리아 화가, 조각가, 건축가, 과학자인 다빈치, 역시 이탈리아 천문학자, 물리학자인 갈릴레이, 그리고 네델란드 곤충학자요, 현대현미경으로 처음 적혈구를 관찰한 스바메르담(1591–1659) 등이다.

다음은 노벨상에서 분류하는 전문 분야를 잠시 살펴보자.

베버와 거의 동시대 인물로 스웨덴의 화학자이고, 다이너마이트 발명자인 알프레드 노벨(Alfred Bernard Nobel, 1833–1896)이 사망한 뒤, 그의 유언에 따라 1901년 설립된 노벨상이 분류한 과학 분야는 물리학, 화학, 생리학/의학(physiology/medicine) 등 크게 셋이고, 문학, 평화 분야를 합쳐 모두 다섯 분야다.

여기에 스웨덴 중앙은행이 1968년 스웨덴 한 은행의 300주년을 기리는 기념상 기금으로 제정한 경제학상(The Sveriges Riksbank Prizes in Economic Sciences) 하나가 더 늘어난 것[21]뿐이다. 따라서 100년이 훨씬 지난 지금도 노벨상의 여섯 분야 가운데 과학은 그때나 지금이나 변함없이 세 분야다.

노벨상과 관련, 세 가지 보기만 더 들어 보면, 하나는 2013년 4월 19일자 영국에서 발행되는 세계적인 과학 전문지, 《네이처》(*Nature*, volume 496, no. 7445)[22]에서는 과학 분야를 화학, 지구 및 환경, 자연과학, 생명과학, 임상실험 등 크게 다섯 가지 범주로 나누고, 다시 화학 분야(5개), 자연과학 분야(2

개), 생명과학 분야(14개), 임상실험 분야(8개)로 세분하고 있다(상세한 것은 표 3-1 참조).

또 하나는 2013년 4월 19일자 미국에서 발행되는 역시 세계적인 과학 전문지, 《사이언스》(*Science*, volume 340, issue 6130)에서는 과학 분야를 크게 세 가지—생명과학(life sciences), 자연과학(physical sciences), 기타 주제들(other subjects)로 나누고, 다시 생명과학을 12개 분야, 자연과학을 9개 분야, 다른 주제들 3개 분야로 다시 세분한다(상세한 것은 표 3-2 참조). 그리고, 여기서는 경제학, 교육학, 지구물리학역사와 과학철학 3개 분야는 '과학'의 범주가 아니고, 주제 또는 연구과제(subjects)로 분리하고 있는 것이 흥미롭다.

이 두 과학 전문지가 세분화, 특수화한 과학전공 분야를 비교해 보면 대충 이렇다.

첫째, 《네이처》는 총 31개 분야로 나눈다. 생물공학과 약품 발견은 화학 분야와 생명과학 분야에서 중복되고, 방법과 절차는 화학, 생명과학, 임상실험 세 분야에서 서로 겹친다. 암도 생명과학과 임상실험 분야에서 겹친다. 재료학은 화학 분야와 자연과학 분야에서 겹치고, 진화 및 생태학은 지구 및 환경과학 분야와 생명과학 분야에서 서로 겹친다. 따라서, 위 겹치는 연구 분야를 하나로 줄이면, 31개 분야에서 26개 연구 분야로 줄어든다. 두말할 필요도 없이, 생물공학의 화학적 접근과 생명과학적 접근이 크게 다르기 때문에 이렇게 분류한 것임은 분명하지만…

둘째, 《사이언스》는 총 25개 연구 분야로만 세분화, 특수화하여 상대적으로 《네이처》보다는 특화 분야가 약간 적다. 그럼에도 불구하고 《네이처》에는 특화되지 않고 《사이언스》에만 특화된 연구분야, 거꾸로 《사이언스》에는 특화되지 않고 《네이처》에만 특화된 연구 분야도 있다.

보기를 들면, 약품발견, 암, 치과학, 약리학, 체제생리학, 심장혈관의학,

표 3-1

과학 전문지, 《네이처》의 과학 분야 분류

화학(5)	• 화학(chemistry) • 생물공학(biotechnology) • 방법과 절차(methods & protocols)	• 약품발견(drug discovery) • 재료학(materials)
지구 및 환경 (2)	• 지구과학(earth sciences) • 진화 및 생태학(evolution & ecology)	
자연과학 (2)	• 물리학(physics)	• 재료학(materials)
생명과학 (14)	• 생명공학(biotechnology) • 성장학(development) • 진화 및 생태학(evolution & ecology) • 의학 연구(medical research) • 방법과 절차(methods & protocols) • 분자세포 생리학(molecular cell biology) • 약리학(pharmacology)	• 암(cancer) • 약품발견(drug discovery) • 유전학(genetics) • 면역학(immunology) • 미생물학(microbiology) • 신경 과학(neuroscience) • 체제 생리학(systems biology)
임상 실험 (8)	• 암(cancer) • 심장 혈관 의학(cardiovascular medicine) • 위장병학 및 간장학(gastroenterology& hepatology) • 방법과 절차(methods & protocols) • 병리학 및 병리생물학(pathology & pathobiology)	• 내분비학(endocrinology) • 치과학(dentistry) • 비뇨기학(Urology)

내분비학, 위장병학, 간장(肝腸)학 등 특히 임상실험 연구분야가 《네이처》에는 특화되어 있으나 《사이언스》에서는 찾아볼 수 없다.

거꾸로, 《사이언스》에는 바이러스학, 대기과학, 지구화학, 행성학, 해양학 등이 특화되어 있으나 《네이처》에는 없다(표 3-1과 표 3-2 참조).

마지막으로, 1960년 가필드(Eugene Garfield)가 처음 설립한 과학정보연구소(Institute for Scientific Information, ISI)에서 발행하기 시작한 과학 인용색인

표 3-2

과학 전문지, 《사이언스》의 과학 연구 분야 분류

생명과학 (12)	자연과학 (9)	기타 주제들 (3)
인류학(anthropology) 생화학(biochemistry) 세포생물학(cell biology) 성장학(development) 생태학(ecology) 진화론(evolution) 유전학(genetics) 면역학(immunology) 의학, 질병학 (medicine, diseases) 분자생물학(molecular biology) 약리학, 독극물학 (pharmacology, toxicology) 바이러스학(virology)	천문학(astronomy) 대기과학 (atmospheric science) 공학(engineering) 지구화학(geochemistry) 재료과학 (materials science) 해양학(oceanography) 물리학(physics) 응용물리학 (physics, applied) 행성학 (planetary science)	경제학(economics) 교육학(education) 지구물리학 역사와 과학 철학 (history of geophysics and philosophy of science)

(Science Citation Index, SCI)을 참조할 수 있다(지금은 톰슨 로이터스[Thomson Reuters]가 소유하고 있다. 이 SCI는 1900년부터 지금까지 150개 과학과 학문분야를 망라한 총 6,500개가 넘는 저널을 포함하고 있다). 지금은 이 'Index'(색인, 찾아보기)도 신경과학 인용색인(Neuroscience Citation Index), 화학 인용색인(Chemistry Citation Index) 등등 특정, 특수 과학 분야 저널만 특화한 것까지 합치면, 과학, 사회과학 색인은 기하급수적으로 계속 늘어나고 있다. 인쇄물뿐만 아니라 'on-line index'들까지 합치면, 우리는 지금 문자 그대로 '정보 홍수' 속에 살고 있다고 해도 과언이 아니다.

요컨대, 위 두 세계적인 과학 전문 저널과 SCI 등 과학 전문 인용색인 등이 보여 주고 있듯이, 과학, 과학연구는 전문화, 특수화를 통해서만 무엇인가 영원히 남을 수 있는 업적을 낳을 수 있다는 위 베버의 통찰이 옳았다는 것을 과학 연구분야의 끊임없는 특화화, 전문화가 실증하고 있는 셈이다.

마지막으로, 두 가지 에피소드를 이야기하는 것으로 이 장을 마무리하고자 한다.

인간의 끝, 인류의 끝, 지구의 끝, 태양계의 끝이 보이는가?

하나는 미 항공우주국(National Aeronautics and Space Administration, NASA) 에임스 연구센터(Ames Research Center)의 케플러 프로젝트(Kepler Project) 책임자, 윌리엄 보르키(William Borucki)는 지구로부터 1,200광년 떨어진 다우주(多宇宙, outer cosmos) 북쪽 편 거문고자리(Lyra)에서 생명(체)이 살 수 있는 것으로 보이는 가장 지구와 비슷한 행성(exoplanet) 두 개를, 그리고 2017 2월 다시 5개를 더 발견했다고 발표한다.[23]

NASA의 케플러 우주선이 발견한 우리의 태양보다 조금 작고 덜 밝은 노란 색깔을 띤 별을 돌고 있는 다섯 개 행성 가운데 가장 먼 거리에 있는 이 두 개는 우주 역사 속에 케플러 62e와 62f로 명명되었다. 지구보다 60% 더 큰 62e는 1년 주기가 122일이고, 지구보다 40% 더 큰 62f는 1년 주기가 267일이라고 한다.

60명의 우주 관련 전문 과학자로 구성된 케플러 프로젝트 팀이 2009년 3월에 쏘아 올린 케플러 우주선은 지금까지(2016년 5월 현재) 15만 개 별을 관찰해서 거의 5,000개의 후보 가운데 3,200개 새 행성을 확인하고, 이들 중 2,325개를 분석한 결과 케플러가 새로 발견한 행성 1,284개 가운데 거의 500개는 지구를 닮은 행성들이라고 밝혔다. 하지만, 케플러의 목적은 별과 행성을 찾는 것이지 그 행성 가운데 생명체가 탄생해서 살 수 있는 춥지도, 뜨겁지도 않은 환경, 이른바 골디락스 행성(GoldiLocks planet)을 찾는 임무는 아니라고 선을 긋는다. 아직은 그러나 실제로 위 두 행성에 생명체가 사는가는 알 수 없지만, 최근 찾아낸 지구와 가장 가까운 생태환경을 가진 행성들을 발견한 것은 큰 진전이며, 적어도 이들 행성에 생명체가 살 가능성이 처음으로 커진 것도 사실이다. 이 발표는 우주과학, 천문학이 '우주의 신비'를 하나하나 밝히는 과정의 한 이정표가 아닌가 한다. 베버의 표현을 빌리면, 과학의 끊임없는 발전의 증표이기도 하다.

스티븐 호킹[24]은 앞으로 적어도 100억 년까지는 우주가 확장을 계속할 것이라고 예측한다. 궁극적으로는, 그러나, 150억 년이 지나면 우리 태양의 핵연료가 소진되고, 그 다음엔 태양이 지구와 다른 행성들을 모두 삼켜 버린 "적색 거성"(red giant)으로 변하고, 마지막엔 태양이 몇 만 마일 크기의 하나의 "백색 왜성"(white dwarf star)으로 남게 된다고 내다본다.

따라서, 인류가 서로 싸워 자멸하지 않는다면, 적어도 그때까지는 "우주 간 여행 기술"(art of interstellar travel)을 터득해야만이 인류의 생존이 '다른 태양계'에서도 가능하다는 이야기다. NASA 케플러 팀이 찾아낸 바로 이 두 별이 호킹의 "우주 간 여행"의 이제까지 알려진 가장 가능성이 높은 후보지가 아닌가 한다.

그리고 한 민간단체가 미국 캘리포니아 주 모하비 사막에서 처녀 우주비행 시험에 성공했다는 뉴스와 두 번째 시험비행은 실패했다는 뉴스[25]는 아직 갈 길은 한없이 멀지만, 그러한 가능성의 하나의 조짐이 아닐까 한다.

요약하면, 인간은 한 개인, 한 생명체로서는 누구나 끝이 있다. 한 집단으로서 인류도 그 끝이 보인다. 핵전쟁 등 인간 재해뿐만 아니라, 지구나 태양계 등 천재지변으로 어느 순간 자멸할 수도 있고 소멸할 가능성이 상존하기 때문이다.

더구나 호킹의 위 풍자 섞인 예측을 믿는다면 태양계와 지구라는 우리 인간 삶의 터전도 끝이 있다. 우리 태양계의 소멸에 인류가 대비, 대처하지 못한다면…

과학의 힘, 그리고 과학의 거의 무한, 무변의 가능성

또 하나는 아랍에미리트연방(UAE) 두바이 시 한복판에 우뚝 선 21세기 세계 초고층 건물인 163층 828미터 부르즈 할리파(Burj Khalifa)[26] 이야기다.

2013년 4월 초 나는 아내와 함께 여행 중 이틀 밤을 바로 이 건물 안 조르지오 아르마니 호텔에서 보냈다. 그리고 이 건물 초고층 전망대에서 두바이 주변을 한번 둘러보는 기회도 가졌다. 이틀 동안 이 건물과, 역시 '세계 최대'라고 자랑하는 주변 대형 쇼핑몰을 두리번거리면서 나는 나도 모르는 착잡한 감정 속에 빠져들었다. 내가 왜 그랬을까를 내 나름대로 답하기에 앞서 이 건물에 대해 조금 더 알아보자.

"수직 도시"(vertical city)라고도 불리는 이 거대한 기념비적 빌딩은 2004년 7월에 짓기 시작, 6년 만에 완성하여, 2010년 1월 4일 영국 아이작 뉴턴이 태어난 날 문을 열었다고 한다.

건설비용은 미화로 15억 달러. 주로 인도, 파키스탄, 스리랑카 등 남아시아 노동자가 참여하여 2천2백만 노동시간(man-hours)이 들었는데, 이 노동인력의 하루 임금은 4달러 남짓, 이 건축에 쏟아부은 콘크리트만도 4만5천 세제곱미터로 그 무게는 11만 톤이 넘는다. 이 대형 건물에 살 수 있는 인구는 1만 2천 명 정도이니 모든 면에서 하나의 '작은 도시'다. 엘리베이터로 이 건물 1층에서 163층까지 올라가는 데 걸리는 시간은 1분이 채 넘지 않는다.

이 21세기 세계 초고층 건축물을 보면서 나는 몇 가지 생각과 감정을 결코 감출 수가 없었다.

한편으로는 이 거의 무한, 무변의 '과학의 힘'과 '과학의 열매'가 주는 놀라움에 감탄하여 나도 몰래 고개가 숙여지면서도, 다른 한편으로는 '인간의 한계', 특히 과학이라는 인간의 끊임없는 도전과 탐구에서 파생하는 '인간의 오만'이나 '인류의 재앙'까지도 생각하게 되었다면, 모순이요, 자가당착인가?

몇 년 전 나는 이집트 카이로 기자(Giza)에 있는 기원전 2575년에 무려 2천5백만 개 바윗돌로 쌓아 올린 146.6미터 쿠푸 피라미드를 맨 밑구멍으로 들어가 그 밑에서부터 돌계단과 사닥다리 등을 타고 맨 꼭대기 층까지 올라가서 돌무덤이 있는 방 천정 한가운데 뚫린 조그만 구멍으로 하늘을 쳐다본 적이 있다. 그 구멍으로 밤하늘 별자리를 본다는 안내자의 설명을 들으며 말이다.

쿠푸 피라미드는 1889년 프랑스 파리에 그 두 배가 넘는 높이 300미터 에펠탑이 세워져 그 기록을 깰 때까지 4천4백여 년 동안이나 사람이 만든 세계에서 가장 높은 건축물이었다. 그 뒤 42년 만에 미국 뉴욕 시에 381미터 엠파이어스테이트빌딩이 다시 에펠탑 높이를 앞지른다.

이제는 마치 '속도전'을 하듯이, 세계 초고층 건축물 '높이 경쟁'에 불이 붙은 듯하다. 21세기에 들어와서만 봐도 말레이시아 수도 쿠알라룸푸르의 페트로나스 쌍둥이 타워는 높이 491.9미터로, 건설을 시작한 지 7년 만인 1999년 8월 당시 세계 초고층 건축물로 우뚝 솟았다.

그러나 불과 4년 만인 2003년 10월 대만 수도 타이베이에 그보다 18미터가 더 높은 509미터 타이베이101 빌딩이 문을 열어 그 기록을 깬다. 그리고 타이베이101 빌딩도 다시 7년 만에 그 '왕관'을 두바이 부르즈 할리파에 넘긴다.

하지만, 피라미드 높이(146.6미터)와 부르즈 할리파의 높이(828미터) 차이는 겨우 681.4미터다. 인간이 하늘을 향해 681미터를 더 쌓아 올리는 데 4,585년(2575+2010)이 걸렸다는 이야기다.

곰곰이 더 생각해 보면, 인류가 수렵-채취사회에서 농경사회로 발전한 뒤 이제까지의 인류 문화·문명사는 1만 년 안팎이다. 이 시간 속에서 인간이 지금까지 만든 초고층 건물은 고작 828미터다. 이 '인간 산(山)' 높이는 지구 최고의 '자연의 산' 히말라야 에베레스트 높이 8,850미터의 1/10이 채 되지 않는다. 1만여 년 동안 인간이 하늘을 향해 쌓아 올린 '사람의 산', 즉 '과학의 산' 높이가 지각 변동으로 지구에 우뚝 선 '자연의 산' 높이에 비해 여전히 보잘것없다는 것이다.

고대 4대 문명 발상지의 하나인 나일 강 삼각주와 홍해를 끼고 기원전 2575년에 이집트 카이로 근교 기자 쿠푸에 쌓아 올린 당시 초고층 인공 '바위 산' 피라미드, 같은 중동 지역의 또 하나의 고대 문명 발상지인 메소포타미아 티그리스 강과 이어지는 페르시아 만을 끼고 아라비아 반도 동북부에 자리 잡은 아랍에미리트연방(UAE) 두바이 시 중심에 21세기 초 지금 각종 최첨단 건축자재와 기기, 그리고 철근 콘크리트로 지은 세계적 초고층빌딩 부르즈 할리파.

하늘을 향한 인간의 집념과 도전이 오만으로 타락하지 않기를, 과학의 끊임없는 진보가 인간의, 특히 과학자와 기술자가 의도하지 않은, 인류의 재앙을 낳지 않기를 나는 바랄 뿐이다.

최근 한 뉴스도 내 눈길을 끈다. 이란의 페르시아 만 부근의 한 작은 도시 반다르 마샤르(Bandar Mahshahr)의 체감온도가 섭씨 73.9도까지 올라갔다고 한다. 또 2015년 여름은 미 기상관측상 평균기온이 가장 높았다. 이제 '지구온난화'는 관련자들의 논쟁 대상이 아니고, 현실이다. 북아프리카와 중동은 세계의 가장 끈질긴 인종 간, 종파 간 분쟁지역(수니파, 시아파, 쿠르드족, 터키, 이스라엘…)일 뿐만 아니라, 이제 지구온난화의 최전선[27]이라는 경고를 심각하게 받아들여야만 할 때다.

나는 성경 창세기 11장 바벨탑 이야기를 다시 되새긴다.

처음에 세상에는 언어가 하나뿐이어서 모두 같은 말을 썼다. 사람들이 동쪽에서 이동하여 오다가 시날 땅 한 들판에 이르러서 거기에 자리를 잡았다. 그들은 서로 말하였다. "자, 우리 모두 벽돌을 빚어서 단단히 구워 내자." 사람들은 돌 대신에 벽돌을 쓰고 흙 대신에 역청을 썼다. 그들은 또 말하였다. "자, 도시를 세우고, 그 안에 탑을 쌓아 탑 꼭대기가 하늘에 닿게 하여 우리의 이름을 날리고 온 땅 위에 흩어지지 않게 하자." 주님께서 이 사람들이 짓고 있는 도시와 탑을 보려고 하늘에서 내려오셨다. 주님께서 말씀하셨다. "보아라, 만일 사람들이 같은 말을 쓰는 한 백성으로서 이렇게 이런 일을 하기 시작하였으니 이제 그들은 하고자 하는 것은 무엇이든 하지 못할 일이 없을 것이다. 자, 우리가 내려가서 그들이 거기에서 하는 말을 뒤섞어 그들이 서로 알아듣지 못하게 하자." 주님께서 거기에서 그들을 온 땅으로 흩으셨다. 그래서 그들은 도시 세우는 일을 그만두었다.

바벨탑은 이제 온데간데없이 자취를 감추고 말았지만, 바로 이 순간도 인간은 지구 곳곳에서 21세기 '바벨탑 짓기'를 계속하고 있지 않은가?

나는 이 생각, 저 생각을 하며 아내와 부르즈 할리파 전망대에서 거의 한 시간쯤 두바이 전경을 둘러보고 내려와 다시 출입구 쪽으로 가는 지하 벽 한 곳에 이 기념비적 건물을 완성하는 데 크게 공헌한 50명 남짓한 주요 인물들의 사진과 이름, 그리고 직책 등을 새겨 놓은 기념판을 보았다.

이 기념판의 인물들을 통해 이 건축물이 어느 한 나라, 어느 한 인종, 어느 한 기술 분야가 아니라 다국적, 다민족, 다문화를 대표하는 종합과학, 종합 기술의 합작품이란 것을 새삼 확인했다. 쿠푸 피라미드가 특정 지역, 특정 사람들이 쌓아 올린 돌로 만든 '대건축물'이라면, 두바이의 부르즈 할리파는 지구촌 모든 지역, 모든 사람들이 만들어 낸 '대역사'(大役事)다.

뉴스[28]를 통해 대충 알고는 있었지만 이 기념판에서 우리나라 기업 이름과 기술자 등 서너 명의 사진과 이름을 내 눈으로 직접 보고 확인하는 순간 솔직히 감격스럽기도 했다. 이 대역사를 완공한 지구촌 모든 나라 모든 사람들의 노고에 숙연해지는 감정은 말할 것도 없다. 이 기억과 감정은 아마 내 스스로 이 지구촌에서 사라질 때까지 내 머릿속 한구석에 오래오래 남아 있을 것 같다.

제 4 장

하이델베르크대, 하버드대, 서울대

지금까지 제2장과 3장에서는, 베버가 〈직업으로서의 학문〉에서 크게 학문을 외적 환경과 내재적 문제라는 두 개념 틀로 나누어 살폈던 것에 비추어, 오늘의 우리나라 교육의 외적 환경과 내재적 문제를 포함, 21세기 전자인간 시대의 과학과 학문의 현주소를 비교 분석해 보았다. 이 과정에서 내 나름대로 필요한 부분이라고 생각되는 이곳저곳에 나의 촌평과 비판도 곁들였음을 밝힌다.

따라서 이 장에서는 베버의 모교인 하이델베르크대와 미국의 하버드대, 그리고 서울대의 오늘의 겉모습만이라도 한번 들여다보는 것도 의미가 있다고 생각해서 비교를 시도해 본다.

왜 하필이면 이 세 대학인가? 하는 독자의 질문에 대한 답은 대충 이렇다.

하이델베르크대학은 베버의 모교이고, 그가 그곳에서 교수로 봉직했기 때문이다. 또한 이 대학은 독일에서 가장 오래된 고등교육기관이기도 하다. 1386년에 루프레히트-카를스-우니베르시테트(Ruprecht-Karls-Universität)로 출발, 600여 년의 전통을 자랑하는 세계적인 대학의 하나다.

하버드대학도 역시 미국에서 가장 오래된 고등교육기관으로 1636년 설립되었으니 380년의 연륜을 자랑한다. 특히 이 대학은 지금 자타가 공인하는 세계에서 최고의 대학으로 손꼽힌다.

위 두 대학은 사립이지만, 서울대학교는 국립으로 출발했고, 위 두 대학에 비해 연륜도 상대적으로 훨씬 짧다. 조선 시대 고종이 1895년 4월 19일 칙령을 통해 법학 교육기관으로 설립한 '법관 양성소'[1]를 기준으로 해도 110여 년 정도여서, 위 두 대학에 비하면 서울대는 연륜이나 학문 업적도 상대적으로 턱없이 모자라다.

더구나, 일제로부터의 조국 광복 후 미 군정 시기인 1946년 7월 13일 미 군정청 문화교육부가 〈국립서울종합대학안〉을 공식 발표하고, 8월 22일 〈국립서울대학교 설립에 관한 법령〉을 공포한 것을 기준으로 하면 70년 남짓이다.

우리나라에서 가장 오래된 두 사립대학인 고려대와 연세대는 서울대보다 약간 역사가 더 길다. 고려대는 대한제국의 이용익 선생이 1905년 설립한 그 전신(前身) 보성전문학교를 기준으로 하면 110년이 넘는다.

연세대학교도 미 외교관이자 의료선교사인 알렌(Horace Allen, 1858-1932)의 건의를 받아들여 당시 고종이 1885년(고종 22년) 2월 29일 서울 재동에 설립한, 현 세브란스 병원의 전신으로 여겨지는 한국 최초의 서양식 병원 광혜원(廣惠院)이나, 그 5년 뒤 1890년 4월에 창립된 세브란스 의학전문학교를 기준으로 하면, 130년 전으로 올라간다. 그러나 1957년 세브란스의과대학과 통합하게 되는 연희전문의 전신인 조선기독교대학이 설립된 것은 1915년이다.

성균관대학교의 경우, 이성계의 조선 건국으로 한양(서울)에 도읍을 정하고, 동북방 숭교방(현 명륜캠퍼스)에 국가 최고학문(유교)기관으로 설립한 해인 1398년을 개교한 해로 보고 있다. 이 기준으로 하면, 성균관대는 독일의 하이델베르크대와 거의 비슷한 600년 이상의 연륜을 갖는다고 볼 수 있다.

하지만, 서울대를 여기서 택한 것은 해방 뒤 유일한 국립종합대학으로 출발한 점과 대학의 세계평가순위 등을 고려했기 때문이다. 물론 대학 평가는 평가기준[2]에 따라 순위가 다를 수 있고, 또 같은 평가기준으로 봐도 해마다 그 순위가 들쭉날쭉 바뀔 수 있는 것이 사실이다.

톰슨 로이터스(Thomson Reuters)와 제휴하여 영국의 《더타임스》(*The Times*)가 교육, 연구, 지식전이(轉移), 국제 안목—teaching, research, knowledge transfer and international outlook—등을 측정하는 13개 지수를 엄선하여 산출한 세계대학평가순위(The Times Higher Education World University Rankings 2012–2013)에 의하면, 하버드대는 4위, 서울대는 59위, 하이델베르크대는 78위이다. 놀랍게도 서울대 순위가 베버의 모교보다 많이 앞선다. 참고로, 한국 대학의 경우, 포항공대 50위, 카이스트(KAIST, Korea Advanced Institute of Science and Technology) 68위, 연세대 183위, 성균관대 201–225위권, 고려대 226–250위권이다.

2013–2014년 세계대학평가순위에서는 하버드대가 옥스퍼드대와 함께 2위로 올라섰고, 서울대와 하이델베르크대는 각각 44위, 68위로 더욱 크게 뛰어 올랐다.

2014–2015년 순위 1위는 미 캘리포니아 공대(Caltech), 2위 하버드대, 서울대와 하이델베르크대는 각각 50위, 70위로 다시 뒤로 밀렸다. 참고로, 아시아에서는 도쿄대가 23위, 싱가포르국립대가 25위, 홍콩대가 43위, 베이징대가 48위, 칭화대가 49위로 서울대보다 앞선다. 그 밖에 카이스트는 52위, 그리고 성균관대가 148위로 100위권에 진입한 것이 눈에 띈다. 그러나 1년 뒤 2015–2016년 평가순위는 하버드대는 6위로, 서울대는 85위로 더 밀려나고, 하이델베르크대는 37위로 껑충 뛰어올랐다.

2012년 QS(Quacquarelli Symonds) 세계대학평가순위[3]에서는 하버드대 3위, 서울대 37위, 하이델베르크대 55위다. 역시 서울대가 하이델베르크대를 앞선다. 이 기관이 평가한 495개 세계 대학들 가운데 우리나라 대학 중 200위권에 드는 대학은 서울대 이외에 카이스트(63위), 포항공대(97위), 연세대(112위), 고려대(137위), 경희대(270위) 등이다. 2015-2016년 QS세계대학 평가순위에서는 하버드대가 2위, 서울대는 36위, 하이델베르크대는 66위다. 참고로 일본의 교토대는 38위, 도쿄대는 39위다. 중국의 칭화대는 25위다.

2014년 조선일보와 QS의 아시아 대학평가순위[4]에서는 1위 싱가포르국립대, 2위 카이스트(한국), 3위 홍콩대, 4위 서울대, 5위 홍콩과학기술대, 6위 홍콩중문대, 7위 난양공대, 8위 베이징대, 9위 포항공대(한국), 10위 도쿄대로, 10위권에 대부분 아시아의 과학기술 전문대학이 포함된 것이 두드러진다. 또 하나 재미있는 사실은 한국의 서울대와 중국의 베이징대가 일본 도쿄대를 앞선다는 것이다.

THE(Times Higher Education)의 2013년 대학 세계평판순위(World Reputation Rankings)에서는 하버드대(1위), 서울대(41위), 하이델베르크대(71-80위) 순[5]이다.

중앙일보와 THE의 2013년 '아시아 100대 대학' 공동 발표[6]에서는 종합평가에서 아시아 10위권 대학으로 한국은 포항공대(5위), 서울대(8위), 카이스트(10위)가 뽑혔다. 연구 부문에서는 서울대(4위), 카이스트(7위) 그리고 교육여건 부문에서는 서울대(5위), 카이스트(8위), 포항공대(9위)가 10위권에 들었다. 이 밖에도 100위권에 든 한국 대학은 건국대, 경북대, 경희대, 고려대, 부산대, 서강대, 성균관대, 연세대, 인하대, 중앙대, 한양대 등이다.

끝으로, 과학 전문지 네이처 색인 자료(Nature Index Data)에 나타난 세계

대학 2014-2015년 순위에서는 하버드대가 1위, 스탠퍼드대 2위, 도쿄대 3위, MIT 4위, 옥스퍼드대 5위이고, 베이징대는 11위, 서울대는 57위, 하이델베르크대는 63위다. 같은 기간 대학 연구소 순위는 하버드 2위, 서울대 68위, 하이델베르크대 74위다. 놀랍게도 1위는 중국(Chinese Academy of Sciences)이다. 도쿄대는 6위, 3위는 프랑스(French National Centre for Scientific Research, CNRS)이고 4위는 독일(Max-Planck-Institut)이다. 역시 같은 기간 나라별 순위는 1위 미국, 2위 중국, 3위 독일, 4위 영국(UK), 5위 일본, 6위 프랑스, 7위 캐나다, 8위 스위스, 9위 한국, 10위 이탈리아다.

아무튼, 위 세 대학의 학교 현황을 좀 구체적으로 비교하면서 몇 가지 공통점과 다른 점 등을 한번 살펴보면 다음과 같다.

우선 대학의 역사와 전통으로 보면, 하이델베르크대학이 14세기 말(1386년)에 시작, 630년의 연륜을 자랑한다. 하버드대학도 17세기 초(1636년)에 출범해서 그 역사가 380년이 넘어, 이 두 대학 모두 독일과 미국에서 가장 오래된 대학이라는 공통점을 갖는다.

반면, 위에서도 이미 지적했지만, 서울대는 설립 기준을 어떻게 정하든, 100년 남짓한 전통과 연륜이 하이델베르크대나 하버드대에 비해 상대적으로 훨씬 짧고 얕다. 따라서 최근 세계대학평가에서 서울대가 하이델베르크대학보다 그 순위가 앞서고 있는 것이 솔직히 놀랍다.

그러나 서울대가 하이델베르크대보다 순위가 약간 앞섰다고 마냥 우쭐거릴 수도 없다. 좀 더 이 순위 내용을 들여다보면, 서울대는 아시아의 일본 도쿄대, 홍콩대, 홍콩과기대를 아직도 뒤쫓고 있고, 특히 서울대의 외국인 교수와 학생 비율은 우리나라 한양대, 한국외대, 포항공대보다도 낮다.[7] 오늘과 같은 국제화, 지구화 시대에 아직도 서울대의 갈 길은 한참 멀다. 특히, 홍콩, 싱가포르, 중국보다도 우리나라 대학들이 전반적으로 국제화 부분에서 크게

표 4-1

하이델베르크대, 하버드대, 서울대 개요

	하이델베르크대	하버드대	서울대
대학	12 (No. of faculties)	12+1 (Harvard College & schools)	16
대학원	위 숫자는 일반대학원, 직업, 전문대학원 등을 포함	왼쪽 내용과 같음	10=1+9 (일반대학원: 1+전문대학원: 9)
부			26
학과	19	33	64
학사학위 프로그램	45	73	학과, 학부 수와 같거나 비슷한 것으로 추정됨.
석·박사학위 프로그램	62	63	대학원도 위와 비슷함
(기타)		7 (Fund, Program, Initiative 등)	
연구원	21	21	12
연구소 등	63	12	61
교수	438+13,103 (교직원)	2,100+약 10,000 (대학부속병원 교수 등)	1,883 (전임교수) (2012년 4월 1일 현재)
학생(학부, 대학원생 등)	29,488	21,225	27,978 (대학16,623+대학원 11,355) (2012년 4월 1일 현재)
도서관 장서	약 670만 권	1,700만 권	약 450만 권
설립 연도	1386	1636	1946
노벨상 수상자	55 (하이델베르크 대학·도시와 연관이 있는)	44 (하버드 대 전·현직 교수)	

자료 출처: 하이델베르크대의 자세한 학교현황, Heidelberg University Faculties; Heidelberg University, Departments, Institutes, Centres from A to Z 등은 http://www.uni-heidelberg.de/sitemap/indexinstitutes.html(2011-11-23) 참조. 하버드대의 자세한 학교현황은 https://www.harvard.edu/ 참조. 그리고 서울대 학과, 학부 및 대학원; 서울대 연구소, 연구원 자료 등은 https://www.useoul.edu 참조바람.

뒤떨어져 있는 것은 앞으로 크게 개선해야 할 과제의 하나다.

〈표 4-1〉에서 보면, 이 세 대학교 모두 학생 수는 학부, 대학원생을 합쳐 3만 명을 넘지 않는 것이 비슷하다.

학교도서관 장서로 보면, 하버드대학이 1,700만 권으로, 하이델베르크대학이 보유한 670만 권의 2.5배, 서울대가 보유한 450만 권의 3.7배로 상대적으로 월등히 앞선다.

노벨상 수상자 숫자로 보면, 하버드대의 전·현직 교수가 44명, 하이델베르크대는 55명이다. 서울대는 아직 한 명도 없다. 우리나라는 2000년 노벨평화상을 수상한 김대중 전 대통령을 빼면 아직도 노벨상 수상자가 전무인 상황이다. 참고로 스탠퍼드대는 교수 가운데 31명이 노벨상 수상자이고, 동문 가운데서는 8명이 받았다. 그리고 2000년대 이후에는 세계 어느 대학보다 노벨상 수상자를 많이 배출했다. 한국을 방문한 이 대학 총장 존 헤네시(John Hennessy)는 스탠퍼드대가 상대적으로 짧은 연륜(1891년 개교)에도 불구하고 세계적으로 손꼽는 대학으로 우뚝 선 비결을 묻는 기자의 질문에 다른 저명 대학에 비해 오히려 젊다는 것, 하버드, 예일, 프린스턴은 독일, 영국 등 유럽 대학의 영향을 많이 받았다는 점, 많은 동부 대학들과는 달리 처음부터 남녀공학이었다는 점, 아시아를 비롯해 해외 출신 학생 비율이 높았다는 것, 끝으로 기업가 정신을 크게 강조했다는 것을 들었다. 또 헤네시 총장은 대학 캠퍼스 분위기가 자유롭다는 것을 꼽으며, 비공식이지만 스탠퍼드대 모토는 "자유의 바람이 분다"(The Wind of Freedom blows)라고 밝힌다.[8]

또 하나 밝혀야 할 것은, 하이델베르크대의 경우, 노벨상 수상자를 이 대학 전임 전·현직 교수뿐만 아니라, 하이델베르크 시에 있는 대학교와 연관이 있는 연구소의 수상자도 포함하고 있다는 점이다.

특히 하이델베르크 시에는 대학과 긴밀한 연구협력관계를 갖고 있는 세계적인 연구기관인 독일 암 연구센터(Deutsches Krebsforschungszentrum, DKFZ), 막스-플랑크-연구소(Max-Planck-Institut), 유럽 분자생물학 실험실 등이 함께 자리하고 있기 때문인 것도 같다. 막스-플랑크-연구소[9]는 노벨상 과학 분야 수상자를 지금까지 19명이나 배출했다.

적어도 겉으로 보기에는 이 세 대학의 전문분야 연구소나 연구원 숫자도 별로 큰 차이는 없는 것 같다(자세한 것은 〈표 4-1〉의 하이델베르크대, 하버드대, 서울대 자료출처 참조).

그러나 서울대는 개별 학자나 기부자의 이름을 딴 연구소나 연구원이 아직 하나도 없다는 것이 다르다. 한국도 이제 경제발전과 생활수준 향상 등으로 기부문화가 서서히 정착되어 가는 조짐이 보이고는 있지만, 기부문화의 활성화는 앞으로 우리나라 대학의 발전, 특히 연구개발에 큰 도움이 될 것이라고 본다.

흥미로운 것은 독일 하이델베르크대학의 경우 총 84개 부설연구소, 연구원 가운데 유일하게 3개 연구소만이 개인 이름을 붙이고 있다는 점이다. 하나는 저명한 물리, 광학, 전기학 학자인 키르히호프 교수(Gustav Robert Kirchhoff, 1824-1938)[10] 이름을 딴 키르히호프 물리학 연구소(Kirchhoff-Institut für Physik)이고, 막스 베버의 친동생이요, 저명한 지역경제학자인 알프레트 베버 교수(Alfred Weber, 1868-1958)[11]의 이름을 딴 알프레트 베버 경제학 연구소(Alfred-Weber-Institut für Wirtschaftswissenschaften), 그리고 막스 베버 자신의 이름을 딴 막스 베버 사회학 연구소(Max-Weber-Institut für Soziologie)다. 독일도 우리나라처럼 사람(기부자나 학자) 이름의 연구소 설치에는 훨씬 까다롭거나 꺼리는 것 같다.

이와 달리, 미국 하버드대학의 경우는 저명한 학자나 개인 기부자의 이름을 딴 연구소나 연구원이 대부분이라는 것이 극히 대조가 된다. 이는 어느 정도 대학 연륜의 차이, 그리고 두 나라의 문화, 특히 기부문화와 전통의 차이인 것 같다.

누구나 삶을 살다 보면, 돈의 소중함을 느끼게 된다. 그러나 돈이, 돈만이, 우리 삶의 전부가 아니라고 함께 느끼는 것 또한 삶을 좀 꾸려 온 사람들이 가슴속 깊이 깨닫는 바른 생각이 아닐까 한다. 같은 맥락에서, 최근 하버드 대학에 '역사상 최대 규모인 4억 달러'를 기부한 사람이 나타나 국제적인 화제가 된 이유를 잠시 살펴보면서 나는 눈살을 찌푸릴 수밖에 없었다.

하버드대는 존 폴슨(John Paulson)이라는 사람이 기부한 그 '거액'의 대가로 공과대학 이름을 '하버드 존 폴슨 공학응용과학대'로 바꿨다. 문제는 이 기부자가 '헤지펀드(hedge fund) 제왕'의 한 사람으로, 2007-2008년 서브프라임 모기지(subprime mortage) 사태 때 골드만삭스와 손잡고 '아바커스'(Abacus)라는 헤지펀드 상품을 설계한 뒤, 상품이 망하는 쪽에 역투자해서 무려 10억 달러를 단숨에 거머쥔 장본인이라는 데 있다.

한편, 이 사태로 하루아침에 독일 뒤셀도르프의 선량한 주민들, 특히 중소기업 관련 전문은행 IKB(IKB Deutsche Industriebank, AG, Düsseldorf, 1924년 설립)는 1억 5천만 달러의 갑작스런 손실을 보고, 2007년 은행 문까지 닫는 혹독한 날벼락을 맞는다. 결국 그 피해 보상은 고스란히 독일 국민의 세금으로 메우게 된다.

이 극과 극의 희비(喜悲)를 비꼬아, 미 컬럼비아대 삭스(Jeffrey Sachs) 교수[12]는 그의 모교인 하버드대 총장 드루 파우스트를 향해, 공대 이름을 'IKB 공대'라고 하는 것이 더 옳다고 꼬집었다. "돈에는 냄새가 없다"(pecunia non olet)는 라틴 속담을 인용하여 그 사람(폴슨)이 하루아침에 그 큰돈을 어떻게 거머쥐게 됐는가를 먼저 따졌어야 한다며, 그가 모교 총장에게 따끔하게 한마디 던진 것이 내 눈길을 끈다.

끝으로, 막스 베버에 대해서는 그의 출생지요, 조상과 부모의 고향인 에어푸르트(Erfurt)의 유서 깊은 에어푸르트대학(Universität Erfurt, 1389년 설립)에도 그의 이름을 딴 막스 베버 선진문화사회 연구소(Max-Weber-Kolleg für Kurtur und sozialwissenschaftliche Studien)가 설립되어 활발한 연구활동이 이루어지고 있다. 또, 그가 뮌헨대학교에서 강의할 때 살았던 집 근처 거리는 그의 이름을 따서 막스 베버 광장(Max-Weber-Platz)으로 불리고 있다.

한마디로, 막스 베버는 19세기 중반부터 20세기 초까지 왕성하게 법, 정치, 경제, 사회, 역사, 문화, 종교 문제 등 광범위한 학문세계를 종합적, 체계적으로, 그리고 비교 과학적인 접근방법으로 분석·통찰한 독일이 낳은 뛰어난 한 학자임은 의문의 여지가 없는 것 같다.

제 5 장

오늘의 눈으로 본 과학과 종교

막스 베버, 그리고 다이아몬드와 도킨스

베버는 과학의 지적 구조를 설명하면서 플라톤의 《공화국》(*Politeia*) 7권에 나오는 '동굴의 우화'를 인용한다. 이 우화에서 그는 모든 과학 지식의 가장 중요한 도구의 하나로 개념(Begriff)의 발견을 든다. 그는 인도 같은 나라에서도 비슷한 발견이 있었으므로, 과학(학문)의 도구로서의 '개념'을 꼭 옛 그리스의 것으로만 생각할 수는 없다고 인정한다. 하지만, 위 《공화국》에서 소크라테스와 그의 제자들은 대화를 통해서 논리적으로 누군가는 아무것도 모르고 있다는 것을 밝혀내고, 진리—결코 사라지지 않는 영원한 진실—에 도달하는 간편한 도구로서 '개념'을 창안했다고 본다.

소크라테스가 제자들과의 대화를 통해 진리, 진실, 정의와 불의, 덕(德)과 악덕(惡德), 국가, 국가형태, 국가와 사회의 기본계급 등 개념을 정의, 정리하고 있는 것이 개념이라는 도구의 발견 근거이다.

두 번째 과학연구의 중요한 도구로 베버는 유럽 14-16세기 르네상스 시대의 합리적 실험(rationale Experiment)을 든다.

따라서 이 장에서는 개념과 합리적 실험 그리고 이 책 3부 12장, 〈직업으로서의 학문〉에서 베버가 밝히고 있는 과학의 전제조건들과 그의 종교에 관한 통찰을 유념하면서, 최근 두 과학자—도킨스(Richard Dawkins)와 다이아몬드(Jared Diamond)—의 '베스트셀러'[1]에 나오는 종교에 대한 관찰과 분석만을 내 나름대로 소개하고 비교, 비판해 본다.

도킨스는 영국 옥스퍼드대 '과학의 대중 이해'라는 좀 색다르고 긴 이름의 석좌교수(Charles Simonyi Professor of the Public Understanding of Science)이고, 다이아몬드는 미 로스앤젤레스 캘리포니아 주립대(UCLA) 지리학과 교수다. 서로 교수로서의 직분도 전문 분야도 다르지만, 이 두 학자 모두 그들 스스로를 '진화론 생물학자'(evolutionary biologist)[2]라고 밝히며, 다윈(Charles Darwin, 1809-1882)의 후예임을 명시적으로 내세우고 있는 것이 흥미롭다.

도킨스는 그의 책에서 처음부터 끝까지 종교 문제만을 다룬다. 다이아몬드는 그의 책 서문과 결론을 뺀 열한 개 장 가운데 꼭 한 장에서만 종교 문제를 다루고 있다.

도킨스는 스스로 '무신론자'임을 공개적으로 밝히고 있는 것도 색다르다. 그는 인류문화유산인자(meme)라는 개념을 창안, 종교와 그 뿌리에 대해 진화론의 시각에서 과학적 접근을 시도하는 '대담무쌍함'까지 보인다. 반면, 다이아몬드는 그의 개인적인 신앙에 대해서는 공개적인 언급이 없다. 그는 거의 50년에 걸친 그의 뉴기니 현장 탐사와 연구를 기초로 하여 문화인류학의 원시사회 접근방법으로 종교의 순기능과 역기능 등을 포함, 종교의 진화론적 변천사를 객관적으로 서술하고 있다.

도킨스는 신학(종교학)은 물론이고 과학철학, 생물학, 사회학 등 그동안의 관련 과학(학문)의 누적된 업적과 발견을 근거로, 기존 종교를 체계적으로 분석·비판하고 있다. 논리적으로, 그의 접근은 연역적이다.

다이아몬드는 스물여섯 살 젊은 나이에 원시림 속 새를 관찰하겠다고 뉴기니(New Guinea)에 첫발을 들여놓은 것이 그의 최근 저서 《어제까지의 세상》(*The World until Yesterday*)에 포함된 종교 분석(9장)의 효시라고 하겠다. 논리적으로, 그의 종교 문제 접근은 귀납적이다. 그가 그때 뉴기니 섬에서 새 관찰과 연구를 처음 시작한 뒤, 70대 중반에 이르는 동안의 원시사회 현장 체험과 조사·연구 속에서 그의 종교관도 싹트기 시작한 셈이다. 그는 그동안 의학, 지리학, 생물학, 동물·인간행태심리학, 문화인류학 등을 넘나드는 한 과학자로서, 그의 눈—현미경과 망원경—은 새에서 침팬지, 유원인(類猿人), 원시인(원주민), 오늘의 현대인까지를, 그리고 원시사회에서 전통 봉건 농본사회, 산업사회, 오늘의 선진문화 민주시민사회까지를 함께 꿰뚫어 보고자 했고, 그의 비교 연구와 분석은 끊임없이 변화와 변신을 거듭해 왔다. 그의 종교관도 이 과정에서 비롯된 것으로 보인다.

또 하나, 도킨스는 스스로 신의 존재에 대한 그의 입장(판단)을 명백히 밝히고 신의 정의도 시도한다.

그의 책 《신이라는 미망》(*The God Delusion*) 제2장, '신의 가설'(God Hypothesis)에서 맨 먼저 그는 야훼(Yahweh, YHWH의 음역, 유대교 히브리어의 '하느님'; 구약성경에서의 하느님에 대한 호칭의 하나), 예수(Jesus, 예수 그리스도), 알라(Allah, 이슬람교의 유일신), 바알(Baal, 고대 셈족의 신, 페니키아 사람의 태양신), 제우스(Zeus, 고대 그리스 신화에 나오는 올림포스 산 제왕신), 보탄(Wotan, 고대 독일 신화에 나오는 지혜와 전쟁의 신, 고대 북유럽 스칸디나비아의 신화에 등장하는 신, 오딘[Odin]과 동일) 등 이 온갖 이름(명칭)의 어느, 어떤 신이든 그 구체적인 본질을 비난하거나 공격하지 않는다고 미리 밝힌다.

또한 그 스스로는 "사실상 무신론자"(de facto atheist)이며, 무신론자 가운데서도 "강한 무신론자"(strong atheist) 쪽으로 기우는 편이라고까지 분명히 그의 신앙관을 독자에게 고백[3]하는 것이 특이하다.

그리고 다음과 같이 그는 "신의 가설" 두 가지를 정의한다.

가설 1	의도적으로 우주를 설계했고, 우리들(사람)을 포함한 그 안에 있는 모든 것을 창조한 초인간적, 초자연적 지성이 존재한다.
가설 2	어떤 것이든 창조할 만한 복잡성을 가진 창조적인 지성이라면, 오직 점진적인 진화의 오랜 과정을 거친 결과물로서만 존재하게된다.

도킨스는 위 '가설 1'의 창조적 지성의 정의를, 그의 책 제목이 시사하듯이, 하나의 미망(delusion)이며 유해하다(pernicious)고까지 말한다. 나아가서, "창조적 신의 가설"은 한 지역에서 시작한 형적(形跡, evidence)이 아니고 천계(天啓, revelation)에 기초하기 때문에 여러 가지 유형이 있기 마련이라고 본다.

그는 위 두 신의 가설 가운데 '가설 2'를 선택한다고 분명히 밝힌다. 따라서, 그는 종교사학자들이 말하는 원시적인 부족사회의 물활론(物活論, animism, 나무나 돌에도 영혼이 있다고 믿는 신앙)에서 시작하여 옛 그리스, 로마, 스칸디나비아 등의 다신교(polytheism)를 거쳐, 유대교와 거기서 파생된 기독교, 이슬람교와 같은 일신교(monotheism)에로의 변천, 진행 과정을 인정한다.[4]

반면, 다이아몬드는 종교 개념 정의는 그 스스로 시도하지만, 신에 대한 개념 규정이나 신의 존재에 대한 그 스스로의 판단은 밝히지 않는다. 다만, 원시사회의 원시인에서부터 지금 디지털 시대의 '전자인간'(homo electronicus)까지 종교의 기능과 그 변화만을 다룰 뿐이다.

한마디로, 이 두 교수의 종교 문제 접근방법은 크게 다르다. 하지만, 그들의 과학과 종교의 관계, 그리고 기능에 관한 결론은 본질적으로 크게 다르지 않다고 본다.

다이아몬드가 본 종교

다이아몬드의 위 책(9장)에 나오는 현장 조사 중심의 원시사회 종교 분석과 관찰에 앞서, 그의 다른 저서들 속 종교 관련 촌평들을 먼저 살펴보자.

10만 년에서 4만 년 전에 살았던 네안데르탈인이 동굴에서 불을 사용하고 죽은 사람을 매장한 흔적은 실증되었다(물론 그보다 수십만 년 앞서 '베이징원인'(Peking Man)이 불을 처음 사용했다는 가설도 있다). 그러나 유원인이 불을 사용한 흔적이 곧바로 종교의 함의를 갖는가는 아직은 순전히 추측[5]일 뿐이다.

위 추측이 그의 최근 저서 《어제까지의 세상》에서는 더 구체화한다. 즉 구석기 시대인 1만 5천 년 전 크로마뇽인이 남긴 아주 정교한 동굴벽화(라스코, 알타미라, 쇼배 동굴벽화들)를 본 방문자들은 "종교적인 외경"(religious awe)을 느낀다는 것이다(위의 책, p. 340 그리고 Plate 25 참조). 다이아몬드는 또한 종교(또는 반(反)종교)는 인류 역사 속에서 대량 학살의 중요한 동기의 하나로 작용, 작동해 왔다[6]고 보고 그 구체적인 사례들을 다음과 같이 구체적으로 열거하고 있는 것이 눈길을 끈다.

1492년부터 1990년 사이에 1만 명 이하, 1만 명 이상, 그리고 백만 명과 그 이상의 사망자를 낸 학살 사건으로 나누어 나름대로 조사한 다이아몬드 교수의 결과를 대충 살펴보자.

이 가운데 백만 명 이상의 대량 학살 사건만 보면, 1492–1600년 사이에 서인도 제도(West Indies)에서 스페인이 카리브해 인디언을, 1498–1824년 사이에 역시 스페인이 중남미에서 인디언 원주민을, 그리고 1620–1890년 사이에 미국에서 백인이 인디언 원주민을 학살하는 일이 자행되었다.

1900–1950년 사이에는 천만 명 이상의 초(超)대량 학살 사건만도 두 건이다. 하나는 1917–1959년 사이에 러시아에서 볼셰비키 정권이 그 정치적 반대세력 6천6백만 명을 살육한 것이다. 이 참혹한 만행은 아직도 세계기록이다.

또 하나는 제2차 세계대전 당시, 즉 1939–1945년 사이에 독일 히틀러 나치 정권이 군사 점령 지역에서 유대인, 집시, 폴란드인, 러시아인 등을 무자비하게 학살한 만행이다.

1950–1990년 사이 1백만 명 이상의 대량 학살 사건은 1971년 파키스탄 군이 현 방글라데시에서 방글라데시인을, 그리고 1975–1979년 사이에 캄보디아에서 공산 게릴라군 일파인 크메르 루주(Khmer Rouge)가 캄보디아 주민을 각각 집단 살육한 것을 들 수 있다.

다이아몬드는 15세기부터 20세기까지의 집단 대량 학살 사건의 비교 분석에서 계획적인 대량 학살(genocide) 또는 집단 살육의 동기로 다음 세 가지[7]를 유추한다.

첫째, 상대적으로 강한 집단이 약한 집단의 땅(영토)을 빼앗거나 점령하려 할 때 후자가 저항하는 경우다. 오스트레일리아에 정착한 백인의 태즈메이니아 원주민(Tasmanians)과 호주 원주민 대학살, 아메리카에 이주한 백인의 아메리칸 인디언 원주민 대학살, 아르헨티나인(주로 스페인 등 유럽 백인)의 남미 아라우칸족(Araucanian) 인디언 원주민 대학살, 남아프리카에 정착한 보어인(Boer, 주로 네덜란드 백인)의 부시맨(Bushmen)과 호텐토트(Hottentots) 원주민 대학살 등이 그 구체적인 보기들이다.

둘째, 한 나라 울타리 안에서 종족, 인종 등 집단이 첨예하게 대립하여 권력 쟁취나 장악을 위한 투쟁을 벌이는 과정에서 집단 사이에 벌어진 살육행위이다. 1962–63년 르완다에서 후투족(Hutu)의 투치족(Tutsi) 집단 살육, 거꾸로, 부룬디(Burundi)에서 투치족의 후투족 집단 살육, 제2차 세계대전 중 유고슬라비아에서 크로아티아인의 세르비아인 집단 학살, 그리고 거꾸로 대전이 끝난 다음 세르비아인의 크로아티아인 집단 보복 학살 등이 그 경우다.

셋째, 인종이나 종교적 동기다. 1099년 제1차 십자군 성전(聖戰)에서 십자군이 예루살렘의 이슬람교도와 유대인을 전멸시키고, 1572년 성(聖) 바돌로매 축일(St. Bartholomew's Day)에 프랑스 가톨릭 교도가 개신교도를 대량 학살하는 등 인류 역사 속에는 종교를 내세운 학살과 만행이 헤아릴 수 없을 만큼 끊임없이 자행되었다고 그는 밝힌다. 20세기에 집시와 유대인 대량 학살이라는 결과를 낳은 독일 나치 정권의 이른바 '인종말살정책'이 그 전형적인 보기다.

종교 가치에 대한 지나친 집착 또는 아집이 "참혹한 행위"의 원인으로 자주 작용, 작동한다는 것도 다이아몬드는 지적한다.

그 사례로, 남태평양 이스터 섬에서 산림 파괴와 재정 파탄을 무시하고까지 그 섬사람들이 존경의 대상으로 여기는 모아이 석상(Moais, 사람 모양의 거대 석상)을 만든 무지, 무모와 무리수가 결국 그 사회 자체를 붕괴시켰다는 것이다.

또 하나는 노르웨이령 그린란드(Greenland Norse)에 정착한, 주로 북유럽에서 온 기독교인들의 배타적인 아집이다. 만약 그들이 기독교문화만을 고집하지 않고, 마음을 열고 그곳의 척박한 혹한의 환경 속에서도 오랫동안 살아남은 이누이트(Inuit) 원주민의 생존 기술을 어느 정도 받아들였다면, 훨씬 더 오랫동안 그곳에서 생존할 수도 있었을 것이라는 분석이다.[8]

다이아몬드는 그의 저서 《총, 균, 쇠—인간 사회의 운명들》(*Guns, Germs, and*

Steel : The Fates of Human Societies)의 제18장[9]에서도 정부(국가)와 종교의 밀착 관계를 관찰하고 있다. 그의 관찰을 간추리면 다음과 같다.

중세 후기, 특히 르네상스(14-16세기 유럽의 문예부흥기) 때 유라시아의 많은 나라들이 종교를 국교화하거나 포용하여 통치했다. 옛 오스트리아 합스부르크 왕가(Habsburg, 1273-1918)와 로마 가톨릭교, 터키의 오스만 제국(1299-1922)과 이슬람교, 중국 왕조의 불교와 유교, 인도에서의 힌두교나 16세기 인도 무굴 제국(Mughul, 1526-1857)의 이슬람교, 13세기에 절정에 이른 몽골 제국의 종교자유화 등 국가는 종교를 통해 국가의 통합과 국민 결속을 추구하고, 정치지도자의 합법성, 통치의 정당성 등을 부여했다고 본다.[10] 참고로, 우리나라의 경우, 삼국시대 고구려, 백제, 신라에 들어온 불교가 융성하기 시작했고, 고려시대에 와서는 불교를, 조선시대에는 유교를 사실상 국교화[11]하여, 각각 숭불(崇佛), 숭유(崇儒) 정책을 채택한 것도 같은 맥락이다.

또한, 종교가 정치지도자의 권력 행사를 정당화, 합법화했다는 다이아몬드의 관찰은, 정치학 용어로는 중국의 주나라(周, B.C.1046?-B.C.256) 때부터 유래한 천명(天命)사상이나 유럽의 왕권신수설(王權神授說)을 상기시킨다.

다이아몬드는 그의 최근 저서 《어제까지의 세상》에서 종교에 관한 그의 관찰과 분석을 보다 체계화한다.

먼저 그는 종교에의 접근방법으로 두 가지를 소개한다. 하나는 종교는 어떠한 기능을 수행하는가에 집중하는 기능주의 접근이다. 이는, 종교는 사회질서를 유지하고 불안한 사람에게 안식처가 된다든지, 아니면 정치 복종을 가르친다든지 하는 일정한 문제 해결을 위해 사람이 "발명(창안)했다"는 지론이다.

다른 하나는 먼 인간의 조상들로까지 자연스럽게 거슬러 올라가서 이런저런 기능들이 점진적으로 진화하고 진보해서, 오늘의 종교로 변화(진화), 발전

(성장, 성숙)해 왔다는 입장에서의 접근이다.

위 두 접근법은 그러나 서로 상충하는 것이 아니라 상호보완적이라며, 그는 스스로 진화론 생물학자이면서도 둘 다 포용한다.

그의 이러한 포용적이고 열린 자세는 도킨스가 위에서 밝힌 신의 가설 1, 2 가운데 '가설 2', 즉 종교는 물활론에서 다신교, 다신교에서 일신교로의 변천, 진화 과정을 거쳐 왔다는 지론과는 뉘앙스가 좀 다르다.

다이아몬드는 또한 영혼창조설이나 특수창조설 주창자들이 진화론을 부정하는 근거로, 600볼트 전력으로 먹이를 잡는 '전기뱀장어'를 보기로 드는 것에 대한 해답도 내놓는다. 즉, 어떻게 전력이 전혀 없는 보통 뱀장어로부터 아무런 중간 단계를 거치지 않고 갑자기 600볼트 전기뱀장어가 나타날 수 있느냐? 하는 의문에 대해 그는 이 600볼트 뱀장어가 일반 물고기(뱀장어)의 전기 자기장 탐지와 전기 발전 기능의 부산물로 여섯 단계를 거쳐 진화했다는 것을 과학이 실증했다며 창조주의자들의 주장을 일축[12]한다.

다이아몬드가 《어제까지의 세상》 9장에서 종교에 대한 개념 16가지와 그 스스로 정의한 개념 등 모두 17가지를 모아 비교 분석하고 있는 것도 눈에 띈다.

먼저 그는 종교를 다음과 같이 정의한다.

종교는 다른 집단이 똑같은 형태로 공유하지 않은 특성들과 구별되는 한 사회집단의 일정한 특성들이다.[13]

이 여러 종교 개념의 비교 분석에서 그가 찾아낸 다섯 가지 공통분모[14]는 다음과 같다.

1. 초자연적인 것에 대한 믿음(belief in the supernatural)

2. 사회운동의 일원으로 공동참여(shared membership in a social movement)

3. 비용이 드는 그리고 눈에 띄는 참여와 헌신의 증거(costly and visible proofs of commitment)

4. 자기 행동에 대한 실천규칙, 즉 도덕강령(practical rules for one's behavior, i.e., morality)

5. 초자연적인 존재나 힘이 기도와 같은 행위를 통해 유도될 수 있다는 믿음(belief that supernatural beings and forces can be induced. e.g., by prayer)

그는 인간 정치조직체도, 기원전 5000년 즈음에 처음 시작된 인류 공동체인 소규모 집단과 부족(bands and tribes), 기원전 5000년에서 기원전 1세기 사이에 나타난 족장 또는 추장국(chiefdom), 왕국(kingdom) 및 국가(state), 서기 1600년대를 전후에서 등장한 신정국가(theocratic state), 그리고 오늘의 비종교적 세속국가(modern secular state) 등 크게 네 범주로 인간 정치조직체를 나눈다. 나아가서, 종교의 기능을 그는 다음과 같이 일곱 가지로 나누는데, 이 기능들의 변화의 흐름을 도식화한 것도 흥미롭다(보다 자세한 것은 그의 책, Figure 9.1 Religion's functions changing through time, p. 367 참조.).

그의 일곱 가지 종교 기능을 요약하면 다음과 같다.

1. 초자연적 설명(supernatural explanation)

과학이 우리가 통상 말하는 초자연적 현상을 포함, 자연과 사회현상 모두를 오직 설명(explanations)만 한다면, 종교는 그것들의 의미(meaning)를 갈구(부여)한다.

그는 종교의 설명 기능은 과학이 종교로부터 이제 거의 모두 빼앗았으며, 계속 빼앗아 가고 있다고 본다. 요컨대, 우주의 기원은 빅뱅(Big Bang) 이론을 포함한 물리학 법칙이, 해가 뜨고 지고 하는 데 대한 의문은 천문학이, 바람이 불고, 비가 오고 안 오고, 가뭄이 들고 홍수가 나고는 기상학이, 새의 노래는 동물 행태학(ethology)이, 인간을 포함, 식물 · 동물의 기원은 진화론 생물학이 해석한다고 그는 잘라 말한다.[15] 그의 종교와 과학에 대한 이런 관점은 도킨스와 크게 다르지 않다.

2. 불안, 근심, 걱정을 의식으로 완화 또는 제거(defusing anxiety through ritual)

종교에서는 기도를 하고 예배를 보고 제례를 올리고 제사를 지내고 헌금을 하고, 중세 유럽에서처럼 돈으로 면죄부를 사고, 예언자나 무당(마술사 등)에게 묻거나 매달려 질병의 치유를 받고, 전조, 징조를 읽거나 알아낸다.

또한 금기(taboos)를 지키고 마법, 마술을 행하는 등 과학적으로는 검증이 안 되는 방법으로 아직도 불안, 근심, 걱정을 덜 수 있다고 믿는 종교적, 비종교적인 사람들이 있지만, 이러한 부류의 사람들은 후진, 낙후 전통사회에 상대적으로 훨씬 더 많이 남아 있고, 현대, 특히 선진, 서구사회에서는 차츰차츰 사라져 가고 있다고 관찰[16]한다.

3. 고통과 죽음에 위로 제공(providing comfort about pains and death)

지난 1만 년 동안 종교는 인간 삶에, 특히 어렵고 고통스러울 때 위로, 희망 그리고 삶의 의미를 안겨 주었고, 특히 언젠가 맞이하게 되는 자기 자신의 죽음이나 자기가 사랑하는 이들의 죽음에 대한 위안이 되어 왔다. 비단 사람뿐만 아니라 코끼리의 경우도 가장 가까운 짝이 죽음을 당하면 슬퍼하는 모습을 보여 준다고 한다. 또 거의 모든 인간 집단에서 죽은 사람을 단순히 내다 버리지 않고, 매장(埋葬), 화장(火葬), 포장(包裝), 미라화(mummification) 등 죽은 사람에 대한 배려를 하는 것이 관찰되고, 고고학적으로도 실증이 되고 있다고 밝힌다.

더구나 거의 모든 종교는 죽음으로 삶이 끝나지 않고, 몸은 비록 죽음을 맞아도 그 영혼은 죽은 뒤에도 초자연적인 장소, 즉 하늘, 천당, 천국 등에서 영생할 수 있다는 희망(혹은 거꾸로 지옥, 나락, 황천에 떨어진다는 공포)을 안겨 준다는 것이다.

죽음 이외의 다른 고통에 대해서도, 그 고통이 그 사람이 지은 죗값을 치르는 것이라든가 죽은 뒤에도 쓸모 있는 사람인가를 시험하는 것이라고 설명하며, 지옥과 천당의 갈림길도 이 세상 삶에서의 그의 행동거지에 달려 있다고 모든 종교는 설파한다.

또 인류가 수렵·채집 사회의 소규모 집단으로 살 때보다 농업·산업 사회가 되면서 상대적으로 인구는 늘고, 삶이 복잡해지고, 평균 노동시간은 길어지고, 영양 섭취는 취약해지고, 유행성 전염병 등은 더 늘어나고… 그 때문에 죽은 다음의 천당이나 낙원(거꾸로, 지옥, 나락, 황천) 등에 대한 종교의 위로와 희망(또는 불안과 공포) 기능이 더욱 강조되었다는 것이 고고학, 인종학 연구에서 실증되었다고 본다.

다이아몬드는 더 나아가서 종교의 위안과 희망 제공 기능에 대해서는, 불행할수록 사람은 더욱 종교에 의존하려는 성향을 갖고, 잘 못사는 사회계층이나 빈곤한 지역과 나라가 보다 잘사는 사회계층이나 부유한 지역과 나라보다 상대적으로 훨씬 더 종교에 매달린다고 관찰 분석한다. 구체적으로, '종교가 일상생활에 중요한가?'라는 설문조사에서, 1인당 국민소득이 1만 달러 이하인 나라들에서는 80-99%가 그렇다고 대답한 반면, 3만 달러 이상인 나라들에서는 17-43%가 그렇다고 대답했다[17]고 밝힌다.

다이아몬드는 또 다음 네 가지 종교 기능은 수렵채집 사회와 같은 소규모 집단이나 사회에서는 찾아볼 수 없고, 왕국과 국가의 등장과 함께 새로 나타난 기능이라고 밝힌다. 이를 유념하면서, 이 네 가지 종교 기능을 살펴보자.

4. 표준화된 조직(standardized organization)

현대 종교의 결정적인 특징은 표준화된 조직이라고 그는 규정한다. 전임 · 전업 성직자, 즉 가톨릭 사제(priest), 유대교 목사(rabbi), 개신교 목사(minister), 이슬람교 지도자(imam), 불교 승려(monk) 등 종교 관계 종사자는 그 명칭이 무엇이든 간에 월급, 봉급이나 생활비를 받는다.

또한 현대 종교들은 기독교 교회당(불교 사찰[temple], 유대교 회당[synagogue], 이슬람교 성원[聖院, mosque])과 같이 건물이 있다. 그리고 모든 종교에는 표준화된 성전(聖典)이나 경전—성경, 토라, 코란, 불경 등—과 종교의식, 예술, 음악, 건축물, 의상 등이 있다.

그러나 소규모 집단에는 이런 표준화된 조직이나 기구가 아예 없거나 있더라도 표준화되지 못했다는 것이다. 오직 공동체 규모가 크고, 인구가 많은 생산적인 사회에서만 잉여 식량 등 삶의 여유가 생기고, 그때부터 위에서 살펴본 국가와 종교를 포함, 여러 가지 표준화된 조직과 기구들이 등장했다[18]고 본다. 참고로, 그가 사용한 '잉여 식량' 개념[19]은 인류문명사에서는 종교를 포함, 문화, 문명의 동인(動因)으로서 거의 보편화되었다.

5. 정치적 복종의 설파(preaching political obedience)

고대 이집트나 메소포타미아, 폴리네시안 하와이, 페루 잉카제국 등에서 추장이나 왕은 신들과 연관성을 가진다. 때로는 추장이나 왕이 스스로 '신'이 되어 추앙받는 조직화된 종교도 등장한다. 그로부터 정치와 종교의 밀착이 시작되고, 지배자(비생산 지배층)와 피지배자(생산 농민 등) 관계가 형성되었다고 본다.

지배자는 피지배층인 농민들이 농사짓는 데 충분한 비와 좋은 수확을 보장하고, 길을 닦고, 관개시설과 식량 보관창고를 확충하는 등 혜택을 베풀고, 그 대가로 왕을 비롯한 관료, 성직자(神官) 등은 농민으로부터 세금(또는 농작물, 해산물, 공예품 등)을 거둔다.

이렇게 거둔 세금으로 왕을 비롯한 지배계급에게 충성, 복종하는 군대도 조직하고, 그를 동원하여 이웃이나 다른 왕국을 침공하여 영토를 빼앗아 넓히는 등 지배피지배 공생, 협업 관계가 이루어졌다고 본다. 참고로, 종교와 정치는 지금도 협업 관계를 유지하지만, 적어도 법적으로는 미국처럼 종교정치 분리 원칙도 병존하는 경우가 대부분이다.

6. 타인을 대하는 도덕적 행동강령(moral codes of behavior towards strangers)

다이아몬드는 모든 세계 종교—힌두교, 불교, 유교, 유대교, 기독교, 이슬람교 등—는 무엇이 옳고 무엇이 그른가, 사람은 어떻게 행동해야 하는가에 대한 나름대로의 해답과 해설이 되는 기본도덕이나 행동강령을 갖고, 이를 근거로 신자와 신도를 가르치는 공통점이 있다고 본다.

그러나 그의 뉴기니 현장 관찰과 체험에 의하면, 몇 십 명에서 몇 백 명씩 모여 사는 비교적 소규모의 무리나 부족은 대부분 원초적인 종교행위는 하지만, 도덕적인 행동은 다른 무리나 부족에까지는 아예 적용되지 않거나, 적용하더라도 상대적으로 약하다. 그 대신 이 소규모 집단들에서는 서로의 관계에서 사회적 의무가 크게 작용한다고 지적한다. 거의 서로가 서로를 알고, 같은 혈육이거나 결혼으로 맺어진 관계가 대부분이기 때문에, 이에 따르는 여러 가지 사회적 의무와 책임이 얽히고설켜 있다고 밝힌다.

그는 7,500년 전에 뉴기니의 부족들과 같은 소규모 부족들이 더 큰 규모의 인구와 사회로, 그리고 국가로 발전하면서, 서로가 서로를 모르는 사람들이 대부분이 되자 갈등이 심화되었고, 이러한 갈등을 막고 줄이기 위해 정치지도자(군주나 왕 등)가 유대교와 기독교인의 십계명 같은 종교의 도덕 행동강령 기능을 활용했다고 풀이한다.[20]

참고로, 불교의 팔정도(八正道)나 유교의 삼강오륜, 그리고 우리나라 신라시대 화랑도의 실천 이념이랄 수 있는 원광법사(?-630)의 세속오계(世俗五戒)[21]도 같은 맥락에서 그 의미를 찾아볼 수 있지 않을까 한다.

7. 전쟁의 정당화(justification of war)

국가가 등장한 다음, 지배자와 피지배자(국민, 시민, 신민)는 하나의 도덕적인 딜레마에 빠지게 된다고 다이아몬드는 본다. 가령 한 국가가 그 나라 아이들에게 18세가 될 때까지는 "너희는 사람을 죽이면 안 된다"고 가르쳤다가, 18세가 되자 그에게 군복을 입혀, "너희는 죽여야 한다"고 명령하면, 어떻게 이 병사가 아무런 혼돈과 모순을 느끼지 않을 수 있느냐는 것이다.

다이아몬드는 또 모든 종교는 진리를 독점하고 있다고 주장한다. 십계명은 한 국가의 자국민에게만 적용하지, 다른 나라, 다른 종교를 따르는 사람(이방인, 이교도, 미개인 등)에게까지 해당하지는 않는다는 것이다. 그는 구약성경 신명기 20장 10-18절을 인용한다. 다음은 그중 13절과 17절이다.

주 당신들의 하나님이 그 성읍을 당신들의 손에 넘겨주었으니, 거기에 있는 남자는 모두 칼로 쳐서 죽이십시오.(13절)

곧 헷 사람과 아모리 사람과 가나안 사람과 브리스 사람과 히위 사람과 여부스 사람은 주 당신들의 하나님이 당신들에게 명한 대로 전멸시켜야 합니다(17절).

그는 또 유대교 율법집 탈무드에서 다음과 같이 유추하는 유대교인도 있다고 밝힌다. 즉, 이스라엘 사람이 의도적으로 이스라엘 사람을 죽이면 살인 행위이지만, 이스라엘 사람이 의도적으로 이방인을 죽이거나, 만약 이스라엘 사람 아홉 명과 이방인 한 사람이 섞인 집단에 돌을 던져 이스라엘 사람이 맞아 죽어도 돌 던진 사람이 이방인을 죽이려다 실수한 것으로 간주하여 죄가 되지 않는다는 것이다.

그는 또한 실제 역사 속에서 보면, 유럽의 기독교 식민주의자들이 비(非)유럽인 대량 살상을 자행했고, 이 행위를 구약성경뿐만 아니라 신약성경까지 인용하며 정당화, 합리화했다고 지적한다. 그러나 그가 수십 년에 걸쳐 현장 조사를 해 온 뉴기니에서는 신이나 종교를 구실로 살상이 자행된 것을 보거나 듣지 못했다는 것이다. 2001년 9월 11일 미 뉴욕 세계무역센터 대참사와 같이 종교를 가장한 만행이나 대량 학살 행위는 이슬람교든 기독교든, 물론 다른 종교도 비슷하지만, 지난 1500년 동안에 대부분 일부 극단적인 광신도들이 자행했다고 본다.[22]

이와 관련 도킨스는 전쟁의 동인으로 경제적인 탐욕, 정치적인 야욕, 인종적 · 민족적 편견, 깊은 원한이나 복수심, 한 나라의 운명에 대한 애국심 등을 열거하면서, 특히 중요 동인으로 성전(聖戰, holy war, jihad)을 꼽아 다음과 같이 강조한다.

성전(聖戰)의 동인은 자기가 믿는 종교만이 유일한 진실이라는 확고한 믿음인데, 이는 다른 적대적 종교를 믿는 모든 이교도들과 그 추종자들에게 직접적으로 죽음을 선고하고, 신의 병사들은 곧바로 순교자들의 천국으로 가게 될 거라고 약속하는 성전(聖典)에 의해 뒷받침된다.[23]

한 가지 흥미로운 사실은 거의 100년 전에 막스 베버도 그의 〈직업으로서의 정치〉에서 다이아몬드가 위에서 제기한 십계명이나 유대교 탈무드의 근본적인 모순을 이미 제기하고 있다는 것이다.

베버는 위 십계명 6절과 '산상수훈'(마태복음, 5-7장), 그리고 마태복음 5장 39절(그러나 나는 너희에게 말한다. 악한 사람에게 맞서지 말라. 누가 네 오른쪽 뺨을 치거든, 왼쪽 뺨마저 돌려 대어라.) 등을 인용하며, 이 종교적 가르침과, 국가가 청장년을 병사로 만들어 적을 무찌르고 말살하도록 하는 일 사이의 모순과 자가당착을 지적한다. 다만, 베버는 윤리를 절대윤리와 책임윤리로 구분하여, 종교는 절대윤리를, 정치는 책임윤리를 요구한다는 논거로 위 모순을 풀려고 하는 것이 크게 돋보인다. 특히, 그는 절대윤리와 책임윤리는 상호 갈등적인 것이 아니라 상호 보완적이라고 보는 것도 내 눈길을 끈다(자세한 것은 이 책 3부 제13장 참조할 것).

위에서 본 바와 같이, 다이아몬드는 종교의 기능을 일곱 가지로 나누고 그 가운데 세 가지—초자연적 현상에 대한 해석, 제례의식으로 근심걱정과 불안의 완화 또는 제거, 고통·공포와 죽음에 대한 위안—는 현존하는 원시사회나 과거 수렵채집 사회와 같은 소규모 집단의 종교 기능으로 분류한다.

그리고 나머지 네 가지—표준화된 조직, 피지배층의 지배자에 대한 정치복종의 설파, 모르는 사람이나 집단, 다른 나라 사람, 다른 종교인을 대하는 도덕적 행동강령, 전쟁의 정당화—는 소규모 집단이나 부족사회에는 존재하지 않고 왕국과 국가의 등장과 함께 나타났으나, 다시 현대 세속적인 국가의 등장으로 이 기능도 쇠퇴하고 있다고 관찰한다.

위 다이아몬드의 종교 기능에 관한 생각과 비교하기 위해 도킨스의 종교 기능에 관한 생각도 살펴보자.

도킨스의 종교비판

도킨스는 인간 삶에서의 종교 기능을 간략히 네 가지 개념—설명(explanation), 훈계(exhortation), 위로(consolation), 신령감응(inspiration)[24]—으로 집약한다.

도킨스와 다이아몬드의 위 종교 기능 풀이를 비교하자면 이를테면 도킨스는 산을 멀리서 희미하게 '삼각형' 모양새로 본 연역적 접근이라면, 다이아몬드는 산속에 스스로 들어가 나무와 숲, 골짜기 등을 본 것 같은 귀납적 접근이라고 할까. 아무튼 도킨스는 그의 책 전체가 종교와 신에 대한 비판이기 때문에, 위에서 말한 그의 종교 기능은 '추상'(abstract)이라고 볼 수 있다. 따라서 여기서는 그의 책 전체를 섭렵하면서 이 장의 주제인 과학과 종교의 관점에서 그의 종교관을 살펴보고자 한다.

도킨스는 그의 책에서 먼저 믿음(신앙)의 성격을 기준으로 사람들을 유신론자, 이신론자, 범신론자, 불가지론자로 분류하여, 그 개념을 정의한다.

유신론자(有神論者, theist)는 초자연적 지성(supernatural intelligence), 즉 신을 믿는다. 이 초자연 지성이 처음 우주를 창조했고, 지금도 항상 우리의 삶과 운명을 돌보며 영향을 미치고 있다고 본다. 신은 우리의 기도에 답하고, 죄를 처벌하고 용서하며, 기적을 낳고, 선하고 악한 행동에도 민감하다고 믿는다.

이신론자(理神論者, 자연신교 신봉자, deist)도 초자연적 지성을 믿는다. 이신론자는 그러나 처음 우주를 지배하는 법칙을 만드는 데는 신이 개입했지만, 신은 인간 삶에는 절대로 간여하지 않으며, 인간 삶에 특별한 관심도 없다고 본다.

범신론자(汎神論者, 만유신교 신봉자, pantheist)는 초자연적 신을 믿지 않는다. 그 대신, 신을 자연, 우주, 또는 우주를 움직이는 법칙과 같은 뜻, 같은 말[25]로 본다.

불가지론자(不可知論者, agnostic)는 네 부류로 세분한다. 첫 번째는 기회주의자이고, 두 번째는 얼치기들이다. 세 번째는 천문학자 칼 세이건(Carl Sagan)처럼 "나는 내 배짱으로 생각하지는 않겠다. 실제로 실증할 수 있을 때까지 내가 판단을 보류하는 것은 괜찮다고 생각한다"라는 식의 불가지론자라고, 도킨스는 세이건식의 불가지론자는 비판의 대상이 될 수 없다고 인정한다. 세이건 같이 "사실상 일시적인 불가지론"(Temporary Agnosticism in Practice, TAP)의 경우는, 아직까지 실증할 수 없으므로 판단을 유보하지만 언젠가 실증되면 판단하게 될 것이라는 입장이다. 네 번째는 "원칙상의 항구적인 불가지론"(Permanent Agnosticism in Principle, PAP)의 경우로서 실증이 되어도 불가지론을 포기할 수 없다는 입장이다. PAP는 신이 존재한다는 가정과 신이 부재한다는 가정 모두 정답일 확률이 정확히 똑같다고 잘못 유추하고 있기 때문에, 도킨스는 위 TAP은 지지할 수 있으나 PAP은 안 된다고 밝힌다.[26]

무신론자(또는 무신앙자, atheist)는 자연, 물리 세계를 넘어 아무것도 믿지 않는다. 관찰할 수 있는 것 뒤에 숨어 있는 초자연적 창조 지성이나, 몸보다 오래 존속하는 혼(넋, soul)이나 기적도 믿지 않는다. 단, 우리가 아직 이해 못하는 자연현상을 제외하고는 말이다. 만약 그리고 자연계를 뛰어넘어 무엇인가 지금은 아직 불완전하게 이해하는 것이 있다면, 무신론자는 궁극적으로 그것마저도 이해할 수 있을 것이며 그때는 자연(현상)으로 받아들일 것을 희망한다.[27]

더 나아가서, 인간의 신의 존재에 대한 판단의 범위를, 즉 신이 존재한다고 100% 믿는 완전긍정과 정반대로, 신의 존재 가능성은 0%라고 믿는 완전부정 사이에 사람들의 믿음과 안 믿음(信, 不信)은 실제로는 연속적이지만, 도킨스는 편의상 다음과 같이 일곱 단계로 나눈다.

1. 강한 유신론자(strong theist): 신의 존재 확률을 100% 확신.
2. 사실상 유신론자(de facto theist): 거의 100% 가까운 확률로 신의 존재를 확신.
3. 친 유신 불가지론자(agnostic): 신의 존재 확률이 50%보다는 약간 높다고 생각. 기술적으로는 불가지론자이지만 유신론으로 기욺.
4. 공정한 불가지론자(impartial agnostic): 신의 존재, 부재를 정확히 각각 50%로 봄.
5. 친 무신 불가지론자(agnostic): 신의 존재 확률이 50%보다 약간 낮다고 생각. 기술적으로는 불가지론자이지만 무신론으로 기욺.
6. 사실상 무신론자(de facto atheist): 신의 존재 확률은 거의 0(zero)에 가깝다고 생각.
7. 강한 무신론자(strong atheist): 신은 존재하지 않는다고 완전 확신.[28]

도킨스는 스스로를 위 범주에서 '사실상 무신론자'라고 규정하면서, 그러나 '강한 무신론자' 쪽으로 기우는 편이라고 자평[29]한다.

이와 관련 도킨스가 그의 책에서 인용하고 있는 다른 유명 인사의 신의 존재, 부재에 관한 네 가지 보기를 들어보자.

1517년 독일 종교개혁을 이끈 마틴 루터는 "이성은 믿음(신앙)의 최대의 적이다. (…) 누구든 기독교인이 되기를 원한다면, 그의 이성에서 눈을 떼어 놓아야 한다"고 밝힌다.[30] 베버가 〈직업으로서의 과학〉에서 인용한 성 아우구스티누스의 "나는 불합리하기 때문이 아니라, 어처구니가 없는데도 불구하고 [신을] 믿는다"라는 선언을 닮았다.

성 아우구스티누스와 마틴 루터와는 반대로 진화론 창시자인 영국의 찰스 다윈은 "만약 어떤 복합적인 조직체(생명체)가 수없이 많은 끊임없는 근소한 변형을 거치지 않고서도 그 형성이 가능하여 존재했다는 것을 (누군가) 제시할 수 있다면, 내 이론[자연선택에 근거한 생물진화론]은 절대적으로 무너질 것이다. 그러나 나는 아직 그런 경우를 발견하지 못했다."[31] 같은 맥락에서 영국의 러셀 경은 "신이 존재하는가, 존재하지 않는가의 '입증 책임'은 신을 믿지 않는 사람이 아니라, 그를 믿는 사람에게 있다. 문제는 신이 존재하지 않음을 증명하는 것(disprovable)이 중요한 것이 아니라, 그의 존재를 증명하는 것(probable)이 중요하다"고 역설했다.[32]

도킨스도 "대부분의 종교는 진화한다"[33]고 본다. 그리고 "도덕이 아마도 종교보다 앞서 나타난 것 같다"[34]고 관찰한다. 나아가 그는 종교는 보통 절대적인 도덕으로 [신앙인을] 몰아붙인다. 하지만 도덕은 꼭 절대적이지는 않다고 생각한다.[35] 그는 또 하버드대 굴드 교수를 인용, "과학은 신이 자연을 감독하는가의 쟁점에 대해 쉽게 판결할 수 없다. 우리[과학자들]는 그것을 긍정도 부정도 못한다"[36]고 생각한다.

도킨스는 또 기적(miracle)은 그 개념 자체가 과학의 원리들을 위반한다[37]고 비판한다. 이와 관련해서, 도킨스가 클라크(Arthur C. Clarke)의 제3법칙—"아주 만족스럽게 개발된 기술은 무엇이든 기적과 구별하기 힘들다"[38]—을 인용하고 있는 것도 흥미롭다.

도킨스는 수백 명의 노벨 과학상 수상자들 가운데 기독교 신자는 단 6명이라고 밝힌다.

1998년 영국 과학전문지, 《네이처》의 설문조사에 의하면, 미국 국립과학아카데미(National Academy of Sciences)와 영국의 왕립학회(Royal Society) 회원들 가운데 약 7%만이 특정 신을 믿는 것으로 나타났다. 이는 미국 국민의 90% 이상이 신을 믿는다는 것과는 크게 대조적이다.[39]

도킨스는 또 지식이나 교육수준이 높을수록 사람은 덜 종교적이고, 어떤 종류의 믿음(신앙)이든 덜 가질 확률이 높다는 가설이 가능하다[40]고 역설한다. 나아가 그는 "종교는 창조설(creationism) 없이 존재할 수 있지만, 창조설은 종교 없이는 존재할 수 없다"[41]는 한 유전학자의 관찰도 인용한다. 그는 또한 종교사학자들은 원시사회 부족의 애니미즘(animism)부터 고대 그리스, 로마와 스칸디나비아(Norsemen) 등의 다신교 사상(polytheism)을 거쳐 유대교와 거기서 파생한 기독교, 이슬람교와 같은 일신교 사상(monotheism)에 이르는 진보를 인정한다[42]고 밝힌다.

나아가서 19세기 이후로는 종교학자(신학자)들이 기독교 복음서의 내용은 실제 세계에서 일어난 역사와는 다른 이야기들임을 밝혀냈고, 이 복음서 모두 예수의 사후보다 훨씬 뒤에 쓰였을 뿐만 아니라, 그 뒤에도 계속 여러 차례 문구와 내용이 바뀌고, 다른 종교로부터 빌려 오고를 거듭했다는 것이다. 도킨스는 예수의 출생지, 그를 둘러싼 전설들—'동방의 별', 독생자, 기적들, 수난, 부활, 승천 등—을 그 보기[43]로 든다. 그는 댄 브라운(Dan Brown)의 소설, 《다빈치 코드》(*The Da Vinci Code*)와 복음서의 유일한 차이는 하나는 요즘 소설이고 다른 하나는 옛날 소설이라는 점이라고 비꼬기까지 한다.[44] 그는 또 로마 정치가 철학자 세네카(Seneca, B.C.4?–A.D.65)를 인용, "종교를, 보통사람은 옳다고, 현명한 사람은 거짓이라고, 지배자는 유용하다고 한다"고 한다.[45]

끝으로, 도킨스는 잔학하고 흉악한 인간은 어느 세기에나 어떤 종파에서나 찾을 수 있다[46]며, "나는 신 혹은 신들의 어느 특정한 형태(version)를 공격하지 않는다. 신이든, 신들이든, 초자연적인 것은 어느 것이든, 언제 어디서 그들이 발명되었든 모두 나는 공격한다(그리고 앞으로도 발명된다면 공격할 것이다)"라고 힘주어 말한다.[47]

종교의 뿌리는?

도킨스는 종교가 언어와 마찬가지로 태초에는 아무 순서나 체계 없이 진화했다고 본다. 마치 자연선택으로 생명체의 유전인자(gene)가 진화하듯이 인류문화유산인자(meme)도 변이(variation), 돌연변이(mutation), 경쟁(competition), 유전(inheritance)의 과정을 거쳐 진화한다고 주장한다.

그의 위 신조어, '밈'(meme)은 고대 그리스어 '모방한다'는 뜻을 가진 단어 'mimesis'[48]에서 따온 것이다. 생물학의 유전인자(gene)처럼 밈 문화 유산인자(meme)는 한 문화권 내에서 사람들 사이에 퍼지는 하나의 개념, 행동 또는 스타일을 뜻한다. 그는 밈을 문화전파(cultural transmission) 또는 문화유산(cultural inheritance)의 한 단위로 정의한다.

그는 그러나 밈 풀(meme pool, 한 인간집단 문화유산인자의 총체)은 유전인자의 총체(gene pool)보다 구조화나 조직화가 훨씬 덜 되었다고 본다. 따라서, 과학적으로는 밈이 유전인자(gene)와 똑같지는 않다는 것을 스스로 인정한다. 구체적으로, 유전인자의 정확한 물질 성분(DNA의 배열)은 이미 밝혀졌지만 문화유산인자 밈은 그렇지 못하다고 인정하는 것이다.[49]

하지만 밈을 통해서 문화개념들, 상징들, 실천들, 즉 글, 말, 의식 또는 모방이 가능한 현상들을 사람의 마음에서 사람의 마음으로 이식할 수 있다는 것이 그의 지론이다.

밈의 구체적인 보기로, 그는 멜로디(선율), 유행어, 패션, 건축양식, 뜨개질 바늘땀(stitches in knitting), 밧줄이나 고기잡이 그물의 매듭법(knots in ropes or fishing nets), 종이 접기 방법(origami folding patterns), 목공이나 도예 기법 등[50]을 든다. 한마디로, 그의 개념은 우리나라의 유형 · 무형 인간문화재를, 더 넓게는 유네스코의 문화유산을 연상케 한다.

도킨스는 어떤 문화재—멜로디, 패션, 기술 등—든 복제가 가능하다면 밈이라고 본다. 그는 생명진화론에서 유전인자가 자연선택과정을 거치며 지속되고 변화하듯이, 밈도 끊임없이 변화하고, 또 새 밈도 생겨난다고 주장한다. 그리고 좋은 문화유산인자는 더욱 빛을 내고, 더 멀리, 더 많은 사람과 지역으로 퍼져 나가고, 덜 좋은 밈은 관심 밖으로 사라지거나 잊힌다는 것이다. 글래드웰[51]은 밈은 바이러스처럼 사람과 사람을 통해서 움직이고 전파된다고 본다.

종교의 밈 이론

도킨스는 더 나아가 종교의 밈 이론을 다음과 같이 주장한다. 특정 종교 개념들은 특정 유전인자처럼 절대적인 장점 때문에 살아남는다고 본다. 여기서 장점이란 "밈풀 가운데서 살아남을 수 있는 능력"을 뜻한다. 그리하여 그는 다음과 같이 살아남은 몇 가지 종교적 밈(religious meme)들을 열거한다.

:: 당신은 죽지만 살아남을 것이다. 비록 이 세상에서 몸은 죽지만 천당(혹은 지옥)에 갈 것이다.
:: 만약 당신이 순교자로 죽게 된다면 낙원에서도 특별히 멋진 곳에 가서 72명의 처녀들과 즐길 것이다.
:: 이교도, 신을 모독한 자(blasphemers)와 신앙을 버린 배교자는 죽임을 당할 것이다. 아니면, 그들의 가족들로부터 추방당하는 벌을 받을 것이다.
:: 신을 믿는 것이 최고의 덕이다. 만약 당신의 믿음이 흔들일 때는 더 열심히 노력하고, 다시 믿음을 되찾도록 신에게서 도움을 구하라.
:: 신앙(무조건적 믿음)은 덕이다. 당신 믿음의 근거를 더 무시할수록 당신은

더욱더 덕스럽게 된다.

:: 증거와 이성이 믿음에 반하더라도, 무엇인가 불가사의하고, 증거도 없고, 증거가 있을 수 없는 것이라도 믿을 수 있는 최고의 신앙인은 특별히 높게 은총을 받게 된다.

:: 아름다운 음악, 미술과 경전들은 바로 종교 개념들의 자기재생(自己再生, self-replicating)의 증거다.[52]

그는 또 다음과 같이 이기주의와 이타주의에 대한 관찰과 분석도 내놓는다.

다윈의 생명진화론의 자연선택의 단위(unit of self-interest)는 이기적 유기체(selfish organism), 이기적 집단(selfish group), 이기적 종(selfish species), 이기적 생태계(selfish ecosystem)가 아니고 "이기적 유전자"(selfish gene)[53]라고 그는 주장한다. 그런데 이 이기적 유전자가 그 자신의 "이기적인 생존"(selfish survival)을 위해 그의 유기체를 "이타적으로 행동하도록"(behave altruistically)해야 하는 상황이 드물지 않다는 것이다. 이러한 상황을 그는 두 가지, 친족(kinship)과 호혜(reciprocation)로 나눈다.

하나는 유전자가 그들의 유전자 친척(genetic kin)을 편애하도록 개별 유기체를 프로그램 하면 그 숫자가 상대적으로 훨씬 많아지고, 그 빈도수가 많아지면 유전인자의 총체(gene pool)가 되어 어느 순간 친인척 이타주의(kin altruism)가 규범[54]이 되는 것이라고 그는 풀이한다.

자기 아이들을 잘 보살피려는 것이 좋은 보기이며, 이 현상은 사람에게만 나타난 것이 아니라 벌, 말벌, 개미, 흰개미나 척추동물인 털 없는 두더지, 쥐, 미어캣(meerkat), 도토리 딱따구리(acorn woodpecker) 등도 나이 든 형들이 나이 적은 동생들을 돌봐 주는 사회로 진화했다는 것이다.

해밀턴(W.D. Hamilton)이 보여 주었듯이, 동물들은 서로 돌봐 주고, 위험과 적으로부터 방어하고, 자원을 나누고, 닥쳐오는 위험을 경고한다. 이를 달리 표현하면, 친척은 같은 유전인자의 "카피 인자들"(copies)을 갖고 있을 확률이 높기 때문에 이타주의가 나타난다는 것[55]이다.

또 하나는 다윈에서 찾은 이론적 근거로, ("네가 내 등을 긁어주면, 나도 네 등을 긁어 주지"와 비슷한) 상호이타주의(reciprocal altruism)다. 이것은 일종의 공생(symbiosis) 행위라고 할 수 있다. 상호이타주의는 필요의 비(非)대칭성과 그것을 해결할 수 있는 능력 때문에 가능하다. 사냥꾼은 창이 필요하고, 대장장이는 고기가 필요하니까 물물거래나 교환이 가능하다. 인간의 경우 그러나 돈이라는 매체가 생기면서, 양자의 거래에서 단순 물물거래를 넘어 신용에 근거한 지연 거래(delays in the transactions)도 가능해졌다[56]고 그는 본다.

도킨스는 위 친족과 호혜 외에 아량(generosity)을 베풀거나, 친절하다는 평판 때문에 추가로 얻는 혜택도 인간의 이타심을 부추긴다는 점을 자하비(Amotz Zahavi) 등[57]의 연구를 근거로 제시한다.

인간이 개코원숭이(baboons)처럼 소규모 집단으로 살 때부터 친절, 아량, 공감(empathy), 연민(pity) 등, 특히 가까운 친척이나 서로 도움을 줄 수 있다고 보는 집단을 향한 이러한 이타적인 욕구(altruistic urges)가 성적 욕구(sexual urges), 배고픔 욕구(hunger urges), 외국인 혐오 욕구(xenophobic urges)와 함께 우리의 뇌 속에 스며들었다는 것[58]이다.

요약하면, 다시 종교 뿌리 찾기로 되돌아가서, 막스 베버가 종교를 하나의 문화적 특성으로 이해하고 해석하려 했다면, 도킨스는 다윈의 유전자와는 다른 문화유산인자(meme)라는 새 개념으로 이해하고 해석하려 한 것이 다르다면 다르다. 그는 다윈의 '생명진화론'과는 다른 '문화진화론'을 개발했고, 종교를 이 문화진화론 입장에서 보려고 한다. 이기적 유전자가 이기적 생존을 위해 이타적으로 행동하게 되는 네 가지 상황 때문에 넓은 의미에서 이타주의와 종교가 연대(결연)하게 되면, 종교 문화유산인자는 급격히 확산되며 부모 세대에서 자식 세대로 전파(transmission)되어 간다는 지론이다.

종교와 고고학[59]

터키 남동쪽에서 발견된 '괴베클리 테페'(Göbekli Tepe)로 알려진 말끔히 조각된 수많은 석회암 바위기둥들이 마치 '사자(死者)숭배(a cult of the dead)'나 '종교 의식'의 장소인 양 원형(圓形)으로 서로 중앙을 보며 서 있는 건축물은 지금 종교의 뿌리에 대한 많은 의문과 수수께끼를 낳고 있다. 이집트 기자의 피라미드보다 7천 년이나 앞선 11,600년 전에 건설된 것으로 보이는 세계에서 가장 오래된 이 건축물은 종교(기원)에 대한 새로운 의문을 던지고 있다.

1960년대에 미 시카고대 고고학자들이 발굴 가치를 인정하지 않고 방치한 이 지역을, 독일 고고학연구소(Deutsches Archäologisches Institut, DAI)가 1994년 가을부터 발굴하기 시작하여 지금까지 계속하고 있다.

이 독일 발굴 팀의 책임자인 슈미트(Klaus Schmidt, 1953–2014)에 의하면 영문 알파벳 'T'자 모양의 기둥들은 사람의 모습, 그리고 다른 형상의 기둥들은 독침을 쏘는 모양의 전갈, 달려드는 형상의 멧돼지, 사납게 보이는 사자 등 무서운 동물들의 모습들로, 이 기둥들을 보호하거나 안심시키기 위해서나, 아니면 숭배의 상징물(totem)로 함께 있는 것으로 추정한다.

무엇보다도, 이 유적이 발굴된 곳에는 사람이 그 자리에서 먹고, 마시고, 잠자며 살았다는 흔적이 없다. 이곳에서 60마일이나 떨어진 산등성이(Karaca Dag)에서 옛날 원조 야생 밀이 발견되었을 뿐이다. 수백 명의 사람들이 돌을 조각하고, 이 수많은 돌기둥(가장 큰 기둥은 18피트에 무게가 16톤)을 세우고 했을 텐데 근처에 수원(水源)이 전혀 없고(가장 가까운 물줄기가 3마일 떨어져 있다), 이들이 잠자며 그곳에서 살았다고 할 수 있는 주거 및 생활 흔적도 없다. 더구나 그곳에서 경작(농업)을 했다는 증거도 아직까지는 하나도 발굴하지 못했다. 잘사는 사람을 위한 삶의 공간, 엘리트들이 쓰던 좋은 물건들이 쌓여 있는 무덤들, 누군가 다른 사람들보다 더 잘 먹고 더 잘 산 흔적 등 사회계층(social hierarchy)이 있었다는 증거도 없다는 것이다.

따라서, 슈미트는 이 건축물을 만든 사람들은 신석기 시대의 정착 농민이 아니라, 그 훨씬 이전 수렵 시대의 유랑민이라고 주장한다. 이렇게 단언하면서도 그는 “괴베클리 테페를 수렵 유랑민들이 만들었다는 것은 마치 누군가 조각칼(X-acto) 하나만 가지고 지하실에서 747 비행기를 제조한 것과 같다”라고 감탄을 감추지 못한다.

만약 원시 수렵사회의 유랑민 집단이 거대한 사원을 만들었다는 그의 주장이 맞는다면, 이제까지의 문화인류학계의 정설을 뒤엎고 농경사회나 문명의 다른 모습들 이전에 벌써 ‘조직화된 종교’(organized religion)가 등장했었다는 새 가설이 가능해진다.

그의 이 주장을 뒷받침해 주는 또 하나의 증거는 괴베클리 테페에서 20마일쯤 떨어진 지역 네발리 코리(Nevali Cori)의 산속 주거지에서 고고학의 ‘전도기 신석기’(前陶器 新石器, Prepottery Neolithic)시대, 즉 ‘소빙하기’에 채소나 곡물을 심고 가꾼 식물 순화(plant domestication) 흔적이 보인다는 것이다. 안타깝게도 네발리 코리 지역은 지금 터키 정부의 댐 시설 공사 등으로 물속에 잠겨 수몰 지역이 되어 버렸지만, 괴베클리 테페에서 발굴된 돌기둥과 사람, 동물들의 형상(이미지)이 이 지역에서도 발견되었다. 따라서 슈미트는 괴베클리 테페 주변의 공동체가 “실제로 존재했던 세계의 첫 대규모 종교 집단”이라고 역설한다.

요컨대, 신석기 시대 농경사회의 등장과 함께 '조직화된 종교'를 포함, 인류문명사가 시작되었다는 기존 가설에, 지금 터키에서 발굴되고 있는 위 유적들이 큰 의문을 제기하고 있는 셈이다. 중 · 대규모 농경사회처럼 농민들이 정착하여 논밭을 일구며 사는 시대가 아니라, 신석기 훨씬 이전인 비(非) 정착, 수렵시대에도 소규모 유랑민들이 건설한 것으로 추정되는 거대한 종교 사원이 이미 발굴되었고, 그 작업이 지금도 계속되고 있기 때문이다.

"내 생각에, 우리가 지금 배우고 있는 것은 문명은 인간 정신의 산물이라는 점이다"(I think what we are learning is that civilization is a product of human mind).[60] 17년째(2011년 기준, 그는 2014년 사망함) 위 발굴 현장에서 일하고 있는 슈미트의 이 한마디는 많은 뜻을 아우르고 있는 것 같다. 신학, 고고학을 포함, 모든 과학과 학문이 닫혀 있고 갇혀 있는 틀(box, frame, device)이 아니고, 끊임도 쉴 새도 없이 계속 발전, 발견, 진화하는 열린 과제라는 뜻에서 보면 더욱 그렇다.

베버, 도킨스, 다이아몬드의 마지막 한마디

베버는 〈직업으로서의 과학〉 강의를 구약성경 이사야 21장 11-12절을 인용하며 에돔에 대한 경고와 함께 다음과 같이 끝을 맺는다.

> 세일에서 누가 나를 부른다. "파수꾼아, 밤이 얼마나 지났느냐?" 파수꾼아 날이 새려면 얼마나 더 남았느냐? 파수꾼이 대답한다. 아침이 곧 온다. 그러나 또다시 밤이 온다; 묻고 싶거든, 물어보아라. 다시 와서 물어보아라.

이것을 들은 사람들은 묻고 또 묻고 2000년 이상을 기다렸고, 우리는 그 운명을 알고는 크게 동요합니다. 이것으로부터 우리는 갈망하고 기다리는 것만으로는 아무것도 얻을 수 없으니 우리는 달리 행동해야 한다는 교훈을 얻기를 바랍니다. 우리는 곧바로 일을 시작해야 합니다. 그리고 인간관계에서나 우리의 직업이 그날그날 요구하는 일에 충실해야 합니다. 이것은 그러나 간단명료합니다. 만약 모두가 바로 그의 생명줄을 지탱하는 수호신(Daemon, demon)을 찾아 그에게 순응한다면.

거듭 강조하지만, 그의 위 마지막 성경 구절 인용과 그의 유대인 운명에 대한 전율과 경고는 그가 죽고 난 뒤 10년 남짓 지나 독일에 히틀러 나치 정권이 등장하고, 제2차 세계대전 중 독일, 폴란드, 우크라이나 등 독일군 점령지역에서 유대인 등 소수민족 대량 학살 만행이 일어나는 것을 넌지시 경고, 예견하고 있는 것 같아 놀랍고 섬뜩하기까지 하다.

유대인은 물론 그의 경고대로 마냥 소망만 하며 기다리고 있지만 않고, 2차 세계대전 종식과 함께 2천 년 만에 자기들만의 나라를 세웠다. 1948년 5월 14일 독립국가를 중동의 옛 터에 세우는 데 성공했다. 그러나 이 과정에서 팔레스타인 등 아랍 민족과의 몇 차례 전쟁을 치렀고, 지금 이 순간도 아랍 국가들과 이스라엘은 평화로운 해결의 실마리를 찾지 못한 채 그 원한과 앙금이 아직도 깊고 끈질기다.

좁게는 이스라엘-팔레스타인 문제, 넓게는 유대교-기독교 유럽문명권과 아랍 이슬람문명권 사이의 뿌리 깊은 갈등과 각축이 지금 우리 남북한의 정치현실을 꽤 닮은 것도 같다. 두 갈등의 뿌리와 근본 원인, 주변 국가들의 역사문화, 정치경제, 그리고 군사적, 지정학적 권력역학은 크게 다르지만.

도킨스는 그의 책을 이렇게 끝맺는다.

인류가 (보다 더 작은, 보다 더 큰, 보다 더 빠른 것들에 대한) 이해의 한계에 도전하는 시대에 살고 있다는 것에 대해 나는 흥분을 감출 수 없다. 더욱더 기쁜 것은 우리가 한계가 없다는 것을 결국 발견하리라는 것이다.[61]

한마디로, 베버가 인종과 종교 갈등에 대해 비관적이었다면, 도킨스는 과학 예찬론자요, 무신론자의 전형에 가깝다.

한편, 다이아몬드는 종교 문제를 다룬 그의 최근 저서 제9장을 다음과 같이 맺는다.

종교는 과학의 입장에서 보면, 별로 의미가 없는 개인들의 삶과 죽음에 대해 계속 의미(들)를 부여할 것이라고 본다. 만약 의미의 탐구에 대한 과학의 해답이 옳고, 만약 종교의 그 의미가 하나의 환상이라 하더라도 많은 사람들은 과학의 해답 같은 것을 계속 싫어할 것이다. 만약, 다른 한편으로는 세계의 대부분이 빈곤의 수렁에 빠져 있다면, 혹은 만약 (더 나쁜 상황이 되어) 세계 경제와 삶의 수준 그리고 평화가 더 악화된다면, 그땐 종교의 모든 기능이, 아마도 초자연적 해석들까지 부활할 수도 있다.[62]

위 세 결론에서 보면, 베버가 곧 닥쳐 올 종교와 인종문제 재앙을 섬뜩하게 예견했다면, 도킨스는 인류의 과학의 미래에 대해 지나칠 정도로 낙관적이고, 다이아몬드는 종교의 장래에 대해 상대적으로 신중하다.

오늘의 종교 현주소와 두 교수의 가설

이미 위에서 넌지시 밝힌 바 있지만, 도킨스와 다이아몬드가 종교에 관한 가설 하나씩을 내놓는 것도 흥미롭다.

먼저 도킨스의 종교 가설은 폴 벨(Paul Bell)이 분석한 1927년 이래 43개 연구의 결론을 근거로 한다.

> 개인의 지식이나 교육수준이 더 높을수록 덜 종교적이고 어떤 '믿음'이든 덜 가질 것이다.[63]

한편, 다이아몬드의 종교 가설은 다음과 같다.

> 불행은 사람들을 더욱 종교적이도록 만들고, 더 가난한 사회계층, 지역, 그리고 나라들일수록 더 잘사는 그들(사회계층, 지역, 나라들)보다 훨씬 더 종교적이다: 그들은 더 많은 위안이 필요하기 때문이다.[64]

위 두 가설을 세계 모든 나라들의 종교 관련 자료를 가지고 구체적으로 한 번 살펴보자.

"통계는 가장 큰 거짓말"이라는 농담이 있다. 더구나 종교 또는 무교 통계는 종교, 무교, 종교인(신앙인), 무종교인을 어떻게 정의하느냐에 따라서 크게 달라질 수 있다. 또 종교, 무종교, 종교인, 무종교인 설문조사도 설문을 어떻게 짜서, 어떻게 묻느냐에 따라 그 변동 폭이 들쭉날쭉할 수밖에 없다. 더구나 나라마다 자료나 통계의 질이 다르다. 보기를 들면, 영국의 세계경제(World Economics) 정보기구가 만든 데이터 질 지수(Data Quality Index on GDP)에 의하면, 데이터 질을 최고 100으로 할때 1위 스위스는 97.2, 2위 미국은 94.8이다. 독일은 14위로 89.8, 영국은 15위로 87.6, 일본은 22위로 79.2, 한국은 31위로 75.0이다.

표 5-1

세계 인구 변화

세계 인구 변화 추이	
연도	인구수 (단위: 백만)
1500	458
1600	580
1700	682
1750	791
1800	978
1850	1,262
1900	1,650
1950	2,521
1999	5,978
2008	6,707
2016	7,400 (2016년 3월 추산)

출처: Wikipedia. 최근 Max Roser는 인류의 인구 변동추이를 태초부터 오늘까지 graphic online으로 선 보이고 있다. 자세한 인구 증가/감소와 지역별 분포 변화는 Max Roser, "World Population Growth," http://onworldindata-org/data/population-growth-vital-statistics/world-population-growth/

표 5-2

세계 인구 지역별 분포

지역	인구수	비율(%)
아시아	4,307,107,875	60.3
아프리카	1,037,524,058	14.5
유럽	816,426,346	11.4
북아메리카	544,620,341	7.6
남아메리카	400,067,694	5.6
호주/대양주	35,426,995	0.5
남극대륙	1,169	
합계	**7,141,174,478**	**100.0**

출처: Wikipedia. 보다 자세한 최신 자료는 〈표 5-3〉 Max Roser onlineData 참조.

아무튼 이러한 여러 가지 제약과 한계, 어려움에도 불구하고 '숫자 놀음'이 '입씨름,' '말장난'보다는 약간 더 설득력을 가질 수 있다는 가정하에, 여기서는 두 교수의 위 종교 가설을 몇 가지 통계자료에 근거해서 살펴보고자 한다. 이 통계자료들이 극히 피상적이고, 그 신뢰성(reliability)과 타당성(validity) 문제도 제기될 수 있지만…

지금 지구촌 세계 인구는 72억을 넘었다. 이 가운데 아시아는 43억으로 세계 인구의 60%를 차지한다. 아프리카(10억, 14%), 유럽(8.2억, 11.4%), 북아메리카(5.4억, 7.6%), 남아메리카(4억, 5.6%), 대양주(3,500만, 0.5%) 순[65]이다(자세한 것은 표 5-1과 5-2 참조).

세계 종교 인구는 어떤가? 위에서도 밝혔듯이, 종교 인구 그 자체를 파악한다는 것이 통계마다 제각각일 수밖에 없다. 모두 기껏해야 추산, 추정이다. 아무튼, 최근의 한 통계[66]를 인용하면, 무신론자와 불가지론자를 포함, 종교 인구가 66억이 넘는 세계 종교, 종파와 종교인 현황은 대충 다음과 같다.

기독교(신자 총수)	22억 9,809 (만 명)
천주교	11억 8,435
개신교	4억 2,606
독립교회파(Independents)	3억 4,851
그리스 정교회	2억 7,580
이슬람교	15억 6,039
힌두교	9억 5,941
무교, 불가지론자	6억 6,506
중국 민속종교주의자	4억 6,845
불교	4억 6,754
무신론자	1억 3,699

* 더 자세한 것은 표 5-5와 표 5-6 참조.

위 자료에서 무종교, 불가지론자와 무신론자를 합치면 8억 205만 명이다. 이를 근거로 세계 인구 총 72억의 11.4% 남짓은 넓은 의미에서 '신을 믿지 않는다'는 추정이 가능하다.

거꾸로 이야기하면, 88.6%는 신을 믿거나 '신이 아닌 무엇인가에 기댄다'는 이야기도 된다. 미신, 귀신, 무속신앙, 마법, 마술, 곰, 용, 뱀, 돌, 독수리, 동구 밖 느티나무…, 아니면 아들, 딸 등 자기 자손이든, 자기를 이 세상에 있게 한 부모나 조상이든, 자기가 태어난 나라든, 아니 오로지 자기 스스로만을 믿든…, 금력, 권력, 명예 등 속세의 무엇인가에 미쳤든, 매달리든, 묵묵히 기대며 살아가든…, 그 어떤 형태, 방식으로 '믿든 말든' 말이다.

구체적으로, 보기 하나를 들어 보자. 무종교자(irreligionist)만을 나라별로 비교한 갤럽 조사 통계[67]는 대충 이렇다.

갤럽을 포함, 세 가지 통계를 인용하고 있는 이 자료는 무종교자의 개념 정의도 서로 다르고, 나라마다 통계 수집 연도도 제 각각이어서 여러 가지 방법론적 실제적 문제점도 있지만, 이 세 가지 자료 가운데 갤럽이 조사한 2006-2011년도 평균 무종교자 비율만을 한번 들여다보자.

155여 개 나라를 조사한 이 자료에서 내 나름대로 무종교자 비율이 평균 60%가 넘는 나라와 거꾸로 무종교자 비율이 5% 미만인 나라만을 찾아보면, 60%가 넘는 나라는 21개국이고, 5% 미만인 나라는 37개국이다. 10% 미만인 나라도 58개국이다.

무종교 국가의 실상

평균 60%가 넘는 무종교 나라들을 보면, 중국과 일본을 빼놓고, 쿠바, 캐나다, 뉴질랜드, 오스트레일리아, 우루과이이다. 나머지는 모두 유럽 나라들이고 대부분이 기독교 특히 개신교 문화권이다. 또, 이들 나라의 식자율(literacy rate)(세계 나라별 식자율 통계는 UNESCO의 2015년 Institute for statistics의 자료 참조)도 모두 90%–100%다. 더구나, 사회주의 국가인 중국과 쿠바나 우루과이를 제외하면, 이 나라들 대부분은 상대적으로 부유한 선진경제권이다.

구체적으로, 세계 230여 개 나라들 가운데 무종교자가 열 명 중 여섯인 나라들은 상대적으로 경제생활, 교육수준이 최상위권이고, 정치도 선진 민주국가들로 자유와 복지 등 안정된 삶을 꾸려 가는 곳들이다(표 5–3 참조).

거꾸로, 위의 같은 통계자료에서 무종교자 비율이 10% 미만인 나라는 59개, 5%인 나라는 37개다(표 5–4 참조). 이 나라들은 지역적으로는 거의 모두 아프리카, 동남아시아, 남아시아, 라틴아메리카 등 경제적으로는 가장 가난하고, 식자율도 상대적으로 가장 낮다.

이 나라들 가운데 중동의 쿠웨이트, 아랍에미리트연방(UAE), 사우디아라비아, 카타르는 1인당 국민소득이 2만 달러에서 5만 달러가 넘어, 얼핏 보면 예외처럼 보일 수 있다. 그러나 이들은 석유 생산·수출국으로 상대적으로 인구에 비해 국가 소득이 엄청나게 크게 반영되고, 부가 극소수 지배층에 집중되어 있다는 것도 특징이다.

1971년에 국가로 출범한 아랍에미리트연방의 경우, 최근 통계로 보면 인구는 530만 정도지만 자국민은 19%이다. 다른 아랍 국가 사람과 이란인이 23%, 기타가 8%다. 그리고 인도, 파키스탄 등 남아시아 인이 50%[68]로 자국민의 두 배가 훨씬 넘는다. 이는 석유에서 얻는 부가 극소수 자국민에 집중되어 있다는 것을 실증한다. 그 나머지는 다른 최빈국 인구의 프로필과 크게 다르지 않다.

표 5-3

무(無)종교인 비율이 평균 60% 이상인 나라(21개국)

스웨덴	88(%)	호주	67
덴마크	83	뉴질랜드	67
중국	82	네덜란드	65
노르웨이	78	쿠바	64
에스토니아	78	우루과이	64
영국(UK)	76	룩셈부르크	64
프랑스	74	헝가리	63
체코공화국	72	독일	62
일본	71	캐나다	61
핀란드	69	아이슬란드	60
벨기에	68		

출처: Wikipedia, "List of countries by irreligion", Gallup Worldview, accessed on 14 September 2011.

또한, 이제까지 사용했던 인간개발 지수(The Humanity Index) 대신, 2010년부터 옥스퍼드대의 빈곤과 인간개발 이니셔티브(Oxford Poverty & Human Development Initiative)와 유엔 개발 프로그램(United Nations Development Programme)이 새로 개발한 다차원 빈곤 지수(The Multidimensional Poverty Index, MPI)로 조사한 세계 104개 저개발 국가의 조사 자료에서도 가중치 지수(weighted indicators)가 33.3% 이상이 되어 아주 심각한 다차원 빈곤(deprivations)에 빠져 있다고 본 나라들과 위 무종교자가 5%에서 10% 되는 나라들과도 거의 일치한다.[69]

정치적으로도 이들 다차원 빈곤 지수가 높은 나라들은 민주주의 정치와도 크게 거리가 멀다. 정치경제, 사회, 교육문화 등 삶의 기초, 기반시설도 부재

표 5-4

무(無)종교자 비율이 평균 5% 미만인 나라(37개국)

중앙 아프리카 공화국	1(%)	케냐	3
코모로 이슬람 연방공화국	1	말리	3
인도네시아	1	미얀마	3
말라위	1	세네갈	3
시에라리온	1	아랍에미리트연방	4
스리랑카	1	사우디아라비아	4
예멘	1	카타르	4
태국	2	파키스탄	4
니제르	2	이집트	4
나이지리아	2	요르단	4
모리타니	2	가나	4
쿠웨이트	2	콩고민주공화국	5
기니	2	네팔	5
에콰도르	2	팔레스타인	5
부룬디	2	르완다	5
아프카니스탄	3	탄자니아	5
캄보디아	3	우간다	5
지부티	3	잠비아	5
라오스	3		

출처: 표. 5-3과 동일

하거나 크게 부족하다. 무엇보다도, 가난, 굶주림, 질병이 아직도 일상인 나라들이다.

물론 이 가난한 나라들에게도 희망이 보이지 않는 것은 아니다. 유엔총회가 2010년 채택한 새천년 발전 목표들(Millennium Development Goals, MDG)

표 5-5

세계 종교 개관*

종교	신자 수	분포 지역
기독교 20억	22억	유럽, 북 · 남미, 대양주, 사하라 사막 이남 지역, 필리핀, 동티모르 등(기독교가 소수인 지역은 중동, 북아프리카, 중앙아시아, 남아시아, 서부 아프리카 등)
이슬람교	13억→16억 5천만	인도네시아, 말레이시아 등 해양 동남아 국가, 중동, 나이지리아 등 동아프리카 국가, 발칸 반도, 일부 러시아와 중국 지역 등
무종교	1억 천만	대부분 서유럽 지역
힌두교	8천만→1억	인도, 스리랑카 등 남아시아, 인도네시아의 발리, 피지, 트리니다드 토바고, 해외 인도인 등
불교	4천만→1억 5천만	인도, 스리랑카 등 남아시아, 한국, 중국, 일본, 등 동아시아, 베트남, 버마, 태국 등 동남아, 일부 호주, 러시아 등

* 여기서는 무종교인을 포함. 종교 인구 추정 숫자가 1억이 넘는 종교만을 대충 살펴본 것임.
자료 출처: Wikipedia, "List of religious populations."

이 2015년 끝났고, 앞으로 2015년에서 2030년까지 다시 이를 이어받아 지속 발전 가능한 목표들(Sustainable Development Goals, SDG)이 시작된다.

이 두 목표 달성에 크게 공헌하고 있는 유엔사무총장 MDG 자문관인 미 컬럼비아대 삭스(Jeffrey D. Sachs) 교수가 최근 그의 칼럼에서 가난한 이 나라들에서도 이제 발전이 시작되고 있다는 희망 섞인 통계를 제시하고 있는 것은 매우 고무적이다. 그에 의하면, MDG 실천 프로그램 덕분에 사하라 사막 이남 아프리카 나라들의 경우 하루 1달러 25센트 이하로 사는 사람이 1990–1999년 사이에는 56.5%에서 58%로 늘어났는데, 지난 10년 동안

표 5-6

종교 신자 연간 증가율*

종교	1970-1985	1990-2000	2000-2005
이슬람교	2.74	2.13	1.84
바하이교	3.65	2.28	1.70
힌두교	2.34	1.69	1.57
기독교	1.64	1.36	1.32
유대교	1.09		
불교	1.67	1.09	
시크교	1.87	1.62	

* 출처: Trends in adherence, World Christian Encyclopedia, major reliogious Groups. Wikipedia에서 재인용.

(2000-2010)에는 48.5%로 처음 조금 줄었다는 것이다. 같은 기간 연간 경제 성장도 2.3%에서 5.7%로 증가했다[70]고 한다.

아직도 갈 길이 멀고 험난하지만, 지구촌 그늘진 곳에도 희망의 빛이 보이는 것은 틀림없다.

끝으로 우리나라 종교인/무종교인 현황도 잠시 살펴보자.

2016년 12월 통계청이 발표현 2015년 '인구주택 총조사 표본집계 결과'에 따르면, 종교인구는 2,155만 명(43.9%), 무종교인구는 2,750만 명(56.1%)으로 595만 명 더 많다. 우리도 유럽, 미국 등 선진경제, 민주국가들의 길을 밟고 있는 추세다.

전체적으로는, 종교인구는 2005년 이후 2015년까지 10년 사이에 9%p나 크게 줄었지만, 기독교(개신교, 19.7%, 천주교, 7.9%)인구가 불교 신자(15.5%)보다 처음으로 앞섰다. 구체적으로는 개신교 신자는 1995년 850만, 2005년, 844만, 2015년 967만 명으로 늘어난 반면, 같은 기간 천주교 신자

표 5-7

종교유형별 인구(1995, 2005, 2015)*

구분	인구** (천명)			구성비 (%)		
	1995년	2005년	2015년	1995년	2005년	2015년
계	43,834	46,352	49,052	100.0(%)	100.0	100.0
종교있음	22,100	24,526	21,554	50.4	52.9	43.9
불교	10,154	10,588	7,619	23.2	22.8	15.5
기독교(개신교)	8,505	8,446	9,676	19.4	18.2	19.7
기독교(천주교)	2,885	5,015	3,890	6.6	10.8	7.9
원불교	86	129	84	0.2	0.3	0.2
유교	210	104	76	0.5	0.2	0.2
천도교	28	45	66	0.1	0.1	0.1
대종교	7	4	3	0.0	0.0	0.0
기타	225	196	139	0.5	0.4	0.3
종교없음	21,735	21,826	27,499	49.6	47.1	56.1

*자료 출처: 통계청 발표 자료

**특별조사구 제외

는 288만, 501만, 389만 명으로 줄고, 불교 신자도 같은 기간 1,015만 명, 762만 명으로 크게 줄었다(자세한 것은 표 5-7 참조).

*
**

정치 문제는 이 책 2부에서 다시 다루고 있으므로, 마지막으로 가장 강조하고 싶은 한마디로 이 장을 맺고자 한다.

위에서 비교적 상세히 요약 분석한 도킨스와 다이아몬드의 종교 분석 · 비판과 그들의 두 가설은 어떻게 보면 과학자로서, 특히 그들 스스로 자칭하는 다윈의 후예인 '진화론 생물학자'의 시각에서 종교에 접근한 것이다. 베버가 〈직업으로서의 학문〉에서 "학문에서 의미 있는 모든 것은 전문성이다"라고 말한 견지에서 봐도 이 두 과학자의 종교에 대한 관찰과 비판은 참신하다.

더구나, 위 몇 가지 통계자료로 보면, 그들이 마지막 결론으로 내놓은 종교에 대한 두 가설도 아직 완전히 실증된 단계는 아니지만 우리나라 종교 흐름을 포함, 그것을 부정할 수 없을 만큼 옳다고 나는 생각한다.

미 우주항공국(NASA)은 36년 전인 1977년에 쏘아 올린 무인우주탐사선, 보이저 1호(Voyager I)가 지구는 물론이고 태양계까지 벗어났다는 뉴스를 최근 발표했다. 인류 역사상 처음으로 인간이 만든 이 물체가 지금 항성 사이의 공간(interstellar space)으로 진입한 것이다. 이 경계(heliopause)는 태양으로부터 113억 마일이나 떨어져 있다.[71] 이는 신을 앞세운 종교가 아니라, 인간이 추구한 과학의 열매다. 부단히 쉴 새도 없이 계속 발전하는 우주과학 탐구, 탐험, 탐색의 한 쾌거다.

또한 미국은 2010년 오바마 대통령이 제안한 새 국가 과학 비전의 하나로 인간의 화성 거주(humans to Mars, H2M) 프로젝트를 추진하기 위해 미 국립학술원 산하 국가연구위원회(National Research Council)를 구성하였고, 320만 달러의 비용으로 18개월 동안 연구·조사한 286쪽 보고서가 최근 발표[72]되었다. 이 보고서에 의하면, 물론 시간 단위가 앞으로 100년에서 1000년까지지만, 그때는 인간이 간단한 산소통만 구비한 채 화성 표면을 거닐 수 있을 것이라는 전망이다. 아직은 물론 '꿈 아닌 꿈 같은 이야기'지만…

솔직히 이러한 과학 뉴스들은 이 저자와 같이 천체물리학은 물론이고 자연과학 전반에 관해 거의 무지한 비과학자에겐 지금도 분명히 '꿈만 같은' 이야기다. 꼭 태양계를 벗어나지 않더라도, 태양계 안 달나라에서 토끼가 방아를 찧고 있다는 우리나라 우화나 오늘의 최첨단 과학이 밝힌 달과 화성의 실체나, 태양계 행성들에 대해 솔직히 내가 느끼는 신비는 마찬가지다. 무지, 무식만이 꼭 내 신비의 뿌리는 아니라 할지라도…

아무튼, 위에서 살펴본 두 교수의 종교 분석과 비판은 종교의 순기능과 역기능 또는 악(惡)기능에 기초한 상대적으로 미시적인 평가가 아닌가 한다. 그러나, 인류 역사, 특히 인류문화사, 문명사라는 거시적인 입장에서 종교의 기여와 공헌을 들여다보면, 종교를 쉽게, 가볍게 함부로 폄훼하는 것은 바람직하지도 옳지도 않다고 생각한다. 더구나 꼭 부정적으로만 보며 평가절하 할 수도 없는 것이 엄연한 사실(史實)이요, 현실이다.

종교 없는 교육, 과학, 학문, 예술, 음악, 미술, 건축… 아니, 인류 문화, 문명을 상상할 수 있는가? 하는 질문의 해답이 "아니오"라면, 종교를 있어도 없어도 별 무관한, 아무짝에도 쓸데없는 마치 용도폐기된 물건처럼 너무 가볍게, 쉽게 버리거나 내팽개칠 수도 없다고 나는 생각한다.

마찬가지로, 신을, 그 존재가 지극히 인간적인 형상이든, 미지의 초인간, 초자연적 존재이든지를 떠나서, 종교의 인류에의 기여와 기록이 긍정적, 부정적이든, 종교의 시대적 사명, 역할과 기능이라는 큰 그림을 종합적, 총체적으로 보지 않고, 지엽적, 미시적으로 접근하여 폄훼하는 것도 나는 옳지 않다고 본다.

최근 가로 8센티미터, 세로 8센티미터의 파피루스 조각에 쓰인 한 구절을 놓고, 과학자(전자공학, 화학, 생물학 교수), 로마교황청, 종교사학자, 이집트학자(Egyptologist) 등 사이에 벌어지고 있는 이른바 "예수의 아내"(Jesus' Wife) 논쟁[73]이 좋은 보기다.

종교와 신의 존재는 인간이 이 지구상에 존재하는 한, 우리의 생명이 죽음이라는 한계를 넘어설 수 없는 한, 그리고 인간이 '전지전능하지 못한 동물' 이라는 한계를 넘지 못하는 한, 그 형태, 내용, 방법은 때와 곳에 따라 바뀔지라도 인류와 함께한다고 나는 믿는다.

끝내는 과학자, 종교인, 무종교인을 막론하고, 그의 개인적인 배경과 신분, 직분, 믿음을 넘어, 그 어느 누구든 한 개인(개체)으로서의 생명의 유한성과 지적 한계에 대한 깊은 인식, 그리고 그에 뒤따르는 겸허와 겸양은 한 인간이 가져야 할 최소한의 조건이 아닐까 한다. 바로 이러한 자세, 마음가짐이 천직으로서의 과학자나 성직자의 기초가 아닌가? 아니 모든 인간 됨됨이의 기본이 아닌가?

서양철학이나 과학이 객관세계에 대한 인식의 문제를 다루고, 동양철학, 특히 유교는 사람의 자기완성을 다루는 것이 궁극 목표이며, 자기 자신의 삶의 문제로부터 진리를 찾는다는 주장은 일리[74]가 있다. 그러나 서양이라고 인문학적 접근이, 동양이라고 과학적 방법이 없다거나 그 뿌리가 없다고 단정하는 것도 무리다. 동서양 학문(과학)의 차이는 아마 인간이라는 몸과 마음뿐만 아니라, 우주, 다(多)우주를 포함, 자연현상에 대한 연구를 실증, 입증하려는 접근방법의 차이가 아닐까 한다.

그 접근방법에서 서양이 14-16세기 르네상스를 계기로, 지난 500년 정도는 동양보다 훨씬 앞서 나간 것은 사실이다. 지금은 그러나 이 격차도 갈수록 좁혀지고, 분야에 따라서는 동양에서도 서양 못지않게 앞서거니 뒤서거니 하며 과학기술 탐구와 개발이 치열해지고 있다.

반대로 유교에서 강조하는 경(敬)의 실천이나 덕(德)의 이해 같은 핵심개념의 뿌리도 노자, 공자, 맹자뿐만 아니라, 플라톤, 아리스토텔레스까지 거슬러 올라가고 모든 종교의 뿌리로까지 뻗어 나가는 것도 마찬가지다.

다시 강조하지만, 동서양을 떠나 자연과학자든 인문사회과학자든, 아니 그 어느 누구든, 궁극적으로는 한 인간으로서의 그의 됨됨이는 일란성 쌍둥이의 경우까지 포함해도 모두 다르다. 또 그가 이 세상에 태어나서 생을 마감할 때까지 쌓은 업적도 좋든 궂든 사람마다 모두 다르고, 다를 수밖에 없다.

한마디로, 종교와 과학기술을 포함, 인류가 이제까지 축적해 온 다양한 문화와 문명의 차이 및 선호를 꼭 동서양이라는 이분법적 접근과 시각에서만 보아서는 안 된다는 생각으로 이 장을 맺고자 한다.

2부

정치와 정치학

제6장

독일과 한반도:
100년 전 그때와 오늘

지금 독일과 우리나라는 100년 전과는 상상을 초월할 정도로 세상이 바뀌었다. 완전히 딴 판, 딴 틀, 딴 터다. 좀 과장하면, 두 나라 모두 천지개벽을 했다. 독일도 대한민국도 지금은 별천지, 신천지다. "10년이면 강산도 바뀐다"는 우리 속담대로라면, 100년 동안 강산이 열 번 바뀐 셈이다. 특히 대한민국의 오늘은 다른 나라, 다른 지역에 비교해도 상대적으로 그 변화가 훨씬 엄청나다.

100년 전인 1914년 제1차 세계대전이 일어난다. 그때 막스 베버는 대학교수였다. 50세인 그는 군인은 아니었지만, 독일이 이끈 이 전쟁을 독일에서 처음부터 끝까지 몸소 겪는다. 전쟁의 참상과 조국 독일의 굴욕적인 패배까지. 그는 〈직업으로서의 정치〉 강의에서 전쟁에서 승리한 상대편 프랑스, 영국, 미국 등 연합국이 밀어붙인 베르사유 조약을 매섭게 비판한다. 무엇보다도, 간접적으로나마 독일 국민에게 부과한 도저히 감당할 수 없는 전쟁배상금의 부당성과 그 윤리적 모순에 대해 이의를 제기한다. 이 조약이 부추긴 독일 국민의 분노에 대한 불길한 예감—히틀러의 나치(Nationalsozialistische Arbeitepartei, Nazi) 정권 등장을 마치 예견한 것 같은—을 그가 넌지시 밝히는 것 같아서 섬뜩하기까지 하다.

그의 예감대로 그가 사망한 지 10년 남짓 지나자, '극우 국수주의자' 히틀러의 나치 정권이 '괴물'처럼 독일에 등장한다. 그리고, 2차 세계대전 중 나치 군은 유럽 점령지역에서 유대인을 포함, 수백만의 무고한 주민들에 대한 반인도(反人道), 반인륜(反人倫)의 대량 학살을 자행한다. 군국주의 일본, 파시스트 이탈리아와 함께 나치 독일은 또 한 차례 2차 세계대전의 패자(敗者)가 되고, 나라는 다시 4분단의 굴욕과 설움을 감수하게 된다.

패자 일본도 미 군정(1945–1952)을 거친다. 우리 국민은 그러나 일제로부터는 '해방'되었지만, 우리 강토를 침탈한 일제의 원죄 때문에, 당시 그 북새통에서 소련, 영국 등 연합국의 묵인 아래, 미국이 자의적 · 일방적으로 내린 38선 남북한 분단 획정[1]과 남의 미 군정(1945–1948), 북의 소련군 섭정을 감내할 수밖에 없었다.

특히, '전쟁범' 일제의 피해자, 희생자일 뿐인 우리에게 날벼락처럼 떨어진 남북 분단의 비극은 그래서 훨씬 억울하다. 무엇보다도, 이 분단이 당시 냉엄한 국제정치 현실주의 권력역학의 산물이었기에 더욱 그렇다. 제2차 세계대전 뒤 72년이 지난 지금, 통일을 이룩한 독일 국민과 아직도 분단의 멍에와 그 무게를 짊어진 우리는 서로의 감정이 극과 극으로 엇갈린다.

1990년 독일 국민은 거의 피 한 방울 흘리지 않고 평화적으로 재통일을 이룩했다. 평화통일을 이룩한 오늘의 독일이 우리에겐 한없이 부럽다. 우리 스스로가 안타깝고 부끄럽기까지 하다. 한국전쟁의 참화를 겪고도 우리는 그 숙원을 아직까지 풀지 못했기 때문이다. 한국전쟁 때 남북한 병사와 주민은 물론이고, 대한민국을 지원한 미군 주도의 유엔군이나 당시 북한군을 도와

준 중국 지원군 등 양쪽 모두 수백만 명이 고귀한 생명을 잃었음에도 불구하고.

그 뒤에도 남북한 대치, 대결 상황 속에서 주한미군을 포함, 남북한 군 장병과 양민 등 이제까지 수많은 사람들이 피를 흘렸지만, 아직까지도 분단의 비극을 극복하지 못하고 허겁지겁 허둥대고 있다. 참으로 답답하다.

과학의 눈으로 보면, 베버가 살았던 100년 전에 앞서가는 나라들—영국, 프랑스, 독일, 미국 등—의 삶과 세상이 '전기시대'라면, 지금은 '디지털 시대'다. 그때 앞서가는 나라 사람들이 '전기인간'(homo electricus)이라면, 지금 앞서가는 나라 사람들은 '전자인간'(homo electronicus)[2]이다.

디지털 시대의 전자인간, 사회, 기업, 국가 등을 아우르는 삶과 정치에 대해서는 이 책 제9장과 제10장에서 보다 상세히 다루기 때문에, 여기서는 시야와 범위를 좁혀, 100년 전 독일과 우리나라가 근본적으로 달랐던 것이 무엇일까? 하는 의문에 대한 것만을 한번 살펴보고자 한다.

두 나라는 문화예술분야를 빼놓고도 두 가지가 크게 달랐다고 나는 생각한다. 넓은 뜻으로서의 사회과학을 포함, 과학기술 등 학문과 치국책(治國策) 또는 경국책(經國策)에서 달랐다. 먼저 당시 두 나라의 학문과 과학기술을 잠시 비교해 보자.

학문과 과학기술

그때의 독일과 우리나라

물은 지구라는 삶의 터에서 사람뿐만 아니라 모든 생명체의 근원이요, 생명의 원천이다. 불은 그러나 다른 모든 생명체와는 다르게 오직 인간만이 누리는 자산이요, 기술이자 기기다. 달리 말하면, 불은 인류 최초, 최고, 최대의 발견, 발명이다. 하늘에서 불을 훔쳐 인간에게 주었다는 그리스 신화에 나오는 프로메테우스(Prometheus)를 들먹일 필요도 없이, 불의 발견은 인간의 창조적인 무한, 무궁한 물의 활용과 함께 바로 인류문명사의 시작이다.

불의 기원에 관한 연구[3]는 거의 인류문명사와 함께한다. 그러나 전기가 우리 삶에서 실용화, 상용화하기 시작한 때는 17, 18세기다. 산업혁명을 이끈 영국, 프랑스를 비롯해 18, 19세기에 이르면 독일, 미국 등도 이에 동참한다.

수학을 '과학의 여왕'이라고 하듯이, 전기는 바로 근·현대 모든 과학기술 연구의 바탕이요 촉매제다. 그때 독일은 선진 유럽 국가 가운데 과학기술이 영국, 프랑스, 미국 등과 더불어 가장 앞서가는 나라였다. 우리나라는 그때 전형적인 농경, 농본사회였다. 14–16세기 르네상스와 17, 18세기 1차 산업혁명을 거쳐, 19, 20세기 2차, 3차 산업혁명의 중심이 된 유럽이나 미국 등 현대과학기술사회와 우리나라는 한참 거리가 멀었다.

독일을 포함, 유럽과 미국 등 그때 앞서가던 나라들은 19세기 중반부터 20세기 초에는 전기시대를 맞이한다. 촛불, 호롱불, 가스등이 서서히 밀려나 사라지고 백열전구, 전차, 전보, 전신, 전화 등 전기가 만들어 낸 문명기기가 그 자리를 차지한다. 문명기기가 기하급수적으로 쉴 새 없이 쏟아져 나오고 퍼져 나간다.

전기시대를 이끈 나라들의 변화, 변신, 대체의 속도는 지금 전자시대에 앞서가는 나라들에 비하면 상대적으로 굼벵이 걸음 같았지만, 거의 제자리걸음의 우리나라 같은 농경·농본사회에 비하면 엄청나게 빨랐다. 물론 바로 이 순간도 인류가 사는 지구촌 전체를 둘러보면, 아직까지도 전기시대조차 누리지 못하는 인구가 세계 총인구 74억 명 가운데 13억 명으로 20%[4]까지 차

지하지만…

그때 독일 등 유럽 나라들과 미국은 요즘 용어로 말하면 '최첨단' '초고속' 과학기술, 특히 전기, 자동차, 전차, 전신, 기차 등은 물론이고, 의학, 화학, 물리학, 천문학, 광학, 생물학, 지질학, 기상학 등 모든 과학기술 분야에서 앞서 나갔다(당시 독일 과학자와 엔지니어의 발명, 발견 품목은 List of German Inventions and Discoveries, Wikipedia 참조).

그러나 안타깝게도 그때 우리나라는 장작불, 횃불, 모닥불, 군불… 기껏해야 화롯불, 촛불, 등불, 호롱불 등 전기시대 이전의 삶에서 크게 벗어나지 못한 상황이었다. 독일 등 당시 소수의 현대 전기시대 국가들과는 거리가 너무나도 먼 농업, 농촌 중심의 전통 왕국의 틀에 갇혀 있었다고 해도 과언이 아니다.

미국에서 에디슨(Thomas Edison, 1847–1931)이 그의 보조원, 전기 엔지니어인 헤머(William Joseph Hammer, 1858–1934)의 도움을 얻어 처음으로 백열전구를 발명한 게 1879년 12월이다. 1년 뒤인 1880년 증기선 컬럼비아(Columbia)호에 전구를 처음 설치한다. 그리고 2년이 지난 1882년에 우리나라는 당시 미국과 서방국가로는 첫 수교를 하고, 2년 뒤인 1884년 미국 에디슨 전기회사와 전등 설비를 위한 계약을 맺었으며, 1886년 11월 미국인 전등기사를 초빙, 이듬해 1월 발전소인 전기등소(電氣燈所)를 완공한다. 발전 규모는 16촉광(1촉광은 양초 1개 밝기)의 백열등 750개를 점등할 수 있는 규모였다.

우리나라 최초의 발전소이자 전기 발상지인 이 전기등소 터는, 국립문화재연구소가 최근 발굴하여 경복궁 향원지(香遠池) 남쪽과 흥복전(興福殿) 권역의 영훈당(永薰堂) 북쪽 사이에 위치한 것으로 밝혀졌다. 따라서 전등을 발견한 미국보다 7년 뒤인 1887년 1–3월에 우리나라도 처음 경복궁 안에 전등을 점등하여, 당시로선 결코 늦지 않은 전기시대를 맞이한 셈이었다.[5] 이처럼 우리나라도 전기시대를 상대적으로 재빠르게 받아들였으나, 그 당시는 1875년 운양호 사건[6]을 빌미로 이웃 일본이 다음 해인 1876년에 서구식 불평등 한일 수호조규(병자수호조약)을 맺어, 한반도 침탈의 첫발을 이미 내디딘 뒤였다.

이 장 경국책 부분에서 좀더 자세히 설명하고 있지만, 일본은 우리보다 거의 30년 앞서서, 밖으로는 1854년 미국과의 수교를 시작으로, 영국, 러시아, 네덜란드, 프랑스 등 선진국들과 재빨리 친선, 통상조약을 잇달아 맺는다. 또한 안으로는 '왕정복고'와 메이지 헌법을 포함, 부국강병을 향한 종합적인 개혁정책, 이른바 메이지 유신(明治維新, 1866-89)[7]을 적극적으로 추진 중인 상황이었다.

결과적으로, 우리나라는 증기 기관(차), 전기 등 과학기기 중심 산업혁명의 '새 시대'에 발 빠르게 적응할 수 있는 정치개혁 리더십 부재와 당시 이웃 일본의 재빠른 조선 침탈 책동으로, 과학기술 기반을 구축할 수 있는 기회를 놓치고, 앗기고 만 셈이었다.

유럽의 계몽주의와 조선의 실학사상

여기서 우리가 눈여겨보아야 할 흥미로운 사실이 하나 있다. 17, 18세기 영국을 효시로 일어난 유럽의 산업혁명의 원천은 무엇일까에 관한 것이다.

그 핵심은 과학기술이요, 발명, 발견이다. 합리적인 사고와 과학적 접근, 실험과 관찰 · 분석에 근거한 발견, 발명의 기하급수적 축적과 확장이 산업혁명의 기저에 있었다. 특히, 프랑스 백과전서파(Encyclopédistes)를 중심으로 비롯된 유럽의 계몽주의 사상은 바로 그런 새 터, 새 틀, 새 판을 짜는 밑받침이 된다.

물론, 계몽주의의 뿌리는 유럽 14-16세기 르네상스나 옛 로마와 그리스 시대로까지 거슬러 올라간다. 또 그 주창자도 여러 갈래이고, 이견(異見)도 분분하다. 하지만 대충 이 사상을 이 저자의 전공인 정치학 쪽에서 요약하면, 왕권신수설에 근거한 전통적인 유럽 왕정에 반대하며, 친(親)의회주의와 공화주의에 기초한 민주, 민본정치, 즉 종교적 관용을 포함, 개인의 자유와 인권의 존중과 통상 중심의 시장경제를 추구하고, 진보적 시각에서 인류 문명과 문화사를 조명한다. 그리고 합리주의와 과학적 접근방법 등이 그 기초요, 골간이다.

이처럼 17, 18세기에 유럽에서 싹이 트기 시작한 계몽주의와, 거의 비슷한 시기에 우리나라에서 일러난 실학사상을 비교해 보면, 몇 가지 흥미로운 차이점을 발견할 수 있다. 먼저 계몽주의 사상을 잠깐 살펴보자.

계몽주의

칸트(Immanuel Kant, 1724–1804)는 계몽을 인간이 그 스스로 짊어진 보호, 속박, 후견, 즉 요새 우리말로 낡은 틀(box, frame, system, structure)로부터 벗어나는 자유라고 정의한다. "Sapere aude!", 즉 "네 자신의 이성을 쓰는 용기를 가져라!"가 계몽의 모토라고 역설[8]한다.

계몽은 규제, 속박, 제도, 관습 등 인간이 만들어 놓은 모든 사슬에서 과감히 벗어나, 오직 그 스스로 갈고 닦은 이성(Vernunft, reason/common sense)을 개인의 사고와 행동의 지침으로 삼는 것이다.

당시 유럽 계몽주의에 첫 불을 지핀 대표적인 사상가들과 사상(이론) 가운데 몇 가지 보기를 살펴보자.

과학 탐구에 있어서 영국의 베이컨(Francis Bacon, 1561–1626)의 경험주의(empiricism)[9]에 근거한 귀납적 방법이나 프랑스의 데카르트(René Descartes,

1596–1650)의 연역적 방법[10]도 획기적이다.

국제법의 아버지로 추앙받는 네덜란드의 그로티우스(Hugo Grotius, 1583–1645)가 주창한 자연법사상도 그 하나다. 이 사상에 근거한 자유항해, 자유무역, 전쟁과 평화 개념, 전쟁행위의 규범, 특히 '정당한 전쟁'(just war)의 근거 확립[11] 등을 꼽을 수 있다.

영국의 로크(John Locke, 1632–1704)는 사람이 가지고 있는 "개념은 타고나지 않고, [그가] 터득한 것"(…Ideas, not innate, but acquired)이며, 태어나는 순간 그의 마음은 "텅 빈 상자"(an empty cabinet)이고, 그의 지식은 태어난 순간부터 체험을 통해서만 차곡차곡 쌓여 간다는, 당시로서는 거의 파격적인 이른바 "하얀 종이판"(tabula rasa/blank slate) 경험주의 교육이론[12]을 내놓는다.

그는 또한 국가와 정부 기원의 탐색에서 사실상 전쟁상태인 자연상태를 벗어나기 위해서 실정법에 근거한 권위를 가진 "공동의 분쟁 조정자"(common judge), 즉 원초적 국가(정부)가 필요[13]했다며, 당시를 지배했던 '왕권신수설'을 그 뿌리로부터 흔든다. 나아가, 자연 상태에서 사람(개인)은 그의 생명, 자유, 재산권을 보호, 보장하는 조건으로 맨 처음 그의 원초적 권리를 분쟁 조정자인 국가(정부)에 부여했다며, 로크는"지배자의 권력[정부]은 피지배자의 동의에서 비롯된다"라는 당시로서는 거의 혁명적인 사상을 역설한다. 그의 생각은 왕권신수설에 정면으로 도전하는 '민주사회계약이론', 즉 주권재민(主權在民)이론[14]의 효시였다고 평가할 수 있다.

로크는 그의 역작, 《시민정부론》(*Two Treatises of Government*, 1689), 특히 제2권 18장 '폭정론'(Of Tyranny)과 마지막 19장 '정부해체론'(Of the Dissolution of Government)에서 다음과 같이 역설한다.

"올바른 왕"(a rightful king)은 국민의 부(富)와 재산을 일구는 데 전념토록 그에게 권한(왕권)이 주어졌다고 생각하고, 폭군은 그의 왕국과 국민이 오로지 그의 욕정과 불합리한 욕구를 만족시키는 데 쓰이도록 그에게 권한이 주어졌다고 믿는다.

그리고 그는 다음과 같이 힘주어 주장한다.

자리가 잘 잡힌 왕국을 다스리는 왕이 그의 법에 따라 다스리는 것을 멈추는 순간, 그는 폭군으로 변질한다.

한마디로, "어디서나 법이 끝나는 곳에 폭정이 시작한다"[15]는 것이다.

그는 또 사회공동체 해체와 정부 해체를 구분한다. 사회공동체가 무너지는 경우는 외침(外侵)이 거의 유일하며, 사회가 무너지면 정부도 함께 사라진다고 본다. 아마 우리 역사 속에서는 20세기 초 일제의 한반도 침탈이 이런 상황에 가깝다고 생각된다.

외침이 아닌, 국가사회 안에서 정부가 사라지는 경우로 로크는 다음과 같은 몇 가지 보기를 든다.

국민의 동의와 인준으로 구성된 의회가 "망가지거나 해체되면"(broken and dissolved), 군주가 입법부(의회)의 법 제정 고유 권한을 무시하고 제멋대로 월권행위를 자행하면, 군주가 국민의 동의 없이 국민의 공동이익에 어긋나는 선거인단을 뽑거나 선거 방식을 멋대로 바꾸면, 그리고 군주가 그의 합법적인 권력 행사 자체를 방치하고 사실상 무정부 상태를 낳게 되면… 등의 상황에 처한 경우 국민은 그러한 군주(폭군)에 저항할 수 있고, 그를 폐위시키고 새 군주(지도자)를 내세울 수 있다는 것[16]이다.

스미스(Adam Smith, 1723–1790)의 《도덕감정이론》(*The Theory of Moral Sentiments*, 1759)과 특히, 그의 《국부론》(*The Wealth of Nations*, 1776)[17]은 당시

경제이론서로서 영국은 물론 유럽의 산업혁명에 끼친 영향도 막대하다.

노동, 화폐, 가격, 상품, 임금, 주식, 지대(地代), 국가세입(revenue), 자본축적, 통상 등 경제학 개념 정리는 물론이고, 특히 '분업' 이론, 시장경제, 자유무역이론 개발 등 개인과 기업의 경제활동에 있어서 정부(국가)의 간섭과 개입을 최소화해야 한다는 이른바 고전적 '자유방임주의'(laissez-faire)의 태두(泰斗)로서 그의 기여는 후대 사람들이 그를 '경제 인간의 수호신'(patron saint of Homo economicus)[18]이라고 우러를 만큼 뛰어나다. 스미스는 또한 중상주의, 독점, 제국주의, 노예제도도 서슴없이 비판[19]한다.

이 졸저의 지면 관계상, 여기서는 그의 위 두 고전에서 자유방임주의를 대변하는 이른바 '보이지 않는 손'(an invisible hand) 개념과 관련된 한 구절씩만 인용하고자 한다. 먼저 《도덕감정이론》이다.

> 그들[부자들]은 '보이지 않는 손'에 이끌려서 지구상의 모든 인간들에게 거의 동등하게 같은 양의 삶의 필수품을 나눠 갖도록 한다. 그래서 [그들은] 그렇게 의도하지도 않고, 알지도 못한 채 사회[공동체]의 이익을 진전시키고, 인구 증가의 수단도 마련한다. 신의 섭리는 지구를 소수의 영주들에게 나누어 줬을 때, 그 분배에서 제외된 수많은 사람들을 잊거나 버리지 않았다. 이들도 역시 모든 생산품의 정당한 몫을 즐기며, 인간 삶에서 진정한 행복을 즐기는 것도 부자들에 결코 뒤지지 않는다. 안락함이나 마음의 평정도 잘살건 못살건, 귀하든 천하든 별 차이가 없다. 길가에 앉아 햇볕을 쬐는 거지가 이미 누리고 있는 안보를 왕들은 서로 갖겠다고 싸우고 있듯이.[20]

위 '보이지 않는 손' 개념을 처음 내놓은 뒤 17년 만에 그는 《국부론》에서 보다 보편화된 이 개념을 다음과 같이 정리한다.

모든 개인은 그 사회[공동체]의 연간 수입[소득]을 올리는 데 필요한, 그가 할 수 있는 최대한의 노동을 바친다. 그는 일반적으로 공공이익을 위해서 의도적으로 일하는 것도 아니고, 그가 얼마만큼 그것[공공이익]을 증진시키고 있는지도 모른다. 외국 기업이 아닌 국내 기업을 지지(지원)하는 것도 그 자신의 안보를 위해서일 뿐이다. 그리고 그가 국내 기업을 그렇게 이끌어 더 많은 가치를 창출하는 것도 오로지 그 자신의 이득을 더 키우기 위한 것이다. 그의 이런 짓[그의 의도와 행동]이, 다른 많은 경우에서와 마찬가지로, '보이지 않는 손'에 의해 그의 의도와는 아무 관련이 없는 목적을 증진시키는 것이다. 그것[자기 안보와 자기 이득만을 추구하는 것]이 사회와 무관하다는 점이 항상 더 나쁜 것도 아니다. 그가 자기 이익만을 추구하는 것이 그가 사회[공공이익]를 의도적으로 추구하는 것보다 빈번히 그리고 더 효과적으로 [공공이익을] 증진시킨다.[21]

로크, 스미스와 더불어 영국의 산업혁명, 프랑스 대혁명, 미국의 독립혁명 등에 직간접으로 큰 영향을 끼친 과학자는 아마도 영국의 뉴턴(Isaac Newton, 1642–1727)이 아닐까 한다. 무엇보다도 뉴턴의 중력 이론, 즉 만유인력의 법칙은 비단 과학계뿐만 아니라 당시 종교와 정치 · 경제 · 사회에 이르기까지 심대한 변혁(paradigm shift)의 기폭제가 된다.

그의 광학분야 색채이론, 빛의 미립자 이론(corpuscular theory of light), 그리고 수학분야에서의 독일의 철학자 · 수학자인 라이프니츠(Gottfried Wilhelm von Leibniz, 1646–1716)와 함께 서로 독립적으로 거의 비슷한 시기에 발견한 미적분학 등도 당시로는 거의 '과학혁명'이다.

평생 독신으로 삶을 마감한 뉴턴은 죽은 뒤 런던 웨스트민스터 대성당에 안장되었다. 영국 시인 포프(Alexander Pope, 1688–1744)는 뉴턴의 비문(碑文)에서 다음과 같이 쓰고 있다.

자연 그리고 자연의 법칙들이 숨어 있는 밤에,
하느님이 말씀하시기를, "뉴턴이 생겨라" 하시니
온 누리가 빛이었다[22]

프랑스의 몽테스키외(Charles Montesquieu, 1689–1755)의 입법, 행정, 사법 등 삼권분립이론과 군주, 공화, 독재정부 등 정부 형태 분류 그리고 그 이론적 해석[23]도 특기할 만하다. 그의 삼권분립이론과 공화정 주창은 위 로크의 국민(개인)의 "재산, 자유, 생명"[24]의 보호를 국가 존립의 근간으로 하는 법치주의, 의회민주주의, 합헌군주주의 이론과 함께 '미 건국의 아버지들', 특히 미 독립선언문을 기초한 제퍼슨(Thomas Jefferson, 1743–1826), 헌법 제정에 참여한 메디슨(James Madison, 1751–1836), 해밀턴(Alexander Hamilton, 1755?–1804), 제이(John Jay, 1745–1829) 등[25]에게 큰 영향을 준다.

루소(Jean Jacques Rousseau, 1712–1778)의 《사회계약론》(1762)도 당시로서는 위 로크의 이론과 함께 정치이론으로서 거의 혁명적이다. 그의 눈엔 왕정, 왕권신수설이 이미 사라지고, 오직 시민, 시민사회, 시민국가, '일반의지'(volonté générale)만이 있다. 시민국가론을 그 스스로 요약해서 밝힌 한 구절만 인용하면 다음과 같다.

그 성격으로 봐서 100% 합의를 필요로 하는 오직 하나의 법이 있다면, 사회계약 그 자체다. 왜냐하면 시민들이 시민사회에서 서로 협동하는 그 행위만이 이 세상 모든 [인간] 행위 가운데 가장 완전히 자발적이기 때문이다. 개인 한 사람, 한 사람 모두 자유롭게 태어났기에, 즉 각자가 모두 주인이기 때문에 어느 누구도 그의 합의 없이 어떤 핑계로도 그를 속박할 수 없다. […] 국가의 모든 구성원의 불변의 의지가 일반의지이고, 거기서 그들의 시민권과 자유가 기인한다.[26]

위에서 인용한 바 있는 독일의 칸트도 계몽주의자 사표(師表)의 한 사람이었다. 그의 방대한 저서[27]에서 보기 하나만 더 들어 보자.

그는 경험 과정을 거치지 않은 순수이성이 허상이듯이, 순수이성 과정을 거치지 않은 경험은 주관적이라고 비판하며, 그가 당시 로크와 같은 경험주의자(empiricist)와 데카르트 같은 합리주의자(rationalists)의 종합(synthesis)을 찾으려 한 것[28]이 돋보인다.

계몽주의와 함께, 백과사전파의 흐름도 눈여겨볼 필요가 있다. 런던에서 체임버스(Ephraim Chambers)가 1728년 출간한 《백과사전》(*Cyclopaedia or an Universal Dictionary of the Arts and Sciences*)에 크게 영향을 받은 당시 프랑스의 철학자요, 작가인 디드로(Denis Diderot, 1713–1784)와 수학자 · 철학자인 달랑베르(Jean Le Rond d'Alembert, 1717–1783) 등이 주축이 되어 21년에 걸쳐 집대성한 28권의 《백과사전》(*Encyclopédie*, 1751–72)[29]을 출간한다. 곧이어 프랑스 당대 최고의 지성들—위에서 소개한 루소를 위시해서, 볼테르(Francis Marie Voltaire, 1694–1778), 튀르고(A. R. J. Turgot, 1727–1781) 등—이 참여하여 이 《백과사전》은 1776–77년에 5권(4권 본문과 1권 도판)이 더 늘어난다. 1780년에 나온 이 사전 증보판은 2권 색인까지 합쳐 총 35권이 된다. 다시 1882년에는 위 《백과사전》 166권 새 증보판을 간행[30]한다.

여기서 우리는 위 17, 18세기 네덜란드, 영국, 프랑스, 독일 등 유럽의 당대 지성과 과학자들이 직간접적으로 영향을 미친 정치 · 역사적 사건들도 주목할 필요가 있다.

영국에서 절대군주제를 무너뜨리고 입헌군주제를 가능케 한 1688년 명예혁명과 1689년 권리장전(Bill of Rights of 1689) 제정, 미국에서의 1776년 독립선언에 이은 독립전쟁과 1787년 미 합중국 출범, 그리고 1789년 프랑스 대혁명 등이 그 기념비적 사례들[31]이다.

유럽의 계몽주의사상에 크게 영향을 받은, 당시 영국 식민지였던 미국은 유럽 계몽주의, 입헌주의 사상에 밝은 지성들을 주축으로 식민 종주국 영국에 맞서 독립전쟁으로 자주독립을 쟁취한다. 얼마 지나지 않아 프랑스에서도 위 사상에 직간접으로 영향을 받은 공화파(Jacobin, Girondist)는 부르봉 왕조의 낡은 정치사회체제—앙시앵 레짐(ancien régime)—를 뒤엎는 프랑스 대혁명[32]의 주역이 된다.

실학사상

한편, 우리나라는 16, 17세기에 임진왜란(1592-98)과 정묘·병자호란(1627, 1636) 등 이웃 일본과 만주족(후금)의 무력 침공을 겪으며 온 나라가 폐허가 된다. 후금은 국호를 청(淸)으로 바꾸고, 북경을 점령하고 명(明)나라를 끝내 멸망(1636-1662)시킨 다음 중국을 통일한다. 그 뒤 중국 청(淸)나라를 통해 들어온 천주교를 포함, 서양 문명과 문물에 크게 영향을 받은 조선의 몇몇 학자와 고위관료 출신들을 중심으로 정치경제, 언어, 지리, 천문, 금석, 농학 등에 대한 기초 이론의 연구를 중시하고 과학적이고 체계적 접근과 분석이 우리 삶의 실생활에 도움이 되도록 노력하자는 한 중요한 학파가 생긴다. 이른바 실학파(實學派)의 실학사상[33]이다.

당시 대표적인 실학사상가의 저서로는, 천문, 지리, 유교, 식물 등 거의 백과사전적인 이수광(李睟光, 1563-1628)의 《지봉유설》(芝峰類說, 1614), 조선왕조 전제(田制), 교선(敎選), 임관(任官), 직관(職官), 녹제(祿制), 병제(兵制) 등 경세치용(經世致用)의 학문을 체계화한 유형원(柳馨遠, 1622-1673)의 대표적인 역작 《반계수록》(磻溪隨錄, 1670), 《천지문》(天地門) 3권, 《만물문》(萬物門) 3권, 《인사문》(人事門) 11권, 《경사문》(經史門) 10권, 《시문문》(詩文門) 3권 등 5개 부문 총 30권으로 이루어진 백과사전적인 이익(李瀷, 1681–1763)의 《성호사설》(星湖僿說)과 그의 정치개혁 사상을 밝힌 《곽우록》(藿憂錄) 등을 꼽을 수 있다.

위 이수광, 유형원, 이익에 이어, 박지원(朴趾源, 1737–1805)의 《열하일기》(熱河日記), 박제가(朴齊家, 1750–1815)의 《북학의》(北學議) 등 이른바 북학파(北學派) 영향을 이어받아 경세치용의 실학을 집대성한 대학자는 다산(茶山) 정약용(丁若鏞, 1762–1836)이다. 한평생 다산 연구에만 몰두해 온 지금 다산연구소 이사장 박석무 성균관대 석좌교수는 최근 한 인터뷰에서 "다산 정약용 선생은 조선 실학의 집대성자로서 우선 중요합니다. 반계 유형원의 경세치용·중농(重農)학파와 연암 박지원의 이용후생(利用厚生) 중상(重商)학파를 함께 받아들였습니다. 거기에다 기술개발을 주장하는 담헌(湛軒) 홍대용(洪大容, 1731–1783) 북학파 사상까지 모두 받아들여 조선 실학을 완전히 집대성한 분입니다"라고 요약한다.[34] 다산에 대해서만 좀 더 살펴보자.

《경세유표》(經世遺表), 《목민심서》(牧民心書), 《흠흠신서》(欽欽新書), 《마과회통》(麻科會通) 등 무려 500권이 넘는 단연 백과사전 수준의 저서를 남긴 다산은 1801년 신유사옥(辛酉邪獄)에 연루되어 전남 강진으로 귀양 간다. 그는 18년 남짓 귀양살이를 하면서 그곳에서 제자도 가르치고, 또 그의 많은 저술에 그들의 도움을 받은 것으로 보인다. 다산은 유배 시절(1801–1818)에 대부분의 저서를 저술했지만, 유배 해제 후 고향으로 돌아와 《육경사서학》(六經四書學), 그리고 위 《경세유표》와 《목민심서》를 완성했다고 주장하는 학자도 있다.[35]

일제 강점기인 1936–38년 정인보(鄭寅普, 1893–1950), 안재홍(安在鴻, 1891–1965) 등 당대 저명한 유학(儒學) 전문가들이 중심이 되어 다산 서거 100주년을 기념하기 위해, 그리고 일제에 빼앗긴 국권을 회복하고 민족의 얼을 되찾겠다는 굳은 의지의 일념으로 다산의 필사 원본을 모아 76책 첫 인쇄본, 《여유당전서》(與猶堂全書)를 간행한다. 그리고 다시 위 《여유당전서》 인쇄본 출간 74년 만인 지난 2012년 12월에 다산 탄생 250주년을 기념하기 위해 송재소, 이지영, 금장태 교수 등 50여 학자들이 10년 남짓 작업 끝에 37권《여유당전서》를 출간[36]한다. 이 정본(定本)은 인터넷 데이터베이스로도 입력되어 전자시대의 옷을 입고 새롭게 태어난다.

그러나 프랑스 백과사전과는 달리, 다산은 그의 방대한 저작을 귀양살이하면서 홀로 집필했다는 것이 크게 다르다. 이수광, 유형원, 이익도 다산처럼 홀로 집필한 것은 마찬가지다. 물론 그들이 가르친 제자들, 후생(後生)들[37]의 도움을 받았겠지만.

이와 관련, 실학사상 전문가인 이광호 교수가 최근에 쓴 짧은 글[38]이 내 눈길을 끈다. 그에 따르면 유럽 계몽사상의 연원이 고대 로마, 그리스 문명사까지 거슬러 올라가듯이, 우리나라 실학사상의 뿌리도 유학의 본고장인 중국 한대(漢代) 훈고학(訓詁學), 고증학(考證學)에서 찾아야 한다는 것이다.

이 교수는 추사 김정희의 글, 〈실사구시설〉(實事求是說)을 인용, 실학을 대표하는 표어, 실사구시의 참뜻은 바로 "유학적 진리에 도달하는 방법"이라며, 중국의 정자(程子)를 인용, 그는 "넓게 배움"(博學), "자세히 물음"(審問), "신중하게 생각함"(愼思), "밝게 구별함"(明辨), "독실하게 행함"(篤行) 등 다섯 가지 가운데서 한 가지라도 빠지면 학문, 즉 유학이 아니라고 강조한다.

그는 가치인식과 사실인식을 구별하여 사실인식의 진위(眞僞)는 사실과 합치되느냐 그렇지 않느냐에 달려 있지만, 가치인식에서 옳고 그름의 기준은 판단하는 사람의 주관적 가치에 합치되느냐 그렇지 않느냐에 달렸다는 것이다. 또한 "실제의 일에서 옳은 것을 찾는다"는 말은 사실인식과 가치인식을 동시에 충족시키기를 요구하는 것이며, 유학이 쉬운 듯 어려운 것은 이 때문이라고 말한다. 사실에 대한 인식이 넓고 깊어지면 과학적 인식과 만날 수 있지만, 과학적 인식만으로는 성인이 될 수 없으며, 이 둘 사이에는 주관, 즉 마음이라는 이해하기 쉽지 않은 관문이 놓여 있다고 본다. 그의 이 구분은 위에서 간략히 소개한 바 있는 칸트의 순수이성, 실천이성 비판과 일맥상통하는 것 같아 흥미롭다.

이광호는 또 추사가 실사(實事)에 대한 바른 인식에 바탕을 두고 참으로 올바른 행위가 무엇인지 인식하여 실천함을 통해서 비로소 진리에 도달할 수 있으며, 이것이 유학의 진리인 도(道)를 인식하는 기본적인 방법이라고 생각한 것으로 보았다. 그리고 오늘날의 주객(主客) 분리와 같은 객관주의 학문의 입장과도 구별된다고 본다.

다음은 추사의 〈실사구시설〉 마지막 구절이다.

학문하는 방법은 한(漢)·송(宋)의 한계를 나눌 필요가 없고, 정현(鄭玄)·왕숙(王肅)과 정자(程子)·주자(朱子)의 장단점을 비교할 필요가 없으며, 주희(朱熹)·육구연(陸九淵)과 설선(薛瑄)·왕수인(王守仁)의 문호를 다툴 필요가 없다. 다만 심기(心氣)를 평정(平靜)하게 갖고 널리 배우고 독실히 실천하면서 '사실에 의거하여 진리를 찾는다'라는 한마디 말만을 오로지 주로 하여 해 나가는 것이 좋을 것이다.

위에서 이미 밝혔듯이, 영국, 프랑스 등에서는 당시 계몽주의 진보 사상이 이들 나라의 낡은 정치, 사회, 문화 문물을 송두리째 뒤엎는 정치혁명의 새로운 사상적 기반이 된다. 그러나 실학사상은 그 당시에는 안타깝게도 사실상 거의 사장(死藏)되고 만다. 정자의 위 실사구시의 다섯 가지 요건 가운데 마지막 요건—'독실하게 행함'(篤行)이 빠진 셈이다.

실학사상은 조선왕조를 근본적으로 개혁하는 데 실패한다. 그나마 이들 소수 실학파 지식인의 박학(博學)은 안팎 세상 돌아가는 정세나 물정도 모르고, 손에 쥔 코앞의 권력에만 눈이 어두워진 수구(守舊) 집권세력의 박해(迫害)의

표적이나 희생양이 되고 만다.

이는 실학의 실사구시가 현실 정치경제나 사회에 실천, 실행되지 못한 모순이요, 자가당착이다. 당대에 빛을 보지 못하고 100년, 250년 뒤에야 그 빛이 되살아나고 있다는 아이러니의 아이러니다. 서구의 새로운 종교와 문물, 과학기술을 주창한 다산을 포함, 위 소수의 실학파 등 개혁, 개방을 내세운 선지자들은 개인적으로는 불후의 저술을 남겼지만, 국가적인 차원에선 안팎 세상에 무지한 자들이 집권 · 득세하며, 개혁세력은 권력 밖으로 밀려나거나 박해와 핍박을 받음으로써 결과적으로 500년 조선왕조의 쇠락을 막는 데는 크게 공헌하지 못한 것이다.

이 저자는 실학사상이나 실학파에 대해서는 거의 문외한에 가깝지만, 정치학을 평생 붙들고 살아 온 한 서생(書生)의 입장에서 실학, 실학파에 대한 근본적인 질문 두 개가 더 있다.

실학은 왕정(王政), 신민(臣民)의 낡은 틀을 뛰어넘는가?

하나는 다산과 같이 유배의 벌을 받고 조정에서 밀려나 초야에 묻혀 주창한 실학사상가들은 프랑스 부르봉 왕가(1555, 1589-1792)의 왕정 그 자체를 무너뜨린 계기를 마련한 백과사전파에 버금가는 혁명 사상가의 자질과 기상을 갖춘 인물들이었는가? 아니면, 그들은 조선왕조의 정치 틀 그 자체를 벗어나지는 못했는가? 하는 것이다.

즉, 고려를 세운 태조 왕건(王建, 877-943)의 숭불(崇佛) 정책이나, 이씨 조선을 일으킨 태조 이성계(李成桂, 1335-1408)의 숭유(崇儒) 정책 같은 역성혁명(易姓革命)에 견줄 수 있는 종교적, 사상적으로 새로운 혁명적 대안을 실학파가 제공했는가에 관한 의문이다.

위 질문에 대한 해답은 물론 실학사상과 실학 전문가의 몫이다. 하지만, 이 저자가 얼핏 보기엔 실학사상은 조선왕조의 종교와 사상—유교—, 그리고 정치체제와 구조—왕정—이라는 두 큰 틀을 아마도 크게 벗어나지는 못했던 것 같다.

보다 정확히는 이들은 당시 왕정을 쥐락펴락하는 주도세력의 견제나 박해로 초야로 밀려난 뒤, 특히 다산 정약용의 경우는 근본적으로는 중화(中華)사상, 특히 유교에 뿌리를 둔 왕정의 민본(民本), 만민평등의 예(禮)를 앞세우는 법치주의 개혁 사상을 갈파한 것으로 보인다. 유럽의 입헌군주제에 가까운 정치개혁 사상이랄까?

정약용은 그의 저서 《경세유표》, 방례초본 인(邦禮草本 引)에서 다음과 같이 밝히고 있다.

여기에 논(論)한 것은 법이다. 법이면서 명칭을 예(禮)라 한 것은 무엇인가? 선왕(先王)은 예로써 나라를 다스렸고, 백성을 지도하였다. 그런데 예가 쇠해지자 법(法)이라는 명칭이 생겼다. 법은 나라를 다스리는 것도 아니고 백성을 지도하는 것도 아니다. 천리에 비추어서 합당하고 인정에 시행해도 화합(和合)한 것을 예라 하며, 위엄으로 겁나게 하고 협박으로 시름하게 하여 이 백성을 벌벌 떨며 감히 [죄를] 범하지 못하도록 하는 것을 법이라 한다. 선왕은 예로서 법을 삼았고, 후왕(後王)은 법으로서 법을 삼았으니, 이것이 같지 않음이다. [⋯]

[⋯] 효종대왕(孝宗大王)께서 공법(貢法)을 고쳐서 대동법(大同法)으로 하였고 [⋯] 영조대왕(英祖大王)께서는 노비법(奴婢法)을 고치고 군포법(軍布法)을 고치고, 한림천법(翰林薦法)도 고쳤다. 이것은 모두 천리에 합당하고 인정에 화협하여, 사시가 변하지 않는 것과 같았다. [⋯] 임진왜란 이래로 온갖 법도가 무너지고 모든 일이 어수선하였다. 군영을 여러 번 증설하여 나라 경비가 탕진되고 전제(田制)가 문란해져서 세금 거

둠이 편중하였다. 재물이 생산되는 근원은 힘껏 막고, 재물이 소비되는 구멍은 마음대로 뚫었다. […] 그윽이 생각건대 대개 터럭 하나만큼이라도 병통(病痛) 아닌 것이 없는 바, 지금이라도 고치지 않으면 반드시 나라가 망한 다음이라야 그칠 것이다.

[…] 주역(周易)에 "생각이 제 위치를 벗어나지 못한다" 하였고, 군자(君子)는 "그 직위에 있지 않거든 그 정사(政事)를 논하지 마라" 했으니, 죄에 연루된 신하로서 감히 나라의 법[邦禮]을 논하겠는가. 그렇기는 하다 하나, 반계(磻溪) 유형원(柳馨遠)이 법을 고치자고 논의했어도 죄를 받지 않았고, 그의 글도 나라 안에 간행되었으니 다만 이용되지 않았을 뿐이었고, 그가 말한 것은 죄가 되지 않았다.[39]

놀랍게도 이 국역《경세유표》의 서문(邦禮草本 序)을 쓴 이건방(李建芳)은 이 저자가 앞서 제기한 유럽 계몽주의와 우리나라 실학사상의 근본적인 차이점을 다음과 같이 넌지시 밝히고 있다.

[…] 그런데 세상 도의가 더욱 나빠지고 선비의 기풍이 더욱 비루해져서 오직 녹봉(祿俸)과 이욕(利慾)만을 도모하여 권세와 임금의 총애(寵愛)가 있는 사람의 집에 부지런히 왕래하거나, 그렇지 않고 산림(山林)에서 도덕을 강구하고 학문을 담론하는 자도 또한 악착스럽게 고비[皐比, 학자의 호랑이 가죽 의자]에 앉아서 문호(門戶) 하나 수립하여 제 한 몸 사사로이 계획하는 데 불과하다. [다산] 선생의 말씀을 은하수같이 아득하게 여겨서 일찍이 지나치는 길에서도 묻지를 않아 선생의 글이 상자 속에 담긴 채로 먼지와 그을음이 앉고 좀 벌레만 배부르게 한 지가 이제 백 년이나 오래 되었으니, 나는 여기에서 그윽이 느낀 바가 있다.

일찍이 들으니, 서양 사람으로서 몽테스키외는《만법정리》[법의 정신, *De l'espirit des Lois*, 1748]를 저술했고, 루소는《민약론》[사회계약론, *De Contrat social*, 1762]을 저술했는데, 정부에서 그 책을 급히 구해서 시행하지 않는 나라가 없었다 한다. 학설이 한

번 나오자 바람이 일듯, 우뢰가 움직이듯 하여 세상 사람들의 보고 들음을 불끈하게 하였고, 또 따라서 더욱 깊이 연구하고 더욱 정밀하게 강론하였으니, 지금 구라파 여러 나라가 나날이 부강하게 되는 것은 모두 학술의 공이다. […]

그런데 [다산] 선생의 말은 완곡하면서 정당하고 정밀한 중에 칼날 같은 날카로움이 가끔 노출되어서 지극한 이치가 있다. […] 그러나 [다산] 선생의 학술은 오직 당시에 시용(施用)되지 못했을 뿐 아니라 구구한 공언(空言)처럼 취급되어 강론하지 않았다.[40]

더욱 놀라운 사실은 다산이 위 서문(방계초본 인)에서 그 스스로 반계 유형원의 저술을 보기로 들며 그의 글(저서)도 이용되지 않으리라는 것을 이미 알고 있었고, 그가 지적한 병통들을 곧 당장 고치지 않으면, "반드시 나라가 망한 다음에야 그칠 것"이라고 경고하고 있는 대목이다.

지금 뒤돌아보면, 실학사상이 시용되지 않고 있다는 다산의 관찰도, 그가 낱낱이 밝힌 병통들을 고치지 않으면 나라가 망한다는 경고와 예견도 모두 옳았다. 가슴이 서늘하고 뭉클할 만큼 다산의 통찰과 혜안은 놀랍다.

다산의 역저, 《목민심서》(1818)는 총 48권, 12편(篇), 72조(條)로 조선시대 수령(牧民官)의 부임(赴任)에서 해관(解官)까지 12편을 다시 72조로 세분하여 목민관으로서 그가 맡은 고을의 백성을 어떤 마음가짐으로 어떻게 올바르게 다스려야 하는가 하는 '심서'요, '행동지침'이다. 요즘 용어로 쓰면, 지방행정 운영 개선안이다. 지면 관계상 보기 하나만 들면, 2편 율기(律己) 제2조 청심(淸心)에서 다산은 이런 중국 고사(古事)를 인용한다.

송(宋)나라 농부가 밭갈이하다가 옥(玉)을 얻자, 이를 사성(司城)인 자한(子罕)에게 바쳤더니 그는 받지 않았다. 농부가 청하기를, "이것은 저의 보배입니다. 상국(相國)께서는 받으소서." 하니, 자한이, "그대는 옥을 보배로 삼고 나는 받지 않는 것을 보

배로 삼으니, 내가 받는다면 그대와 내가 다 보배를 잃는 셈이다"라고 하였다.[41]

이처럼 다산은 오늘을 사는 21세기 모범 관료에 비견해도 결코 손색이 없는 왕정, 신민(臣民) 시대의 '모범 목민관' 행동지침서를 썼다. 그러나 그가 유럽의 로크나 루소와 같이 '시민혁명적' 사상가인가는 솔직히 나의 큰 의문으로 남는다. 물론 당시 전형적인 농본사회에서 '시민 민주혁명 사상'을 주문하는 것 자체가 큰 무리이지만…

끝으로, 다산 정약용은 진주목사를 지낸 다산의 부친 정재원(丁載遠)과 어머니 해남 윤(尹)씨 사이에서 태어난 정약전(丁若銓, 1758-1816), 정약종(丁若鍾, 1760-1801)과 함께 3형제다. 세 형제가 하나같이 역사에 큰 발자취를 남긴다. 약전은 흑산도에서 귀양살이하다 그곳에서 생을 마친다. 약종은 1801년 신유박해(辛酉迫害) 때 순교한다. 다산은 전라도 강진에서 18년을 귀양살이하다 풀려나 고향(양근)에 돌아와 생을 마감한다.

우리나라에선 보통 약전, 약종은 다산의 두 형님으로 통한다. 물론 과학자, 특히 어류학자(ichthyologist)에게는 다산이 약전[42]의 아우로, 천주교인에게는 약종의 아우로 통할 수도 있겠지만… 나라 밖에서는 그러나, 보기를 들면, 《브리태니커 백과사전》[43]에 다산은 정약종의 동생으로 나온다. 참고로, 처음 다산 정약용 사상을 영어권 학계에 소개한 건 1957년쯤[44]이 아닌가 한다.

《브리태니커 백과사전》은 정약종(아우구스티노, Augustine Chong)을 "한국에서 처음 천주교 선교를 이끈 가장 고귀한 지도자의 한 분"으로, 그의 아우 정약용은 "이조 후기 이른바 실학사상의 저명한 학자"로 서술하고 있다. 이 형제들이 태어난 곳은 지금 천주교 마재 성지[45]가 되었다.

우리의 고전은 무엇인가?

또 하나의 질문은 세종대왕이 한글을 창제한 해가 1443년으로 15세기 중반인데도 18세기 중반, 19세기 초 정약용 등 실학자들의 위 저작들은 언어 도구 차원에서 모두 한문(漢文)이라는 한계가 있지 않는가? 하는 것이다.

보기를 들면, T. S. 엘리엇은 주로 유럽문명 속 고전(古典, classic), 특히 그 가운데서도 시(詩)에 국한해서 이야기하고 있지만, 〈무엇이 고전인가?〉라는 강의에서, 고전이란,

> 마음의 완숙, 행동거지의 완숙, 언어의 완숙, 문체(文體) 또는 표현법의 완벽에 이른 작품이며, 특히 마음의 완숙은 행동거지의 완숙과 시골 티 또는 편협성의 부재(absence of provinciality)

라고 한다.[46] 엘리엇의 고전 개념으로 보면, 우리나라 대표적 실학사상가들의 저술이 한글이 아니고 한문(漢文)이라는 한계가 엿보인다. 최근 최진석 교수가 "문화적 존재로서의 인간의 전략과 사유가 정화되고 정화되어 '문자'로 남는다"며, "대한민국이 일류 국가로 상승하려면 독립적 사유를 할 수 있는 원초적 조건이 바로 우리의 문자, 즉 한글이다"[47]라는 역설도 위 엘리엇과 같은 맥락이다.

두말할 필요도 없이, 유럽문명사에서 고대 유대문명의 히브리어, 고대 그리스문명의 그리스어, 로마문명의 라틴어, 그리고 아랍문명의 아라비아어 등을 빼놓을 수 없듯이, 동양, 특히 한국, 일본, 베트남 등 중국문명 · 문화권[48]에서 한자어(漢字語)가 빠질 수는 없다. 한자어 없는 한국의 역사, 문화, 문명사를 논할 수 없다.

똑같은 논리로, 엘리엇 스스로 정의한 '고전'이나, 그의 '지적 상자'(intellectual box)는 유럽문화 · 문명권이다. 그의 '언어 상자' 역시 그리스어, 라틴어, 독일어, 프랑스어, 스페인어, 영어 등 유럽 언어권 한계에서 벗어나지 못한다.

이처럼 유럽문화 · 언어권과 동양문화 · 언어권의 한계를 감안하더라도, 1517년 당시 퇴폐한 로마교황청에 맞서 종교개혁의 횃불을 든 독일의 루터(Martin Luther, 1483–1546)는 1522년 신약성경을 독일어로 번역한다. 그리고 다른 번역자와 함께 1534년 구약성경까지 독일어로 번역한다.

우리의 고전인 위 실학파 한문 저작물들의 내용이나 가치를 평가절하하거나 폄훼하는 것은 결코 아니지만, 더더구나 나는 그런 주장을 할 만한 전문성과 실증 자료도 없지만, 루터의 독일어 성경 번역 작업은 실학파의 한문 저작과는 극히 대조적이다.

독일에서 1455년경 금속활자를 발명한 구텐베르크(1400?–1468)보다도 우리나라는 221년이나 앞서, 1234년 고려 고종 21년 주자(鑄字)로 《상정고금예문》(詳定古今禮文)을 세계 최초로 발간하지 않았는가? 하지만, 그 주자 역시 한문이라는 언어적 한계는 마찬가지다. 물론 고려 때는 한글 창제 이전이니 두말할 필요도 없지만…

또 하나, 내가 소장하고 있는 서울 아세아문화사 이창세(李昌世)가 국어국문학 자료 시리즈로 1972년 출간한 《용비어천가》(龍飛御天歌)[49]는 총 1,066쪽이다. 이 원문초간은 세종 24년 1441년 6월에 자료 수집을 시작하여 6년 만인 1447년 2월에 간행되었고, 원문본은 10권 125장이다.

이 고전을 얼핏 들여다보면, 장마다 한글 가사(歌詞)로 시작하고, 이 한글 가사의 한문 번역문과 이 가사 내용에 대한 한문 해설 등이 어림잡아 80–90%를 차지한다. 그렇지만 한글이 이 책 이야기의 중심에 있다는 엄연한 사실은 누구도 부인하거나 부정할 수 없지 않은가?

한편, 이 저자가 갖고 있는 한글 번역본, 《경세유표》(원제목은 邦禮艸本) 4권[50]은 다산이 1817년에 저술한 것을 국사학자 고(故) 이병도 교수가 국역위원장, 교열위원장, 기획편집위원장을 맡아 고전 국역총서 시리즈 90호로, 1977년 한글 번역본 초판을 한문 원본과 함께 서울 경인문화사가 발행한 것이다.

다산의 500여 권의 저술을 포함, 《경세유표》는 《용비어천가》가 출판된 뒤 400년이 훨씬 지난 19세기 초에 저술된 것이지만 원문은 모두 한문이다. 한글은 한 자도 없다.

마찬가지로, 우리나라 최초의 소설 작품으로 평가 받는 조선 세조(世祖, 1417-1468) 때 이른바 생육신(生六臣)의 한 사람인 김시습(金時習, 1435-1493)의 소설, 《금오신화》(金鰲新話)도 한문이다. 그래서, 김기동 교수는 이 작품이 조선시대 당대 문인들에게는"널리 읽혀진 바가 없었다"라고 밝힌다.

이 작품에 대한 아이러니는 하나 더 있다. 김 교수에 의하면, 이 작품을 임진왜란 때 왜병이 발견, 일본으로 가져가 1628년에 방각본(坊刻本)으로 출판하게 되었고, 메이지(明治) 17년인 1887년에 일본인 대총산태랑(大塚産太郎)의 가장본(家藏本)으로 재각(再刻)되었다는 것이다. 하여, 최남선(1890-1957)이 위 대총본을 1927년 잡지 《계명》(啓明, 제19호)에 소개함으로써 비로소 우리나라 학계에 처음 알려졌다[51]고 한다.

따라서 다산 등 실학사상 관련 저술들은, 보기를 들면, 조선 광해군(1608-1623) 때 허균(許筠, 1569-1618)이 쓴 것으로 알려진 영·정조 시대를 배경으로 한 우리나라 최초의 판소리계(系) 한글 소설, 《홍길동전》(洪吉童傳)[52]과도 대조가 된다.

이와 관련, 최근 강명관의 《조선시대 책과 지식의 역사》[53]도 내 눈길을 끈다. 이 책 서평[54]에 의하면, 민간 인쇄업자였던 독일 구텐베르크의 경우 그가 금속활자를 발명한 뒤, 50년 만에 유럽에는 인쇄소가 250개나 생겨나 책 4만 종이 출판됐다고 한다.

반면, 조선에서 금속활자(계미자)가 나온 1403년부터 계축자가 나온 1494년까지 90여 년간 금속활자는 11종이 만들어졌지만, 인쇄소는 국가기관인 주자소(세종 6년 이후는 이를 흡수한 교서관) 딱 한 곳뿐이어서, 그 기간에 인쇄된 책은 1,000종을 넘지 못했고 종별 부수도 20-200부 안팎이었다. 더구나, 그땐 책 한 권 사려면 논 두서너 마지기에서 나온 쌀을 다 팔아야 할 값이었다니 사대부도 엄두를 못 낼 정도였다는 것이다.

더욱 안타까운 사실은 임진왜란 때 조선왕실 도서관인 홍문관을 비롯해, 200년간 쌓아 온 조선의 서적문화가 한 순간에 잿더미로 변했고, 거꾸로 일본은 왜군이 조선에서 약탈한 서적과 금속활자로 일본 출판문화 부흥의 계기가 됐다는 것이다. 1620년 일본 막부(幕府) 초기 교토(京都)에 14곳뿐이던 서점이 막부 말기에는 일본 전역에 1,140곳으로 늘어났을 정도였다고 한다.

최근 영국 케임브리지대 코니키 교수의 한 일간신문[55] 기자와의 인터뷰는 더욱 충격적이다. 임진왜란 당시 조선 책 약탈은 '문화적 재앙' 수준이었고, 특히 유학 관련 서적은 "씨가 마를 정도라, 중국에 가는 조선 사신단의 주요 임무가 약탈당한 책을 다시 구해 오는 것일 정도였지만," 역설적으로는 "이런 문화적 재앙이 일본 지식사회의 조선 문화에 대한 존경이 드높아지는 계기가 됐다"는 것이다.

그는 임란 때 일본으로 건너간 조선 책이 일본 지식사회에 미친 영향을 "오늘 당장 북한 주민 전체가 자유로이 인터넷을 쓸 수 있게 됐을 때 받을 충격에 비유"한다. 또 그때 일본에서의 퇴계(이황, 1501-1570)의 인기는 일본 서적상의 책 목록에서 그의 이름 뒤에 '선생'이라는 경칭을 붙일 정도였다고 한다.

그는 일본에선 17세기나 돼야 유학자 하야시 라잔(林羅山, 1583-1657)에 의해 《대학》(大學) 일본어판 언해(諺解)가 나왔는데, '언해'라는 책 제목도 당시 조선에서 발간된 대학 한글 언해본을 그대로 따른 것이라고 설명한다. 권근(權近, 1352-1409)의 《입학도설》(入學圖說, 1390)이나 일본어로 번역 출간된 허난설헌(1563-1589) 시집은 그때까지 도덕 관련 책에만 매달린 일본 여성 독자들에게 문학서 읽는 눈을 뜨게 했다고 코니키 교수는 밝힌다.

특히, 동아시아 의학 지식을 집대성한 허준(1539-1615)의 《동의보감》(東醫寶鑑, 1610)은 도쿠가와 막부가 직접 출간을 맡았고, 그 원활한 보급을 위해 막부 수장(쇼군)이 "[책]값을 낮추라"고까지 지시했다고 한다. 유성룡(柳成龍, 1542-1607)의 《징비록》(懲毖錄, 1633)도 조선인 관점의 임진왜란사(史)라는 희소성 때문에 그때도 수요가 많았다고 한다.

끝으로, 코니키는 일본에 끼친 조선 문화의 영향을 축소하고 한반도를 중국문명의 단순한 '전달자'로 폄하하는 식민사관에 대해서도 "역사적 사실에 무지하거나 의도적으로 외면하지 않고서는 학자라면 그런 주장을 할 수 없다"며 단호히 반박한다.

요컨대, 임진왜란 당시 일본의 조선 문헌과 서적 대량 약탈은 물론이고, 위 조선시대 인쇄출판문화의 제한성과 폐쇄성, 18, 19세기 초 실학 등 개혁 사상의 일반 민중 접근성의 심각한 한계 등이 당시 조정 집권세력이 서구의 새 문명과 문화에 부정적이고 폐쇄적으로 대응하는 데도 큰 몫을 한 것으로 보인다.

19세기 말, 20세기 초 이웃 일제에 의해 조선이 패망하기 직전 개화파의 개혁사상마저도 소수의 한학자(漢學者)를 빼놓고는 일반 대중에게 전파, 확산되지 못한 것도 마찬가지다.

누가 애꾸눈이고 외톨이인가?

최근 한 일간신문 기사[56]는 바로 조선시대 지배층과 지식인 사회, 즉 양반 계급이 얼마나 극도록 폐쇄적이었는지 그 진면목을 잘 보여 준다.

선조 8년인 1575년에 경북 안동 호계서원(虎溪書院)의 위패 서열 다툼이 400년이 지난 지금에야 끝났다는 이 보도는 그때 양반세력의 옹고집이나 적폐(積弊)가 얼마나 우심했는가를, 그리고 그 후유증이 그림자처럼 지금까지도 끈질기게 따라다니는 그 잔상을 다시 한 번 오늘의 우리에게 극적으로 일깨워 준다.

이 서원에서 퇴계 이황의 수제자 유성룡과 김성일(1538-1593) 둘 중 누구를 스승 퇴계의 오른쪽에, 아니면 왼쪽에 모시느냐 하는 위패 서열(자리)을 놓고, 양가 자손들이 100년도 아니고 400년 동안이나 서로 '혈통(가문) 자존심' 싸움을 하고 있었다니 기가 막힌다.

유성룡은 임진왜란(1592-1598) 당시 좌의정, 관서도체찰사(關西都體察使), 영의정을 지낸 인물이다. 김성일은 왜의 침략 1년 전인 1591년 선조 24년에 통신정사(通信正使) 황윤길(1536-?)과 함께 통신부사(通信副使)로 일본을 다녀와, 정사 황윤길과는 달리, 부사로서 왜의 침략이 없을 것이라고 왕에게 엇갈린 보고를 한 인물이다.

다음 해에 왜란이 일어나자, 선조가 크게 노하여 당시 경상우도 병마절도사(兵馬節度使)인 김성일의 처벌을 명하지만, 좌의정 유성룡의 변호로 처벌을 면하고 초유사(招諭使)로 종군했으니, 유성룡과 김성일의 뿌리 깊은 인연도 아이러니다.

당시 조정은 동인(東人), 서인(西人) 등 집권세력의 당파 간 갈등, 당쟁이 극심한 상황이었다. 따라서, 임진왜란의 모든 책임을 김성일 한 사람의 몫으로

만 떠넘기는 것도 물론 무리다. 안팎 세상 돌아가는 데 까막눈이 되어, 조정에서 권력 다툼에만 매몰된 당시 위정자와 문무백관의 무지, 무기력, 속수무책이 밑바닥에 널리 깔려 있었기 때문이다. 율곡 이이(李珥, 1536–1584)가 왜의 침략을 예견하여 주장했다는 10만 양병설(養兵說)[57]은 극히 예외적인 사례다.

그때 조정의 집권세력의 행태는 조선의 근대판 밀폐 · 밀실공포증(claustrophobia)의 극치가 아니었을까 한다. 어찌 보면, 지금 북한의 변질, 변형된 공산전체주의 김일성–김정일–김정은 김씨 3대 왕조와 그 소수 집권세력이 조선왕조의 밀폐 · 밀실 집권세력과 닮은꼴인 것 같기도 하다. 구조적으로 밀폐된 조직(당, 정, 군 등)과 굳어질 대로 굳어 버린(화석화한) 머리와 그 사고방식과 행동양식까지도…

아무튼, 당시 집권세력의 무모, 무지, 무능, 무기력의 대가가 바로 임진왜란, 정묘호란, 병자호란, 일제 침략과 국권 찬탈, 조선조 패망 등, 줄지어 이어진 우리의 치욕의 역사가 아니었는가라고 나는 생각한다. 그리고 군국주의 일제 강점기를 거쳐, 조국 광복, 국토분단, 해방정국, 한국전쟁, 그 전화(戰禍)로 인한 조국 산하의 폐허화까지도.

그것도 모자라서 남북 간의 이념 · 군사 대결과 대치 속에 간헐적인 남북화해와 협력은 물론이고, 안으로는 4 · 19 학생 민주혁명, 5 · 16 군사 쿠데타, 유신독재, 12 · 12 신군부 정부 전복, 5 · 18 광주 민주항쟁 등… 바로 이 순간까지도 우리나라 우리 국민 모두가 그 죄에 대한 벌을, 그 피와 땀과 눈물에 대한 극과 극의 열매를, 고스란히 안고 살아가고 있는 것 같기도 하다. 한편으로는 우리의 가슴을 무겁게 짓누르는 짙은 어둠으로, 다른 한편으로는 우리의 가슴을 벅차게 하는 밝은 빛으로…

지금 또다시 우리는 중국의 급부상, 미국과 일본의 상대적 쇠락과 용트림,

러시아의 새 '영토회복주의적'(revanchist) 몸부림 등으로 한반도 주변 주요 외세들 간에 새로운 각축전 소용돌이 속에 휘말려 들어가는 위험을 맞고 있는 형국이다.

우리나라의 국정 최고책임자와 공직자는 물론이고, 우리 국민도, 조선왕조 소수 선지자들의 개혁 사상이 실패한 원인에 대한 올바른 인식을 갖고 그 교훈을 다시 한 번 뼛속 깊이 되새겨야 한다고 이 저자는 생각한다. 우리는 지금 그 무엇보다도 남과 이웃을 탓하기에 앞서, 지난날에 대한 심각한 반성으로, 더 밝고 더 빛나는 우리의 미래를 위한 새로운 다짐과 각성의 계기를 맞아야 한다.

두 개의 얼굴

한반도가 두 동강이로 갈라진 뒤 72년이 된 이 암울함, 억울함도 모자라서인지 대한민국은 지금 '전자인간' 시대에, 마치 지구촌 온 세상 사람이 마주 보는 '지구 거울' 앞에서 두 개의 얼굴을 내비치고 있는 것 같기도 하다.

하나는 위 유씨–김씨 두 양반 가문의 위패 서열 다툼처럼, 너무나도 답답하고 실망스럽고, 부끄러운 얼굴이다. 마치 2014년 4월 '세월호 참사'나 2015년 5월 메르스(중동호흡기증후군, MERS) 사태가 우리 사회가 지금 앓고 있는 부정, 부패, 불의의 민낯과 그 속살을, 그리고 그에 대응하는 정부의 무능, 무지, 무기력까지를 압축해서 극적으로 보여 주는 것 같기도 하다. 두말할 필요도 없이, 우리의 북녘, 북한은 통째로 곪았다고 해도 과언이 아니다. 그 안을 들여다보면, 북한 주민은 김씨 3대 세습 독재 체제 아래서 사실상 온몸이 묶인 채로, 거의 노예나 죄수처럼 짓밟히고, 굶주리며 신음하고 있으니…

어차피 북쪽은 그렇다 치더라도, 남쪽마저 이명박 정권을 거쳐, 탄핵된 박근혜 정권마저 안팎으로 좌충우돌, 좌고우면하며, 손 놓고 있는 것 같아 가슴 답답하다. 대한민국 일부 극소수의 극우 · 극좌세력들의 모습도 피장파장이다. 이들도 쉴 새 없이 움직이는 안팎 세상을 큰 눈으로 보지도, 큰 그림을 그리지도 못하고, 민족 내분만을 끊임없이 확대 재생산하고만 있는 것 같아 더욱 안타깝다.

하지만 우리의 또 하나의 얼굴은 흐뭇하고 자랑스럽다.

분단된 조국의 '반(半)영구화'에도 불구하고, 적어도 대한민국은 지금 디지털 전자인간시대에 세계 선진 열강과 어깨를 겨루는 나라로 우뚝 섰다. 이 보기 드문 끈기, 열정, 치밀함, 치열함으로 안팎에 내비치는 우리의 얼굴은 밝고 빛난다.

오늘의 눈부신 경제성장과 발전을 이룩한 '한강의 기적'이 그렇고, 4 · 19 학생 민주혁명, 부산 · 마산 항쟁, 5 · 18 광주 민주항쟁 등을 거치며 이룩한 인권, 자유민주주의 기적이 그렇다. 2017년 3월 10일 박근혜를 탄핵, 파면으로 이끈 연인원 1천5백만 명 남녀노소 대한민국 국민과 시민의 '촛불평화혁명'은 어떤가? 2000년 6 · 15 와 2008년 10 · 4 남북정상회담을 치르고… 과학계, 학계, 문화계, 스포츠계 등 거의 모든 분야에서 강남 스타일처럼 한류가 세계적으로 인정받고 있다. 이 각 분야의 한류 인사와 인물들도 대한민국의 밝고 빛나는 자랑스러운 우리의 새 얼굴들이다. 우리의 이 밝고 희망찬 얼굴도 우연이 아니다. 이 장본인들은 물론이고, 우리 국민 모두의 피와 땀과 눈물, 그리고 끈기와 열정의 결정(結晶)이다. '한강의 기적'과 '자유민주주의 기적'이 온갖 혼란, 혼돈, 혼탁 속에서 이룩한 것이기에 더욱 값지다.

정치 · 경제 · 외교 차원의 경국책

다음은 초점을 경국책으로 돌려서, 그때와 오늘의 독일과 우리를 비교해 보자. 먼저 독일을 살펴보자.

독일 정책의 성공과 실패

18세기 중반에서 20세기 초 독일과 독일 국민은 통합과 팽창, 전쟁의 승리와 패배가 겹치는 엄청난 도전과 시련을 겪는다.

프로이센 '철혈(鐵血) 재상' 비스마르크(Otto von Bismarck, 1815-1898)는 그의 탁월한 정치외교 지도력과 역량을 안팎으로 유감없이 발휘한다. 그의 치적과 행적에 대한 역사의 평가는 명암(明暗)이 극과 극으로 엇갈리는 것도 사실[58] 이지만, 비스마르크는 유럽에 흩어져 살아온 독일 민족의 수많은 공국들과 25개 주들을 때로는 외교력으로, 때로는 일방적 군사행동이나 군사동맹, 강제 병합 등으로 독일 국민의 통합, 통일을 이룩한다. 그리고 그는 끝내 1870-71년 유럽 대륙의 전통 강국 프랑스와의 보불전쟁까지도 서슴지 않는다. 이 전쟁에서의 전격적인 승리로 비스마르크는 베르사유 궁에서 프랑스 국왕 나폴레옹 3세(1808-1873)의 항복 선언을 받아 내고, 오랫동안 그가 꿈꾸어 왔던 독일제국 구상을 실현시킨다.

바로 그 자리에서 프로이센 국왕 빌헬름 1세(1797-1888)는 독일제국 황제로 추대되고, 당시 독일인이 많이 살고 있던 프랑스 영토 알자스-로렌까지 병합하여, 독일은 제2제국으로 공식 출범한다. 한때 막강했으나 상대적으로 쇠락의 길에 접어든 독일 민족인 오스트리아를 빼놓고…

이렇게 '철혈 재상' 비스마르크의 지도력하에서 독일제국은 당시 '대양 최강국' 영국에 버금가는 유럽 대륙의 최강국으로 부상한다.

그리고, 19세기 말, 20세기 초에 이르면, 영국, 프랑스에 이어 독일, 벨기에, 이탈리아 등 제국들과 신흥 세력 미국까지, 그리고 아시아에서는 유일하게 군국주의 일본까지 가세하며 아프리카, 아시아, 인도양, 태평양, 중남미 등에서 식민주의, 제국주의 각축전이 절정에 이른다.

오직 국가 이익(national interest)만을 기준으로, 영토 선점(先占)과 확장을 둘러싼, 뭉치고 헤어지기를 끊임없이 반복하는 이 제국주의 국가들의 군사 균형 짝짓기—군사동맹—에 독일도 뒤늦게나마 뛰어든다.

1882년에 결성된 독일, 오스트리아, 이탈리아 간의 추축국(Triple Alliance)이나, 이에 맞선 1904년 영국과 프랑스 우호연합(Entente cordiale), 그리고 1907년 영국과 러시아 우호연합 등이 그 좋은 보기다.

그러나 독일의 확장, 융성기도 한때일 뿐, 독일제국은 또다시 참담한 국가적, 국민적 시련에 빠진다. 제1차 세계대전이 그 새 도전이었다. 당시 쇠퇴하는 터키 오스만 제국의 발칸반도 주도권을 놓고 영국, 프랑스, 러시아, 이탈리아, 미국(1916년 선전포고와 함께 가세) 등 연합전선을 이룬 28개국에 대해 독일이 주도하는 독일, 오스트리아-헝가리, 오스만 투르크, 불가리아 등 4개국이 맞서, 총 32개국이 참전한 제1차 세계대전에서 독일은 패전의 쓴 잔을 마신다.

위에서도 지적했듯이, 이 전쟁에 승리한 연합국들, 특히 보불전쟁에서 패배의 굴욕을 맞본 프랑스가 앞장서서 체결한 1919년 베르사유 조약은, 다시 패전국으로 추락한 독일과 독일 국민을 옥죈다. 독일이 거의 감당할 수 없는 전쟁 피해 배상금 강제징수 등으로 피맺힌 수모를 또 한 차례 겪게 되자, 이에 대한 독일 국민의 반동, 반발, 울분 속에서 히틀러 같은 반인륜, 반유대인 극우 나치 정권이 등장한다.

하여, 나치 독일은 군국주의 일본, 파시스트 이탈리아와 추축국동맹을 만들고, 이에 맞서 미국, 영국, 프랑스, 소련 등 연합 세력의 대결 구도가 다시 생겨나고, 끝내는 제2차 세계대전의 참화 속에서 독일 국민은 또 한 차례 혹독한 패전의 비극을 맞는다. 독일 국토 4분단과 미국, 영국, 프랑스, 소련 군사점령과 함께.

조선왕조의 소멸과 국권 상실

한편, 같은 시기 우리나라는 어떤 상황이었는가?

우리는 이씨 조선왕조 500년 건국, 중흥, 침체기 등을 거쳐 이웃 군국주의 일제에 의해 비단 왕조의 소멸만이 아니고, 국가와 국권까지 빼앗기는 국치(國恥)를 겪는다.

주권재왕(主權在王)의 정치 틀을 깨고 주권재민(主權在民)의 새 틀을 만드는 정치개혁에도 전심전력, 전력투구했어야 했다. 그 길이 올바른 국가와 국민의 선택이었지만, 그때 우리 조정의 현실은 안타깝게도 정반대 방향으로 흘러갔다.[59]

하지만, 역사에 가정은 없다. 새로운 사실과 기록의 발굴로 역사 해석의 수정은 가능하다. 그리고 새로 발굴된 사실과 기록에 대한 역사학자들의 해석도 분분할 수 있다. 지난 역사를 익히는 것은 후대, 후세에 교훈이 되고, 똑같은 잘못을 되풀이해서는 안 된다는 다짐과 경고이기 때문이다. 따라서, 조선왕조가 나라의 문을 활짝 열어 유럽과 미국 등 당시 앞서가는 나라들의 과학기술을 빨리 익히고 배웠어야 마땅했다는 뒤늦은 한탄은 덧없는 가정일 뿐이다.

위에서도 지적한 바 있지만, 종교는 물론이고 유럽 등 선진 세계의 문물을 받아들여야 한다고 주장한 실학, 개혁, 개화파는 훈구, 수구, 위정척사(衛正斥邪)사상이나 국수주의, 쇄국주의자들의 득세로 조정에서 밀리고, 쫓겨나고, 박해, 핍박, 수난을 당한다.

천주교 박해는 이승훈이 당시 중국(淸) 북경에서 한 프랑스 신부로부터 세례를 받고 귀국한 1784년까지 거슬러 올라가지만, 보다 본격적인 천주교 박해와 탄압은 순조 원년인 1801년 신유사옥(辛酉邪獄), 헌종 5년인 1839년 기해사옥(己亥邪獄)을 거처, 1866년 1월 고종 3년 흥선대원군이 천주교 탄압 교령을 내리며 절정에 이른다. 그때 조정은 우리나라에서 포교활동을 하던 프랑스 신부 열두 명 가운데 아홉 명과 8천 명에 가까운 우리나라 천주교 신자들을 죽인다. 이른바 병인박해(丙寅迫害)[60]다.

이 병인박해를 간신히 피해 북경으로 탈출한 프랑스 신부 리델(Ridel)이 텐진(天津)에 주둔하고 있던 프랑스 극동함대 사령관(로즈, Rose)에게 이 참사를 알리고, 이 보고를 받은 북경 주재 프랑스 대리공사(벨로네, Bellonet)는 '조선 징벌'을 결의한다.

하여, 로즈 제독은 같은 해 9월 전함 3척을 이끌고 강화도 양화진(楊花津)까지 진입한다. 그러나 조선군 저항이 만만치 않음을 미리 알아채고, 한 차례 물러섰다가, 한 달 남짓 뒤인 10월 군함 7척을 이끌고 다시 나타나 프랑스군과 조선군의 첫 교전이 벌어지게 되었으며, 프랑스군이 한때 강화부(江華府)까지 점령하기에 이른다. 이것이 병인양요(丙寅洋擾)[61]다.

위 프랑스와의 1866년 병인양요, 미국과의 1871년 신미양요(辛未洋擾,)를 거쳐 1876년 이웃 일본과 맺는 굴욕적인 강화도조약이 그러한 지도자나 집권세력의 철 지난 쇄국주의 정책 실패의 대표적인 사례[62]다.

이처럼 그때 조선왕실은 프랑스와 미국의 함포외교(gunboat diplomacy)에 맞서 임시변통으로 무력 충돌까지 불사하여 척화비(斥和碑)를 세우며, 외침을 막아 낸 듯했지만, 끝내는 이웃 일제의 무력 침탈엔 속수무책으로 500년 왕조와 나라의 주춧돌마저 흔들리는 국치를 맞는다. 안팎 세상 돌아가는 물정도 모른 채 나라의 문만 꽁꽁 닫아걸고, 소수 아첨꾼 집권세력에 둘러싸인 국가 지도자가 있다면, 예나 지금이나 그런 나라는 쇠퇴, 쇠락, 쇠망할 수밖에 없다.

그때 섬나라 일본은 어떤 상황이었는가?

일본도 우리처럼 17세기부터 19세기 중반까지는 쇄국정책이 대외정책의 기조였다. 그러나 1853년 7월, 13대 미 대통령 필모어(Millard Fillmore, 1850–1853)의 친서를 갖고, 미 · 일 수교를 타진하기 위해 동경(당시 에도) 근처 우라가 항구에 나타난 미 해군 제독 페리(Commodore Matthew C. Perry, 1794–1858)는 전형적인 함포외교 무력시위로 수교를 요청하지만, 첫 만남은 일본의 무(無)대응으로 이루어지지 못한다.

다음 해인 1854년 3월, 1차 때보다 두 배 이상의 군함을 이끌고 나타나, 또다시 엄포를 놓자, 일본은 사실상 승복하고 미 · 일 수교에 응한다.

조선왕조와는 달리, 일본은 미 · 일 수교를 계기로 발 빠르게 개방, 개혁에 박차를 가하여 같은 해 10월에는 영국, 1855년엔 러시아, 1858년엔 프랑스와 연거푸 수교한다. 그리고 1868년 메이지 유신으로 정부의 중앙집권화, 초등교육 의무화, 중 · 고등학교와 대학 제도 도입, 세제, 법제개혁 등 포괄적인 체제 정비와 제도개혁에도 성공[63]한다. 안으로는 유럽과 미국을 본받은 제도개혁을 서두르고, 밖으로는 이들 나라의 식민제국주의도 재빠르게 모방하며 일본식 군국주의 군사력 증강에 몰입한다.

일본은 또한 이 구미(歐美) 외세와 제휴하여, 영토 확장을 둘러싼 군사 균형 짝짓기—군사동맹—에도 적극 가담한다. 특히 일본은 1902년 영 · 일 동맹을 맺어, 당시 일본이 한국과 중국에 가지고 있던 기득권을 영국이 사실상 인정하기에 이른다.

1923년 영·일 동맹을 공식적으로 폐기하기까지 영국이 일본의 한국 등 아시아 대륙 침략에 직간접적으로 도움을 준 것도 사실이다. 일제의 한반도 병탄(倂呑)에 도움을 준 미국과 일본이 맺은 1905년 태프트-가쓰라 밀약(The Taft-Katsura Agreement)이나 1908년 루트-다카히라 밀약(The Root-Takahira Agreement)이 그 구체적인 사례다.

한편, 우리나라는 쇄국을 고집했던 흥선대원군이 1873년 궁중 내 세력 다툼에서 밀려나, 그의 10년 섭정이 막을 내린다. 2년 뒤 고종 12년인 1875년 강화 앞바다에 나타난 일본 군함 운양호(雲揚號)는 초지진의 조선 수비병이 발포하자 일단 물러난다. 이를 구실로 일본은 다음 해에 구로다(黑田淸隆)를 특명전권대신으로 임명하여, 군함 3척, 운송선 4척, 육군 800명 등을 거느리고 강화도에 상륙하여 통상수교를 요구한다. 그리하여, 조선 조정이 파견한 신온(申穩)은 1876년 조일수교조규(朝日修交條規),[64] 즉 강화 병자수호조약(丙子修好條約)을 구로다와 체결하기에 이른다. 이 조약은 일본이 유럽과 미국을 본뜬 불평등 조약이었지만, 조선은 이웃 일본에게 이처럼 조선 개항의 선제, 선점권을 힘없이 내주고 만다.

이는 1853년 7월 미 해군 제독 페리가 처음 우라가 항구에 나타나 '함포외교'로 일본에 수교를 강요했듯이, 일본은 23년 만에 강화도 앞바다에 나타나 조선과의 수교에 똑같은 고압적 방법으로 함포외교를 재연한 것이다.

하여, 안으로는 고종과 명성황후(明成皇后), 그리고 아버지 흥선대원군 사이를 맴도는 친일(親日), 친청(親淸), 친러(親露) 세력들의 이합집산과 합종연횡으로 국기(國基)가 뿌리부터 흔들리기 시작한다.

엎친 데 덮친 격으로, 이 극도로 혼란한 조정에서 새로 조직된 '근대형' 별기군(別技軍)에 비해 차별대우를 받고 있다는 등의 이유로 '전통 조선 군대'가

1882년 6월 군란(임오군란)을 일으키자, 이 진압 과정에서 청군과 일본군이 다시 우리 수도에 파병되는 구실이 된다.

임오군란 2년 뒤인 1884년 10월에는 주둔 일본군과 친일 개화파 김옥균, 박영효, 홍영식, 서광범 등이 일본 공사 다케조에 신이치로(竹添進一郎)와 밀모한 다음, 신외세 일본 주둔군을 업고 갑신정변(甲申政變)을 일으킨다. 이들은 조정의 대원군을 포함, 쇄국 · 수구파를 제거하고, 구(舊)외세인 청을 몰아내려 했지만, 원세개(袁世凱)가 이끈 청 주둔군(2천여 명)이 상대적으로 병력에서 크게 열세인 일본군을 교전 끝에 제압하여, 이 정변은 '3일 천하'로 막을 내린다.

한반도 주도권을 놓고 벌어진 청 · 일 간 각축전 속에서 고종은 1894년 뒤늦게나마 김홍집(金弘集)을 총재관으로 임명하여, 일본의 1868년 메이지 유신 못지않은 갑오경장(甲午更張)을 실시[65]한다. 중앙, 지방정부 조직 개편, 사법권 독립, 경찰청 신설, 정부 회계, 출납, 조세, 국채, 화폐, 은행 등 일체의 재정에 관한 사무를 총괄하는 탁지부(度支部) 신설, 양반-상민 신분제 철폐 등등 정치경제, 사회, 모든 분야를 포괄하는 대대적인 개혁 플랜이었다. 하지만 대세는 이미 일본 쪽으로 한참 기울어진 뒤였다. 일본의 계획된 조선 침략을 막기에는 우리 조정은 시간도 너무 늦었고, 막을 힘도 전혀 없었다.

1894년 같은 해에 청, 일 등 외세 침략에 대한 민초들의 반란인 동학농민군 봉기가 전국적으로 번진다. 이 '동학농민 혁명'을 구실로 다시 조선에 급파된 청 · 일 사이에 청일전쟁(淸日戰爭, 1894-1895)이 시작되고, 충남 아산만에서 일본 군함의 선제공격으로 청군이 패한다. 다시 5년 뒤 러일전쟁(1904-1905)에서도 일본이 예상을 뒤엎고 크게, 그리고 빠르게 승리를 거둔다.

이 기세로 일본은 중국의 대만과 조선을 강제로 병합하는 무력 침략행위에 성큼 다가선다. 위에서도 지적했지만, 미국과 영국도 당시 한반도의 기득권 세력인 청을 밀어젖히고 러시아 등 외세의 동북아 진출을 견제하겠다는 전략적 계산으로 '신흥' 군국주의 일본의 아시아 대륙 침략을 사실상 직간접으로 돕는다.

그때 한반도는 미, 영, 일이 동북아에서 보여 준 전형적인 구미(歐美)식 현실주의(Realpolitik) 외교, 즉 키신저의 정의를 빌리면, "힘의 갖가지 계산들과 국가 이익에 기초한 외교"[66]의 희생양이었다.

한반도 패권 게임에서 청과 러시아는 군국주의 일본에 의해 밀려난다. 우리 입장에서 보면, 한반도는 오랫동안 기득권을 행사해 온 아시아 대륙의 이웃 중국(清)과 한반도에 새로운 관심을 보였던 러시아가 밀려나고, 바다 건너의 이웃이었던 신흥 군국주의 일제가 그 자리를 독차지하는 꼴이 된다.

간추리면, 100년 전 독일은 비스마르크의 독일 통합과 그 팽창기를 거쳐, 1차 세계대전 패전국이 되어 극도로 혼란, 혼돈의 상황 속에 파묻혀, 불행하게도 히틀러 나치 정권이 등장할 수 있는 안팎의 정치경제적 여건이 조성되고 있었다.

한편, 그때 우리나라는 안으로는 전형적인 신민사회의 왕정체제 속에 턱없이 뒤떨어진 농본 빈곤 경제로 국력이 극도로 소진된 상태였다. 무엇보다도, 그때 위정자와 수구세력은 철 지난 쇄국주의만을 고집하며, 나라 문을 꼭 닫고 안팎 세상 돌아가는 것엔 까막눈이 되어, 조정 문고리만 움켜쥐고 있다가, 이웃 군국주의 일제에 우리의 국토와 국권까지 빼앗기는 유례없는 국치를 당하는 시기와 맞물린다.

독일과 한국 정보통신기술(ICT) 현주소

100년이 지난 오늘의 독일과 대한민국은 어떤가?

지금의 우리와 독일의 정치경제 문제는 다음 7장에서 보다 집중적으로 다루고 있다. 그리고 전 지구적 차원의 보다 보편적인 개념과 분석 틀로서의 '전자인간' 시대의 세상과 삶에 대해서는 제9장에서 다루고 있다. 따라서, 여기서는 정보과학기술(ICT) 차원에서의 오늘의 독일과 대한민국의 현주소만을 전 세계 흐름 속에서 수박 겉핥기로 간략히 단순 비교하고자 한다.

최근의 신문 기사 하나[67]가 내 눈길을 사로잡는다. 삼성전자가 4세대 통신기술(Long Term Evolution, LTE)을 뛰어넘는 5세대(5G) 이동통신기술을 세계 최초로 개발하여 그 시연에 성공했다는 소식이다. 28GHz의 초고주파 대역에서 초당 1GB(1초에 10억 비트의 데이터 전송) 이상의 속도로 최대 2km 떨어진 곳에서 주고받을 수 있는 이 기술을 2020년까지 상용화하는 것을 목표로 본격적인 연구개발에 들어간다고 한다. 중국, EU 등도 2020년까지 5G 상용화를 목표로 치열한 경쟁을 벌이고 있는 상황에서 삼성전자가 먼저 첫발을 앞서 내디딘 쾌거다.

이 뉴스는 전기시대에는 독일이 거의 세계의 선두주자였으나, 지금 전자시대에는 대한민국도 미국, 독일을 포함, 유럽연합, 일본, 중국 등 세계 최첨단 과학기술 선두주자들의 반열에 함께하고 있다는 한 단면을 극적으로 보여 준다.

위에서도 누누이 강조한 바 있지만, 비록 그동안 남북 국토분단의 비극과 한국전쟁 참화를 포함, 다른 나라나 국민이 거의 상상조차 할 수 없는 격변, 격동, 격랑을 겪기도 했지만, 우리는 '한강의 기적'을 낳았다. '한국의 새 빛(전자, 電子)'이 세계 구석구석을 비추고 밝히는 나라로 새롭게 성장해 온 것도 엄연한 우리의 현실[68]이다.

구체적으로, 《2014년도 유엔 전자정부조사—우리가 원하는 미래 전자정부》(*United Nations E-Government Survey 2014: E-Government For The Future We*

Want)[69] 자료를 중심으로, 전자인간(homo electronicus) 시대 세계 나라들의 몇 가지 특징과 흐름 속에서 오늘의 독일과 대한민국을 한번 견주어 보자.

첫째, 정치적으로 자유민주주의, 경제적으로 고소득 선진시장경제, 사회 문화적으로 고학력 개방사회일수록, 오늘의 전자인간시대를 이끌며 앞서 나가고 있다는 가설을 상정할 수 있다.

보기를 들면, 2015년 국제전기통신연합(ITU, International Telecommunication Union) 통계[70]에 의하면, 세계인구는 2000년 60억 8,200만 명에서 2015년 74억 명으로 증가했다. 2000년에 모바일 폰 가입자가 7억 3천8백만 만 명이었으나 2015년엔 70억 명으로 급증했다. 그 가운데 20억 명, 즉 62%가 개발도상국가 사람들이다. 하지만 40억 명 개발도상국가 사람들 2/3가 아직도 전자기기와는 연결되지 못하고 있다. 특히 최빈국 9억 4천만 명 가운데 9.5%인 8,900만 명만 인터넷을 사용하고 있다.[71] 제9장, 제10장에서 보다 구체적으로 다루고 있지만, 위 2014년 전자정부 조사도 이 같은 특징을 재확인하고 있다.

같은 기간(2000–2015년) 세계 인터넷 사용자는 6.5%에서 43%로 무려 일곱 배 늘어났다. 모바일 광대역(broadband)은 2007년에서 2015년까지 47% 증가, 무려 열두 배 증가했다. 가정의 인터넷 접속도 2005년 18%에서 2015년엔 46%로 늘어났다.[72]

둘째, 삶과 일터에서 디지털 전자 기기를 '쓰는 사람'(digital users)과 '못 쓰는 사람'(digital non-users) 사이에 갈수록 틈새가 벌어지는 이른바 '디지털 디바이드'(digital divide, dd) 세상이다. 나라와 나라 사이, 그리고 나라 안의 전자 기기 사용자와 비사용자 사이에, 이 'dd' 세상과 삶이 갈수록 현실이 되고 있다.

'dd'는 주로 성별, 연령, 지방과 도시, 사회 '약자'(저소득, 저학력, 이민자 집단 등)와 '강자'(고소득, 고학력, 부유층 등) 간에 두드러진다. 특히 갈수록 개인의 생산활동이나 생산성에서 남녀 간 성별 격차가 줄어들고 있고, 여성이 오히려 남성보다 비교 우위에 설 수 있는 세상이 펼쳐지고 있다. 누군가 이미 "여성 시대다"라고, 심지어 "여존남비'(女尊男卑)가 현실이 되었다"라고 지금 외친다면 아직까지는 지나친 과장이지만…

위 2014년 유엔 조사 자료에 의하면, 인터넷 사용에서 여자가 남자를 앞지르고 있는 나라는 세 나라(자메이카, 아일랜드, 태국)이고, 남녀 차이가 5% 미만인 나라도 핀란드, 뉴질랜드 등 20여 나라로 늘었다(자세한 내용은 위 유엔 조사 Figure 6.12, p. 137).

ITU 2015년 자료(Individuals using the Internet from any Location, by gender)는 여자 인터넷 사용자가 남자를 앞지르는 나라가 77개 조사 대상 가운데 열 나라다. 이 가운데 인터넷 사용자가 90% 이상인 나라는 바레인(남 88.0, 여 95.0), 카타르(남 97.0, 여 99.0)로 놀랍게도 아랍 페르시아만 국가다. 80% 이상인 나라는 뉴질랜드(남 81.2, 여 82.2)이고, 70%인 나라는 미국(남 74.1, 여 75.3), 60%인 나라는 바하마(남 62.3, 여 67.0), 카자흐스탄(남 64, 여 65.4), 50% 이상인 나라는 우루과이(남 56.4, 여 56.7), 40% 이상은 파라과이(남 43.1, 여 42.9), 20% 이상은 벨리즈(남 28.1, 여 28.4)와 쿠바(남 25.1, 여 29.8)이다. 인터넷 사용자와 남녀 성별의 흥미로운 사실 하나는 접속에는 그 나라의 경제생활수준과 크게 상관관계가 있으나 남녀 사용자가 많고 적고는 종교, 지역, 나라의 크기, 경제수준, 교육 등과 아무런 관계가 없는 것으로 드러났다. 또 하나, 적어도 지금 디지털 시대를 이끄는 나라들과 사람들의 삶은 '현실세계'(physical world)와 '가상세계'(virtual world)가 갈수록 뒤죽박죽이 되어 가고 있다.

셋째, 동서양을 떠나, 지금 앞서가는 나라나 사회에선 맹자가 일찍이 구분한 농본사회에서의 '노력자(努力者)–노심자(勞心者)'[73] 이분화가 사라진 지 이미 오래다. 19세기–20세기 산업사회에서 마르크스 유의 사회계급 분류도 이미 낡았다. 즉, 사회계층을 이제는 노동자–자본가, 또는 무산자(proletariat)–유산자(bourgeoisie)로 서로 갈라놓는 것보다, 차라리 '가짜 노동자'와 '일하는 사람'으로 나누는 것[74]이 오늘날 전자인간시대의 실상에 더 맞는다고 할 정도다.

다시 말하면, 19세기 중반부터 20세기 중반까지 유럽과 미국 등 2차 산업사회 곳곳을 한때 풍미했던 마르크스–레닌주의와 그 신봉자들이 울부짖은 노동자와 자본가를 가르는 계급투쟁이나 '무산자 혁명'[75]도 이젠 옛날 옛적 이야기다. "자본주의자 사유재산의 조종(弔鐘)이 울린다. 착취자들이 착취당한다"[76]는 마르크스의 호언도 이제 케케묵었다.

미 노동조합(AFL-CIO, American Federation of Labor–Congress of Industrial Organization) 같은 노조의 기능과 역할도 낡고 녹슬었다. 농장, 어장, 공장이나 산업현장 일꾼('blue collar' workers)과 사무실 일꾼('white collar' workers), 고용주와 고용인 개념과 구분도 우리 삶과 일터에서 갈수록 미미하고 희미해지고 있다.

보기를 들면, 좋든 궂든, 아마존(Amazon.com)의 'Mechanical Turk' 같은 '새 노동시장 일자리–일꾼 채용 제도'나 노조원이 아닌 '나 홀로 계약자 일꾼들'(independent contractors)이 웅성거리는 우버(Uber) 같은 새 전자시대 회사가 갈수록 우리의 삶[77]의 새 모습이 되어 가고 있다.이제 3차 산업 혁명을 넘어 2016년 스위스 다보스 세계경제포럼(World Economic Forum)이 선언한 4차 산업혁명시대에 접어들고 있다. 구체적으로, 기술변화로 2020년까지 5백만 명의 일자리가 사라진다고 내다봤다. 단기 예측으로는 대규모 비자발적 인구이동(난민 등), 국가붕괴나 위기 또는 국가 간 분쟁, 실업자와 불완전 취업(underemployment), 국가경영의 실패를 들었다. 중기(10년)예측으로는 물부족위기, 기후변화 대처 실패, 식량난(위기), 심각한 사회불안정을 꼽았다(보다 자세한 것은 https://www.weforum.org/world-economic-forum-annual-meeting-2016 참조).

넷째, 북한, 에티오피아 등 극도로 통제, 폐쇄된 최빈국을 예외로 하면, 정치체제(민주주의, 권위주의), 경제체제나 발전 단계(시장, 고소득 선진 개방경제와 계획, 저소득, 저개발 후진 통제경제 등)와 무관하게 전자 기기 사용자는 특히 무선 휴대폰은 가난하고 제대로 교육을 받지 못한 사람들도 상대적으로 손쉽게 가질 수도, 쓸 수도 있다는 것이 새 전자인간시대의 현상이요, 현실이다.

따라서 무선 휴대폰의 경우, 두 가지 가설이 가능하다. 하나는 소득이나 경제발전 단계와는 무관하게 인구가 많은 나라일수록 그 사용자가 많다는 것이다.

2015년 휴대폰 등록 통계[78]로 보면, 세계 휴대폰 소유 총수는 70억 개로, 세계 인구 74억 명에 육박한다. 나라별 소유 순위는 1위 미국, 중국, 일본, 인도, 인도네시아, 러시아, 브라질, 한국, 영국(UK), 프랑스 순이다. 독일은 11위다. 그리고 이들 나라들 인구 100명당 휴대폰 개수 순위는 1위 러시아(155), 브라질(136.4), 미국(93.6), 인도(90.4), 중국(89.2) 순이다.

나라별 100명당 휴대폰 개수의 전체 순위도 흥미롭다. 가장 많이 가진 나라는 1위, 파나마(202), 홍콩(187), 사우디아라비아(169.5), 러시아(155.5), 에스토니아(155.5) 등이다. 이 나라들이 최빈국이 아니라는 것은 쉽게 알 수 있지만, 그렇다고 이 나라들이 정치체제, 경제체제나 발전 단계, 과학기술수준 등 평가 잣대로 보아 세계에서 가장 앞서가는 나라들이 아니라는 것도 분명하다. 즉 휴대폰 소유와 선진국 잣대와는 뚜렷한 상관관계를 찾기 힘들다.

다만, 가장 적게 가진 나라는 북한(8.3), 쿠바(11.6), 에티오피아(21.8), 레바논(64.4), 네팔(68.5) 등 세계에서 인민들에 대한 정치적 압제가 가장 심하거나 가장 가난한 나라들이라는 공통점이 엿보인다. 극도로 폐쇄된 북한마저도 지금 2015년 6월 기준, 휴대폰 사용인구가 370만 명으로 북한 인구의 거의 15%까지 늘어났으며, 북한 당국의 통제도 어려워졌다는 보도[79]도 있다.

위에서 보는 것처럼 인터넷 사용자의 경우는 정치체제, 경제체제와 발전단계와의 상관관계를 쉽게 찾아볼 수 있지만 휴대폰의 경우는 왜 그렇지 않을까?

그 몇 가지 이유로는 인터넷의 경우는 그 나라의 전기시설 등 기본 전기 전자통신망이 필요조건이지만, 무선 휴대폰은 배터리를 사용하고, 인터넷 사용은 사용자의 최소한의 교육과 소득수준, 그리고 직업 등과도 상관관계가 있는 반면, 휴대폰은 간단한 사용 방법의 습득으로 거의 누구나 이용이 가능하기 때문이 아닐까 한다.

2014년 유엔 보고서에서도 나라의 소득수준과 정보통신기술 사용 능력(ICT literacy), 교육, 그리고 정보통신기술 기반시설(ICT Infrastructure) 사이에 연관관계가 있다는 것을 가장 크게 강조하고 있다(위 조사, p. 4).

끝으로, 이 장의 주제로 돌아와서, 오늘의 독일과 한국의 전자 분야에서의 위상에 초점을 맞춰서 수박 겉핥기 식으로 가볍게 살펴보면, 대한민국은 위 유엔 전자정부 조사에서 2012년에 이어 2014년에도 순위 1위다. 독일은 2012년 17위에서 2014년엔 21위로 밀려났다(자세한 것은 이 보고서 Table 1.1, p. 15 참조).

세계경제포럼(World Economic Forum) 2015년 NRI(The Networked Readiness Index)[80]에서는 144개 조사 대상국 가운데 한국은 12위, 독일은 13위다. 1위는 싱가포르, 2위 핀란드, 3위 스웨덴, 4위 네덜란드, 5위 노르웨이, 6위 스위스, 7위 미국, 8위 영국(UK), 9위 룩셈부르크, 10위 일본 순이다. 참고로, 중국은 62위다. 최하위 열 나라(마다가스카르, 예멘, 동티모르, 모리타니아 이슬람 공화국, 아이티, 앙골라, 기니, 미얀마, 부룬디, 차드 등)는 아프리카, 아시아, 중남미의 세계 최빈국들이고, 북한은 아예 조사 대상국에서 빠졌다.

2015년 광통신 인터넷 나라별 사용자 등록 총수[81]로 보면, 대한민국 8위, 독일 4위다. 중국이 1위이고, 미국, 일본, 독일, 프랑스, 영국(UK), 러시아, 한국, 브라질, 인도 순이다. 독일 인구가 8천2백만 명, 대한민국 인구가 5천만 명이고, 중국 인구는 14억 명이라는 인구 차이가 반영되기 때문이다.

국제통신연합(International Telecommunication Union, ITU)이 전 세계 243개 국가, 속령(Trust Territories) 등의 디지털 접속 현황을 조사한 결과에 의하면, 세계 최상위권 20개 나라 가운데 한국은 4위, 독일은 17위다. 1위는 스웨덴, 2위는 덴마크, 3위는 아이슬란드다. 미국 10위, 일본 14위이고, 중국은 84위로 접속 순위 중하위권 나라로 분류된다.

이 디지털 접속 순위 조사에서 아예 제외된 나라와 속령들이 북한을 포함, 67개나 된다. 100여 년 전 전기시대에 당시 조선왕조가 열외였듯이, 이들 열외의 나라들은 '혁명적인 변혁'이 없는 한 지금 전자인간시대의 '낙오자'가 될 수도 있다.

단순히 디지털 접속 순위만이 아니고, 지금 우리 북녘이 보여 주는 모습은 참으로 안타깝고 부끄럽다. 참담, 참혹하다. 극히 비인도적, 반인륜적, 시대착오, 시대 낙오적인 북한의 잇따른 미국인 등 외국인 불법 납치 '인질 정치'가 그렇고, 찰가난 속 헐벗고 굶주리는 인민을 아랑곳하지 않고 저버린 채 '핵 개발'이나 대량 살상 무기 확장에만 그 아깝고 귀한 돈을 퍼붓는 꼬락서니가 그렇고, 극도로 '병영화'된 나라의 일그러진 모습이 그렇다. 앞으로 김씨 3대 북한 공산전체주의 왕조의 집권세력에 대한 역사의 심판은 준엄하고 혹독할 것이라고 이 저자는 생각한다.

⁂

100년 전 독일은 과학의 세기, 특히 전기시대에 앞서가는 나라로 등장했지만, 우리는 당시 독일, 미국, 영국 등 유럽 나라들의 반열에 함께하지 못했다. 그러나 100년이 지난 지금 대한민국은 분단 상황에도 불구하고, 21세기 전자인간시대에 앞서가는 나라들과 함께 어깨를 겨루며 경쟁, 협력하는 나라가 되었다는 것이 100년 전 두 나라의 모습과 근본적으로 다르다.

지금 하루가 다르게 급변하는 전자인간시대—초고속 사물 인터넷(Internet of Things, IoT), 만물 인터넷(Internet of Everything, IoE), 빅데이터(Big Data), 3D 프린팅, 유비쿼터스 무선과 웹 기반 휴대전화, 클라우드, 페이스북, 트위터, 드롭박스, 스카이프 등—에 독일, 미국 등 초고속 최첨단 선진국들과 함께 한국도 앞서거니 뒤서거니 경쟁하는 나라로 탈바꿈했다.

대한민국이 가장 가난한 후진경제 그룹에서 출발, 지금 속령 등을 포함, 세계 230여 개 크고 작은 나라들 속에서, 그동안 허덕이고 몸부림치며 전통적 권위주의, 장기 군사독재 정치체제를 거치면서도 어렵사리 그 '후진국 굴레'를 벗어나고 정치경제 선진국 반열의 코앞까지 들어선 것은 전 세계적으로도 아주 보기 드문 사례다. 정치경제 '기적'에 가깝다. 이 기적 뒤에는 우리 국민의 피와 땀과 눈물이 고스란히 녹아 있지만…

지금의 결과는 제2차 세계대전 뒤 대한민국이 그 찰가난 속에서 한국전쟁을 포함, 이제까지의 국토 분단의 지속으로 말미암은 남북 사이의 이념, 정치, 군사적 갈등과 대결의 엄청난 물질적 부담과 인간적 비극에도 불구하고 이룩한 소중한 열매이기에 더욱 돋보인다.

물론, 대한민국은 이미 통일을 이룩한 독일을 따라가야 할, 본받아야 할 일이 아직도 수없이 많다. 독일을 따라잡을 길도 멀고 힘겹고 어렵다. 디지털 접속 지수, 유엔 전자 정부 준비 지수 등에서 이제 독일보다 우리가 앞서가는 분야도 더러 있지만, 통상 얘기하는 삶의 질, 민주문화시민으로서의 공중질서 의식, 국가 경쟁력, 민주주의 지수, 부패 지수, 글로벌 인터넷 자유 지수(Global Internet Freedom ranking)[82] 등에서 아직도 독일을 바라보며 우리가 넘어야 할 산이나 건너야 할 강이 너무나 많다. 그럼에도 불구하고, 100년 전에 비하면 우리는 많이도 따라잡았다. 이 보람은 우리 국민의 피와 땀과 눈물의 결정(結晶)이요, 결실이다.

옥에 티랄까? 하나 이 저자의 눈살을 찌푸리게 하는 것이 박근혜 정권이 제18대 대통령 선거 과정에서 저지른 국정원, 국방부, 국가보훈처 등 국가기관의 선거 개입 사건이다. 안타깝게도, 이 사건으로 박근혜 정권은 시작부터 권력의 정당성 문제가 제기되었다.

이 책 9장과 10장에서 더 상세히 다루고 있지만, 전자인간시대에 우리가 앞장서야 하는 것은 전자 민주주의(e-democracy)가 아닌가? 전자 정치(e-politics), 전자 선거(e-election), 전자 정부(e-government)의 선두주자여야 하는 판국에, 거꾸로 전자 기기를 악용하여 정치적 중립을 지켜야 할 중추적 국가기관이 선거에 불법 개입했다는 것은 아이러니의 아이러니다.

새로운 전자인간시대에 앞서가는 대한민국이 겪은 국가기관의 대통령 불법 선거 개입 사건은 새 '정치홍역'이다. 이 홍역의 면역성을 슬기롭게 터득하여, 지금 하루가 다르게 펼쳐지고 있는 전자형 직접민주주의의 새 개척자, 선두주자로 거듭나기를, 문자 그대로 전화위복(轉禍爲福)이 되기를 기대해 본다.

이 기대가 비단 이 저자의 개인적 희망 사항만이 아니고, 새 전자인간시대 우리 모두의 현실로 우리 삶 속에 체현되길 바라고 싶다. 이 길이 아무리 험난하고, 이 기대가 또다시 우리 모두의 엄청난 열정, 희생, 헌신을 요구한다 하더라도 말이다.

하지만, 엎친 데 덮친 격으로, 박근혜 정권은 느닷없이 중·고교 역사 교과서 국정화를 확정 고시(告示)했다. 자유민주국가에서는 찾아 볼 수 없는 역사 퇴영적인 이 행보는 여야를 가르고, 국론분열을 자초했다. 정책학적으로, 이 행위는 "무현안"(non-issue)을 의도적으로 현안(issue)화 하는 얄팍한 꼼수나 권모술수(權謀術數) 같다. 실제 현안(대선 국가기관 개입 사건, 청년실업과 가계부채 대안 실종 등 민생문제, 경제성장저조, 수출둔화, 인구 격감 대책 부재 등)에 퍼부어질 수 있는 국민의 의당한 비판의 화살을 막는 일시적인 미봉책은 될 수 있겠지만, 혹세무민(惑世誣民)의 변종일 뿐 결코 자유민주주의 국가 국정 최고 책임자의 올바른 정책수행방식은 아니었다. 끝내 박근혜는 2017년 3월 집권 4년 차를 맞아 대한민국 건국 이후 헌법재판소가 전원일치로 탄핵, 파면한 첫 대통령이라는 불명예를 안고 자리를 떴다. 이 과정에서 겪은 엄청난 국가적 시련과 박근혜 정권의 부정과 부패에 대한 국민의 평화적 '촛불시위'와 저항이 대한민국을 또 한 차례, 또 한 차원 더 밝고, 맑고, 좋은 나라로 거듭나게 하고, 그리고 평화적으로 자유, 민주 조국통일의 길로 한 발자국 더 나아가는 큰 계기가 되기를 빌어 본다.

제 7 장

통일된 독일, 분단 속의 한국

미처 생각지 못한 걸림돌

지금 독일과 우리의 정치 · 경제 상황은 어떤가?

이 저자는 개인적으로 독일에 대해 가슴속 깊이 가장 뼈저리게 부러워하는 것이 하나 있다. 음악 애호가로서 내가 좋아하는 독일이 낳은 베토벤, 모차르트나 괴테 같은 '천재' 이외에 말이다.

제2차 세계대전 패전국으로 당시 미국, 영국, 프랑스, 소련 등 연합국에 의해 4분단된 독일과 독일 국민. 그들은 동서독으로 사실상 갈라져, 안팎의 잔혹하고 힘겨운 냉전기를 겪는다. 그러나 소련과 동구 공산권 붕괴, 소멸 과정에서 1990년 10월 3일 서독은 동독과 함께 무혈 평화통일을 이룩한다. 분단국가인 대한민국 국민에게, 그리고 북녘 동포에게, 하늘마저 무언가 넌지시 계시하고 있는지 공교롭게도 우리 개천절 날이었다.

"독일민족은 지금 세상에서 가장 행복하다!"(Die Deutschen sind das glücklichste Volk in der Welt!)[1]라며 독일시민들은 적어도 그 벅찬 순간만은 하늘을 찌를 듯이 환호했다. 통일과 이후에 뒤따른, 미리 예상했거나 미처 예상하지도 못했던 온갖 후유증과 어려움도 컸지만, 27년이 지난 지금 그들은 많은 난관을 극복했다.

제2차 세계대전 종식과 함께 분단된 나라들 가운데 유일하게 아직도 분단의 벽이 남아 있는 나라에 살고 있는 나에겐 그래서 독일 국민과 정치지도자가 이룩한 이 정치 기적[2]이 한없이 부럽고, 한편으로는 부끄럽기까지 하다. 솔직히 나는 한때 동서독 통일이 남북한 통일보다 훨씬 더 어렵다고 생각했다. 또 그렇다고 글도 썼다. 독일과 우리 모두 제2차 세계대전 승전국에 의해 국토분단, 국민분열이라는 '선물 아닌 선물'을 부여받은 것은 같았지만… 당시에 나는 그 이유로 크게 네 가지를 들었다.

첫째, 독일분단은 패전국으로서의 벌이었지만, 남북한 분단은 패전 군국주의 일제의 무조건 항복에 따른 당시 미·소 양국의 한반도에서의 묵시적, 전략적 타협의 결과였다.

미국, 영국, 소련 등 제2차 세계대전 승전국은 나치 독일, 군국주의 일본과 파시스트 이탈리아 등 '추축국'(Axis Powers)을 제2차 세계대전 침략자로 낙인찍고 그 나라들의 전쟁주범을 처형, 처벌했다. 따라서 히틀러 나치 정권을 낳은 독일 국민은 그들이 감수해야 하는 분단에 대해서, 그리고 전쟁주범이라는 형벌에 대해, 밖의 누군가를 쉽게 탓할 수 없는 상황이었다.

그러나 군국주의 일제는 청일전쟁(1894–95), 러일전쟁(1904–05) 승전의 기세로 500년 조선왕조를 무너뜨리고, 우리 국민의 국권, 국토를 침탈했다. 따라서 국제법상 일제 식민지 압제하에 있던 우리나라와 국민은 2차 세계대전의 패전국도 아니고, 일제의 전쟁범죄와도 무관했다.

제2차 세계대전 때 아시아와 태평양 지역에서의 전쟁주범국은 일본이고,

그 주범은 일제 군국주의자들이다. 일본은 대한제국 국권침탈, 만주침략, 중국본토 침공에 이어, 제2차 세계대전 당시 동남아의 영국, 프랑스, 네덜란드 등 유럽 식민지령을 침략하고, 하와이를 포함, 태평양에서 미국, 오스트레일리아, 영국, 프랑스 등 유럽국가의 식민지 또는 속령 군도(群島)들을 둘러싼 세력권 다툼에 뛰어들었다. 그러므로 한반도 분단의 제1차적 원인도 일제 군국주의자들로부터 찾아야 옳다. 그리고 직접적인 근인은 당시 소련 스탈린의 묵인하에 미국이 '일시적 군사한계선'이라는 이름으로 그은 38선 획정[3]이다.

남북한 분단이 패전국 일본의 죄에 대한 벌이 아니고, 당시 미 · 소 양국의 전략적 타협의 산물[4]이었기에 우리 국민은 독일 국민보다 훨씬 더 억울하다. 한반도 분단의 원인 제공자는 패전국 일본인데도, 일제가 무조건 항복한 뒤 한반도 국토분단과 민족분열이라는 '아닌 밤중에 홍두깨'식 날벼락을 하루아침에 맞은 것은 우리 국민이었기 때문이다.

그래서 분단의 반영구적 지속에서 오는 우리의 민족적, 국가적 상흔은 훨씬 크고 깊다. 분단은 우리 민족의 가슴속 깊이 아직도 살아 숨쉬는 원한이요, 분단극복과 평화통일은 우리의 숙원이자, 앞으로 끝내 해결해야 할 국가 최고, 최우선 대역사(大役事)다.

둘째, 1차 · 2차 세계대전을 겪은 유럽 국가와 유럽인은 물론이고, 특히 당시 미국, 영국, 프랑스, 소련 등은 무엇보다도 독일이 통일을 다시 이룩하게 되면 그들에게 군사전략적으로 또다시 최대 위협이 된다고 믿었기 때문에 결코 쉽게 독일의 재통일을 바라지 않을 것이라고 나는 생각했다. 반면, '통일된 한국'은 주변국에 그런 위협적 존재가 아니라고 보았다.

앞으로 '통일된 한국'이 군사 · 안보 차원에서 주변국에 결코 위협적이 아닐 것이라는 나의 생각은 지금도 변함이 없다. 그러나, 지금 통일을 이룩한 독일과 독일국민은 지난 반세기를 훨씬 넘는 기간 동안 '탈나치'(deNazization)에 성공한다. 그리고 미국을 포함, 유럽, 러시아 등 '주변국들이 갖고 있었던 독일의 잠재적 군사위협'도 제도적으로 안전장치를 마련하여 불식시킨다.

구체적으로, 독일(서독)은 미국과 유럽의 여러 나라가 모인 경제와 군사, 두 개의 큰 틀—유럽연합(EU)과 북대서양조약기구(NATO)— 속에서 1차, 2차 세계대전 때와 같은 군사전략적 위협요인이 아니라는 것을 초대 서독 수상 아데나워(Konrad Adenauer, 1876-1967)부터 브란트(Willy Brandt, 1913-1992), 그리고 현 독일 수상 메르켈(Angela Merkel, 1954-)에 이르기까지 독일국민과 정치지도자들은 일관되게 실천해 왔다.

한편, 이웃 일본은, 특히 지금 아베 신조(安倍晋三) 정권은 중국의 경제 · 군사적 급부상과 북한의 핵 개발을 구실로, 이미 참혹한 실패로 끝난 일제 군국주의를 부활시키려는 것 같은 노골적인 실지(失地)탈환주의(revanchist) 행보와 행태를 보이고 있다. 이는 솔직히 나 스스로도 미처 예견하지 못한 불길한 상황이다.

아베 내각이 '적극적 평화주의'라는 미명하에 거의 반세기를 지켜 온 "방위장비 이전(移轉) 3원칙'을 사실상 포기하고, 무기수출의 길을 활짝 열어 버린 것[5]이나, '집단안보'라는 미명하에 일본 헌법(제9조) 재해석은 물론이고, 이 9조 수정까지 막무가내로 밀어붙이려는 획책은 일본 국민을 위해서도 결코 바람직하지 못한 '집단 자학' 행위에 가깝다. 일본 자위대 운용과 관련된 11개 법안을 개정하거나 새로 만든 이른바 '집단적 자위권법'이 2016년 3월 29일 발효함으로써 일본 아베 정권은 지난 군국주의 시대의 망령을 향해 한 발짝 더 다가갔다.

제2차 세계대전 뒤 일본은 미 군정(1945-1952)하에서 '맥아더 헌법'이라고도 불리는 일본 헌법을 제정하고, 이른바 '3D 정책'—지방자치, 중앙-지방

분권화를 포함, 민주화(democratization, including local autonomy and decentralization); 비핵화를 포함한 비군사화(demilitarization, including denuclearization); 정경분리 원칙을 포함한 비이념화(de-ideologizing by adopting the policy of separating politics from economic matters)—시행을 통해 오늘의 일본의 번영과 평화를 가져오게 된 것이다. 그 엄연한 사실을 아베 정권이나 그를 따르는 극우세력들은 깊이 곱씹어 봐야 할 것[6]이다.

한국과 일본은 가치관을 공유하고 있다. 군 위안부 문제를 확실하게 해결하는 것이 바람직하다. [⋯] 70주년을 맞이하지만 중국, 한국과 화해가 이뤄지지 않고 있다. [⋯] 과거를 완전히 정리할 수는 없다. 하지만 시대가 변하면 새로운 시각이 나오기 때문에 항상 과거를 직시해야 한다.[7]

는, 일본을 최근 방문한 독일총리 메르켈의 충고에 아베와 그를 추종하는 극우집단은 귀를 기울여야 할 것이다.

아베 신조 일본 총리는 상상력이 없습니다. 사실 아베는 제2차 세계대전도 경험하지 못했습니다. 그는 그때 일본이 얼마만큼 무서운 범죄를 저질렀는지 상상도 못하고 있습니다. [⋯] 일본은 아무리 사죄해도 충분하지 못할 만큼의 정말 막대한 범죄를 한국에 저질렀습니다.[8]

한국을 방문한 1994년 노벨 문학상 수상자, 오에 겐자부로(大江健三郎, 1935-)의 다음의 비판도 같은 맥락이다.

[⋯] 여성 경시는 '폭력적 남성 같은 천황 절대주의'가 근대 이후에도 여전했기 때문

이다. 국가를 위해 여성을 희생시켜도 좋다는 생각이 종군위안부를 낳았다. 일본 여성뿐만 아니라 식민지 여성도 동원됐다. […] 그것을 부정하는 것은 일본이 여전히 여성을 무시하기 때문이다. 일본국민의 사죄 의식은 강하다. 일본이 여성 폭력을 정당화했던 후진성을 인정해야 한다.[9]

위 경고와 비판에 대해 아베 정권은 막무가내로 밀어붙일 일이 아니라, 일본과 아시아 평화를 위해서도 그의 위 '과거 회귀적' 정책추진을 접는 것이 옳다고 나는 생각한다.

급부상하는 중국도 마찬가지다. 이웃 나라들과 함께하는 영토사(領土史)의 자의적 해석을 공정(동북, 서북, 서남 공정 등)이라는 이름으로 추진하며, 역사를 왜곡하는 행위나 바다(영해)—동중국 해와 남중국 해—를 둘러싼, 특히 중국과 일본 및 동남아 국가들과의 무력시위도 위 일본의 복고적 군국주의 행태 못지않게 퇴영적인 중화주의의 부활[10]을 보여 주는 것 같아 깊이 우려된다.

일본의 을씨년스런 복고주의 망동의 극복, 중국의 지나친 중화주의 행태의 자제는 비단 우리나라뿐만 아니라, 일차적으로는 일본과 중국 두 나라 국민, 더 나아가 동아시아, 동남아시아의 평화와 안정을 위해서도 필요조건이라고 나는 믿는다.

이와 관련하여 한–독 정상회담 공동 기자회견에서 독일 총리 메르켈이 한국 대통령 박근혜에게 그의 깊은 체험에서 묻어 나온 무게 있는 다음 몇 마디 조언[11]도 눈길을 끈다.

메르켈은, "[통일이 되면] 모든 상황이 그 전과는 다르게 바뀌게 된다. 전혀 다른 삶을 살아왔던 사람들을 만나게 되고, 그 사람들을 열린 마음으로 대해야 한다. 그리고 그 사람들이 하는 이야기에 귀를 기울여야 한다. […] 동독에서 어린 시절을 보낸 저 역시 통일의 산물"이라며, 통일로 인한 삶의 변화와 그를 뒷받침하는 경제적 지원을 준비하는 것이 중요하다고 덧붙였다.

메르켈은 또 "베를린 장벽이 무너진 일은 1,700만 옛 동독주민을 포함해 모든 독일인의 삶을 변화시켰다. […] 한국도 통일이 되면 (북한에 대한) 경제적 지원이 문제가 될 것"이라고도 말했다.

그는 이어 "(통일 당시) 독일은 (상대방의) 텔레비전도 볼 수 있었고, 서로의 삶에 가까웠지만 남북한의 상황은 완전히 다르다고 생각한다. […] 그렇기 때문에 경제적으로 준비를 많이 해야 통일이 수월해질 수 있다. 또 (한국인들의) 통일 염원이 크다고 들었는데, 그에 대한 마음의 준비도 필요하다"고 강조했다.

이에 박근혜는 "독일은 이미 통일을 넘어 통합을 달성했다는 점에서 우리에게는 한반도 평화통일의 모델[…]이며 독일이 갖고 있는 통일에 대한 경험과 지식 등을 참고로 한반도에서 평화통일을 이루기 위해 어떤 준비를 해야 할지를 여러 가지로 구체화해 나가고자 한다"고 화답했다.

이어 박 대통령은 옛 동독 중심도시인 드레스덴(Dresden)에서 "남북 평화통일 기반 구축을 위한 3대 제안"—남북 간 인도적 문제 해결, 북의 농업, 교통, 통신 등 민생 인프라 구축에의 남북협력, 남북주민 간 동질성 회복—[12]을 밝혔다.

그러나 박근혜 정부도 이명박 정부와 같이 북한의 비핵화를 전제조건으로 하는 6자 회담 재개라는 이른바 입장 중심(position-based) 대북 협상전략을 사실상 견지함으로써 솔직히 나에겐 우려가 낙관을 앞선다.

지난 김대중 정부 때처럼 남북한 현안과 북 핵 문제 해결을 분리하여 동시에 진행하는, 이른바 병행 접근 전략과 남북이 서로 꼭 동가치(同價値)만을 고집하는 융통성 없는 '고정된 방식'(lock-step)의 상호주의 접근은 아니더라도 서로 도움을 주고받을 수 있는 이른바 이익 중심(interest-based, 또는 win-win)의 유연한 협상전략이 아니어서 더욱 그렇다.

북한의 5차 핵 실험을 포함, 대륙간 탄도 미사일 발사 등으로 북한에 대한 유엔 안보리 제재가 현재 시행 중이다. 현 김정은 정권이 내세우는, 핵 개발과 경제발전을 함께 추구하겠다는 이른바 병진(竝進)노선도 큰 걸림돌이다. 내 탓, 네 탓을 떠나 북한은 지금 극도의 고립무원, 진퇴양난의 갈림길에 서 있다. 마치 그는 지금 낭떠러지 끝에 서 있는 것 같은 상황이 아닌가 한다.

김정은에겐 핵 포기 → 무력통일 파기라는 '살신성인'(殺身成仁)의 과감한 결단이 필요하다. 그가 조선왕조 시대 '연산군'을 닮지 않고, 최소한 베트남전 공산당 총서기(2001–2011) 농덕만(Nong Duc Manh, 1945–)[13]이 되려면 그렇다. 조선노동당 6차 당대회가 1980년 10월에 열리고, 36년 만인 2016년 5월에 열린 7차 당대회가 그런 긍정적, 건설적, 그리고 무엇보다도 남북한이 상생협력 할 수 있는 변혁의 대전환점이 되기를 기대했지만, 실제로 7차 대회는 오직 '김정은의, 김정은에 의한, 김정은을 위한' 허황된 자화자찬 잔치로 끝나고 말았지만…

셋째, 국민의 통일에 대한 염원의 구심력과 원심력 차원에서 보면, 통일한국의 역사는 신라 통일기(676)에서 일제 강점기(1910–45)까지를 기준으로 하면 1,234년이다. 후삼국 분단기(889–936) 47년을 빼도 우리나라 통일의 역사는 거의 1,200년(1,187년)이다.

통일독일의 역사는 그러나 비스마르크의 독일제국 창건(1871)에서 1945년 제2차 세계대전 패전까지를 기준으로 하면 약 74년이다.

이처럼 우리의 통일국가 역사는 1천 년이 훨씬 넘고, 독일은 1백 년이 채 못 되는 것도 우리의 통일이 더 빠를 것이라는 내 낙관론의 역사적 근거였다. 되돌아보면, 그러나 우리는 독일 국민이 몸소 체험하지 못한 동족상잔의 유혈 한국전쟁을 치렀다. 이 잔혹한 전쟁을 몸소 겪은 세대는 이제 소수이고, 그마저 계속 줄고는 있지만, 이 분들은 그 상처를 가슴속 깊이 안은 채 살고 있다. 무엇보다도, 현 북한 김일성–김정일–김정은 3대 세습독재에 대한 우리 국민의 피맺힌 분노를 나는 상대적으로 저평가한 것도 같다.

넷째, 밖으로는 미국, 중국, 러시아, 일본 등 한반도를 둘러싼 주변 열강의 얽히고설킨 정치경제적, 군사전략적 이해관계가 이토록 철두철미하고 냉혹하게 상충적이고, 현실주의 정책(Realpolitik)에 몰입하는 것인가를 역시 나는 미처 제대로 가늠하지 못했다.

중국에 매달리는, 그리고 매달릴 수밖에 없는 북한.[14] 북한을 전략적으로 쉽게 내동댕이치거나 뿌리칠 수 없는 중국과 러시아.[15] 경제력에서 미국의 1위 자리를 노리고 핵, 사이버 전쟁 등 군사력이나 우주경쟁 차원에서까지도 미국의 현재적 도전자로 등장하여 강성 권력(hard power), 연성 권력(soft power)에서 상대적으로 상승세를 타고 있는 중국. 중국의 급부상과 북한의 잇따른 돌출행위를 지켜보며, 미국에 매달리는, 그리고 매달릴 수밖에 없는 일본. 같은 이유로 일본을 다시 업고 힘을 함께 모으려는, 그리고 그럴 수밖에 없는 미국.

지금 G–2의 출범으로, 미·중 중심의 '전략과 경제 대화'(Strategic & Economic Dialogue)[16]를 통해서 국제정치·경제의 새 판을 짜겠다고 다짐은 하지만, 아직 걸음마 단계에서 머뭇거리는 두 나라. 이 전략 대화 뒤에서 갈수록 불거지는 21세기 전자인간시대를 이끄는 미국과 중국의 SNS·사이버 전쟁[17], 대륙·해양 영토 선점, 우주탐사 경쟁 등에서의 맞대결 조짐까지 보이고 있다. 구체적으로, 2013년 10월 미국과 일본은 2+2 양국 외교·국방 장관(미국 국무, 국방장관, 일본 외무, 방위대신) 회담에서 1997년 미·일 간 체결한 국방협력 가이드라인(The 1997 Guidelines for U.S.-Japan Defense Cooperation)을 개정하기로 합의하여, 중간보고서를 2014년 10월 발표[18]했고, 2015년 5월 워싱턴 미일 정상회담을 계기로 양국이 이 새 미·일 국방협력지침을 채택했다. 그리고 7월 16일에는 집단자위권을 '합법화'하는 안보 관련 법안을 아베 정권은 강행 처리했다.

이에 맞서 중국은 2013년 11월 일방적으로 동중국해 방공식별구역(Air Defense Identification Zone)을 선포한다. 우리나라도 같은 해 12월 마라도, 홍도, 이어도를 포함하는 새 방공식별구역(KADIZ)을 선포한다. 문제는 중국, 일본, 그리고 우리의 방공식별구역이 서로 겹치는 곳이 있다는 것이다. 베트남, 필리핀, 말레이시아 등 관련국들이 중국과 영토분쟁 중인 남중국해의 난사군도(南沙群島, Spratly Islands)에 중국이 '인공 섬'[19] 건설에 박차를 가하자, 위 관련 동남아 국가 편에서 국제법상 공해의 자유 항해를 내세워 미국이 중국을 공개적으로 반대하며, 군사충돌 가능성까지 내비치는 형국이다.

중국은 지금 남중국해의 시사군도(西沙群島, Paracel Islands)에서는 필리핀과, 위 난사군도에서는 베트남, 필리핀, 대만, 말레이시아와, 중사군도(中沙群島, Macclesfield bank)의 황옌(黃巖, Scarborough Shoal)에서는 필리핀과의 영유권 분쟁이 갈수록 거칠어지고 있다. 중국이 자국 영해라고 주장하는 해역 규모는 남중국해 전체 356만 km^2(한반도 22만 km^2의 약 16배)의 80%에 해당[20]한다. 더구나 중국 중심의 육지와 바다를 잇는 시진핑의 "일대일로"(一帶一路) 21세기 실크로드 전략[21]과 맞물려 그 평화적 해결의 실마리도 아직은 안개 속이다. 1947년 당시 국민당 정권인 중화민국이 일방적으로 남중국해에 그은 구단선(Nine-Dash Line)이 현 공산당 정권인 중국도 영해로 주장하며 실효지배행동에 나서자, 아세안(ASEAN) 회원국들과 분쟁상태로 접어든다. 이에 필리핀은 아세안을 대표해서 네덜란드 헤이그 국제 상설 중재재판소(The Permanent Court of Arbitration)에 제소했고, 2016년 7월 재판소는 유엔해양법협약(The UN Convention on the Law of Sea)에 근거, 중국의 구단선은 무효라는 판결을 내린다. 하지만 지금 중국은 공개적으로 이에 불복, 무시하고 있는 상황에까지 와 있다.

특히, 중국과 일본이 첨예하게 갈등하고 있는 센카쿠 열도(댜오위다오, 釣魚島) 분쟁은 위험 수준이다. 이에 대한 2014년 4월 미 대통령 오바마의 미일 정상회담 공동 기자회견 내용이 절묘하다.

그는 미일 안보조약 5조를 인용하며, 센카쿠 열도를 포함, 일본에 대한 미국의 방침은 "절대적"이라고 한 다음, "우리(미국)는 센카쿠 열도에 대해 [어느 나라가] 최종적으로 주권을 갖는가에 대해 입장을 갖고 있지는 않지만, 역사적으로 일본이 관리해 온 곳을 [누구든] 일방적으로 바꿔서는 안 된다"는 생각이라고 덧붙인다.

또 "중국이 미국 및 다른 나라들과 계속 접촉[대화]하기를 바라며," "우리(미국)는 이 땅 한 뼘, 이 바위 한 조각을 놓고 서로 다투는 데는 관여하지 않지만, 이러한 분쟁을 평화적으로 해결해야 한다는 입장은 분명하다"[22]고 의연하게 강조했다.

한반도를 둘러싼 미국, 중국, 러시아, 일본의 얽히고설킨 정치경제, 군사안보 이해타산과 각축. 이 동북아시아의 소용돌이 한복판에 자리잡은 한반도에 아직 두 동강이로 남아 있는 대한민국과 북한('불가사리' 북한에 대한 보다 심층분석·비판은 제8장 참조)에겐 우리 역사에서 그 전례를 찾기조차 힘든 새 도전이자 전략적 최우선 과제가 아닌가 한다.

엎친 데 덮친 격으로, 이들 중 유일한 유라시아 대륙국가인 러시아의 푸틴은 2014년 3월 우크라이나의 크림 반도를 전격적으로 합병한다. 또 7월에는 우크라이나 동부지역의 친러시아 반군 소행으로 추정되는, 러시아가 만든 미사일이 말레이시아 민간항공기(MH 17편)를 격추한 사건이 일어나 승객과 승무원 298명이 모두 사망하는 비극[23]까지 발생한다. 우크라이나의 친러시아 반군과의 내전도 독일, 프랑스 등 EU 관련국과의 휴전 합의에도 불구하고 아직 끝이 안 보인다.

한편, 중동 가자 지구에서도 이스라엘 군과 팔레스타인의 과격파 무슬림 단체 하마스(Hamas) 사이에 무력충돌이 일어나 사상자만도 수백 명[24]에 이르고, 이슬람교도를 가장한 극단 폭력 테러 무장단체인 '이라크-시리아 이슬람 국가'(ISIS, Islamic State of Iraq and Syria)의 등장으로 중동의 유혈폭력과 분쟁도 아직까지 실마리를 찾지 못하고 있다.

이처럼 중동, 유럽, 아시아 모두 해묵은 제국주의 시대의 세력 권역을 둘러싼 '전략적 군사충돌'로 동서 지구촌은 지금 쉽게 갈피를 못 잡은 채 허둥대고, 헤매고를 되풀이만 하고 있다.

이러한 상황에서, 지난 세기 냉전을 종식시킨 장본인의 한 사람인 전 소련 공산당 총서기 고르바초프(Mikhail Gorbachev, 1931-)는 2014년 11월 베를린 장벽 붕괴 25주년 기념 인터뷰에서 "새 냉전 복귀"[25]를 경고한 것이 현실이 되가고 있다.

간추리면, 경제적, 군사적으로 급부상한 중국이 지역 패권을 놓고 기득권 세력인 미국과의 힘겨루기를 시작했다. 러시아, 중국, 일본의 지도자도 지난 세기의 제국주의, 국수주의, 복고주의 틀에서 크게 벗어나지 못한 모습이다. 미국은 어떤가? 2차 세계대전 뒤부터, 아시아에서 한국전쟁을 거처, 특히 베트남전쟁으로 일시적 좌절도 겪지만, 아직도 미국은 이 지역 영해, 영공의 사실상 '관리자'로 자리잡고 있다.

이에 지금 중국이 새 힘의 균형을 찾고자 하는 도전에 미국이 대응하는 갈등, 각축의 양상을 드러내고 있다. '새 냉전 복귀'는 그러나 나라 단위의 소리(小利) 싸움 속에 인류의 대의를 잃는 냉혹한 자국 중심 현실주의가 낳은 국제정치의 모순이다. 오늘의 전자인간시대의 눈으로 보면, 극히 과거지향적이고, 퇴영적이다. 결과적으로 승자 없이 패자들만이 남는 백해무익한 소모전일 뿐이기에 더더욱 안타깝다.

패권(hegemony)을 막무가내로 앗으려는 도전자와 덮어놓고 지키려는 패자(覇者)는 모두 먼저 그 제로섬 게임 틀을 박차고 나와야 한다. 그리하여, 도전자와 패자 둘 모두가 상생, 공영할 수 있는 플러스 섬(plus-sum) 새 게임 틀에서 서로 머리를 맞대고 대화, 협상을 통해 합의점을 찾아야 할 것이다. 이것이 꼭 이론적인 해법일 뿐일까? 결코 아니라고 나는 생각한다.

중국의 '지구적 차원의 금융화폐 공략'

또 하나 특기할 만한 사안은 중국 주도의 전 지구적 차원의 '금융화폐 경제통상 공세'(Global Financial and Monetary Offensive)의 시작이다. 이 공략은 자동차에 비유하면, 아직은 그 시동을 거는 단계[26]지만 그 정치경제 군사안보 파장에 대한 중장기 전망은 아주 복합적이고 복잡다단하다.

지난 세기 미–소 냉전 시기의 첨예한 이데올로기, 군사갈등, 대결, 각축과는 달리, 중국은 미국과의 G–2 새 틀 속에서 지금 전략과 정책 초점은 이념보다는 실리를 찾고, 정치군사안보는 뒷전에 놓고 경제통상금융을 앞세운다. 그러나 중국은 활동 범위를 지역에서 전 지구적 차원으로 야금야금 넓히고 있다. 그리고 목표도 국가 간 상생(호혜)을 앞세운다. 적어도 겉으로 드러난 모양새로는 그렇다.

구체적으로, 2차 세계대전 종식을 앞두고 미국과 영국을 중심으로 만든 국제통화기금(IMF), 세계은행(World Bank), 세계무역기구(WTO) 등 이른바 브레턴우즈 세계금융통화무역체제 출범 70주년을 맞아 인구, 영토, 자원 등에서 상대적으로 덩치가 큰 개발도상국가인 브릭스 5개국(BRICs, 브라질, 러시아, 인도, 중국, 남아프리카 공화국)[27]이 2014년 7월 브라질(Fortaleza)에서 열린 제6차 정상회담에서 신개발은행(New Development Bank) 설립을 선언한다.

이는 미 주도 브레턴우즈 체제에 대한 하나의 도전장이다. 지난 미·소 진영 군사안보 대결과는 달리, 선진경제와 경제개발도상국가 사이의 '총소리 없는 대결' 같기도 하고, 마오쩌둥이 1960년대 중반 '문화혁명' 당시 중국이 "제3세계의 단결에 앞장서겠다"는 외침의 부활 같기도 하다. 아니, 그 외침이 이젠 현실로 바짝 다가온 셈이다.

이 밖에도 중국은 미국, 일본이 주도하는 기존 아시아개발은행(ABD)에 맞서는 아시아 인프라 투자은행(AIIB, The Asia Infrastructure Investment Bank)을 출범시켰고, 러시아와 중앙아시아 상하이협력기구(SCO)[28] 회원국들과 함께 새 개발은행 창설에도 착수했다.

"적극작위"(積極作爲) 깃발 아래 중국 주석 시진핑이 발 빠르게 기존 미 달러화 중심 금융패권에 도전[29]하는 움직임이나, 미·일 양국의 오랫동안의 치밀한 준비와 계산이 그 밑바닥에 깔려 있지만 아무튼 아베가 미국 엄호하에 잇달아 벌이는 '돌출행위'[30] 등으로 한반도 주변 상황뿐만 아니라, 아시아 지역 전체가 지금 어수선하다.

아니 전 지구, 온 세상이 온통 새 틀, 새 판 짜기에 휩싸여, 불안정하고, 불확실성이 높다. 이런 새 국제경제, 금융, 통화, 통상, 투자 변화 소용돌이 속에서 일본(엔 화)을 제치고 중국(위안 화)을 미국(달러), 유럽(유로)과 함께 세계 3대 기축 통화국으로 최근 국제통화기금(IMF)이 공식적으로 승인한 것은 '경제 현실주의'를 밑바닥에 깐 긍정적 적응이자 기념비적 사건이다. 물론, 아직 IMF 특별인출권(SDR, Special Drawing Rights)의 통화별 구성비중은 미 달러가 41.7%, 중국 위안이 10.92%이고, 세계주요 통화거래 비중도 미 달러가 44.82%, 중국 위안은 2.79%이지만.[31]

한국 입장에서 보면, 이들 주변 관련국들—미·중·일·러—보다 우리의 힘이 상대적으로 크게 모자라기 때문에 더욱 어렵고, 힘겹다. 엎친 데 덮친 격으로 아직까지도 우리의 터마저 두 동강이로 남아 있으니, 이들 관련 국가들보다 우리는 적어도 두 배나 더 힘든 '총성 없는 싸움' 속에서 허둥대는 셈이다.

간추리면, 아시아, 유럽, 북미 등 태평양, 인도양, 대서양을 둘러싼 새 터, 새 판, 새 틀 짜기가 지금 한창이다. 지구적 차원의 이 재편현상(transformative restructuring)은 대한민국의 대역사(大役事)인 평화통일 달성이라는 입장에서 보면, 우리가 슬기롭게 극복해야 할 국제정치경제 군사안보전략의 다차원, 고난도 연립방정식 같은 새 변수요, 새 도전이다.

지정(地政)·지경(地經)학적으로는 지난 1000년, 적어도 지난 500년 동안은 유럽 연안 해양세력(maritime powers)이 지중해, 대서양을 넘어 인도양, 태평양까지 선점하며, 대륙세력, 특히 중국, 러시아, 인도 등 아시아대륙은 물론이고, 동남아, 중근동을 포함, 아프리카, 그리고 중남미 대륙과 도서(島嶼)까지 제압, 지배하는 흐름이요, 과정이었다고 볼 수 있다.[32] 지금은 그러나 거꾸로 대륙세력(continental powers)이 반(半)천 년에 걸친 해양세력의 기득권에 서서히 도전하는 형세, 형국으로 바뀌고 있다.

다시 말하면, 16세기부터 포르투갈, 스페인, 이탈리아, 네덜란드, 벨기에, 영국, 프랑스, 독일 등 서구 유럽국가들이 차례로 또는 함께 지중해를 거쳐 대서양을 넘어, 다시 태평양과 인도양까지 진출하는 과정에서, 19세기 말에 이르면, 아메리카 대륙의 '새 나라' 미국, 그리고 아시아에서는 유일하게 섬나라 일본까지 가세하며 경제, 통상, 군사 '제국주의식' 패권을 누려 왔다면,

지금 21세기는 다시 중국, 인도, 러시아, 브라질, 남아프리카 등 대륙세력이 긴 잠에서 깨어나 기지개를 펴며 나름대로의 패권 다툼과 편가르기에 들어서는 모양새 같기도 하다.

인류 역사에서 대륙과 대양 세력이 갈등과 각축의 소용돌이에 몰입할 때 반도인 그리스, 이탈리아, 스페인이 그 틈바구니에서 문화와 문명의 꽃이 피었듯이, 21세기에 접어들면서 중국, 러시아 등 유라시아 대륙 세력과 미국 주도의 대서양—태평양 세력이 맞닿는 한반도. 우리도 이제는 이 위기를 슬기롭게 통일을 평화적으로 이루는 호기로 삼고, 더 나아가서 선각자 김구 선생이 〈나의 소원〉(1947)에서 밝힌 "문화 국가"가 우리 삶의 현실이 되도록 혼신의 노력을 다해야 한다고 나는 생각한다.

나는 우리나라가 세계에서 가장 아름다운 나라가 되기를 원한다. 가장 부강한 나라가 되기를 원하는 것은 아니다. 내가 남의 침략에 가슴이 아팠으니 내 나라가 남을 침략하는 것을 원치 아니한다. 우리의 부력(富力)은 우리의 생활을 풍족히 할 만하고 우리의 강력은 남의 침략을 막을 만하면 족하다. 오직 한없이 가지고 싶은 것은 높은 문화의 힘이다. 문화의 힘은 우리 자신을 행복하게 하고 남에게 행복을 주겠기 때문이다. […] 우리는 개인의 자유를 극도로 주장하되 그것은 저 짐승들과 같이 저마다 제 배를 채우기에 쓰는 자유가 아니요, 제 가족을, 제 이웃을, 제 국민을 잘 살게 하기에 쓰이는 자유다. 공원의 꽃을 꺾는 자유가 아니라, 공원의 꽃을 심는 자유다.[33]

서독이 심은 세 그루 '통일 나무'

뒤돌아보면, 무혈 독일통일의 첫 번째 '정치경제 나무 심기'는 1950년 5월 프랑스 외상 쉬망(Robert Schuman, 1886–1963)의 유럽석탄철강공동체(ECSC, The European Coal and Steel Community) 선언[34]이라고 나는 생각한다.

당시 서독(독일연방공화국, FRG)은 프랑스, 이탈리아, 벨기에, 네덜란드, 룩셈부르크 등과 함께 ECSC 창립 회원국으로 참여한다. 공식적으로는 1957년 3월 25일 이탈리아 로마에서 로마조약(The Treaty of Rome)을 창립회원 6개국이 서명한 날을 지금 유럽연합의 창립일로 한다. 이제 60년 회갑 나이를 맞이한 셈이다. 이 공동체가 27개국 "초(超)국가 연합체"(supra-state union)로 성장, 성숙해 오는 과정에서 오늘의 유럽연합(EU, European Union)은 민주주의와 시장경제, 그리고 평화라는 큰 틀을 낳았다. 이 인류 최초의 "초국가" 정치경제 실험[35]은 아직도 그리스의 '국가부도' 사태 같은 여러 가지 심각한 문제[36]를 안고 있다.

그리스의 국가 부도사태에 이어, EU 탈퇴를 국민투표로 결정한 영국. 시리아 등 중동 대량 난민의 수용을 놓고 빚고 있는 동서 유럽갈등. 그리고 EU 주도국 독일과 프랑스의 정책우선 순위 마찰 등을 빗대어 영국의 유력 시사주간지는 마치 EU가 지금 '오메가 아워'(Omega hour)에 다다른 것같이 전망[37]한다. 하지만, 이 저자의 소견으로는 미 합중국(USA)이 유혈 남북전쟁 등 수많은 파란과 격랑을 겪고 오늘에 이른 것처럼, EU도 지금 유혈 전쟁 없는 유럽합중국(USE, United States of Europe)을 향한 그 중간 지점, 즉 무–누 아워(Mu, Nu hour)에서의 '성장통'을 앓고 있는 셈이다. 이런 나의 해석이 지나친 낙관으로 보일 수도 있겠지만, 길게 멀리 보면 그렇다고 본다.

따라서 이 사태의 지혜로운 극복을 바라며, 이를 계기로 현 EU 집행위원장 융커(Jean-Claude Juncker)가 구상하고 있는 EU 회원국 '공동 재무부'(common treasury)의 2025년 창설[38]로 새 성장과 통합의 틀이 마련되기를 기대해 본다.

그 두 번째 '군사안보 나무 심기'는 1949년 4월 북대서양조약을 체결하고 같은 해 9월 미국, 캐나다를 포함, 유럽의 벨기에, 덴마크, 프랑스, 아이슬란드, 이탈리아, 룩셈부르크, 네덜란드, 노르웨이, 포르투갈, 영국 등 12개 창립 회원국으로 출범한 이 기구(NATO)에 서독이 1955년 5월 회원국으로 가입하여, 미국 중심의 북미와 서유럽 집단안보(collective security) 개념을 현실화한 것이다.

그 세 번째 '동·서 유럽과 동·서독 화합의 나무 심기'는 1972년 미국과 소련이 서로 손잡고 동독(GDR)과 서독을 포함, 알바니아를 제외한 동서진영 국가 35개국이 참여한 유럽안보협력회의(CSCE)의 출범[39]이다. 특히, 이 기구의 데탕트(Détente) 외교의 가장 결정적인 성공사례[40]의 하나인 1975년 헬싱키 합의(Helsinki Accords, Final Act)에 동서독이 동참한 것이라고 나는 생각한다.

안타깝게도 지금, 헬싱키 합의 40주년을 맞아, 우크라이나 분쟁은 동·서유럽 화해와 협력에 새로운 걸림돌이 되어, 유혈분쟁이 그치지 않고 있다. 또 다시 NATO와 유럽안보협력기구(OSCE)의 긍정적, 적극적 역할[41]이 크게 기대되는 순간이다.

우리는 피 흘리며 서로 싸웠다

서독(FRG)이 이처럼 1950년 5월 ECSC에 가입하며 새로운 첫발을 내디딜 때, 대한민국은 같은 해 한 달 남짓 뒤인 6월 25일 북한의 대거 무력남침을 맞아 한국전쟁의 참화를 겪는 것도 극과 극의 대조를 이룬다. 위에서 밝혔듯이, 서독은 곧이어 NATO에 가입하고, 동·서독이 함께 CSCE에 가입하며 새 화합의 씨를 뿌리고 가꾸어 나갈 때, 남북한은 동족상잔-국제전으로 얽히고설킨 한국전쟁을 겪으며, 그리고 뒤따른 온갖 대치, 대결상황을 이어 오면서, 남북은 서로 쉽게 뽑기 어려운 갈등과 증오의 나무 뿌리가 땅 속 깊이 뻗어 나간 꼴이다.

한마디로, 거의 같은 해 같은 시간에 서독은 평화와 자유의 씨앗을 맨 처음부터 심었고, 북한은 전쟁과 갈등으로 민족 내부에 원한의 첫 씨앗을 한반도에 뿌린 셈이다.

남침을 감행한 북한 김일성(1912-1994)은 당시 30대지만, 철부지는 물론 아니었다. 만주와 한만(韓滿) 국경 산악지대에서 중국공산당 항일연군(抗日聯軍)과 제휴하여, 1930년대 초부터 40년대 초까지 10여 년간 항일 빨치산 투쟁경력을 쌓은 유별난 젊은이였다.[42] 북한 최고지도자인 김일성은 나름대로 당시 소련의 스탈린, 중국의 마오쩌둥과 여러 차례 비밀회동을 갖고, 이들을 설득하고 협의, 합의한 다음 무력남침[43]을 자행한다. 하지만, 그는 당시 미국, 특히 미·소 간 국제정치 군사안보 역학을 제대로 읽지도 보지도 알지도 못한 채 결과적으로 치명적인 오판을 한다. 참고로, 당시 스탈린이 김일성에게 쏘아붙인 대화내용 중 한마디만 인용하고자 한다.

> 만약 당신 이빨을 [누군가] 걷어차더라도 나는 손가락 하나도 꼼짝 안 할 거요. [그땐] 마오[마오쩌둥]를 찾아가서 모든 도움을 청해야 할 것이요.[44]

김일성의 무력 남침엔 김일성-스탈린-마오쩌둥의 사전 협의와 합의뿐만 아니라 미국의 움직임도 미묘했다. NSC 48/2[45](당시 비공개)는 한국은 미국 방위영역(defense perimeter) 밖이라고 명시한다. 특히 이에 대한 미 국무장관 애치슨(Dean G. Acheson, 1893-1971)의 1950년 1월 12일 같은 취지의 공개 발언, 그리고 같은 해 2월 14일 체결된 중국과 소련의 우호동맹호조(友好同盟互助) 조약, 그해 4월(당시 비공개 문서) NSC 68[46] 등이 복합적으로 작용[47]한다.

아시아에서뿐만 아니라, 유럽에서도 미국과 소련 사이에는 그리스 내전(1946–49)과 터키를 둘러싼 갈등과 각축, 독일 베를린의 미 · 영 · 프랑스 점령지역(서베를린)의 철도, 도로, 운하 접근을 차단한 소련군의 '베를린 봉쇄'(Berlin Blockade, 1948년 6월 24일–1949년 5월 12일)[48] 등 미국과 소련을 주축으로 지구적 차원의 냉전시대가 서서히, 그러나 극적으로 그 모습을 드러내기 시작하는 상황이었다. 불행히도 이 냉전은 한반도에서 열전이 되어 불이 붙었다.

구체적으로, 김일성의 전면 무력남침으로 비롯된 한국전쟁은 그 시작부터 정전협정에 이르기까지 남북한을 둘러싼 미국과 중 · 소 등 두 진영 사이에 서로 간의 힘겨루기, 전략 오해, 오산, 오판을 포함, 전략결정과 수정이 끊임없이 이루어졌다고 볼 수 있다.

이와 관련, 두 가지 보기만 들어 보자. 하나는 미국 주도 유엔군의 한국전쟁 개입, 그리고 맥아더 유엔군 총사령관의 인천상륙작전 극적 성공[49]을 계기로, 트루먼 미 정부가 유엔군의 38선 이북 반격(limited rollback) 결정[50]을 내린다. 그리고 김일성과 북한 인민군은 그때 북만(北滿) 국경으로 쫓기는 신세로 내몰린다. 이처럼 벼랑 끝 낭떠러지에 몰린 신세가 된 김일성은 조선노동당 내 남로당파인 박헌영 등에 '친미 스파이 음모론'을 뒤집어씌워 그들을 처형, 숙청[51]하여, 그 자신의 오판으로 저지른 남침, 즉 '민족에 대한 대역죄'를 가까스로 얼버무려 버린다.

또 하나는 1950년 10월 말 '항미원조'(抗美援朝)의 기치를 든 중공군(공식 명칭은 '중국인민지원군')의 개입[52]으로 한국전쟁 전세(戰勢)가 다시 뒤집힌다. 이젠 거꾸로 중공군이 '패잔'(敗殘) 북한인민군과 합세하여, 1차 공세(1950년 10

월 25일–11월 5일), 2차 공세(1950년 11월 25일–12월 24일)가 시작된다. 이 와중에 워커 미 8군 사령관이 지프차 사고로 사망(1950년 12월 23일)하자, 곧바로 리지웨이 장군이 3일 만에 전선에서 8군 사령관으로 승계, 지휘하지만, 특히 중공군–북한 인민군이 3차 공세(1950년 12월 31일–1951년 1월 8일)로 서울을 다시 점령하고, 미군 주도 유엔군은 평택–원주–삼척 선으로 후퇴하여 역전 승세를 굳힌 듯하자(이른바 '1·4후퇴'), 마오쩌둥, 스탈린과 김일성은 잠시나마 '한반도 적화통일'의 야망[53]을 되살리게 된다. 1950년 6월 25일 김일성이 멋모르고 전면 남침을 자행하며 '남북한 적화통일'의 허튼 꿈을 처음 꾸었듯이…

이는 마치 1950년 9월 미국과 유엔군이 맥아더 인천상륙작전의 극적 성공으로 퇴주하는 북한 인민군을 뒤쫓아 10월 26일 한국군 3군 6사단이 압록강에 이르고, 10월 30일엔 미군 24사단 전위부대가 같은 강 40마일 지점까지 이르자, 잠시나마 '무력 북진통일'이 현실처럼 가깝게 다가왔다고 믿었던 것과 같았다.

그러나 미 8군과 한국군이 또다시 반격 작전(Operation Thunderbolt, 1951년 1월 25일)을 시작, 치열한 격전 끝에 서울을 재탈환(3월 14–15일)한다. 4월 11일 맥아더 장군이 해임[54]되고, 8군 사령관 리지웨이 장군이 유엔군 최고사령관으로, 그리고 새 8군 사령관엔 밴 플리트(Van Fleet) 장군이 취임한다.

그리하여, 전쟁은 오늘의 남북한 군사분계선(DMZ)을 앞뒤로 놓고 중공군–인민군과 미군 주도 유엔군이 보다 더 많은 지역을 차지하려는 '제한 전쟁'(limited war)[55]으로 탈바꿈하고, 1951년 7월 10일엔 처음 개성(뒤에 판문점으로 장소변경)에서 거칠고 지루한 '힘겨루기식' 정전회담도 시작된다. 트루먼과 아이젠하워 미 대통령 정권교체(1953년 1월), 스탈린 사망(1953년 3월) 등을 거치면서 남의 무력 '북진통일', 북의 '적화통일' 모두 사실상 물거품이 된다.

간추리면, 미군 주도 유엔군과 우리의 국군 그리고 중공군과 북한 인민군의 3년 남짓 엎치락뒤치락 밀리고, 밀치고를 거듭한 혈전(血戰)은 수백만 명의 살상자만을 낳은 채로 결국 두 진영이 1953년 7월, 현 비무장지대(DMZ) 획정에 합의함으로써 한국전쟁은 사실상 '전쟁 전 상태'(status quo ante bellum)로 오늘에 이르고 있다.

한국전쟁은 이렇게 우리의 통일을 가로막고 있는 또 하나의 아물지 않는 상처로 남아 있다. 정전협정이 마침표를 찍고 참전국 사이의 평화조약과 통일로 승화되지 못한 채로…

한강의 기적

이러한 비극적 분단상황이 지속되는 소용돌이 속에서 엎친 데 덮친 격으로 우리 국민은 경제적으로는 한때 저개발, 후진국이라는 멍에까지 짊어진 채 찰가난과 굶주림에 허덕였다. 정치적으로도 이승만 권위주의 독재와 박정희-전두한-노태우 장기 군사독재라는 억압과 아픔으로 한없이 어둡고, 힘든 세월도 있었지만, 결국 우리 국민은 피와 땀과 눈물로 가난도 억압도 꿋꿋이 굳건히 이겨 냈다.

나라의 터는 비록 반쪽이지만, 그리고 아직도 갈 길이 험하고 멀고 어렵지만 대한민국은 적어도 이제 '경제 기적'과 '민주주의 기적' 두 개의 기둥을 세웠다.

경제적으로, 독일 라인 강의 기적에 버금가는 한강의 기적을 우리가 낳게 된 데는 우리 국가나 국민 개개인 차원에서는 피눈물 나는 사연도 많다. 우리처럼 분단국가였던 당시 서독은 이미 경제기적을 이룩한 뒤, 그때까지도

찰가난 속에 허덕이는 우리에게 영감(靈感)이 되어 주고, 물질적으로도 우리의 경제성장과 발전에도 '마중물', '종잣돈' 같은 도움을 줬다.

5·16 군사 쿠데타 뒤 군사정권하에서 1961년 12월 서독과 차관협정에 조인하여 정부 및 상업차관으로 우리는 1억 5천만 마르크(3,750만 달러)를 서독에서 도입[56]한다. 1963년에도 한국은 서독과 특별고용계약을 체결하여 1977년까지 광부 총 7,932명과 간호사 10,226명을 파견한다. 이분들이 조국에 송금한 돈만도 연간 5천만 달러로 당시 극도로 가난한 한국 GNP의 2%[57]나 되었다.

위 서독이 준 차관과 한국 광부·간호사 고용계약은 미국이 우리에게 제공한 경제·군사원조[58]나 일제가 수탈한 우리 재산, 강제노역 등에 대한 대일 청구권 배상금[59]과는 다르게 같은 분단국가인 서독이 준 도움이기에 우리에게 훨씬 가슴 저리고 잔잔한 감동을 준다.

정치적으로는 4·19 민주학생혁명과 5·18 광주민주화 운동 등 지난 반세기에 걸쳐 우리 청년들과 국민은 민주주의와 인권, 건전한 시민사회의 구현을 위해 때로는 목숨을 걸고, 때로는 피를 흘리며 쟁취한 '자유, 민주, 인권의 빛'도 꺼지지 않는, 결코 꺼져서는 안 되는 빛으로, 우리 가슴속에 살아 숨쉰다.

먼저, 우리가 그동안 일궈 낸 경제발전과 성장을 몇 가지 구체적인 수치로 살펴보자.

1960년 12월 14일 미국, 영국 등 영어권 국가와 유럽 국가 등 20개국이 참여한 경제협력개발기구(OECD, Organization of Economic Cooperation and Development) 창립총회[60]에 당시 서독이 참여한다. 대한민국도 1996년에 아시아 국가로는 일본(1964년 가입) 다음으로 이 기구 정회원국이 된다. 이는 독일(당시 서독)보다는 36년 뒤졌지만 속령 등을 포함, 세계 230여 개 나라들 가운데 대한민국이 민주주의와 시장경제 틀을 갖춘 29번째 나라로 공인받았다는 이야기다.

위 사실—경제성장과 정치발전—은 우리에겐 그리고 세계의 눈으로 봐도 기적에 가깝다. 1945년 일제 군국주의 압제하에서 벗어났을 때, 우리는 세계에서 가장 가난한 나라의 하나였다. 그리고 우리의 그 가난과 궁핍에는 일제의 착취와 노획이 큰 몫을 했었다.

최근 한 연구[61]에 의하면, 1860년의 경우, 한국은 1인당 국민소득이 36달러, 일본이 40달러(2000년 현재 미화로 환산하면 800달러), 중국은 44달러($880)로 세 나라는 큰 차이가 없었다.

1876년 2월 한일수호조규 즉 강화(江華) 또는 병자수호(丙子修好)조약으로 일제가 조선 침략과 식민지화의 첫발을 내디딘 해에 우리나라 국민총생산(aggregate GDP)은 88억 6천만 달러(2000년 현재 미화 환산 금액)로, 1인당 국민소득은 약 720달러로 추정했다.

이 연구는 또 1904년의 우리나라 GDP는 97억 6천만 달러, 1인당 국민소득은 745달러로 거의 30년 동안 겨우 3.5% 상승한 것으로 추산했다.[62]

1900년 39개국 1인당 국민소득의 한 통계조사[63]에 의하면, 그 해 세계 평균 개인소득이 가장 높은 나라는 뉴질랜드(4,320달러)였고, 2위 오스트레일리아(4,299달러), 3위 미국(4,096달러), 7위 독일(3,134달러), 10위 프랑스(1,289달러), 23위 일본(1,135달러), 그리고 한국은 26위(850달러)였다.

한국이 일제로부터 해방, 분단되고 5년이 지나 북한남침으로 한국전쟁이 발발한 해인 1950년 52개국을 조사한 한 통계[64]에 의하면, 1인당 국민소득이 가장 많은 나라는 미국(9,573달러), 독일(서독) 14위(4,281달러), 일본 29위(1,873달러), 한국 39위(876달러)였다.

위 몇 가지 통계숫자는 물론 극히 단편적이지만, 두 가지 사실을 보여 준다. 하나는 1860년의 경우 한국, 일본, 중국의 평균 개인소득수준이 서로 비슷했으나 일제 강점기를 거치면서 일본의 평균 개인소득이 한국보다 두 배 이상 늘어났다는 것이다.

또 하나는 1950년의 경우 우리나라 1인당 국민소득이 850달러(1950년 당시 화폐가치로 환산)로 조사 대상 52개국 가운데 39위였다. 이는 해방 직후 우리나라가 얼마나 극도로 가난했는가를 여실히 보여 준다. 당시 케냐 37위(947달러), 루마니아 36위(1,182달러), 가나 35위(1,193달러), 필리핀 34위(1,293달러) 등 지금도 개발도상국으로 머물고 있는 나라들보다도 상대적으로 훨씬 적었다.

1973년 위 같은 조사에서는 1인당 국민소득 1위 스위스(17,953달러), 2위 미국(16,607달러), 6위 서독(13,152달러), 13위 일본(11,017달러), 34위가 한국(2,840달러)이었다.

1970년도 OECD 26개국 GDP 조사도 흥미롭다. 이 조사에서 GDP 규모 1위는 미국(1970년 당시 미화 1조 2,200억 달러), 2위 일본(2,068억 달러), 3위 서독(2,037억 달러), 4위 프랑스(1,470억 달러), 5위 영국(1,230억 달러)이었다. 한국은 겨우 88억 달러로 서독의 1/23이었다.

1980년도 국제통화기금(IMF) GDP 통계[65]는 미국 미화 2조 7,880억 달러, 일본 1조 860억 달러, 서독 8,260억 달러, 한국 643억 달러였다. 한국은 서독의 1/13로 10년 전보다는 많이 따라잡았다.

1990년에는 1위 미국(5조 8천억 달러), 2위 일본(3조 1,030억 달러), 3위 독일(1조 5,470억 달러)이었으며, 한국은 16위(2천7백억 달러)로 서독의 1/6로 뒤쫓는다.

2000년엔 1위 미국(9조 9,510억 달러), 2위 일본(4조 7,310억 달러), 3위 독일(1조 8,910억 달러)이었고, 한국은 12위(5,330억 달러)로 뛰어올라 독일의 GDP

가 한국의 약 3.5배로 좁혀진다. 참고로 중국도 6위(1조 1,980억)로 급부상한다.

2010년엔 1위 미국(14조 4,980억 달러), 2위 중국(5조 9,300억 달러), 3위 일본(5억 4,950억 달러), 4위 독일(3조 3,120억 달러)이었으며, 한국은 15위(1조 140억 달러)로 다시 뒤처진다. 독일은 한국의 3.2배로 차이가 약간 좁혀진다. 그리고 같은 해 중국은 2위 자리를 차지해 일본이 3위로 밀려난다.

2017년 국제통화기금 세계경제전망(2015년 10월) 4월 23일 자료에 의하면, 세계경제규모(GDP 명목) 순위[66]는 1위 미국(19조 4,171억 달러), 2위 중국(11조 7,952억 달러), 3위 일본(4조 8,412억 달러), 4위 독일(3조 4,232억 달러), 5위 영국(2조 4,967억 달러), 6위 인도(2조 4,544억 달러), 7위 프랑스(2조 4,204억 달러), 8위 브라질(2조 1,409억 달러), 9위 이탈리아(1조 8,074억 달러), 10위 캐나다(1조 6,002억 달러), 한국은 12위로 1조 4,980억 달러다.

위 IMF의 2022년 나라별 GDP 전망치도 눈길을 끈다. 물론 크고 작은 수많은 국내외 변수가 있어서 이 자료는 기껏해야 어림짐작이지만, 독자들의 흥미를 돕기 위해 2022년 국내총생산(GDP) 규모가 가장 큰 나라로 추정된 10위권 나라만 소개하면, 명목 달러 기준으로 미국, 중국, 일본, 인도, 독일, 영국(UK), 프랑스, 브라질, 이탈리아, 캐나다 순이고 한국은 12위다. 구매력(PPP, purchasing power parity) 기준으로는, 중국, 미국, 인도, 일본, 독일, 인도네시아, 러시아, 브라질, 영국(UK), 프랑스 순이고, 한국은 14위이다.

최근 1인당 구매력 및 명목 기준 국내총생산으로 보면, 국제통화기금(IMF), 세계은행(World Bank), 미 중앙정보국(CIA), 유엔 통계자료가 모두 조금씩 다르다.

같은 자료에서보면, 1인당 국민소득은 우리나라는 2016년 29,683달러(명목)로 조사대상국 185개국 가운데 28위다. 독일은 41,955달러(명목)로 20

위다. 미국은 58,625달러로 5위, 일본은 33,223달러로 25위다. 참고로 중국은 8,659달러로 75위다.

인구로 보면 중국(14억)과 인도(12억)는 세계에서 1, 2위이기 때문에 국민총생산 규모도 세계 10위권에 들지만, 1인당 국민소득 차원에서는 아직도 중국과 인도는 갈 길이 멀고 험난하다.

유로통계(Eurostat, Comext, Statistical regime 4. irade Az-CG/MP26-Apr-13)가 보여 주듯이, 한국과 통상하는 국가들도 이제 50개국이 넘는다. 우리의 수입 5대 국가는 중국, 일본, 유럽연합, 미국, 사우디아라비아 순이다. 수출 5대 국가는 중국, 미국, 유럽연합, 일본, 홍콩 순이다. 수출입 총량에서 보면 중국, 일본, 유럽연합, 미국, 사우디아라비아 순이다. 하나 주목해야 할 대목은 아세안 나라들을 한 묶음으로 보면, 아세안(ASEAN)은 이제 우리의 제2 통상 지역으로 급부상했다.

여기서 주목해야 할 점은 우리와 수출입 통상 1위 나라인 중국의 비중이 10% 선이라는 것이다. 나머지는 모두 10% 미만이다. 한때 우리의 통상은 미국과 일본에만 거의 100% 의존했다. 그러나 지금 우리는 수출입 다변화, 다품목화를 현실화한 것이다. 이것도 우리에겐 놀랍고 극히 고무적인 변화다. 물론, 삼성, 현대, LG, SK 등 극소수 다국적 재벌의 극심한 가족 중심 자본 집중 현상이나 극심한 임금소득 불평등으로 '1등 시민-2등 시민' 국민 양분화 현상[67]도 앞으로 개선해야 할 국가정책 과제다.

또 하나, 우리나라는 일본과는 아직도 무역역조가 우심하고 한 번도 이 상황이 뒤집히지 않았다. 이제는 국가차원에서 이 역조를 깨는 특별 대책 팀이 필요한 상황이다. 이 '역조의 벽[68]이 허물어질 때까지 말이다.

세계 각 나라의 발명특허(patents) 인증 순위[69]도 재미있다. 2015년 발명특허 인증 순위 1위는 중국(359,316건), 2위 미국(298,407건), 3위 일본(189,358

건), 4위 한국(101,873건), 5위 유럽연합(EU Patent Office, 68,431건), 6위 러시아(34,706건), 7위 오스트레일리아(23,098건), 8위 캐나다(22,201건), 9위 독일(14,795건), 10위 이탈리아(18,739건)이다.

세계 지적 재산기구(WIPO, World Intellectual Properties Organization) 통계[70]지만, 특허권이 실제로 행사되고 있는(patents in force) 나라별 10위 순위는 〈표 7-1〉과 같다.

이 순위도 해마다 엎치락뒤치락하지만, 적어도 이 순위에서 한국과 독일이 3, 4위에 함께 올라 있다는 사실이 놀랍다.

세계 지적 재산기구 보도(2016년 3월 16일, PR/2016/788)에 의하면, 2015년의 경우 미국이 지난 38년간 국제 특허 신청(PCT billings) 1위를 지키고 있지만, 일본, 한국, 중국의 특허신청이 크게 늘었다는 것을 강조한다. 구체적으로 미국의 2015년 특허신청 건수는 57,385건(6.7% 감소), 2위 일본은 44,235건, 중국은 29,846건, 5위인 한국은 14,626건으로 증가했다. 특히 한국, 중국, 일본을 합치면 특허신청의 43%를 차지한다고 밝힌다. 참고로 독일은 4위로 18,072건이었다.

독일 베를린에 본부를 둔 국제투명성기구(TI, Transparency International)가 국가별 부패인식지수(Corruption Perception Index)에서 2016 1월 27일 현재 독일은 100점 만점에 81점으로 176개 조사 대상국 가운데 10위다. 한국은 56점으로 37위, 일본 18위, 영국 10위, 미국은 16위다. 이 순위로 보면 한국이 '투명한 나라', '깨끗한 나라'가 되는 길은 아직도 멀기만 하다. 맨 꼴찌는 북한과 소말리아로 167위다.

참고로, 1위부터 10위는 덴마크, 핀란드, 스웨덴, 뉴질랜드, 네덜란드, 노르웨이, 스위스, 싱가포르, 캐나다, 독일 순이다.[71]

세계경제포럼(World Economic Forum)이 내놓은, 세계 140개국의 경제 경

표 7-1

국가별 특허권 보유 순위

순위	누적 특허수	2015년 특허권 인증수
1	미국(2,644,697)	중국(359,316)
2	일본(1,946,568)	미국(298,407)
3	중국(1,472,374)	일본(189,358)
4	대한민국(912,442)	대한민국(101,873)
5	독일(602,013)	유럽연합(68,431)
6	프랑스(520,069)	러시아(34,706)
7	영국(458,422)	오스트레일리아(23,098)
8	러시아(218,974)	캐나다(22,201)
9	캐나다(166,771)	독일(14,795)
10	스위스(162,761)	프랑스(12,699)

출처: WIPO Database, October 2016, A41 Patents in forces at the top 20 offices, 2015; A15 Patent grants for the top officies, 2015, p. 55, p. 38. *World Intellectual Property Indicators 2016*.

쟁력을 열두 가지 밑받침이 되는 기둥(pillars)을 기준으로 비교 분석한 2015-2016 국가 경쟁력[72] 순위(WEF Global Competitiveness Report, 2015-2016)도 눈길을 끈다. 이 보고서는 조사대상 나라의 경제를 다섯 가지 발전(진행) 단계[73]로 나누고 있다.

제1단계(Factor-driven)인 가장 낙후한 경제는 방글라데시 등 38개국으로 대부분 빈곤 국가들이다. 제1단계에서 제2단계로의 변이 또는 과도기에 있는 경제는 북아프리카 알제리 등 17개국이다.

제2단계(Efficiency-driven) 경제는 알바니아 등 33개국을 포함한다. 중국도 이 범주에 든다. 제2단계에서 제3단계로의 변이 또는 과도기에 있는 경제는 아르헨티나, 터키, 러시아 등 21개국이다.

제3단계(Innovation-driven) 경제는 미국, 독일, 일본, 한국 등 35개국을 포함한다. 경쟁력 10위권에 든 나라들 순위는 스위스, 싱가포르, 미국, 독일, 네덜란드, 일본, 홍콩, 핀란드, 스웨덴, 영국(UK) 순이다.

2015-2016년 국가경쟁력 순위에서 대한민국은 27위고 중국은 28위다. 이명박정부 5년, 박근혜정부 3년을 거치면서 국제경쟁력이 크게 뒷걸음질친 것이다.[74]

스위스 IMD(Institute of International Management)의 세계경쟁력센터(WCC, World Competiveness Center)[75]의 2015년 국가 경쟁력 순위도 엇비슷하다. 이 조사는 세계 63개국을 대상으로 경제실적(economic performance) 79개 지표, 정부효율성(government efficiency) 70개 지표, 기업효율성(business efficiency) 71개 지표, 기반시설(infrastructure) 113개 지표 등을 기준으로 1989년부터 시작, 처음에는 분류를 선진 대 신흥경제(advanced vs. emerging economies)로 순위를 매기다가, 세계 나라들의 경제가 세계화(globalization) 계기를 맞이하자, 1997년부터는 선진-신흥 구별 없이 통합해서 순위를 정하고 있다.

이 조사에서 2016년 1위에서 10위 나라는 홍콩, 스위스, 미국, 싱가포르, 스웨덴, 덴마크, 아일랜드, 네덜란드, 노르웨이, 캐나다다. 한국은 29위고, 독일은 12위, 중국이 25위, 일본은 26위[76]다.

다음에는 두 가지 통계—평균수명과 유아사망률—를 한번 살펴보자.

2015년 세계보건기구(WHO, World Health Organization) 자료[77]에 의하면, 194개국 가운데 평균수명 1위는 일본(84세)이다. 한국은 9위(82)이고, 독일은 20위(81)다. 참고로 미국은 34위(79), 중국은 68위(75)이다. 여기서 주목되는 것은 이제 한국과 독일의 평균수명이 거의 차이가 없다는 사실이다. 북한 평균수명(70)은 119위다.

한국정부(통계청) 2014년 생명표에 의하면, 2013년 태어난 아이의 기대수명이 82.4년으로 더 늘었다. 남녀 기대수명 격차도 2000년 여자(79.6), 남자(72.3)에서 2014년 여자(85.5), 남자(79.0)로 줄어들었다.[78]

유엔의 인구(유아) 1000명당 사망률 통계[79]도 흥미롭다. 1950-55년 통계로는 당시 일본은 1000명당 유아사망률이 50명이었다. 2010년엔 2.62명이다. 같은 기간 동안 독일은 50.5명에서 3.71명으로 줄었다. 한국은 무려 137.9명에서 3.76명으로 격감했다. 따라서 지금은 유아사망률도 거의 독일과 우리가 비슷한 수준이다. 같은 기간에 미국은 30.4명에서 6.81명으로 줄었다. 중국은 121.6명에서 22.9명으로 줄었다. 북한은 90.5명에서 27.4명으로 줄었다.

이처럼 독일과 우리는 이제 평균수명이나 유아사망률 등에서도 서로 비슷한 수준까지 왔다. 하지만, 우리가 항상 특별히 고려해야 할, 눈을 번쩍 떠야 할 사항 하나가 있다. 독일은 통일을 이루었다. 그리고 동서독의 정치경제, 사회문화적인 엄청난 격차와 그 후유증을 지금도 풀어 가는 와중[80]에 있다. 그러나 남북한 분단은 아직도 지속되고 있다.

거듭 강조하지만, 1990년 10월 3일 동서독이 무혈 평화통일을 이룩한 과정에서 병합 당시는 물론이고, 지금까지도 소득 격차뿐만 아니라 모든 면에서 수준이 훨씬 뒤떨어진 옛 동독의 불균형을 해소하고, 그 격차를 줄여 가는 어려운 상황에 있다는 것을 우리는 먼저 인식해야 한다.

따라서, 동서독 통일을 이룩하기 전에 예상했거나 미처 예상하지 못했던 거의 모든 정치경제, 사회문화, 심리적 후유증 등을 풀어가고 있는 와중에서, 오늘의 통일된 독일이 겪고 있는 정책 성공, 실패 사례는 모두 우리가 배워야 할 교훈이다. 독일 사례는 앞으로 우리에게도 언제, 어떻게 들이닥칠지 모르는 통일에 대한 대비책에 가장 중요한 '살아 있는 참고자료'이기 때문이다.

특히, 통일을 이룩한 뒤 27년이 지난 지금까지도 동서독의 소득이나 실업률 등 격차가 크게 줄어들지 않고 있는 문제[81]를 포함, 통일을 이룩한 독일이 겪었고, 지금 겪고 있는 어려움을 미리 숙지함으로써, 우리 정부가 앞으로 언젠가는 맞이할 통일에 대비하여 똑같은 실책을 최소화하는 데 만전을 기해야 할 것이다.

지금 남북한은 정치경제 틀과 판은 물론이고, 남북주민의 정신적, 심리적 이질성, 삶의 질 등 모든 면에서의 격차와 간극이 통일 당시의 동서독보다도 훨씬 극심하다는 것도 앞으로의 통일 준비과정의 우리의 중요한 정책 고려사항이다.

끝으로, 평화통일을 이룩한 독일과 아직도 분단의 아픔을 안고 사는 대한민국의 다른 점과 같은 점, 특히 우리가 독일로부터 배울 점 등을 유념하면서, 오늘의 독일과 한국, 그리고 몇몇 나라들의 인간 개발, 교육, 건강, 삶의 질, 경제수준, 정치환경 등도 비교 분석 차원에서 한번 살펴보자.

1990년 유엔발전기금(UNDP, UN Development Programme)이 개발[82]한 기대수명(life expectancy), 교육, 소득 등의 지수로 보면, 2013년 현재 인간개발지수가 가장 높은 다섯 나라는 노르웨이, 오스트레일리아, 미국, 네덜란드, 독일 순이다. 한국은 12위, 일본 10위, 캐나다 11위다. 여기에 불평등 지수까지 참작하면, 독일은 9위, 한국은 12위다. 미국은 4위, 일본은 11위다. 2007-2008년의 경우, 독일 22위, 한국 26위, 일본 8위, 미국 12위다.

국제통화기금(IMF)이 현재 세계 나라들 가운데 선진경제(advanced economies)로 꼽은 35개국 속에 아시아 국가로는 일본, 한국, 홍콩, 싱가포르, 대만이 포함된다.

미 CIA가 뽑은 고소득(high-income) 31개 나라 가운데 유럽이 24개국, 북아메리카 2개국(미국, 캐나다), 오세아니아 2개국(호주, 뉴질랜드), 그리고 아시아 3개국(한국, 일본, 이스라엘) 등이다.

2005년 영국 시사주간지, 《이코노미스트》(*The Economist*)의 111개국 삶의 질 조사[83]에서는 독일 26위, 한국 30위다. 참고로, 미국 13위, 일본 17위, 영국(UK) 29위다.

2010년 미 시사주간지 《뉴스위크》(*Newsweek*)가 조사[84]한 교육, 건강, 삶의 질, 경제 역동성, 정치환경 등 100개 세계 최고의 나라들 지수에서는 독일 12위, 한국 15위였다. 일본 9위, 영국(UK) 14위다.

34개 OECD 회원국과 브라질과 러시아 두 주요 협력국 등 36개국을 11개 분야—주택, 소득, 일자리, 공동체, 교육, 환경, 시민 참여, 건강, 삶의 만족, 안전, 일과 삶의 균형—를 다시 24개 항목으로 나눈 2016년 행복 지수(Better Life Index) 통계 순위[85]에서는 독일 12위, 한국 28위, 일본 23위다. 참고로, 행복 지수 최고 열 나라는 노르웨이, 오스트레일리아, 덴마크, 캐나다, 스웨덴, 뉴질랜드, 핀란드, 미국, 아이슬란드 순[86]이다.

기껏해야 수박 겉핥기식이지만, 위에서 본 여러 가지 자료들을 통해서 대한민국 입장에서, 특히 독일과 먼저 비교하고 곁들어서 미국, 중국, 일본 등 몇몇 나라들도 참고하면서 세계 속 오늘의 통일된 독일과 아직도 분단을 극복하지 못하고 있는 한국의 위치와 위상을 살펴보았다.

막스 베버가 살았던 100년 전과는 달리, 지금은 우리도 독일처럼 전자혁명, 정보통신기술(ICT)혁명 시대에 어깨를 함께하는 나라로 탈바꿈했다. '불가사리' 북한(다음 8장 참조)을 빼놓고 적어도 대한민국 쪽에서만 보면, 엄청나게 놀라운 변화요 발전이다. 이 탈바꿈에 자만할 필요는 없지만, 우리에게 자신감과 자부심을 북돋아 주는 우리의 자랑스러운 성취임엔 틀림없다.

물론, 우리는 아직도 여러 가지 측면에서 여기저기 구석구석에 미비, 미흡, 미완의 여백이 수두룩하다. 우리가 더 따라잡고 더 배우고 더 베끼고 더 고치고, 더 버려야 할 것들이 너무나도 많다.

독일과 우리의 한 시골 마을풍경이나 중소·대도시 모습을 함께 비교해 보면 서로의 그 겉모습 하나만 보더라도 우리가 아직도 닮고 싶고, 고치고, 버려야 할 것들이 너무나도 많이 눈에 띈다. 적어도 이 책을 쓰고 있는 저자의 눈에는…

보기를 들면, 우리 중소·대도시의 간판과 광고물 '홍수'는 거의 '흉물'에 가깝다면? 이 간판 '흉물' 하나만이라도 사라지는 날이 바로 북미, 유럽 등 선진문화의 삶과 세상을 적어도 그 겉모습에서만이라도 우리가 닮게 될 거라고 나는 늘 생각해 왔고, 안타깝게도 이 '흉물'이 사라질 때까지는 나는 이 생각에서 벗어날 수가 없다. 겉모습이 이 모양이니 하물며 그 속살은 어떨까? 2014년 세월호 사태, 2015년 메르스(중동호흡기증후군) 사태를 거쳐, 그리고 2017년 최순실–박근혜 국정농단으로 대한민국 헌정사상 처음으로 헌법재판소가 대통령 박근혜를 탄핵하는 사태까지 우리 사회, 우리 정치, 우리 정부의 민낯과 속살의 한 단면이 발가벗겨져 드러난 것 아닌가? 이 거듭되는 우리의 어둡고 부끄러운 민낯과 속살을 또 한차례 겪으면서, 보다 나은 삶, 보다 맑고 깨끗한 정치, 보다 따뜻하고 투명한 사회, 인치(人治) 아닌 법치에로의 도약을 위해 헌법 개정과 기타 법적, 제도적 장치를 마련, 반복되는 대통령의 임기 말 부패, 부정과 측근, 친척 등의 국정농단의 뿌리를 원천적으로 막아야 하겠다.

독일은 지금 이 순간도 과학기술을 포함, 정치경제 생활도 우리보다 상대적으로 훨씬 앞서가고 있다. 한국은 2012년 수출 총량에서 세계 7위로, 2014년엔 6위로 뛰어올랐지만, 한국 무역협회 국제무역연구원이 2015년 발표한 자료에 의하면, 같은 해 수출품목 1위를 차지한 우리나라 품목은 64개로 세계 13위이고, 독일은 700개로 수출 품목 1위를 차지한 중국(1,610개)에 이어 세계 2위다.[87]

거듭 강조하지만, 그 무엇보다도 같은 분단국으로 출발한 독일은 평화통일을 이룩했다. 그러나 우리는 그동안 한국전쟁은 두말할 필요도 없고, 남북 두 정권 간에 할 수 있는 상호협력과 상호각축의 모든 수단과 방법을 거의 소진했음에도 아직도 분단의 숙제는 풀지 못했다.

안팎의 이 온갖 시련과 참화 속에서도 우리는 세계 다른 나라가 성취하기도 힘들고 그 사례를 찾기도, 보기도 드문 '한강의 기적'을 낳았다. 거의 빈손, 맨주먹으로 무(無)에서 유(有)를 창출했다. 폐허에서 금맥을 찾은 셈이다. 거듭 힘주어 말하지만, 이 결실에 대해 우리는 결코 자만할 필요는 없지만 자신감, 자부심을 가질 만도 하다. 무엇보다도 이 결실은 앞으로 우리에게 닥쳐오는 안팎의 온갖 도전과 시련에 밑거름이다. 아니, 꼭 밑거름이 되어야만 하겠다.

자유, 민주, 인권의 빛

경제적인 측면에서의 한강의 기적에 못지않게, 정치적으로 우리 국민은 피와 땀과 눈물, 그리고 맨주먹으로 이승만 권위주의 독재, 박정희-전두환-노태우 군사독재 권력과 맞서 자유와 민주주의를 쟁취한 또 하나의 기적—자유, 민주, 인권의 빛—을 지금 우리 모두는 자랑스럽게 가슴에 안고 살고 있다.

여기서 이야기하는 '자유, 민주, 인권의 빛'은 1980년 5월 18일 일어난 꼭 한 사건만을 상징하는 것은 결코 아니다. 자유, 민주, 인권의 빛은 이승만 장기 집권과 부정선거에 항거한 4·19 학생민주혁명,[88] 1979년 부산-마산 민주항쟁, 1987년 6·10 민주항쟁 등 박정희 장기 군사정권, 유신 독재체제, 전두환, 노태우 신군부 정권에 이르는 30년이 넘는 권위주의 군사독재정권에 맞서, 온 나라 온 국민이 방방곡곡에서 울부짖은, 인권과 자유민주주의를 쟁취하기 위한 함성과 유혈 · 무혈 분투, 그리고 그 수호자와 희생자들, 특히 그 수많은 젊은이들의 데모, 항거, 희생이 쌓이고 쌓여서 이룩한 오늘도 살아 숨쉬는 이 자유와 민주정치 나무와 그 열매를 통틀어 상징한다.

자유, 민주, 인권의 빛은 더 멀리, 더 길게, 더 깊게는 일제의 한반도 무력 침탈에 끊임없이 항거한 의병 활동, 1907년 전국으로 번진 국채보상운동, 항일 무력투쟁 등 국내외 항일 투쟁사다. 구체적으로, 세계 독립운동사에서 유례를 찾기 힘든 민중의 대규모 비폭력 식민통치 저항 사건인 1919년 3·1 운동을 효시로, 1926년 6·10 만세 사건, 1927년 신간회(新幹會) 사건, 1929년 11월 광주학생 사건, 만주, 중국, 러시아, 미국 등에서의 항일외교, 항일 무력투쟁 등 온갖 형태의 자주독립, 국권회복 운동에 그 뿌리를 두고 있다고 볼 수 있다.

일제 강점기 우리 민족과 국민의 군국주의 일제에 대한 저항운동은 그 집요함, 항거와 투쟁형태의 다양성과 규모 등에서 전 세계적으로도 그 유례[89]를 찾기 힘들다.

그렇다면, 1980년 5월 18일 일어난 광주 민주항쟁은 지난 세기 항일 독립운동과 한국 자유민주주의와 인권을 쟁취하려는 온갖 항쟁과 무엇이 다른가?

그 답은 단순하다. 일제로부터 국권을 회복한 지 32년(1948–1980)도 지나지 않은 상황에서, 국민의 생명과 국방을 책임진 대한민국 국군이 자유와 민주주의를 열망하는 광주 시민과 젊은이들에게 총부리를 겨누어 무차별 살상을 감행한 결코 있을 수도, 씻을 수도, 되풀이 되어서도 안 되는 천인공노할 만행을 저질렀다는 점이다. 더구나 그 당시 희생된 광주 시민은 대한민국 전

국민과 시민의 인권을, 그 젊은이는 대한민국 모든 젊은이의 자유와 민주주의 갈망을 상징하고 대변하는 것이었다. 구체적으로, 37년이 지난 2017년 1월 12일 국립과학수사연구원은 전일빌딩(1968년 준공 당시 광주 시내 최초의 7층 건물)에 군 헬기 총격으로 인한 185발의 탄흔을 확인함으로써 광주 시민에 대한 무차별 헬기난사를 공인했다.[90]

1979년 12월 12일 불법, 탈법으로 정권을 찬탈한 전두환 등 신군부 통치세력의 주도하에 국군의 외부의 적이 아닌 국민을 향한 무차별 시민 살상행위는 국군 존재 이유 그 자체를 정면으로 부정하는 자가당착이요, 국가존립을 뿌리로부터 훼손한 국헌(國憲) 파괴행위이기[91] 때문이다.

지난 반세기에 걸친 이러한 엄청난 어둠과 그늘을 뒤로하고, 지금 우리는 아시아에서는 극히 드물게 민주주의를 누리는 나라로 우뚝 섰다. 자랑스럽다. 물론 아직까지도 지난 이명박 정부와 박근혜 정권을 겪으면서 민주주의, 인권, 자유의 훼손과 그 역주행을 목도하고는 있지만…

그럼에도 불구하고 대한민국 헌법과 민주헌정사는 동아시아에서 민주주의를 함께하고 있는 이웃 일본과도 근본적으로 다르다.

헌법 전문(前文)에서 "유구한 역사와 전통에 빛나는 우리 대한민국은 3·1운동으로 건립된 대한민국임시정부의 법통과 불의(不義)에 항거한 4·19 민주이념을 계승하고, 조국의 민주개혁과 평화적 통일의 사명에 입각하여 정의(正義), 인도(人道)와 동포애(同胞愛)로써 민족의 단결을 공고히 하고 […] 안으로는 국민생활의 균등한 향상을 기하고, 밖으로는 항구적인 세계평화와 인류공영(人類共榮)에 이바지함으로써 […]"라고 밝히고 있듯이 우리 헌법정신은 일본과 그 뿌리부터 다르다.

한편, 오늘의 일본헌법은 미 군정기(1945-1952)에 그 최고책임자 맥아더 장군이 사실상 제2차 세계대전 패전국 일본 국민에게 부여한 이른바 "맥아더 헌법”이 그 뿌리다. 일제 군국주의 시대 ‘천황’을 현 일본 헌법은 상징적인 존재로만 규정하고는 있지만, 일본 국민에겐 천황제에서 내려오는 오랜 신민정치문화를 시민정치문화(civic political culture)로 탈바꿈하는 데는 아직까지도 역부족이지 않은가 한다.

더구나, 위에서도 지적했지만, 우리는 나치독일과 군국주의 일제처럼 2차 세계대전의 패전국이 아니다. 그 전쟁 주범도 아니다. 우리는 일제 군국주의 침략의 희생양이었고, 일제 강점기(1910-1945) 우리 국민은 국권을 빼앗긴 ‘식민지인’이었다. 그런 상황에서 우리는 한반도에서의 일제 식민주의 종식으로 미 군정기(1945-1948)를 겪지만, 대한민국 정부 수립과 함께 우리는 우리 손으로 헌법을 만들었다.

이 헌법 틀 속에서 그것을 지키지 않거나 악용, 남용하고 개악하려는 집권자나 집권세력과 (헌)법을 지키고 (헌)법대로 나라를 다스리고, 권좌에서 물러날 때가 되면 물러나야 한다는 민주시민과의 첨예한 대결, 갈등, 투쟁 속에서 우리는 오늘의 민주주의 정치를 ‘밑으로부터’ 쟁취했다.

경제발전, 성장과 마찬가지로, 어느 나라, 어느 사회든 민주주의, 자유, 인권의 신장(伸張)은 중단 없는 ‘진보의 행진’이 아니다. 일방통행식 일직선 민주 발전과 인권성장은 드물다. 그 가는 길에는 일시적 정체, 퇴행, 위축도 거듭되기 마련이다.

지난 우리 헌정사를 되돌아보면, 집권자가 누구이냐에 따라 정치발전이나 경제성장이 바람직한 방향으로 전진하기도, 바람직하지 못한 방향으로 퇴보, 역행하기도 했다. 그러나 큰 눈으로 길게 멀리 보면, 비단 우리나라뿐만 아니라 세계 어느 나라든 자유와 인권, 민주발전이라는 큰 흐름은 그 누구도 막을 수도 거역할 수도 없다는 것도 실증을 거듭해 왔다.

구체적으로, 대한민국이 지금 누리고 있는 자유와 인권, 민주주의는 지금

이 책에서 비교하고 있는 독일을 포함, 세계 다른 나라들과 비교해서 어디쯤 와 있는가를 한번 살펴보자.

먼저 2013년 그리고 2015년 국경 없는 기자회 세계 언론자유 지표(2013, 2015 Reporters Without Borders World Press Freedom Index)[92]에서 보면, 179개 조사 국가 가운데 1위 핀란드, 2위 네덜란드, 3위 노르웨이, 4위 룩셈부르크, 5위 안도라다. 이들 모두 유럽 국가들로 인구가 비교적 매우 적고 평화로우며 경제적으로도 잘산다.

독일은 17위, 한국은 50위다. 우리는 2012년 44위에서 더 악화된 상황으로 뒷걸음질했다. 이는 이명박 정부 5년 동안에 자유, 인권, 민주주의가 역주행, 퇴보했음을 반영하고 있다. 이웃 일본도 2012년 22위에서 53위로 크게 후퇴했다. 일본 기자클럽 제도의 개혁 실패가 그 이유라고 한다.

참고로, 미국은 32위, 중국은 173위이고, 북한은 이 조사 대상국 가운데 꼴찌인 세계에서 가장 가난한 나라의 하나인 179위 북아프리카 에리트레아(Eritrea, 1993년 에티오피아로부터 분리 독립) 다음인 178위다. 같은 지표 2015년 순위는 1위 핀란드, 2위 노르웨이, 3위 덴마크, 4위 네덜란드, 5위 스웨덴이다. 독일은 12위, 한국은 60위, 일본은 61위다. 박근혜정권에서 더 뒷걸음질쳤다. 미국은 49위, 중국은 176위이고 북한은 179위, 맨 꼴찌 에리트레아가 180위다.

경제자유지수 열 가지 요소—기업, 통상, 금융, 일반재정, 정부 및 공공부문 재정, 투자, 노동, 정부 규모와 지출, 재산권, 부패로부터의 자유—를 0에서 100까지로, 즉 경제자유가 전혀 없는 나라에서 완전히 보장된 나라로 측정한 2013, 2016년 세계 177개 국가 지수(The Index of Economic Freedom by the Heritage Foundation and the Wall Street Journal, 2013, 2016)로 보면, 경제자유가 가장 잘 보장된(free) 다섯 나라나 지역은(100-80)은 홍콩, 싱가포르, 오스트레일리아, 뉴질랜드, 스위스 순이다. 독일과 한국은 각각 19위와 34위로, 경제자유가 대부분 보장된(mostly free) 나라로 분류된다. 참고로 미국 10위, 일본 24위다. 중국은 136위로 경제자유가 "거의 없는"(mostly unfree) 나라로, 북한은 이 조사 대상 국가 가운데 맨 꼴찌인 177위로 경제자유가 "가장 억눌린"(repressed) 나라로 분류한다. 이 조사에서 아예 빠진 여덟 나라들—아프가니스탄, 이라크, 코소보, 리비아, 리히텐슈타인, 소말리아, 수단, 시리아—은 소도시 규모 인구 36,713명의 리히텐슈타인을 빼놓고는 대부분 아프리카와 중동 최빈국들이다.

같은 경제자유지수 2016년 순위 다섯나라는 홍콩, 싱가포르, 뉴질랜드, 스위스 순이다. 독일과 한국은 각각 16위, 29위다. 두 나라 모두 순위가 올라갔다. 미국은 11위, 일본 20위, 중국은 139위, 북한은 178위로 맨 꼴찌다.

국가순위와 위상(Country Ratings and Status, F/W 1973–2013) 자료가 보여주듯이 1975년의 경우, 자유가 보장된 나라는 41개국으로 조사대상 152개국 가운데 27%였다. 그러나 2013년이 되면 자유가 보장된 나라가 두 배 이상 늘어난 90개국으로 조사 대상 195개국 가운데 46%로 늘어난다. 물론 그동안 나라 숫자도 거의 4배로 늘어났다. 1945년 51개 창립 회원국으로 출발한 유엔은 1980에는 회원국이 157개국으로 늘어났고, 지금 현재는 193개국이다.

정치문제는 이 책 제10장에서 다루고 있기 때문에, 여기서는 간단히 두 가지 보기만 들어 보면, 2차 세계대전이 끝난 1945부터 1980년까지 최소한 중단 없는 헌정 질서를 지켜 온 민주국가는 21개 국가[93]뿐이다(표 7–2 참조).

민주주의 개념이나 그 평가기준도 서로 많이 크게 다르지만, 위 1980년 기준 21개 민주주의 국가들과 2012년 현재 영국의 한 주간지[94]가 조사한 세계 167개국 가운데 "완전한 민주주의"(full democracies) 국가 25개와 비교하면 몇 가지 재미있는 사실을 발견한다.

표 7-2

'완전 민주주의' 국가(2012년)와 1980년도 기준 민주국가

완전 민주주의 국가 순위 (2012)		1980년 기준 민주국가 (알파벳순)
1	노르웨이	오스트레일리아
2	스웨덴	오스트리아
3	아이슬란드	벨기에
4	덴마크	캐나다
5	뉴질랜드	덴마크
6	오스트레일리아	핀란드
7	스위스	프랑스
8	캐나다	서독
9	핀란드	아이슬란드
10	네덜란드	아일랜드
11	룩셈부르크	이스라엘
12	오스트리아	이탈리아
13	아일랜드	일본
14	독일	룩셈부르크
15	몰타	네덜란드
16	영국	뉴질랜드
17	체코 공화국	노르웨이
=18	모리셔스	스웨덴
=18	우루과이	스위스
20	한국	영국
21	미국	미국
22	코스타리카	
23	일본	
24	벨기에	
25	스페인	

출처: Democracy index 2012: Democracy at a standstill (A report from The Economist Intelligence Unit); Arend Lijphart, *Democracies: Patterns of Majoritarian and Consensus Government in Twenty-One Countries* (New Haven: Yale University Press, 1984), p. 38: Table 3.1. The World's Democracies, January 1980.

하나는 오세아니아의 뉴질랜드와 오스트레일리아를 예외로 하면, 비유럽 국가로는 일본만이 유일하게 1945년에서 1980년까지 나라의 헌정질서가 중단, 파괴되지 않은 민주주의 클럽에 들어간다. 그러나 2012년 "완전한 민주주의" 25개 나라 가운데는 아시아에서는 한국이, 남미는 우루과이가 포함되고, 한국은 20위, 일본은 23위로 밀려난 것도 흥미롭다.

한국이 일본을 민주주의 순위에서 이제 앞서고 있는 것은, 위에서도 밝혔지만 한국 국민은 자유와 인권 그리고 민주주의를 '밑으로부터' 국민이 피와 땀과 눈물로 쟁취했고 일본은 미 군정 때 맥아더 헌법에 의해 '위로부터' 부여받았다는 사실이 그 실마리의 하나가 아닌가 한다.

또한, 이제는 상징적 존재로 전락했다지만, 오랜 천황제하의 뿌리 깊은 '신민정치문화'와 그 잔재를 아직까지도 제거하지 못했다는 것을 반영한 것이라고 풀이할 수 있겠다.

사실 대한민국도 신민정치문화의 뿌리가 여기저기 이곳저곳 아직도 잔재한다. 북한의 현대판 공산전체주의 김일성–김정일–김정은 3대 김씨 왕조는 두말할 필요도 없고…

이 밖에도 80년대에는 포함되지 않았던 지중해의 작은 섬나라 몰타(1964년 영국으로부터 독립, 1974년 공화국 수립)와 역시 인도양의 작은 섬나라 모리셔스(1960년 프랑스로부터 독립)가 포함된다.

또 하나는 1980년 위 21 클럽에 들어 있던 프랑스(28위), 이탈리아(32위), 이스라엘(37위) 등이 2000년대에 와서는 20위권 밖으로 밀려나 "흠이 있는 민주주의"(flawed democracy) 범주에 속하게 되었다는 것도 놀랍다.

위 영국 조사기관 자료[95]에 의하면, 총 167개 조사 대상국 가운데 지금 "완전 민주주의" 국가로 25개국을, "흠이 있는 민주주의" 국가를 54개국으로 구분, 총 79개 나라로 거의 절반에 가깝게 늘어났다. 그러나 같은 조사기관

(Economist Intelligence unit) 2015년 민주주의 순위에선 한국은 22위로 '흠이 있는 민주주의'(flawed democracy)로 두 계단 낮아지고 일본도 코스타리카와 함께 23위로 역시 '흠이 있는 민주주의' 나라로 분류되었다.

간추리면, 하루하루가 아닌, 적어도 30년, 50년, 100년 간격으로 세계를 큰 그림, 큰 눈으로 들여다보면, 그동안 일시적인 퇴보, 역행, 중단도 있었지만, 도도히 흐르는 자유와 인권, 민주주의 '역사의 행진'을 그 누구도 결코 막거나 물리칠 수 없다[96]는 것을 위 조사자료는 입증하고 있다.

위에서 여러 가지 수치를 가지고 100년 전 독일과 우리, 그 뒤 거의 100년이 지난 지금의 독일과 우리를 살펴보았다. 그 동안 두 나라의 변화와 변신에서 보는 놀라운 사실이 한두 가지가 아니지만, 가장 중요한 몇 가지만을 다시 강조하면 다음과 같다.

첫째, 정치적으로는 독일과 대한민국 모두 자유와 인권, 민주주의를 향유하는 지구상의 몇 안 되는 국가로 발전했고, 보다 성숙한 그 길을 향해 함께 걷고 있다는 사실이다. 독일이 아직도 많은 면에서 우리보다 훨씬 앞선다는 것은 인정해야 하겠지만.

둘째, 경제적으로도 독일처럼 우리도 이제 세계에서 보기 드문 자유시장경제를 바탕으로 한 선진경제권에서 함께 어깨를 겨누는 나라로, 그리고 긴밀히 상부상조하는 나라로 탈바꿈했다. 독일의 '라인 강의 기적'에 버금가는 '한강의 기적'을 우리도 낳았다는 것도 흐뭇하다. 아직도 경제규모나 소득수준, 임금, 교육의 질, 환경, 행복지수, 과학기술수준, 삶의 질, 특히 부패 지수 등에서 우리가 많이 뒤떨어지고 배울 것도 수없이 많지만…

셋째, 박근혜 정권이 2012년 12월 대통령 선거에서 국정원 등 국가기관의 불법 대선 개입 사건으로 그의 권력의 정통성 문제가 불거져 부끄럽기도 하지만, 앞에서도 누누이 밝혔듯이, 우리 경제의 '한강의 기적'에 못지않게 정치 쪽에서도 자유와 인권, 민주주의의 상징인 '자유, 민주, 인권의 빛'도 우리의 자랑스러운 횃불이다. 지난 이명박 정권에서 겪었고, 박근혜 정권에서도 여기저기서 자유, 민주, 인권의 역주행, 역풍을 겪었지만, 이 빛은 꺼질 수 없고, 결코 꺼져서도 안 된다고 나는 믿는다. 위에서도 누누이 지적했듯이, 2017년 3월 10일 헌법재판소의 박근혜 탄핵, 파면 결정은 자유, 민주, 인권, 인류 박애라는 '역사의 행진'은 잠시 뒷걸음질은 쳐도 결코 꺾이지 않는다는 교훈을 다시 한 번 세계만방에 입증했다.

넷째, 독일과 우리를 견주며 가장 부끄럽고, 부러운 것은 2차 세계대전 종식과 함께 우리처럼 분단국으로 시작한 독일이 지금은 평화적으로 통일을 이룩했고, 우리는 아직도 분단국으로 남북대치, 대결 상황이 지속되고 있다는 사실이다.

이제 독일 국민에게는 "무혈 자유민주 평화통일을 이룩한 지금은 안녕한가?"라고 묻지만, 아직도 우리 국민에겐 "우리도 무혈 자유민주 평화통일은 가능한가?"라고 물을 수밖에 없지 않은가?

통일 한국은 가능한가?

남과 북이 서로 피 한 방울 흘리지 않고 평화적으로 자유와 인권, 사유재산과 시장경제를 기본 틀로 하는 통일 한국을 이루는 것은 가능한가? 구체적으로, 대한민국 헌법(제4조)이 명시하고 있는 "자유민주적 기본질서에 입각한 평화적 통일"이 가능한가?

위와 같은 질문은 실은 그 자체가 옳지 못하다. 남북한 통일이 불가능하게 보일 수도 있지만, 그 실현이 될 때까지 끊임없이 끝까지 노력하는 것이 우리의 평화적 통일을 바라는 안팎 모든 사람과 나라 지도자의 올바른 길(正道)이기 때문이다.

그리고, 앞으로 언제, 어떻게 통일된 한국이 이루어질 것이냐? 하는 질문에는 아무도 모른다는 것이 올바른 답(正答)이다.

제2차 세계대전 뒤 분단된 네 나라 가운데 맨 먼저 오스트리아는 1955년 평화적으로, 한편으로는 두 갈래로 굳어져 가는 미국 중심 자유진영과 소련 주도 공산진영을 아우르면서, 다른 한편으로는 인권과 자유민주주의, 그리고 시장경제의 기본 틀을 훼손하지 않는 아주 정교하고 세련된 무혈·중립화 평화통일을 이룩한다.

베트남 국민은 처음 프랑스 식민 통치에 저항한 독립투쟁에서부터 2차 세계대전 중 일본 침략과 점령군에 맞선 투쟁까지 계산하면 30년이 훨씬 넘는 끈질긴 독립투쟁과 전쟁 끝에 1976년 월맹이 친미 월남 정권을 무너뜨리고 무력 통일을 이룩한다. 아직도 자유와 인권, 그리고 민주주의 정치와 시장경제와는 거리가 한참 멀지만…

독일은 1990년 서독이 동독을 병합하는 형식으로 정치적으로는 민주주의, 경제적으로는 시장경제가 밑받침이 된 무혈 평화통일을 이룩한다.

우리는 어떤가? 이제까지 오스트리아식 중립화 통일방안은 남북정권 사이에 공식적으로 시도한 바 없다. 그리고 그동안 북한의 전면 무력남침(한국전쟁)을 포함, 온갖 군사도발, 테러 행위도 모두 실패했다.

남북 사이에 남의 주도로 김대중 정부의 햇볕정책을 포함, 그의 뒤를 이은 노무현 정부 때까지 평화통일 방식을 추구, 추진했지만 예상했던, 그리고 미처 예상하지 못한 안팎 요인과 사건들에 부딪쳐 머뭇거리고 멈추고를 거듭하며 오늘에 이르고 있다.

더구나, 이명박 정부에서는 그 이유는 어쨌든 남북관계가 크게 뒷걸음질까지 쳤다. 집권 3년째인 현 박근혜 정권도 "신뢰 프로세스"다, "통일은 대박이다"라는 등 말과 구호만 무성한 채 남북 각각 단 한 번 100명의 이산가족 상봉을 성사시키고는 아직도 통일의 발걸음은 머뭇거리며 사실상 멈춰 있는 상태다.

밖으로는 미국, 중국, 일본, 러시아 등 관련국 지도자들이 자국의 국가이익에 깊숙이 뿌리를 박은 채 한반도를 둘러싼 서로 보이거나 보이지 않는 첨예한 정책과 전략 갈등과 각축에 맞물리고 맞부딪치며 남북한 평화통일을 포함, 동북아 평화와 안정에 관한 최소한의 합의점을 아직까지도 찾지 못한 채 갈팡질팡 갈피를 못 잡고 있다.

이 저자가 다른 책[97]에서 자유민주주의와 시장경제에 바탕을 둔 한국 통일 개념과 청사진, 통일의 주체, 통일의 당위성, 통일의 기본전략 등을 비교적 포괄적으로 분석한 바 있기 때문에, 여기서는 남북한이 평화적으로 통일을 이룩하기 위한 선결조건이랄까, 해결해야 할 안팎 걸림돌이랄까 하는 것만을 제시하고자 한다.

앞으로 통일을 이룩하기 위해서는 적어도 다음 네 가지 조건을 동시에 또는 순차적으로 해결해야 한다고 나는 생각한다.

첫째, 남한 내에서의 통일에 대한 정치적인 합의(political consensus)[98] 도출이다.

민주국가인 남한에서는 남북통일 문제에 관한 한 여야 정당을 떠나, 보수, 진보, 좌우 정치성향을 떠나, 그리고 현직 대통령을 뛰어넘는 초(超)당, 초정치, 초정권, 범국민 차원의 '대타협'이 필수다.

우리 헌법은 이러한 정치적 합의를 이룩하는데 있어서 대통령의 주도적 역할을 주문하고 있다. 조국의 평화적 통일을 이룩해야 하는 것은 대통령에게 헌법이 명시한 유일한 의무(헌법 제66조 3항) 조항이자, 대통령 취임선서 핵심 내용의 하나다(제69조).

대통령의 주도적 역할은 '범국민적 합의 도출'을 위한 것이지 그의 '집권 기간 중' 그의 주관을 앞세운 '정권 선전용'이어서는 결코 안 된다. 그런 남용을 막기 위해 헌법은 조국의 평화적 통일을 대통령의 '권리 조항'이 아니라, 유일한 '의무 조항'으로 명시하고 있다. 따라서, 대통령은 국민과 시민사회 각계각층의 다양한 의견과 이해관계를 절충, 조절하여 그 최대공약수를 찾아 거국적 합의를 이끌어 내고 이를 실천, 실행하는데 앞장서야 한다.

둘째, 전체주의 일인(一人), 일당(一黨) 세습독재 국가인 북한에서의 정치적 합의는 대한민국과 근본부터 다르다. 그의 할아버지(김일성), 아버지(김정일)처럼 현 김정은도 형식적으로는 제1인자인 그가 당, 군, 정부 기구와 각종 인민 통제·감독기관들을 원하는 내용과 방향으로 밀어붙이는 그 나름대로의 합의 도출과정을 거쳐 가야 한다.

문제는 그러나 남한의 여론수렴과 국회 승인절차 등 '수평적 쌍방향' 절충, 협의, 합의라는 민주적 절차과정을 거쳐 나온 정책은 공개적이고 책임추궁이 가능하다. 국정최고책임자인 대통령이라고 멋대로 뒤집기, 뒤엎기가 쉽지 않다.

그러나 북한의 일인 지배, '하향식 일방향' 과정을 거쳐 나온 정책은 마치 수도꼭지를 열고 닫고 하듯이 이를 막무가내로 뒤집고 뒤엎고 하는 것도 제 멋대로다. 또 책임질 일이 생기면 희생양을 만들어 뒤집어씌우기도 쉽고 예측도 거의 불가하다는 것이 극히 대조적[99]이다.

이처럼 남북은 정치적 합의에 이르는 정책 결정과정이 본질적으로 서로 다르지만 남은 남의 방식과 절차대로, 북은 북의 방식과 절차대로 협의와 합의에 따른 실행, 실천 없이는 통일의 발걸음을 한 발자국도 앞으로 내디딜 수 없다.

셋째, 남북 간의 범민족적 합의(inter-Korean national rapprochement)의 도출과 실천이다. 지난 70년 동안의 분단상황에서 남북정상은 세 번 범민족적 합의 선언을 도출해 냈다. 그러나 그 선언들을 실천하는 데는 실망스러울 정도로 크게 미흡했고 지금까지는 불임(不姙), 미완(未完)으로 매듭짓고 말았다. 1972년 7·4 남북공동성명, 2000년 6·15 남북정상공동선언, 2008년 10·4 남북정상공동선언이 그렇다.

세 차례 선언과 이 선언의 실천과정에서의 상호 간의 온갖 걸림돌, 즉 오산(誤算), 오인(誤認), 오판(誤判)은 물론이고 정치적, 군사적, 정략적 악용, 역이용, 안팎의 방해, 간섭 등이 통일로 가는 길을 수없이 막았고, 지금도 그런 안팎 개입과 간섭은 현재 진행형이다. 한편으로는 그러나 그 동안의 온갖 실망, 실수, 실패, 실책이 통일의 밑거름이 되어 온 것도 사실이다.

중요한 것은 남북한 간 모든 합의도 선진민주국가 간의 협정, 협약(agreement)을 닮아야 한다. 남북한도 언젠가는 선언에서 합의로, 합의에서 실행으로 옮겨지는 날이 오도록 끝까지 끊임없이 최선을 다해야 한다. 이 역시 아직은 어렵고 시간이 많이 필요한 과제다.

세계에서 거의 유례를 보기 힘든, 철두철미하게 병영국가화된 북한. 특히 북 핵 문제 같은 전략적, 정책적 현안의 해결은 차치하고라도, 진정한 의미에서의 남북의 범민족적 합의가 이루어지려면 정치적으로는 남북정치체제와 과정이 먼저 민주화되어야 한다.

대한민국은 오랜 '밑으로부터의' 투쟁, 항쟁 끝에 민주화를 이룩했다. 아직도 2012년 대통령 선거 때 국정원 등 국가기관의 불법 사이버 개입 사건으로 삐걱거리고는 있지만, 그렇다고 해서 우리 나라의 정치, 경제, 사회문화 등 여러 분야에서의 민주발전이 모두 멈춘 상황은 물론 아니다.

먼저 정치를 보자. 북한은 정치적으로 민주주의 황무지다. 거의 모든 국제연구기구 조사에서 북한은 전 세계 230여 개 나라와 속령들 가운데 맨 꼴찌 수준이다. 북한의 국가 공식 명칭(조선민주주의인민공화국)은 듣기에도 민망할 정도로 귀에 거슬리는 헛소리, 허튼수작이다. 알맹이 없는 껍데기다.

그동안 남한엔 시민정치문화가 뿌리를 내렸지만, 북한엔 멀리는 삼국시대, 고려왕조, 조선시대, 가까이는 일제 식민지시대, 그리고 지금의 김씨 3대 세습독재를 거치면서, 오직 1인 독재자만이 군림하는 신민정치문화만이 깊이깊이 뿌리를 내렸을 뿐이다. 북녘에는 시장경제 틀을 포함, 자유와 인권, 민주주의는 아직 그 씨앗조차 제대로 뿌려 본 적이 없다고 해도 결코 지나친 말이 아니다.

이처럼 남북의 이질적인 사회문화와 정치경제체제 속에서 범민족적 합의가 가능한가? 가능할까? 이것은 남북이, 특히 남쪽이 민주주의와 시장경제의 불모지에 가까운 북녘에서 인내와 끈기로 개척해 나가야 할 거의 불가능에 가까운 '정치경제 간척사업'(political and economic reclamation project)이다.

보기를 들면, 남쪽이 북녘에 처음 시작해서 몇 차례 '홍역'을 치르면서도 돌아가고 있던 개성공단 사업마저 2016년 1월 2월 북한이 제4차 핵실험과 대륙간 탄도미사일 발사를 자행함으로써 박근혜정권이 폐쇄한 것은 절차상 너무 성급했고, 일방적이었다. 특히, 이유는 어떻든 금강산 관광사업을 전면 중단시킨 지난 이명박 정부의 결정은 분단국가의 국정최고책임자로서 '참을 수 없는 가벼움'의 표본이라고 저자는 생각한다.

남북관계 중단의 단서가 된 북한 인민군 병사의 남한 민간인(박왕자 씨) 총살 사건은 천인공노할 반인륜, 반인도적 만행이다. 하지만, 시간과 인내를 갖고 재발 방지 조치를 하고, 이 사건은 이 사건대로 해결했어야 했다. 더구나, 북의 '강철 벽'을 뚫고, 열고, 허무는 그 첫 시험대의 하나였던, 가까스로 열린 금강산 관광 사업은 결코 멈춰서는 안 되는 사업이었다. 천안함 사건, 북의 연평도 포격 만행에 대한 대처, 대응도 미흡하기는 마찬가지였다.

부디 비유를 하자면, 이명박과 박근혜는 멀리는 1970년, 남북 적십자회담을 효시로, 노태우–김영삼 정부를 거쳐서, 김대중–노무현 정부 때까지 '짓고 있던 남북 신뢰의 집'은 허물지 말았어야 했다. 북한이 아무리 천인공노할 못된 짓을 했더라도 그런 상대의 그 짓거리는 그것대로 수습하여 재발을 막는 접근을 했어야지 '조국의 평화적 통일'이라는 헌법이 규정한 '대의'를 잊고 이제까지 가까스로 쌓아 올린, 그런 상대와 짓고 있던 그 집마저 통째로 허물어 버리는 것은 남북화해와 협력, 통일의 길에서 결코 되풀이되어선 안 되는 크나큰 실책이었다.

경제는 어떤가? 이상적으로는 남북이 시장경제, 사유재산, 자유시장경제를 포함, 소득, 생활수준 등 살림살이의 틀과 판이 같아야 한다. 그러나 지금 남북은 그 틀도 생활수준도 근본부터 다르고, 판도 거의 극과 극이다.

구체적으로, 남한은 시장경제가 자리를 잡았다. 그리고 유엔 및 유엔 산하 세계 경제관련 전문·독립 기구들[100](IMF, IBRD, IDA, IFC, MIGA, ICSID, ILO, WTO 등)의 회원국으로 활동하고 있다. 북한은 그러나 대부분 이들 기구에 가입조차 안(못) 했다. 북은 아직까지도 막히고 갇힌 폐쇄시장 속 일인 독재자의 하향식 명령경제(command economy)의 낡은 틀에서 엎치락뒤치락 뒤죽박죽하며 헤어나지 못하고 있는 상태다.

보는 시각에 따라, 북의 '계획경제 체계'는 지금 약화되고, 국가통제와 감시하에 '시장경제' 영역은 점차 확대되고 있다는 조심스런 낙관[101]도 물론 있지만, 이를 근본적인 경제 틀의 변화로 보기엔 아직 이르다.

보기를 들면, 북의 전기 발전량은 1988년 279억 kwh를 정점으로 1998년엔 170kwh로 급감한다. 2013년(221kwh)에 이르면 약간 늘어나지만 아직까지 1988년 수준을 회복 못한 상황이다. 북의 석탄, 철광석, 곡물, 시멘트, 강철 생산량[102]도 마찬가지다.

또한 남북 간 생활수준 격차는 독일통일 이전의 동서독보다 훨씬 극심하다. 보기를 들면, 남한의 2016년 1인당 국민소득(IMF 구매력기준 GDP 추정)은 38,270달러(USD)이고 북한은 1,800달러 정도다. 21배 차이다. 같은 자료의 국가총생산(GDP)은 2016년 남이 1.93조 달러이고 북은 겨우 400억 달러(CIA Worldfactbook 추정치)로 추정된다. 무려 48배 차이다.

한마디로, 북한은 경제적으로 '실패한 국가'의 전형이다. 만약 북한이 남태평양의 이스터 아일랜드(Easter Island)[103]라면 진즉 붕괴했을 것이다. 1990년 이래 수백만 명이 굶어 죽은 것으로 추정할 정도로 아직도 무척 가난하고 세계에서 가장 폐쇄, 고립된 나라다.

그럼에도 불구하고 핵실험을 다섯 번이나 강행하고 정규병력만도 120만 명 선을 유지하면서 탄도미사일까지 틈만 나면 막무가내로 발사하는 해괴한 나라다. 이는 마치 중환자실에서 코, 입, 귀, 팔 등 온갖 생명 줄을 온몸에 달고 하루하루를 연명하는 '고물 같기도 괴물 같기도' 한 나라다.

만약 1,420km 국경을 함께하는 중국이 없다면, 그리고 앞으로도 중국이 가늠하는 북한의 전략적 가치가 현 북한 김정은 정권의 생명 줄에 쏟아 붓는 비용보다 크다고 보는 동안은 '중환자실 환자'를 닮은 북한정권은 당분간 그럭저럭 연명이 가능하다고 본다. 지금 그 누구도 예측하기 힘든 안팎 돌발변수들을 예외로 하면 그렇다.

2014년 5월 박근혜-시진핑 한중 정상회담이 베이징에서 열리고, 같은 해 7월에는 시진핑이 1992년 수교 이후 이제까지의 전례를 깨면서까지 평양이 아닌 서울을 먼저 방문하여 한중 정상회담이 다시 이루어진다. 같은 해 11월 두 정상은 베이징 APEC 정상회의에서 다시 만나 한·중 자유무역협정(FTA)에 합의한다. 다음 해인 2015년 9월 초 제2차 세계대전 중국 전승절에서 박근혜–시진핑은 정상회담을 갖은 다음, 천안문 성루에서 나란히 열병식까지 참관한다. 그리고, 한중 FTA는 같은 해 12월 20일 발효했다.

한편, 북한 김정은은 2011년 12월 그의 아버지(김정일)의 돌연 사망으로 권력을 승계한 뒤 중국 국가주석(후진타오, 시진핑)을 아직까지 한 번도 만나지 못했다. 2015년 10월 류원상 중국공산당 정치국 상무위원이 북한 노동당 창건 70주년 기념식에 참석, '중조(中朝)관계 냉기류'에 새 바람이 부는 조짐이 없는 것은 아니지만…

따라서, 중조 '냉기류'는 물론이고, 새 바람까지 포함, 정치군사안보 차원의 상징적, 전략적 함의도 심도 있게 짚어 보고 우리는 대(對)중국, 대(對)북한 '초정밀', '고난도' 접근 전략을 짜야 한다고 생각한다.

구체적으로, 중국이 주도하는 아시아 인프라 투자은행(AIIB, Asian Infrastructure Investment Bank)에 한국이 2015년 3월 창립회원으로 가입한 것은 올바른 결정이었다. 같은 해 10월 미국이 뒤에서 주도해 온 환태평양경제동반자기구(TPP, Trans-Pacific Partnership)도 미국, 일본, 캐나다, 베트남, 칠레 등 12개 창립회원국으로 협상이 타결된 상태다. 한국도 이제 TPP 회원가입에 긍정적이고 적극적인 자세로 응해야 한다고 나는 생각한다. 아세안 10개국에 한·중·일 3국, 뉴질랜드, 호주, 인도까지 현재 16개국이 참여하는 역내포괄적경제동반자협정(RCEP, Regional Comprehensive Economic Partnership)도 협상타결을 앞두고 있다.

한편, 한국 내에 미 고고도 미사일 방어(THAAD, Terminal High Altitude Area Defense) 시스템 배치문제도 외교안보 차원에서 신중하게 검토해야 한다. THAAD는 '북한 무력도발'을 전제한 당사자인 한국과 군사동맹국인 미국과의 1차적인 협의, 합의 사안이고, 북한, 러시아, 일본을 포함, 6자 간의 군사안보 차원의 잠재적 갈등 개연성을 안고 있다. 하지만, TPP나 AIIB,

RCEP 등은 환태평양 국가들의 '경제발전과 성장을 전제한 다자간 손익계산 경쟁'이라는 본질적인 차이가 있다. 한마디로, THAAD 결정은 '죽고 사는' 전쟁과 평화의 문제이고, TPP, AIIB, RCEP 결정은 '먹고 사는' 이해타산 흥정의 문제다.

따라서, 한국의 THAAD 결정[104]은 신중에 신중을 기해야 했고, TPP와 AIIB, RCEP는 정밀한 손익계산 분석과 판단이 요구된다. 이 두 현안은 정책적으로 동기, 목적, 결정 과정과 결과가 본질적으로 다른 문제다.

넷째, 한반도 평화통일의 가장 중요한 변수의 하나는 두말할 필요도 없이 외세다. 주변의 직간접 관련국 네 나라—미국, 중국, 러시아, 일본—의 전략적 협력과 합의(strategic cooperation and consensus) 도출도 남북통일에 빼놓을 수 없는 결정적인 필요조건이기 때문이다.

남북통일과 관련, 미래 외세 문제를 터득하기 위해 잠시 과거 외세의 한반도 행적을 살펴보자.

1차적으로 남북 분단(38선 획정)은 미국이 당시 소련의 묵인하에(보다 구체적으로는 1945년 8월 15일 미 트루먼 대통령이 소련 수뇌부에 보낸 긴급 전문에 스탈린이 대응하지 않아서)[105] 이루어졌다. 그리고 지금 남북을 가르고 있는 군사분계선(DMZ)은 한국전쟁 정전협정[106]의 산물이다.

한국전쟁을 계기로 나타난 결정적인 외적 변수의 변화는 중국 지원군의 한국전 참전이었다고 이 저자는 생각한다. '중국 지원군' 참전은 한반도에서 러시아(당시 소련)이 '출(exit) 북한'의 첫걸음을, 거꾸로 중국이 '입(entrance) 북한'의 첫걸음을 내디딘 중요한 역사적 사건이요, 순간이었다. 핵무기를 가진 소련과 미국이 한반도에서 서로 직접 맞부딪칠 수 없는 고민도 밑바닥에 깔려 있었지만…

한국전쟁 당시 유엔군 총사령관 맥아더 장군이 1950년 9월 인천 상륙작전과 수도 서울 탈환에서 극적인 성공을 거두고, 이를 호기로 잡아 미 트루먼 정부는 이른바 '제한된 반격 전략'(limited rollback policy)을 채택한다. 한국군(3사단)은 9월 30일 동부전선에서, 그리고 미군 주도 유엔군(U.S.1st Cavalry Division)은 10월 7–9일 개성 근처 서부전선에서 38선을 넘는 순간이 바로 그 시발점이었다고 이 저자[107]는 풀이한다. 왜냐하면, 바로 다음 날인 10월 2일 중국공산당 주석 마오쩌둥은 당 정치국 회의에서 한국전쟁 참전[108]을 최종 결정한다.

미군 주도 유엔군이 38선을 넘는 결정과 중국 지원군의 한국전 참전 결정은 한반도의 외세 역학 구도를 문자 그대로 단숨에, 단칼에 바꾸는 정치적, 군사전략적 전환점의 시작이었다고 나는 본다.

다시 말하면, 남녘에서의 미국의 역할은 더욱더 결정적으로 커지는 상황으로, 북녘에서의 중국의 역할은 점차적으로 소련을 대체하는 방향으로, 큰 흐름이 바뀌게 된다. 한국전쟁 때 소련군이 중국의 재정지원을 받으며, 특히 중국 공군 전투기 조종사로 위장, 참전한 것도 사실이다.

커밍스는 당시 미군이 38선을 넘는 순간을 다음과 같이 묘사한다.

> […] [미국은] 처음이자 마지막으로 단 한 번 한국 재통일에 대해 [한국민에게] 감동을 불러일으킬 만한 관심을 보여 줬다.[109]

다시 2000년대에 이르면 상대적으로 미국의 한반도에서의 영향력은 점차 줄어들고 중국은 점차 증가하는 추세로 바뀐다.

앞에서도 여러 차례 지적했지만, 제2차 세계대전 종식과 군국주의 일본의 패망으로 한반도가 일제로부터 해방되는 과정에서, 남북이 두 동강이로 쪼개지는 결정은 사실상 미국이 앞장서서 당시 소련의 묵인하에 이루어진 거래였다. 대한민국 초대 대통령 이승만이 이 거래를 "한국 국민이 당사자로 참여하지 않은 채로 한국 국민의 의사를 무시한 분단"[110]이라고 맹비난할 정도로…

한국전쟁과 정전협정을 거치면서 미국이 앞장서서 소련이 아닌 중국과 또 하나의 권력역학에 기초한 외교적 거래가 이루어져 지금까지 사실상 '전쟁 전 현상 유지'(status quo antebellum)가 지속되고 있다.

그동안 미·중 사이의 힘의 균형도 바뀌고 있다. 미국이 베트남전쟁 진행, 종식, 그리고 그 후유증을 마무리하는 과정에서, 특히 중국의 미국, 일본과의 수교, 그리고 이에 뒤따른 중국의 개혁, 개방정책의 성공으로 미·중, 미·일 관계도 지금 상대적으로 중국에 유리하게 흐르고 있다.

2000년대에 들어서면서, 무엇보다도 9·11사태를 계기로, 미국 쪽에서 이를 상쇄, 만회하려는 움직임과 이에 맞서는 중국의 움직임도 이제 만만치 않다. 미국은 오바마의 '재균형'(rebalance) 또는 '아시아에로의 회귀'(pivot to Asia) 전략이, 중국은 시진핑 체제 출범과 함께 중국 꿈(中國夢)의 '위대한 부흥'(great rejuvenation)를 내세우며, 중·미 사이에 '새 대국(大國) 관계' 설정이 현재진행형이다.

이를 위해 현 중국 외교부장 왕이(王毅)는 '적극작위'(積極作爲)[111] 외교를 주창하는가 하면, 지금 수면 위로 부상한 시진핑의 이른바 대외적으로는 '일대일로'(一帶一路) 전략을, 대내적으로는 "4개 전면[112] 치국 방략"을 펼쳐 간다는 기세다.

궁극적으로, 안팎 정치 모두 사람이 하는 일이기에, 미국의 입장에서 보면 경제적으로 서로 1, 2위를 다투는 덩치가 커진 중국이 곱지만은 않다. 핵과 우주항공 경쟁, 최첨단 사이버전 각축 등의 맞수로 등장한 중국이 두려워지기까지 하고 있다.

지금의 미·중 관계는 군사안보 차원에서는 미·소 냉전시대와 엇비슷하지만, 경제통상 등 다른 모든 관계는 서로 밀접하게 맞물려 있어 상호 의존도가 날로 깊고 넓어지고 있는 것이 근본적으로 크게 다르다. 그러나 적어도 군사안보전략 차원에서는 미·중 사이에 본질적으로 냉기류가 밑바닥에 흐르고 있는 것도 사실이다.

'재균형'을 위해 미국은 다시 앞장서서 일본으로 하여금 이제까지 미국 군사비용에 대한 재정 부담만을 덜어 주는 역할에서, 군사력 부담 역할까지 함께 나누자는 쪽으로 미·일 간 움직임이 구체화되고 있다. 특히, 1997년 미·일 간 체결한 국방 협력 가이드라인(1997 Guidelines for U.S.-Japan Defense Cooperation)을 2015년 4월 개정[113]한 것이 그 보기다.

2013년 10월 3일 미·일 외교 국방 2+2 회담의 가이드라인 개정 공동선언문[114]에서 눈에 띄는 것은 일본이 미국처럼 국가안보위원회(National Security Council)를 둔다는 문구(이미 창설)와 이제까지의 수동적 방위 개념에서 선제적(proactively) 군사행위 결의를 명시한 것이다.

더욱 놀라운 것은 지난 70년 동안 일본의 평화와 번영의 틀인 평화헌법(제9조)을 아베 정권이 사실상 편법으로 무시하면서까지 군사화를 가속화하며, 그것도 모자라서 2차 세계대전 도쿄 전범 재판도 재검증한다며 총리 직속으로 위원회를 설치[115]한다고 하니 말문이 막힌다.

이에 맞서 같은 해 11월 23일 중국도 보란 듯이 일방적으로 동중국해 방공식별구역(ADIZ, Air Defense Identification Zone)을 선포한다. 그리하여, 적어도 군사안보 차원에서는 한반도를 포함, 동북아, 나아가서는 동남아시아, 남아시아의 인도, 서남아시아까지 미국(일본 포함)과 중국의 군사안보 냉기류가 결코 바람직하지 않은 방향으로 계속 흐르고 있어서 참으로 안타깝다.

위에서도 이미 밝혔지만, 경제통상 차원에서는 2014년 7월 브라질(Fortaleza)

에서 열린 제5차 브릭스(브라질, 러시아, 인도, 중국, 남아프리카)에서 중국 주도로 브릭스 신개발은행(NDB) 설치에 합의했다. 아시아·태평양지역에서도 역시 중국 주도로, 아시아 지역 인프라 투자은행(AIIB)이 2015년 6월 창립회원 57개국(한국을 포함 역내 37개국, 영국, 독일, 프랑스 등 역내 밖 20개국) 가입으로 첫발을 내디뎠다. 이 밖에도 러시아를 포함, 중앙아시아 국가 간의 상하이협력기구(SCO)의 개발은행 설립추진 등도 중국이 이제 서서히 그러나 앞장서서 통상, 금융, 화폐에 대한 '총성 없는 전쟁'에 시동을 걸고 발진 중이다. 이에 맞서 미국도 아태지역의 TPP와 함께, 유럽연합과 환대서양무역투자동반자(TTIP, The Transatlantic Trade and Investment Partnership)도 추진 중이다. 2017년 1월 미 트럼프 공화당 새정부 출범으로 TPP출범이 머뭇거리는 상황으로 바뀌고 있지만.

미·중 사이의 군사안보와 경제, 통상, 금융, 투자 등에서의 힘겨루기를 보며, '2차 냉전 시대'의 도래[116]를 우려할 수도 있다. 그러나, 2차 세계대전 뒤 미국 주도의 NATO, 세계은행(World Bank), IMF 등은 지금도 끊임없이 성장, 성숙하고 있지만, 소련 주도의 바르샤바조약기구(Warsaw Pact)나 경제상호원조회의(Comecon)는 소련연방과 동구공산권의 소멸과 함께 사라졌다. 그리고 동구권 대부분의 나라들이 NATO와 세계은행, OECD에, 그리고 지난 동구권 공산국가들은 물론이고, 오늘의 러시아와 중국도 세계은행, IMF의 회원국이 됐다.

따라서, 2000년대에 들어서 지금 중국이 주도하고 있는 SCO나 AIIB 등을 지난 반세기 미·소 냉전 시기의 조짐으로 간주할 수도 있겠지만, 이 책 제9장과 제10장에서 상세히 밝혔듯이, 전자인간시대의 정치, 경제, 군사안보는 물론이고 우리의 삶 자체가 초읽기로 변하는 상황에서 오늘의 '냉전'은 어제의 그것과는 본질적으로 다르다. 큰 눈, 큰 그림을 그려 보자면, 대양세력과 대륙세력의 새로운 차원의 힘겨루기의 시작이라고 예견 할 수는 있겠지만.

이처럼 아시아, 태평양 연안의 군사, 안보, 경제통상 지각변동은 분단을 아직 극복하지 못한 우리에겐 위기이자, 기회이지만, 자칫 잘못하면, 결코 바람직스럽지 못한 상황으로 꼬일 수 있기 때문에 주도 면밀하고 철두철미한 대응, 대책이 요구된다.

간추리면, 앞에서도 여러 차례 밝혔지만, 우리의 통일을 언제, 어떻게 이룩할 것인지는 그 누구도 호언장담할 수 없다. 아무도 모른다는 것이 정답이다. 더구나, 통일은 대박도 미래도 아니다. 앞으로 나가든, 뒷걸음질 치든 우리의 통일의 길 발걸음은 현재 진행형이다. 통일은 안팎의 큰 흐름, 작은 조짐도 놓치지 않고 민감하고 민첩하게 적응, 적용하며 오직 우리의 바람직한 방식(자유민주 평화통일)으로 한시도 쉴 새 없이 한 치의 흔들림도 없이 준비하고 실천하는 과정이라고 나는 생각한다. 이 과정이 '통일'이라는 종착역에 다다를 때까지.

통일을 지향하는 안팎 세력과 '친통일적 상황'을 끊임없이 만들어 내고, 키우고, 열어 가야 하고, 또한 통일을 방해하고, 훼손하는 세력이나 상황은 막고, 제치고, 설득해야 한다. 한마디로, 통일은 전방위, 전천후 과제요 작업이다. 고난도, 고차원 외교와 안보를 요구하는 대한민국의 최대 최고 국정과제다. 그래야 한다.

통일준비위원회의 존재 이유

2017년 3월 탄핵으로 퇴임한 박근혜 정권은 2013년 2월 출범과 함께 대통령을 위원장으로 하는 "통일준비위원회"를 출범시켰다. 통일 관련 헌법 기구(헌법 제92조)로 이미 민주평화통일자문회의가 있고, 그 의장직을 현직 대통령이 맡고 있다. 입법부인 국회에는 외교통일위원회가 있다. 행정부에도 전담 부처로 통일부가 있고, 그 산하에 통일 정책, 정보 분석, 교육, 홍보 등을 담당하는 연구원 등이 있다.

현 통일 관련 헌법 기구나 정부 통일 전담 부처에 문제가 있다면, 그것은 기구의 잘못이 아니고 그 기구를 원(原)목적과 기능에 맞게 '자유민주 평화적 통일의 길'에 실제로 살이 되고 피가 되는 운영의 묘를 살리지 못한 사람의 잘못이며, 특히 1차적으로 국정최고책임자인 대통령의 확고부동한 자유민주 통일에 대한 신념, 비전, 추진력에 그 성패가 달려 있다.

그런데도 통일준비위원회를 새로 만든 것은 자칫 잘못하면 '집 위의 집' 하나를 더 짓는 꼴이 되기 십상이다. 더구나 현직 대통령이 '위원장'을 맡을 경우, 현 대통령이 떠나는 순간 사라질 개연성이 너무 높다. 이는 또 하나의 시간 낭비, 국고 낭비, 인력 낭비다. 대통령 산하 수많은 위원회들의 운명처럼, 현 대통령의 임기가 끝나면 흐지부지 이 새 위원회도 함께 사라지지 않을까 심히 우려된다. 아니나 다를까 이 저자가 우려한 대로 박근혜의 탄핵과 함께 통일준비위원회도 사실상 문을 닫았다.

대한민국 헌법이 명시한, 국정최고책임자로서 현직 대통령의 조국의 평화통일에 대한 유일한 의무 조항(제66조 3항)은 5년이라는 시간적 한계에서 출발한다. 이 시간 내에, 안으로는 평화통일 방책에 대한 범국민적 합의를 이끌어 내고, 남북 사이에는 범민족적 협의와 합의를 실천에 옮겨야 하며, 주변 관련국들과는 하루가 다르게 급변하는 국가 이익과 전략적 이해관계 상충과 갈등 속에서 양자 또는 다자간 친통일적, 전략적 협력과 합의를 도출하는 데 열과 성을 다해야 한다.

대한민국이 지금 필요로 하는 것은 '옥상옥'(屋上屋)으로서 또 하나의 통일 관련 기구가 아니라, 통일 관련 기구들에 현재 배정된 정부 예산만으로, 아니 기존 예산을 줄이고서도, 그 기구의 목적과 기능을 충실히 하는 것이라고 나는 생각한다. 통일 관련 새 기구가 꼭 존재해야 한다면, 그러한 기구는 통일목표와 그 전략 접근에 있어서, 국내외 전략 환경변화에 민첩, 민감하게 대처, 대응하면서도 5년마다 대통령과 정권이 바뀌어도 이 기구 핵심인력을 포함, 그 골간의 지속성과 일관성을 유지해야 하는 것이 가장 중요한 관건이요, 핵심이다.

다시 강조하지만, 이미 대통령은 헌법이 명시한 민주평화통일자문회의 의장이다. 따라서 통일준비위원회가 꼭 필요하다면, 이 새 기구는 정당의 이해타산, 정권 차원의 권력역학, 그리고 현직 대통령의 개인적인 정치계산을 뛰어넘어야 한다. 즉, 초(超)당, 초정권, 초대통령 기구여야 한다. 만약 대통령이 바뀔 때마다 이 기구의 대한민국 통일정책과 전략의 기본 골간의 일관성(consistency)과 지속성(continuity)이 흔들린다면, 이 기구의 독립성(independence)과 정체성(integrity)이 멋대로 훼손된다면, 그 존재 이유(raison d'être)를 잃게 되기 때문이다.

마지막으로, 나는 남북한 통일에 대한 네 가지 질문을 우리나라 국민에게, 그리고 나라 안팎 정치지도자에게 던지는 것으로 이 장을 끝맺고자 한다.

- 통일된 한반도 없는 동아시아에 영구 평화가 가능한가?
- 남북한 사이에 평화 교류와 협력, 긴장 완화 없는 대한민국의 정치안정, 경제 발전 그리고 국가안보는 지속 가능한가?
- 남북 사이에 긴장과 각축이 악화되면, 국제사회에서의 대한민국의 역할과 위상이 미국, 중국, 러시아, 일본, 유럽연합, 유엔 등에서 커지는

가? 아니면 작아지는가?

- 대한민국과 국민을 빼놓고 어느 나라, 어느 누가 한반도의 자유민주 평화통일을 자나깨나 바라는가? 바라고 있을까?

제 8 장

북한

북한은 불가사리다

영국 수상 처칠(Winston S. Churchill, 1874–1965)은 1939년 4월 20일의 한 연설[1]에서 러시아에 대해 이렇게 말한다:

> 나는 러시아의 행동에 대해 예측할 수가 없소. 그것[러시아]은 불가사의 속에 있는 신비로 포장한 수수께끼요.

그가 제2차 세계대전이 시작한 공식날짜인 1939년 9월 1일 독일 히틀러 나치군의 폴란드 침공을 5개월 남짓 앞두고 이 연설을 했다는 것도 흥미롭다.

처칠이 세 겹 수수께끼로 비유한 러시아(레닌–스탈린의 소비에트사회주의연방공화국, USSR, The Union of Soviet Socialist Republics)는 1991년 해체되었다. 지금은 열두 개로 다시 뿔뿔이 나눠지고, 대충 옛날 제정 러시아 시대 영토만 남아 있다는 것도 아이러니다. 그러나 러시아 집권자 푸틴(Vladimir Putin, 1952–)이 2014년 3월 우크라이나의 크림 반도를 전격적으로 다시 병합한 데 이어, 동 우크라이나의 친러시아 '민병대'와 우크라이나 군 사이에 현재 내전이 지속되고 있다. 이것은 탈냉전 이후 불거진 결코 그 누구에게도 바람직스럽지 않고 언제, 어떻게 끝이 날지도 모르는 또 하나의 유혈 무력분쟁이다.

아무튼, 위 구절을 내가 여기서 인용한 것은 오늘의 북한은 당시 스탈린(Joseph V. Stalin, 1879–1953)의 소련과도 비교할 수 없을 만큼 수수께끼투성이라는 이야기를 하기 위해서다.

오늘의 북한, 즉 김일성–김정일–김정은 3대 세습권력을 핵으로 그 주변의 극소수 집권세력이 70년이 훨씬 넘는 시간 속에서 만들어 놓은 당, 군, 정, 그리고 수많은 통제, 감시 · 감독, 선전 기구 등 국가기관과 조직은 1917년부터 100년에 가까운 공산당 집권사에서 그 유례와 유형을 찾아보기 힘들다.

위 세 겹 수수께끼의 스탈린 독재도 옛 소련 영토, 인구, 경제 등 그 규모를 떠나, 인민수탈과 압제의 중량만을 따진다면, 김씨 3대 세습독재에 비하면 속된 말로 새 발의 피다.

물론 오늘의 북한에 대한 섣부른 단정이나 단순화는 금물이다. 하지만, 북한은 영국 정치철학자 홉스(Thomas Hobbes, 1588–1679)가 17세기 중반에 당시 정부(국가)에 비유한 상상의 괴물 '거대한 해수'(海獸, Leviathan)나 베버가 개념화한 정치 '기계'(Maschine)와도 비교할 수 없을 만큼 극히 해괴한 모양새의 고물 같기도, 괴물 같기도 한 하나의 거대한 '인간 기계'—불가사리—다.

"불가사리"를 《국어대사전》(이희승 편)은 다음과 같이 정의한다:

> 상상적 짐승의 이름. 모양이 곰 같고, 코끼리의 코, 무소의 눈, 소의 꼬리, 범의 다리와 비슷한 다리를 가졌는데, 쇠를 능히 먹으며, (사람들의) 악몽(惡夢)을 물리치며, 사기

(邪氣)를 쫓는다 함.

상상의 동물인 불가사리는 그 모양새로 봐서 험상궂은 괴물이다. 하지만, 이 괴물을 북한에 비유하기 위해서는 먼저 새로운 정의가 필요하다.

북한이라는 불가사리는 지금 "(사람들의) 악몽을 물리치고 사악한 기운을 쫓는" '상상의 짐승'이 아니다. '불가사리' 북한은 근본적으로,

(1) 안팎 요인이 얽히고설킨 정치경제 개혁, 개방, 전쟁 등 혁명수준의 환골탈태를 하거나,
(2) 이념적, 정치경제 · 사회 체제의 자체 모순으로 제풀에 꺾여 어느 순간 갑자기 무너지거나,
(3) 상대적으로 긴 시간이 지나면서, 봄이 오면 새 순이 돋아나듯이 늙고 낡은 체제, 정권에 공생, 기생해 온 해묵은 당, 군, 정 세력이 알게 모르게 사라지고, 21세기 전자인간시대에 걸맞은 새 젊은 대체 세력이 등장하거나,
(4) 이 세 가지 시나리오의 교합(permutation)으로 낳은 새 '체제'의 등장 등 단절적 변화—혁명적 변신—이 있어야만, 이제까지 3대에 이르는 폭정과 횡포, 압제 속에 신음하고 있는 북한 인민들이나 제2의 직간접 피해 대상인 대한민국과 국민이 그 '악몽과 사기(邪氣)에서 벗어나게 된다'

라는 뜻으로 먼저 바뀌어야 한다.

물론 위 시나리오만 마냥 쳐다보며 우리는 손놓고 있자는 이야기는 아니다. 대한민국 정부는 적어도 두 가지 정책과 전략을 앞장서서 주도적으로 꾸준히 끈기와 인내로 풀어 나가야 한다고 이 저자는 생각한다.

하나는 남북한 대화 → 협력 → 평화적, 점진적 통합의 길 복원이다. 이를

위해 지난 냉전 시대를 닮은 지금의 극도의 적대 관계를 상호이익 협상접근틀 속에서 점진적으로 해소해 나가야 한다. 또 하나는 북한 핵 등 대량살상무기 문제의 평화적 해결이다. 핵개발 동결, 핵, 장거리 미사일 등 대량살상무기 시험 발사 중단, 북·미, 북·일 국교정상화, 정전협정의 평화조약 체결, 남북한을 포함, 미·중·러·일과 국제적 차원에서의 동북아 평화협력 체재의 구축이다. 이 두 과정은 동시적, 또는 순차적으로 이루어져야 한다. 그리고 두말할 필요도 없이 이 두 가지 정책과 전략은 상호 보완적이어야 한다. 한마디로, 이 두 정책/전략은 한반도와 동북아 평화구조 건설을 위한 수레바퀴다. 아니, 꼭 그 수레바퀴가 되어야 한다고 본다.

북한의 현주소

미 대학교수 시절인 1978년 여름, 나는 공산권 국가에서는 처음 열린 세계정치학회(IPSA) 총회에 참석하기 위에 모스크바를 방문했다. 주마간산 격이지만 그때 몇몇 도시를 둘러보며 나는 2주 정도를 보냈다.

1980년 2월에는 서독 킬대학의 남북한 관계 세미나에 참석한 다음, 그 대학에 연수하러 와 있던 한국 모 검사 부부의 자가용을 타고 한국서 같은 회의에 참석한 두 중견 교수와 함께 동독과 동베를린을 거쳐 서베를린까지 가면서 나는 동서독의 그 겉모습만이라도 비교할 수 있는 기회도 가졌다.

1981년 여름엔 중국 상하이, 베이징을 거쳐 재미 한국인 동료 정치학자 5명과 함께 당시 북한해외동포위원회 초청으로 북한을 방문했다. 북한에서도 2주 동안 이곳저곳 둘러보고 이 사람 저 사람 만났다.

그 뒤 1980년대 말, 1990년대 초에서 후반까지, 그리고 2000년대에 와서도 영국, 독일, 프랑스, 이탈리아를 포함, 서구 유럽 대부분의 나라들과 함께 폴란드, 헝가리, 불가리아, 루마니아, 동독, 몽골, 중국, 러시아 등 지난 냉전 시대의 공산권 국가들을 여러 차례 방문한 바 있다.

위 체험들, 특히 당시 공산권 국가들의 견문은, 단순한 여행이 아니라 한 정치학자, 특히 비교정치 전공자로서 나에겐 평생 잊을 수 없는 충격이었다. 하지만 이 여행담[2]은 다른 기회로 미루고 여기서는 러시아 인형 마트료시카(matryoshka)에 비유하여 오늘의 북한을 한번 분석해 보고자 한다.

창살 없는 감옥, 창살 있는 감옥

1978년 여름 첫 공산권 소련 여행을 끝내고 미국으로 돌아가기에 앞서 나는 그때 브레즈네프(Leonid Brezhnev, 1906–1982) 정부가 독점 직영하는 모스크바의 관광공사(In-tourist)의 한 상점(당시 소련에는 개인상점, 사기업이 하나도 없었다)에서 내 두 아이들에게 줄 선물을 고르다가 내 평생 처음 본 마트료시카 인형에 눈이 쏠렸다.

처음 보는 이 크고 작은 인형들 몇 개를 나는 하나하나 속속들이 까 보며 이것저것 만지작거리다가 제일 큼지막한 것 두 개를 골랐다. 이 인형 속에는 겉 인형을 포함, 마지막 내 새끼손가락 끝보다 작은 인형까지 모두 열 개가 들어 있었다. 그 뒤 미국과 한국 이곳저곳 집을 하도 많이 옮기며 살다 보니 이 두 인형이 지금 어디 있는지 알 길이 없지만…

우리 속담에 "열 길 물속은 알아도 한 길 사람 속은 모른다"라고 하지만, 지금 북한의 겉과 속을 알기란 지난날 스탈린 공산전체주의 독재 시대의 소련보다 훨씬 힘겹고 지겹다. 북한을 모른다는 이야기는 우선 우리가 그곳을 가기도 힘들고, 갔다고 해도 마음대로 그곳 사람들을 만날 수도 없고, 만난다

해도 서로 털어놓고 이야기를 나눌 수도 없고, 마음대로 이곳저곳, 이 구석 저 구석 쏘다닐 수도 없기 때문이다.

북한 주민은 국내 · 해외 방문, 여행 모두 정부의 철저한 사전 심사, 통제, 감시감독을 받는다. 관련 기관 허가 없이는 사실상 한 발짝도 움직이지 못한다. 북한 주민 개개인 스스로 선택, 결정하는 사안이 아니다. 북한을 방문하는 외국인도 정부의 까다로운 사전 입국심사와 허가절차를 거치고, 그곳 체류 중에도 통제, 감시 · 감독을 받는다.

한마디로, 북한엔 자유가 없다. 어쩌다 밖에서 들어간 극소수의 사람도 그곳에 발을 디디는 순간 곧바로 자유가 사라진다. 그가 앗긴 여권을 돌려받고 북한 국경을 벗어나는 순간, 빼앗긴 자유를 되찾는다.

북한 인민은 오감육정(五感六情)이 꽁꽁 얼어붙고 꽉 막혔다 해도 결코 지나친 말이 아니다. 눈, 귀가 있어도 자유로이 보지도 듣지도 못하고, 입이 있어도 말도 못하고, 제대로 먹지도 못하고… 손발마저도 사실상 묶여 있다. 북한 집권세력의 나팔수들이 쏟아 내는 이야기는 "콩으로 메주를 쑨다" 해도 믿을 수 없고.

'지상낙원'은 북한 극소수 지배층과 그 나팔수들의 한갓 구호일 뿐이다. 기쁨, 노여움, 슬픔, 즐거움, 사랑, 미움 등 감정도 제대로 표현, 표출 못 하는, 한 인간으로서 마음대로 할 수 있는 말도, 스스로 할 수 있는 짓도 거의 없는, 아니 헐벗고 굶주림 속에서 기관원 눈치만 보며 하루하루를 부들부들 떨며 연명하는 절대다수 북한 인민의 삶은 문자 그대로 '생지옥'이다. 북한의 소수 지배층이라고 '생지옥' 같은 이 참혹한 상황을 벗어난 삶도 아니다.

북한에서 몸소 태어나 한참 살았기에, 그 누구보다 그곳을 잘 아는 한 기자가 그 극소수들이 누리는 것도 "목숨을 저당 잡히고 얻는 부패의 자유"라고 요약한 글[3]이 내 눈길을 끈다. 가뭄에 콩 나듯, 이 저자처럼 드물게나마 그곳을 방문한 바깥 사람도 마찬가지다. 마음대로 눈이 있어도 보지 못하고, 귀가 있어도 듣지 못하고, 입이 있어도 말도 못하고, 발이 있어도 가고 싶은 곳에 가지도 못하는, 앞뒤, 사방이 꽉 막힌 온 나라가 온통 '창살 없는 감옥'이다.

나같이 밖에서 온 사람의 눈으로 보면, 오늘의 북한은 나라가 온통 제정 러시아의 '포템킨 마을'(Potemkin village)을 닮았다. 절대다수의 억눌린 인민의 삶 속에서 보면, 스탈린 독재하의 '강제 노예 수용소'(Gulag)는 상대적으로 '호화판'이다. 그리고 극소수 북한 집권층, 특권층 눈으로 보면, 북한 주민은 '이리 가라 하면, 이리 가고, 저리 가라 하면 저리 가는' 온순한 양떼 같은 '신형 노예 집단'이라고 해도 결코 지나친 말이 아니다.

북한이라는 창살 없는 감옥 속에는 또 '창살 있는 감옥'도 있다. 밖에 알려진 곳만도 여섯 개다. 이 가운데 세계에 그 참상이 비교적 널리 알려진 함경남도 요덕 수용소를 포함, '지옥구역', '통제구역', '종파 굴', '유배 굴' 등으로 알려진 이 수용소들은 일반 사람의 접근이 거의 불가능한 첩첩 산중 오지에 숨어 있다. 그 수용인원을 한국 국가정보원은 15만 4천여 명으로 추정[4]한다.

유엔은 2013년 3월 처음으로 북한인권 관련 사실조사위원회(CI, Commission of Inquiry)를 만들어[5] 북한 인민의 인권유린 참상을 나름대로 현지 · 현장 조사와 탈북자, 납북자 청문회 등을 포함, 포괄적으로 파악, 분석하여 2014년 2월 17일 첫 보고서를 발표[6]했다. 많이 늦은 감은 있지만, 이제 북한 인권문제의 참상을 유엔 인권위원회는 물론이고, 유엔 안보리에서까지 처음으로 의제로 채택, 토론하려는 상황까지 왔다.

위 북한인권 보고서에서 가장 내 눈길을 끄는 대목은 북한의 반(反)인도, 반인륜 참상을 히틀러의 '나치 죽음의 수용소'(Nazi death camps)에 비견한 것이다. 이 보고서는 북의 국가보위부, 인민군, 노동당, 국방위원회 등 국가기관들과 특히 '북한 최고지도자'(Supreme Leader of the DPRK)—김일성, 김정일, 현 김정은—를 반인도 범죄행위자로 지목(규정)했다. 유엔이 북한 최고지도자의 '반인도 범죄'(crimes against humanity) 행위를 국제형사재판소(ICC, International Criminal Court)에 제소할 수 있는 국제법 근거를 처음으로 마련한 것이다.

최근 유엔인권고등판무관(UN High Commissioner for Human Rights)이 북한 인권침해의 책임 소재를 밝히고, 그 자료수집 등을 전담하는 현장사무소를 서울에 개설[7]한 것도 그 일환이다. 또한 앞에서도 밝혔듯이, 이 보고서를 근거로 2014년, 2015년, 2016년, 3년째 북한정권의 조직적이고 지속적인 인권침해와 인권유린 문제를 유엔 안보리 정식회의 안건[8]으로 다루고 있다.

궁극적으로는 그러나, 현 북한 김씨 3대 세습독재가 끝나지 않는 한, 북한의 '생지옥'이 단숨에 단 칼로 끝날 일은 결코 아니라는 것이 절대다수 북한인민 비극의 현주소다. 그리고 북의 현 체제와 정권이 어떤 형식으로 변하고 끝나든, 그 최대의 '부수적 피해자'(collateral damage)는 이제까지도 그랬지만 앞으로도 대한민국이요, 우리 국민이다.

구체적으로, 북한의 참상을 몇 가지 보기를 들어 살펴보자.

2016년 국경 없는 기자 세계언론자유 179개국 지표[9] 순위에서 북한은 맨 꼴찌인 세계 최빈국의 하나인 북아프리카 에리트레아(179위, 1993년 에티오피아에서 분리 독립) 다음으로 언론자유가 없는 178위다. 참고로 한국은 70위다. 지난 이명박 정부와 박근혜 정권을 맞으면서 대한민국의 인권, 특히 언론자유가 크게 위축되고, 도전받고 있기 때문이다. 참고로 이웃 중국은 176위, 일본은 72위다.

미 헤리티지 재단(Heritage Foundation)과 《월 스트리트 저널》(*The Wall Street Journal*)이 조사한 178개국 2016년 경제자유지수[10] 순위는 북한이 맨 꼴찌인

178위이고, 한국은 29위다.

영국 시사주간지 《이코노미스트》(*The Economist Intelligence Unit*)의 167개국 2012년 이래 지금까지 민주주의 지수[11] 순위에서 '권위주의 정권'(authoritarian regime) 범주에 드는 북한은 그 가운데서도 줄곧 맨 꼴찌인 167위다. 한국은 2012년에는 20위로 25개국 '완전민주주의'(full democracy) 국가 범주에 들었다. 그러나 이명박, 박근혜 정권을 거치면서 다시 2015년에는 22위로 '흠이 있는 민주주의'(flawed democracy)로 두 단계 뒷걸음질했다.

경제통계를 포함, 다른 모든 통계도 그렇지만, 북한엔 국내외 여행자 통계도 없다. 유엔세계여행기구(UNWTO, UN World Tourism Organization) 통계에도 북한 여행자 자료는 공백이다.

북한을 찾는 외국인 여행자의 한 추계는 연간 3천 명, 4천 명이 고작[12]이라고 하지만, 대충 1년에 1만 명에서 20만 명까지 북한 국경을 넘나든다고 추측하기도 한다. 한편, 위 통계연감[13]에 대한민국을 찾은 외국인 여행자 수는 2011년 9,794,796명, 2012년 11,140,028명, 2013년 12,175,550명, 2014년 14,201,516명, 2015년 13,231,651명으로 증가세가 주춤하는듯 하다. 한편, 2017년 말 완공 예정인 인천공항 제2여객터미널이 열리면 인천공항의 연간 여객처리 능력은 5천4백만 명에서 7천2백만 명으로, 화물처리 능력은 450만 톤에서 580만 톤으로 늘어난다.

참고로, 인천국제공항의 경우 2014년 국제환승객은 세계 1위 두바이(6,990만 명), 2위 런던(Heathrow, 6,800만), 3위 홍콩(Chek Lap Kok, 6,290만), 4위 파리(Charles de Gaulle, 5,860만), 5위 암스테르담(Schiphol, 5,490만), 6위 싱가포르(Changi, 5,320만), 7위 프랑크푸르트(5,270만)에 이어 8위로 4,490만 명이다. 국제화물운송은 1위 홍콩(437만 톤)에 이어 인천공항이 2위로 247만 톤[14]이다.

북한 변화의 조짐은?

지난 스탈린 시대 소련의 '철의 장막'이나 마오쩌둥 시대 중국의 '죽의 장막'보다 더 꽉꽉 틀어 박히고 막힌 오늘의 북한. 이 칠흑같이 어두운 '강철 덮개'(steel drape) 속 같은 북녘 땅에도 햇빛이 스며들 공간이 완전히 차단된 것만은 아니다.

남북정상 간에 안팎 뉴스를 타고 2000년 6월 중순 처음으로 열린 김대중–김정일 정상회담과 2008년 10월 노무현–김정일 정상회담이 그 대표적인 사례다. 그러나 지금은 남북한 사이의 교류나 협력이 먼 옛날의 역사기록인 양 그 생명력, 추진력을 크게 잃었다. 보기를 들면, 2012년 방북은 11건, 2013년엔 5건, 2014년엔 47건이고, 방남은 2012년에 한 건도 없었고, 2013년 2건, 2014년 5건[15]이다. 2016년엔 사실상 남북 간 인적 교류가 끊겼다. 그리고, 2008년 7월 금강산 관광객(박왕자 씨) 총격피살 사건으로 중단된 금강산 관광 재개와 이산가족 상봉 정례화 문제 등을 놓고 모처럼 열린 2015년 11월 남북차관급 회담도 결렬된 상태다.

북의 김정은이 2016년 1월 4차 핵실험에 이어 2월 대륙간 장거리 탄도미사일까지 막무가내로 발사하자, 그 대가로 한국의 박근혜 정권은 개성공단을 곧바로 폐쇄했다. 그리고 2016년 9월 9일 북이 5차 핵실험을 자행하자 이제 남북 간에는 사실상 대화와 협력이 전무한 일촉즉발의 '신냉전' 대결, 대치 구도로 뒷걸음치고 있다.

두말할 필요도 없이 핵실험, 장거리 로켓 발사를 포함, 김정은의 오만 방자한 만행은 몰매, 뭇매를 맞아도 싸다. 이에 대한 유엔 안보리는 물론이고, 대한민국, 미국, 중국, 일본, 유럽연합, 러시아 등 개별 관련국들이 이전보다 훨씬 강화된 제재조치와 옥죄기를 하는 것도 옳다. 하지만, 제재와 처벌은 김정은 정권의 무도한 망동에 대한 조치(수단)이지, 우리나라 우리 국민의 숙원인 남북한 분단극복과 자유민주 평화통일 달성이라는 목표, 대의는 아니다.

이 저자가 김대중 정부의 공직에 있을 때 "말로 천 냥 빚을 갚는다"라는 우리 속담이나 "부드러운 말은 철문을 연다"라는 불가리아 속담을 자주 인용하며, 조국의 평화통일의 길에 남북대화와 협력이 필수불가결하다고, "대화를 위한 대화도, 대화를 무조건 안 하는 것보다는 낫다"라고 끊임없이 역설하던 것이 엊그제 같은데 말이다. 격세지감이다.

그러나, 그때나 지금이나 아무리 '괴물', '고물' 같은 상대라 하더라도, 대화는 해야 한다는 나의 생각엔 변함이 없다. 처칠[16]이 말했듯이, "서로 턱을 맞대고 말다툼, 입씨름하는 것[대화]이 치고받고 싸움질하는 것[전쟁]보다야 언제나 낫지 않은가?" 인류역사에서 어떤 기준, 어떤 근거로 계산, 계량화하든 '전쟁비용 > 평화비용' 공식을 깬 일이 없지 않은가? 한마디로, 전쟁에서 희생된 한 사람의 고귀한 생명을 무엇으로, 어떻게 보상할 수 있단 말인가?

처칠이 위 명언을 한국전쟁(1950-1953)이 정전협정으로 멈춘 그 다음 해인 1954년 6월 한미상호방위조약 공식체결을 앞두고, 당시 미 대통령 아이젠하워와의 미 백악관 오찬 자리에서 남겼다는 것도 역사적인 여운을 남긴다. 다만 남북한 주민, 특히 이산가족의 입장에서 보면 아직까지도 그 정전이 남북한 평화통일로 맥을 잇지 못한 서글프고, 피맺힌 고통이지만…

한편, 북녘 땅에 햇볕이 스며들 공간을 찾고 넓히는 국제기구나 민간단체 또는 개인 차원의 보기들도 그동안 수없이 많았지만 먼저 열린 공간을 북한이 스스로 무너뜨리는 최근 무력도발 사례들부터 몇 가지만 소개하면 다음과 같다. 2016년 1월, 2월 북한의 막무가내 4차 핵실험, 같은 해 9월 9일 5차 핵실험과 두 차례 대륙간 탄도미사일(광명성 4호) 발사, 그리고 2017년 2월 평북 구성에서 발사한 고체연료를 사용한 사거리 2000km의 북극성 2형 발사 등으로 한반도 상황이 크게 판이 바뀌기 이전에, 겉으로 나타난 '변화'들임을 미리 분명히 밝힌다. 이제 북한은 핵무기 소형화, 경량화, 다종화와 대륙간 탄도미사일 개발에 한 걸음 더 가까워졌고, 핵탄두의 대기권 진입도 가능한 단계인 것으로 추정[17]한다.

극도로 밀폐된 북한에 아직도 실오라기 같은 열린 공간은 있는가? 있다면 그것은 무엇이고 어떻게 펼쳐지는 것일까? 이 저자가 두서너 번 만난 적이 있는 스위스 개발협력처 평양소장으로 2006–2011년까지 5년간 북한에 거주했고, 그동안 50회 이상 북한을 들락날락한 젤베거(Katharina Zellweger)는 한 일간신문과의 인터뷰[18]에서 이른바 '5M', 즉 시장(market), 화폐(money), 휴대전화(mobile phone), 중산층(middle class), 그리고 자동차(motorcars)가 북한을 지금 변화시키고 있다고 봤다.

그에 의하면, 2013년 북한 전체 인구 가운데 1% 이상인 20만 6,000명이 중국여행을 했고, 그 가운데 9만 3,300명이 취업 비자를 가지고 갔다고 한다. 그는 또 "나는 이미 북한의 변화를 느끼고 있다"며, "남북 주민들이 접촉하고 교류하는 것만이 한반도의 긴장을 완화시킬 수 있는 유일한 길"이고, "특히 북한의 어린이와 산모에 대한 영양, 위생 지원은 필수적"이라고 강조하고 있는 대목이 내 눈길을 끈다.

젤베거의 '5M' 변화 조짐을 감안하더라도 바로 지금 이 순간도 위 남북여행통계 하나만 보아도 북은 그의 삶과 세상이 막히고 갇혀 있고, 남은 열려 있다는 극적인 대조를 보여 준다. 한 방울 한 방울 물방울이 모여 끝내는 바다를 만든다고는 하지만…

대한민국 국가정보원은 이례적으로 국회 정보위원회 보고[19]에서 휴대전화('손전화')를 쓰는 북 주민이 370만 명이며 "김일성 체제의 리더십이 100이라면 김정일은 50–70, 김정은은 10에 불과하다"는 발언과 함께, 김정은과 권력층 사이의 운명공동체 의식 약화, 사(私)경제 확산, 주민들의 의식변화 등을 밝힌 자료를 언론에 배포까지 했다.

또 미화 1달러의 북 공식환율은 106원이지만 급속도로 번지고 있는 장마당에서의 실제 거래환율은 7,950원이며, 현재 해외에 나간 근로자는 5만 8천 명(누계는 22만 명)이고, 이 해외근로자가 벌어들이는 연간수입은 1억 3천만–1억 5천만 달러로 추정한다.

특히 주목되는 것은 북의 사이버 외화벌이 사업이다. 중국, 말레이시아 등에 정보기술 인력 1,100여 명이 파견돼 사이버(IT)인력 1인당 연간소득(2만 달러)이 일반 해외근로자(3천 달러)의 일곱 배라고. 더구나, 요즘 북한 젊은이들은 2013년 내놓은 스마트폰, 아리랑, 2014년 내놓은 평양터치로 쇼핑, 식사 주문까지 한다고 한다.[20]

국정원은 또 국회 정보위에서 최근 밝힌 지난 3년간 북한 해외주재관이 탈북에 한국에 입국한 숫자가 총 46명으로, 2013년 8명, 2014년 18명, 2015년 10월까지 20명으로 계속 늘고 있고, 그 가운데는 북 국가안전보위부 장관급도 포함한다[21]고 공개했다. 2016년 3월 6일에는 중국 닝보의 북한 식당 종업원 13명이 집단 탈출, 한국으로 입국했다. 북한이 중국 정부에 항의하자 중국 외교부 대변인은 "유효여권으로 합법적으로 출국한 것"이라고 맞받았다.[22]

또 하나, 2017년 2월 13일 말레이시아 수도 쿠알라룸푸르 국제공항에서 발생한, 북한의 소행으로 보이는 김정은의 이복형 김정남의 독극물(VX) 암살 사건으로, 말레이시아 정부가 주재 북한 대사를 추방했다. 이는 지난 1983년 미얀마 아웅산 테러사건과는 다르게, 동남아 국가와 북한 정권 사이의 '외교분쟁'으로 비화함으로써 1차적으로는 동남아, 나아가서는 세계적으로 북한의 민낯이, 그 잔학성이, 발가벗겨지는 모양새다. 북한이 자기 줄로 스스로를 묶고(자승자박) 이, '고립무원', '사면초가'가 가속화하는 형국이다.

북한 주민에의 '손전화'의 급속한 보급, 파급현상이나 북 고위간부 탈북 등을 놓고 누군가는 곧바로 전자인간시대의 새 정치현상[23]인 2011년 튀니지, 이집트, 리비아 등 중동의 이른바 "아랍의 봄"(The Arab Spring)에 큰 몫을 했던 인터넷, 휴대폰 등 전자기기를 통한 안팎 SNS의 역할과 기능으로 북한 변화를 이끈다는 기대를 할 수도 있다.

더 나아가서, 북한의 전자기기 확산을 이 장(章) 첫머리에서 제기한 북한의 "혁명적 변화" 네 가지 시나리오의 한 조짐으로까지 볼 수도 있겠지만, 아직은 좀더 지켜봐야 할 것 같다. 이와 관련, 2015년 10월 조선노동당 창립 70주년 열병식에서의 김정은 연설문을 분석한 미 해거드(Stephan Haggard) 교수는 김정은의 새 전략 3대 축으로 인민중시, 군대중시와 함께 "청년중시"를 격상시킨 것을 주목해야 한다며 "슬프지만 북한은 쉽게 망하지 않는다"[24]며 신중론을 펴는 것에도 우리는 귀 기울여야 한다고 본다.

위 해거드와 북한 관련 블로그[25]를 공동 운영하는 미 북한경제 전문가 놀런드(Marcus C. Noland)는 위 같은 일간지 인터뷰[26]에서 북한경제가 최근 좋아졌지만 이는 중국과의 무역, 특히 광물수출[27]이 늘었기 때문이며 김정은 리더십과는 무관하다며, 장마당 같은 암시장이 크게 번지는 시장화(marketization) 현상을 그는 "마치 잔디가 올라오듯 자생적인 것이다. 정권이 통제할 수 없는 것이다"라고 밝힌 것도 눈에 띈다.

한편, 북한경제 전문가인 서울대 김병연 교수는 같은 일간지 칼럼[28]에서 북한은 지금 성인 50%만이 사회주의 직장에서 일하고, 장사, 밀수, 개인서비스 제공, 가축사육, 텃밭 재배와 같은 사경제활동에 종사하는 사람은 70%가 넘고, 공식 직장에서 받는 월급은 생활비의 1%에도 미치지 못한다고 분석한다. 이런 삶에서 개인주의가 싹트고 최고지도자가 아니라 자신이 삶의 주체가 될 수 있음을 배우게 된다고 그는 관찰하며, "북한 경제와 사회는 변했다.

그러나 우리 정부의 대북정책은 진화하지 않고 있다"고 비판한다.

북-중 국경 단둥에서 만난 한 북 주재원[29]이 "아니, 주머니에 (돈을) 챙겨야 하는데 조선사람이고 남한사람이고 무슨 소용입네까, 안 그렇습네까? 여기 생활비만 연간 5만 달러 이상 필요하니 적어도 매년 10만 달러는 벌어야 적자를 면한다"며 털어놓은 말이다. 이제 자본주의 돈 맛이 북녘 사람들에게도 빠르게 번지고 있다는 징조다.

위 단둥 북 주재원의 "돈만 된다면 북 사람이든 남 사람이든 상관없어"라는 실토는 마오쩌둥이 1976년 사망한 뒤, 중국의 사실상 최고지도자(중국공산당 중앙군사위 주석)로 부상한 덩샤오핑(1904-1997)이 1979년 미국 첫 나들이를 하고 미 · 중 수교를 공식화하는 계기에 뿌리깊은 중국의 실용주의가 밑바닥에 깔린 한마디—"검은 고양이든 흰 고양이든 쥐만 잘 잡으면 좋은 고양이"[30]—를 상기시킨다. 다만, 중국의 개혁개방이 "위로부터의 혁신"이라면, 지금 북한의 새로운 변화 조짐은 "아래로부터 번지는 바람" 같다. 꼭 자생적이지는 않더라도, 굶주리고 쪼들린 주민이 살 길을 스스로 찾으려는, 찾을 수밖에 없는 몸부림, 안간힘에 가깝다. 이 각자도생(各自圖生)의 끝이 어디고, 어디서 튀고, 언제 터질지 을씨년스럽기까지 하다.

한편, 전 세계의 주목을 받은 북한을 어렵게 탈출한 고아 아홉 명의 재납북 사건[31]은 북한 주민의 참담한 비극적 현실과 북한정권의 비인도적, 반인륜적 횡포를 온 세상에 적나라하게 드러낸다.

탈북자가 지속적으로 늘어나자, 중국 정부는 물론이고, 동남아 라오스 정부까지 탈북자를 막는 상황에 이르렀다. 이제 북한 주민의 탈출은 사실상 목숨을 걸고도 넘기 힘든 장벽이 되고 있다. 그럼에도 불구하고 철옹성 같은 북한의 사선(死線)을 뚫고 넘어 두만강, 압록강 얕은 물길, 물살을 건너, 아니면 겨울철 얼음 위를 걸어 나온 탈북 주민은 지난 수십 년간 수십만 명으로 추정된다.

이처럼 목숨을 걸고 힘겹게 북한을 탈출한 이산민(離散民), 유랑난민(流浪難民)은 몽고, 중국은 물론이고 동남아를 떠돌며 굶주림과 공포 속에 하루하루 연명하는 21세기판 디아스포라(diaspora)의 전형이 되고 있다.

이 가운데 남녘 대한민국에 정착한 탈북자만도 이제 3만 명 선이다. 숫자로는 아직 미미한 것처럼 보이지만, 이 정착민은 앞으로 어쩌면 북한 변화와 남북통일의 새 변수다. 이미 새 정치변수[32]가 되어 적어도 한국 내에서, 그리고 직간접으로 북한에까지 영향을 미치고 있다.

중국 연변 조선족 자치구에 그곳 최초의 민족 해외 사립 과학기술대를 1989년 설립하고, 북한 평양에도 2009년에 과학기술대를 설립한 재미교포 출신 김진경 총장이 "나는 공산주의자도 자본주의자도 아닌 오로지 사랑주의자"[33]라고 외치는 한마디도 눈물겹도록 뜨거운 감동을 준다.

그는 이 2년제 중국 연변과학기술대학을 1992년 4년제 대학으로 승격시킨다. 1987년 처음 북한을 방문한 김 박사는 연변에 그치지 않고, 북한에도 과기대 설립을 추진하는 과정에서 1998년 북한 당국에 체포되어 구속되기도 하지만, 2001년 5월 2일 북한 당국으로부터 평양 근교 100만 평방미터(약 33만 평) 부지에 과기대 설립 허가를 얻어 낸다. 김대중 정부 때 통일부 남북통일협력기금 10억 원을 비롯하여, 기독교계 모금 440억 원 등 총 450억 원을 투입, 평양 과기대를 2009년 9월 16일 준공[34]한다.

이 캠퍼스 안에는 R&D 센터 건물을 포함, 10여 개의 시설이 있고, 대학원 중심 대학으로 농업식품공학, 정보통신, 산업경영 등 3개 분야에 400여 명의 학생이 재학 중이며, 보건의료와 건설공학부 신설도 계획 중이라고 한다. 현재 한국을 제외한 미국, 영국, 캐나다, 독일, 네덜란드, 중국 등 세계 주요 7, 8개 나라 교수 약 70명이 수업을 맡고 있고, 학생들은 4년간 기숙사에서

생활하며 학비, 식비, 기숙사비 등 일체의 비용이 무료다. 이 캠퍼스 내에 있는 '김일성 영생 탑'이나 '주체사상 연구센터' 등이 눈살을 찌푸리게 하지만.[35]

북한은 열 겹 마트료시카인가?

아무튼 북한의 참혹한 현실을 마트료시카(matryoshka) 인형에 비유하면, 북한은 지구라는 인류의 터에서, 북한 인민은 김씨 왕가 3대 세습 틀이라는 최소한 열 겹 인형 속에 갇혀 아직까지도 숨죽이고 신음하며 겨우겨우 연명하고 있다고 해도 과언이 아니다.

세계 230여 개 나라와 속령들 가운데서 지금 북한과 그 인민들처럼 철저하게 안팎으로 막히고 갇힌 나라와 국민은 72억 명이 옹기종기 모여 사는 이 지구촌에 아마 없을 것이라고 이 저자는 생각한다.

예전에도 그랬지만, 북한은 지금 훨씬 심각한 수준의 전형적인 사면초가 상태다. 북한을 한 개인의 병세로 보면 극도의 밀실공포증(claustrophobia) 환자나 다름없다. 현 북한 김정은 정권을 사람에 비유하면, 언제 숨을 거둘지도 모른 채 산소호흡기에 마냥 매달려 있는 중환자실 환자 같기도 하다. 심리학 용어로는 현 북한 집권세력은 극도, 극한의 '포위심성'(包圍心性, siege mentality)[36]에 사로잡혀 있다고 볼 수도 있다.

북한은 왜 이런 최악의 상황에까지 이르렀을까?

에둘러서 몇 마디 하면, 절반은 역사 · 문화적, 지리, 지정(地政), 지경(地經)학적 요인 등 북한이 놓인 현 체제 외적 또는 외부 요인들 때문이다. 나머지 절반은 현 체제 내부 요인들, 특히 김일성–김정일–김정은 현대판 3대 권력 세습왕조를 이끈 극소수 집권세력[37]이 스스로 만들어 낸 대내외 정책의 누적된 실책, 부패, 무능이 낳은 결과다.

두말할 필요도 없이 '자기 파괴적'이고 '스스로 자기 무덤을 파는' 꼴이다. 하지만, 오늘의 이 비극과 참상은 체제 외적 또는 외부 요인만을 탓하거나 손가락질할 일이 결코 아니다. 궁극적으로는 김씨 3대와 소수 집권세력이 역사에 책임져야 할 문제다.

왜냐하면, 예나 지금이나 어느 나라든 국정최고책임자의 최고, 최상, 최선의 덕목으로 통합, 안민, 부국강병, 화평을 꼽으며, 이를 달성하기 위해 안팎의 온갖 걸림돌을 제거, 극복하는 것이 그의 책무이기 때문이다.

일찍이 공자가 《논어》에서 국가의 3대 책무를 민신(民信), 족식(足食), 족병(足兵)[38] 이라고 순위를 매긴 것은 정치의 보편적 공리라고 나는 생각한다.

요샛말로 풀이하면, 4안(安)—안심, 안전, 안정, 안보—이다. 정부가 국민의 신뢰를 얻기 위해서는 무엇보다도 국민이 발을 쭉 펴고 안심 하고 살 수 있도록 그들 대다수의 삶의 안전과 안정을 보장, 보호해야 한다. 그리고 안팎의 다른 세력, 다른 나라의 위협과 침공으로부터 국토, 국권, 국익을 지키는 것이 안보다.

공자의 위 국가관은 옛 그리스 아리스토텔레스가 《정치론》에서 "국가의 목적은 좋은 삶, 행복한 삶"이라고 한 것과 같은 맥락이다.

> (도시)국가는 가족과 마을 사람들이 완전하고 스스로 만족스러운 삶을 꾸려 가기 위해 모인 (더 큰) 협동체로서, 그 구성원 한 사람, 한 사람이 행복하고 영예로운 삶을 꾸리도록 최선을 다해야 한다.[39]

공자가 국가(정부)의 기본 책무로 꼽은 위 민신, 족식, 족병을 아리스토텔레스는 직설적으로 국민의 행복(felicity)이라는 개념으로 표현하고 있다.

오늘의 정치학 용어로 말하면, 민신은 정권의 정당성(legitimacy), 족식은 국가경제, 족병은 국방 개념[40]과 비슷하다. 특히, 가장 중요한 민신은 단순히 민주정부의 최우선 기본 요건인 합법성(legality)만이 아니고, 다수 시민의 마음(popular support)까지 얻어야만 한다는, 즉 정당성 유지를 공자는 지목한 것이다.

위 몇 가지 개념들을 오늘의 북한에 적용하면 어떤 모습일까?

북한의 변질된 공산전체주의 김씨 일가 3대 세습독재는 1948년 정권 출범 이래 지금까지 "미 제국주의 압제로부터 남조선을 해방"시킨다는 미명하에 족병, 즉 군사력 강화만을 절대적으로 최우선시해 왔다. 그 결과는 인구 대비 병력 수, 정부예산 대비 군사비 등에서 북한이 지금 이 지구상에서 가장 철저히 병영화된 나라가 된 것이다.

이른바 김일성이 1962년 내세운 4대 군사노선—전군 간부화, 전군 현대화, 전 인민 무장화, 전국 요새화[41]—이나 김정일이 1994년 7월 그의 아버지가 죽은 뒤 내세운 선군(先軍)노선이나, 그리고 현 집권자 김정은이 역시 2011년 12월 그의 아버지 김정일이 죽은 뒤 내세운 군사(핵개발)와 경제발전을 동시에 추구한다는 병진(竝進)노선이나 겉만 다르지 속살, 속셈은 같다.

온 나라, 온 인민이 병영에 사는 병사 같은 삶을 끝까지 밀어붙이겠다는, 그 길만을 끝까지, 갈 때까지 가겠다는 "병영국가" 노선엔 변화가 보이지 않는다. 안타깝게도 현 김정은 집권세력의 근본적인 새 변화가 아직까지는 감지되지 않고 있다.

구체적으로, 밖에서 추정하는 북한통계는 그 체제의 극도의 폐쇄성만큼이나 정확도나 신빙성이 떨어지지만, 2015년 현재 군 병력—현역, 예비군, 준군사조직(paramilitary forces)—이 940만 명으로, 전체 인구 2,450만 명의 26%에 가깝다. 이는 20-45세의 인구 모두에 해당하는 숫자다. 군사비도 북한 전체 경제규모(GDP 40억 불)의 25%인 10억 달러[42] 정도로 추정된다. 이러한 극도의 병영화는 북한 용어를 빌리면 1962년부터 시작된 위 김일성 4대 군사노선[43]과 김정일의 선군(先軍) 정치, 그리고 현 김정은의 병진 노선이 낳은 필연적인 결과다.

병영화가 낳은 비극은 또 있다. 소수 집권세력이 인민의 최소한의 족식마저도 해결 못 하고, 인민의 자유와 인권을 송두리째 빼앗아 인민을 독재권력의 한갓 신민으로 전락시켜 버린 것이다. 결과적으로, 김씨 3대 독재는 스스로 앞장서서 북한을 전형적인 '실패한 국가'의 길로 몰아붙인 꼴이 된 셈이다.

한 일간지[44]는 2014년 새해 특집 기사, "통일이 미래다" 시리즈에서 한국정부 재경부 산하 대외경제정책연구원과 서울대 통일평화연구원 자료를 인용, 북한의 '시장화'가 90% 가깝게 진전해서 대다수 북한 주민이 시장에 의존하고 있으며, 한반도가 통합하면 5년 안에 북한도 시장경제체제로 편입할 수 있는 수준이라고 주장한다. 이 기사가 나고 며칠 지나서 대통령 취임 뒤 첫 신년기자회견에서 대통령 박근혜도 "통일은 대박이다"라고 덩달아 새 구호[45]까지 외쳤다.

이 저자가 위 연구 분석 자료나 발표문을 아직 직접 읽어 보지 못한 상황에서 속단할 수는 없지만, 이 특집기사를 읽고 곧바로 느끼는 것은 이 기사의 논리 비약이 거의 '정치선동 수준'이다.

왜냐하면, "한반도 통합 시"라는 이 기사 첫 구절, 즉 전제가 그렇다. 남북분단은 올해로 72년째다. 김씨 3대 세습독재 기간과 사실상 같다. 북한은 아직까지 중국이 1970년대 말, 베트남이 1980년대 초 시작한 개방과 개혁의 문을 제대로 열지도 못했다. 개성공단처럼 문을 열었던 곳도 이제 다시 그 문이 굳게 닫혔다.

그 책임과 이유야 어떻든 1990년 말 시작한 금강산 개발과 관광도 이명박 정부 출범 뒤 2008년 7월 한국 관광객 박왕자 씨 총격 사건으로 문이 닫혔다. 천안함 사건과 북한군 연평도 포격 만행까지 불거져 남북관계가 계속 뒷걸음질 치다가, 그를 이은 박근혜 정권하에서도 북한이 2016년 1월, 2월 4차, 9월 5차 핵실험과 장거리 미사일 발사 등을 자행하자, 개성공단마저도 일방적으로 성급히 폐쇄함으로써 남북한 관계는 이제 지난 냉전시대 못지않게 꽁꽁 얼어붙었다.

이런 상황에서 아닌 밤중에 홍두깨식으로 "통일이 미래다", "통일이 대박이다"라고 운운하는 것은 접근 방법과 과정을 무시한 한갓 구호다. 그 구호의 진정성, 객관성과 정치책략적 함의가 의아함을 넘어 자못 의심스럽다.

더구나, 남북관계를 앞장서서 이처럼 꽁꽁 얼어붙고 꼬이게 하는 데 큰 몫을 한 일부 보수 언론사가 이명박 정권을 이은 박근혜 정권과 함께 이런 구호를 앞장서서 외치다 보니 더욱 황당무계하다.

그 무엇보다도 통일은 여러 측면의 어렵고 힘든 통합과정을 거쳐서 이루어지는 마지막 단계의 정치적, 법적 결과물이 아닌가? 따라서, "통일은 대박이다"는 구두선(口頭禪)이다. 안타깝게도 이 구두선 속에는 진정한 통일 일꾼의 피와 땀과 눈물도 보이지도 않는다. 이 저자는 김대중 정부의 "철의 실크로드" 프로젝트가 박근혜 정권의 "유라시아 이니셔티브"로 이름만 바뀐 겉치레나 국민을 향한 정치 · 정략적 구두선으로 끝나지 않기를 바랐지만, 박근혜는 끝내 최순실 등 이른바 비선실세의 온갖 국정농단과 전횡으로 탄핵, 파면됐다.

아무튼, 북한을 이처럼 세계 최악의 고립무원의 고아, 부랑아, 열외, '불량국가', '실패한 국가'의 길로 몰아붙인 안팎 열 가지 요인 가운데, 먼저 북한이라는 실체의 외벽—밖으로부터의 북한 제재와 제약—, 즉 '북한 교살' 다섯 가지를 러시아 인형 마트료시카에 비유하여 한번 살펴보자.

이 비유에 앞서, 이 저자가 개념화한 터, 틀, 판, 그리고 때(시간) 등 이 변수들의 중심에서 움직이는 행위자 사람을 방정식화하면, 터는 사람이라는 집단이 사는 공간(site, field, geography, external environment, territory, boundary, land, seas, oceans, earth, universe, etc.)이다. 틀(systems, structure, frame, institutions, mode of operation, history, culture, religion, customs, etc.)은 종교를 포함, 사람이 만든 기구, 구조, 체제 등 더 넓게는 문화, 문명이다. 그리고 판(stage, footing, acts, performance, construction, creation, etc.)은 인간집단의 개개인이 어느 한정된 터 와 틀 속에서 벌이는 행위, 활동이다. 판은 창조, 창건, 창작을 포함, 정치행위의 마당, 경제, 통상, 금융, 투자 등 장터(시장, market), 예술 활동과 공연의 무대나 스튜디오(stage, studio), 건설, 노동, 영농, 어로 현장 등등 모든 개개인 활동, 행위의 장이다.

이 터(site, s_1), 틀(structure, s_2), 판(stage, s_3), 때(time, t) 등의 변수와 이 변수의 주체인 사람(human being, actor, H)의 입장에서 만든 방정식—$H_a = f(s_1, s_2, s_3 + t)$—에 대해서는 책을 몇 권 써도 모자랄 정도로 광범위하고 심층적인 분석이 필요하다. 여기서는 이 개념들[46]의 윤곽만을 독자에게 소개하고, 이 책 제10장에서 그 범위를 정치라는 터, 틀, 판, 때로 좁혀서 그 주체인 사람(정치인)을 오늘의 4차 혁명, 전자인간시대와 그 현실에 맞게 개념화하여 분석하고 있으므로 참고하기 바란다.

이제 마트료시카 인형에 비유한 북한의 외벽과 내벽을 살펴보자.

외벽(外壁)

● 북한의 첫 겉 인형은 지리적 환경과 역사, 종교, 문화적 요인이다. 넓은 의미에서 지리적인 조건과 제약이 지금 한반도에 살고 있는 우리의 터(s_1)라

면, 역사 · 종교 · 문화 · 정치 · 경제 · 사회적인 요인은 그 틀(s_2)이다.

먼저 지리적 조건과 제약은 터다. 터는 시간(t)적으로 가장 더디게 움직이고 변화하는 속도도 상대적으로 가장 느리다. 예외적이지만, 지진, 화산폭발 등 자연 재해, 전쟁, 침략, 괴멸, 자멸, 또는 나라와 나라 사이의 극적 합의, 또는 합의 파기(보기를 들면 Brexit) 등으로 한 나라의 정치, 경제, 통상, 자연환경이나 생태계, 즉 터가 갑작스레 하루아침에 또는 더디게 사라지고, 커지고, 작아지고, 두 동강이, 세 동강이 나기도 한다.

이러한 터 개념에서 보면, 북한은 지금 동서남북이 거의 완전히 꽉 막혀 있다. 북서쪽으로는 중국(1,416km), 북동쪽으로는 러시아(19km)와 국경을 같이 하고 있다. 중국, 러시아와는 육로, 철도, 항로가 그나마 소규모로 운영되고 있다지만, 러시아와는 그 왕래마저 그나마 잦지 않다.

북한 함경북도 나진항과 러시아 극동 지역 하산을 연결하는 총 길이 54km의 새 철로 공사가 2008년 10월 시작한 지 5년 만인 2013년 9월 완공, 개통했다. 북의 중국, 러시아와의 관계나, 김대중 정부에서 시작한 "철의 실크로드" 계획이나, 박근혜 정권의 "유라시아 이니셔티브" 등의 눈으로 보면, 이 개통은 특히 중국, 러시아, 남북한의 전략적 경제협력 관계에 많은 뜻을 담고 있다.

2015년 5월 서울에서 열린 국제철도협력기구(The Organization for Cooperation of Railways) 사장단 회의에 참석차 방한한 러시아 철도공사 사장 야쿠닌(Vladimir Yakunin)은 한국 기자와의 간담회에서 "남북 철도 연결에 북 권력 핵심층도 긍정적"이라고 밝히기도 했지만, 6월 2–5일 몽골에서 열린 제43차 이 기구 장관회의 본회의에서 한국의 정회원 가입에 북한이 반대하고 중국이 기권함으로써[47] 이루어지지 못했다.

이 문제는 현 한국 정부의 "유라시아 이니셔티브" 실현에 첫 관문이요, 꼭 실현시켜야 할 과제로 아직 남아 있다. 2012년 12월 말 착공, 2014년 7월 완공 예정으로 건설 중인 북한 신의주와 중국 단둥을 잇는 4차선 새 압록강 대교도 마찬가지다. 그러나 2016년 1월, 2월, 9월 잇따른 북한의 4차, 5차 핵실험과 장거리 탄도미사일 발사 강행으로, 유엔 안보리 결의안(UNSCR 2270, 2016년 3월 2일; UNSCR 2321, 2016년 11월 30일)이 집행 중으로 위 모든 합작 사업들이 또다시 중단되거나, 중단 위기에 처해 있다.

북의 남쪽은 대한민국과의 군사분계선(DMZ)에서 막힌다. 지난 김대중, 노무현 정부와의 화해, 교류 · 협력, 평화 정책의 성과로 경의선, 경원선 철도가 다시 연결되고, 금강산 관광과 개성공단이 자리를 잡아 가다가 이명박 정부 5년 동안에, 특히 천안함 사태와 북한군 연평도 포격과 주민 살상 만행을 계기로 남북관계는 지금까지도 꽁꽁 얼어붙었다. 북의 동쪽 동해 바다 건너 일본과의 관계도 일본 내 친북 조총련을 포함, 거래와 왕래마저 사실상 끊긴 채 현 북한의 지리적 고립은 한국전쟁 이후 최악이다.

역사를 틀 개념에서 보면, 비단 북한뿐만 아니라 한반도 한국 국민 전체가 공유하는 기록의 역사는 2,500년쯤[48] 거슬러 올라간다. 특히 우리 역사의 터와 지금의 이웃 중국의 터가 겹치는 부분도 있다. 중국의 이른바 동북공정(東北工程)과 발해사는 차치하고라도 우리의 삼국시대 고구려의 터가 겹친다.

구체적으로, 한반도의 위만 조선(衛滿朝鮮)을 중국 한(漢)나라가 기원전 108년에 멸망시키고, 그 자리에 낙랑(樂浪), 진번(眞番), 임둔(臨屯) 3개 군, 그 다음 해(107 B.C.)에 현토(玄菟)군을 세워, 한사군(漢四郡)을 만든 것이 그 첫 사례[49]다. 거꾸로, 삼국시대 고구려 영토는 지금 중국 동북 3성—지린성(吉林省), 랴오닝성(遼寧省), 헤이룽장성(黑龍江省)—과 대충 겹친다.

따라서 우리의 역사 틀은 남북 간에는 통합의 구심력으로, 이웃 중국과 일본과는 상황에 따라 분쟁의 원심력으로, 또는 통합의 구심력으로 작용할 개

연성이 항상 잠재하고 있다.

문화 틀 차원에서도 우리나라 최초의 문자는 한자(漢字)다. 한자를 쓰기 시작한 것은 대충 우리나라 철기시대로 거슬러 올라가지만, 그것이 널리 퍼진 것은 고구려, 백제, 신라 등 삼국시대다.

밖(중국)에서 들어온 한자는 우리나라 사람에겐 여러 가지 불편이 많아서 한자는 사용하되, 그 표음, 표의 기능만을 이용하여 우리말을 기록하는 문법들을 우리 나름대로 창의적으로 개발하기도 했다. 삼국시대 때 신라의 이두(吏讀), 향가(鄕歌), 고구려와 백제의 구결(口訣, 또는 吐)[50]이 그 좋은 보기다.

그러나 한자의 틀에서 완전히 벗어나, 순수한 우리말에 뿌리를 둔 우리 글, 한글은 다르다. 세종대왕의 비전과 지도력하에 집현전(集賢殿)의 성삼문(成三問), 정인지(鄭麟趾), 신숙주(申叔舟) 등 당대 최고의 학자들이 동원되어 창제하여 1446년 세종 28년 반포된 한글은 세계에서 그 유례를 찾기 힘들 만큼 위대하다. 세종대왕의 한글 창제는 요샛말로 하면 창조적 리더십의 백미(白眉)다.

한글(훈민정음)은 단순히 "우리 민족 최고의 문화적 창조물"[51]일 뿐만이 아니라 세계문화사적 사건이었다. 1997년 한글이 유네스코 세계문화유산이 된 것이 바로 이를 입증한다.

문화, 특히 한자 문화 틀은 남북한뿐만 아니라 이웃 중국과 일본, 동남아의 베트남 등을 묶는 통합적 구심력으로 작용한다. 마치 유럽문화 속의 그리스어, 라틴어처럼. 그러나 한글은 남북한을 하나로 묶는 한국민족의 정체성, 고유성, 통합성의 뿌리요 틀이다.

종교 틀도 우리나라 토속신앙을 넘어서 중국에서 삼국시대에 들어온 유교와 인도에서 중국(진, 秦)을 거처 들어 온 대승(大乘, Mahayana)불교가 큰 뿌리다. 유교는 백제 고이왕(古爾王) 재위 58년인 285년에 벌써 천자문(千字文)과

《논어》를 일본에 전파했다는 기록이 있다. 불교는 고구려 소수림왕(小獸林王, 371-384) 2년인 372년에 중국을 통해 처음 들어왔다.[52] 불교는 다시 한반도에서 주로 백제를 통해 일본에 전파[53]된다.

인도에서 시작한 불교와 중국에서 비롯된 도교, 유교 큰 틀은 중국과 우리나라와 함께 이웃 일본, 베트남 등과도 겹친다. 이들 나라마다 색다르게 불교, 유교, 도교를 발전시키며 많은 고유의 유산을 남겼지만, 그 근본은 공유하고 있다. 나무에 비유하면, 뿌리는 같고 몸통, 줄기, 가지, 잎이 많이 다르다. 마치 유럽문화 속의 유대교, 천주교, 그리스, 러시아 정교회, 개신교, 이슬람교의 수니파와 시아파처럼 말이다.

한자 문화와 불교와 유교가 낳은 미술, 건축, 조각 등 문화유산도 세계 다른 어느 지역의 문화유산보다 상대적으로 그 유연성(類緣性, affinity)이 훨씬 길고, 깊고, 높다. 따라서 위 종교는 남북한뿐만 아니라 이웃 중국, 일본, 베트남, 인도, 네팔 등 남아시아까지도 함께 묶는 정신적, 문화적 통합의 틀이요 연결고리이기도 하다.

더구나 길게 멀리 보면, 오늘의 유럽연합(EU)의 밑바탕에 기독교 문화와 언어의 유연성이 통합의 구심력의 틀로 작용하고 있듯이, 동북아 나라들의 한자 문화와 불교, 유교, 도교 등의 유연성도 앞으로 EU와 비슷한 통합과정의 길에서 구심력의 틀로 순기능 할 수 있다고 나는 믿는다.

물론 동북아에서는 이웃 나라들 사이의 전쟁, 침략, 강압적 식민통치, 특히 지난 세기 일본 제국주의, 군국주의 시대의 뼈아픈 역사는 원심력의 틀로 작용하고, 그 현현성(顯現性, manifestation)과 잠재성이 아직도 자리하고 있지만…

북한의 경우, 미국은 물론이고 이웃 일본과 수교도 못한 상황으로 거의 70년이 지났지 않은가? 이처럼 서로 마음의 문을 열고, 함께하는 새 길을 닦는 일이 아직도 만만치 않다.

● 북한이라는 위 겉 인형의 두 번째 속 인형은 지정·지경학 차원에서의 밖으로부터의 군사적, 전략적 압박이다. 북한은 한국전쟁과 정전협정, 그리고 한국전쟁에 참전한 북한 주둔 중국 지원군의 1958년 철수를 거치면서 1961년 7월 11일 중국과 체결한 북 · 중 우호, 친선, 협력, 상호원조 조약[54]이 아직 유효하다. 같은 해 한 달 간격으로 같은 공식 명칭으로 체결한 소련(러시아)과의 조약은 훨씬 약화된 새 내용을 담아 2000년 2월 우호, 친선, 협력 조약을 체결한 것으로 알려졌다.

하지만, 북한의 중국, 러시아와의 관계가 소련 및 동구 공산권 붕괴와 중국의 경제개혁 · 개방과 급속한 경제성장 과정에서 지난 미·소 냉전시대와는 본질적으로 다른, 즉 북한에게는 구조적으로, 결정적으로 불리한 쪽으로 계속 변화하고 있다는 것도 현 북한 집권층에게는 큰 부담과 압박 요인이 되고 있다.

현 미·중, 미·러시아 관계도 과거 미·중, 미·소 관계 틀과 근본적으로 다르다. 냉전시대 미·중, 미·소 갈등과 각축은 이념과 정치·군사적 대결, 대치가 주도했고, 경제적으로는 거의 서로 담을 쌓고 살았었다면, 지금 미·중, 미·러시아 관계는 경제, 통상, 투자, 금융거래와 협력, 상호 의존도가 1차적이고 이념, 정치·군사적 대결, 대치는 2차적[55]이다. 지금 중국의 급속한 경제 · 군사적 성장으로 새 변화 조짐이 이곳저곳에서 감지되는 상황이지만.

이러한 국제정치경제, 군사안보 틀의 근본적인 변화마저도 북한에겐 엄청난 악조건이 아닐 수 없다.

특히 북한의 핵실험과 장거리 탄도미사일, 중 · 단거리 미사일 무차별 발사 강행 등 일방적인 군사도발, 돌출 행위는 오히려 북한의 의도와는 정반대로 고립무원의 길을 끊임없이 재촉하고 심화하는 악수(惡手)가 되고 있다.

북한의 이러한 행위는 정책 · 전략적으로 스스로 중국, 러시아 등 기존 동맹국과의 관계를 소원하게 하고, 다른 한편으로는 대한민국과 중국, 러시아와의 관계를 더욱 돈독하게 만드는 '의도하지 않은 결과'를 낳고 있다. 아직은 초보적인 단계지만 한 · 중 국방장관회담, 한국군 합참의장–중국 인민해방군 총참모장 회담[56] 등에서 상호 간 전략적 대화협력이 정례화되어 가고 있다는 것 그 자체가 북한에겐 큰 위협적 불안 요인이고 타격이다. 지금 미 사드(THAAD) 배치 문제로 한 · 중 군사협력 관계가 주춤거리지만.

중국 경제력과 군사력의 급부상과, 특히 북한의 최근 일련의 호전적 돌출 · 도발 행위가 현 아베 정권과 같은 일본 극우세력의 창궐, 득세와 복고적이고 퇴영적인 군국주의, 국수주의화에 불필요한 핑계와 구실을 주고 있는 것도 안타깝다. 이는 또한 한 · 미, 미 · 일 동맹 강화, 한 · 미 · 일 안보강화와 미 · 중 간의 북한 핵 관련 안보협력과 공조를 강화시키는 계기(구실)를 마련하고 있다.

보기를 들면, 2009년 10월 제41차 한미안보협력회의(SCM) 공동선언문에서 미국은 핵우산, 미사일 방어 등을 포함, 전면적인 "확장된 (핵)억지력"(extended deterrence) 제공을 재확인한다. 한 발자국 더 나아가 2010년 10월 제42차 한미안보협력회의에서 양국 간 "확장된 억지력 정책위원회"(Extended Deterrence Policy Committee) 설치에도 합의한다.

2012년 10월 제44차 한미연례안보협의회에서 미국이 "핵우산을 포함, 확장된 억지" 보장을 명시하기에 이른다. 그리고 2016년 10월 제48차 한미연례안보협의회에서 북의 핵과 탄도미사일 방어를 위한 한 · 미 간 확장된 억지전략의 일환으로 핵우산 대륙간 탄도미사일의 미 캘리포니아 공군기지(Vandenberg Air Force Base) 시위훈련도 처음 선보였다. 보다 구체적으로는 사드 배치는 오직 북한 미사일 위협에 대한 조치라는 것을 명시하고, 한국의 독자적인 미사일 방어체제(KAMD, Korea Air and Missile Defense) 구축도 동시에 미 패트리어트와 사드와 동시 사용이 가능(interoperable)토록 개발박차를 가한다는 것이다. 한 · 미 억지전략위원회(DSC, Deterrence Strategy Committee)는 4D(detect, defend, disrupt, and destroy) 개념과 집행가이드라인원칙(Principles of Implementation Guidelines)이 이미 작동하여 북한의 공격이나 군사도발에 대응한다는 이른바 현 주한 미 연합사령관(Gen. Vincent Brooks)이 밝혔듯이 "오늘 밤 싸운다"(Fight tonight)는 준비태세를 갖추었다. 그리고 전시작전권 이양 문제는 제47차 SCM에서 합의한 대로 한반도 군사안보 환경에 기초한 작전권 이양(Conditions-based OPCON Transition Plan)을 재확인했다. 미 전투병력의 후방 이전(USAG-H, U.S. Army Garrison Humphreys)은 2016년에 마무리하고 한미연합사(USFK)와 미8군사령부(USAG-H) 이전은 2018년에 이루어진다고. 마지막으로, 한 · 미 간 우주협력(Space Situational Awareness and Space Cooperation Tabletop Exercise, TTX)과 사이버스페이스 실무협의(CCWG, U.S.-ROK Cyber Cooperation Working Group)도 양국 간 공동성명[57]에서 눈에 띄는 대목이다.

국제정치경제 군사역학이 미국 오바마 집권 2기와 10년 주기 중국 시진핑 정권 출범을 맞아 큰 틀의 변화 조짐을 보였다.

캘리포니아 주 팜 스프링스(Palm Springs)의 한 별장(Rancho Mirage)에서 2013년 6월 7–8일 자연스러운 옷차림으로 오바마와 시진핑이 만나 이틀간 보낸 미 · 중 정상회담이 그 첫 효시다.

공동성명은 공개되지 않았지만, 미 백악관 국가안보보좌관 도닐론[58]의 이 회담 브리핑을 보면 오바마–시진핑 사이에 다음과 같은 북한 핵 관련 합의 내용이 크게 돋보인다.

오바마와 시진핑은 북한이 반드시 비핵화해야 하고 미 · 중 모두 북한을 핵무장 국가로 인정하지 않을 것이고, 미 · 중은 북한의 비핵화를 달성하기 위해 협력과 대화를 강화하는 데 함께 노력할 것임을 합의했다.

오바마 대통령은 또한 북한이 야기하는 위협으로부터 동맹국들을 방어하기 위해 필요한 어떤 조치든 미국이 택할 것이라는 것도 시진핑 주석에게 강조했다. 미 · 중은 북한의 대량살상무기 확장 능력을 중지시키는 압력을 미 · 중이 계속해야 하는 중요성을 강조하고 또 북한의 지속적인 핵무기 개발은 경제발전 목표와 상충한다는 것도 분명히 했다.

하지만, 결과적으로 오바마 정부의 북한에 대한 이른바 '전략적 인내' 접근은 사실상 북한의 핵개발을 낳는 아이러니로 마감했다.

한편 북한의 군사도발, 돌출 행위는 남북한 평화통일을 결과적으로 지연시키고 훼손한다는 점이 치명적이다. 긴 눈, 큰 그림으로 동북아시아와 세계를 보고 우리의 최고, 최대의 숙제요 숙원인 조국의 평화적 통일을 감안한다면, 김정은의 탄도미사일 발사(2012년 12월)와 3차 핵실험(2013년 2월), 4차 핵실험(2016년 1월), 탄도미시일 발사(2016년 2월), 5차 핵실험(2016년 9월), 그리고 그의 국제관례와 상궤를 크게 벗어난 잇단 도발적 언행은 하나만 알고 둘은 모르는 전략적 실책이요, 하수(下手)의 행동이다.

● 그 세 번째 속 인형은 위에서 이미 지적한 유엔인권위원회를 포함, 세계식량농업기구(FAO), 세계보건기구(WHO), 유엔아동기구(UNICEF) 등 국제적 차원에서의 북한의 인권침해, 빈곤, 기아, 아사, 청소년 발육 장애 등 참혹한 실상에 대한 조사와 보고 등은 물론이고, 특히 갈수록 강화되고 있는 유엔안보리 제재조치로 인한 북한 압박 수위다.

구체적으로, 2006년 10월 9일 북한의 첫 지하 핵실험에 대한 유엔안보리 결의 1718호(2006년 10월 14일), 2009년 5월 25일 북의 제2차 지하 핵실험에 대한 유엔안보리 결의 1874호(2009년 6월 12일), 2012년 12월 12일 북의 위성[탄도미사일] 발사에 대한 유엔안보리 결의 2087호(2013년 1월 22일), 2013년 2월 7일 제3차 지하 핵실험에 대한 유엔안보리 결의 2094호(2013년 3월 7일), 2016년 1월 6일 제 4차 지하 핵실험과 2월 8일 탄도미사일 발사에 대한 유엔안보리 결의 2270호(2016년 3월 2일)[59] 등이다.

위 2094호 결의안을 러시아는 물론이고, 북의 '순치'(脣齒) 혈맹인 중국까지 합세하여 만장일치로 통과시킨 것은 북한에겐 치명적 타격이 아닐 수 없다. 오직 중국만이 아직까지는 북한안보와 경제의 마지막 젖줄이기 때문에 더욱 그렇다.

유엔안보리 2094호 결의안 통과 이후 중국은 조선무역은행과의 거래를 중단했다. 또 중국은 239쪽에 달하는 대북한 수출 금지품목을 제정, 공포[60]했다. 하지만, 적어도 지금까지는 이것이 실제로 엄격히 집행, 관리, 통제되어, 북한 핵무기 소형화, 장거리 탄도미시일 개발 등 대량살상 무기 확산을 억제하는 데는 실패했다. 앞으로 2016년 유엔안보리 2270호와 2321호 결의안이 똑같은 실패를 거듭할 것인지, 아니면 개발 억제에 결정적 역할을 할지는 두고 볼 수밖에 없다.

물론 이 책을 쓰고 있는 지금까지도 시진핑-김정은 첫 북 · 중 정상회담이 성사되지 않았다(못했다). 중국 단둥(丹東)과 북한 신의주를 잇는 3km의 새 다리를 당초 예정했던 대로 2014년 7월까지 완공하지 못한 것 등도 북 · 중 관계 변화(악화)의 증표[61]인 것도 사실이다.

하지만, 2015년 9월 베이징-선양-창춘(지린省 省都)-훈춘(琿春) 간 고속도로가 이미 개통했고, 훈춘-북한 나선 간 56km 북 · 중 고속철도 연결, 중국

지안–북한 만포 간 새 다리, 창춘–평양 약 800km 고속철도 추진 등도 계획 중[62]이라고 한다. 그러나 위 김정은 정권의 핵실험과 탄도미사일 발사 강행으로 2016년 유엔 안보리 결의 2270호, 2321호, 미국 국가 차원의 훨씬 강화된 독자적 제재 법, 그리고 오바마 미 대통령 행정명령[63] 등으로 위 북한 합작사업도 또다시 중단 위기에 놓였다.

무엇보다도, 북한의 생명 줄을 쥐고 있는 중국의 동북 3성과 북한이 1,416km나 국경이 겹친다. 따라서, '완충지대'로서의 북한의 전통적인 전략적 가치에 지나치게 집착하여, 적어도 이제까지는 중국이 '솜방망이' 제재 시늉만 하고 있다는 밖의 비판을 받고 있다.

문제는 중국 지도부가 한국전쟁 때와는 근본적으로 다른 최첨단 사이버시대의 전략적 군사력 변화를 제대로 간파하지 못하고 있다는 지적을 할 수도 있다. '완충 지대'는 19세기, 20세기 초 제국주의, 군국주의 시대의 낡은 개념이다. 보기를 들면, 북한의 핵무기, 대륙간 탄도미사일 등 대량살상무기는 비단 한국, 일본, 미국 등에 국한된 위협이 아니고, 가장 지리적으로 가까운 중국과 러시아에 상대적으로 훨씬 위협적이라는 것을 간과하고 있다. 북한 대량살상무기 공격방향이 360도이므로 '불가예측'의 김정은이 중국과 러시아 방향으로 발사하지 않는다는 보장은 없지 않는가? 중국이 북한 핵개발과 ICBM 개발을 강 건너 불 보듯 방치, 방관만 하다가 한국과 일본에게 핵개발 결정을 부추기는 실마리를 주는 것은 또 어떤가?

또한, 위에서도 지적했지만, 북한의 핵과 탄도미사일 확산은 일본의 극우 아베 정권의 재무장에 가장 큰 구실의 하나 아닌가? 그리고 일본의 헌법개정(9조)과 재무장은 중국에의 심각한 전략적 위협이 아닌가? 더구나 중국과 가장 긴 국경을 공유하고 있는 북한이 그의 대량살상 무기 제조와 확산 강행에 따른 폭발사고의 피해와 재앙도 중국에 상대적으로 가장 클 수 있다는 것도 중국이 이제까지처럼 전통적인 완충지대 전략 개념에 집착, 머뭇거리지 말고, 북한 비핵화가 현실화되도록 가장 앞장서서 제재하고 핵 포기, 파기를 서둘러야 할 근거다.

구체적으로, 중국 국영 석유공사 단둥의 외곽 바산(八山) 원유 저장소에서 북한 신의주 근처 피현군 백마리 봉화석유화학공장까지 29.4km의 송유관으로 2000년대 이후 북한 연간 소비량의 95%인 원유 50만 톤을, 제트 연료유, 그리고 휘발유 · 고급 디젤 등 27만 톤은 서해를 통해 북남포항을 통해 중국이 북한에 제공하고 있다고. 이는 공교롭게도 1994년 제네바 합의로 미국이 북한에 제공한 중유(50만 톤)를 부시 정부 출범 뒤 2002년 11월 일방적으로 이른바 '고농축 우라늄 케이퍼'를 구실로 중단하여, 마침내 합의 자체가 깨진 뒤에도 북한은 중국의 지원으로 큰 타격을 입지 않았다는 것을 넌지시 입증한다. 미국은 북한에의 지렛대를 쉽게 버렸고, 중국은 그것을 받은 셈이다. 따라서 중국은 일방적으로 한국과 미국에 사드 타령만 할 게 아니라, 북한이 3–6개월 안에 핵미사일을 동결하지 않으면 대북 석유공급을 한달에 5만 톤 또는 10만 톤 줄이고, 그래도 북한이 막무가내로 핵 · 미사일 개발과 도발을 강행하면 이 대북 송유관을 완전히 잠가 버리는 '최후통첩'을 주문[64]하는 것이 옳다.

그 무엇보다도, 북한 김정은의 무모, 무도한 핵과 미사일 불장난은 중국, 러시아와 미국을 이간하고, 미국과 일본의 밀착을 부추기는 큰 구실이라는 것도 중국과 러시아는 간과해서는 안 될 것이다. 트럼프 미 대통령의 2017년 1월 20일 취임과 그의 중국, 러시아에 대한 새로운 전략과 정책도 아직 예측하기 힘든 또 다른 새 변수다.

● 그 네 번째 속 인형은 미국 정부의 독자적인 대북 제재조치다. 이 제재

에 의한 북한의 옥죄기도 갈수록 강화되고 있다. 미국은 쿠바, 이란, 수단, 시리아와 함께 북한을 '불량국가'(rogue state), 테러 지원국으로 지정하고 미 재무성 외국자산통제국(OFAC)은 북한인과 북한 은행 등의 금융거래 금지 명단도 추가로 발표했다.[65] 다시 미 하원은 대북 원유 및 석유제품 판매 · 이전 금지(인도적 목적 중유 제외), 북한 해외 근로자 고용 금지, 북한 관련 온라인 상거래 지원 금지, 북한 식품 · 농산품 · 어업권 · 직물의 구매 획득 금지, 대북 전화 · 전신 · 통신 서비스 제공 금지, 외국금융기관이 북한 금융기관의 계좌를 유지하는 것 금지, 조선중앙은행 등 6개 기업에 대한 대북 제재 추가 지정 검토 요구, 정부는 법안 통과 뒤 90일 이내에 테러지원국 지정 여부 관련 보고서 의회 제출, 제재 대상에 '외국(foreign)'을 명시해 중국 등에 대한 전면 제재가 가능토록 하는 등 트럼프 출범 뒤 2017년 3월 미 하원은 북한 관련 대북 거래와 그외 기타 목적들 제재 강화 법안(H. R. 1644-To enhance sanctions with respect to transactions relating to North Korea and for other purposes(115th U. S. Congress, 2017–2018))이 하원을 통과했다.

오바마 정부는 이들 가운데 이란과는 EU, 러시아 등 다국적 이란 핵 협상에 합의(P5+EU+독일)를 이루어 냈다. 쿠바와도 1961년 단절된 양국 관계를 정상화하기 위한 교섭을 2014년 12월부터 진행하여, 이 과정에서 미국은 2015년 5월 쿠바를 위 테러 지원국 명단에서 삭제했고, 7월엔 국교를 정상화 했다. 1961년 4월 17일 '피그스 만(灣) 사태'(Bay of Pigs Incident)로 단교한 뒤 55년 만의 쾌거다. 그리고 2016년 3월 20일(현지시각) 오마바는 1928년 이후 88년 만에 미 대통령으론 두 번째로 쿠바를 국빈 방문[66]했다. 이제 북한과 내전으로 나라가 산산조각 난 시리아만이 '불량국가'의 멍에를 짊어지고 있는 꼴이다.

구체적으로, 미 북한인권법(H.R. 4011, 2004년, 2008년, 2010년, 2016년 연장)

에 근거한 북한인권 참혹상에 대한 공개적 압박과 법적 규제도 갈수록 강화되고 있다. 특히, 위에서도 밝혔지만 미 재무성은 북한에 대한 포고, 대통령령, 법규, 연방 규제 법령, 연방정부 관보 등 수십 개[67]가 넘는 여러 가지 형태의 법적 제재를 계속 첩첩이 쌓아 가고 있다.

또 하나. 한국 국방부의 한반도 전쟁 등 유사시 김정은 등 북한 수뇌부를 타격하기 위한 '참수여단'을 2017년에 한 · 미 협의하에 창설한 것도 특기할 만하다. 한마디로 트럼프 정부는 오바마 정부의 '전략적 인내' 대북정책이 북한의 대량살상무기 개발과 확장에 실효를 거두지 못했다고 판단, 당근보다는 채찍을 앞세우는 새 대북정책과 전략을 선보이고 있다.

● 그 다섯 번째 속 인형은 이른바 '불량국가'들의 대량살상무기 확산 규제 조치다. 대량살상무기 확산방지구상(PSI, Proliferation Security Initiative)은 2003년 5월 31일 미국 부시 정부가 주도하여 11개 회원국(호주, 프랑스, 독일, 일본, 네덜란드, 포르투갈, 스페인, 영국(UK), 미국, 폴란드)으로 출범했다. 지금은 대한민국을 포함, 102개국이 참여하고 있다.

PSI 발동으로 지금까지 북한 선박이 공해상에서 다섯 차례 이상 검문, 검색, 압수수색을 받았다.[68] 그래서 항공편이나 선박수송으로 북한이 대량살상무기나 생화학 무기를 제3세계에, 특히 다른 '불량국가'에 불법으로 수출, 수송하는 것도 갈수록 어려워지고 있다.

보기 하나를 들면, 2013년 7월 10일 파나마 운하를 통과하다 검문, 검색을 받은 북한 화물선, 청천강 호다. 공식적으로 약(藥)을 싣고 가는 이 배 안에서 옛 소련 공군기(MiG-21) 두 대, 항공방어 시스템, 미사일과 지휘통제 수송수단(command and control vehicles)을 포함, 컨테이너 25개 분량의 군수물자가 발견된다.

그리하여, 그해 9월 말 파나마 정부는 100만 달러 벌금을 부과하고, 이 벌금의 2/3 액수인 65만 달러를 입금할 때까지 35명 선원을 포함, 이 선박을 압류[69]한다. 이 선박은 2014년 2월 9일 북한 측이 벌금 약 70만 달러를 지급함으로써 승무원 35명 가운데 조사 중인 3명을 제외한 32명과 함께 그 압류가 풀린다.[70] 최근 유엔 안보리 북한 제재 결의(2270호, 2321호)로 필리핀 수빅 항에서 북한 해운선사인 원양해운관리회사(OMM, Ocean Maritime Management Co.) 소속으로 알려진 선박이 억류되었지만, 실소유주가 중국 선박회사로 밝혀져 억류가 해제되었다. 유엔이 지정한 제재 대상 북한 선박이지만 실제는 중국이 소유하고 있고, 시에라리온 국기를 달고 다닌 '정체 불명'의 선박이었기 때문이다.

끝으로, 벨기에 수도 브뤼셀에 본부를 둔 국제은행간 통신협회(SWIFT, Society for the Worldwide Interbank Financial Telecommunication)는 전 세계 194개국 7만 1천 개 금융기관의 외환거래를 전담하는 은행 간 메시징 네트워크(interbank messaging network)다. 이 기구는 2017년 3월 16일자로 아직도 남아있는 북한의 4개 은행(조선무역은행, 금강은행, 고려신용개발은행, 동북아은행)의 해외송금도 차단했다.[71]

내벽(內壁)

위 다섯 개 인형—지리, 역사, 문화, 종교 등 유산뿐만 아니라, 나라 밖에서 북한을 옥죄이고 고립화시키는 한국을 포함, 유엔, 유럽연합, 미국, 일본, 중국, 러시아 등 관련국들의 제재조치와 압박—과 더불어 북한 내에서 집권세력이 스스로 고립을 자초하고 있는 시대착오적인 인민 통제, 감시·감독과 반인륜, 반인도 정책 강행 등 다음 다섯 개 인형—틀—들도 한번 살펴보자.

● 내벽 여섯 번째 속 인형은 옛 소련의 스탈린 '수용소 군도'(Gulag Archipelago) 공산전체주의 독재나 중국 마오쩌둥의 '문화혁명' 당시의 독재보다도 훨씬 그 강도가 극악한 북의 폐쇄적인 이른바 '주체사상'에 기초한 '유일수령(首領)이론' 독재체제 틀이다.

주체사상에 근거한 수령이론, 특히 1974년 조선노동당 중앙위원회 제9차 전원회의에서 채택된 "유일사상체계 10대 원칙"[72]이 그 이론과 선전 기반이 된다. 이 원칙으로, 현 3대 김씨 왕가 세습독재가 합리화, 정당화된다. 밖의 눈으로 보면 이 원칙이 황당무계한 궤변으로 보이지만, 북한 내부에서는 아직까지도 '신성불가침'이다.

현 북한 체제가 언제, 어느 순간 와르르 무너질는지는 그 누구도 점치지 못하지만, 적어도 겉으로 보기엔 지금 이 순간까지도 주체사상과 유일수령이론으로 구축한 내벽은 문자 그대로 난공불락의 철옹성 같아 보인다. 어느 순간 철옹성이 모래성처럼 와르르 힘없이 무너질 수도 있겠지만… 낡을 대로 낡고, 헐 대로 헐어 버린 고층건물이 어느 순간 폭삭 와르르 무너지듯, 아니면 옛 소련과 동 유럽 공산국가들이 줄줄이 무너지는 것을 온 인류가 목격했듯이 말이다.

● 그 일곱 번 째 속 인형은 거의 70년 가까운 김일성–김정일–김정은 3대 권력세습의 틀이다. 일제로부터 해방된 순간부터 지금까지 김씨 왕조의 최고 권력 행사는 극도로 세뇌된 북한 인민의 개인숭배와 우상화에서 찾을 수 있다. 그것이 어디까지 자발적이고, 어디까지가 공포와 핍박의 산물인가를 별도로 치면 그렇다.

현 김씨 왕조는 유럽 중세 시대의 절대군주나 어떤 사이비종교 종주(宗主)보다도 더 절대적[73]이다. 이 역시 적어도 겉으로 보기에는 그렇다. 안으로 얼마나 곪고 썩어 가고 있는가를 캐묻고 들춰내지 않는다면…

이 과정에서 인민은 무기력한 신민으로 전락했다. 바로 지금 이 순간도 소수 집권세력 나팔수의 선전, 선동 속에서 북한 인민은 앵무새 같은 신세다. 오늘의 북한을 보면 조지 오웰의 풍자소설, 〈동물농장〉이 따로 없다.

자본주의는 노동자를 노동시장의 한갓 상품이나 공장 기계의 부품으로 비인간화한다고 그토록 신랄하게 비판한 공산주의 창시자 마르크스가 무색할 정도로, 김씨 왕조는 북한 인민을 거대한 통제, 감시 · 감독하에 가두어 넣고, 인민 개개인의 개성과 인간 본연의 영혼까지 송두리째 빼앗아 버렸다고 해도 과언이 아니다. 구체적으로, 북한에는 "창살 없는 감옥"과 "창살 있는 감옥"이 있다. "창살 없는 감옥"은 인민이 사는 마을이나 도시다. 자기 마을과 도시를 떠나 다른 마을과 도시를 방문하려면 기관원의 허락을 받아야 한다. 그것도 '돈'으로 구워삶지 않으면 사실상 불가능하다. 한 마을에 처박혀 있어도 맘대로, TV, 영화, DVD를 보고 듣지도 못한다. PC, USB Stick PC를 몰래 누군가 샀다 하더라도 숨어서밖에 볼 수 없다. 책, 신문, 잡지도 '천연기념물'이 된 지 오래다. 기관원 허락 없이 동네 사람 넷이 마주 앉을 자유도 없다. 가뭄에 콩 나듯 누군가 도시에 사는 친척의 병문안이나 관혼상제를 핑계 삼아 간다 해도 그 교통수단이 기차든 트럭이든 제시간에 오가지도 않고, 낡고 비좁아 '생지옥'이 따로 없다.특권층이거나 돈이 갑자기 생겨 금강산, 백두산, 칠보산 등을 구경 간다 해도 그마저 하늘에 별따기고 개인의 자유도 없어 기껏해야 '정치행사' 수준이다. "창살 있는 감옥"은 더욱 참혹하다. 죄가 있든 없든 한번 붙잡히면 정무원 인민보안부(성)가 관할하는 네 단계—구류장, 집결소, 노동단련소, 교화소—에서 혐의나 죄의 경중에 따라 옥살이를 하게 된다. 그리고 마지막으로 국가안전보위부가 관할하는 관리소가 있다. 이곳은 북한판 '정치범' 중노동 수용소(Gulag)로 한번 들어가면 살아 나오기 힘

든 문자 그대로 생지옥이다.[74]

달리 표현하면, "하나는 모두를 위하여, 모두는 하나를 위하여"라는 북한 구호의 "하나"(개인, 개체)는 수령이고, "모두"는 인민(집단)이다. 북한의 현실 속에서 "모두는 하나를 위하여", 즉 전체인민의 수령에 대한 무조건 복종과 숭배는 철두철미하게 실재, 실천(강행, 강요)하고 있지만, "하나는 모두를 위하여"는 새빨간 거짓이고 허구다.

북한 비극의 핵심은 '모두'나 '우리' 속에 독립적인 개성(personality)을 가진 개인(개체)으로서의 '나'는 존재하지 않는다는 데 있다. 개인, 개체로서의 '나'는 오로지 '모두' 나 '우리' 속의 부품, 부속물, 도구로 타락, 퇴보한 것이다. '고난의 행군' 등 정치 · 군사 · 경제 사업 목적달성을 위한 집단적 헌신과 희생을 강요하는 미명과 구호 속에 수령에 대한 맹목적 숭배와 희생만 있다. '나'라는 실존적인 개체, 개인은 무시, 마비, 말살[75]된 상태다.

한마디로, 오직 수령만이 인류보편적인 의미의 개성을 가진 '나'일 뿐이다. 밖의 눈으로 보면, 그 '위대한 영도자' 수령, '나'—김일성, 김정일, 그리고 지금 김정은—마저도 일그러질 대로 일그러진 '고물'이나 '괴물' 같지만…

● 그 여덟 번째 속 인형은 지난 세기 1950년대 중반부터 '김일성 주의'(Kim-ilsungism)로까지 치켜세워 올린 주체사상—정치적 자주(political independence), 군사적 자위(military self-reliance), 경제적 자립(autarchy)—이라는 낡고 케케묵은 틀이다. 이 틀은 지금까지 배부르고 살찐 옥동자를 낳은 것이 아니라 결과적으로 자주는 의존(political dependency)을, 자위는 사면초가('the world against one')를, 자립은 고립(self-isolation)을 낳은 꼴이다.

주체사상은 김씨 왕조 권력세습을 '성사'시키는 데 순기능을 했을지라도 나라의 경제발전과 국민생활 향상에는 참담하게 실패했다. 맹목적인 자주, 자위, 자립은 굶주림과 가난에 쪼들린 신민만을 확대 재생산했다.

현 북한의 최대, 최고의 딜레마는 바로 여기에 있다. 북한의 경제성장과 인민생활 향상을 위해서는 중국, 베트남, 심지어 쿠바, 그리고 헝가리, 체코, 폴란드 등 동구 공산권 나라들처럼 경제개혁, 개방의 길을 선택, 추진해야 하지만, 북한에게 그러한 선택과 추진은 김씨 권력세습을 정당화, 합리화한 '김일성주의', 즉 주체사상과 유일수령이론을 전면 부정, 포기, 파기해야 하는 길이기 때문이다.

개혁, 개방이냐 주체사상 고수냐는 양자택일은 아니지만, 전자는 현 김씨 왕조 소수 집권세력에겐 생명, 생존 위협이다. 왜냐하면, 개혁, 개방이 이루어지면 필연적으로 주체사상 속에서 지금까지 신민으로 전락한 북한 인민이 다시 한 인간으로서의 개성을, 한 시민(개인)으로서의 자유와 인권을 찾으려는 순간이 올 수밖에 없기 때문이다.

● 그 아홉 번째 속 인형은 위 주체사상에 근거한 북한의 대내외 정책이다. 한마디로, 주체사상은 그 대내외 정책 실행 과정에서 북한에 자주, 자위, 자립을 가져다 준 것이 아니라, 거꾸로 북한을 고립무원의 '열외', '세계의 불량국가', 가장 찰가난한 나라로 만들었다.

● 그 열 번째 맨 안쪽 한가운데 숨도 못 쉬고 처박혀 있는 가장 작은, 그리고 가장 처절한 모습의 인형은 바로 빵도 자유도 없이 거대한 불가사리 속에서 신음하는 절대다수의 북한 인민들이 아닐까 한다.

말로는 인민이 "혁명과 사회주의 건설의 주인"이라고 외치지만, 북한 인민의 실상은 완전히 거꾸로다. 딴판이다. 20세기, 21세기 '신형 노예 집단'일 뿐이다. 목숨을 걸고 탈출에 성공한 경우를 빼고, 언젠가 모래성이 될지는 몰라도 지금 북한 주민의 절대다수는 철두철미하게 폐쇄된 철옹성 안에서 날로 번지는 장마당에서 각자도생의 그 처절하고 눈물겨운 삶을 꾸려가며 허덕이고 있지 않는가?

최근 북한으로부터 밀반출된 단편소설 모음집(*A Short Story Collection out of North Korea*)이 2016년 4월 런던 도서전시회를 앞두고 영어, 불어, 독일어, 스페인어, 아랍어, 중국어, 일본어, 네덜란드어 판이 출간 예정이라고 한다. 한 일간 신문[76]에 의하면, '북한의 솔제니친'이 쓴 단편소설 7편과 시 50편을 《지옥에서 부른 노래》로 한데 묶어 보낸 이 원고 서문의 한 구절을 재인용하면,

> 북녘 땅 50년을 말하는 기계로, 멍에 쓴 인간으로 살며, 재능이 아니라 의분으로, 잉크와 펜으로가 아니라 피눈물에 뼈로 적었다.

위에서 잠시 들여다본 북한 인민은 열 겹 외벽, 내벽 속에 갇혀 인간 본연의 개성을 잃은 채 사실상 기계의 부속품이 되어, 김일성 주체사상, 유일수령사상만을 무조건, 절대적으로 따르는, 헐벗고 굶주리고 메마른 절대다수일 뿐이다.

부모도 집도 잃고 길바닥에 버려져, '헐벗고 굶주린 꽃제비들'의 참상이 바로 북한 절대다수 인민의 극적인 한 단면이다. 비극투성이 빙산—북한의 참혹한 실상—의 일각이다. 이것이 극도로 변질된 현 북한 공산전체주의 김씨 3대 세습 왕조의 현주소다.

요컨대, '김씨 왕가 3대'에 걸쳐 쌓아 놓은 '철의 장막', '죽의 장막'보다 더 세고 어둡고 두꺼운 열 겹 '강철 덮개' 속에 김정은도 틀어박혀 있다는 것을, 그 스스로도 열 번째 가장 작은 마트료시카 인형 속에 갇혀 있다는 것을 모를 것이다. 아니면 모른 척하는가?

밖의 눈으로 보면, 그러나 인공지능 '알파고'가 명실공히 세계 바둑 왕 이세돌을 4 대 1로 이기는 '전자인간' 시대에 김정은의 핵과 미사일 천방지축의 불장난이 이제 지구촌 온 세상 사람들의 웃음거리를 넘어 '단말마적 발악'이라는 것도 그는 모를까? 아니면 이 역시 모른 척하는가? 그에겐 바깥 세상의 현실이 허구이고, 그가 내세우고 있는 온갖 '북한만의 현실' 이 허구라는 것을 깡그리 잊어버린 환상, 환영 속에 살고 있단 말인가?

북한은 왜 불가사리인가?

다음은 북한의 모습이 왜 위에서 재정의한 불가사리를 닮았는가를 다른 각도에서 한번 다시 살펴보자.

맨 먼저 경제 상황을 보자. 북한에는 GNP, GDP, GNI 등 대부분의 나라가 사용하는 일반화된 경제 개념이나 통계가 아예 없다. 북한의 이런 통계는 모두 북한 밖에서 나온 추정치, 추산(estimates)일 뿐이다.

2015년 11월 기준,[77] 대한민국은 유엔 및 유엔 산하 전문 · 독립 기구, 그리고 경제협력개발기구(OECD)를 포함, 정부 간 기구 등 총 84개 가운데 82개 기구 회원국이다. 북한은 그 가운데 33개 기구 회원국이다. 그러나 북한은 아직까지도 국제통화기금(IMF), 국제부흥개발은행(IBRD, World Bank Group), 세계무역기구(WTO), 국제노동기구(ILO), 국제금융공사(IFC), 국제투자보증기구(MIGA) 등을 포함, 유엔 산하 경제, 무역, 통상, 노동, 통화, 금융, 투자, 자본 등의 국제기구의 회원이 아니다. 따라서 위 가입된 유엔 산하 기구나 정부 간 국제기구에서 북한의 활동은 극히 제한적이고 미미하다.

실제로 통계자료가 없고, 밖에서 만든 추산이다 보니 통계마다 두서너 배 차이가 날 정도로 들쭉날쭉 어림짐작 수준이지만, 북한의 경제규모(GDP, 국내총생산)도 한번 들여다보자.

유엔 2014년 193개국 GDP(명목) 통계로 보면, 북한은 113위로 GDP는 173억 달러 정도다. 한편, 한국은 13위로 1.4조 달러다. 1990년 10월 동서독 통일 당시의 격차와도 비교가 안 되는 엄청난 격차다.

국제통화기금(IMF) 186개국 통계, 세계은행(World Bank, WB) 194개국 통계에 북한 GDP는 아예 없다. IMF(2015년 추계)와 WB(2015년 추계)의 한국 GDP(명목)는 세계 11위로 각각 1.4조 달러다. 미 중앙정보국(CIA World Fact Book)의 북한 2014년 GDP 추계는 280억 달러로 195개 나라, 속령 등 가운데 102위다. 한국은 1.4조 달러로 13위다.

참고로, 우리나라 통계청은 2014년 북한 명목 GDP를 33조 9,494억 원으로 추산했다. 이는 2015년도 한국 최고 부호인 삼성의 이건희(13조 6,890억 원), 그의 아들, 이재용(8조 730억 원), 그리고 아모레퍼시픽의 서경배(9조 5,940억 원)의 재산을 합친 것과 비슷하다. 달리 비교하면, 북한 GDP는 세계 최고부호인 미국 마이크로소프트 창업주 게이츠(Bill Gates)의 재산(847억 달러)[78]의 1/26 정도라는 이야기다.

북한과 경제규모가 비슷한 나라는 대부분 인구가 북한(2,530만 명, 2016년 현재)보다 상대적으로 훨씬 적고, 무척 가난한 나라들이다. 파푸아 뉴기니(인구, 732만 명), 나미비아(230만 명), 모잠비크(2,583만 명), 모리셔스(124만 명), 말리(1,530만 명), 라트비아(205만 명), 요르단(727만 명), 카메룬(2,225만 명), 투르크메니스탄(524만 명) 등[79]이다. 반면, 한국과 경제규모가 비슷한 나라는 인구(한국인구, 5,050만 명, 2016년 현재)와는 거의 상관이 없는 오스트레일리아, 스페인, 스위스, 멕시코, 터키, 인도네시아 등이다.

북한의 1인당 국민소득(GDP per capita)은 세계은행(WB) 181개국, 국제통화기금(IMF) 187개국, 미 펜실베이니아대(Center for Production, Income and Prices) 185개국 통계에는 아예 없다. 2014년 유엔은 북한의 1인당 국민소득(명목)을 696달러로, 한국은 28,166달러로 추산했다. 무려 40배 차이가 난다. 우리나라 원 기준 2014년 1인당 국민소득(per capita GNI) 추정치[80]도 남한이 2,968만 원이고, 북한은 139만 원이다. 역시 북은 남의 1/21 정도이다.

북한과 비슷한 수준은 세계에서 가장 가난한 아프리카의 세네갈, 잠비아, 케냐, 탄자니아, 코트디부아르 등이다. 대한민국은 유럽연합(EU) 회원국 평균 수준으로 뉴질랜드, 스페인, 이탈리아, 이스라엘, 오만과 비슷하다.

최근 한 연구[81]에서도 북한이 한국과의 경제교류가 개성공업지구를 빼놓곤 거의 없는 상황에서도 그 대신 중국과의 교역과 통상이 늘어나 북한경제가 오히려 약간의 개선 조짐을 보이고 있다는 분석도 있다. 하지만, 위에서도 이미 밝혔듯이, 북한 정치경제 구조의 근본적인 혁파 없이는 현 상황에서의 북한경제 낙관론은 아직 성급하다고 이 저자는 생각한다.

현 북한의 삶의 질도 한번 살펴보자.

2015년 유엔세계보건기구(WHO) 183개국 조사[82]에 의하면, 북한은 109위로 평균수명이 70세다. 같은 평균수명을 가진 나라는 이집트, 볼리비아, 러시아, 키르기스스탄, 벨리즈 등이다. 한국은 9위, 평균수명 82세로 같은 평균수명을 가진 나라는 프랑스, 캐나다, 스페인, 오스트레일리아, 스웨덴, 이스라엘, 아이슬란드, 룩셈부르크 등이다.

유엔식량농업기구(FAO), 세계보건기구(WHO), 유엔아동기금(UNICEF) 등의 자료를 종합한 CIA 세계 아동사망률(출생아 1000명당) 가운데 남북한 통계[83]도 눈길을 끈다.

한국전쟁과 그 직후인 1950–55년의 경우, 북한 아동사망률은 1000명당 90.5명이고, 한국은 137.95명으로 당시만 해도 북한보다 훨씬 나빴다. 반세기가 훨씬 지난 2015년 미 CIA 추산에 의하면 북한 아동사망률은 1000명당 23.68명이고, 한국은 3.86명으로 북의 아동사망률이 남의 여섯 배가 넘는다.

2013년 한 일간신문 특집기사[84]는 북한의 참혹한 현실을 다음과 같이 극적으로 기술하고 있다:

> 북한에서 탈출하여 한국에 정착한 한 엄마가 북한에 두고 온 열세 살짜리 딸 유진(가명)이를 여덟 번 시도 끝에 빼내는 데 성공한 피눈물 나는 이야기다. 북한을 어렵사리 빠져 나온 딸이 제일 먹고 싶은 음식이 콩을 고기처럼 갈아 넣고 만든 '인조고기밥'이라는 말을 들은 이 엄마의 가슴이 얼마나 메었겠는가?

유엔식량농업기구(FAO)는 2015/2016년 북한 식량 부족량을 694,000톤이라고 보고했다. 이러한 만성적인 식량난이 지속될 경우, 280만 명가량의 북한 주민이 굶주림에 직면할 것이라는 전망이다.

2013년 5월 초 역시 유엔세계식량계획(WFP)이 1분기(1–3월)에 조사한 북한 가정(87개)의 80%가 영양부족 상태에 있다는 보고다.

또한, 2013년 3월 유엔아동기금(UNICEF)과 WFP 등이 공동으로 발표한 식량보고서에서도 북한 어린이의 27.9%인 47만 5,868명이 만성 영양결핍증을 겪고 있고 그 가운데 8.4%는 심각한 상태라고 한다.

서울대 생활과학연구소의 2013년 발표 자료[85]에 따르면, 한국의 만 열한 살 남자 어린이 평균 키는 144cm, 몸무게는 39kg이고, 같은 나이 북한 어린이는 125cm, 23kg이라고 한다. 남북의 키 차이는 무려 19cm, 몸무게 차이는 16kg이나 되는 것이다.

위 몇 가지 자료나 지수들이 보여 주듯이, 남북 분단 72년째인 지금 남북 경제 격차가 가속화하고, 이에 따른 삶의 질 등 생활수준 격차도 날로 크게 벌어지고 있다. 특히 만성적 영양실조가 성장기의 발육장애로 이어지는 북한 어린이들(stunted children)의 급증은 비극이다. 참담하다.

북한 김씨 3대 세습과 그 추종 집권세력의 비인간적, 반인도적 정책오류는 역사와 국제사회의 준엄한 심판을 받을 것이다. 꼭 받아야만 한다. 인류사회가 존속하는 한 다른 어느 국가, 어느 국민에게도 결코 되풀이 되어서는 안 되는 참상이요, 비극이기 때문이다.

위에서 잠깐 언급한 바 있지만, 다음은 북한의 군사비 규모, GDP 대비 군사비, 병력, 인구 대비 병력 등도 '극도의 비정상'을 넘어 불가사리 같은 해괴한 예외, 열외 수준임을 보여 준다.

50여 개 군사력(fire power) 지표를 만들어 126개국 총 군사력을 조사한 결과를 보기로 들면, 2016년 3월 16일 현재, 세계 10대 총 군사력(global fire power) 순위[86]는 미국, 러시아, 중국, 인도, 영국(UK), 프랑스, 한국, 독일, 일본, 터키 순이다.

2015년 영국 IISS(International Institute for Strategic Studies)의 세계 군사균형(World Military Balance)과 스웨덴 SIPRI(The Strategic International Peace Research Institute)의 군 관련 자료[87]에서 보면, 정규병력은 북한이 110만 명, 한국군은 687,000명, 예비군은 북이 840만, 남이 1백만이다. 준병력(paramilitary forces)은 북이 189,000명, 남이 350만 명이다. 이 모두를 합치면 북한은 거의 970만 명이고, 대한민국은 518만 명[88]이다.

인구 1000명당 정규병력은 북이 386.7명이고, 남은 103.6명이다. 북은 인구 대비 45%, 남은 13.7%다. 북한 인구 열 명 가운데 거의 절반이 병사이고, 대한민국은 군인이 열 명 가운데 한 사람이 조금 넘는다.

끝으로, 그 무엇보다도 북한의 핵과 탄도미사일 문제는 불가사리 같은 북의 모습을 더욱 해괴하게 만든다. 〈표 8-1〉이 보여 주듯이, *SIPRI Yearbook*(2015)

에 의하면, 북한은 세계 핵 무기 보유국가 가운데 아홉 번째이며 핵무기를 여섯 개에서 여덟 개 보유한 것으로 추정하고 있다(보다 자세한 것은 이 장 결론 부분 참조).

위에서 여러 차례 지적했지만, 경제적으로는 북한이 아직도 아프리카의 헐벗고, 굶주리고, 질병에 찌든 가장 가난한 나라들 수준을 벗어나지 못하는 상황에서, 핵실험, 장거리 탄도미사일 개발, 시험발사를 강행하고 있다. 북의 주장대로라면 SLBM(submarine-launched ballistic missile)까지도 보유하고 있을지 모른다. 북한 인민의 절대다수가 가난, 굶주림, 질병에 허덕이고 정치적 감시와 통제 속에서 숨도 제대로 못 쉬는 처절한 현실 속에서 벌어지고 있는 이것이 바로 해괴 망측한 참상인 것이다.

이 해괴한 참상과 망측한 행태를 "미 제국주의로부터 남조선 해방, 남조선 괴뢰정부 축출" 등 지난 70여 년 동안 판에 박힌 낡고 문드러진 구호와 아우성만으로 김씨 3대 세습독재를 정당화, 합리화할 수 있는가? 단연코 아니다.

간추리면, 옛날 절대왕조 시대의 신민보다도 더 처참한, 사실상 '노예' 같은 삶 속에서 철두철미한 병영국가를 만들어 놓았다는 그 자체만으로도 북한의 현 변질된 공산전체주의 김씨 3대와 그 극소수 집권세력은 21세기형 불가사리의 전형이다. 그래서 '막무가내 철부지' 김정은과 이 '꼭두각시'들은 어떤 방식, 무슨 방책으로든 이 지구상에서 꼭 사라져야 할, 수술해야 할 '암 덩어리' 같은 것이다.

한반도의 새 가늠자—미·일에서 미·중으로

지금까지 이 장에서 북한이라는 예외, 열외를 상상의 동물인 불가사리에

표 8-1

세계 핵 무기 현황(World nuclear forces, 2014)

국가	핵무기 배치 (Deployed warheads)	기타 핵무기 (Other warheads)	총 핵무기 (Inventory)
미국	~2,080	5,180	~7,260
러시아	~1,780	~5,720	~7,500
영국	150	~65	~215
프랑스	~290	~10	~300
중국		~260	~260
인도		90–110	90–110
파키스탄		100–120	100–120
이스라엘		~80	~80
북한			6–8
총	~4,300	~11,545	~15,850

자료 : SIPRI Yearbook 2015: Armaments, Disarmament and International Security.

비유해 그 괴물 같기도, 고물 같기도 한 그 험상(險狀)을 들추어내 봤다. 또 열겹 마트료시카 러시아 인형에 비견하여 그 참담하고 냉혹한 북한 절대다수 인민의 실상도 한번 살펴보았다.

두말할 필요도 없이, 오늘의 북한 현실을 어떤 비유나 개념의 틀도 완전히 반영하거나 설명할 길은 없다. 불가사리 비유나 마트료시카 인형 이미지도 북한 현실 해석과 설명의 단순성이나 한계, 제약에서 벗어날 수는 없다.

북한을 이야기하거나, 특히 북한을 분석하고 대북정책이나 대안을 제시하는 상황에서는 북한을 모른다는 대전제가 북한을 안다는 가정이나 단언보다 훨씬 앞선다. 앞서야 한다. 궁극적으로는 한 치 앞도 모르는 것이 인간 삶이 아닌가? 하물며 정치를 포함, 인간 삶의 통제, 통치 틀인 나라는 두말할 필요도 없다.

물론 북한뿐만 아니라 다른 나라들도 위 대전제가 필요하지만, 앞뒤 사방이 꽁꽁 얼어붙은 빙벽에 둘러싸인 나라, 동서남북이 꽉 막힌 두꺼운 철문, 철벽 안에 묻히고 갇힌 북한은 더더욱 그렇다.

지금 우리의 삶의 터인 한반도에서 한국과 미국과 중국을 중심으로 대북 정책, 특히 북한 핵 문제 해결의 새 패러다임이 만들어지고 있는 소용돌이 속에 있다.

국제정치경제 · 군사전략 차원에서는 21세기 초 미국과 함께 G2 국가로 등장한 중국 사이에 북한 문제에 대해 큰 틀의 변화 조짐이 드러나고 있다.

이미 지적했지만, 미 오바마 정부 집권 2기와 중국 시진핑 정부 10년 주기 첫 해를 맞아, 2013년 여름 미 캘리포니아 주 팜 스프링스에서의 두 정상의 만남을 다시 한 번 상기해 보자. 이 정상회담에서 "북한 핵 불용"을 공개적으로 천명한 것이 핵심이다.

이 오바마-시진핑 정상회담 브리핑을 읽으면서, 이 저자가 2010년 6월 한 학회에서 발표한 졸문[89]의 한 구절이 다시 문득 떠올랐다. 지난 반세기 냉전 시대에 미국과 일본이 한반도와 동북아를 좌지우지하던 때가 생각나서 더욱 그렇다. 문자 그대로 격세지감을 느낀다. 그 구절만 여기에 옮겨 본다.

> 이 사건(천안함 사건, 2010년 3월 26일 서해 백령도 근해에서 침몰한 천안함)을 지켜보면서 멀리는 옛 삼국시대 나당(羅唐)동맹, 여제(麗濟)동맹이 떠오르고, 좀 더 가까이는 청일전쟁(1894-95), 러일전쟁(1904-05), 한반도 일본 강점기, 해방, 분단, 한국전쟁, 62년째인 남북분단의 정치, 지난 세기 냉전의 소용돌이까지 (내) 머리를 스쳐 가고 (내) 마음을 짓누르는 것을 어찌할까?

지난 냉전시대를 잠시 다시 살펴보자.

1969년 당시 미 대통령 닉슨과 일본 수상 사토는 공동성명에서 "대한민국의 안보가 일본 자국 안보에 불가결(essential)하다"고 밝힌다.

1974년 일본 수상 기무라는 "남에 북한의 위협은 없다"고 하며 "남한의 평화와 안정만이 아니라 한반도 전체의 평화와 안보가 일본 자국 안보에 절대적(vital)"이라고 언급한다.

일본 수상 다나카도 기무라처럼 사토의 대한민국 유일 합법 정부 정책(one-Korea policy)을 사실상 버린다. 일본 수상 미키와 미 대통령 포드의 1975년 공동성명에선 "일본을 포함, 한반도의 평화와 안보는 동아시아 평화와 안보에 필요(necessary)하다"로 다시 바뀐다.

1978년 일본 수상 후쿠다와 미 대통령 카터는 "한반도의 상황은 일본에게 특별한 우려(of particular concern)" 사안이며, 미국의 한국정책은 일본의 안보와 미일 관계에 중요한 연관성(an important bearing)이 있다고 천명[90] 한다.

한마디로, 지난 반세기는 미국과 일본이 남북한을 놓고, 상황변화에 따라 자국 국가 이익에 맞게 때로는 대한민국의 안보와 평화만을, 때로는 북한을 포함한 한반도 전역의 안보와 평화를 저울질했다고 해도 과언이 아니다. 나쁘게는 우리는 그때까지만 해도 미, 일 두 나라의 군사안보의 종속변수나 부차적 변수였다.

그러나 최근 미 · 중 정상회담에서 보는 것처럼, 지금은 일본 대신 중국이 미국과 함께 한반도와 동북아 평화와 안보문제를 좌지우지하려는 변화가 시작되고 있다.

미국은 일본과 짝짜꿍이 되어 중국을 겨냥하고, 우리는 이 틈바구니에서 자칫 잘못하면 꿩도 매도 놓치는 꼴이 될 수도 있다. 따라서 우리는 이 새 변화 조짐을 남북 평화통일의 절호의 기회[91] 로 최대한 활용해야 한다. 더구나 2016년 11월 미국에서 정치, 외교, 안보 문제 경험이 전무한 부동산 등으로 큰 돈을 번 사업가 도널드 트럼프가 당선되는 이변으로 미 · 중 · 러 현 삼각관계가 흔들릴 가능성이 엿보인다. 미 · 소 냉전시대에 미 · 중이 1970년대 중반 국교정상화로 중·소 관계에 이간(離間)을 획책했듯이, 트럼프의 미국은 거꾸로 미·러 간에 관계개선을 지렛대로 중국의 급부상을 제어하려는 조짐이 엿보인다. 섣부른 예단은 아직 금물이지만.

미·중·러·일의 국제판 '합종연횡'을 닮은 '초불확실성'(hyper-uncertainty)이 우리 앞에 짙게 깔린 것 같다. 하지만, 퇴임하는 오바마 대통령이 2016년 12월 29일에 미 대선에 러시아 정부 정보조직(G.R.U.)이 개입했다고 공개적으로 밝혔다. 미 정보국(CIA), 연방수사국(FBI), 국토안전부(DHS)는 러시아가 악의적으로 사이버활동을 통해 미 2016년 11월 대통령선거에 특정 후보(트럼프)를 돕는 은밀한 활동을 했다는 '종합보고서'(The Joint Analysis Report)에 근거하여 미국 정부는 러시아 미 주재 외교관 35명을 추방하고, 두 러시아 미국 내 시설(Upper Brookville, NY, Maryland's Eastern Shore)을 행정명령으로 폐쇄했다. 따라서, 위 미 · 소, 미 · 중 간 삼각관계 새 합종연횡은 러시아 미 대선개입사건이 어떻게 풀리느냐가 첫 관문이 된 셈이다.[92]

이런 국제환경에서 대한민국은 이제 분단, 한국전쟁, 냉전시대의 종속변수는 아니다. 정정당당히 한반도, 특히 북한문제, 동북아 문제, 더 나아가서는 국제정치, 경제, 군사 문제에 독립변수로 등장했다. 독립변수로 계속 성장, 성숙해 나가야 한다.

북한 핵이나 장거리 탄도미사일 문제는 1차적으로 미, 중, 러시아 등 다자간 협의와 합의의 길을 찾아 해결해야 하지만, 북한과의 관계개선, 협력, 통일 등 남북 사이의 현안은 대한민국이 그 1차적 주체다.

우리가 주도적으로 앞장서서 나서고 또 해결하는 그 주체여야 한다. 언젠가 북한이 핵을 포기하고 국제사회의 정상적인 국가로 새롭게 다시 일어서는 날이 온다면, 아니 그런 날이 결단코 꼭 오도록 선제적, 적극적으로 유도,

유인하는 데 우리가 앞장서야 한다.

견인(牽引)에서 유인(誘引)으로

이 소용돌이 속의 한반도에도 분단극복의 해법은 있다. 다만, 이제 너무 많이 얽히고설켰다. 우리에겐 버겁고 무겁다.

거듭 강조하지만, 밖으로는 미국과 중국이 가장 중요한 국제협력 변수다. 새 정치, 새 군사, 새 경제… 아니 21세기 새로운 삶을 이끄는 최첨단, 전자인간시대의 스마트 파워(smart power)를 예외로 치면, 경제, 군사, 지도력 등 경성 권력(hard power)과 연성 권력(soft power)의 총량 차원에서 상대적으로 중국은 상승세에, 미국은 하강세에 있다. 한국은 이 틈새에서 정제되고 세련된 "친통일지향적"(unification-friendly) 외교, 국방안보 전략, 정책을 펼쳐 나가야 하는 것이 최대, 최선, 최고의 과제다.

지금 진행 중인 안팎 김정은 정권의 옥죄기, 목 조르기 끝을 내려다 보며 앞으로 꼭 취해야 할 대북 접근전략과 정책을 미리 예단하면, 남북 간에는 다음 몇 가지 우리의 기본자세 전환이 요구된다.

첫째, 현 정부는 북한 주민의 처절하고 참혹한 실상을 알고, 또 안팎으로 알리되, 거기에서 끝나지 않고 현 북한권력 실체를 대화와 협력의 파트너로 맞이하는 열린 자세가 필요하다. 아무리 아니꼽고, 밉고, 역겨워도 북한의 철벽, 철문을 여는 열쇠는 일차적으로 남 · 북 당국자다. 따라서 양측 관계자의 공식접촉과 원활한 협조 틀에서만이 대화, 교류, 협력도 가능하다는 '현실 인식'과 그에 기초한 '현실주의적 접근'이 요구된다.

동양정치문화권의 실사구시(實事求是)와 미국, 유럽의 '벌거벗은 현실주의'(naked realism)는 많이 다르다. 그러나 '국익 챙기기'(national interest) 앞에서는 동 · 서양이 따로 없다. 국익 앞에서는 국가 사이에 맺은 모든 친선 · 우호 관계나 이념적 유대, 심지어 기존 군사동맹도 뒷전으로 밀린다. 때로는 악마와도 춤을 추고, 어제의 동맹이 오늘의 적국이 된다.

구체적으로, 김대중 정부의 햇볕정책과 역사적인 남북 정상회담, 서독수상 빌리 브란트의 동방정책, 1933년 미 대통령 루스벨트의 당시 스탈린 소련 공산독재체제와의 수교가 그 좋은 보기다.

제2차 세계대전 때 미 · 영 · 소 연합세력(Allied Powers)과 나치 독일, 파시스트 이탈리아, 군국주의 일본의 추축국(Axis Powers)도 현실주의의 산물이다.

닉슨과 마오쩌둥의 미 · 중 정상회담(1972년)에 이은 미 · 중, 중 · 일 수교(1979년)도 마찬가지다. 중 · 소 국경분쟁(1969년 3월), 중국의 베트남 국경침공(1979년 2월)도 국익이 이념을 앞선 사례다. 지금 이 순간 난사 · 중사 · 시사 군도(南沙 · 中沙 · 西沙 群島)를 둘러싸고 벌어지는 동남아 나라들, 특히 어제의 '공산권 동맹' 베트남과 중국의 갈등도 마찬가지다. 이 뒤에는 미국이 버티고 있지만.

둘째, 우리는 극히 어려운 과제지만, 북한 소수 권력 지배자를 증오의 눈으로 보기에 앞서, 최우선적으로 그 잔혹한 터, 틀, 판에서 신음하고 허덕이는 절대다수 인민대중을 역지사지(易地思之) 동정(empathy)하는 마음을 먼저 갖도록 노력해야 한다.

셋째, 당장 우리 눈앞, 코앞에 보이는 핵, 미사일 등 걸림돌에 집착한 나머지, 더 큰 틀의 우리의 앞날과 앞길을 못 보는 어리석음에 빠져서도 안 된다고 본다. 이는 소탐대실(小貪大失)의 전형이다.

지난 72년 동안 '섬 아닌 섬'의 삶을 넘어, 다시 동아시아, 더 나아가서 유라시아 대륙을 잇는 '한반도의 삶'을 복원하겠다는 큰 눈, 큰 그림 속에서 앞을 내다볼 필요가 절실, 절박하다.

우리에겐 무엇보다도 북을 돕는 것이 단기적으로 북한 집권세력과 군사력에 보탬을 준다는 생각에 앞서, 경영 마인드(management mind)를 갖고 평화통일의 길에서 한반도와 유럽-아시아 대륙을 잇는다는 투자개념으로 새롭게 인식하는 발상의 큰 전환이 필요하다.

김대중 정부의 "철의 실크로드"가 그 구체적인 대륙전략이었다. 탄핵으로 물러난 박근혜 정권이 내세운(이름을 바꾼) '유라시아 이니셔티브'는 최순실-박근혜 국정농단으로 단순히 구호로 끝났지만, 한반도의 유라시아 대륙을 다시 잇고 복원, 확대하는 정책은 차기 정권에서도 꼭 실천, 실현해야 할 우리의 21세기 대역사(大役事)의 하나다. 21세기 '자원 전쟁'에서 특히 시베리아는 자원의 보고임을 잊어서도, 그것을 잃어서도 안 되기 때문이다.

끝으로 가장 중요한 인식은 남북통일은 남한과 북한 각각 그 안에 있는 걸림돌, 남북한 사이에 놓인 걸림돌을 차근차근 제거하는 것도 중요하지만, 우리 주변 관련 당사국들—미국, 중국, 러시아, 일본 등—의 정책과 전략이 '친통일지향적'으로 바뀌도록 하고, 남북관계 진전에 도움이 되도록 선제적으로 선도, 설득, 유인, 유도하는 것이 급선무다.

따라서 한국이 미국, 중국, 러시아, 일본을, 북한이 중국, 러시아, 일본을 붙들어 잡고, 매달리고, 끌어안으려는 '견인'(牽引) 정책과 전략은 이제 늙고 낡은 전략, 접근이라고 나는 생각한다. 지금은 우리가 기선을 잡고, 선도적, 적극적으로, 남북 관계의 진전을 통해 이들 나라들이 우리에게 긍정적 이미지를 갖고 관심을 쏟고, 협조와 협력을 얻는 방향으로 끌어들이는 '유인'(誘引) 정책으로의 전략 전환이 필요하다.

견인의 견(牽) 자에는 소(牛)가 안에 들어 있고, 유인의 유(誘)자에는 말

(言) 옆에 우수할 수(秀)가 붙어 있다. 견인은 국방, 경제 등 국력, 즉 '물리적 힘'(hard power)을, 유인은 지역과 국제협력을 이끄는 '말과 머리(집단지성)의 힘'—외교(soft power and smart power)—을 근간으로 한다고 할까?

이 '견인에서 유인'이라는 정책과 전략 패러다임 전환을 유념하면서, 좀 더 구체적으로 북한을 우리의 주변과 국제정치 · 경제 · 안보 상황 속에서 다시 한번 살펴보자.

북한은 외톨이, 외딴섬인가?

북한이 외톨이는 맞다. 하지만 외딴섬은 아니다. 얼마 전 TV 프로그램 '동물의 행성'(Animal Planet)에서 나는 재미있는 한 광경을 보았다. 아프리카 대평원에서 배가 잔뜩 고픈 사자 한 마리가 저녁에 어슬렁거리며 숲속을 지나다가 고슴도치 한 마리를 발견하고 발로 차고 입으로 물어 뜯고… 이렇게 저렇게 온갖 힘을 쏟으며 잡아먹으려 애를 쓰다가 결국 포기하고 마는 장면이었다.

국내정치보다도 국제정치는 상대적으로 먹고 먹히는 약육강식의 '정글 법칙'이 통하는 싸움터라고 상상해 본다면, 오늘의 북한은 사자는 아니지만 '핵과 대륙간 탄도미사일을 입은' 고슴도치 같다.

밖에서 어느 나라, 누가 뭐라 하든, 현 북한 집권세력은 상관없다며 막무가내다. "우리는 우리 식대로 이제까지 살아왔고 버텼다. 앞으로도 우리 식대로 살아가겠다"며 바깥세상에 대한 북한 소수 집권층의 이러한 오불관언(吾不關焉), 오만불손(傲慢不遜)의 태도, 정책, 전략 행태는 우리가 어제오늘 갑자기 겪는 일이 아니다. 분단 이래 북한의 3대 세습독재체제가 지금까지 수 없이 노출한 망동이요, 관행이다. 물론 이 행태, 행패로 북한은 국제적으로 더욱더 고립을 자초할 뿐이고, 그 효과도 갈수록 감가상각의 법칙이 작용하고 있지만…

세계 전체주의 공산당독재사(1917-)에서도 그 유례가 없는 김씨 3대 세습도 바로 이러한 바깥세상 어느 누구의 눈치도 아랑곳하지 않는다는 북 지도층의 '북한 특유 오만의 결과물'이다. 이는 현 북한체제 창당(創黨), 창군(創軍), 창국(創國)의 원조(元祖)인 김일성(1912-1994) 때부터 길들여진 '자기도취 외세 혐오 증후군'(narcissistic xenophobia syndrome)[93]이 낳은 정치행태가 아닌가 한다.

물론 김일성이 생전에 목격한 당시 후계자 흐루시초프의 스탈린 격하운동(deStalinization)이나 마오쩌둥 사망 뒤 그의 재평가(deMaoization)가 북한세습독재 강화의 직접적 동인[94]이었다. 하지만, 북한식 으름장, 벼랑 끝 극단 돌출 행위(brinkmanship)도 이제 한계에 이른 것도 같다.

다시 강조하지만, 북한은 사실상 국제정치경제로부터 단순히 고립된 예외적인 존재가 아니라, 사실상 열외, 낙오자다. 그럼에도 불구하고 북한은 이 고립무원의 상황에서도 칠레 영토인 남태평양의 이스터 아일랜드(Easter Island)와는 다르다.

위에서도 지적했듯이, 미 오바마 정부 제2기 말, 트럼프 정부 1년, 중국 시진핑 10년 집권 5년째를 맞아 북한 핵 문제, 특히 중국과 일본 사이에 벌어지고 있는 동중국해 센카쿠 열도(댜오위다오, 釣魚島) 분쟁 등 동아시아 지역 현안을 놓고, 새 판, 새 패러다임 짜기가 한창이다. 더 크고 넓게는 중국과 미국의 지구촌 전체 경제와 군사 패권 다툼이 갈수록 표면화, 노골화하고 있다.

이 새 경제질서 구축과 군사안보 대치적 구상의 소용돌이 속 미 · 중 관계 변화는 현재 진행형이고, 우리에게 불어 닥친 가장 큰 기회와 도전이다. 미국과 중국, 그리고 일본 사이에 한국은 지금 복잡하게 얽혀 있다.

군사적으로, 한국은 미국과 동맹이고, 중국은 북한과 동맹이다. 이 중국–북한 동맹 파열음이 갈수록 심각해지고 있다. 대한민국에겐 기회이고 북한에겐 위기다. 한 · 중 관계가 밀착하고 밀접해질수록, 미국과 일본 쪽에서는 기존 한 · 미 관계나 한 · 일 관계에 민감해지고, 이는 동시에 미 · 일 관계 밀월, 밀착을 재촉한다는 딜레마가 생긴다. 이미 미 · 일 밀착이 제도화로 심화되고 있다. 이 딜레마를 우리가 슬기롭게 풀어 나가야 하는 것도 우리 외교의 고난도 도전이요, 긴급 현안이다.

비(非)군사 분야에서, 특히, 통상, 투자, 인적 교류 등 대부분 분야에서 한 · 중 관계는 미국과 일본을 제치고 상대적으로 훨씬 빨리 확대하고 있는 것도 새 변수다.

또 하나, 우리는 미국, EU, 일본과 인권, 자유민주주의, 시장경제 등 기본 가치를 공유하고, 이 영역에선 우리와 중국은 아직도 상충, 상반한다는 것도 우리가 슬기롭게 헤쳐 나가야 할 전략 과제다.

성공 사례 두 가지

이 거센 국제정치 · 경제 · 군사 파고 속에서 우리가 통일 지향적인 한반도의 평화구축과 지속적인 경제발전을 이룩할 수 있는 해법(교훈)은 지난 세기의 두 가지 큰 성공 사례—소련, 동구 공산전체주의 일당독재 체제의 소멸과 평화적인 동 · 서독 통일의 실현—에서 찾을 수 있다고 나는 생각한다.

첫째, 공산권 붕괴는 군사적으로는 미국이 주도한 나토(NATO) 집단안보 동맹 틀을 기축으로, 동 · 서 간 핵전쟁의 위협을 막고, 당시 소련 · 동구와 대화협력의 틀(CSCE, 현 OSCE)을 만들어 서로 화해와 협력을 추구한 것이 큰 몫을 했다.

이는 지난 세기 미 · 소 냉전각축, 갈등의 잔재로 아직도 유일하게 남아 있는 분단 한반도에도 정책적, 전략적 시사점과 해법으로 비쳐진다.

남북 간에 또 하나의 전쟁이 결코 지혜로운 수단이나 대안이 아니라면, 우리도 한 · 미 간 군사동맹 틀을 기축으로 중국, 러시아, 일본, 유럽연합 등의 협력과 협조로 남북화해와 협력의 틀을 튼튼히 구축해야 한다.

바로 이러한 접근 전략이 김대중 정부와 노무현 정부(초기에 약간 흔들렸지만)의 병행 전략이다. 핵 문제는 '다자 틀'에서, 남북문제는 일차적으로 남북 당사자 간에 동시에 병행 추진하는 것이었다.

따라서, 이미 실패로 끝난 이명박 정부와 박근혜 정권의 대북정책처럼 북한이 핵 문제를 먼저 풀어야 남북관계도 열겠다는 입장(원칙) 고수 전략이 아니라, 남북은 물론이고 관련 당사국들도 상호 이익 중심 전략으로 다시 바뀌어야 한다고 본다.

남북문제는 남북 사이에 서로 해결 가능한 의제와 현안부터 하나하나 차츰차츰 풀어 나가야 한다. 동시에 북 핵 문제도 미 · 중 · 러 · 일 등 다자회담 틀에서 인내와 끈기로 걸림돌을 하나하나 제거해서, 궁극적으로 한반도 북핵 완전 폐기를 이룩해야 한다고 본다.

부모가 자기집 자식 하나의 버릇도 고치기 힘든 세상에서 수십 년 해묵은 북한의 행태와 행패를 하루아침에 먼저 바꾸겠다(behavior modification)는 미 부시 정부 1기의 북한 핵 정책이나 이명박 정부와 박근혜 정권의 대북정책은 처음부터 잘못된 발상이었다. 지난 이명박–부시 한미 두 정권의 각각 5년과 8년 임기 동안 남북 관계 악화와 미 북한 핵 정책 실패가 이를 실증했다. 박근혜 정권도 이명박 정부의 접근 틀에서 벗어나지 못한 채 우왕좌왕, 좌고우면 헤매다 탄핵으로 퇴출되는 비극을 맞았다. 박근혜의 탄핵은 그의 리더십

부재, 무능이 자초한 것이지만, 대한민국 국민, 시민 차원에서 보면 재앙이다. 이제 이 재앙을 한 차원 높은 민주발전과 경제성장, 그리고 남북한 관계의 평화적 재조성의 기회로 승화시켜야 하겠다. 아니 그런 계기로 삼아 우리 국민과 새 정부는 최선을 다해야 한다고 본다.

둘째, 서독은 '초-국가'(supra-state) 유럽연합의 큰 틀 속에서 동독과의 화해와 협력을 주도적으로 이끌어 내고, 끝내는 무혈 평화통일을 이루어 냈다. 이 역시 분단 한반도에 중요한 정책적, 전략적 시사점을 던진다.

구체적으로, 동 · 서독 통일이 EU, 유럽안보협력회의(CSCE, 현 OSCE) 등 다자(多者) '초-국가' 틀에서 실현되었다면, 우리도 미, 중, 러, 일, 남북한 등 다자회담을 재가동해 북한 핵 문제와 대량살상무기 문제 등을 다자 차원에서 해결하고, 특히 동북아 평화 메커니즘을 적어도 유럽의 위 CSCE 수준으로 발전시켜야 한다고 생각한다.

물론, 서독이 한국이 아니듯이, 동독이 북한은 아니다. 지면 관계상 통일 전 동서독과 현 남북한의 유사점과 이질성 모두 여기서 누누이 열거하지는 않겠지만(이 책 제7장 참조), 그 차이도 엄청나다. 남북한과 동서독의 서로 다른 역사, 지리, 문화, 정치경제, 지역 안팎 권력역학 등을 배제한 극히 표피적인 단순 비교는 물론 금물이지만, 위 정책적, 전략적 성공 사례를 우리는 심도 있게 참고, 참작해야 한다는 이야기다.

쐐기(lynchpin)와 주춧돌(cornerstone)

당장 우리 발등에 떨어진 불은 무엇인가? 한마디로 미 · 중 힘겨루기, 중 · 일 영토분쟁, 북 · 중 관계의 소원 조짐과 중국의 대북 조치 등에 우리가 어떻게 대응하고 대처하느냐로 요약된다.

중장기적으로는, 우리의 유일 군사동맹 미국과 제일 통상시장 중국과의 포괄적인 새로운 전략적 군사안보 관계 정립이다. 이 과제는 물론 시간이 걸리는 일이다.

우리는 미국과는 안보 기둥(1953년 한미방위조약)을 먼저 세우고, 거의 반세기가 지난 2012년 3월 한미자유무역협정 발효로, 두 나라 사이의 경제통상 기둥까지 세워 놓았다. 한미 사이에는 국방안보와 경제통상 두 틀이 세워졌다.

중국과는 1992년 국교수립 이후 경제통상 관계가 먼저 크게 확대하고 있다. 우리에겐 중국이 이미 통상 제1국이다. 중국에게도 우리는 홍콩, 유럽연합, 아세안 등을 제외한 단일 주권국가 기준으로 미국, 일본에 이어 제3대 통상 파트너다. 2013년엔 우리가 일본을 제치고 중국의 제2 통상 파트너가 되었다. 지금 사드 배치문제로 중국이 대국답지 못한 거칠고 눈살을 찌푸리게 하는 민낯을 보이고는 있지만…

우리와 미국의 파트너십(partnership) 발전은 안보기둥 → 통상기둥 수순을 밟았지만, 중국과는 거꾸로 통상기둥(한중자유무역협정) → 안보기둥 수순으로 양국 간 관계의 제도적 장치를 마련해 가고 있는 와중에 있다. 따라서, 2014년 11월 한중자유무역협정(FTA)을 체결하고, 2015년 11월 우리 국회의 이 협정비준은 매우 중요한 그 발걸음이다.

위 구상은 머릿속에 그린 그림 이상의 비전, 전략, 정책으로 서둘러서 실현, 실천해야 한다고 생각한다. 안보, 군사차원에서 미일 밀착을 포함, 갈수록 틈이 벌어지고 골이 깊어지는 미 · 중 관계, 중 · 북한 관계, 중 · 일 관계 사이에서 대한민국 외교, 안보, 국방의 활로를 찾는 힘겨운 도전을 이겨내야 하고, 궁극적으로는 우리의 숙원인 남북 평화통일을 이룩해야 하기 때문이다.

이와 관련, 2011년 10월 28일 하와이 동서문화센터(EWC)에서의 전 미 국무장관 힐러리 클린턴 연설문[95]의 다음 대목을 주시할 필요가 있다.

일본은 "아시아-태평양에서의 (미국의 지도적이고) 적극적인 개입에 주춧돌"(cornerstone of our engagement in the Asia-Pacific)로, 한국은 "지역 안정과 안보의 하나의 쐐기"(a lynchpin of stability and security in the region)로 명시한 것과 미국과 인도가 2014년 초 시작한 미 · 인도 전략 대화(the U.S.-India Strategic Dialogue)가 그것이다.

특히 여기서 한미관계 "쐐기" 개념 앞에 붙어 있는 단어 "a"와 미일관계 "주춧돌" 개념 앞에 붙어 있는 단어 "the"에서 미국이 보는 한국과 일본의 전략적 가치 비중을 우리 정부 당국자는 신중히 음미, 검토해야 할 것이다.

미국이 일본을 안보 '주춧돌'로, 우리는 '하나의 쐐기'로, 보는 전략 시각 차는 무엇일까? 불이나 집이 다 타 버려도 주춧돌은 남지만, 나무로 만든 쐐기라면 타 버릴 것이고, 쇠로 만든 쐐기라도 그 잿더미 속에 묻혀 찾기조차 힘들지 않을까?

무엇보다도, 중국을 겨냥한 미국의 '울타리 둘러쌓기'(hedging) 전략에 우리 스스로 흡입되어 우리의 남북통일 문제가 실종되어서는 결코 안 된다고 본다.

트럼프 미 행정부와 시진핑 10년 주기 중국 정부가 앞으로 전개할 한반도와 동북아 정책기조와 방향을 유념하면서 현 미 · 중 관계를 살펴보면, 냉전시대의 미 · 소 대결과 세 가지 차원에서 본질적으로 크게 다르다. 위에서도 지적했지만, 이 차이가 우리에게 너무나 중요하기에 여기서 다시 강조하면, 첫째, 미국은 지난 냉전시기 '자유진영'의 종주국으로, 소련은 '공산진영'의 종주국으로 서로 이념, 정치, 군사적으로 대결, 대치했다. 경제적으로도 서로 담을 쌓고 살았다. 그러나 지금의 미 · 중 관계는 지난 세기 미 · 소 대결

구도와는 구조적, 본질적으로 다르다.

정치, 이념, 군사안보 차원에서의 대결, 대치는 제2차 세계대전이 끝난 뒤 미국이 주도한 1949년 4월 북대서양조약기구(NATO)의 창설이 그 첫 효시다. 이에 맞서 소련은 1955년 5월 소련이 주도한 바르샤바 조약기구(The Warsaw Pact, The Warsaw Treaty Organization of Friendship, Cooperation, and Mutual Assistance)를 창설한다.

이 두 기구의 운명도 대조적이다. 1991년 소련과 동구권 공산국가 소멸과 함께 소련 등 8개국 회원국으로 구성된 바르샤바 조약기구도 해체된다. 한편, 나토는 미국 등 12개 창설 회원국으로 출범, 지금은 소련과 동구 공산권 붕괴로 새로 탄생한 나라들까지 영입하여 28개국으로 확장되고, 이 기구의 군사활동 범위도 유럽을 넘어 확대(아프가니스탄, 이라크 전쟁, 리비아 내전 참여 등)되어 지금도 건재하다.

경제통상 차원에서는 1948년 미국 주도 유럽경제협력기구(OEEC, Organization for European Economic Cooperation, 1961년 현 OECD로 개칭, 일본, 멕시코, 한국 등 비서방국가도 가입)가 먼저 출범한다. 이에 맞서 1949년 소련 주도 상호경제원조위원회(Comecon, 공식 영문명칭은 CMEA, The Council for Mutual Economic Assistance)를 창설한다.

지금은 그러나 바르샤바 조약기구처럼 CMEA도 소련, 동구 공산권의 소멸과 함께 1991년 이미 사라졌다. 중국, 러시아, 구 동유럽 공산권 국가들도 미국 주도로 출범한 세계경제, 금융, 통상 국제기구(IMF, WB, WTO 등)에 이미 가입했거나 가입을 서두르고 있는 상황이다.

요컨대, 지금은 냉전시대의 자유–공산진영 사이의 첨예한 이념대결과 군사경제 각축도 일단 뒷전으로 밀려났고, 두 진영 간 경제통상시장의 벽도 차츰차츰 무너져 가고 있다.

물론 미 · 중 간에는 지금 사이버 전쟁 상호각축을 포함, 환율, 금융, 통상 등 경제마찰, 인권문제, 대만, 티베트, 위구르 자치구 문제, 동중국해, 남중국해 영토분쟁과 미 · 중 우주경쟁에 이르기까지 서로 간 갈등의 소지가 여기저기 보이고, 드러나고, 늘어나고 있는 것도 사실이지만.

보다 근본적으로는, 수천 년 명맥을 이어 온 중국의 '문명국가'(civilization state) 개념[96]과 역시 수천 년 동안 고대 그리스, 로마, 유럽, 미국 등이 개발, 계승 발전시킨 정치문화, 특히 1648년 웨스트팔리아 조약을 계기로 자리잡은 '주권국가'(sovereign state) 개념과의 충돌 가능성도 잠재한다.

둘째, 지난 세기 미 · 소 대결이 일차적으로 양대 진영 사이의 군사경쟁, 특히 미 · 소 사이의 전략각축, 핵과 우주경쟁이 그 주축이었다면, 현 미 · 중 현안은 통상, 환율, 금융 등 경제문제가 맨 앞에서(front burner) 서로 부딪치고, 우주 경쟁, 사이버 전을 포함, 군사안보갈등은 뒤에서(back burner) 움직이는 형국이다.

또 하나, 지난 세기 냉전시대 인도의 외교정책은 겉으로는 '중립'이었지만 사실상 소련에 더 가까웠고, 거꾸로 지금은 미국이 공개적으로 아시아-태평양 리더십 국가임을 천명하며 적극적으로 인도를 끌어안고 중국을 견제(hedging)하려는 조짐도 크게 주목된다.

셋째로 냉전시대 소련의 정치군사, 이념적 위협뿐만이 아니고, 중국은 지금 통상, 금융 등 경제적으로도 미국에 도전하는 상황으로까지 치닫고 있다는데 그 심각성, 복합성이 있다. 냉전시대 미 · 소 진영 대결은 충돌할 경우 "서로가 확실히 함께 소멸하는 결과", 즉 상호확증소멸(mutually assured destruction, MAD)을 낳게 되는 상황이었다면, 지금 미 · 중 대결의 충돌은 "서로가 확실히 함께 경제를 망치게 되는 결과"(mutually assured economic destruction, MAED)를 낳게 되는 형국이 되었다.

구체적으로, 2008년 시작된 미국 발 금융위기로, 제2차 세계대전 뒤 미국 중심의 경제, 통상, 화폐의 틀—IMF, WTO, World Bank Group 등—의 재편 · 재조정이 갈수록 불가피한 상황으로 치닫고 있다.

1970년대 초, 1980년대 중반 금융 · 경제위기 때는 소련 주도 공산진영의 안보 위협이 미국의 '전가의 보도'였다. 미국은 이 안보위협을 당시 자유진영의 서독 등 서구 유럽국가(NATO)와 일본(미 · 일 안보조약)을 미 국익에 맞게 설득, 압박(jawboning, bashing)하는 도구로 유효하게 휘두를 수 있었다.

당시 미국의 베트남 전쟁 장기화로 악화된 재정적자, 무역역조 상황에서 1971년 미 달러와 금 태환(gold-dollar convertibility)틀을 일방적으로 파기한 닉슨 정부의 결정이나 1985년 레이건 정부가 뉴욕에서의 5개국—프랑스, 영국(UK), 서독, 미국, 일본— 플라자 합의(The Plaza Accord)를 이끌어 내고, 1987년 사이에 달러 대(對) 엔화 환율이 51%까지 절상(切上)된 것이 구체적인 사례다. 1990년대 말 한국 등 아시아 금융 · 경제위기 때는 공산권 안보위협은 상대적으로 크게 약화된다.

하지만 지금 러시아를 포함, 중국은 본질적으로 다르다. 그때나 지금이나 일본과 독일(서독)은 진영 내에서 경제적으로 제2, 제3의 부국이지만, 군사적으로는 일본과 독일은 비(非)핵 국가이고, 미국의 군사, 안보동맹 틀에 묶여 있다.

그러나 핵을 포함, 군사력과 경제력 등 경성권력과 문화, 역사, 지역적, 국제적 지도력 등 연성권력을 고루 갖춘 중국은 지금 그동안의 국제경제 학습효과에다 지난 70년대 초, 80년대 중반의 서독과 일본, 90년대 말 한국 등 아시아 국가들처럼 호락호락 미국의 그러한 설득과 압력에 쉽게 밀리지 않고 있기 때문이다.

'핵 강국' 러시아 푸틴의 우크라이나 크림 반도 전격적 합병이나, 지금 진행 중인 동우크라이나 분쟁을 둘러싼 러시아와 미국, 유럽연합의 경제 · 군사(EU, NATO) 힘겨루기도 이미 시작됐고, 그 장기화 조짐도 큰 우려의 대상이다. 한마디로, 지난 세기 말 소련 주도 공산권 소멸과 중국, 인도 등 신흥경제 부국의 부상으로, 미국 주도 경제, 통상, 특히 금융통화 국제협력도 이제는 갈수록 훨씬 복잡다단하고, 얽히고설켜서 호락호락하지 않는 상황[97]이다.

간추리면, 21세기 초 오늘의 전자인간 세상은 경제금융통상의 상호의존성과 군사안보전략의 상충성이 서로 맞물렸다. 지난 세기 미 · 소 주도 두 진영 간 중동, 그리스-터키, 동서독, 한반도, 대만, 베트남, 중동 등에서의 국지전(limited war), 대리전(proxy war) 상황처럼 뚜렷한 대결구도는 사라지고, 다각적, 복합적으로 서로 엉켰다. '쾌도난마'(快刀亂麻), 일사천리(一瀉千里)식 미국 주도 경제통상 해법[98]도 이제 이미 낡고 녹슬었다. 새 패러다임이 필요하다. 구체적으로 2017년 1월 20일 미 트럼프 대통령 취임으로 위에서도 암시한 바 있지만, 미 · 중 · 러 사이에 새로운 삼각관계 구도가 점쳐지고 있다. 2014년 3월 러시아군의 우크라이나 크림반도의 전격적인 무력합병(annexation)과 현재 진행 중인 같은 해 동부 우크라이나 내전에의 러시아 군사지원과의 '빅딜' 가능성이 점쳐진다. 즉, 러시아 크림반도는 기정사실화하고, 우크라이나 동부 러시아 주둔군이 철수하는 대가로 미국이 러시아 제재를 중단한다는 것이다. 이 빅딜이 성사된다면, 그리고 트럼프 미 새 행정부가 닉슨 정부 이후 흔들림 없이 지켜 온 "하나의 중국" 정책을 대만 정부를 지렛대로 흔드는 데 성공한다면, 미 · 러, 미 · 중 간 전략적 무게 중심이 후자에서 전자로 서서히 그러나 극적으로 바뀐다는 첫 신호다. 적어도 미국의 입장에서 본다면 그렇다. 그리고 러시아 정보국의 2016년 11월 미 대선 사이버 개입이 원만하게 풀린다면.

⁂

국제정치, 국제경제 변동, 변화에 대한 나의 아주 소박한 생각을 곱씹으면서 몇 가지 질문을 던지는 것으로 이 장을 맺고자 한다.

하나는 이 책 여기저기서 강조했듯이, 이젠 남북한 모두 장기판의 졸(卒)이 아니라는 점에 대한 것이다. 특히 대한민국은 주변 강국들 사이에서 중견(中堅, middle power) 국가로 발돋움했다.

2010년 G20 정상회담, 2012년 제2차 핵 안보정상회의를 개최할 만큼 우리는 성장, 성숙했다. 지난 세기부터 국제무대에서 기여하고 활약해 온 중견국 캐나다와 오스트레일리아 등 선진국들과는 달리, 한국은 그동안 한국전쟁의 폐허 속 찰가난을 딛고 일어서 민주 선진국 대열에 진입한 경험 때문에, 오늘의 선진국과 개발도상국에 가교역할은 물론이고, 우리의 경제발전, 국토개발, 민주발전 체험을 전수하는 데 더 박차를 가할 수 있다. 특히, 한류 등 우리의 다채롭고 창의적인 문화 전파도 보다 적극적으로 개척[99]해 나갈 호기가 왔다.

외교도 마찬가지다. 이제 우리는 강대국의 종속변수 아닌 독립변수로서 보다 적극적이고 주도적인 균형자(balancer) 역할을 할 만큼 경성권력과 연성권력을 고루 갖춘 나라로 발돋움했다.

사람도 나라도 자만은 금물이다. 하지만, 확고부동한 국가 정체성 견지와 세계 속에서의 우리의 위치와 위상에 대한 정확한 인식에 근거한 자원외교, 경제금융, 통상외교, 안보국방외교, 그리고 우리나라만이 유일하게 펼쳐야 할 통일외교에 혼신의 노력을 더 쏟아야 하겠다. 안타깝게도 우리는 아직도 지난 냉전시대의 잔재인 유일한 분단국가이기 때문이다.

이 냉엄한 국제정치 · 경제 · 군사 게임에서 우리가 하나(통일)라면, 게임 참여자들이 둘(분단)인 우리의 지금보다 갖고 놀기가 훨씬 힘들지 않겠는가? 하는 질문을 나는 이 책을 읽는 독자에게 던진다.

먼저 정치게임을 보자. 하나여야 할 우리가 지금 남북한으로 갈라진 둘이기 때문에, 참여자들이 우리를 따로따로 이간하기도 쉽고, 참여자들이 하나씩 서로 나누어 갖고 놀기도 쉽지만(divide et impera, divide and rule), '하나'라면 그들끼리 서로 이 하나를 놓고 훨씬 더 치열한 경쟁을 벌일 것 아닌가? 더구나 우리도 '하나'라면 이미 하나인 그들과 훨씬 더 동등하게 평화적으로 경쟁과 협력을 하게 될 것 아닌가?

보기를 들면, 미국이 급부상하는 중국을 겨냥한 울타리를 만드는 데 우리가 '쐐기'가 되고, 중국, 일본, 러시아도 남북을 따로따로 떼어 놓고 그들 입맛에 맞는 '요리'만 하고 있다면, 남북을 하나로 뭉치는 일은 누가, 언제, 어떻게 하겠다는 것인가? 우리가 다시 하나가 되는 일에 남북한이 아닌 어느 나라가 팔 걷고 앞장설 수 있는가? 우리 아닌 누가 앞장서겠는가?

다음, 경제게임은 어떤가? 어느 한 제조공장 일꾼이나 한 중소기업인이 피와 땀과 눈물로 밤잠까지 설치며 한 푼, 두 푼 모은 미화 1,000달러를 미 금융기관에 저축했다고 가정하자.

그런데 어느 날 알게 모르게 원-달러 환율이 바뀌어 원화를 미 달러 대비 50% 절상(appreciation)하게 되었다면, 얼핏 보면 원화로는 이제 절반 값으로 미국 상품을 살 수 있어 좋지만, 그렇게 어렵게 저축해 둔 1,000달러를 우리 원화로 바꿔 쓰려면 이제 500달러 가치(구매력 기준)밖에 없지 않은가? 미 달러 평가절하는 미 달러 채무자(채무국)는 좋지만 채권자(채권국)는 그만큼 가만히 앉아서 손해를 볼 수가 있다. 눈 깜짝할 사이에 눈 뜨고 코 베인 꼴이다.

어려운 경제용어를 들먹일 필요도 없이, 달러로 빚진 나라(채무국)는 그 액면가의 반값으로 빚을 갚을 수 있고, 저축한 나라(채권국)는 구매력 기준으로 하면 액면가의 절반밖에 챙기지 못하는 억울한 상황이 된다.

비오면 우산장사 웃고, 햇볕 쨍쨍하면 얼음장사 웃지만, 국제금융통화 거래(환전)에서의 경화(硬貨, hard currency) 국가─연화(軟貨, soft currency) 국가 관계는 원천적, 구조적으로 바짝 정신 차리지 않으면, 연화 국가는 이래도 저래도 웃는 날도 별로 없이, 손해만 보기 일쑤다. 달러는 기축통화이고 우리 돈(원화)은 아니기 때문이다. 자칫 잘못하면, 우리는 '카지노 자본주의'(casino capitalism)나 '붉은 자본주의'(red capitalism) 함정에 빠질 수도 있다.

미국, 일본, 영국(UK), 독일, 프랑스 등 경화 국가는 그 나라 국익에 맞게 환율 절상 · 절하를 일방적으로 할 수 있다. 경화는 맘대로 찍어 내도 돈이지만, 원화는 맘대로 찍어 내면 종이가 된다. 따라서 경화 국가가 아닌 나라는 환율 전쟁에서 챙기는 것보다 우리도 모르게 앗기는 경우가 더 많다.

'환율 전쟁'은 비정하다. 눈 깜짝할 사이에, 아니 우리도 모르게 '이웃 나라 거지 만들기 정책과 전략'(근린 궁핍화 정책, beggar-thy-neighbor policy)의 희생양이 되기 십상이다. 미국은 '양적 완화'(quantitative easing I, II, III…)라고, 이웃 일본은 '화살 쏘기'(arrows, 1, 2, 3…)라고 이름을 달리 바꿔 더 헷갈리지만 그 기능과 목적에 근본적인 차이는 없다. 미국 달러나 일본 엔, 유럽연합의 유로는 모두 경화이기 때문이다.

이처럼 냉엄한 국제정치 · 경제 · 군사 게임에서 한때 한반도를 "고래 싸움에 새우 등 터진다", "한반도는 중국 머리를 내리치려는 쇠망치다", "한반도는 일본의 심장을 겨누는 비수다" 등 책략가의 보는 시각에 따라 근본적으로 각기 다른 비유로 한반도의 전략적 가치를 설정, 설명하고 저울질한 때가 있었다.

이제 그러나 대한민국은 그런 새우도, 망치도, 비수도 아니다.

위 비유는 밖에서 우리를 필요에 따라 이용하려는 세력들이 자국이익을 기준으로 본 '이용가치' 차원의 평가였을 뿐이다. 우리는 지금 그렇게 호락호락 남의 용기(用器)로 쉽게 팔리고 쓰일 만큼 나약하지 않다. 우리부터 먼저 그런 그릇된 타성과 지난 세기의 관습에서 벗어나야 한다. 눈을 부릅뜨고 버티고 이겨 내야 한다. 남북이 평화적으로 자유 민주통일을 이룩하도록, 이룩할 때까지. 그리고 이룩한 뒤에도.

하나 분명한 것은 적어도 대한민국은 이제 중견국가로 발돋움했다. 주변 강대국의 단순 종속변수가 아니다. 다행히 우리도 그동안 많이 성장, 성숙했다. 비록 분단의 아픔과 설움을 아직까지 안고 살고 있지만…

마지막으로, 남북한 사이를 가로막는 가장 큰 걸림돌인 북한 핵 문제를 잠시 뒤돌아보자.

위에서도 밝혔지만 2002년 북한 '고농축 우라늄 사태'[100]로 1994년 미국-북한 제네바 합의가 깨진다. 또한 이 사태를 구실로 위 합의로 출범한 한반도에너지개발기구(KEDO)의 북한경수로 2기 건설이 중단되고, 미국 중유 연 50만 톤 지원 약속이행도 무산된다. 이에 맞서 북한은 국제원자력기구(IAEA)를 탈퇴하고, 영변 핵 시설 감시원 추방, 감시 카메라 등 모든 기구를 제거하고, 그동안 동결했던 영변 핵 시설을 재가동한다. 북미 관계는 다시 원점으로 돌아가고, 끝내는 2006년 10월 9일 공교롭게도 우리 한글날에 북한은 첫 핵실험을 강행[101]한다.

북 김정은 정권의 2016년 1월 제4차 핵실험, 같은 해 9월 제5차 핵실험, 2월 장거리 탄도 미사일(제4차 광명성 호) 발사로 박근혜 정권이 마지막 남북 연결고리인 남북합작 개성공단을 일방적으로 전격 폐쇄함으로써 한국전쟁 이래 남북관계는 최악의 상황에까지 이르렀다. 남북이 서로 "눈은 눈으로, 이는 이로 갚아라"[102]는 식으로 부싯깃 통이 됐다. 참으로 안타깝다.

지금의 북한 핵은 어떤 상황인가? 미국의 한 핵 관련 '전문가'(David Albright,

1948–)가 북한 핵무기 개발 시나리오(표 8–2)를 최근 38North.org에 발표한 것을 유심히 살펴보면 이 저자는 어리둥절해진다. 한국전쟁을 치른 뒤 38선이 지금의 군사분계선(DMZ)으로 바뀐 지 60년이 훨씬 넘는데, 이 존재하지도 않는 38North 웹사이트에 '연구논문'이나 공식문건이 아닌 한 전문가의 '시나리오'를 'Crystal Ball TM Software'를 들먹이며 싣고 있는 것이 이 저자를 맨 먼저 의아하게 한다. 이 시나리오가 나오자마자 우리나라 몇몇 주요 일간지들이 무분별하게 그 내용을 실은 것도 당혹스럽고…

이 시나리오가 나를 더욱 의아하게 하는 것은 2014년 말 현재 북한 플루토늄 재고량 최소, 중간, 최대 추정치가 30–34kg으로 똑같다는 것은 사실상 5MW 영변 원자로 플루토늄 추출이 중단되었다는 이야기 같아서다.

또 군사무기화 할 수 있는 우라늄 재고량을 최저 85kg에서 최고 310kg으로 추정하고, 군사무기화 되는 해(2018년) 중간 추정치는 5–10kg/yr이고, 2016년 최대 추정치는 15–30kg/yr라는 것도 나를 헷갈리게 한다. 그리고 2014년 말 현재 최소 15개, 최대 22개의 핵무기 상당량(weapons equivalent)을 북한이 소유하고 있다는, 개수 아닌 '상당량' 주장도 애매모호하다. 달리 표현하면, 이 모두가 추측, 추정이고, 기껏해야 억측(educated guesswork, speculation) 같다. 더구나 앞의 〈표 8–1〉에서 보듯이, SIPRI는 북한 핵무기를 6개에서 8개로 추정하고 있으니 말이다. 그것도 실전배치 하지 않은 재고량(inventory)으로.

물론, 추측의 원천적인 책임은 북한이라는 '철벽', '철옹성' 같은 꽉 막히고, 갇힌 1인 독재체제에 있지만, 추측이 억측을 낳고, 억측은 시간이 지나면서 엄연한 '사실'로 허울을 쓰고 둔갑을 하거나, 그 추측이 시간이 지나 거짓으로 들통이 나도, 그때 가선 '추측'이었을 뿐이라고 슬그머니 발뺌한다. 시간이 한참 지나서 '그러면 그렇지! 고, 아니면 그만이고'라는 흔히 보는 뻔뻔스런 '주장'이다. 참고로 대한민국 국방부가 발간한 2016년 국방백서에서는 북한 플루토늄 보유량을 40kg → 50kg으로 추정하고 고농축우라늄(HEU) 프로그램은 숫자 표시 없이 "상당한 수준으로 진전"했다고 언급했다. 핵무기는 소형화능력이 역시 상당한 수준이며, 대륙간 탄도미사일(ICBM)과 핵탑재 가능 스커드-ER(사거리 1000km)도 처음으로 명기하고 있다. 또 하나 북 사이버전 인력을 6천여 명으로 추정한 것도 눈에 띈다.

더욱 놀라운 사실이 있다. 2002년 북한 '고농축 우라늄 사태'로 제네바 합의가 깨질 때부터 지금까지 북한은 다섯 차례(2006년 10월 9일, 2009년 5월 25일, 2013년 1월 22일, 2016년 1월 6일, 9월 9일) 핵실험을 이미 강행했다. 그런데 북의 네 번째 핵실험 이전에 발표된 것이지만, 이 글쓴이(Albright)는 "이들 [핵]무기 대부분은 플루토늄으로 만든 것 같다"(Most of these weapons are likely based on plutonium)고 밝히고 있다.[103] 여기 "대부분은…"은 무슨 뜻인가?

그의 이 구절 하나만으로도 2002년 10월 당시 '고농축 우라늄 사태'는 허위, 조작이 아니라면 적어도 지나친 과장이었다는 이야기가 된다. 더구나 이 고농축 우라늄 사태가 남북한 관계를 오늘과 같이 최악의 상태로 몰고 간 최초의 단서였다는 점에서 이 진실은 꼭 밝혀져야 하고, 언젠가는 위 사태 관련자(들)에 대한 역사의 준엄한 심판이 있어야 한다고 이 저자는 믿는다.

이와 관련 핵 문제 전반에 대한 전 유엔국제원자력기구(IAEA) 사무총장 블릭스(Hans Blix) 이야기[104]도 귀담아들을 만하다. 1968년 핵확산금지조약(NPT)의 목적은 당시 핵무기를 가지고 있지 않은 나라는 "갖지 않겠다고 결의하고," 이미 갖고 있는 나라들(미국, 러시아, 영국, 프랑스, 중국)은 가진 것을 축소, 폐기(disarmament)하겠다는 것이 목적이었다. 그는 첫째 목적은 어느 정도 성공을 거두었다고 본다. 이를 어긴 인도, 파키스탄, 이스라엘, 북한을 예외로 하면 그렇다. 남아프리카는 가졌던 핵무기를 제거했고, 우크라이나,

벨라루스, 카자흐스탄은 러시아로 옮겼다.

그러나 둘째 목표는 훨씬 더디다는 것이다. 냉전이 끝나자 핵무기가 2만 개 미만으로 줄어든 것은 사실이지만, 그것은 주로 경제적인 이유 때문이었고, 아직도 인류의 몇 배를 박멸하고도 남을 핵무기가 남아 있다고 그는 크게 우려한다. 2010년 새 전략무기합의(New START)에서 미국과 러시아의 핵무기 보유 상한선(upper limits)을 설정하는 데 합의했지만, 두 나라 사이에 아직 협상은 흐지부지하다고 비판한다.

보기를 들면, 유럽 NATO 회원국들에 아직도 여기저기 흩어져 있는 비(非)전략 핵무기들(nonstrategic nuclear weapons)을 제거하는 조건으로 러시아의 전술 핵무기 제거 협상을 해야 하지만 아직도 손 놓고 있다는 것이다. 1996년 포괄 핵실험 금지조약(Comprehensive Nuclear Test Ban Treaty, CTBT)도 실행만 된다면 모니터링, 핵실험 탐지기술 등 철저히 금지할 수 있는 최첨단 메커니즘은 갖추고 있지만 미국, 중국을 포함, 여덟 나라가 비준을 하고 있지 않아 아직도 '공식문서'로만 남아 있다.[105] 더욱 심각한 상황은 지금 미국, 러시아, 중국이 새로운 '냉전 시대 군비경쟁'(Cold War-era arms race)에 접어들고 있다는 것이다. 옛 핵폭탄보다는 더 작고, 덜 파괴적인 그러나 더 살인적이고 더 유효한 차세대 신형 핵무기 개발에 박차를 가하고 있다는 사실이다.[106] 한마디로, 블릭스의 일침(一針)은 대량 살상무기를 이미 가진 나라들도 갖지 않은 나라들이 갖지 못하도록 노력하는 데 보여 온 열성을 자기 나라 대량살상무기 파기에도 실천하라는 요구다.

이 책을 쓰고 있는 지금 이 순간 남북관계는 물론이고, 북한과 미 · 일 관계도 냉전 이후 최악이다. 북한 핵은 지금 남북 평화통일을 가로막는 최대 현안이 되었다. 불행하게도 지금 우리의 통일의 길은 막히고, 대화도 끊기고, 관계도 흐트러질 대로 흐트러졌다. 우리 속담으로 비유하면, 북한 당국 입장

표 8-2

북한 핵무기 개발 시나리오

특징과 추산	최소 추정치	중간 추정치	최대 추정치
5메가 와트 원자로(pu/yr)	2-3kg/yr	3-4kg/yr	5-6kg/yr
실험용 경수로(ELWR)			
군사무기화 되는 해	해당사항 없음(n.a)	2018	2016
연간 생산량	n/a	5-10kg/yr	15-20kg/yr
원심분리기 공장			
숫자	1	2	2
#P2s 성능 원심분리기	3,000-4,000	6,000-7,000	8,000-9,000
P2s 효율	0.5-0.8	0.6-0.8	0.7-0.8
개량형(P3) 원심분리기	n/a	n/a	2,000P3
(무기)배치 해	n/a	n/a	2019
2014년 현재 재고량(kg)			
플루토늄	30-34kg	30-34kg	30-34kg
(핵)무기용 우라늄	85-115kg	170-310kg	170-310kg
2020년 추정재고량(kg)			
플루토늄	48-52kg	75-85kg	146-162kg
(핵)무기용 우라늄	220-340kg	685-895kg	1,120-1,340kg
핵실험	없음	3, 4년마다 1회	매년 1회
핵무기 1개당			
플루토늄	2-5kg	2.5kg	2-4kg
핵무기용 우라늄	15-25kg	15-25kg	15-25kg
중간 추정치 상당 무기수량			
2014년 현재	15개 상당	22개 상당	22개 상당
2020년 말	29개 상당	69개 상당	125개 상당
2020년 말 핵무기 비축 수	20개	50개	100개
핵무기(Pu or WGU) 열량(yield, 파괴력)			
핵분열(fission) 핵무기	10 kt	10-20 kt	20+ kt
플루토늄, 우라늄 합성 (Composite Core Weapons)	n/a	〈 5 kt	5-10
수소폭탄 (Thermonuclear Weapons)	n/a	n/a	0 배치

출처: David Albright, "Future Directions in the DPRK's Nuclear Weapons Program: Three Scenarios for 2020," February 26, 2015, Paper prepared for the North Korea's Nuclear Futures Project at the US-Korea Institute, Johns Hopkins School of Advanced International Studies, and originally published at 38North.org. The plutonium and highly enriched uranium inventories worldwide that was generously supported by the Nuclear Threat Initiative.

에서는 핵에 관해 "처녀가 아이를 낳아도 할 말이 있다" 하는 식으로 '강변'하고, 우리는 북한을 "콩으로 메주를 쑨다 해도 믿지 못한다" 하는 식의 의심, 불신투성이다. 남북이 극과 극에 달했다.

북한 한 전문가가 "북 핵 문제가 해결되지 않고 있는 이유는 북한에 핵과 미사일은 체제생존 전략의 수단인 데 반해 미국은 비확산 문제로 접근하고 있기 때문"[107]이라고 지적한 것도 옳다. 2016년 7월 한국으로 망명한 태영호 주 영국 북한 대사관 공사는 "김정은이 2017년까지 핵개발을 완성"할 것이며 "북한은 1조, 10조 달러를 준다 해도 절대로 핵무기를 포기하지 않을 것"이라고 밝혔다. 태영호는 또 "중국이 결심만 한다면 북한 정권을 끝내는 것은 일도 아니라고 생각한다"고 하면서 "그러나 중국은 압록강과 두만강으로 다가올 수 있는 자유민주주의와 미군이라는 물리적 존재를 막기 위해 어쩔 수 없이 김정은 정권을 비호하고 있고, 김정은 정권은 중국의 이러한 약점을 잘 알고 있는 것"이라고도 했다.[108] 한쪽은 죽느냐-사느냐로 대들고, 다른 쪽은 강 건너 불 보듯 한다면 타결의 실마리를 찾기 힘들다. 이런 상황에서 우리가, 우리 정부가, 국정최고책임자가 해야 할 일은 미국에도 같은 수준의 절박함을 종용하고 설득하는 것이다. 과연 그것이 기능할까?

더욱 안타까운 사실은 북한 현 정권은 핵을 절대로 포기하지 않을 것이라는 전제가 우리와 우방국 정부, 전문가들 사이에 거의 기정사실화(fait accompli)되어 버렸다는 것이다. 이 기막힌 상황에서 한국 현역 정치인들에게, 그리고 정치를 꿈꾸는 미래 정치지망생에게 정치는 불가능을 추구하지 않는다면 가능한 것마저도 이룩할 수 없다는 베버의 역설(逆說)을 나는 주문하고 싶다.

만약 대한민국 정치지도자, 특히 국정최고책임자인 대통령이 그런 '회의론자'나 '패배주의자'들에 휩싸여 그런 정책과 전략 틀에 갇혀, 우왕좌왕, 좌고

우면 허둥대고만 있다면, 그 지도자는 정치 그 자체를 부정, 포기하는 행위를 하는 것이 된다. 그는 정치지도자로서 개성이 없는 것이다.

외교를 포함, 안팎 정치에 불가능은 없다는 가정하에 북한이 핵을 포기할 때까지 그리고 분단을 극복하고 자유민주평화통일을 이룩할 때까지 전심전력, 전력투구할 때만이 실현 가능한 목표도 이룰 수 있고, 정치지도자로서의 개성도 되찾게 된다고 나는 믿는다.

북이 핵을 포기하려면 북한 집권층은 중국의 개혁개방 이후 지난 30여 년간 급속성장의 비결을 배워야 한다고 나는 생각한다. 그 성장 비결은 전 국토의 국가소유권 즉 사유재산 부재, 일당 독재로 민주국가에서 정기적으로 소모하는 정치비용 부재, 그리고 저렴한 노동비용(인건비) 등 크게 세 가지라고 나는 생각한다. 이 비결은 북한에도 고스란히 적용된다고 본다.

구체적으로, 지만수 한국금융연구원 연구위원[109]에 의하면, 2014년 11월 금융위원회는 향후 20년간 북한 지역 인프라 개발에 소용되는 자금을 1,400억 달러(167조 원)로 추정했다고 한다. 그럼 이 막대한 자금은 물론이고 천문학적인 통일비용은 어떻게 충당할 것인가?

지만수 연구위원은 개성에서 신의주까지 고속도로 건설을 보기로 들며, 이제 북한은 동북아 제조업 생산기지 전체에서 마지막 남은 노른자위 땅이기 때문에 지가상승의 예상수익을 기준으로 채권을 발행하여 건설자금을 조달하고 나중에 땅값이 충분히 오르면 그 땅을 팔거나 임대해 상환하면 된다는 것이다. 그에 의하면, 중국의 경우, 2014년 단 한 해 동안 거둔 국유토지 사용권 수입만도 이미 6천억 달러에 달했다고.

다시 한 번 강조하지만, 다른 나라 정치지도자와는 달리, 우리나라 국정최고책임자는 취임과 함께 국정운영의 최우선 대의(大義)와 대역사(大役事)를 곧바로 그의 어깨에 짊어진다. 그 대의는 실현 가능한 조국의 자유민주 평화통일이고, 대역사는 그 대의가 이룩될 때까지 안팎으로 쉴 새도 끊임도 없이 그 길을 열고 닦고 넓히는 일이다.

이미 이 저자가 제7장에서 주문했듯이, 북한의 김정은도 핵 포기 → 무력통일 파기라는 '살신성인'의 과감한 결단이 필요하다. 보다 구체적으로는 지금 진행 중인 유엔 안보리 제재(2270호, 2321호)를 포함, 미국 · 중국 · 일본 · 러시아 · 한국, 베트남 · 태국 등 동남아 개별 국가, 영국(UK) · 프랑스 · 독일 등 EU 개별 국가의 대북 제재도 북의 핵 개발 중단 또는 동결(freeze), 포기, 파기, 그리고 다시 원점에서 남북한 평화협력, 한국, 미국, 중국, 북한 간의 정전협정의 평화협정으로의 전환을 위한 대화와 협상도 언젠가는 꼭 밟아야 할 수순이다. 현대 창업자 고 정주영(1915–2001) 회장이 1998년 6월 16일, 10월 27일 두 차례에 걸쳐 1차 황소 500마리, 2차 501마리 총 1,001마리를 흰색 50대 트럭에 싣고 줄지어 군사분계선을 넘자, 남북 '대화의 문'이 활짝 열리고, 2000년 6월엔 분단 이후 처음으로 김대중–김정일 남북 정상회담이 열리는 등 온 세계가 깜짝 놀란 그 사건들보다도 남북한 주민을, 전세계인을 더 가슴 설레게 하는 또 하나의 새 뉴스는 바로 그런 김정은의 과감한 결단일 것이다. 그런 결단이 절실하다.

1980년 10월 그의 할아버지 김일성(1912–1994)이 마지막으로 열었던 조선노동당 6차 대회를, 그의 아버지 김정일은 집권(1994–2011) 17년 동안 한 번도 열지 않았다(못했다). 그리고 36년이 지나 김정은이 그의 아버지를 건너뛰어 2016년 5월 조선 노동당 7차 대회를 열었지만, 안타깝게도 김일성–김정일에 이어, 김정은의 3대 수령 '대관식'으로 그쳤다. 2012년 북의 헌법에 "핵 보유국"을 명문화한 데 이어, 조선노동당규약에까지 "경제와 핵무력 건설"이라는 이른바 '병진노선'을 명문화한 것으로 알려졌다. 참으로 실망, 낙망을 넘어, 절망에 가까운 상황이다. 그 누구보다도 꽁꽁 묶여 사는 굶주린 북한 절대다수의 인민을 위해서, 그리고 김정은의 정치생명의 연장을 위해서도 결코 바람직스럽지 못한 소문만 무성한 '김정은을 위한, 김정은에 의한, 김정은의 헛잔치'로 끝났다.

그럼에도 불구하고 이 저자의 바람은 결단코 꿈이 아니어야 한다. 우리는 실낱 같은 희망일지라도 아직은 놓을 수도 버릴 수도 없다. 이란이 유엔제재에도 버티다가 '핵 포기'를 작심하는 데 13년이 걸렸다. 북한이 첫 핵실험을 2006년 10월 9일 감행한 뒤, 유엔 안보리 결의 1718호가 나온 지 꼭 11년째다. 북한이 이란은 물론 아니지만, 우리도 끈기, 인내, 슬기로 북한 핵 포기–파기 수순을 끝까지 밟아야 한다. 따라서 김정은도 그의 마지막 길이 이복형 김정남의 끔찍한 횡사나 루마니아 독재자, 차우셰스쿠(Nicolae Ceaușescu, 1918–1989)와 아내의 최후를 닮지 않으려면, 무지막지한 대량살상무기 개발과 시험발사에만 혈안이 된 막무가내를 멈추고 서슴없이 대화의 장으로 나와야 한다.

김정은이 조선왕조 시대 '연산군'(燕山君)이 아니고, 최소한 베트남 공산당 전 총서기 농덕만(Nong Duc Manh, 1940–)이나 쿠바의 피델 카스트로(Fidel Castro, 1926–2016)의 동생 라울(Raul Castro, 1931–)이 되기를 이 저자는 아무 사심(私心, 邪心) 없이 바라기 때문이다.

"비 온 뒤에 땅 굳는다"고, 언젠가는 꼭 남북한이 상생협력, 공동번영 할 수 있는 길에 최대의 걸림돌인 '북 핵 포기 → 파기'라는 남북관계 발상전환의 첫 걸음을 딛고, 조국의 자유민주 평화통일의 길을 닦는 남북협력의 새 틀 과 새 판을 짜는 '창조적 파괴'의 계기가 오기를 기대하면서 무겁고 답답한 마음으로 이 장을 맺는다.

제 9 장

—

전자인간시대의 삶과 세상

—

오, 동(東)은 동, 서(西)는 서, 결코 둘은 만나지 못할 거요,
땅과 하늘이 신(神)의 심판석에 함께 설 때까지는;
지구 맨 끝에서 온 두 힘센 남자가 서로 겨루며
버티고 서 있을 땐, 동서, 국경, 혈통, 태생이 아무 상관없지만!

— Rudyard Kipling (1889)[1]

… 끝내, 사람은 하나의 정신적인 존재이지, 오직 이윤만을 따라 인류의 등뼈까지
부러뜨리며 이리 뛰고 저리 뛰는 '단순히 살아 있는 돈 보따리'는 아니지요. …
… 서양은 아직까지 동양에 사람을 만나러 '사람다운 사람'은 보내지 않고
오직 기계만 보냈지요. …
사람은 사람이고, 기계는 기계,
그래서 결코 둘은 결합할 수 없는데도.

— Rabindranath Tagore (1922)[2]

누가 '전자인간'인가?

위 첫 인용구는 영국에서 최초로 1907년 노벨 문학상을 수상한 키플링이 동양(인)과 서양(인)이 죽기 전에는 결코 만나지 못하지만, 두 힘센 젊은이 ("지구 한쪽 끝과 다른 쪽 끝에서 온" 당시 영국인 대령의 아들과 영국-인도 혼성군[The Anglo-Indian army] 인도인 부대장 아들)가 맞붙어 싸우면 그땐 동서, 국경(내 땅, 네 땅을 가르는 울타리), 핏줄, 태생이 아무 의미도 상관도 없다는 서사시다.

두 번째 인용구는 인도에서 최초로 1913년 노벨 문학상을 수상한 타고르가 동서는 살아서는 결코 서로 못 만난다는 키플링의 위 시를 넌지시 비판하는 듯한 그의 산문 몇 구절을 필요한 부분만 내 나름대로 번역한 것이다.

위 두 작가의 글은 100년 남짓 시간이 지난 지금, 그 옳고 그름을 떠나 모두 옛날 이야기다. 그들이 살던 때와 오늘날의 사람과 세상이 너무나도 다르기 때문이다. 동양과 서양, 동양인과 서양인, 사람과 기계 등 이 두 작가의 이분법(二分法)적 접근이나 양분론(兩分論)적 해석으론 우리가 살고 있는 오늘의 사람과 지구촌을 제대로 이해할 수 없기 때문이다.

앞에서도 밝힌 바 있지만, 적어도 이론적으로는 지금 21세기에 사는 인간은 크게 네 가지 개념의 유형으로 나눌 수 있다. 자연인간, 복제인간, 기계인간, 전자인간이 그것이다. 100% 자연인간은 서서히 자취를 감추며 사라져 가고, 복제인간은 윤리, 사회 문제 등으로 아직 그 출현이 결정되지 못하고 있다. 기계(로봇)인간과 전자인간은 '100% 완성품'을 향하여 끊임없이 쉴 새도 없이 여기저기, 이곳 저곳 연구실, 실험실, 제조공장에서 밤낮을 가리지 않고 심혈을 기울여 그 제작에 몰입, 몰두하고 있다.

디지털시대 새 정치(제10장)를 이야기하기에 앞서, 전자인간(homo electronicus)은 과연 누구인가를 먼저 한번 살펴보자.

전자인간은 오늘의 삶과 일터에서 디지털 기기를 한 순간도 빼놓고는 삶과 일을 꾸려 갈 수 없는 '새 인류'다. 그는 호모 사피엔스(homo sapiens)[3]의 새 변형이다.

전자인간은 인터넷, 모바일 스마트폰은 기본이고, 온갖 새 전자 기기들이나 서비스들, YouTube, Skype, RSS, Tumblr, WikiLeaks 등을 포함, Google+, Facebook, Twitter, Netflix, Amazon, Digg, LinkedIn, Reddit… 등 SNS (Social Networking Service)나 소셜미디어(social media)가 그의 삶과 일터에서 일상화한다. 그는 디지털 밖 '오프라인 물질세계'(offline physical world)와 디지털 안 '온라인 인공 영상세계'(online virtual world)를 쉴 새 없이 잇고 넘나들며 두 세상을 살아간다.

이 두 세계를 잇고 넘나들며, 그는 지구촌 인류가 아직도 겪고 있는 온갖 정신적 장애물과 물리적 장벽들—언어, 지리, 역사, 정보, 문화, 사상, 이념, 종교, 과학기술과 빈부격차, 정치, 경제체제 불협화음과 갈등, 가난한 나라와 부자 나라, 국경 등—도 넘나든다. 허물고, 뛰어넘고, 깨고, 뚫고, 열고, 잇는다.

하여, 끊임없이 '지구적 차원의 디지털 연결성'(global digital connectivity)의 속도를 높이고 그 범위[4]를 넓힌다. 빛의 속도로 세계를 누비고 드나들며 소통, 교제, 참여, 공유, 융합, 협업의 폭을 넓히고 깊이를 늘린다.

디지털 전자시대의 개인, 기업 등 공사(公私)조직, 국가, 국제기구를 움직이는 주체는 궁극적으로 모두 사람이다. 그가 개인이든, 기업이나 단체 또는 국가나 국제기구의 구성원이든 이 크고 작은 모든 조직체의 기본단위—최소공배수—는 사람이다.

이 기본단위인 사람이 지금 하루가 다르게 디지털 전자 이전의 인간과는 본질적으로 다른 삶과 일의 모습과 행태로 변형, 변질하고 있다. 유토피아(utopia)의 길인지, 디스토피아(dystopia)의 길인지, 행운인지 재앙인지는 모르지만, '100% 전자인간' 완성품을 향하여… '100% 로봇(기계) 인간'이나 복제인간도 마찬가지다.

전자인간은 기계가 사람의 몸 밖에서 우리 삶과 일의 도구로 사용, 활용, 착용('wearable')될 뿐만 아니라, 사람 몸 안에서 그 DNA, RNA, 세포, 기관, 계의 '일부분'(integral part)이 되고, 그 부분이 갈수록 늘어난다. KAIST 뇌 과학 김대식 교수는 "왜 IT기계를 '입고' 다녀야 할까? 왜 기계들에 인공지능을 주어야 할까?"[5]를 묻는다. 인공 전자 기기가 우리 몸 속에 이미 스며들어 몸의 한 부분이 되어 가고 있는 세상[6]이다.

갈 길이 아직도 한없이 멀고 험하지만, '전자인간'은 그의 몸과 마음 밖에서 사용하는 전자 기기만이 아니라, 그의 몸과 마음을 움직이는 한 인간으로서의 구성체—DNA('double helix')부터 세포(cell) 기관(器官, organs), 계 또는 계통(系統, systems) 등—그 자체가 인공 전자 기기(electronic artificial organs and systems)로 바뀌고 있다.

이제는 '크리스퍼 유전자 가위'–'CRISPR–Cas9' 게놈 교정기술 개발로 '게놈–교정 혁명'(genome–editing revolution)이라고 이름할 만큼 단순히 질병 치료[7]뿐만 아니라 과학기술적으로는 인간의 태아(embryos), 정자(sperm), 난자(egg cell)의 유전자를 바꾸는 데 이용될 수 있는 단계에 이르렀다. 이미 게놈–교정이 빵 굽는 사람의 누룩(효모), 어종(zebrafish), 파리, 식물, 쥐, 원숭이, 그리고 인간 배아(胚芽) 실험까지 끝난 상태다.

'복제인간' 문제처럼, 이는 심각한 윤리적, 사회적 문제를 제기한다. 더욱 더 심각한 문제는 앞으로 게놈–교정 기술을 거친 다른 생명체, 특히 인간의 경우는 그의 정체성(identity, integrity) 문제도 제기된다. 또 하나는 과학자들 사이에 흔히 있는 일[8]이지만, CRISPR Cas9 기술개발을 놓고 누가 먼저 개발자, 개척자[9]인가가 도마 위에 올라 현재 진행형[10]이다.

인공지능(artificial intelligence, AI)을 포함, 사람이 전자 기기를 이용하여 그의 생각과 행동만이 바뀌는 것(퇴화—진화?)이 아니라, 사람의 몸과 마음이 안팎으로 전자 기기와 뒤죽박죽, 뒤범벅이 되듯이 바뀌고 있다. 인공지능 기계들이 사회에 필요한 대부분의 일을 도맡아 하게 되면 사람의 대다수가 더 이상 할 일이 없게 되는 문제[11]도 제기된다. 나는 이를 "잉여인간"(surplus human)의 도래로 규정한다. 앞으로 어떤 직종이든 기계가 평균 50%를 대체하게 된다는 것이다. 우리나라도 직종의 80% 일자리가 최소한 20% 이상 자동화 영향을 받는다는 것이다. 궁극적으로는 전자인간, 기계인간, 복제인간에 밀린 자연인간인 "사람"이 할 일이 없는 이른바 "제로잡"(zero job) 사회를 상상할 수 있기 때문이다.

옥스포드대 연구팀은 앞으로 20년 안에 기계가 미국 일자리의 절반을 차지할 것이라고 내다본다. 또한 사물 인터넷(IoT, Internet of Things), 만물 인터넷(IoE, Internet of Everything) 확산으로 10년 뒤(2025년)에는 매일 출근도장을 찍는 상근직장은 크게 줄어들고, 미국 근로자 34%가 원하는 시간에 원하는 장소에서 일하는 '프리랜서 시대'가 되고 제조업과 대기업의 종말도 머지않다[12]고 점치기도 한다.

일반적으로 기관(organ)은 한 가지 또는 여러 가지 기능을 하는 근육(tissues)이고, 계(system)는 한 가지 또는 여러 가지 기능을 수행하기 위해 함께 작동하는 기관들의 한 집합체로 정의된다. 사람을 구성하고 있는 기관을 어떻게 정의하느냐에 따라 다르지만, 아주 미미한 기관까지 세분하면 7,500개가 넘고 뇌신경계, 순환계, 신경계, 내분비계 등 10 내지 13계로 구분하여 그 계에 속하는 주요 기관만 나누어도 60개가 넘는다.

전자인간은 그가 태어날 때 갖고 나온 그의 몸과 마음을 움직이는 모든 구성체가 '전자 인공 구성체로 100% 전자화된 존재'다. 그게 가능한가? 가능할까? 이론적으로는 가능하지만 현실적으로는 아직 갈 길이 멀고 험난하다.

인류 최초의 100% 자연인 조상이 하루아침에 100% 전자인간이 되거나, 될 수는 없다. 자연인도 전자인간도 진화, 과학 발전, 환경 변화 과정의 산물이기 때문이다. 적어도 계량적으로는 그러나 한 인간의 몸과 마음을 움직이는 구성체가 최소한 51%까지 인공 전자 기기로 채워지는 순간을 가정하면, 그 순간 그는 자연인이라기보다는 새 전자인간에 더 가깝다.

하지만, 인간의 몸과 마음을 움직이는 구성체의 기능들이 모두 다르기 때문에 자연인과 전자인간의 갈림길을 이 구성체의 기능들이 삶과 죽음 등 인체에 미치는 영향의 경중(輕重), 본말(本末), 대소(大小), 종시(終始), 선후(先後) 등을 따지지 않고 단순 비율로 단정할 수도 없다.

뇌를 반으로 쪼개고 나서도 그 사람이 살 수 있는 의술은 아직까지 개발되지 못했지만, 이제 그의 위 반쪽을 잘라내도 살 수 있지 않은가? 최근 이탈리아의 한 신경외과 의사(Sergio Canavero)는 사람의 머리도 앞으로 2년 안에 통째로 바꿀 수 있다고 호언장담하는 세상[13]이다.

내가 아직 읽지는 못했지만 한 인터뷰 기사에 의하면, 뉴욕 시립대 가쿠(Michio Kaku, 1947–) 이론물리학 교수는 그의 최근 저서[14]에서 아직 인간의 의식과 사고를 어떻게 구성하는지를 알 수 있는 뇌신경 세포 단위인 뉴런(neuron) 연결 지도가 완성되지는 않았지만, 사람의 '마음 그림'을 그리는 자기공명 단층(磁氣共鳴斷層, MRI, magnetic resonance imaging) 촬영, 생각을 읽는 뇌파도(腦波圖, electrocorticograms)가 곧 가능할 것이라고 한다. 또 사람의 꿈을 비디오 촬영(videotaping)하고 사람의 지능을 결손 유전자 치료(gene therapy)나 약물로 증가시키는 날도 머지않다[15]고 낙관한다.

인공심장은 지금 어디까지 와 있는가? 1982년 인공심장 자빅(The Jarvik-7)을 성공적으로 이식(移植, implant)하여 환자가 112일을 산 것이 세계 최초[16]다. 1996년엔 타이베이의 한 종합병원(Cheng-Hsin Hospital)의 심장외과 의사는 대만에서 치과의사, 의사 등이 개발한 기계 심장(Phoenix-7 total artificial heart)을 세계 최초로 미국에 사는 대만 출신 야오(Yao ST, 당시 46세)의 새 심장으로 교체(transplant)하는 데 성공한다. 이 환자는 2013년 3월까지도 살고 있었다.[17] 미국에서는 Jarvik-7에 이어, 2004년 휴대용 구동기기로 작동하는 카디오웨스트(CardioWest)를, 그리고 2006년엔 충전형 배터리와 무선 구동형 아비오코어(AbioCor)[18]를 미 식품의약청(FDA, Food and Drug Administration)이 승인한다.

2013년 12월 초에는 프랑스 파리 퐁피두 병원(Georges Pompidou Hospital) 심장외과 의사(Alain Carpentier, 1933-)가 그곳 한 의료기기 회사(Carmat)를 통해 전자 감지기와 생체물질(embedded electronic sensors and biosynthetic, microporous materials)을 사용해서 5년간 박동하며 살 수 있는 전자형 인공심장(bioprosthetic heart)을 세계 최초로 개발한다. 그리고 같은 달 말에 그 병원의 한 심장병 환자에게 성공적으로 이식[19]한다.

최근에는 재생하는 조직에 맞는 중간엽 줄기세포를 같이 넣고 고분자 틀에 분사하여 뼈와 연골, 지방 등 3차원 구조의 조직(3D, three-dimensional structured tissue)을 입체적으로 찍어 내는 바이오 잉크(decellularized extracellular matrix, dECM, bioink) 개발에도 성공했다.[20]

터치 바이오닉스 사의 로봇 손(아이-림 울트라 레볼루션)은 이미 시판 중이다. 미 세컨드 사이트가 개발한 인공망막 '아르구스 2'(Argus 2)는 망막 색-변성증 환자를 대상으로 2013년 FDA 승인을 받았고, 귀, 기관지 부목, 신장, 혈관은 3D 프린터로 교체가 가능한 세상[21]이다.

이처럼 하루가 다르게 '100% 전자인간'은 우리 앞에 현실로 아주 가깝게 다가오는 것 같기도 하지만, 또 다른 한편으로는 아직도 요원하다면 요원하다.

인간 복제(human cloning)나 줄기세포(stem-cell) 연구를 둘러싼 쉽게 풀 수 없는 종교, 윤리, 과학적인 수많은 문제가 제기되고 있듯이, '100% 전자인간'의 등장 과정에도 지금은 물론이고 앞으로도 극복해야 할 새 도전과 과제가 산 넘어 산 같은 형국이 아닐까 한다.

로봇(AI bot)—전자형 기계인간은?

위 '전자인간'은 자연인에서 시작, 사람의 몸과 마음의 안팎이 전자 기기로 탈바꿈하는 '인체 기관 대체'나 이식 과정으로 언젠가는 '100% 전자인간'이 탄생한다고 가정하면, 로봇 또는 전자형 기계인간은 처음 기계로 시작, 점차 인공지능을 개발, 확대, 정밀화하는 과정이요, 끝내는 '100% 인공지능인'(humanoid, android, AI bot)으로 탄생하는 것이겠다.

전자인간은 사람(자연인)에서 출발, 우리 몸과 마음이 차츰차츰 전자 기기화 되어 가고, 기계인간은 기계(로봇)에서 시작, 전자형 기계가 알게 모르게 '사람'이 되어 가는 것으로, 서로 출발점과 종착점이 다르다고 할까? 아니 출발점은 다르고 종착점은 같다고 할까? 헷갈린다.

이처럼 로봇이 이제 인간지능을 가진 '기계인간'으로 탈바꿈하는 세상도 바짝 우리 앞에 다가오고 있다. 2011년 2월 미국 퀴즈 쇼, 제퍼디(Jeopardy)에서 IBM이 만든 슈퍼컴퓨터 인공지능, 왓슨(Watson)은 이 퀴즈 쇼의 역대 우승자들과 지능 대결에서 승리한다.

러시아와 우크라이나 연합 팀[22]이 2001년 처음 개발한 컴퓨터 인공지능, 구스트먼(Eugene Goostman)은 2014년 6월 영국에서 열린 한 대회에서 13세 우크라이나 소년으로 가장하여 사상 처음으로 '튜링 테스트'(Turing test)[23]를 통과했다. 이 '기계 소년'을 30명 심사위원의 1/3(33%) 이상이 사람이라고 '오판'했기 때문이다.

2011년 일본 국립정보학연구소는 인공지능 로봇 "도로보군"은 일본에서 2014년 전국 센터 모의시험(한국 수학능력시험 모의고사에 해당)에서 900점 만점에 386점을 받았다. 2013년보다 21점이 올랐고 전국 평균점수는 422점이었다. 이 로봇은 2016년 10월 위 센터시험에서 전국 공립대(177개), 사립대(600개) 가운데 공립대 23곳, 사립대 512곳에 합격할 가능성이 80%인 성적을 받았다고.[24]

구글의 딥 마인드(deep mind)연구팀이 인공지능 컴퓨터에 게임 하나를 하는 방법을 알려주자 인공지능은 다른 28가지 게임 공략법을 터득했다.[25] 하나를 가르쳐 주면, 열 가지를 아는 아이를 천재라고 부르는 우리 덕담은 이제 먼 옛날 이야기다. 1997년 체스 게임의 세계 그랜드 마스터인 러시아의 카스파로프(Garry Kasparov, 1963-)는 IBM의 딥블루(Deep Blue) 슈퍼컴퓨터 '왓슨'(Watson)에 3.5 대 2.5로 졌다. 2016년 3월엔 바로 대한민국 서울에서 런던에 자리잡은 구글의 자회사 딥마인드가 2015년 여름 제작한 인공지능 프로그램, 알파고(AlphaGo)는 세계 바둑계 1인자의 한사람인 이세돌 9단을 4 대 1로 눌렀다. 2,500년 바둑 역사에서 인공지능이 인간지능을 뛰어넘는 순간이었다.[26] 최근 미 MIT 매카피, 브린 롤프슨 두 교수는 컴퓨터(인공지능)가 인간을 넘어설 수 있는 능력으로 인공지능은 과학혁명의 혜택이 인류에게 골고루 나누어지게 하는 것과 이 급격한 기술혁신이 가져오는 사회적 도전을 이해하고 해결하는 것이라고 지적한 것도 우리는 심각하게 고민해야 하겠다.

이 밖에도 일본 소프트뱅크 회사(Softbank Mobile)는 인간감정을 이해하고 대화가 가능한 로봇, '페퍼'(Pepper, 키, 1m 21cm, 무게, 29kg)를 미 로봇회사(Aldebaran Robotics)와 함께 제조하여 2015년 6월 우리 돈 178만 원에 시판했다.[27] 애플의 '시리'(iOS7-Siri)와 마이크로소프트의 "가장 사적인 스마트폰 도우미"로 알려진 새 윈도우 폰 8.1 코르타나(Cortana)는 어떤가?

최근 한 로봇(robotics) 전문가[28]는 인공지능(AI) 발전단계를 3가지로 구분한다: (1) 자동차 제조공장에 설치된 로봇처럼 고정된 기능만 되풀이하는 '한정된 인공지능'(ANI, artificial narrow intelligence), (2) 사람처럼 합리적이고 추상적인 사고를 하고 경험을 통해서 배우고 문제도 푸는 '보편화된 인공지능'(AGI, artificial general intelligence), (3) 지혜, 과학창조, 사회적응 능력 등에서도 사람보다 훨씬 앞선 지성을 가진 '인공 초지능'(ASI, artificial superintelligence)이 그것이다.

그는 이를 다시 산업 제조현장에서 값도 비싸고, 위험하고, 바보같이 반복되는 일만 주로 하는 1세대 로봇(first-wave robots), 자동으로 값도 덜 비싸고, 융통성도 있고, 안전하고, 스마트해진 2세대 로봇(second-wave robots), 그리고, 사람과 훨씬 더 잘 어울리는 3세대 로봇(AI bots)으로 구분한다.

그는 어느 날 곧 초(超)지능이 더해진 지능 봇('ASI-enhanced AI bots')이 나타나면 '놀라운 새 세상'(a brave new world)이 몰아 닥칠 수 있다고 내다본다. 그땐 'AI bots'는 지금 존재하는 전문직업과 서비스-변호사, 회계사, 비행사, 교사 등은 물론이고, 계산대 점원, 각종 고객서비스 직원, 운전사 등까지 대체하고, 이제까지 존재한 거의 모든 직종을 인간 대신 차지할 것이라는 이야기이다.

더 나아가서 이 전문가는 세 가지 '불길한' 가능성도 예견, 예측한다. (1) 대량실업(失業)과 이에 따른 사회혼란으로 경제사회 붕괴; (2) 절멸(絕滅) 수준의 사태로 인한 '공룡시대' 재출현 가능성; (3) 교배, 잡종화-진화 혹은 인간-기계 통합(hybridization-evolution or human-machine integration)이다.

그는 이 제3의 가능성을 '인공지능기계 캄브리아 폭발'('AI bot Cambrian Explosion')로 이름 짓고 그때가 되면 "결과와 결과물은 거의 무한의 조합"(infinite combination of outcomes)이 될 것이라고 내다본다. 특히, 그는 세 가지 욕망-'부(富), 권력, 영생'(wealth, power, immortality)을 추구하는 새로운 지니(genie)의 등장으로 대혼란, 대격변이 우리 눈앞, 코앞에까지 바짝 다가왔다고까지 경고한다.

이처럼, 전자형 기계인간의 등장에 대한 우려와 공포도 만만치 않다. 거의 100년 전 아직 전기마저 실용화, 보편화되지 않은 시절에 출간된 영국 작가 셸리(Mary Shelley, 1797-1851)의 과학소설, 《프랑켄슈타인》(*Frankenstein*, 1818)에 나오는 '괴물'[29]보다 훨씬 더 심각한, 미처 인류가 예상하지 못한 수많은 결과(물)이나 자가당착이 뒤따를 개연성이 높기 때문이다.

적어도 이 소설을 읽고 나에게 가장 충격적이었던 한 구절은, "당신이 나의 창조자지만, 나는 당신의 주인이오; —굴복하시오"[30]라고 '괴물 인간'이 그의 '창조자'인 빅터 프랑켄슈타인에게 큰소리치는 장면이다.

그리고 또 거의 200년이 지난 오늘 아침 나는 한 일간지[31] 2016년 신춘문예 동화 당선작, 성현정의 《아빠의 유언장》을 읽는다. 이 동화의 주인공은 로봇이다. '생체 형 안드로이드'이다. 아빠는 세계적인 건축가가 북유럽의 작은 마을을 본떠 만든 서울 중심가에서 자기장도로를 타면 30분 거리에 있는 전국 순위 1%의 부자들만 사는 '작은 천국'(실버타운)에서 19년 내내 열두 살 때의 모습과 열두 살 아이의 평균지능을 가진 그의 친아들을 꼭 닮은 로봇, '강우'와 살다가 죽는다.

"세상에서 가장 바쁜 과학자" 아빠는 유언장에서 친아들이 로봇 '강우'를 돌보는 조건으로 '조건부 상속자'가 되고, 그가 제작한 강우에게 전 재산을 남긴다. 친아들을 수영장에서 같이 한 번 놀아 준 것이 전부였다는 죄책감으로, 아빠는 로봇을 그의 친아들 어린 시절 모습으로 만들어 아들처럼 사랑한다. 하여, 그는 로봇에겐 "세상에서 가장 다정한 아빠"지만, 벌써 쉰 살이 넘은 친아들에겐 그는 "끝까지 이기적인 사람," "세상에서 가장 미운 사람"이다. 친아들은 어린 시절 엄마가 죽자, 외갓집에서 살게 되었고, 그 뒤로는 아버지와 영영 소식이 끊기고 말았기 때문이다.

"아빠는 바보다. 가짜인 나를 만드느라 진짜인 형을 버린 셈이니까. 그래 놓고 형이 아빠를 잊는게 싫어서 날 형에게 보내는 거다. 다정한 아빠의 모습만 알고 있는 나를" 이라고 동생 '강우'는 중얼거린다. 아빠는 아마 강우와 친아들이 함께 살면서, 친아들도 강우처럼 "세상에서 가장 다정한 아빠" 이미지를 갖도록 강우를 만들지 않았을까?

위 동화 속 로봇 '강우'가 아니라, 이젠 미 페이스북(Facebook) 창업자 저커버그(Mark Zuckerberg, 1984–)는 2016년 새해 프로젝트로 약속한 "인공지능 도우미"(AI assistant) 자비스(Jarvis)를 내놓았다.[32]

두 가상 인간

이 책을 읽는 독자에게 린턴(Ralph Linton, 1893–1953)이 1936년에 쓴 글에 나오는 가상 인물[33]과 슈미트(Eric Schmidt)와 코엔(Jared Cohen)이 2013년 함께 쓴 책 속 한 가상 인물의 대조적인 모습을 여기 소개해 본다.

린턴은 1930년대 중반에 과거—인류문명사—를 되돌아보며, 한 '전기형(型)' 가상 인물의 당시 일상을 묘사하고 있다. 한편, 슈미트와 코엔은 지금 21세기 10년 차 시점에서 한 '전자형' 가상 인물의 미래 일상을 묘사하고 있는 것이 서로 대조를 이룬다.

린턴의 주인공은 미국의 한 도시민이다. 슈미트와 코엔의 주인공 역시 지금부터 2, 30년 뒤 미국의 한 도시에 사는 한 젊은 직업인이다. 이 미래 가상 주인공은 전자 기기가 거의 몸에 배어 그의 삶과 일 속에 무르익은 모습이다. 이 두 가상 인물의 아침 일상을 보여 주는 점은 같지만, 그들의 삶은 해와 달처럼 서로 다르다.

'100% 미국 사람' (린턴)

이른 아침 동이 트자, 미국시민 한 사람이 침대에서 잠이 깬다. 그의 침대 모형은 원래 근동(Near East)에서 시작했고, 북유럽에서 개조되어 미국에 들어왔다.

그는 겉이불을 들어올린다. 이 이불은 인도에서 처음 기르기 시작한 목화(cotton) 솜이나, 근동(Near East)이 원산지인 아마사(linen), 아니면 역시 근동에서 처음 기르기 시작한 양털(羊毛, wool)로 만든 것이다.

그는 실내화(moccasin)를 신고 화장실로 간다. 이 신은 미 동부 산림지대에 살던 인디언들이 처음 발명했고 그의 화장실 내부시설은 유럽과 미국에서 최근에 개발한 합작품이다.

그는 파자마를 벗은 다음 비누로 온몸을 씻고 수염을 깎는다. 파자마는 인도에서 처음 개발한 옷이고 비누는 옛 갈리아(Gaul) 사람이 발명했다. 수염 깎기는 옛 유프라테스 강 어귀 수메르(Sumer) 사람이나 이집트 사람의 자해(自害)적 의식에서 유래한 것 같다.

그는 침실로 되돌아와 남유럽형 의자 위에 놓인 옷을 입기 시작한다. 그가 입은 옷은 아시아 대초원 지대(Asiatic steppes) 유목민들이 입던 가죽

옷에서 전래했다.

그는 구두를 신는다. 짐승가죽을 무두질해서 가죽구두 만드는 과정은 옛 이집트에서 처음 시작했고, 구두 모형 만드는 기술은 고전주의 문명 시기 지중해 지역의 소산이다. 그는 [넥]타이를 목에 맨다. 이 밝은 색 무늬 옷감 조각으로 만든 타이는 17세기 크로아티아 사람의 어깨 '숄'(shoulder shawls)이 그 원형이다.

아침식사를 하러 집을 나서기에 앞서, 그는 창 밖을 내다본다. 창유리는 이집트에서 처음 발명했다. 만약 비가 오고 있다면 그는 방수용 덧신을 신고 우산도 챙겨야 한다. 덧신 고무는 중남미 인디언이 발견했고, 우산은 동남아에서 처음 쓰기 시작했다. 그의 머리에 쓴 펠트(felt) 모자는 아시아 대초원 지대 주민이 처음 사용했다.

그는 아침식사를 하러 가는 길에 자판기에 동전을 넣고 신문 한 장을 꺼낸다. 이 동전은 옛 리디아(Lydia)에서 처음 만들었다.

레스토랑에 들어서자, 그는 이곳 저곳 나라 밖에서 들어온 여러 가지 용품들과 마주친다. 그의 접시는 중국에서 처음 만든 질그릇의 일종이고 그의 강철 식칼은 남부 인도에서 처음 합금한 것이다. 그의 포크는 중세 이탈리아에서 처음 쓰기 시작했고 그의 숟가락은 로마가 원산지다.

그는 아침식사를 동(東)지중해가 원산지인 감귤(오렌지)이나 페르시아의 멜론(cantaloupe), 혹은 아프리카의 수박 한 조각으로 시작한다. 이 과일을 들면서 그는 크림과 설탕을 넣은 커피도 한 잔 마신다. 커피는 원래 아비시니아(Abyssinian) 식물 열매다. 소를 기르고 그 젖을 짜서 크림을 만드는 기술은 근동(Near East)에서 비롯했고 설탕은 인도에서 처음 만들었다.

과일 몇 조각과 커피 첫 잔을 마신 뒤 그는 와플(waffle)과 케이크를 먹는다. 와플의 밀(가루)은 원래 소아시아에서 기르기 시작했고, 와플은 스칸디나비아 사람들이 개발했다. 그는 와플과 케이크에 미 동부 산림지역 인디언들이 처음 만든 단풍 당밀(syrup)을 붓는다. 이와 곁들여서 그는 인도차이나에서 처음 기르기 시작한 [닭의] 달걀이나 동아시아에서 처음 기르기 시작한 동물(돼지)의 얇게 썬 고기[베이컨 또는 'country ham']도 한두 점 먹는다. 이 고기를 소금에 절이거나 훈제하는 과정(기술)은 북유럽에서 개발했다.

이렇게 아침식사를 끝내고 나면 그는 편안히 앉아서 담배를 피운다. 흡연은 미주 인디언의 습관이고 담배(plant)는 원래 브라질에서 기르기 시작했고, 담뱃대(pipe)는 미 버지니아 주 인디언들로부터 유래한다. 궐련(cigarette)은 멕시코에서 비롯했다. 만약 그가 거들먹거리며 잎담배(cigar)을 피우려 들는지도 모른다. 잎담배는 스페인을 거처 앤틸리스(Antilles, 서인도 섬들의 일부)에서 미국이 수입했다.

담배를 피우며 그는 오늘의 뉴스를 읽는다. 신문활자는 원래 셈족(헤브라이, 아시리아, 아라비아, 페니키아 사람들)이 발명했고, 그 신문지는 중국이, 인쇄술(과정)은 독일이 발명했다. 외국에서 일어난 불미스러운 사건들에 대한 기사를 읽는 데 빠져 있는 그가 만약 선량한 보수 성향의 한 시민이라면 그는 100% 미국인이라는 사실을 인도-유럽 계통 언어의 하나인 영어로 헤브라이 신에게 감사하다고 할 것이다.

'미래 가상 인물'[34] (슈미트-코엔)

커튼이 자동으로 열리고 침실이 훤히 밝아진다. '첨단기술'(high-tech) 침대가 집주인 등을 사뿐히 마사지하며 잠자는 그를 깨운다. 그는 상쾌한 기분으로 눈을 뜬다. 그의 침대 요(療, mattress) 속에 설치된 특별감지기(special sensor)가 그의 잠자는 리듬을 정확히 조정하여 그의 눈동자 움직임 사이클(REM, rapid eye movement)을 방해하지 않고 깨우기 때문이다.

그가 사는 아파트는 하나의 전자 오케스트라이고 그는 그 지휘자와 같다. 그의 손목을 살짝 건드리며 말로 실내 온도, 습도, 실내 음악과 밝기(조명)을 조절할 수 있고 그날 일정표에는 오늘 중요한 회의가 있으며 그가 자동화된 벽장에서 갓 세탁한 양복을 꺼내 입는 동안에도 그는 투명한 자막(스크린)에 뜬 그 날 뉴스를 볼 수 있다.

아침식사를 하러 주방으로 가는 동안에도 뉴스 스크린이 그를 따라온다. 그는 자동으로 이미 원하는 대로 만든 커피를 마시며, 오븐이 역시 자동으로 그가 원하는 대로 구운 '안성맞춤'(perfect)의 싱싱한 빵(pastry)을 먹으며 그의 앞에 홀로그램에 투영된 입체 영상의 '평판'(tablet)에 쌓인 밤사이에 온 이메일을 훑어본다.

그의 컴퓨터 중앙관제 시스템(central computer system)이 그날 '가사(家事) 담당 로봇'(house-keeping robots)들이 해야 할 일들의 목록을 보여 주면 그는 모두 승인한다.

그는 중요한 해외 단골손님에게 그날 영상으로 발표할 노트를 꺼낸다. 그가 가지고 있는 모든 데이터—개인적으로 그리고 직업적으로 수집한—는 역시 그가 가지고 있는 여러 가지 기기(devices)를 통해 거의 무한대로 저장할 수 있는 능력을 가진 '원격 디지털 저장 시스템'(a remote digital storage system)인 '클라우드'(the cloud)에서 언제나 접근, 접속된다.

그는 몇 가지 다르면서도 서로 교환 가능한 디지털 기기들을 갖고 있다. 하나는 태블릿 크기이고, 다른 하나는 회중시계(pocket watch) 크기다. 그의 다른 기기들도 유연하고 착용이 가능하다. 이 모든 전자 기기들은 아주 가볍고, 상상할 수 없을 만큼 속도가 빠르고, 그리고 지금 우리가 쓰고 있는 것보다 엄청나게 강력한 처리 기기(processors, 전산기 내부의 명령 실행 기구)들이다.

그는 커피를 한 모금 더 마신다. 그는 그날 단골 고객들을 잘 설득할 것이라는 느낌을 가지며, 그들을 실제로 한 번도 만난 적은 없지만, 이제까지 컴퓨터 화상 접속(a virtual-reality interface)만을 통해 몇 차례 회동했었다. 그러므로 그는 레이저 입체 영상(holographic 'avatars')을 통해 고객들의 움직임과 말투를 정확히 파악하고 있다. 그들이 무엇을 필요로 하는지도 잘 알고 최소한 서로 나누는 대화(내용)도 '자동 언어번역 소프트웨어'(autonomous language translation software)로 거의 즉각적으로 번역하여 재생해 내기 때문이다.

실시간으로 이처럼 화상접속으로 대화하고, 그 대화(내용)나 다른 프로젝트들을 협력해서 편집하기 때문에 그들(고객)과의 거리감도 거의 느끼지 않는다.

그는 집 부엌을 서성거리다가 발가락을 캐비닛 모서리에 세게 부딪힌다. 그는 곧바로 모바일 기기 '증세진단 앱'(diagnostics app.)을 열어 이 기기 안에 있는 아주 작은 마이크로 칩이 '저(低)방사선 밀리미터이하 파장'(low-radiation submillimeter waves)을 이용하여 다친 부분을 엑스레이(X-ray)처럼 초정밀 검사를 한다. 이 즉각적인 검사로 발가락뼈는 부러지지는 않고 그냥 멍이 든 것뿐이라고 알게 된다.

그가 회사로 떠나기에 앞서 아직 시간이 좀 남아 있다. 그의 '자율주행차'(driverless car)는 매일 아침 그의 일정에 따라서 정확히 몇 시까지 사무실에 가야 하는지를 알고 있다. 그리고 교통 사정(traffic) 정보를 실시간으로 분석하여 집을 떠나기 60분 전부터 그의 손목시계와 '초읽기'(countdown)를 하며 정확히 언제 집을 떠나야 하는지를 알려준다. 그의 출근길은 그가 원하는 대로 생산적일 수도 아니면 편안히 누워 쉬면서 갈 수도 있다.

위 두 글(출판 연도 기준) 사이에는 77년이란 시공(時空) 간격이 있다. 20세기와 21세기 이 두 '가상 인물'의 서로 다른 모습과 행동을 비교하기에 앞서 먼저 이 글쓴이들이 이 '가상 인물'을 통해 독자에게 주려는 메시지가 무엇인가를 잠시 살펴보자. 극히 자의적인 내 판단이지만…

린턴은 문화인류학 교수다. 그래서 그의 가상인물이 사용한 식용품, 생활가구, 용구 등 제품들을 언제, 어느 지역, 어느 나라, 어느 종족(민족 등)이 맨 먼저 발견, 발명, 개발, 사용했는가를 주로 밝히고 있다. 그가 나름대로 연구조사하여 그때까지 알려진 '사실'들을 적고 있다.

따라서, 그가 당시 '사실'이라고 판단했지만 거의 80년 세월이 지나고 보니, 그 동안의 연구, 조사, 실험 등을 통해 새로운 '사실'이 발굴, 발견되거나, '방사성 탄소 연대 측정법'(carbon dating)의 발달로 지금은 그의 위 지적과 판단이 '오류'로 판명된 것도 많다.

보기를 들면, 린턴은 그의 위 글에서 금속활자 인쇄술은 독일이 발명했다고 넌지시 밝힌다. 그는 아마도 독일의 구텐베르크가 1450년 발명한 금속활자를 근거로 이야기한 것 같다.

지금은 그러나 우리나라 청주 흥덕사(興德寺) 스님 백운화상 경한(景閑, 1298-1374)이 편집해서 고려시대 1377년(禑王 3년) 청동금속활자로 발간된 《백운화상초록불조직지심체요절》(白雲和尙抄錄佛祖直指心體要節)[35]을 기준으로 하면 구텐베르크의 활자보다 고려 인쇄활자는 적어도 73년 앞선다.

2010년 9월 이 직지(直指)보다 138년 앞선 최고(最古)활자본이자 '보물 제

758-2호'로 지정된 남명천화상송증도가(南明泉和尙頌證道歌)가 목판본이 아니라 금속활자본으로 재평가[36]되어야 한다는 논란이 있었으나 7년 만인 2017년 4월 문화재위원회는 증도가자(證道歌字) 보물지정 부결을 결정했다.

본론으로 돌아가서 린턴의 위 가상인물이 이처럼 온갖 나라, 인종과 민족, 그리고 여러 문명의 발명, 발견의 혜택 덕분에 살고 있는데도 불구하고 아이러니하게 린턴은 왜 그를 '100% 아메리칸'이라고 했을까? 하는 의문이 생긴다.

미시적으로, 린턴은 우리가 미처 잘 모르고 있었던 인류문명 · 문화사의 한 단면을 1930년대 중반에 한 '가상' 미 도시민의 아침일상을 통해 쉽고 생생하게 보여 준다. 인간 삶의 기본인 의식주를 풍요롭고 편리하게 하는 갖가지 식용품과 생활용품들의 발명, 발견이나 그 개발 원산지 등을 이해하기 쉽게 밝힌다.

그는 또한 이 가상인간의 삶에서 지구라는 우리의 삶의 터에서 사람이 어느 구석에 살고 그의 인종, 종족, 민족, 나라가 어떻든, 그의 종교, 문화, 풍습이 무엇이든, 사람은 서로 알게 모르게 함께 어울리고, 배우고, 나누며 살고 있다는 것을 독자들로 하여금 넌지시 깨닫게 한다.

사람은 상호의존적인 '정치적 동물'(zoon politikon, a political animal)[37]이며 모든 집단, 종족, 민족, 국가들이 알게 모르게 서로 의존, 협력, 협조하며 살아왔고, 지금 그렇게 살고 있고, 앞으로도 그렇게 살 수밖에 없다고 넌지시 밝힌다.

거시적으로, 그러나 그의 이 글이 출판된 시기가 내 눈길을 끈다. 이 글이 출판된 1930년대 중반은 1차 세계대전이 끝나고 아직 2차 세계대전은 시작하지 않았지만 바로 그 갈등의 조짐(兆朕)이 세계 곳곳에서 이미 나타나고 있는 때였다. 당시 주요 패권국가들 사이에 정치이념을 둘러싼 각축은 물론이고 정치경제, 군사적으로도 아주 복잡하고 매우 위험천만한 상황에 빠져들고 있었다.

특히, 터무니없는 자(自)인종, 자(自)민족, 자(自)국민의 순수성, 우월성을 강조하는 사이비 인종주의, 사이비 민족주의, 사이비 국수주의가 창궐하려는 기미와 증세가 여기저기서 나타나고 있었다.

1929년 10월, 뉴욕증시의 폭락으로 비롯된 전례 없는 전 세계적인 경제 대공황(Great Depression)을 맞아 미국에서는 가까스로 대통령 루스벨트(Franklin D. Roosevelt, 1882–1945)의 이른바 '뉴딜'(New Deal) 정책이 시행 중이었다.

당시 중국 장제스(蔣介石, 1887–1975) 국민당 정권은 밖으로는 일제의 중국본토 침략을 막아 내고, 안으로는 마오쩌둥 공산당 세력과 내전까지 치르는 등 '두 개의 전선(戰線)'에 발이 묶인 채 극심한 외우내환을 겪고 있었다.

러시아(소련)에서는 볼셰비즘(Bolshevism)이, 이탈리아에서는 파시즘(Fascism)이, 독일에서는 나치즘(Nazism)이, 일본에서는 군국주의(militarism)가 기승을 부리는 시기였다.

구체적으로, 레닌은 1917년 10월 볼셰비키 공산혁명으로 제정 러시아를 무너뜨리고 정권을 장악했고, 1924년 그가 사망하자 스탈린이 권력을 승계하였다. 이후 권력투쟁 끝에 1929년 정적(政敵) 트로츠키(Leon Trotsky, 1879–1940) 등을 해외(멕시코)로 몰아내고 그의 '철권' 공산전체주의 독재가 진행 중인 때였다.

이탈리아에서는 1921년 파시스트 무솔리니(Benito Mussolini, 1883–1945)가 권력을 장악한 뒤 1931년 에티오피아를 침공, 식민지로 만든다. 스페인에서도 국수주의자들과 공화주의자들 사이에 치열한 유혈 내전(스페인 내전, 1936–1939)이 시작되는 해였다.

독일에서도 1932년 히틀러의 나치가 정권을 장악한 뒤 1938년 오스트리아를 맨 먼저 무혈 합병(Anschluss)한다. 1939년엔 나치 군이 체코슬로바키아의 수데텐란트(Sudetenland)를 먼저 병합한 뒤, 곧이어 체코슬로바키아를 통째로 삼킨다. 같은 해 9월 1일 나치 군이 폴란드를 침공함으로써 제2차 세계대전이 공식적으로 시작하는 시기와도 대충 겹친다.

한편, 위에서도 밝혔듯이, 일본 군국주의자들은 1931년 만주를 침공, '친일본 허수아비 정부' 만주국을 수립한 뒤, 이를 발판으로 1937년엔 중국 본토 침략전쟁을 치르고 있었다.

간추리면, 당시 안팎 정치 · 군사 상황은 극도로 험악하고 혼란했다. 인류 문화와 문명의 보편성과 상호의존성을 터무니없이 무시, 외면하며, 오로지 자기 민족, 자기 나라의 국가이익과 자국민 보호에만 눈을 쏟는 군국주의자, 국수주의자, 제국주의자들이 판치는 세상이었다.

계급 없는 사회, 인간평등과 복리를 오로지 말로만 내세우며 '무산자 독재'를 부르짖은 공산전체주의 독재자들. 터무니없는 순혈(純血) 민족주의, 국수주의를 내세우며 국민을 전쟁의 희생과 재물로 바치는 데 혈안이 된 파시스트, 나치, 군국주의자들. 이들의 허황된 유혹과 선동에 이리 끌리고 저리 끌리며, 마치 브레이크 고장 난 차가 낭떠러지로 굴러 떨어지듯, 또 한 차례의 세계 전쟁으로 치닫고 있는 안타깝기 짝이 없는 상황이었다.

린턴은 문화인류학자의 눈으로 그의 가상인물을 통해 어쩌면 당시 이들 사이비 정치선동가, 사이비 정치 자선가(pseudo-political philanthropist)들에게 조용히 그러나 따갑게 일침(一針)을 놓고 있는 것도 같다.

물론 결과적으로는 당시 냉혹한 정치, 경제, 군사 현실이 마치 거친 흙탕물 홍수 가 맑은 강물을 한 순간에 덮치고 모든 것을 삼키며 떠내려가듯, 그의 이성에 기초한 충고와 경고를 거들떠보지도 않았지만. 이렇게 세상만사는 어제도 지금도 감성이 지성을, 무지, 무모가 이성과 명찰(明察)을 꺾는 사레가 넘쳐난다.

한편, 슈미트-코엔은 최신 저서에서 2, 30년 앞을 내다보며, 위 미래 가상 인물 묘사뿐만 아니라 미래 개인, 미래 국가, 미래 혁명 등 인류가 당면하게 될 긍정적, 부정적 요인들을 분석하고 나름대로 대안도 제시하고 있다.

가상인물을 통한 그들의 미래예측도 현실과는 괴리가 있기 마련이다. 그들이 2, 30년 뒤에 사용되리라고 예측한 전자 기기가 이미 상용화되어 있기도 하고, 2, 3년 안에 개발되어 곧 나타날 수도 있으며, 거꾸로 그 기간이 지나도 개발이 안 될 수도 있기 때문이다. 과학기술 혁명이 이제 초읽기라고 하지만.

보기를 들면, 우리나라에서만 봐도, 스카이프(Skype)를 통해 가족과 친지들 사이의 화상대화는 물론이고 지금 정부 각 부처 간이나 국내외 기업인 사이의 화상대화는 이미 오래된 이야기다. 클릭 한 번으로 영국 출장을 간 직원과 서울 직원 간의 화상회의를 쉽게 할 수 있는 여의도 LG '스마트 오피스'[38]는 2, 30년 뒤 미래가 아니고 우리의 현실이다.

눈이 먼 한 학생이 "내게는 스마트폰이 눈이고 지팡이랍니다"[39] 하는 세상이 이미 되었다. '스마트 전자 패치'(a smart electronic medical patch or a 'smart skin') 개발로 파킨슨병 환자의 증상 정도에 따라 환자마다 자동으로 곧바로 맞춤형 약품을 조제하는 것도 가능[40]해졌다. 그래핀(graphene) 인공근육을 이용해 로봇이나 장애인용 보조기구에 쓸 수 있는 새로운 구동장치의 개발로 5년 내에 상용화가 가능해진다고 한다.

최근엔 한 한국연구팀이 고성능 초소형 반도체 소자 개발이 가능한 '포스포린'(phosphorene)의 '띠 간격'(band gap, 전자가 가질 수 없는 에너지 대역)이 0이 될 때 그래핀과 전도성이 비슷하다는 사실을 새롭게 밝혀 냈다. 포스포린은 인(燐, 비금속 원소, P, phosphorus) 원소로 된 흑린에서 표면 몇 개 층을 떼어 낸 이 원자 한 겹으로 이뤄진 2차원 물질로 두께가 머리카락 굵기의 10만분의 1인 0.5nm이라고. 더구나 이 물체는 도체 또는 절연체로 자유자재로 조절할 수 있어서 앞으로 "차세대 2차원 반도체 연구는 그래핀에서 포스포린으로 이동하는 전환점이 될 것"[41]이라고 한다.

미국 애플, 구글, 독일 벤츠, 스웨덴 볼보, 한국의 현대자동차 등이 개발한 자율주행차는 벌써 상용화가 눈앞에 와 있다.[42] 미 아마존의 드론 택배 시험에 이어, 최근 중국 인터넷 기업 알리바바는 도심에서 드론 택배 시험성공[43]으로 드론 상용화도 벌써 시작되었다.

'전기인간'과 '전자인간'

다음은 위 두 가상 인물을 비교해 보자.

린턴의 미국인 가상 인물(다음부터 'L'로 약기)은 당시 영국, 프랑스, 독일 등과 함께 정치 · 경제적으로나 과학기술, 인문사회, 문화예술 등 거의 모든 인간활동 영역과 분야에서 앞서가는 전형적인 2차 산업사회의 한 도시민의 아침 일상을 묘사하고 있다.

하여, L의 아침 일상을 보면, 그 당시로는 상대적으로 지구상에서 가장 잘나가는 나라의 하나인 미국의 한 도시민의 삶의 모습이지만, 그때 대부분 나라들의 절대다수의 사람들에게는 전기마저도 보편화되지 못했었다.

슈미트-코엔의 미국인 미래 가상 인물('S-C'로 약기)은 정보통신기술(ICT) 혁명, 디지털 혁명으로 지금 전자 자동화가 하루가 다르게 번지고 퍼지고 있는, 역시 한 도시에 사는 4차 산업사회의 '전자인간' 일상의 한 단면이다.

오늘의 지구촌을 둘러보면, 그러나 가장 잘나가는 나라 도시민의 전자화,

자동화 된 삶을 아직까지도 꿈도 꾸지 못하는 나라 사람들이 대부분인 것도 현실이다.

하지만, 지난 전기인간 시대와 달리, 현 전자인간시대는 본질적으로 크게 세 가지가 다르다고 나는 생각한다. 이 세 가지 다른 점을 가설 형식으로 설정해서 한번 살펴보자.

전자 기기 침투 속도와 확대 범위

제1 가설은 전기 시대 기기보다 오늘의 전자 시대 기기의 침투 속도가 비교가 안 될 만큼 상대적으로 훨씬 빠르고 그 침투 범위도 훨씬 깊고 넓다.

보기를 들면, 전등이 개인 집에, 가로등이 시가지에 설치되기 시작한 것은 미국, 영국, 독일 등에서 1880년대 초[44]의 일이다. 그마저도 몇몇 도시에서 시범용으로 극히 제한적으로 설치된다.

특히 당시 가장 앞서가는 나라였던 미국의 경우도 시골은 1920년대까지도 전기가 공급되지 못했다. 맨 처음 농촌에 전기가 공급된 것은 미네소타 주였고, 1923년 미 630만 농가 가운데 20만 가구 정도가 전기 혜택을 보았다. 그리고 1935년 루스벨트 대통령이 내놓은 농촌전기화 법안(Rural Electrification Act of 1935)을 미 의회가 통과시키고 4년이 지난 1939년까지도 농촌의 40만 가구에 전기공급이 가능했다니 전체 시골 농가의 6%만이 혜택을 보고 있었다는 이야기[45]다.

에디슨(Thomas Edison, 1847–1931)이 1879년에 백열전구(light bulb)를 처음 만들어 1880년대 초에 뉴욕 시에 첫 상용화를 위한 발전소를 개설[46]했는데도 미 도시 밖 농촌에의 전력공급이 1939년까지도 6%였다는 이야기다. 이 정도의 전기 확산 기간만도 60년(1879–1939)이 걸린 셈이다.

한편, 지금 컴퓨터 디지털 전자 시대는 어떤가?

불(전기)의 기원이 옛 그리스 프로메테우스의 신화로까지 거슬러 올라가듯이 전자의 기원 즉, 언제 누가 어떻게 시작했는지 그 연원(淵源)을 찾기도 힘들다. 영국의 스피크(John Hanning Speke, 1827–1864)와 버튼(Richard Francis Burton, 1821–1890)이 1858년 아프리카 탐험에서 나일 강 발원지를 처음 찾았다거나,[47] 중국 양쯔강 발원지를 티베트 고원의 한 옹달샘으로 지목[48]하듯이, 전자의 기원 찾기도 막막하기는 마찬가지다. 더구나, 과학은 예술과 달리 그 이론, 기술, 기기가 끊임없는 '진보의 행진' 속에 있다. 보다 더 정확한 새 이론, 보다 더 편리한 새 기술, 보다 더 나은 새 기기가 쉴 새 없이 발견, 발명, 개발, 개선을 거듭하기 때문이다.

아무튼 이러한 어려움과 애매함을 무릅쓰고 전자의 기원에 대해 몇 마디 하면 다음과 같다.

영국의 수리물리학자 맥스웰(James Clerk Maxwell, 1831–1879)은 1865년 전자장(electromagnetic field)이론[49]을 설파한다. 그리고 아일랜드 더블린 출신 물리학자, 스토니(George J. Stoney, 1826–1911)는 1891년 전기 원자의 분자인 '전자'(electron) 기본개념과 그 계산방법을 맨 처음 개발한다. 그 6년 뒤 1897년 영국의 물리학자 톰슨(Joseph John Thomson, 1856–1940)과 그의 연구팀이 원자에서 전자를 처음 발견한다. 톰슨은 이 공로로 1906년 노벨 물리학상을 수상[50]한다.

한편, 전자 실용화 쪽에서 보면, 독일의 두 과학자 크놀(Max Knoll, 1897–1969)과 루스카(Ernst Ruska, 1906–1988)는 1931년 전자검경(檢鏡, electron microscopy)을 발명한다. 그 공로로 루스카는 1986년 노벨 물리학상을 받는다.

하지만, 1945년 여름 2차 세계대전이 끝나고 같은 해 11월 미국의 한 대학에서 전자적분기와 계산기(ENIAC, Electronic Numerical Integrator and Calculator)를 제조[51]한 것을 컴퓨터-전자 시대의 효시로 본다.

그리고, 30년 뒤 1975년 미국의 게이츠(Bill Gates, 1955-)와 알렌(Paul Allen, 1953-)이 개인용 컴퓨터 조립 키트(The MITS Altair 8800) 제조에 성공한다. 1년 뒤엔 1976년 잡스(Steven Jobs, 1955-2011)와 워즈니악(Stephen Wozniak, 1950-)이 애플 컴퓨터를 생산한다.[52]

인터넷은 수많은 과학자, 엔지니어들의 '합작품'이지만 가장 크게 공헌한 몇 사람만 거명하면 테일러(Robert William Taylor, 1932-2017) 박사가 NASA에서 미 국방성 ARPA(The Advanced Research Project Agency, 1972년 The Defense Advanced Project로 개명)로 자리를 옮겨 1966년-69년 주도하고, 그와 함께 미 UCLA 컴퓨터 과학 교수인 클라인락(Leonard Kleinrock, 1934-) 등이 1969년 개발한 ARPANET(The Advanced Research Project Agency Network)를 오늘의 인터넷 효시로 본다. 이 기기로 캘리포니아 대학들 사이에 자료를 주고받은 것을 첫 출발로 간주한다. 이메일(email)은 1971년 프로그래머 톰린슨(Ray Tomlinson, 1941-)이 "QWERTYUIOP"라는 문자메시지를 보낸 것이 그 첫 시작[53]이다.

그러나 1982년에야 인터넷 규약(the Internet Protocol Suite, TCP/IP)이 제정되고, 1980년대 후반에 가서 상용인터넷 서비스 설비(Commercial Internet Service Providers, ISPs)가 구축되면서 1990년엔 ARPANET이, 그리고 1995년엔 NSFNET도 해체[54]된다. 한편, 오늘의 인터넷 정보고속도로('the information superhighway')개발과 그 상용화와 관련해서는 전 미 부통령 고어(Al Gore, 1948-)의 공로가, 특히 미 연방정부 연구지원 차원에서 결정적으로 큰 것도 평가[55]받는다.

구체적으로, 닷컴(.com) 인터넷 도메인이 1985년 3월 15일 미 상무부에 처음 등록된다. 그리고 처음 100개가 등록되기까지는 2년이 걸리고, 30년이 지난 지금 등록은 기하급수적으로 증가하여 1억 1,500만 개에 이르렀다. 원천적으로 이 등록 관할기구(ICANN)가 미 상무부 감독하에 있어 국제적으로 계속 미국정부의 닷컴 도메인 '독점' 문제가 제기되는 상황이다.

한편, 영국 옥스퍼드대 출신인 버너스-리 경(Sir Timothy John Berners-Lee, 1955-) 현 미 MIT 교수는 유럽입자물리연구소(CERN)에서 연구할 때 '월드와이드웹'(WWW), 웹 페이지를 만드는 규칙인 'HTML', 원하는 웹 페이지를 검색하는 규칙인 'HTTP', 인터넷 주소를 정하는 규칙 'URL' 등을 처음으로 만들어 CERN 소개 사이트(http://info.cern.ch)에 1991년 8월 6일 선보인다.

그 뒤 1995년부터는 전자메일, 인스턴트 메시지(instant messaging), 쌍방향 음성 교환(voice over) 인터넷 규약(VoiP), 쌍방향 비디오 전화, WWW(The World Wide Web)와 온갖 토론 포럼들-블로그(blogs), SNS(social networking service), online shopping sites 연결 등 인터넷 서비스가 급속도로 증가, 확산한다.

보기를 들면, 1993년에는 텔레커뮤니케이션에서 인터넷이 차지하는 비중이 겨우 1%였는데 2000년에는 51%를, 2007년엔 그 비중이 97%로 급격히 늘어난다. 2016년 1월 세계디지털통계(Global Digital Statistics) 기준 세계인구 73억 9천5백만 명 가운데 인터넷 사용자는 34억 1천9백만 명으로 전 세계 인구의 46%[56]로 급증한다. 소셜 미디어 사용인구는 23억 1천만 명으로 전 세계 인구의 31%까지 확장한다. 모바일 폰 하나만 사용하는 인구는 37억 9천만 명으로 51%로 늘어나고 모바일 소셜 미디어 사용자도 19억 7천만 명으로 27%까지 급성장한다.

휴대폰의 경우, 1918년 독일철도회사가 베를린과 조센(Zossen) 두 도시 간에 무선전화 실험을 한 것을 그 효시로 본다.

손에 쥘 수 있는 첫 휴대폰 기기[57]는 1973년 미국에서 처음 개발된다. 1992년 역시 미 IBM이 첫 휴대폰(IBM Simon)을 만들어 다음 해인 1993년 첫 휴대폰 상용화가 시작된다. 그리고 1997년엔 에릭슨(Ericsson)이 첫 스마트폰을 출시한다.

스마트폰 개방형 운영시스템(open-source operating system) 안드로이드(Android)는 2003년 루빈(Andy Rubin, 1963-)이 당시 구글(Google) 기술분야 고위직에 있으면서 개발한다. 그 뒤 2008년 10월 안드로이드 첫 휴대폰(HTC Dream)이 출시되고, 삼성은 2009년 11월 '바다'(Bada) 운영시스템 스마트폰 개발을 발표한 뒤 첫 삼성 휴대폰 운영시스템(Wave S8500)을 2010년 6월 출시한다.

그 뒤 블랙베리(BlackBerry), 아이오에스(iOS), 리눅스(Linux), 팜(Palm/WebOS), 심비안(Symbian), 아샤(Asha Full Touch), 윈도(Windows Mobile/phone) 등 13개 이상이 시장에서 경쟁하지만 2013년에 이르면 구글의 안드로이드가 시장 확보에서 독점적 우위를 차지하고, 애플의 iOS는 2위지만 크게 뒤떨어진 상황이 된다.

구체적으로, 2007년부터 2011년까지는 노키아(Nokia)의 '심비안'(Symbian)이 압도적 1위였다. 그러나 2010년 1억 1,158만 개 판매를 정점으로 2013년 2분기에는 63만 개로 격감한다. 한편 구글의 안드로이드는 같은 해 2분기에 총 판매 수 2억 2,534만 개 가운데 1억 7,790만 개를 팔아 2분기 총 판매량의 79%를 차지한다. 같은 해 2분기 2위 판매량을 기록한 애플의 iOS는 3,190만 개를 팔아 총 판매량의 14%에 머문다.

2007년 스마트폰 작동장치 총 판매량이 2007년에 1억 2,000만 개에서 2012년에 이르면 6억 8,400만 개로 급상승한다. 5년 사이에 거의 일곱 배로 증가한다.

또 하나, 구글 안드로이드나 애플 iOS 같은 특정 기기에만 쓰는 최적화 운영체제(OS)는 이미 끝났다고 보고, 삼성전자와 미국의 인텔, 리눅스파운데이션 주도로 내놓은 '타이젠'(TIZEN)이란 새 운영체제로 앞으로는 모든 TV, 세탁기, 냉장고 등 가전 기기에 적용한다고 한다. 하드웨어, 소프트웨어, 서비스 3박자가 맞는 사물 인터넷 시대의 새 연결고리(connectivity) 기기[58]가 용트림을 하고 있다.

보기 하나만 더 들어 보자.

온라인 SNS 소셜미디어(social media) 성공 사례의 하나인 페이스북(Facebook)은 2004년 2월 하버드대 재학생 저커버그가 캠퍼스에서 친구 4명과 함께 교내 온라인 친교(親交, networking)를 위해 시작한다. 그리고 지금의 모습은 어떠한가?

페이스북 사용자의 경우 2016년 1월 기준으로 85%가 모바일 폰을 쓰고 그 가운데 83%인 12억 5,900만 명은 스마트폰을, 2% 3,800만 명은 특별프로그램이 장착된 폰(feature phones)을 쓰는 것으로 집계[59]됐다.

스테티스틱 포탈(www.statista.com/statistic-portal) 자료로 보면, 스마트폰 작동장치(OS)도 경쟁이 치열하다. 2012년부터 2016년 1월 기준으로 미국의 경우 구글 앤드로이드의 미국시장 점유율이 50%를 조금 밑돌다가 꾸준히 50% 중하반선을 지키고 있지만, 애플의 iOS는 같은 기간 30%선을 넘어 이제는 40% 하반선을 오르락내리락하고 있고, 2012년 20%선이든 마이크로소프트와 18%선이든 블랙베리(RIM)는 한자리 숫자로 내려가, 사실상 구글과 애플 양자 경쟁체제가 됐다.

한편, 지금 미국의 애플 아이폰이나 삼성의 스마트폰 못지않게 중국의 4기가 바이트(GB) 저장용량에다 800만 화소의 카메라가 내장된 최신형 스마트폰 '샤오미'(小米)의 '홍미'(紅米) 모델과 역시 중국 광저우(廣州)에서 가까운 선전(深川)의 텅쉰(Tencent)에 본사를 둔 메신저 'QQ' 모바일 메신저, 중국의 금융 연계 서비스를 특화한 '웨이신'(微信) 그리고, 일본의 기업용 서비스 네이버 '라인'(Line), 한국의 카카오톡도 오름세에 있다.

한마디로, 미국의 스마트폰이나 소셜미디어 등 선두주자들과 맞서 하루가 다르게 뛰고 있는 한국, 중국, 일본 등 아시아 경쟁자들의 제품기술과 가격 경쟁력의 상대적 상승세도 만만치 않다. 'FANG'(미 페이스북 · 아마존 · 넷플릭스 · 구글)과 'BANT'(중국 바이두 · 알리바바 · 넷이즈 · 텐센트)가 자웅을 겨루는 세상이라는 이야기가 나올 정도다.

무선 전자 기기는 '새 전자인간' 혁명의 첨병이다

전깃불마저 켤 수 없는 가난한 나라들이나 오지에서는 아직까지도 전기 기기조차 사용할 수 없지만, 이러한 전기 등 기반시설이 없는 곳에서도 무선(wireless) 전자 기기는 사용이 가능하다. 물론, 나라의 경제발전 단계와 과학기술수준이 선진화할수록 상대적으로 전자 기기 침투 속도가 빠르고, 침투 범위도 훨씬 넓긴 하지만.

따라서, 제2의 가설은 오늘의 전자인간시대에는 그 나라의 과학기술이나 경제 발전 단계, 정치체제, 종교, 문화, 언어 등과 크게 관계없이 어느 나라, 어느 지역이든 오지까지도 전자 기기 사용이 가능하다는 것이다. 무선(wireless), 배터리, 배터리 충전기 등이 있다는 전제가 따르지만.

다시 말하면, 지구촌 곳곳에 급속도로 침투, 확산되는 디지털 휴대폰(mobile cellular phone), 인터넷, 컴퓨터, SNS 채널 등 소셜미디어 전자 기기는 '전기 시대'의 라디오, TV, 전화와는 달리 이제까지 인류가 만들고, 쌓아온 온갖 장벽들—종교, 이념, 정치, 군사, 경제, 사회, 언어, 문화 등—을 허물고 있다. 허물어 가는 데 긍정적으로 크게 기여하고 있다.

구체적으로, 유엔 2014년 전자 정부 조사 보고서(United Nations E-Government Survey 2014)를 보면, 전자 정부(e-participation, e-consultation, on-line services, SNS text and mobile web/app services, public-private partnerships e-service 등) 최상위권 20위까지 나라들 중 아시아의 5개국(한국, 싱가포르, 일본, 이스라엘, 바레인), 대양주 2개국(오스트레일리아, 뉴질랜드), 북미주 2개국(미국, 캐나다), 나머지 11개국은 유럽 나라들이다. 거꾸로, 최하위 20개국은 모두 아프리카, 남아시아, 동남아 등 가장 저개발 빈곤 국가들이다(위 보고서, Table 1.1, Table 1.2, pp. 15–17).

193개 유엔 회원국의 전자 정부 자료 비교분석을 한 이 보고서에서 보면, 한 나라의 소득수준과 그 나라의 ICT 기반시설 접근과 ICT 식자율(literacy)을 포함, 교육 제공이 상관관계가 크다는 것을 입증(위 보고서, 1.2.2. 그리고 Figure 1.5)하고 있다.

하지만, 지난 전기 시대와는 달리, 지금 전자인간시대에는 전기 기반시설이 없어도, 전자 기기 사용이 아프리카, 라틴아메리카 등 오지에서도 가능하다. 온갖 장애물을 넘는 고통이 따를 수는 있지만.

보기를 들면, 미국의 한 비영리 단체가 오늘의 문명사회와는 완전히 동떨어진 원주민 마을 어린이들에게 값싼 랩톱 컴퓨터 하나씩을 제공하는 '한 어린아이에 한 랩톱'(One Laptop per Child, O.L.P.C) 사업(프로그램)에 성공한다.

이 단체가 파견한 클라이먼(Michael Kleiman)은 미 공군 수송기로 뉴욕에서 출발, 페루의 수도 리마에 도착하는 데 15일이 걸린다. 다시 비행기로 그를 주(州) 수도(Puerto Esperanza)에 떨어뜨린 다음, 그는 배를 타고 아마존 강 지류(Perus River) 하류를 10시간 더 가서야 전기, 수도물, 길도 없는 원시림 깊숙이 65명이 사는 한 작은 마을(Palestina)에 도착한다.

그는 1년에 3개월 동안 그곳에 함께 살면서 20여 명의 초등학생에게 랩톱 컴퓨터를 나눠 주고 햇빛을 이용한 위성 전파 수신기로 무선 인터넷에 접근(wireless Internet access)하는 데 성공[60]한다. 그리고 그곳에 첫 전화를 연결하는 데도 성공한다. 이 사례에서 내 눈길을 끄는 것은 무선 인터넷이 먼저 이 마을에 보급되고 난 다음, 전화가 소개됐다는 대목이다.

구체적으로, 글로벌 디지털 통계(Digital in 2016) 자료에 의하면 몇 가지 흥미로운 전자인간시대의 새 변화를 쉽게 탐지할 수 있다.

선진 시장경제, 자유민주주의 국가일수록 광대역 침투가 상대적으로 빠르다. 인터넷 사용자의 경우, 2016년 1월 현재 북미(미국과 캐나다)는 88%, 서구 유럽은 83%, 오세아니아(오스트레일리아, 뉴질랜드 등)는 68%이고 동아시아의 경우 54%다. 동아시아의 인터넷 침투 평균치가 상대적으로 많이 떨어지는 것은 일본, 한국, 대만 등과 함께 중국을 포함해서 그 평균치를 합산했기 때문이다. 중국은 거대 인구(14억)에다 일당 체제이고, 내륙 오지는 아직도 현대문명과 많이 뒤떨어져 있다는 것이 반영된 결과다. 그러나 앞에서도 밝혔지만, 중국도 놀라울 정도로 빠르게 뒤쫓아 오고 있다. 인터넷 사용자가 가장 적은 지역은 남아시아 27%, 아프리카 29%, 중앙 아시아 40%이다.

214개국 가운데 인구 5만 명 이상인 나라에서 나라 순위는 아이슬란드가 1위로 인터넷 침투(확산)가 98%, 버뮤다(대서양 영국영토) 97%, 노르웨이 96%로 2위, 3위다. 거꾸로 인터넷 침투가 가장 낮은 나라는 북한으로 214위, 꼴찌다. 인구 2,400만 명에 7,000명이다. 더구나 이 숫자도 북한 거주 외교관 등 외국인이 대부분인 것으로 추정한다.

하나 재미있는 사실은, 인터넷 사용자가 하루에 평균 몇 시간을 인터넷에 매달려 있느냐의 통계는 그 나라의 경제발전 단계나 과학기술 수준, 종교, 문화, 풍습 등 전통과 크게 상관이 없는 것으로 보인다. 왜냐하면, 특히 '데

스크톱'(desktop) 인터넷 사용자(소유자)는 어느 나라든 이 기기를 구입해서 사용할 만한 그 나라의 정치 · 경제 · 사회 고소득, 고학력 계층 인구군에 이미 속해 있기 때문이다.

랩톱/데스크톱(laptop/desktop)을 통해서 인터넷을 사용하는 경우와 모바일 서비스를 통해 인터넷을 접근하는 것에 따라 나라마다 다소 차이는 있지만, 하나 분명한 것은 그 나라가 잘살든, 못살든, 정치체제가 민주주의든 독재체제든, 천주교, 개신교, 불교, 유교, 힌두교, 이슬람교 등 무슨 종교나 신앙이든, 그리고 그 나라가 어느 대륙에 있든 상관없이 제각각이라는 것이다.

보기를 들면, 같은 통계자료 30개 국가에서 랩톱/데스크톱으로 하루에 인터넷에서 시간을 가장 많이 소비하는 나라 순위는 브라질과 필리핀으로 하루에 5.2시간 사용한다. 다음으로 남아프리카, 타일랜드, 아르헨티나, 인도네시아, 러시아, 베트남, 말레이시아 순이다. 거꾸로, 가장 적게 시간을 보내는 나라는 일본 2.9시간, 한국 3.1시간, 홍콩, 독일, 중국, 프랑스, 오스트레일리아, 스페인, 영국(UK), 캐나다 순이다.

이러한 현상은 위에서 이미 밝혔듯이, 그 나라의 정치체제나 경제발전 단계, 과학기술 수준과는 크게 관련이 없는 반면, 그 나라의 뿌리 깊은 사회풍속, 문화와 전통 등과 관련이 있는 것 같다. 이 연관성을 찾는 연구와 심층분석이 앞으로 이 분야 전문가의 몫이 아닐까 한다.

같은 통계자료는 소셜미디어 사용자는 전세계적으로 23억 1천만 명이며 전체 인구 가운데 적극적인 사용자는 31%, 소셜미디어 사용자 가운데 모바일에 접근 가능 인구는 19억 7천만 명으로 총 사용자의 27%으로 추계하고 있다. 소셜미디어 지역별 현황은 북아메리카 59%, 남아메리카 50%, 서유럽 48%, 동아시아 48%, 가장 낮은 곳은 중앙아시아 6%, 남아시아 11%, 아프리카 11%, 중동 26%, 동남아시아 37% 등이다. 나라별로는 1위부터 5위는 타이

완, 한국, 카타르, 아이슬란드, 아랍에미레이트 연방이고, 거꾸로 꼴찌는 역시 북한, 투르크메니스탄, 퀴라소(Curaçao), 니제르, 중앙아프리카공화국 등이다. 따라서, 각 지역 나라들의 경제발전 단계, 과학기술 수준, 특히 식자율(識者率, literacy rate) 등과 관련이 있다.

간추리면, 각 나라들의 '적극 사용자들'(실제로 전자 기기를 갖고 사용하는 인구)의 소셜미디어 침투는 이른바 경제발전 단계나 과학기술 수준이 아주 낮은 최빈국, 최후진국들을 빼고는 실제 이용자의 나라들에 무슨 뚜렷한 공통점을 알아보기 힘들 만큼 들쭉날쭉이다.

한편, 인터넷을 근거로 한 소셜미디어 침투는 역시 나라들의 경제발전 단계나 과학기술 수준 등과의 상관관계가 뚜렷이 드러난다. 발전단계와 과학기술 수준이 높을수록 SNS 침투도 함께 높다.

또한, 소셜미디어 사용자가 모든 소셜미디어 채널을 통해 하루에 평균 쓰는 시간을 나라별로 보면, 시간을 많이 쓴 나라들이나 아주 적게 쓴 나라들이나 역시 뚜렷한 공통점을 찾기 힘들다.

소셜미디어에 시간을 하루에 2시간 반 이하로 가장 적게 쓰는 나라들은 대충 선진국들이고 시장경제와 민주주의가 발달한 곳들이지만, 그 그룹에 인도, 러시아, 중국도 끼어 있다. 거꾸로 그 시간이 2시간 반 이상인 나라들 속엔 이탈리아도 들어 있다. 또 하나 소셜 플랫폼(Social Platform) 월 평균 사용자는 2016년 1월 현재 같은 자료에서 1위는 미국의 페이스북이 15억 5천만 명으로 단연 1위, 왓츠앱(WhatsApp)이 9억 명을 넘어 2위로 뛰어올랐고, 3위는 중국의 QQ로 8억 6천만 명이다. 역시 중국의 Tencent는 Q3one, WeChat 두 개 플랫폼 사용자가 한 달에 6억 5천만 명으로 늘어났다고 한다. 참고로 한국의 라인(Line)은 2억 1,200만 명이다.

인터넷의 본산인 미국은, 특히 전 세계 IP주소를 사실상 관리하고 있지만,

2013년 국가안보국(NSA)의 한 직원(Edward Snowden)에 의한 NSA의 거의 무차별, 무작위 대규모 사이버 '감청폭로' 사건 등(보다 자세한 것은 제10장 참조)으로 미국의 인터넷 거버넌스(internet governance)를 포함, 국제 사이버 질서의 '독점적' 위치가 흔들리고 있다.[61]

2014년 10–11월 우리나라 부산에서 개최한 193개국 대표단 3천여 명이 참가하는 ITU 전권회의에서 핵심의제의 하나인 미국 연방정부—1998년 9월 18일 이후 지금까지 상무부 소속 국제인터넷주소관리기구(ICANN, Internet Corporation for Assigned Names and Numbers)—의 인터넷 주소 독점적 관리 문제해결은 큰 진전을 보지 못했다. ICANN을 2015년까지 미 상공부 산하기구인 국립통신정보청(NTIA, National Telecommunication and Information Administration)으로 감독 · 관리를 이양하는 것으로 일단 봉합했다.

같은 위 통계자료(Digital in 2016)로 보면, 2016년 1월 현재 모바일 연결성의 국가인구 대비(100)로 그 나라 인구보다 더 많은 지역은 동유럽(139%), 서유럽(124%), 동남아(124%), 중동(123%) 순이고, 가장 낮은 지역은 남아시아(77%), 아프리카(82%), 중앙아시아(88%) 순이다.

나라별 모바일 연결성 순위는 인구 대비(100%) 1위는 마카오(313%), 2위 카타르(209%), 3위 몰디브(198%), 4위 쿠웨이트(192%), 5위 엔티가 바부다 순이다. 모두 인구도 작고 땅도 좁은 작은 나라들이다. 거꾸로 모바일 연결성이 가장 저조한 나라들은 214위 미크로네시아(4%), 213위 에리트레아(9%), 212위 북한(13%), 211위 키리바시(20%), 210위 마다가스카르(31%) 순이다. 이들 나라들도 북한처럼 혹독한 폐쇄 사회이거나 가장 찰가난한 작은 나라나 오가기 힘든 섬나라들이다. 지금도 나이지리아 등 지구촌 최빈국에 사는 세계 인구의 20%는 아직도 전화, 냉장고, TV, 세탁기 등 전기 시대 가전제품의 혜택을 보지 못하고 살고 있다. 하지만, 이들마저 자기 집에 전화기를 설치하거나 가전제품을 사용해 보기도 전에 이미 디지털 휴대폰을 상대적으로 쉽게 손에 쥔다는 것이다.

전자 기기의 침투와 확산은 '인간'의 패러다임을 근본부터 바꾸고 있다

마지막 세 번째 가설은 인공지능(AI bot), 복제인간을 포함, 새 전자인간의 등장과 함께 사람의 개념도 이들의 모든 활동영역과 그 기능이 가파르게 바뀌고 뒤섞이고 있다는 것이다. 참고로, 《Digital in 2016》이 결론과 예측에서 요약하고 있듯이, 이제 3가지 변화는 뚜렷하다. 모바일이 극적으로 모든 것을 바꾸고 있다는 것과, 인터넷을 포함, 소셜 미디어의 연결성(connectivity)이 규범(기준, 표준, 일상, norm)이 되고 있다는 것과, 끝으로 앞으로 세계 모든 사람들에게 소셜(social)이 소통(conversations)이 되어 가고 있다는 사실이다.

이 장을 시작하면서 맨 먼저 '전자인간'에 대한 개념을 비교적 상세하게 정의한 바 있으므로 여기서는 생략한다. 그리고 전자인간 등장과 함께 인간활동과 영역의 패러다임이 근본부터 바뀐다는 가정도 솔직히 이 저자의 전문성이나 능력 밖의 과제이다.

따라서, 여기서는 이제까지 여러 학문분야에서 인류문명사를 어떻게 개념적으로 정리, 분류하거나 설명, 해석하고 있는가 하는 것만을 간략히 살펴 보는 것으로 '전자인간' 출범의 가능성을 간접적으로나마 뒷받침하고자 한다.

그리고 사실상 마지막 장인 다음 장(제10장)에서 이 저자의 전문분야인 정치 · 정치학적 측면에서의 새 전자인간시대의 정치 패러다임 변화만을 보다 심층적으로 다뤄 보기로 한다.

인류사회 변화/변동 개념 틀(Conceptual Frameworks or Paradigms)

지금 전자 기기의 침투와 확산은 하루가 다르게 인간 삶의 터, 판, 틀을 통째로 바꾸고 있다. 오늘과 같은 터, 틀, 판의 대변화를 지금까지는 어떻게 개념화하고 시대별로 분류했을까를 먼저 구체적으로 잠시 살펴보자.

지질학에서의 시간 구분(geologic time scale)은 억 년 단위다. 억 년 이상은 무한 대(代, eons)로, 억 년 대는 연대(年代, eras)로, 억 년 이하 100만 년 이상은 기(紀, periods)로, 세(世, epochs)는 만 년 단위로 분류한다.

보기를 들면, [무한]언각대(偃角代, Hadean Time)는 지구와 태양계가 형성된 46억-38억 년 전으로, 고생대(古生代, Paleozoic Era)는 5억 4,000만 년 전-5억 500만 년 전 캄브리아기(Cambrian period), 즉 등뼈 없는 해양동물 등장을 포함, 5억 5,000만 년 전으로 구분한다. 그리고, 플라이스토세(洪積世, Pleistocene Epoch)는 2만 년 전에서 1만 년 전까지 거슬러 올라간다.

고고학(archaeology) 시간단위는 100만 년 미만이다. 인류 유물(遺物)의 발굴, 관찰, 분석을 통해 75만 년 전 구석기(舊石器, Paleolithic)시대에서 15,000년 전 중석기(中石器, Mesolithic) 시대까지, 신석기(Neolithic) 시대는 1만 년 전까지, 청동기(Bronze)는 3,300년 전 이집트, 메소포타미아 등 중근동 지역에서, 철기(Iron Age)는 기원전 1800-1200년까지 거슬러 올라간다.

문화인류학 시간단위는 7,000년-10,000년 안팎이다. 수렵채집(狩獵採集, Hunter-gatherer) 사회, 유목민(遊牧民, the Nomadic) 사회, 농경, 어로(農耕, 漁撈, Farming and Fishing) 사회, 도시 중심 메트로(the Urban, Metropolitan, Megalopolitan) 사회 등으로 인류사회의 변천과정을 나누어 그 공통점과 이질성을 비교, 분석한다.

경제발전사회사는 어떤가? 자본주의를 비판한 마르크스(Karl Marx, 1818-

1883)와 엥겔스(Friedrich Engels, 1820–1895)의 유물변증법(dialectical materialism)과 유물사관(the materialistic interpretation of history, historical materialism)을 잠시 살펴보자. 마르크스는 유물변증법을 그의 저서, 《자본—정치경제 비판》(*Das Kapital. Kritik der politischen Oekonomie*)의 제1권(Volume I) 독일어 제2판 후기(afterword)에서 다음과 같이 밝힌다.

> 나의 변증법은 헤겔과 다를 뿐만 아니라 그와 정반대다. 헤겔에겐 인간 두뇌의 생동 과정은 즉, 그는 "관념"이라는 이름으로 사고의 과정을 독립된 주체로까지 탈바꿈시킨 실제 세상의 창조주며 실제 세상은 오직 "관념"의 외적, 현상적 형태다. 나에겐 정반대로 관념은 인간 마음이 반영된 물질세계일 뿐이며, 이를 사고의 형태로 옮겨 놓은 것일 뿐이다.[62]

마르크스의 유물변증법에 기초한 유물사관은 그의 위 저서에서 자본주의 체제가 무너지고, 그 자리를 사회주의체제가 대체하게 된다는 지론을 그 스스로 다음과 같이 펼친다.

> 자본의 독점은 그것(자본)과 함께 태어나 그 아래서 번성해 온 생산형태에 족쇄가 된다. 생산수단의 중앙 집중화와 노동의 사회화는 끝내는 그들 자본주의자의 외피(外皮)와 양립할 수 없는 순간에 다다른다. 그리하여, [그] 외피가 갈기갈기 찢겨진다. 자본주의자 사유재산의 조종(弔鐘)이 울린다. 빼앗은 자가 빼앗긴 자가 된다.[63]

더 나아가서, 마르크스의 유물론과 그의 자본주의 이전의 원시 공산사회, 봉건사회, 그리고 사회주의 이후의 공산사회 등 보다 포괄적인 그의 유물사관을 레닌은 다음과 같이 쉽게 설명한다.

[과학]기술은 인간이 그의 삶을 지탱하는 생산과정에서 자연을 다루는 [행동]양식을 드러내고, 그리고 그의 사회적 관계들의 형성 양식과 그들[사회적 관계들]이 흘러가는 정신적 개념들을 발가벗긴다.

위 인용[64]과 함께 레닌은 일반적으로 물질주의는 존재의 결과가 의식을 설명하지 그 거꾸로 가 아니듯이, 물질주의를 인류의 사회적 삶에 적용하면 사회적 인식은 사회적 존재의 결과로 해석해야 한다고 주장한다. 한마디로, "인간의 의식이 그의 존재를 결정하는 것이 아니라, 거꾸로 그의 사회적 존재가 그의 의식을 결정한다"[65]라는 것이다.

놀랍게도 위 주장은 옛 중국 맹자의 《맹자》에 나오는 "사람은 재산(물질적 기반)이 없으면, 그의 마음도 흔들린다"(若民卽無恒産, 因無恒心)[66]라는 구절을 닮았다.

아무튼, 유물론은 물질적 삶의 생산양식이 사회적, 정치적, 지적, 정신적 삶을 결정한다고 보았다. 사회의 경제구조—생산의 물질적 세력과 그에 상응하는 사회적 관계들—가 '실질적인 기반'(real foundation)이고, 그 위에 '법적, 정치적 상부구조'(legal and political superstructure)가 나타난다는 주장이다.

레닌은 또한 마르크스가 1866년 7월 7일자로 엥겔스에게 보낸 편지를 인용,[67] 생산양식 형성의 발전단계(유형)를 아시아(the Asiatic), 고대(the ancient), 봉건(the feudal), 근대 부르주아(the modern bourgeois)로 나눈다. 여기에 사회주의 사회, 공산주의 사회를 합치면 경제구조와 사회적 관계에 기초한 유물사관의 발전 단계는 다섯, 여섯 유형(types)으로 늘어난다.

이와 관련, 여기서 최근 세계적인 베스트셀러가 된 위 마르크스의 자본론을 비판하는 피케티(Thomas Piketty, 1971–)의 《21세기의 자본》(*Capital in the Twenty-First Century*, 2014)[68]의 시간 단위는 300년 정도까지 늘어난다. 그의 새 자본주의 경제 비판을 잠시 들여다보자.

피케티의 21세기 자본 비판[69]

이 책에서 피케티는 마르크스가 《자본》에서 밝힌 소수 자본가에로의 일방적인 자본집중과 그 과정에서의 자본가의 노동착취와 노동자 다수의 무산자화의 경고는 당시 경제사회의 맥을 잘 짚은 것이라고 인정한다.

하지만, 마르크스는 그의 주장을 뒷받침할 수 있는 체계적이고 장기적인 관련 자료가 없었고, 사유재산 철폐, 시장경제와 의회민주주의의 긍정적 기능과 건설적 기여의 무시, 교육과 과학발전의 긍정적 기여의 간과, 다수 무산자 '폭력혁명' 주창 등 그의 해결방법은 옳지 못했다고 피케티는 비판한다. 특히, 소련과 동유럽 나라들에서의 공산주의 실험의 참담한 실패와 소멸, 그리고 지금 북한의 참상이 극적으로 보여 주듯이.

같은 맥락에서 피케티는 쿠즈네츠가 그의 저서[70]에서 밝힌 경제성장이 소득불평등을 완화시킨다는 주장을 관련 통계자료로 뒷받침한 것은 인정하면서도, 그 자료가 그의 주장을 실증하기엔 분석 기간이 너무 짧고, 더구나 미국 한 나라만의 자료이기 때문에 비교분석 차원에서 보편성이 없다며, 그 역시 선불리 너무 서두른 결론(낙관)이라고 비판한다.

한편, 피케티는 그의 책은 프랑스, 영국, 독일, 미국, 이탈리아, 스웨덴, 일본 등 선진경제권의 자본과 소득 관련자료 등은 물론이고, 최근에 와서는 오늘의 개발도상국 통계자료까지 포함한 것으로, 18세기(1700년대)부터 21세기초(2012년)까지 300년 넘게 수집한 통계에 기초한 것이라며 그의 분석의 신뢰성(reliability)과 실효성(validity)을 넌지시 앞세운다.

그의 연구분석의 종합적인 결론은 사유재산에 기초한 시장경제는 만약 그대로 내버려 둔다면 한편으로는 지식과 기술 확산과 함께 통합의 엄청난 힘을 발휘하지만, 다른 한편으로는 그들[사유재산과 시장경제]을 밑받침하는 민주정치와 사회정의를 잠재적으로 위협하는 엄청난 분열의 힘도 역시 안고 있다고 지적한다.

한마디로, 사유재산과 시장경제에 기초한 자본주의는 사회통합과 분열이라는 내재적 모순을 안고 있다는 경고다.

위 모순의 가장 결정적인 불안정 요인은 장기적으로 보면, 자본이윤율, r이 소득과 생산의 성장률, g보다 훨씬 높다는 데 있다. $r > g$ 불평등(구조)은 과거에 축적된 재산이 생산과 임금보다 훨씬 높게 성장한다는 것이다.

이 불평등은 근본적인 논리적 모순이며 기업가는 불가피하게 '자본(재산, 자산, 유산)생활자'(rentier)가 되어가고, 노동밖에는 아무것도 없는 근로자(노동자)=무산자에게 더욱더욱 군림하게 된다는 것이다. 생산증가보다 자본증가는 그 스스로 훨씬 빠르게 확대재생산을 거듭하여 끝내는 '과거가 미래를 삼켜 버리는' 꼴이 되고 만다는 주장이다.

2차 세계대전 뒤 유럽이 30년 이상 그리고 오늘의 한국, 중국 등 다른 몇 나라들이 고성장을 이룬 것은 사실이지만, 지구 전체 나라들을 장기적으로 보면 어떤 경제정책을 쓰든 성장률이 1–1.5%를 넘을 수 없다며 그는 자못 비관적이다.

그가 이 책에서 여러 차례 밝힌 것처럼 역사적으로는 자본이윤율이 경제성장률보다 언제나 훨씬 높았다. 19세기 이전까지는 자본이윤율이 4–5%였고, 경제성장률은 1% 미만이었다. 피케티는 21세기에도 자본이윤율은 4–5%일 것이고, 장기적 경제성장률은 1.5% 안팎일 것이라고 추정한다.

역사적으로, 지금까지 사회계층 간 불평등이 감소한 사례는 20세기, 특히 1914–1945년 기간 동안에 불평등이 뚜렷하게 감소했지만, 이 사례는 쿠즈네츠가 주장한 '균형 잡힌 민주, 경제 합리성'(harmonious democratic or economic rationality)에 의한 보편적인 불평등 축소나 구조적인 불평등 완화과정이 아니고, 1차, 2차 세계대전으로 인한 대량살상, 건물, 공장, 기간(基幹)산업 시설 등 물리적 파괴와 재산손실(재산훼손, 파괴와 몰수, 인플레이션, 파산 등)과 경제 대공황으로 인한 대규모 파산, 실업, 실직 등 정치, 군사, 경제 쇼크가 주원인이라고 피케티는 본다.

그의 위 비판, 분석, 그리고 해결책(교육과 기술에의 집중투자, 글로벌 자본세 신설 등)에 나는 일단 의견을 같이하면서도 어쩐지 허탈감이랄까? 공허함이랄까? 손에 꼭 잡히고 머리에 쏙 들어오는 구체성이 없다고 할까? 아무튼 이 책을 읽고 느끼는 내 감정은 솔직히 찜찜하고 어정쩡하다.

좋은 면에서는 분명히 나는 이 책을 읽고 자본과 소득의 긴 흐름에 대해 많은 것을 배웠고 알게 됐다. 그의 자본, 소득, 조세 개념정리도 큰 도움이 됐다. 그럼에도 불구하고 왜 내 독후감이 그럴까?

내 이 감정을 비유하자면, 마치 내가 그의 책에서 경제(자본과 노동의 동학, the dynamics of capital and labor)라는 산이나 그 산속 숲을 본 것이 아니라, 그 산을 그가 만든 삼각형으로 묘사하고 숫자와 도표 등으로 분석한 것만을 본 것 같다고 할까?

모든 학문(과학)연구에서 이론(theory)은 물론 해석(explanation)이다. 그리고 해석에는 단순화(simplification)와 추상화(abstraction)가 따르기 마련이다.

마르크스 자본론은 설득력 있는 통계자료가 없었고, 쿠즈네츠는 통계자료는 썼지만 그 기간이 너무 짧고, 분석대상도 한 나라(미국)뿐이라고 평가절하하며, 피케티 스스로는 기간도 300년까지 늘리고 분석대상 나라들도 20여 개 나라들로, 그리고 오늘의 개발도상국 자료도 참고했다고 누누이 밝히지만, 그 역시 '숫자 놀음'을 하고 있다.

더구나 그가 요즘 경제학자들이 '경제과학'이라고 '과학'을 강조하는 것을 비판하면서도 그의 책 마지막 문장을 [자본과 노동 등 경제현상을 분석하면서] '숫자를 다루는 것을 거부하는 것은 가장 유복하지 않은 사람의 이익을 외면하는 것'이라고까지 성토하고 있지 않는가? 물론, 그가 비판하는 것은 미시계량경제 이론과 분석(micro mathematical economic theory or analysis)이지만…

다시 말하면, 그는 이 책에서 통계, 숫자, 도형(figures), 표(tables) 등을 그의 책 모든 장마다 싣고 몇 가지 같은 통계숫자, 방정식($r > g$, s/g 등)을 몇 번이고 인용, 반복하다 보니까 솔직히 지루한 맛도 있고 이 책도 추상적이랄까? 아니면 그가 비교분석하고 있는 나라들의 경제상황과 현실정치와는 너무나 동떨어진 추상적인 개념 논쟁이 아닌가 하는 느낌을 솔직히 나는 감출 수가 없다.

특히 불평등 감소(해소)와 자본의 극소수에로의 집중현상 해소의 가장 유효한 수단으로 그가 제시한 글로벌 자본세도 아직은 '유토피안 아이디어이다'(A global tax on capital is a utopian idea, p. 515)라고 그 스스로 인정하고 있으니 답답하기보다는 허탈한 느낌이다.

자기의 주장을 통계숫자로나 도표를 통해 내세워 독자를 설득하는 방법은 물론 막연히 말로만 소리지르는 입씨름, 말싸움보다는 언제 어디서나 훨씬 낫다. 그러나 나라마다 축적한 통계자료의 정확성, 신빙성, 객관성이 들쭉날쭉할 수밖에 없다면, 그의 통계자료나 숫자들도 미 유머리스트 로저스(William Penn Rogers, 1879–1935)가 구분한 세 가지 거짓말—그냥 거짓말, 신의 저주를 받을 거짓말, 그리고 가장 큰 거짓말, 통계—우스갯소리에서 자유로울 수 있을까?

또 하나는 이 책의 내용은 자칫 잘못하면 독자로 하여금 300년 전이나 21세기 오늘의 지구촌이나 1% 또는 0.1% 최상층 소수 부유층이 누리는 자본

(재산, 자산, 유산)의 삶의 질과 양이나 최하층 다수 50%가 겪는 삶의 질과 양이 하나도 변하지 않고 거의 비슷한 것 같고, 앞으로도 근본적으로는 이 사회자본 계층구조는 변함이 없을 것이라는 착각이나 비관에 빠질 수 있다는 것이다. 특히 그가 $r > g$ 불평등 구조가 장기적으로는 과거, 현재, 미래에도 근본적으로 바뀌지 않을 것이라고 누누이 강조하고 있기 때문이다.

그러나 삶의 질과 양 차원에서 보면 18세기, 19세기, 20세기 초 당시 최하층 50%와 21세기 초 오늘의 최하층 다수 50%가 누리는 혜택과 편의는 근본적으로 서로 다르다. 그 동안 사람도 알게 모르게 많이 바뀌었지만, 우리의 삶의 터, 틀, 판이 수십 번, 수백 번, 수천 번, 아니 수없이, 끊임없이 바뀌었고, 지금도 쉴 새 없이 바뀌고 있지 않는가? 그렇지만, 그의 불평등 방정식만으로는 그때와 지금의 삶의 질과 양의 엄청난 변화를 쉽게 설명할 수 없다는 이야기다.

구체적으로 보기를 들면, 교황이나 황제, 귀족 등을 포함, 옛날 최상층 1%나 0.1%도 타 보지 못한 비행기, 자동차, 기차 등 교통수단이나 세탁기, TV, 냉장고 등 가전제품은 물론이고 스마트폰, 유튜브, 페이스북 등 대중화된 온갖 전자 기기와 SNS는 그의 불평등 방정식만으로는 설명이 불가능하다.

그의 비교분석 주요 대상인 선진경제 나라들의 경우, 지금은 그가 얘기하는 최하층 50%도 최상층 1%나 0.1%와 비행기는 같이 탄다. 다만, 최상층 탑승객은 1등석에서 편하게 자주자주 즐기며 여행을 할 수 있지만, 최하층 50%도 비록 어렵게 드물게나마 훨씬 비좁은 3등석 자리에 쪼그리고 앉아서 갈망정 옛날 교황이나 황제가 보지도 타지도 못한 똑같은 비행기를 같이 탈 수 있다.

18, 19, 20세기, 그리고 지금 21세기 초까지 인류 평균수명, 교육수준이 계속 늘어난 것도 그의 불평등 방정식으로는 설명할 수 없지 않은가? 과학

기술의 발전, 생활환경의 개선, 예술문화의 향상 등이 융합과 상승작용을 거듭하며 가져다 주는 혜택, 편의 등을 꼭 상층 1%, 0.1%에서 그치지 않고 최하층 50%도 비록 상대적으로는 접근과 이용에서 제약과 불편이 많은 것은 숨길 수 없는 현실이라 하더라도, 적어도 그 접근과 이용이 원천적으로 봉쇄, 차단되어 꽉 막힌 상황은 아니지 않은가?

오늘의 극소수 최상층과 다수 최하층이 누리는 과학기술과 문명 이기(利器)가 가져다 주는 혜택과 편의에 대한 가장 적절한 비유는 아마도 같은 바다에서 밀물이 되면 큰 배도 작은 배도 함께 뜬다는 상황과 비슷하다고 나는 생각한다.

요약하면, 그의 자본이윤율/경제성장률 방정식($r > g$, s/g 등)이 틀렸다거나 이 서평자가 이견을 갖고 있다는 이야기가 아니라, 그의 책을 읽는 독자를 자칫 잘못하면 그의 논리와 현실 사이에서 착각과 비관에 빠지게 할 수도 있다는 것이다.

피케티가 그의 위 저서(pp. 521–524)에서 밝힌 세계 억만장자들의 해외도피 자금은 세계 GDP의 거의 10%라고. 2016년 기준, 세계 GDP 7조 7,800억 달러의 26%가 '감춰진 경제'(shadow economy)이고, 이 은익 '검은 돈'에서 선진국이 차지하는 비율이 42%이고, 개발도상국이 57.1% 차지한다고 추정한다. 최근 불거진 사상 최대 해외 조세회피(Panama Papers) 뉴스가 그 구체적인 사례다. 파나마의 한 법률회사(Mossack Panseca)의 1,150만 건의 이메일, 단골손님 기록 등을 독일 신문(The Suddeutsche Zeitung)과 미국 신문(The Sacramento Bee)이 폭로함으로써 불거졌다. 해외 조세 탈피, '검은 돈' 피난처로서 가장 오래된 곳은 스위스(Zug, Zunich, Basel 등)로 1차 세계대전 당시까지로 거슬러 올라간다. 지금은 스위스를 필두로 룩셈부르크, 우루과이, 베이루트, 리히텐슈타인, 영국, 세이셸, 니우에, 파나마, 영국령 버진 아일랜드,

영국령 앵귈라, 미국의 네바다, 델라웨어, 바하마 등 세계 도처로 늘어났고, 이제 세계 정치 전현직 지도자는 물론이고 갑부들의 조세 도피처와 그들의 '마각'이 하루아침에 드러나고 있다. 이에 대한 예방과 법적 조치가 수면 위로 올라온 것도 '전자인간' 시대의 개인의 금융거래와 재산현황의 투명성 제고라는 긍정적 결과물의 하나라고 나는 생각한다.

피케티에 대한 비평은 이 정도로 마감하고, 다시 경제사회 발전단계 분류로 되돌아가자.

미국의 경제사학자 로스토(W.W. Rostow, 1916–2003)는 위 마르크스와 엥겔스의 자본주의 비판, 특히 1848년 《공산당 선언》[71]을 정면으로 부정한다는 기세(접근)로 그의 1960년 발간된 소책자, 《경제성장의 단계》(*The Stages of Economic Growth*)의 부제를 "비(非)공산주의자 선언"[72]이라고 붙인다.

이 소책자에서 그는 인류 경제사회 발전단계를 6단계–전통사회(traditional society), 도약을 위한 전제조건(preconditions for take-off), 도약(take-off), 성숙을 향한 밀어붙이기(drive to maturity), 대량–고(高)소비 시대(age of high mass–consumption), 그리고 소비를 뛰어넘는 예측 불가능한 미래(beyond consumption) 등으로 분류한다.

참고로, 〈표 9–1〉이 보여 주듯이, 역사적으로 경제성장 도약(take-off)이 가장 빠른 나라들은 영국, 프랑스, 벨기에, 미국, 독일, 스웨덴, 일본, 러시아, 캐나다 순이다. 1960년에 처음 출판된 이 책에서는 대한민국은 이 표에 거론되지 않고 있지만, 로스트 교수는 1960년 4 · 19 혁명, 1961년 5 · 16 군사 쿠데타를 계기로 한국을 방문하여 대한민국도 1960년대 초를 경제성장 도약기로 언급한 바 있다.

이 밖에도 토플러(Alvin Toffler, 1928–2016)는 그의 저서[73]에서 수렵채집 사회에서 농본사회로 가는 농업혁명(agricultural revolution)–제1의 물결(first

표 9-1

몇 나라의 잠정적인 경제 도약 기간
(Some tentative, approximate take-off dates)

나라	도약기	나라	도약기
영국	1783–1802	러시아	1890–1914
프랑스	1830–1860	캐나다	1896–1914
벨기에	1833–1860	아르헨티나[3]	1935–
미국[1]	1843–1860	터키[4]	1937–
독일	1850–1873	인도[5]	1952–
스웨덴	1868–1890	중국[5]	1952–
일본[2]	1878–1900		

1 미국의 경우, 도약 1기는 1840년 대 미 동부 지역의 철도와 제조업의 성장, 도약 2기는 1850년 대 중서부의 철도 연결과 외국 자본의 대거 유입으로 본다.

2 일본은 경제지표 자료가 충분치 않고, 1914년 이후는 도약기에 분명히 성공했으나 1878년부터 1914년까지는 '도약 전제조건 충족단계'로 보는 것이 더 정확할 것 같다.

3 아르헨티나는 1차 세계대전 뒤에 도약기에 접어들었으나 미 경제 대공황으로 뒷걸음질을 쳤고, 지금 21세기 초에도 많은 어려움에 부딪혀 있다.

4 터키는 1930년 대 중반에 크게 성장 기세를 잡았으나 다시 주춤하다가, 지금은 OECD 정회원국으로 도약 단계는 넘기고 있다.

5 로스토(Rostow)는 1960년 시점에서 인도와 중국의 도약기를 전망하기 어렵다고 유보적이었지만, 현재 두 나라 모두 도약 단계를 성공적으로 뛰어넘어 성장세를 잘 이어 가고 있다고 본다. 위 이 책 표 15–5는 저자가 로스토의 책 Table I. Some tentative, approximate take–off dates (p. 38)를 우리말로 번역해 옮김.

wave), 17세기 영국에서부터 시작, 20세기 중반까지의 농업사회에서 산업사회로 발전한 산업혁명(industrial revolution)–제2의 물결(second wave), 20세기 중반부터 지금까지 산업사회에서 후기산업사회(post-industrial society)–제3의 물결(third wave) 등으로 구분하여 분석과 전망을 하고 있다. 위에서도 이미 밝힌 바 있지만, 21세기 초 오늘을 'ITC혁명' 또는 세계경제포럼이 2016년 1월 '4차 산업혁명'이라고 이름지은 것도 같은 맥락에서 눈여겨볼 필요가 있다.

한편 다이아몬드(Jared Diamond)는 그의 저서[74]에서 인류사회 유형(types of societies)을 그 구성원(membership), 정부형태, 종교, 경제, 사회 등을 기준으로 하고, 다시 이 기준을 총 19가지 지표로 만들어 네 가지—[사람]무리(band), 종족(tribe), 족장체제(chiefdom), 국가(state)—로 나누고 있다.

정치학에서도 오늘의 지구촌을 족장사회(chiefdom), 노예사회(serfdom), 왕정(kingdom, monarchy), 제국(empire), 공산전체주의 독재(communist totalitarian dictatorship), 권위주의 독재(authoritarian dictatorship), 입헌민주왕정(constitutional monarchy), 민주공화정(democratic republic) 등으로 분류하여 비교 분석한다.

한마디로, 1차 농업혁명이 잉여 농산물(surplus food)을 낳았고, 2차 산업혁명이 잉여노동(surplus labor)를 착취하는 상황을 가져왔다면, 3차 산업혁명은 대량 생산품(mass surplus goods)의 풍요와 낭비까지 가져왔고, 지금 우리가 겪는 4차 ICT혁명에서는 '잉여인간'(surplus human)이 나타날 개연성까지 제기하고 있다.

분석 범위를 크게 좁혀서 새 패러다임으로서의 오늘의 '전자형 민주주의'(e-democracy)에 대한 개념정리가 아직까지 종합적, 체계적으로 이루어지지 않고 있는 상황에서, 이 저자가 우리 삶의 정치현실로 바짝 다가온 전자 시대의 정치문제를 다음 장(10장)에서 한번 다루어 보았다. 아직 극히 서설적(序說的)이고 여러 가지 측면에서 미흡하지만. 따라서, 여기서는 참고로 과학 발전 단계나 패러다임 변천과정도 잠시 살펴보고자 한다.

과학세계의 패러다임 변화

쿤(Thomas Kuhn, 1922–1996)이 1966년에 그의 저서에서 정립한 개념—패러다임 변혁(paradigm shift)—에 가까운 과학세계의 새 이론은 인류역사상 어떤 것일까? 천동설(天動說, Ptolemaic or geocentric theory)을 뒤엎은 코페르니쿠스의 지동설(Copernican or heliocentric theory), 뉴턴의 만유인력의 법칙(the law of universal gravitation), 다윈의 진화론, 아인슈타인의 상대성 이론(general theory of relativity) 같은…

쿤은 과학세계에서의 패러다임 변혁을 사람의 세계관의 변화로 본다. "과학세계의 변혁이 있기 전의 오리들이 [변혁] 뒤엔 토끼들이 된다. 상자의 겉(exterior)을 처음에 위에서 보던 사람이, [변혁] 뒤엔 그 상자 밑에서 그 안을 보는 격"[75]이라고 그는 비유한다.

그는 새 패러다임 제안자들의 이론을 굳히는 가장 중요한 한 가지 주장(claim)은 그들이 헌 패러다임 제안자들을 궁지에 몰리게 한 문제들을 해결할 수 있다고 하는 것이라고 말한다.

구체적으로, 그는 코페르니쿠스가 오랫동안 해결하지 못해 골칫거리로 남아 있던 1년(calendar year)의 길이(기간)를 해결한 것이나 뉴턴이 "지구와 천체의 역학을 조화시킨 것"("…he had reconciled terrestrial and celestial mechanics….")이 그렇다고 주장한다. 프랑스의 화학자 라부아지에(Antoine Laurent Lavoisier, 1743–1794)가 가스 항등원(恒等元, gas identity)과 무게 관계(weight relations) 문제를 해결하고, 20세기에 와서 아인슈타인이 개정된 '[천체]운행의 과학'(revised science of motion)이 전기역학(electrodynamics)과 양립할 수 있다는 것을 실증한 것도 그 좋은 보기라고.

나아가 쿤은 이러한 주장들은 만약 새 패러다임의 계량적인 정확도가 헌

패러다임보다도 훨씬 앞서면 성공할 수 있다고 본다.[76] 위 코페르니쿠스에서 아인슈타인까지의 패러다임 변화는 인간이 지구와 천체를 보는 과학적 인식이 보다 정확해지고, 보다 실체에 가까워지는 일련의 과학혁명들이었다는 것이다.

그렇다면, 같은 논리로 지금 인류가 겪고 있는 전자혁명과 전자인간의 등장은 인간 자체가 기계와 융합함으로써 생태조직(bio-organs)과 생태계(bio-systems), 그리고 기계조직(mechanical organs)과 기계계(mechanical systems)가 뒤범벅이 되는 완전히 색다르고 새로운 현상이라고 볼 수 있겠다.

전자 기기의 침투와 확산은 인간의 모든 활동과 영역의 패러다임을 근본부터 바꾸고 있다. 그 소용돌이 속에서 사람도 앞에서 정의한 사람(homo sapiens)이 전자인간(homo electronicus)이 되어가고 있다. 거꾸로, 기계(robot)가 사람(humanoid, android)이 되어 가고 있다. 이런 변화가 진화인지, 퇴화인지, 인류의 행운인지, 재앙인지를 가늠하기는 결코 쉽지 않지만…. 과학은 '가치중립적'(value-free)이다. 하지만, 과학을 활용, 이용, 적용하는 사람은 결코 가치중립적일 수 없기 때문이다.

요약하면, 끊임도 쉴 새도 없이 진행 중인 전자혁명, 디지털 혁명으로 지금 인간의 모든 활동과 영역의 패러다임을 전자화하는 과정에서 인간마저도 전자 기기와 뒤죽박죽이 되고 있다. 알게 모르게, 믿거나 말거나, 그리고 우리가 좋든 싫든, '신천지'(a new world), 별천지가 지금 바로 우리 눈앞에서 펼쳐지고 있다.

전통적인 '자연인'(type 1), 전자 시대에 몸과 마음과 머리까지 안팎으로 변화된 '전자인간'(type 2), 전통적인 인간지능과 기능을 시간이 갈수록 도맡아 하는 '대체[전자 기기]인간'(type 3, android, human robot, AI bot), 그리고 '복제인간'(type 4)이 바로 새로운 우리 삶의 현실이 되어 가고 있다.

보기를 들면, 위에서 정의한 사람과 전자 기기 등 과학이 발견, 발명한 새 물질이 융합, 혼성된 전통적인 의미의 인간도 기계도 아닌 '혼성 인간'인 '전자인간'이 등장하고 있다. 다른 한편으로는 드론(drone, 무인 항공기), 무인 자동차, 무인 전동차, 소방 로봇, 전자 청소기 등 인공지능을 가진 이름도 생소한 새로운 전자 기기와 로봇들이 전통적인 인간 노동의 몫(human labor)이나 인간지능 업무(human intelligence tasks, HITs)를 갈수록 대체, 대행하고 있다.

아마존의 MTurk(Mecanical Turk)처럼 크라우드 소싱(crowdsourcing), 즉 필요한 서비스, 아이디어, 또는 콘텐츠를 전통적인 임금노동자(고용자)나 공급자로부터가 아니라 많은 사람들, 특히 온라인 공동체, 이른바 '크라우드 소싱 인터넷 시장'(crowdsourcing internet market)에서 스마트폰 앱으로 요청자를 통해 부여 받는 '소프트웨어 회사들'—Uber drivers, Instacart shoppers, Airbnb hosts, TaskRabbit jobbers, UpCounsel's on-demand attorneys, HealthTap's online doctors—이 우리 삶의 주류가 되어 가고 있다.

요즘 한국에서 전통적인 은행, 증권, 투자회사를 저버리고 이름도 생소한 '핀테크'(Financial-technique)–인터넷, 모바일 공간에서 결제, 송금, 이체, 인터넷 전문 은행, 크라우드 펀딩, 디지털 화폐 등 각종 금융서비스를 제공하는 산업–로 인재들이 몰리고 있는 현상도 마찬가지다.

구체적으로, 무인 소매점인 아마존고(Amazon Go), 간편 송금(비바리퍼블릭), 간편 결제(한국NFC), 비트코인 거래(코빗, 코인플러그), 크라우드 펀딩(마크마운트 와디즈, 오픈트레이드), 모바일 증권서비스 '두나무'가 그 사례들[77]이다.

전자 관련 창업으로 200억 달러를 모으는 데 페이스북 창업자 저커버그는 8년 1개월, 구글의 브린(Sergey Brin, 1973–)과 페이지(Larry Page, 1973–)는 8

년 10개월, 알리바바의 마윈(Mar Yun, 1960-)은 15년 7개월, 아마존의 베조스(Jeff Bezos, 1964-)는 16년 4개월, 게이츠(Bill Gates, 1955-)는 21년 7개월, 엘리슨(Larry Ellison, 1944-)은 22년 5개월, 그리고 전자와는 직접적인 관련이 없는 '투자의 귀재' 버핏(Warren Buffet, 1930-)은 27년 11개월이 걸렸다.[78]

금융투자 사업으로 거부가 된 버핏을 빼놓곤, 중국인 마윈을 포함, 이 거부들 모두가 미국인이고 모두가 전자, 인터넷 관련 창업자들이라는 공통점이 돋보인다.

그리하여, 목돈을 이런 소프트웨어 소유주가 챙기는 동안 부스러기 거스름돈, 푼돈만 그때그때 채용된 일꾼(on-demand workers)이 손에 쥐는 새 세상이 지금 우리 앞에서 펼쳐지고 있다. 라이히 교수는 이런 노동시장의 새 현상을 극소수 소프트웨어 소유주-경영자를 빼고 절대다수는 "찌꺼기-부스러기만 나눠 먹는 경제"(share-the-scraps economy)[79]라고 비꼰다. 이런 비난, 한탄, 우려를 이 전자인간시대의 삶을 사는 우리는 어떻게 받아들여야 할까? 지금 우리 앞에서 빛의 속도로 펼쳐지는 산술적이 아닌 기하급수적인 변화의 새 삶은 '지옥'인가? '천국'인가?

위에서 몇 차례 인용한 하라리의 저서 마지막 장(章)은 불길하게도 "호모사피엔스의 종말"("The End of Homo Sapiens")이다. 그는 생체공학(bioengineering), 사이보그(cyborg, 우주공간 같은 특수한 환경에서도 살 수 있도록 신체기관의 일부가 기계로 대치된 인간 또는 생물체) 그리고 무기물 생명체(inorganic life)의 수수께끼를 어떻게 풀 것인가?라는 의문을 제기[80]한다.

하라리의 위 구분은 이 저자가 이 책에서 분류한 네 가지 인간형과는 크게 다르다. 이제 100% 자연인은 급격히 줄어들고, 전자인간, 인공지능 로봇인간은 빠르게 우리의 현실이 되고 있다.

복제인간은 어떤가? 1996년 7월 영국(스코틀랜드) 에든버러(Edinburgh) 대학 로슬린 연구소(Roslin Institute)에서 처음 복제 양(羊), '돌리'(Dolly)가 출생[81] 한 지도 벌써 21년 전이다. 그동안 개, 돼지 등 잇따른 동물복제 성공을 거듭해 온 연구와 실험을 감안하면, 언젠가는 '복제인간'도 등장하지 않겠는가? 자연인간, 전자인간, 로봇인간, 복제인간의 소용돌이 속에 남아 도는 '잉여인간'의 쓸모는 무엇이고, 무엇에서 삶의 의미와 목표를 찾을 것인가? '잉여인간'(surplus human)이라는 이 저자의 새 개념은 1차 농업혁명이 낳은 '잉여식량'(surplus food)에 이어, 2차 산업혁명이 낳은 다수 무산자의 '잉여노동'(surplus labor)의 '잉여가치'(surplus value)와 다르다. 다시 3차 산업혁명의 대량생산(mass production)이 낳은 '잉여생산품'(surplus goods)과도 물론 다르다. '잉여인간'에 관한 문제는 이 책 제10장 결론 부분에서 제기하고 있다. '잉여인간' 문제는 앞으로 이 저자가 준비하고 있는 영문 저서에서 보다 체계적으로 분석하고자 한다.

⁂

하느님께서 사람에게 명하셨다. "동산에 있는 모든 나무의 열매는 네가 먹고 싶은 대로 먹어라. 그러나 선과 악을 알게 하는 나무의 열매만은 먹어서는 안 된다. 그것을 먹는 날에는 너는 반드시 죽는다." (창세기, 2, 16-17).

하느님께서 말씀하셨다. "보아라, 이 사람이 우리 가운데 하나인 것처럼, 선과 악을 알게 되었다. 이제 그가 손을 내밀어서, 생명 나무의 열매까지 따서 먹고, 끝없이 살게 하여서는 안 된다." 그래서 하느님께서는 그를 에덴 동산에서 내쫓으시고, 그가 흙에서 나왔으므로 흙을 갈게 하셨다. 그를 쫓아내신 다음에, 에덴 동산에 지품천사(智品天使)를 내세우시고, 앞뒤로 번쩍번쩍 번득이는 불 칼로 생명나무에 이르는 길을 지키게 하셨다. (창세기, 2, 22-24).

이 장을 끝맺으면서 나는 성경 창세기의 위 몇 구절을 다시 읽는다. 성경 말씀대로라면 이브는 뱀(악마)의 꼬임에 끌려, 그리고 최초의 인간, 아담은 그의 아내 이브를 따라, 선악을 아는 '지식의 나무'(tree of knowledge of good and evil) 열매를 따먹고 '지상낙원' 에덴동산에서 쫓겨난 지도 꽤 오랜 시간이 지났다. 그러나 지금 하나님이 경고한 '생명의 나무'(tree of life)마저 사람이 도전하는 단계에 이르는 것도 같다.

1882년, 니체가 "신은 죽었다. [...] 우리[인간]가 그를 죽였다[82]" 고 '선언'한 뒤 또 118년이 지난 2000년. 미 베스트셀러 작가 브라운(Dan Brown, 1964-)은 소설 속 등장인물의 입을 빌려, "과학이 새 신이다... 의약, 전자 커뮤니케이션, 우주여행, 유전자 조작... 이런 것들이 우리가 우리 아이들에게 이야기하는 기적들이다. 이런 것들을 과학이 우리에게 해답을 준 증거라고... 신은 이미 낡았다. 과학이 전투에서 이겼다"[83]고 외친다.

그리고 6년 뒤. 이 책 제5장에서 이미 인용했지만, 스스로 다윈의 후예요, 생리학 진화론 학자라고 일컫는 도킨스는 이 브라운의 또 다른 베스트셀러 소설, 《다빈치 코드》(*The Da Vinci Code*, 2003)와 《복음서》(*The Gospels*)의 유일한 차이는 하나는 '지금 소설'이고, 다른 하나는 '옛날 소설'일 뿐이라고 호언[84]하기에 이른다.

소설이지만, 브라운이 과학이 신을 '전투'(battle)에서 이겼지, '전쟁'(war)에서 무찔렀다는 말은 삼가 하고 있는 것이 내 눈을 사로잡는다. 왜 그랬을까?

그리고 지금 2017년. 이제는 '크리스퍼 유전자 가위'-'CRISPR-Cas9' 게놈 교정기술 개발로 '게놈-교정 혁명'(genome-editing revolution)이라고 이름할 만큼 과학기술은 단순히 질병치료뿐만 아니라 인간의 태아, 정자, 난자의 유전자를 바꾸는 데 이용될 수 있는 단계에 이르렀다. 이미 이 게놈-교정으로 빵 굽는 사람의 누룩(효모), 물고기, 파리, 식물, 쥐, 원숭이, 그리고 인간 배아 실험까지 끝난 상태다.

'만물의 영장'인 사람은 하느님이 경고한 "지식의 나무" 열매를 따먹고 '에덴 동산'에서 쫓겨난 원죄(original sin)도 모자라, 그가 경고한 "생명의 나무"의 열매도 따먹겠다는 기세인가? 이는 새 개벽인가? 인류의 종말인가? 이 지구란 삶 터에서의 인류의 역사는 기껏해야 몇 백만 년 단위 이야기다. 문화/문명의 역사는 1만 년 남짓이다. 지구 나이는 두 자리 수억 년이다. 사람이 지구에서 사라진다고, 다른 생명체가 함께 사라지는 것도 아니다. 설령, 사람과 모든 생명체가 모두 사라진다고 지구마저 온통 사라지는 것도 아니지 않는가? 이 물음표로 이 장을 끝맺는 이 저자는 솔직히 두렵고 씁쓸하기까지 하다.

제 10 장

—

전자인간시대의 정치

—

잠시 뒤돌아보면

막스 베버의 〈직업으로서의 학문〉과 〈직업으로서의 정치〉 두 강의만을 우리말로 번역하겠다는 생각으로 처음 시작한 나의 이 작업이 8, 9년 세월이 지나면서 그 소박한 목적과 범주를 훨씬 뛰어넘고 말았다.

이 책은 마치 내 고향의 아무도 찾지도 밟지도 보지도 않는 동악산(東樂山)의 후미진 산마루턱 모퉁이에 자리잡은 한여름 칡넝쿨 같다. 그 뿌리는 땅 밑을 파고들며 자꾸 굵어지고, 넝쿨은 다른 나무를 껴안고 서로 뒤엉키며 제멋대로 뻗어 나가듯, 내 이 작업은 전자인간시대의 새 학문(과학)은 물론이고 새 삶과 새 정치로까지 뿌리는 뿌리대로 넝쿨은 넝쿨대로 주제넘게 늘어났다.

이 꼬락서니는 나 스스로 생각해도 어처구니가 없다. 그 무엇보다도 내 전문 분야를 훨씬 뛰어넘는 '지적 모험'에 나도 모르게 빠져들어 부끄럽고 두렵기까지 하다. 아무튼 이제 죽이 되든 밥이 되든 마무리를 지어야 할 차례다.

뒤돌아보면, 내가 막연히 정치학을 전공한답시고 대학에 들어간 해가 벌써 반세기를 지나 곧 '회갑 나이'다. 내 나이도 희수(喜壽)다. 나이는 앞길만 있고 뒷길이 막혔으니 이렇게 차곡차곡 쌓인 내 나이를 지울 수도 없고…

1965년 6월. 태평양 한복판 낯선 나라 미국 하와이 섬에 도착한 나는 혈기 왕성한 20대 중반 '열혈 청년'이었다. 2년 뒤 그곳에서 석사학위를 마치고 갓 결혼한 나는 그 '천국'만 같은 하와이를 등진 채 우리나라로 치면 내 고향같이 아늑하고 시골 냄새가 물씬 풍기는, 그러나 낯설기 짝이 없는 미 본토 켄터키의 렉싱턴 시에 도착, 켄터키대 기숙사 두 칸짜리 방에서 아내와 함께 새 삶을 시작했다. 그리고 3년 만에 정치학 학생 신세를 일단 마무리 짓고, 스물아홉 살 '풋내기 조교수'가 된다. 나는 그곳 한 대학 강단에 서서 서투른 영어로 첫 강의를 시작한 것도 벌써 47년 전이다.

그때 나는 첫 학술논문을 쓰겠다는 야심 찬 생각으로 무슨 대단한 발견이나 한 것처럼 몇 달 동안 나 혼자서나마 미친 듯이 신나게 읽고 또 읽으며, 영어 논문 한 편을 쓴 적이 있다. 그동안 동에 번쩍 서에 번쩍 이리 뛰고 저리 뛰며 살다 보니 지금은 그 습작이 온데간데없이 사라지고 말았지만…

그 논문을 쓰겠다고 그때 내가 처음 읽은 책이 공자의 《논어》와 맹자의 《맹자》, 그리고 플라톤의 《공화국》과 아리스토텔레스의 《정치》다. 나는 《논어》에 나오는 공자와 《공화국》에 나오는 소크라테스가 그들의 제자들과 대화하는 방식이 서로 많이 닮았다는 생각이 문득 들었다.

《맹자》도 논어처럼 대화하는 방식은 비슷하지만, 《정치》는 대화 형식은 아니다. 더구나 맹자는 그의 스승인 공자를 직접 만나서 그의 가르침을 받은 적도 없다. 둘 사이 나이 차이가 170년이 훨씬 넘는다. 반면 아리스토텔레스는 몸소 스승 플라톤으로부터 가르침을 무려 20년 동안이나 직접 받았다[1]는 점이 서로 크게 다르다.

지금부터 2,300년, 2,500년 전 동서양의 이 대표적인 철학자들이 이 세상에 태어나고 떠난 날짜 등 기록은 물론 어림짐작이다. 공자는 소크라테스보다 대충 80년가량 앞서 태어난 것 같고, 둘 다 일흔 살 넘게 살았다. 플라톤은 맹자보다 거의 60년 남짓 앞서 태어났지만, 둘 다 80대 초반까지 삶을 꾸렸다. 아리스토텔레스도 60대 초반까지 살았다. 오늘의 평균수명을 기준으로 해도 이 분들 모두 장수(長壽)했다는 것도 내 호기심을 끌었다.

내가 그때 설불리 《논어》, 《맹자》, 《공화국》, 《정치》 등 동서양 고전을 비교 분석해서 조잡한 논문을 쓴 직접적 동기는 인간 삶, 특히 정치사회 공동체의 근본적인 핵심 개념들—국가, 법과 정의(正義, justice), 선정(善政, good governance)과 악치(惡治), 성군(聖君)과 폭군(暴君), 덕성(德性, virtue)과 악성(惡性, vice) 등—을 풀이하고 있었기 때문이다.

《논어》, 《공화국》, 《맹자》와는 달리, 아리스토텔레스의 《정치》는 대화 형식은 아니지만, 그도 위 핵심 개념들을 나름대로 당시 호메로스(Homer, ?–?), 소크라테스, 아리스토파네스(Aristophanes, 448–380B.C.), 탈레스(Thales, c.640–546B.C.) 등 옛 그리스 성현(聖賢)들의 관찰들을 자주 인용하며 풀이하고 있는 것이 내 눈길을 끌었다.

무엇보다도 그의 《정치》는 스승 플라톤이 《공화국》에서 제기하고 체계화한 국가 개념, 민주주의를 포함한 국가 형태, 이상적인 공동체(이상형 국가), 사회계급, 시민, 혁명이론, 교육 등을 당시 158개 그리스 도시국가(polis, city-state) 헌법들과 그리스 이외의 나라 제도들까지 자료를 수집하여 비교 분석[2]했다는 점에서 크게 돋보였다. 이런 측면에서 보면 아리스토텔레스는 동서양을 넘어서 비교정치, 더 나아가서는 정치학의 실증적 접근 방법의 선구자라고 해도 결코 지나친 말이 아니다.

1970년대 초 내가 이 첫 학술논문을 쓸 당시는 베트남전쟁이 막바지에 이르렀고, 미 정치학계에서는 행태주의(behavioralism)가 흥행하던 때였다. 나도 그 흥행에 덩달아 내용 분석(content analysis)이랍시고 위 고전 네 권 속에 나오는 핵심 개념들을 나름대로 비교 분석하여, 《미 정치학보》(*APSR*)에 제출했다.

서너 달쯤 지나 내 졸문을 읽은 두 익명의 논문 심사위원으로부터 나는 거의 충격적인 심사 평가와 함께 게재 불가 통보를 받았다. 지금도 어렴풋이 기억하는 것은 내 논문의 개념 비교는 마치 내 머리카락을 하나하나 세는 짓이나 가마니에 가득한 콩을 한꺼번에 멍석에 쏟아 놓고 '콩을 세는' 짓(bean-counting)같이 어리석다는 지적이었다.

돌이켜 보면, 그 심사위원이 옳았다고 나는 생각한다. 그때나 지금이나 나는 플라톤과 아리스토텔레스의 위 고전을 그리스어나 라틴어가 아닌 영문 번역본으로 겨우 읽는 주제 아닌가?

한문은 더듬더듬 좀 이해하지만 아직도 초보 수준이고, 당시 공자와 맹자의 고전도 한문–영문 번역본[3]을 가지고 겨우겨우 비교한 것도 내 졸문의 거의 치명적인 한계였기 때문이다. 더구나, 이 동서 고전의 핵심 개념 한두 가지만 붙들고 비교 분석하는 것도 힘겨운 판에 그 핵심 개념들을 단순히 숫자(통계)라는 잣대로 빈도수(frequency) 내용 분석을 시도한 것 그 자체도 무모하고 어리석기 짝이 없었으니…

47년이 훨씬 지난 지금, 한국의 한 젊은 교수가 최근 《한국정치학회보》에 발표한 "퇴계와 율곡의 인물평가 비교연구" 내용 분석[4]을 읽는다. 그리고, 다시 꺼낸 중국의 사서(四書), 플라톤의 《공화국》, 아리스토텔레스의 《정치》를 읽으며, 나는 많은 것을 새삼 느끼고 되새기며 배운다. 그리고, 고전은 왜 '고전'인가라는 생각을 새삼 다시 다짐하면서 그 두 가지 이유를 다음 절에서 내 나름대로 이야기하고자 한다.

사람이 만든 잣대—시공(時空)—와 정치

하나는 사람의 겉모습이나 본능, 본성처럼 정치의 본질, 기본 형태와 기능은 시간이 흘러도 쉽게, 그리고 크게 바뀌지 않기 때문이다. 그때나 지금이나 정치는 사람이 한다. 그리고 사람은 전지전능, 영구불멸의 신(神)이 아니다. 완전무결에 가까운 사람은 있어도 완전한 사람은 없다. 이것이 바로 오늘 같은 '전자인간시대'나 그 이전의 시대나 신이 아닌 사람의 불변(不變)의 한계이자 조건이다.

또 하나는, 제9장에서도 밝혔듯이, '사람'이라는 개념—자연인, 복제인간, 전자인간, 기계인간 등—이 과학기술혁명으로 지금 하루가 다르게 바뀌고 있는 것이 엄연한 현실이다. 기하급수적으로 빠르게 가속화하며 바뀌는 것은 인간이 끊임없이 낳고 쌓아 올리는 이기(利器), 창조물, 창작품과 과학기술뿐만이 아니다. 이처럼 인류문명과 문화가 발전하고 축적되는 과정에서 인간 삶, 사고방식, 행동양식, 아니 이젠 사람의 몸, 마음, 머리까지도 덩달아 쉴 새 없이 끊임없이 바뀌고, 바뀔 수 있다.

아직까지는 그러나, 전자인간, 기계인간, 복제인간은 '과학기술적 가능성'이다. 더구나 이들이 호모사피엔스의 진화론적 후예, 후손인가는 과학적, 법적, 사회적, 윤리적 논쟁 대상이다. 호모사피엔스의 후예, 후손인 오늘을 사는 사람의 본능 그 자체나 정치의 근본 그 자체는 지금도 결코 쉽게 빨리 바뀌지 않는다. 달라지는 것은 정치행위와 행태를 포함, 인간 삶의 활동 영역과 범위, 그리고 그 내용, 과정, 수단의 확대, 심화, 구체화, 제도화, 체계화, 정밀화, 자동화, 전자화 같은 것들이다.

지금부터 2,399년 전에 태어난 아리스토텔레스는 《수사학》(*Rhetoric*)에서 인간성을 사람의 감정(emotions)과 도덕적 자질(moral qualities), 즉 덕성과 악성을 사람의 나이와 운수(fortunes)를 기준으로 체계적으로 비교 분석[5]하고 있다.

그는 사람을 흥분시키는 감정을 일곱 가지—동정심(pity), 분노(indignation), 화(anger), 증오(hatred), 질투(envy), 모방(emulation), 공격성(pugnacity)—로 분류[6]한다. 단테(Alighieri Dante, 1265–1321)의 신곡에 나오는 인간의 일곱 가지 큰 죄(pride, covetousness, lust, anger, gluttony, envy, sloth)[7]나 불교의 칠정(희喜, 노努, 우憂, 구懼, 애愛, 증憎, 욕欲), 유교의 '사단 칠정'(四端七情)[8]을 떠오르게 한다.

시간—때

사람이 만들어 낸, 즉 개념화한 시간과 공간이라는 잣대로 역시 사람이 만들어 낸 정치를 잠시 살펴보자. 인류문명사는 고작 1만 년, 인간생명은 100년 남짓이다. 정치는 옛날 족장, 군주, 왕, 제왕이든, 오늘의 대통령, 수상, '장기' 독재자든, 사람을 기준으로 하면, 집권 기간은 기껏해야 두 자리 숫자(10년 단위)다. 누군가 권좌에 올라 100년을 집권한 기록이 아직 없다. 오늘의 국가를 포함, 왕국, 제국 등 모든 형태의 통치기구는 두 자리 숫자(100년 단위)이고, 이제까지 가장 오래간 나라(왕국, 제국)도 기껏해야 1천 년 남짓 된다.

보기를 들면, 실증이 가능한 세계 최장기 집권자 기록은 남아프리카 스와질란드(Swaziland)의 소부자 2세(Sobhuza II)로 1899년 12월 10일부터 1982년 8월 21일까지 82년 254일이다. 열두 번째 최장기 집권자는 프랑스의 '태양왕' 루이 14세로 72년[9]이다. 기록이 불확실한 세계 최장기 집권자는 기원전 2278년에서 2184년까지 왕좌를 지킨 고대 이집트의 페피 2세(Pepi II Neferkare)로 94년이다. 두 번째가 서기 53년에서 146년까지 권좌에 있었던 우리

나라 고구려 6대 왕 태조[10]로 93년이다.

세계 역사 속에서 중단 없이 가장 오래간 10개 정부 형태 또는 정치체제[11]는 베니스 공국(Republic of Venice)으로 1,100년(697-1797)이 세계 기록이다. 두 번째는 비잔틴 제국(Byzantine Empire)의 874년(330-1204)이다. 그 다음은 스코틀랜드 왕국, 859년(Kingdom of Scotland, 848-1707), 프랑스 왕국, 802년(987-1789), 크메르 제국, 629년(Khmer Empire, 802-1431), 오스만 제국, 624년(1299-1923), 우리나라의 조선왕조, 505년(1392-1897, 왕정이 끝나고 황제체제 시작하기 전까지를 기준), 에티오피아 제국, 467년(1270-1737), 중국의 한(漢), 426년(206 B.C.-220 A.D.) 순이다.

따라서, 정치 현상, 현황, 현안을 다루는 정치학은 천문학, 천체물리학, 지질학, 생물학, 고고학 등은 말할 것도 없고, 인류학, 인류문명, 문화사와 비교해도 그 시간 단위가 상대적으로 턱없이 짧다.

이처럼 사람은 지난 1만 년 동안 이 지구상에서 '만물의 영장'으로 군림해왔지만, '사물 인터넷', '만물 인터넷' 오늘의 전자인간시대에 이 군림이 앞으로도 지속된다는 보장은 없다. 수많은 다른 동식물처럼 사람도 언제 어느 순간 지구상에서 영원히 사라질 개연성은 상존한다. 궁극적으로는, 사람과 지금 남아 있는 동식물의 삶의 터인 지구마저 영구히 지속된다는 보장도 없다. 천체물리학자 호킹(Stephen William Hawking, 1942-)[12]이 우스갯소리 비슷하게 밝혔듯이, '지구의 어머니' 우주마저도 앞으로 200억 년 뒤에 소멸한다니 말이다. 이처럼, 정치와 정치학, 우주와 천체물리학의 시간 잣대는 엄청 다르다.

구체적으로, 우주, 생명, 문명 기원의 시간표(A Timeline of the Universe, Life, and Civilization, www.practicallyscience.com/a-time-of-the-universe-life-civilization)의 숫자들은 물론 과학자들의 추측이다. 또 그들이 추정하는 잣대나 그

추정치도 크게 다를 수 있다. 보기를 들면, 미 천문학자 세이건(Carl Sagan, 1934-1996)은 우주의 생성이 비롯된 빅뱅(Big Bang)을 대충 150억 년 전으로 추정한다. 그는 은하계 기원은 100억 년 전으로, 우리의 삶의 터인 지구의 기원은 46억 년에서 40억 년 전에 생성되고, 이 지구의 생명체는 40억 년에서 30억 년 전에 처음 나타났다고 본다.

그동안 인간이 시간(때)을 측정하는 정확도의 발전도 놀랍다. 최근 일본 도쿄대 양자전자공학 교수 가토리 히데토시(香取秀俊) 연구팀은 세슘 시계보다 100배 이상 정확한 160억 년에 1초 오차의 광격자(光格子) 시계를 개발했다. 우리나라도 한국표준과학원(KRISS)이 2014년 2월 1억 년에 1초의 오차가 나는 '이테르븀'(yb) 광격자 시계를 순수 국내기술로 개발했고, 앞으로 300억 년에 1초 오차 달성을 목표로 연구를 진행[13]하고 있다.

사람이 만든 시간 또는 순수한 우리말, 때를 기준으로 사람의 진화 모습도 잠시 한번 살펴보자.

지구상에 나타난 첫 원인(原人, hominid)은 4,100만 년 전에서 2,300만 년 전에, 원숭이와 사람의 조상인 첫 유인원(類人猿, Ramapithecus)은 1,800만 년 전에서 1,540만 년 전까지 거슬러 올라간다. 지금까지 발굴된 '두 발로 걷는'(bi-pedal) 인류조상(Sahelanthropus tchadensis, 다음 그림 10-1 참조)은 약 700만 년 전이다. 직립인(直立人, homo erectus)은 170만 년 전으로, 그리고 인류(homo sapiens)의 등장은 50만 년 전으로, 독일에서 발굴된 네안데르탈인(Neanderthal man)은 10만 년 전으로, 그리고 프랑스 남부 동굴에서 발견된 크로마뇽인(Cro-Magnon)인은 4만 년 전에서 1만 년 전으로 추정[14]한다.

'첫 인간'(first human, homo sapiens)의 등장은 에티오피아 키비시 산(Mt. Kibishi) 근처 지층(地層, Omo Kibish Formation)에서 1967년 발굴된 화석[15]을 기준으로 하면, 195,000년 전까지 거슬러 올라간다.

예술과 음악, 종교행위, 상대적으로 섬세한 기구 제작(tool-making) 등 고고학의 인류문화 흔적 연구는 5만 년 전[16]까지, 그리고 농경사회의 등장은 12,000년에서 7,000년 전[17]으로 본다.

인류 조상의 문화(예술) 흔적으로 최근 인도네시아 동남부 섬, 술라웨시(Sulawesi) 마로스 동굴에서 발굴된 선사(先史)시대 벽화—사람의 손 이미지 열두 개와 동물 그림 두 개—위에 불거져 나온 '동굴 팝콘'(cave popcorn)을 새 우라늄 붕괴 기법(uranium decay technique)으로 측정해서 가장 오래된 것이 39,900년 전으로 나타났다(1950년대 같은 지역에서 동굴벽화 발견 기록이 있지만 그땐 1만 년 전 것으로 추정). 이는 지금까지 알려진 가장 오래된 동굴벽화인 북스페인 엘 카스틸로 동굴에서 발견된 40,800년 된 '붉은 원반'(Red disk)과 거의 같은 시기여서 예술 등 '창조적' 인간 문명 발상지에 관한 고고학계의 새로운 논쟁[18]을 제기하고 있다. 더 나아가서, CT촬영 · 3차원 스캔의 전자분석기술의 급속한 발전으로 화석 등 유물 정보가 하루가 다르게 새롭게 밝혀짐으로써 인류의 '아프리카 기원설'과 '다지역 기원설' 등도 고인류학계의 새로운 쟁점으로 등장했다.[19]

하지만, 이 분야의 전문가가 아닌 내 눈으로 보면, 700만 년 전 원인(原人)의 겉모습이나 '전자인간' 시대 지금 우리의 겉모습은 크게 달라진 게 없다. 얼굴만 슬쩍 훑어보면 둘 다 눈, 귀, 콧구멍은 둘이고 입은 하나이다(그림 10-1 참조).

물론 인류 조상의 두개골 크기가 오늘의 인간의 1/4 정도이고, 사고와 행동방식 등 삶의 양식을 포함, 인류가 이제까지 축적해 온 문화와 문명은 결코 서로 비견할 바가 아니지만…

다시 강조하지만, 인류문명사는 기껏해야 1만 년이다. 기록의 역사는, 특히 지금까지 발굴된 '가장 오래된 문서'(earliest coherent text)는 5,000년[20] 남짓

된다. 고대 메소포타미아에서 발견된 바위에 쓴 바빌로니아 왕국 함무라비 법전(그림 10-2 참조)은 기원전 1772년으로 추정한다.

이런 시각에서 보면, 동양의 공자, 맹자나 서양의 플라톤, 아리스토텔레스가 정립한 정치의 기본 개념, 형태, 과정도 쉽게 크게 변하지 않았다고 볼 수 있다. 물론 그들이 정립한 개념, 형태, 과정들이 시간이 갈수록 체계화, 제도화, 내실화, 투명화(accountability), 특수화를 구현하고, 구체성, 정밀도, 정확도 등을 끊임없이 높여 온 것도 사실이지만… 개념은 그대로지만, 그 틀 속

그림 10-1

위 원인(原人, S. tchadensis)은 조각가 Elizabeth Dayne's가 재구성한 그림.

출처: Wikipedia

그림 10-2

위 사진은 옛 메소포타미아의 바빌로니아 왕국의 함무라비 법전(Code of Hammurabi)으로, 시기는 1772 BC로 추정한다.

출처: Wikipedia

의 사람과 제도는 끊임없이 바뀐다. 바뀌어 왔다. 마치 갓 태어난 아이가 성인이 되어 죽을 때까지 끊임없이 변화를 거듭하듯이.

옛 그리스 정치철학자 플라톤은 국가 형태를 지금부터 2,300–2,400년 전에 세 가지 "법치국가"(law-states)와 세 가지 "불법국가"(caprice-states)로 나눈다. 그는 다시 법치국가를 한 사람이 통치하면 1인 군주정치(rule of one, or constitutional monarchy), 몇몇 소수가 통치하면 귀족정치(aristocracy), 다수가 통치하면 민주정치(democracy)로 분류한다. 마찬가지로, 그는 불법국가도 한 사람이 폭정을 하면 전제정치 또는 폭정(tyranny)으로, 소수가 폭정을 하면 과두정치(oligarchy), 다수가 폭정을 하면 "극단" 민주정치("extreme" democracy, ochlocracy)로 구분[21]한다.

그러나 그때의 '직접 민주주의'나 지금의 '대의 민주주의'나 그 기본 틀(원형)은 같지만, 2,300–2,400년 전 민주정치를 한 옛 그리스의 아테네는 지금 기준으로 보면, 기껏해야 10만, 20만 인구의 중소도시요, 노예와 이방인, 여성은 참정권도 없었다.

유럽의 민주주의 국가도 비슷했지만, 한때 미국도 인디언 원주민, 여성, 노예 등은 참정권이 없었다. 전 세계적으로도 노예해방 '선언'마저 19세기 중반 이후이다. 참정권을 포함, 여성 해방 선언도 20세기 초에야 시작된다. 하지만, 민주주의의 '선두 주자'인 미국에서도 흑인이, 특히 미 남부 지역에서 투표권을 실제로 법적으로나마 비교적 자유로이 행사할 수 있게 된 시기는 1960년대 중반 이후다.

실제로 1954년 1월 18일 미 남동부 앨라배마 주 불럭 카운티(Bullock County, Alabama) 선거위원회에 흑인 주민 몇 사람이 찾아가서 투표 등록을 하려고 하자, "오늘은 바빠서 등록이 안 되고, 내일 다시 오라며" 돌려 보낸다. 결국 이 카운티 흑인 주민 11,000명 가운데 투표 등록을 마친 사람은 겨우 다섯 명뿐이었다. 그때만 해도 이처럼 이 핑계, 저 핑계, 까다로운 규제와 조건[22]을 달아 원천적으로 흑인 투표행위를 막았던 것이다.

2009년 1월 20일 아프리카 케냐 출신 아버지와 미 중부 캔자스 주 출신 어머니 사이에서 하와이 주 호놀룰루에서 태어난 오바마(1961-)는 미국의 44대 대통령으로 취임한다. 이 '정치 기적'은 하루 아침에 땅에서 솟아나지도 하늘에서 떨어진 것도 아니다.

흑인은 남북전쟁(1861-1865)은 두말할 필요도 없고 미국의 영국으로부터의 독립을 위한 "혁명 전쟁"(Revolutionary War, 1775-1783)때부터 병사(兵士)로 참여했지만, "백인, 원주민 인디언, 흑인 따로" 차별 속에서였다. 1896년 인종 관련 소송에서 미 연방법원은 인종차별(racial segregation) 합헌결정[23]까지 내린다. 그리고 58년이 지난 1954년에야 미 연방법원은 인종 관련 학교 입학 소송에서 인종차별은 위헌[24]이라고 1896년 결정을 뒤집는다.

미군 조직에서의 흑백차별은 어떤가? 1948년 7월 미 트루먼 대통령이 미군 내 '흑백 차별'을 금지하는 행정명령(Executive Order 9981)을 발표했지만, '흑인부대'가 완전히 해체된 것은 한국전쟁(1950-1953)이 정전협정으로 휴전상태로 바뀐 뒤, 1954년에야 '마지막 흑인부대'(last all-black unit)가 해체된다. 그리고 또 10년이 지나서야 미 의회는 1964년 인권법(The 1964 Civil Rights Act)과 1965년 투표권법(The Voting Rights Act)을 통과[25]시킨다. 한마디로, 오바마의 미 대통령 당선은 안팎 온갖 유혈, 무혈 투쟁과 소동을 거친 다음에야, 아니 지금도 인종, 성, 이민자 차별 등 간헐적으로 소란이 지속되는 소용돌이 속에서 미국 헌정사 220년 만의 '정치 이정표'(political milestone)일 뿐이다. 미 합중국이 출범한 1789년을 기준으로 하면, 아버지가 케냐 사람이고, 어머니가 캔자스 주 백인인 '혼혈아' 오바마는 흑 · 백 갈등, 인종차별의 벽을 허물고 대통령이 되는 데 220년이 걸린 셈이다. 그의 8년 중임이 끝난 뒤 다음 대통령인 도널드 트럼프는 어쩌면 오바마와는 정반대의 길과 방향으로 움직일 태세이다. 인류정치사를 꼭 이분법적 논리로 정리하는 것도 무리, 무지이지만 '진보의 시대'와 '반동의 시대'는 항상 인간의 감성과 이성이 맞물려 진보와 반동, 국제주의와 고립주의, 개방과 폐쇄, 인간박애와 차별, 포용과 배제, 평화와 전쟁, 통합과 분리 등 역사의 두 수레바퀴 위에서 오르락내리락을 거듭하면서, 오늘의 발전, 성장, 성숙을 이루어 왔다고 평가 분석할 수도 있겠다.

다시 말하면, 2,500년 전 고대 그리스의 폴리스(polis)에서 이뤄진 직접 민주주의와 인구 3억 2,600만 명(2016년 1월 기준)이 훨씬 넘는 미국에서의 대의 민주주의는 그 기본 개념, 즉 틀은 같지만 모든 면에서 서로를 비교할 수 없을 만큼 '천양지차'가 난다. 그건 마치 로마의 칼리굴라(Caligula, Gaius Cladius Caesar Germanicus, A.D. 12–41)와 네로(Nero Claudius Caesar, A.D. 37–68)를 20세기 독일의 히틀러와 소련의 스탈린과 함께 모두 독재자라고 부르지만, 그들의 행적과 폭정이 모든 면에서 비교할 수 없을 만큼 서로 다르듯이.

요약하면, 공자가 계강자(季康子)의 물음에 답했듯이, "정치는 바로잡는 것이오. 그대가 올바르면, 누가 감히 올바르지 않겠소?"("季康子問政於孔子. 孔子對曰, 政者, 正也. 子帥以正, 孰敢不正?"《論語》, 〈顔淵〉, 17장) 정치는 사람이 한다. 모든 생명체처럼 사람이라는 집단(동물)도 살고 죽고를 거듭한다. 사람이 하는 정치도 마찬가지다. 궁극적으로, 완전한 사람이 없듯이, 완전한 정치도 없다. 불완전한 인간이 더 완전하도록 노력하는 것이 좋은 삶의 뜻이요, 목적이듯이, '나라'라는 정치공동체에 함께 살아가면서 그 공동체 구성원 개개인이든, 그 공동체에서 소임을 맡은 대통령을 포함, 선출직, 임명직 공직자든 불완전한 정치를 좀더 나은, 즉 자유, 인권, 인간존엄성, 평등, 평화 등 인류의 보편적인 고귀하고 소중한 정치 가치(political values)가 한 차원 더 성장, 성숙하도록 최선을 다하는 것이 좋은 정치의 존재 이유다.

따라서 쟁취를 위해 어제 울부짖은 정치 '이상향'이 오늘의 현실이 되고, 오늘 다시 피와 땀으로 추구한 '이상향'이 내일의 '현실'이 될 수 있다. 되어야 한다. 언제나 골대(goal post)는 더 나은, 더 밝은, 더 아름다운, 더 살기 좋은 곳을 향해 움직인다. 움직여야 한다. 다만 지금은 바로 이 사람마저 자연인간, 전자인간, 기계인간, 복제인간 등으로 바뀌고 있다. 아직 이 순간까지는 과학기술적 가능성 영역이요, 차원이지만…

공간—터

지금 전자인간시대 과학 기술 발전은 거의 우리의 상식과 상상을 초월하는 엄청난 속도로 쉴 새도 끊임도 없이 진행되고 있다. 이러한 발전과 진보로 사람이 만들어 낸 공간, 터도 역시 크게 바뀌었고, 빛의 속도로 넓어지고, 깊어지고, 다양화되고 있다.

넓고 크게는 인간의 오랜 삶의 터가 천체물리학(astrophysics)의 연구 대상인 지구만이 아니라, 태양계, 우주, 다(多)우주로까지 거의 무한대이다. 깊고 작게는 소립자 물리학(particle physics, high-energy physics)의 쿼크(quark), 렙톤(lepton, 輕粒子), 복합입자(boson), '힉스 보손'(Higgs Boson)에 이어 '초균형 물질'(supersymmetric matter) 발견[26]도 머지않다. 인간의 과학탐구 영역은 무궁무진하다.

예 하나만 더 들어 보자. 2012년을 기준으로 하루에 생산하는 정보량이 2.5엑사바이트(Exabytes, 2.5×10^{18})이다. 이는 인간이 지구상에 나타난 때부터 2012년까지 생산한 정보를 대충 5엑사바이트(5×10^{18})로 추정하면, 지금은 이

어마어마한 정보를 이틀이면 축적이 가능한 이른바 '빅 데이터(Big Data)' 세상에 우리는 살고 있다.[27] 적어도 미국을 포함, 최첨단, 초고속 '전자인간' 시대에 앞장서 나가는 나라들 기준으로 하면 그렇다.

공간, 터 개념으로 범위를 좁혀서 정치 공간, 터를 잠시 살펴보자. 적어도 인간이 우주 시대를 열기 전까지는 지구가 인류의 정치의 터였다. 국가의 기본 4대 요소—인구, 영토, 국가, 주권—의 하나인 국가의 '공간', 즉 영토(size, area, territory) 차원에서 보면, 물론 영토를 어떻게 정의하고, 어떤 기준과 잣대로 측정해야 하느냐 등 많은 문제[28]가 제기된다.

이를 유념하면서 한 자료를 인용하면, 이제까지 인류역사 속에서 가장 광활한 영토를 가졌던 다섯 나라 가운데 1위는 대영제국(British Empire, Common Wealth of Nations)이었다. 1938년 기준으로 그 영토는 3,370만 km^2이고, 인구는 5억 3,300만 명으로, 당시 세계인구 22억 9,500만 명의 20%를 차지했다. 2위는 몽골제국으로 13세기 기준으로 영토가 3,300만 km^2이고, 인구는 1억 1천만 명으로, 당시 세계인구 4억 2,900만 명의 25.6%를 차지했다.

3위는 러시아 제국으로 1866년 기준으로 영토는 2,280만 km^2이고, 인구는 1913년 기준으로 1억7,640만 명으로 당시 세계인구 17억 9,000만 명의 9.8%였다. 4위는 소련연방(USSR)으로 1991년 기준 영토는 2,240만 km^2이고, 인구는 2억 9,300만 명으로 당시 세계인구 53억 5,100만 명의 5.47%를 차지했다. 5위는 스페인 제국으로 17세기 기준으로 영토는 1,940만 km^2이고, 인구는 6,820만 명으로 당시 세계인구 5억 5,600만 명의 12.3%를 차지했다.

영토 크기로만 보면, 6위 중동의 우마이야 왕조(Umayyard Caliphate, 661–750)는 7세기 기준으로 1,500만 km^2, 7위, 중국의 원나라(元, 1271–1368)는 1310년 기준으로 1,400만 km^2, 8위 역시 중국 청나라(淸, 1644–1912)로 1,310

만 km²이고, 9위는 프랑스 제2식민제국(1852-1870)[29]으로 1938년 기준 1,300만 km², 10위는 중동의 아바스 왕조(Abbasid Caliphate) 1,100만 km²[30]이다.

오늘의 영토 '대국' 10위권은? 2015년 2월 15일 현재 미 CIA World Factbook 자료[31]의 나라의 영해와 영토를 포함한 '국가 공간' 크기로 보면 다음과 같다: 1위 러시아(17,098, 242km²), 2위 캐나다(9,984,670km²), 3위 중국(9,572,900km²), 4위 미국(9,526,468km²), 5위 브라질(8,515,767km²), 6위 호주(7,692,024km²), 7위 인도(3,287,263km²), 8위 아르헨티나(2,780,400km²), 9위 카자흐스탄(2,724, 900km²), 10위 알제리(2,381,741km²) 순이다.

위 두 비교에서 네 가지 재미있는 사실이 눈에 띈다. 하나는 위 역사상 10위권인 영토가 큰 나라들 가운데 지금 21세기에도 10위권에 드는 나라는 중국과 러시아뿐이다. 대영제국, 몽고, 프랑스, 스페인, 아바스 왕조 등은 모두 빠졌다. 그 대신 캐나다, 미국, 브라질, 호주, 인도, 아르헨티나, 카자흐스탄, 알제리 등 상대적으로 '신흥국'들이 그 자리를 차지하고 있다.

또 하나는 역사 속에서 '영토' 1위 대영제국은 3,370만 km²이고, 현재 1위인 러시아는 1,710만 km²로 영토 크기가 지금은 절반으로 작아졌다. 당시 10위인 중동의 아바스 왕조는 1,100만 km²이고 지금 10위인 알제리는 약 238만 km²로 알제리는 당시 중동 아바스 왕조의 거의 1/5밖에 안 된다. 이는 그동안 나라들 숫자는 훨씬 더 많아지고, 나라들 영토는 상대적으로 좁고, 작아졌다는 이야기다. 예외는 중국이다. 원나라, 청나라 때보다 오늘의 중국 영토는 거의 일곱 배나 커졌다. 그것도 모자라 아직도 영토 분쟁으로 몸살을 앓고 있는 것이 솔직히 퇴영적, 시대착오적이다. 일본이 북방 4도(島) 등에 집착하는 것도 과거 영토 개념과 틀의 '노예'가 된 것은 마찬가지다.

셋째, 오늘의 영국(UK)의 영토는 94,525km²로, 당시 1위였던 대영제국에 비하면, 3/1000 정도로 줄었다. 당시 9위 프랑스 영토도 지금은 211,209km²

로 16/10000 정도로 크게 줄었다. 그러나 영국이나 프랑스는 지금 경제지표(GDP, GDP per capita 등)에서 아직도 10위권 안팎 '경제 부국(富國)'이고, 그때나 지금이나 영토가 10위권에 든 러시아와 중국은 아직도 '개발도상국가'다.

영토의 크고 작고와 사람이 잘살고 못사는 것은 사실상 큰 관계가 없다는 이야기다. 정치, 경제체제와 정책, 그 나라 국민과 시민이 뽑은 국정최고책임자(대통령, 수상 등)를 포함, 선출직, 임명직 공직자의 국가경영 비전과 자질 등이, 그리고 그들이 펴는 정책이 더 중요하다는 증거가 아닌가 한다. 앞으로 이 분야 전문가의 정밀조사분석이 요구되지만.

이러한 비교정치, 경제, 교육, 문화, 사상 등 모든 인간 활동 영역의 학자, 연구자의 '황금 같은 실험실'이 바로 한반도—대한민국과 북한—가 아닌가 한다. 이와 관련 상징적인 예 하나를 들어 보자. 북한은 평양에 1987년 300m가 넘는 세계 최대, 최고의 호텔을 지어서 1992년 4월 '위대한 수령' 김일성의 80회 '생일선물'로 건설을 시작했으나 김씨 왕조 1대 김일성은 1984년 7월, 2대 김정일도 2011년 12월, 그 완공을 보고 못하고 사망한다. 그리고, 지금 권력승계 6년째인 3대 김정은 정권하에서도 완공 소식은 없다. 건설에 착수한 지 거의 30년이 지났는데도.

이와는 대조적으로 지금 서울 잠실에는 지상 123층 555m 제2롯데월드 건축물이 2009년 5월 시공, 7년 만인 2016년 완공되었다. 건축 비평가이자 작가인 조너선 글랜시는 최근 영국 BBC 온라인판 기고문에서 '2016년 사람들을 흥분시킬 건축 프로젝트 8개' 가운데 첫째로 롯데월드타워를 소개[32]했다.

남북 분단 72년을 맞은 지금 남과 북은 왜 이런 극과 극의 상황에까지 이르렀을까? 72년 전 분단 당시나 지금이나 남북한 주민은 생김새는 물론이고, 역사, 언어, 문화, 전통 등을 수천 년 동안 공유하고 있는데도 왜 남과 북은 이처럼 극과 극의 상황에 이르렀을까? 북한은 한반도의 55%, 남한은 45%이고 인구는 북한이 남한의 절반이 못 되는데도 왜 남한 주민은 선진경제 문턱에 와 있고, 북한은 세상에서 가장 가난한 나라들과 함께 허덕이고 있을까?

활짝 열린 사회-꽁꽁 얼어붙고 갇힌 사회, 시민-신민, 민주정치 지향-1인 우상숭배, 독재정치 극심화, 사유재산 존중, 시장경제 구축, 자유무역 추구-국유화, 국가독점 견지, 주먹구구, 즉흥, 지시, 동원경제 지속 등에 그 해답이 있지 않을까 한다.

이 저자는 1970년대, 1980년대부터 이 주장을 펼쳤고, 개인적으로 여러 가지로 미비하고, 자료도 부족하고, 어려운 여건과 환경에서도 극히 초보적이지만, 그 비교분석[33]을 시도한 바 있다. 앞으로, 남북한 전문 학자나 정책 책임자는 물론이고 다른 나라 전문 학자나 정책 관련자들도 보다 정확한 자료와 정밀 비교분석으로 왜 남한은 상대적으로 자유로운 환경에서 잘살고, 거꾸로 북한은 온갖 속박과 사슬에 묶여 못 먹고, 못사는가를 비교연구하여, 보다 정확한 해답과 해결책을 마련해야 한다고 본다. 이 책 제8장에서 나름대로 그 해답을 찾으려고 노력은 했지만…

이제 한 나라의 영토의 크고 작고는 우리 삶과 직접적인 연관이 없는 세상이다. 더구나, 전통적인 '영토' 개념은 낡았다. 1957년 10월 4일 당시 소련이 인공위성 1호 스푸트니크(Sputnik)를 성공적으로 지구의 궤도에 쏘아 올린 순간 인류 최초의 지구 대기권 밖(outerspace) 우주시대가 열리고, '영토' 개념도 지구를 벗어난다. 그리고, 4년 뒤 1961년 소련 우주비행사 가가린(Yuri Gagarin, 1934-1968)이 첫 우주여행에 성공한다. 또 8년 뒤엔 미국의 우주비행사 암스트롱(Neil A. Armstrong, 1930-2012)과 알드린(Edwin Eugene Aldrin, Jr., 1930-)이 아폴로 11호(유인 우주선)를 타고 1969년 7월 21일 달에 착륙한 첫 인간이 된다.

이젠 태양계는 물론이고 태양계 밖 다우주까지도 인간 과학탐험과 탐구의 대상이 된 세상이다. 따라서, 정치의 터도 지구를 벗어나 우주, 다우주로까지 넓어진 세상이다. 정치의 '영토'가 인간과학의 발전 성장과 함께 넓어지고, 깊어지고, 나라들 간의 '영토 경쟁'[34]도 이제 끝이 안 보인다. 선의의 경쟁이든 아니든 무한대로까지.

마지막으로, 고대문명 발상지에 자리잡은 나라들—이집트, 메소포타미아(지금 이라크 등), 인도(지금 인도, 파키스탄 등), 중국, 그리스, 로마(이탈리아), 페르시아(지금 이란 등), 마야-아즈텍(지금 멕시코 등 중남미 국가들), 잉카(지금 페루 등)—은 오늘의 전자인간시대에 아직도 대부분 후진/개발도상국이거나, 적어도 가장 앞서가는 '선두 주자' 나라들이 아니라는 것도 눈길을 끈다. 물론, 앞으로 21세기에는 다시 이 뒤따라가는 틀과 판을 깰 개연성을 배제할 수는 없지만.

간추리면, 위에서도 누누이 밝혔듯이, 시간과 공간 개념 모두 빛의 속도로 우주와 다우주의 신비를 파헤치고 있다. 이와 함께 사이버 공간(cyberspace)도 무한대로 펼쳐지며 시공을 넘나들고 있는 세상, 삶이다. 슈미트와 코엔이 인터넷을 "[인류] 역사상 가장 큰 무정부(anarchy) 실험"이며, "세계에서 가장 큰 통치 불능의 공간"(ungoverned space)[35]이라고 평가할 정도면 알 만하다.

위 모든 것들을 유념하면서, 전자인간시대의 정치, 정치인, 국가와 시민, 정치행위, 정치과정 특히, 선거, 인권 등을 살펴보자.

전자인간시대의 새 정치

전자인간시대의 새 정치로 꼽을 수 있는 것이 무엇일까? 이 새 정치를 어떻게 정의할 수 있을까? 이 질문에 대한 답을 가설 형식으로 해 보고자 한다.

제1가설

제1가설: 전통적인 의미의 국가 개념의 최소한의 네 가지 필수 조건(요소)—영토, 인구, 정부, 주권—이 낡아져 가고 있고, 이미 낡아졌다.

지금 전자인간시대의 국가와 정부의 본질, 특성, 기능 등을 오직 국가만이 폭력을 합법적으로 독점한다는 베버의 국가와 정부(통치) 개념 속에 모두 떠안을 수는 없다.

같은 맥락에서 국가를 오직 지배계급의 통치수단으로 규정하고, "국가는 하나의 계급(유산자)이 다른 계급(무산자)를 압제 착취하는 하나의 기계일 뿐이며, 이는 왕정(王政)이든 민주공화국이든 다 마찬가지다"[36]라는 마르크스의 주장도 전자인간시대의 국가 개념을 담기엔 너무 낡았다. 더구나 그가 지적한 '기계'는 생산공장에서 일하는 노동자가 기계의 부품(cog in the machine)으로 전락한 '퇴화된 사람 기계'[37]이지, 지금의 '전자 기기'는 아니다.

더 큰 아이러니는 "국가가 소멸한 그 자리에 진정한 [새] 인간사회가 시작한다"[38]는 마르크스의 예언이나, 그의 '이념투쟁' 동반자인 엥겔스가 기술자가 사회를 통치해야 한다는 프랑스 철학자 생시몽(1760-1825)의 주장을 그 나름대로 바꿔 만든 이른바 "사람들의 정부를 사물들의 행정이 대체"[39]하게 된다는 예측이다.

얼핏 보면, 위 두 예견 모두 지금 전자인간시대 '사물 인터넷'(IoT, Internet of Things), '만물 인터넷'(IoE, Internet of Everything), 또는 '전자 정부'를 떠올리게 할 수도 있다. 하지만, 마르크스나 엥겔스의 구상은 '무산자 혁명'에 의한 기존 국가와 사회를 폭력으로 무너뜨린 자리에 절대 다수 무산자가 '새 사회'를 세우겠다는 것[40]이었다. 그것은 오늘의 전자인간시대의 현실과 동떨어진 유토피아(play of idle fancy)[41]일 뿐이다. 오늘의 정보통신기술(ICT) 혁명과는 무관하다.

무엇보다도 그들의 이념을 토대로 등장한 100년 남짓 공산당 정치실험과 집권 역사(1917-)는 참담하고 잔혹한 실패로 끝나지 않았는가? 잔존하는 공산국가들—중국, 베트남, 북한, 쿠바—도 나름대로 개혁, 개방의 물결을 탈수록, 즉 그 원형에서 멀어질수록, 긍정적 변화가 두드러지고 있지 않은가?

더구나, 숫자로만 보면, 마르크스의 이른바 '국가소멸론'(theory of withering away of the state)은 입증되지 않았다. 오히려, 현대 국가는 소멸하지 않고 훨씬 더 많이 늘어났다. 제1차 세계대전이 끝나면서 네 개의 제국들—독일의 호엔촐레른 왕가(the Hohenzollerns, 브란덴부르크 프로이센, 1417–1918, 독일제국, 1871–1918), 오스트리아의 합스부르크 왕가(the Hapsburgs, 1273–1918); 러시아의 로마노프 왕가(the Romanovs, 1613–1917), 터키의 오스만 제국(the Ottomans, 1299–1923)—은 해체되고 그 자리에 더 많은 새 나라들이 태어났다. 그리하여, 1920년 1월 출범한 국제연맹(The League of Nations, 1920–1946)의 창립 회원국은 42개국으로 늘어난다.

마찬가지로, 제2차 세계대전이 끝나면서 패전 '추축 동맹'(Axis Powers)인 히틀러 나치 정권, 군국주의 일본, 파시스트 이탈리아 모두 전쟁 전의 영토를 크게 잃는다. 나치 '제3제국'은 전쟁 전(1937) 영토의 1/4을 다시 소련, 폴란드, 체코슬로바키아 등 이웃 나라에 되돌려 주거나 빼앗기고, 독일의 그 남은 영토마저도 미국, 소련, 영국, 프랑스 연합군 점령하에 4분단되는 수모와 굴욕을 겪는다. 파시스트 이탈리아도 전쟁 전 빼앗은 에티오피아(1935)와 알바니아(1939)를 다시 잃게 된다.

일본은 본토와 오키나와, 서태평양 일본열도를 미군 점령하에 내놓고 남사

할린과 이른바 북방 4개 섬(쿠릴열도 남단의 쿠나시르, 이투루프, 시코탄, 하보마이 제도로서, 현재 러시아령)을 소련에 빼앗긴다. 한반도 역시 일제의 침탈에선 벗어났지만, 38선을 기준으로 남북을 미군과 소련군이 점령, 남의 미 군정, 북의 소련군 섭정, 남북의 독자적 정부출범, 그리고 한국전쟁까지 거치며 오늘까지지도 '사실상 두 개의 국가'[42]로 국토분단의 반(半)영구화가 지속되고 있다.

승전 연합국인 영국과 프랑스, 네덜란드 등도 제2차 세계대전이 끝날 무렵을 전후해서 식민지 해체의 흐름이라는 대세에서 예외가 되지 못한다. 그 구체적인 증거가 제2차 세계대전 전 국제연맹의 창립 회원국(42개국)보다 제2차 세계대전 뒤 출범한 오늘의 국제연합(UN) 회원국 숫자(193개국)가 4.5배 이상 늘어난 것 아닌가?

이렇게 늘어난 숫자의 배경을 잠시 들여다보면, 1945년 10월 출범 당시 창립 회원국은 51개국이었으나, 1940년대에는 인도에서 분리된 파키스탄을 포함, 스웨덴, 이스라엘, 버마, 태국, 예멘 등이 가입한다.

1950년대에는 한국전쟁 시작과 함께 일본을 포함한 21개국이, 그리고 1960년대는 지난 세기 유럽 제국주의 잔재를 벗어나려는 대대적인 '탈식민주의' 청산 작업의 진행으로 주로 중동 국가와 아프리카의 신생국가들이 대거 유엔에 가입, 41개국이 더 늘어난다.

1970년대에는 당시 미·소 진영 사이에 '데탕트'가 무르익는 틈바구니에서 동·서독은 1973년 9월 유엔에 동시 가입하기에 이르며, 베트남전쟁의 막바지에 월맹은 무력 통일을 달성한다. 그리고 파키스탄에서 다시 분리된 방글라데시, 태평양, 인도양 섬나라 등 25개국이 더 늘어난다. 1980년대에는 앤티가 바부다(Antigua and Barbuda) 등 카리브 해 지역 섬나라 등 7개국만 늘며 잠시 증가세가 둔화된다.

다시 1990년대에 이르면 상황이 급변한다. 제2차 세계대전이 끝난 뒤 냉전이 사실상 끝나고 분단 독일이 통일하고 소련 연방, 유고슬라비아 연방 등이 해체되는 국제정치 지각변동이 일어난다. 소련과 유고 연방 해체로 냉전 시대의 연방국들이 독립 주권국가로 유엔 가입을 하고 남북한도 이 지각변동의 틈바구니에서 유엔에 동시 가입하는 등 24개 회원국이 더 늘어난다.

2000년대에 접어들면서 인도네시아로부터 독립한 동티모르(Timor-Leste, 2000), 유고 연방에서 독립한 세르비아(2000년)와 몬테네그로(2006), 그리고 영세중립국 스위스도 2002년에 유엔 정회원국이 된다.

사하라 사막 남쪽 북아프리카의 '통일' 수단(Sudan)에서 다시 분리 독립한 남수단(2011)이 신규 가입하는 등 모두 5개국이 더 늘어났지만, 이제 독립 주권국가의 꾸준한 증가세는 멈추고 소강상태에 이른 것도 같다. 미처 예상, 예견, 예측하지 못한 전쟁을 포함, 또 다른 정치, 경제, 군사, 이념의 지각변동이 없는 한…

하나 덧붙이면, 인류 삶의 터 자체의 지각변동이 상대적으로 미미한 데 비해, 제2차 세계대전 뒤 나라 수가 거의 200개로 늘어나다 보니 '국가'의 평균 영토 면적은 좁아지고 평균인구도 상대적으로 적어지는 추세다. 궁극적으로, 옛 그리스 '도시국가'(polis)를 닮아 간다고 할까? 앞으로도 더욱더?

구체적으로, 유엔 회원국 193개 나라 가운데 국토가 겨우 2km²인 모나코나 21km²인 나우루를 포함, 350km²도 안 되는 나라가 열 개다. 인구가 10만 명 선인 나라도 20개국이나 된다. 이 작은 나라들은 660만 km² 면적의 러시아나 총 14억 인구의 중국과의 격차가 너무나 엄청나다.

또 하나, 내가 태어난 전남 곡성군의 경우 해방 전 인구가 10만 명이 넘었으나 지금은 3만 명 안팎(2016년 말 현재, 30,732명)으로 1/3 이상 줄었다. 한국 국민 전체로 보면, 그동안 인구는 두 배 이상 증가했으나 급속한 도시화,

산업화로 농촌인구가 도시로 빠져나간 것이 주원인이다. 군 면적(547.46km²)은 70년 전이나 지금이나 변동이 없는데도.

내 고향 인구와 군 면적을 기준으로 미 *CIA World Factbook*(2015년 추정치)에 나오는 전 세계 국가와 속령들 238개 가운데 인구수로 곡성군보다 작은 나라와 속령들이 무려 20개다. 곡성군 면적보다도 작은 영토의 나라와 속령들도 257개 가운데 62개다.

한마디로, 지금 지구촌 작은 나라, 큰 나라 풍경은 스위프트(Jonathan Swift, 1667–1745)의 《걸리버 여행기》(*Gulliver's Travels*, 1726)에 나오는 난쟁이(Lilliputian)와 거인(Brobdingnagian)을 닮았다. 아니면, 북극의 작은 크릴새우와 그걸 잡아먹고 사는 고래 같은 꼴이다.

적어도 이론적으로는 오늘의 '민주국가'는 일정한 인구가 일정한 영토 안에서 독립된 정부를 세우고, 그 정부는 그 국민(투표권자)으로부터 정례적인 선거를 통해 합법적으로 권력을 한시적으로 부여(위임)받아 그 터 안에 사는 국민의 생명과 재산, 인권, 사회 안전 등을 보호, 보장하고, 바깥 세력으로부터 국토를 방위하는 유일한 포괄적인 조직체라고 할 수 있다. 바로 이 '국가' 또는 '정부' 개념도 지금 바뀌고, 깨지고 무너지고 사라지고 있다.

새 정치의 터, 틀, 판

먼저 터, 틀, 판을 '정치'라는 인간 활동으로 그 범위를 좁혀서 방정식화하면 새 정치의 인간활동(H_a, human political activities)은 터(s_1, site), 틀(s_2, structure), 판(s_3, stage)+때(t, time), 즉, $H_a = f(s_1, s_2, s_3 + t)$로 정의할 수 있다. 다시 풀이하면, 새 정치의 인간정치활동(H_a)은 터(site, space, outerspace, cyberspace, etc.), 틀(structure—민주주의, 독재체제, 왕정 등), 판(stage–arena, 선

거, 의회, 정부, 정당활동 등)과 시간(t)과 함수관계에 있다.

구체적으로, 인류의 삶의 터로 오랫동안 자리해 온 지구 중심의 공간이라는 전통적인 영토개념(s_1)은 하루가 다르게 숨 가쁘게 깊어지고 넓어지는 오늘을 사는 인류의 중요한 새 활동영역인 사이버 공간(cyberspace, virtual world)를 껴안을 수 없다.

더구나, 앞서 언급했었지만, 1957년 소련의 인공위성 스푸트니크(Sputnik) 발사성공으로, 그리고 1969년 세계 최초의 미 유인 우주선(Apollo 11) 달 착륙 성공으로 우주시대가 열린 뒤 과학, 특히 천문학, 천체물리학의 엄청난 발전, 발달, 발견으로 인류에게 새롭게 다가오고 펼쳐지는 밑도 끝도 없이 넓고 깊은 또 다른 새 터, 즉 새 공간(site, s_1—arena, field or space), 우주(outer space), 별과 별 사이의 공간(태양계 공간, interstellar space), 다우주(multi-verse, multi-universe or parallel universe) 등도 전통적인 '영토' 개념은 담을 수 없다.

전통적인 인구나 인간 개념도 오늘의 '가상(假像) 또는 영상(影像)인간'(virtual person)을 떠안을 수 없다. 앞으로 등장할 시험관 인간을 포함, 복제인간, 전자인간, 기계인간은 물론이고. 따라서, 새 인간이나 새 정치인간의 정치활동(H_a)도 새로운 정의가 필요하다.

전통적인 정부 개념이나 정부 기능과 역할만으로는 지금 하루가 다르게 쉴 새 없이 커지고, 넓어지고, 빨라지고, 달라지는 새 틀(s_2, structures)과 새 판(s_3, stage, frames, settings, networks, platforms, World Wide Web, hardware, software, malware 등), 즉 온갖 전자 기기가 만들어 내고 있는 사이버 시간과 공간을 결코 모두 안을 수도, 담을 수도, 다스릴 수도 없다.

좁게는, 사이버 시간과 공간이 전쟁과 평화, 정치, 경제, 사회, 문화 등 모든 인간 삶의 활동영역에 빛의 속도로 침투, 확대, 확산되고 있기 때문이다. 'e-book', 'e-business', 'e-commerce', 'e-culture', 'e-democracy', 'e-economy', 'e-government', 'e-politics' … 'virtual apartheid', 'virtual armies', 'virtual borders', 'virtual exclusion', 'virtual front', 'virtual governance', 'virtual safe havens', 'virtual sovereignty', 'virtual space', 'virtual statehood', 'virtual visa', 'virtual world' … 'cyber-warfare', 'cybercrime', 'cyber security', 'digital caste system', 'sphere of online influence' 등[43]이 새 현상, 새 현실 즉 새 정치 터, 틀, 판이고, 이 새 정치를 이해하려는 새 개념, 새 용어들도 넘쳐 난다.

가령, 2015년 유엔 전자 정부 조사(United Nations E-Government 2014)는 전자 정부 발전 지수(EGDI, E-Government Development Index)를 3개 차원—온라인 서비스 제공(provision of online services), 텔레커뮤니케이션 연결성(telecommunication connectivity)과 인간(작동) 능력(human capacity)—에서 측정[44]한다. 제9장에서 이미 밝혔듯이, 한국은 이 전자 정부조사에서 2012년부터 2014년까지 e-Government 순위 1위다. 한국에 이어 호주, 싱가포르, 프랑스, 네덜란드, 일본, 미국, 영국(UK), 뉴질랜드, 핀란드, 캐나다 등이다(위 유엔 조사, Table 1.1, p. 15 참조).

넓게는 사이버 시간과 공간—이른바 빛(전자)의 속도로 펼쳐지고 넓어지고, 깊어지고 있는 '가상공간', '가상세계'—이 인간 삶의 또 하나의 새 축(軸)이요, 새 터, 틀, 판이 되고 있기 때문이다.

1960년대 초 매클루언(Herbert Marshall McLuhan, 1911–1980)이 TV 전자시대를 맞아 컴퓨터, 커뮤니케이션 정보가 교합, 교류하는 새 삶을 묘사한 '지구촌'(global village) 개념[45]은 이미 옛날이야기다. 그의 세상, 그의 삶도 인터넷 세상 이전의 터, 틀, 판이었다.

이젠 글로벌 소셜미디어, 소셜네트워크(SNS), 사물 인터넷(IoT), 만물 인터넷(IoE) 시대다. 이 새 삶, 새 세상이 이곳 저곳에 쉴 새 없이 뿌리를 내리고 번지고 퍼지고 있다(SNS, IoT, IoE에 관한 분석은 이 책 제9장 '전자인간시대의 삶과 세상' 참조).

전통적인 국가주권 개념도 서서히 무너지고 있다. 오늘의 '초국가' 집합체인 유럽연합의 등장은 물론이고, 기존 정치경제 군사안보 국제기구나 다자, 다국적 경제 통화 · 금융기구(UN, IMF, WTO, NATO, APEC, NAFTA 등)들을 뛰어넘는 전자형 새 판(stage, area, arena, field, floor, or scenes)의 정치, 경제, 군사, 안보 활동이 커지고 그 활동 영역도 빛의 속도로 깊게, 넓게 번지고, 퍼지고 있다.

유럽연합(EU)의 경우, 이미 회원국 사이에 전통적인 의미의 국경(national border or boundary) 개념이 사라졌다. 보다 정확히는 아직도 회원국들 사이에 그리고 회원국과 비회원국들 간에 많은 정책 현안과 문제점 등으로 혼선, 혼돈, 혼란을 겪고 있는 상황이고, 지금 좁게는 '국경', 넓게는 '국가영토' 개념이 크게 그리고 많이 사라져 가고 있다. 한마디로, '초국가 정치, 경제, 군사안보, 사회, 문화' 등 새 정치실험이 지금 진행 중이다.

구체적으로, EU는 다섯 가지 자유—(1) 관세, 차별 규제, 각종 세금 면제로 물품(상품, 화물)의 자유 이동(free movement of goods); (2) 각종 서비스의 자유 이동과 창업의 자유(free movement of services); (3) 근로자 일자리를 포함, 사람들 왕래의 자유(free movement of people); (4) 자본 이동의 자유(free movement of capital); (5) 지식 이동의 자유(free movement of knowledge)—[46]가 바로 전통적인 국가, 국민, 국경의 틀을 깨는 촉매제들이다.

물론 지금 이 순간 이슬람교를 가장한 테러 폭력집단(ISIS, Iraq Syria Islamic State)의 야만적이고 무자비한 만행과 준동으로 비롯된 시리아, 이라크 난민의 유럽에로의 대량 난입 사태로 영국이 국민투표(2016년 6월 23일 브렉시트, Brexit)를 통해 'EU 탈퇴' 선택을 하는 등 반세계화, 반이민 등 '반동현상'이 불거지면서 지금 이 다섯 가지 자유가 크게 도전받고는 있지만, 다른 한편으로는 이 현상을 새 국가 개념 변화의 조짐과 진통으로 볼 수도 있지 않을까 한다.

더구나, 전자인간시대를 맞으며, 슈미트와 코엔이 예시한 것처럼 이른바 '가상 다자, 다국주의'(virtual multilateralism) 등장도 가능해졌다. 보기를 들면, 독재 국가들—벨라루스(Belarus), 에리트레아(Eritrea), 짐바브웨(Zimbabwe), 북한—이 '독재 사이버 연합'(autocratic cyber union)을 만들고, 이라크, 이란, 터키, 시리아 등에 흩어져 살고 있는 쿠르드족이 '가상 쿠르드 국가'를 수립하고, 코카서스(Caucasus) 지역 체첸인이 '가상 체첸국'을 설립[47]하는 등 사이버 국가, 사이버 정치가 언젠가 현실이 될 수도 있다.

제2가설

제2의 가설: 전 지구적 차원의 글로벌 세계, 글로벌 삶 속의 개인의 자유와 인권은 더욱 커지고, 넓어지고, 보편화, 일반화되는 추세가 점차적으로 가속화하고 있다.

이젠 내 안방에서 인터넷을 포함, 각종 전자 기기로 전 지구촌을, 그리고 인간이 개발한 태양계와 우주까지도 연결할 수 있는 세상이다. 내 안방과 동네 의사, 약방, 식당, 상점, 백화점, 은행, 공공기관 등 지역, 나아가서는 지구촌, 태양계, 우주, 다우주(interstellar multi-verse)까지도, 그리고 다층(multi-layered), 다중(multiplex) 연결성(connectivity)이 쉴 새 없이 펴지고, 커지고, 넓어지고, 깊어지고 있다. 이를 전자 기기를 포함, 과학이 인간에게 준 또 하나의 선물, '새로운 차원의 자유'일 뿐이라고만 볼 수 있을까?

한 보기로, 1958년 벌린(Isaiah Berlin, 1909–1997) 옥스퍼드대 교수가 개념화한 두 가지 자유—부정적 자유, 긍정적 자유—[48]를 한번 살펴보자.

그가 정의한 부정적 또는 소극적 자유(negative liberty)는 전자인간시대 이전의 개성(personality)를 가진 한 개인(individual)이 정부, 국가, 사회 등 모든 밖의 간섭, 규제, 통제, 속박, 독재 등으로부터 자유로운 상태다. 그리고, 그가 개념화한 긍정적 또는 적극적 자유(positive liberty)는 한 개인이 그의 삶과 모든 결정에서 그 스스로가 주인[49]이라는 것이다.

지금 전자인간시대에도 이 두 자유가 모두 커지고 넓어지는 것이 사실일까? 아니면 전자인간시대 이전에는 없었던 또 다른, 그리고 미처 예견하지도 못했던 새 규제, 새 통제, 새 속박, 새 감시, 새 독재가 태어나 지금 알게 모르게 움직이며 꿈틀거리고 있는 것일까?

물론 벌린이 지적했듯이, 현실(정치) 속에서는 개인 삶의 활동영역(private life)과 공공영역, 즉 국가와 정부(public authority)의 영역이 꼭 뚜렷이 구분되지는 않는다. 칼로 무 자르듯 그 경계가 뚜렷하지는 않다.

더구나, 그는 위 두 가지 개인의 자유는 모든 개인과 집단, 그리고 오늘의 직업과 계급, 더 나아가서는 국가와 민족의 보편적 욕망인 '신분 좇기와 인정받기'(status and recognition)[50]와 다음과 같은 이유 때문에 쉽게 일치하지 않는다고 힘주어 밝힌다:

> 내가 어떤 존재인가는 대부분 내가 느끼고 생각하는 것이 무엇인가에 달려 있고, 내가 무엇을 느끼고 생각하는가는 내가 소속된 사회에서의 우세한 감정과 사조(思潮)에 달려 있기 때문이다. […] 나('나'라는 존재)는 분리(격리)할 수 있는 원자(原子)가 아니라 (위험스럽지만 꼭 필요한 비유를 들자면) 하나의 사회 원형(原型)의 하나의 구성요인일 뿐이기 때문이다. 내가 하나의 자율적인 인간 존재로서 인정받지 못하면 나는 자유롭지 못하다고 느낄 수 있다. 그러나 인정받지 못하거나 충분히 존경받지 못한 집단에 속한 한 사람이라면, 즉 나의 모든 계층(계급), 혹은 공동체, 혹은 민족, 혹은 인종(동포), 혹

은 직업으로부터 해방을 갈구하게 된다.[51]

벌린 교수가 사람을 "사회 원형의 한 요인"(ingredient in a social pattern)일 뿐이라고 한 것은 일찍이 아리스토텔레스가 사람을 '정치적 동물'[52]이라고 정의한 것의 '20세기 치장'처럼 보인다. 마찬가지로, 루소가 그의 《사회계약론》(1762) 첫 장, 첫 줄에서 "사람은 태어날 땐 자유로웠으나 온갖 곳에서 온통 사슬에 묶여 있다"[53]고 탄식하는 듯한 소극적인 절규나, 그리고 또 거의 100년 뒤 밀이 그의 《자유론》(1859)에서 "한 개인은 그의 자신 위의, 그의 몸과 마음 위의 군주다"[54]라고 항의하는 듯한 적극적인 선언도 같은 맥락에서 음미해 볼 만하다.

밀이 "개인이 그의 몸과 마음의 군주다"라고 선언한 뒤 또 거의 100년이 지나서 오웰의 소설, 《1984》(1949)에 나오는 '빅 브라더'(Big Brother)는 이젠 소설 속 가상 인물이 아니라 이미 우리 현실 속에 우리와 함께 지금 살고 있지 않은가?

지금 대한민국 서울, 경기 수도권에 사는 시민은 하루 평균 83회나 CCTV에 찍히고, 이곳저곳 바쁘게 이동을 많이 하는 시민은 9초에 한 번씩 촬영된다.[55] 또한 인천공항 안팎엔 CCTV가 1,500대나 설치돼 있고, 화장실과 일부 사무실 내부를 빼곤 거의 모두, 모든 것이 CCTV에 잡힌다. 민간이 설치한 CCTV를 빼고도 정부 부처, 공공기관, 지방자치단체에서 설치, 운영하는 공공용 CCTV만 56만여 대라고 한다. 이 가운데 전국 110곳의 통합 관제 센터에서 22만 대의 공공용 CCTV를 연결해서 우리 개인의 삶과 활동을 지켜보고 쉴 새 없이 기록[56]하고 있는 세상이다.

이젠 우리나라뿐만 아니라 미국 등 지금 전자인간시대에 앞서가는 나라들에서의 전화, 전송, 스카이프(Skype), 인터넷 등 모든 통신, 영상 기기를 사용하는 순간, 그의 말, 글, 행동 등 모든 움직임을 누군가는 듣고, 보고, 기록, 전파, 감시, 감청하고 있다고 해도 과언이 아니다.

이런 측면에서 보면, 전통적인 국가와 정부의 개념도 바뀌어야 하고, 개인 사생활(privacy)이나 공공 영상 영역(public virtual space)과 사적 영상 영역(private virtual space)도 전자인간시대에 맞게 새롭게 정의하고 정립할 수밖에 없는 상황이다.

한마디로, 우리는 지금 눈 깜짝할 사이에 뽕나무 밭이 푸른 바다가 되고, 푸른 바다가 뽕나무 밭이 되는 세상과 삶 속에서 허둥대고 있다. 좋던 궂던 바로 우리 눈앞에서 빛의 속도로 별천지, 신천지가 지금 순간순간 펼쳐지고 있다.

제3가설

제3의 가설: 지금 전자인간시대에 국제, 지역, 국가 등을 지구적 차원에서 중장기적으로 가늠해 보면, 개인의 자유, 인권, 자율, 자치를 밑바닥에 깐 '분리주의적 자치독립 추세'(separatist autonomic independence proclivity)는 더욱 강화되고, 권력자의 전통적인 야망이나 퇴영적인 국가 중심 사고에 바탕을 둔 '복고주의적 해체나 재병합'(revanchist dissolution or re-annexation) 시도는 계속 약화되는 추세다.

다시 말하면, 자유민주주의와 시장경제가 성숙한 나라들에서는 민주적 절차를 밟아서 자치, 자주, 자율 등 독립성 강화 차원의 기존 중앙정부(국가)로부터 분리 독립을 선택하려는 움직임이 갈수록 커질 가능성이 있다.

그러나, 사람과 사람, 사람과 국가, 그리고 초국가를 포함, 집단과 집단 등 갈수록 사이버 연결성(cyber connectivity)과 상호의존성(cyber interdependence)

이 커지고 깊어지고 넓어지는 새 시대 흐름을 분리 독립주의자들이 어떻게 슬기롭게 조화, 조정, 조율하느냐가 분리, 자치, 독립의 큰 정책, 전략적 과제로 제기된다.

지난 세기 한때 시끄러웠던 캐나다 동부 지역 퀘벡(Quebec)의 프랑스 원주민들 중심의 분리주의적 자치독립운동을 비롯하여, 최근 영국의 스코틀랜드에서의 분리, 자치, 독립을 위한 주민투표 시도(2014년 9월 주민투표는 55.3% 반대, 44.7% 찬성으로 일단 분리독립 실패로 매듭짓고 말았지만)가 그 사례들이다.

스페인의 바스크와 카탈루냐, 벨기에 서부 플랑드르, 프랑스의 코르시카와 브르타뉴, 이탈리아의 롬바르디아, 베네토, 남티롤, 독일의 바이에른 등[57]의 지역에서도 아직 가능성은 희박하지만, 분리주의 움직임이 엿보인다. 최근 한 기사는 스코틀랜드에 이어 유럽에서만 앞으로 분리를 외치며 갈라져 나올 지방, 지역으로 여덟 군데를 뽑기[58]도 한다.

다른 한편에서는 극히 대조적인 정치현상으로서 현 중국, 베트남, 쿠바, 북한을 포함, 지난 세기 말 옛 소련연방, 유고슬라비아 연방, 동구권 전체주의 공산주의 일당독재 국가들의 소멸과정에서 두드러지게 드러난 당시 '소련'이라는 중심축 권력의 약화와 붕괴로 불거진 '진영과 연방해체'를 들 수 있다. 그리고 25년이 지난 지금 그 '후폭풍'으로 러시아의 크림 반도 강제병합과 현재 진행 중인 동우크라이나 사태에서 보여 주는 푸틴 러시아의 복고주의적 '실지(失地) 재탈환'(revanchist) 행태가 있다.

문제는 특정 패권국가 주도의 퇴영적 실지 재탈환 움직임은 자유민주정치, 시장경제, 지방자치라는 기본 틀과 판이나 전자인간시대라는 오늘의 세계적 대세와 흐름에 역행하기에 길게 멀리 보면 미래가 없다고 나는 생각한다.

무엇보다도, 하루가 다르게 변화하는 전자인간시대에 새 터, 새 틀과 새 판에 기민하게 대응, 대처하지 않고, 지난 세기의 식민제국주의적 발상에 가까운 옛 터에만 매달리는 오늘의 정치 지도자의 행태는 시대착오적이기 때문이다. 앞서 지적했지만, 아베 현 일본 정권과 그 추종세력의 복고주의적 행태나 동중국해, 남중국해를 둘러싼 동남아 관련국들과 중국, 일본, 특히 중국과 미국의 군사적 힘겨루기가 모두 그렇다. 미국은 국제법에 기초한 "해양의 자유"[59]를 내세우고 있지만, 현실은 훨씬 복잡하고 복합적이다.

고질적인 중동 사태도 마찬가지다. 아직도 끝이 보이지 않고, 실마리도 찾지 못한 아랍과 이스라엘 분쟁과 유혈갈등은 물론이고, 최근 불거진 이슬람 수니파(Sunni) 종주국 사우디아라비아와 시아파(Shiite) 중심에 있는 이란 사이의 갈등은 어떤가? 사우디아라비아가 수니파 성직자(Sheikh Nimr al-Nimr)를 포함, 테러 용의자 47명을 처형하자, 이란 군중은 수도 테헤란에서 사우디아라비아 대사관에 불을 지르고, 두 나라는 외교관계를 단절하는 상황[60]으로까지 악화됐다. 중동의 이스라엘-아랍국가 사이의 해묵은 각축이나 이슬람 내 수니-시아 종파 간 갈등은 거의 400년 전 유럽 기독교의 가톨릭과 프로테스탄트 나라들의 '30년 전쟁'(1618-1648)[61]을 상기시킬 정도로 낡고, 시대착오적이다.

아니, 수니-시아파 분쟁, 갈등의 뿌리는 거의 1,400년 전으로 올라가며, 훨씬 길고, 끈질기다. 이 갈등과 분쟁의 씨앗은 이슬람교 예언자, 무함마드(Muhammad, c.570-632)가 친아들이 없이 사망한 뒤에 불거진 후계자 문제였다. 수니파는 초대 칼리프(Caliph)로 무함마드의 오랜 친구이자 협력자요, 장인인 아부 바크르(Abu Bakr, c.570-634)를 추대하자, 이에 반대한 시아파가 무함마드 사촌이자 사위인 알리 이븐 탈립(Ali ibn Abi Talib)을 추대한 것이 두 종파 간의 갈등과 분쟁의 첫 씨앗이었다. 하지만, 무함마드보다 나이가 많았던 바크르도 승계 2년 만에 사망[62]한다. 한마디로, 이슬람판 혈통 중심주의-비(非)혈통주의 승계 원칙 사이의 권력승계 각축이 그 뿌리다. 이것이 꼭 중동만의 분쟁의 불씨이고, 꼭 정치권력 승계만을 둘러싼 싸움일까? 퇴영적이고 폐쇄적인 정치권력과 재산·유산 승계를 둘러싼 인류보편적인 고질인가?

아무튼 두 대조적인 지구적 차원의 국제정치의 큰 흐름, 즉 자유, 민주, 시장경제, 자유무역에 기초한 '분리주의적 자치독립 추세'는 더욱 강화되고, 집권자의 개인적인 권력욕이나 퇴영적인 국가 중심 사고에 바탕을 둔 '복고주의적 영토확장이나 재병합'은 불임(不姙)으로 끝날 수밖에 없다는 위 제3가설은 다른 졸저에서 국제정치의 A이론(Theory A)과 B이론(Theory B)으로 이미 밝힌 바[63] 있으므로, 앞으로 이 저자가 계획하고 있는 영문 저서에서 보다 깊이 있게 비교분석하기로 독자에게 약속하면서 여기서는 문제 제기만 하기로 한다.

제4가설

제4의 가설: 개인과 단체, 기업 등 집단, 그리고 국가기관, 초국가 기구(유엔, 나토, 유럽연합 등)의 정보의 총량, 그 정보 확산과 침투의 범위와 속도, 그 정보가 미치는 영향과 파장, 그 정보기밀 불법 침투, 절도행위, 누출(폭로) 개연성, 특히 개인 사생활 침범의 일상화, 일반화 등 옛날에는 미처 상상도 못한 전자인간시대의 새로운 정치사회 현상이 날로 불거지고 늘어나고 퍼져나가고 있다.

이 제4가설을 몇 가지 나라 안팎의 구체적인 사건들을 예로 들어 한번 살펴보자.

• 어산지와 매닝

오스트레일리아 출신 어산지(Julian Assange, 1971–)[64]는 2006년 위키리크스

(WikiLeaks)라는 온라인, 비영리 지구촌 '전자 매체'를 설립한다. 이 새 매체를 운영하는 과정에서 2010년 2월 중순 미 육군 하사관(PFC) 매닝(Chelsea Manning, 1987–)[65]으로부터 아이슬란드 수도 레이캬비크(Reykjavik) 소재 미 대사관 외교 전문(Reykjavik 13)을 시작으로, 2007년 7월 12일 이라크 바그다드 미 공군 폭격('collateral murder') 비디오, 2009년 아프가니스탄의 그라나이(Granai) 미 공군 폭격 영상, 미 외교 전문(電文, cables) 25만여 건, 미 육군 이라크와 아프간 전쟁 일지(war logs) 50만여 건 등 정보자료를 얻는다.

어산지는 위 정보들을 2010년 4월–11월 사이에 위키리크스를 통해 공개하기 시작한다. 매닝의 정보자료 가운데 미군의 '부수적 살인 영상'(Collateral Murder Video, 2010년 4월), '아프간 전쟁일지'(같은 해 7월), '이라크 전쟁일지'(같은 해 10월), '미 외교전문 25만여 건'(같은 해 11월)도 공개한다. 2011년 4월에는 '미 쿠바 관타나모 파일'을, 같은 해 11월에는 25만여 건의 비밀정보 문서를 편집, 교정을 거치지 않은 채 공개한다.

그리하여, 같은 해 11월 28일 스페인(*El Pais*), 프랑스(*Le Monde*), 독일(*Der Spiegel*), 영국(*The Guardian*), 미국(*The New York Times*, *The Washington Post*) 등의 유명 신문사들이 위 '누출된'(leaked) 비밀정보문서 가운데 첫 220건을 거의 동시에 기사화하여 전 세계를 하루아침에 떠들썩하게 만든다.

이 정보기밀문서 폭로로 미군 법정은 2010년 5월 매닝을 체포, 구금한다. 그리고 2013년 7월–8월 열린 미군 법정은 미 간첩법(Espionage Act of 1917) 위반 혐의와 정부 기밀문서 절도죄 등[66] 총 22개 죄목 가운데 17개 항목을 적용하여 매닝에게 35년 형을 선고한다. 현재 그는 미 육군형무소(Fort Leavenworth)에서 복역 중이다.

매닝 체포와 함께 미 정부(법무부)는 어산지도 거의 동시에 미 간첩법 위반 혐의 등으로 범법자로 규정, 지금까지 계속 수사 중인 상태다. 2010년 11월 미 법무장관(Eric Holder)은 어산지 사건을 "적극적이고, 지속적인 범죄수사"(active, ongoing criminal investigation)[67] 대상이라고 밝힌다.

한편, 이 미 정보비밀문서 누출 과정에서 2010년 8월 스웨덴 공안청은 영국 런던에 체류 중이던 어산지를 스웨덴 두 여성에 대한 성범죄 혐의로 영국 정부에 범죄인 인도(extradition)를 요청한다. 이에 어산지는 2012년 6월 런던 주재 에콰도르 대사관에 피신하며 그곳에서 '정치망명'을 요청한다. 에콰도르 외무장관은 같은 해 8월 16일 그의 망명을 허용한다. 이틀 뒤엔 에콰도르 대통령 코레아(Rafael Correa)는 그의 영국 주재 자국 대사관 무제한 체류도 보장한다.

어산지는 한 인터뷰[68]에서 스웨덴 성범죄 혐의는 계속 부인한다. 그는 지금 에콰도르 대사관 밀실에 갇혀 5년여 동안 생활하면서, 특히 햇볕을 오랫동안 쬐지 못한 데서 오는 비타민 D 결핍 증세 등으로 건강이 크게 악화된 상태다. 그는 스웨덴 정부와 미국 정부가 그를 범죄자로 미국에 인도하지 않겠다는 보장만 한다면 언제든지 스웨덴 법정에 나서겠다는 입장을 그의 변호사를 통해 밝히고 있다.

영국 정부가 그의 혐의를 영국 법원이 입증하지도 않은 채 그를 스웨덴에 '범죄인으로 인도'하려는 시도에 대해서도 그는 'No extradition without charge'를 내세워 월권이라고 주장한다. 유럽연합(EU) 회원국인 영국과 스웨덴이 '유럽 체포 영장'을 발급하여 그를 체포하려는 시도에 대해서는 체포에 '피의자 반발이 없어야 한다는 구절'(without repercussion)을 근거로 이의를 제기한다.

그는 미국 정부에 대해서도 미 헌법 개정 제1조 '언론 자유보장' 조항을 내세워 항변한다. 또 《뉴욕타임스》, 《워싱턴포스트》를 포함, 수많은 미국 신문·방송 매체들이 위키리크스의 정보를 이미 발행, 방송했다는 것이다. 특히, 위키리크스는 2008년 미 캘리포니아 북부 연방지법(U.S. District Court for the Northern District of California)의 소송(Bank Julius Baer v. WikiLeaks)에서 승소하여 이미 미 헌법 개정 제1조 소추 면죄(immunity)를 보장받았다는 주장을 그는 편다. 어산지는 지금 러시아 정부와 관련된 2016년 미국 대선에 개입한 혐의도 받고 있다. 그는 힐러리 클린턴 미 민주당 대선 후보에 불리한 정보를 대선 기간 중 위키리크스를 통해 터뜨리기도 했지만, 러시아 푸틴 정권과의 연계는 부인하고 있다. 그가 힐러리의 골드만삭스 연설 고액 사례금 문제를 제기한 다음 날 그가 사용했던 주 영국 에콰도르 대사관 인터넷 사용 금지 조치가 내려지기도 했다. 특히 오바마가 퇴임을 앞두고 푸틴 정권의 미 대선 개입을 공식적으로 공표함으로써 '전자인간' 시대의 국가 간 불법적인 선거 개입 사건의 첫 사례로 그 귀추와 귀결이 크게 주목된다.[69]

• 스노든[70]

얼핏 보면 2013년 스노든(Edward Snowden, 1983–) 사건은 1971년 엘스버그(Daniel Ellsberg, 1931–) 펜타곤 공문서(The Pentagon Papers) 사건[71]을 닮았다. 적어도 미 정부 국방안보 관련 공직자이자 전문가이던 이 두 사람 모두 어느 날 '국가기밀 누설자'(whistle blowers)로 돌변했다는 점에서 그렇다.

그러나 뒤 결론 부분에서 보다 자세히 밝히겠지만 '전자인간 전(前) 시대' 정부 기밀문서를 주로 인쇄 · 방송 매체(신문, TV 등)를 통해 폭로한 것과, 오늘과 같은 사이버시대에 전자화된 정부 기밀문서를 전자 매체로(물론 인쇄, 방송매체도 포함하지만) 전파, 폭로한 것은 본질적으로 다르다.

스노든의 개인적인 배경을 잠시 살펴보자. 미 노스캐롤라이나 주 한 작은 도시에서 태어난 그의 할아버지는 미 연안경비대 소장(小將)이었다. 아버지도 연안경비대 장교 출신이다. 아버지는 그의 어머니와 이혼한 뒤 재혼한다. 어머니는 미 연방지방법원(메릴랜드) 서기로 근무 중이다.

스노든은 1990년대 고교시절 희귀병(전염성단구[單球] 증가증, mononucleosis)에 걸려 9개월 동안 휴학한 바람에 고교를 정식으로 졸업하지 못하고, 고졸 검정시험(GED)에 합격하여 한 지방 2년제 대학을 다니다 그만둔다. 2011년엔 온라인으로 영국의 한 대학(University of Liverpool)에서 컴퓨터 안보 관련 석사학위 공부도 시도하지만 마치지는 못한다.

그는 첫 직장으로 2004년 5월 미 연방예비군 특별군에 자원하지만 훈련 중 다리가 부러져 같은 해 9월 그 꿈을 접는다. 2005년에는 메릴랜드 대학 언어연구소 안전요원으로 잠시 근무한다.

2006년 스노든은 미 중앙정보국(CIA) 글로벌 커뮤니케이션 요원으로 채용된다. 그는 스스로를 '컴퓨터 귀재'라고 부를 정도로 컴퓨터에 남다른 재주가 돋보여 CIA 기술전문가 비밀학교에서 6개월간 특별교육을 받는다. 그 후, 2007년 3월 그는 첫 해외 근무지 스위스 제네바 미 유엔사무소에서 '외교관' 여권을 갖고 컴퓨터 네트워크 안보책임자로 일을 시작한다. 제네바에 있는 동안 불미스러운 사건[72]에 연루되어 2009년 2월 CIA를 떠난다.

같은 해 스노든은 미 정부 기구들의 컴퓨터 시스템 운영계약을 맺고 있는 델(Dell) 사에 취직하여 일본 도쿄 근처 요코다(Yokoda) 비행장에 있는 미 NSA 기지에서 중국 해커(hackers)들의 미 컴퓨터 시스템 침투를 막는 교육을 회사 고위직 책임자와 미군 장교들에게 가르치는 일을 하며 4년 동안 여러 해외 미군기지에서 사이버 방첩 전문가로서 경력을 쌓는다.

2011년 메릴랜드로 돌아와 델 사 CIA 관련 기술팀장으로 1년간 일한다. 이 자리에서 그는 CIA의 정보 최고담당관, 기술 최고담당관 등을 포함, 두 분야 직원들과 자주 접촉, 자문한다. 2012년 3월 델 사는 스노든을 미 국가안보처(NSA) 하와이 정보교환사무소 기술팀장으로 보낸다. 그때부터 2013

년 5월까지 15개월 동안 호놀룰루에서 일한다. 그 마지막 3개월은 델과 NSA를 떠나 그는 안보정보 관련 한 컨설팅 회사(Booz Allen Hamilton)로 자리를 옮긴다.

스노든은 그가 델과 NSA를 떠난 직접적인 동기를 2015년 3월 12일 당시 미 국가정보국장(James Clapper, Director of National Intelligence)이 미 의회에 출석해서 공식 서약 맹세를 한 다음, '곧바로 거짓말하는 것'(directly lie)을 보고 3일 뒤인 3월 15일 그 직장을 그만두겠다는 결정을 했다고 한다.

그리고 스노든이 위 컨설팅 회사로 옮긴 이유는 NSA가 전 지구적 차원에서 수집한 감시 자료를 스스로 모으기 위해서였다고 뒤에 밝힌다. 그러나 《뉴욕타임스》 기자, 리젠(James Risen)은 스노든이 미 CIA 제네바 출장소에 있을 때부터 이미 NSA 기밀자료를 폭로할 생각을 길러 왔다고 보도하기도 했다.[73]

스노든은 직장 감독관으로부터 미 본토에 가서 간질병 치료를 받겠다는 거짓 핑계로 휴가를 받아 낸 다음, 2013년 5월 20일 홍콩에 도착한다. 그리고 그가 비밀리에 2013년 1월부터 접촉했던 다큐멘터리 영상 제작자(Laura Poitras)와, 같은 해 2월–4월 접촉한 영국 일간지 기자(Glenn Greenwald, *The Guardian*)를 홍콩에 오도록 해서 협의한 뒤, 6월 5일 NSA 비밀자료를 영국 신문(*The Guardian*)을 시작으로 독일(*Der Spiegel*), 미국(*The Washington Post*, *The New York Times*), 브라질(*O Globo*), 프랑스(*Le Monde*), 그리고 스웨덴, 캐나다, 이탈리아, 네덜란드, 노르웨이, 스페인, 오스트레일리아의 유력 일간지나 매체들이 덩달아 보도하게 된다.

4일 뒤인 6월 9일 스노든은 자신이 누설자라는 정체도 스스로 밝힌다. 6월 10일 스노든은 회사 윤리강령과 정책을 위반했다는 이유로 해고된다.

6월 14일 미 법무부는 최장 30년 징역형이 가능한 미 간첩법과 미 정부재산 절도 범죄 혐의로 스노든을 고발하고, 6월 22일 미 국무부는 그의 미국 여권을 취소한다. 6월 23일 스노든은 홍콩 주재 러시아 외교관과 접촉, 같은 날 쿠바 수도 아바나를 거쳐 모스크바 국제공항(Sheremetyevo)에 도착한다.

하지만, 러시아 비자가 없는 그는 그 공항 환승 구역에 39일 동안 사실상 갇혀 있으면서 21개국에 정치망명 허가를 신청한다. 8월 1일 러시아 정부는 1년 임시 망명허가를 내주고 1년이 지난 2014년 러시아 정부는 3년 영주권과 러시아 내 '자유' 여행과 3개월 동안의 해외여행도 허락한다. 그의 거처는 비밀이고 현재 스노든은 유럽연합에 망명도 신청한 상태다.

스노든이 누출한 미 기밀자료는 맨 처음 접촉한 그린월드(Glenn Greenwald)와 포이트라스(Laura Poitras)에 건네진 것만 5만 건에서 20만 건으로 추정된다. 누출된 비밀문건들에 의하면, 미 NSA의 지구 감시망(global surveillance apparatus), 이른바 'Five Eyes'(FVEY)—오스트레일리아, 캐나다, 뉴질랜드, 영국, 미국—가운데 세 나라 상대 안보조직체—호주(ASD), 영국(GCHO), 캐나다(CSEC)—와 긴밀한 협력으로 비밀리에 구글(Google), 야후(Yahoo) 등에 잠입하여 수집한 표적 인물의 전자메시지, 이메일 등이 수억만 건(hundreds of millions)[74]에 달한다. 스노든이 누출한 정보자료 가운데에는 2011년 미국이 펼친 231개 '사이버 공격 작전'도 포함하고 있다[75]고 한다.

위 두 가지 사건—어산지, 매닝과 스노든—은 우리가 지금 살고 있는 오늘의 전자인간시대 정치에 중대한 새로운 정치, 외교, 군사안보 딜레마와 국제법과 국내법 마찰 등 새로운 문제점 등을 제기한다.

첫째, 이 두 사건 모두 사이버 전자인간시대에 미국의 비밀정보를 그 기관 공직자가 '불법' 누출한 사건이다. 매닝은 미 비밀전문 등 사이버 정보문서 담당 육군 하사관으로, 스노든은 미 CIA, NSA 등 미 정보기구나 정보기구 운영 담당 계약 회사(Dell)의 안보기술 및 전략전문가로 종사하다가 어느 날 갑자기 국가를 등지고 '내부 정보 고발자'로 표변한 것이 닮았다. 또 이 두 사람 모두 일차적으로 미국 밖 매체를 접촉, 그들의 비밀정보가 전 지구적 차원에서 거의 동시다발적으로 폭로 · 누출되는 효과를 노린 것도 비슷하다.

둘째, 매닝과 스노든 모두 미국의 한 작은 도시에서 태어났고, 공교롭게도 그들 부모도 이혼했다. 둘 다 결손가정, 미군 입대, 정부기구나 군 전자공문서 담당자, 그리고 사이버 전자정보기술 분야에서 남다른 재능을 갖고 있다는 것도 비슷하다. 그들의 비밀공문서 누출행위가 미 1917년 간첩법과 정부재산 절도범죄 행위라는 것도 닮았다.

다만, 매닝은 그가 비밀리에 접촉해서 건네준 미 비밀 공식문서를 오스트레일리아 어산지가 위키리크스를 통해 누설하자, 미 병영 안에서 곧바로 체포된다. 그리고 그는 2013년 7월 미군 법정에서 35년 징역 선고를 받고 복역 중이다. 하지만, 위에서 밝혔듯이, 그의 '공범' 어산지는 영국 런던 에콰도르 대사관에 '정치 망명자'로 피신 중이다. 스노든도 러시아에서 '정치 망명자' 허가가 나와 그곳에 피신 중이다.

셋째, 매닝과 스노든의 미 국가 전자정보 누출행위는 1971년 펜타곤 문서를 폭로한 엘스버그와도 여러 가지 측면에서 크게 다르다. 엘스버그는 인쇄매체 시대에 미국이 주도하고 있던 베트남전쟁 정보와 전략 공식비밀문서를 1차적으로 미 유력 일간지(《뉴욕타임스》와 《워싱턴포스트》)를 통해 누출했다. 그 누출 정보량(47권 7천 쪽)도 매닝-어산지와 스노든의 전자정보량에 비하면 상대적으로 미미하다.

미 펜타곤 문서 누출사건은 당시 월맹과 월남 두 정권 사이에 벌어진 '권력쟁탈' 내전(internal war)에 월남 편에는 미국 이외에도 한국, 필리핀, 오스트레일리아 등이, 월맹 편에는 소련, 중국, 라오스, 캄보디아 등 당시 공산권 또는 친공산권 여러 국가가 직간접으로 '편들기'한 국제 전쟁 성격도 갖고 있는 베트남전쟁에 관한 공식 문서였다. 이 누출 사건은 그러나, 처음부터 끝까지 미 국내 문제로 미 법정에서 매듭지어진다.

하지만, 매닝 사건은 어산지와 그의 새 전자 매체, 위키리크스와 연루된 데다가 매닝이 누출한 미 전자정보 문건도 수십만 건이다. 스노든의 경우도 그 전자정보문건이 수십만-수백만 건[76]에 달할 정도로 정보량이 엄청난 데다가 전 지구적 차원의 뉴스 전파와 확산속도도 1970년대 엘스버그 사건과는 질적, 양적으로 차원이 다르다.

물론 매닝처럼 어산지와 스노든도 미 법무부가 미 간첩법과 정부재산 절도죄로 그들의 신병을 확보하기 위해 쫓고 있는 상황이다. 그 누출된 정보 내용으로 보면 그러나 이 두 사건은 미 국내 문제로 미 법정에 국한할 수 없을 만큼, 미국 시민과 지도자들뿐만 아니라 미 동맹국을 포함, 여러 나라 시민과 지도자에 관한 정보가 얽히고설켜서 단순히 미국 내 법적 문제라기보다는 국제적, 국제법적 성격이 두드러지는 것도 엘스버그 사건과 본질적으로 다르다.

현실적으로도 어산지는 '정치망명자'로 에콰도르의 영국 런던 에콰도르 대사관에, 스노든은 러시아에 둘 다 신상문제가 자유스럽지 못한 상태로 발이 묶인 채 아직까지 미해결 사건으로 남아 있다.

요컨대, 얼핏 보면 공직자의 정부 기밀 누설자로서 이들도 엘스버그를 닮은 것도 사실이지만, 그때와 달리 지금은 전자인간, 인터넷 시대라는 차이, 그리고 당시는 1차적으로 미 국내 문제였지만 지금은 국제 문제라는 차이도 뚜렷하다.

참고로 매닝은 오바마가 대통령 퇴임 사흘을 앞두고 사면함으로써 미 공화당 상원 의원 등이 비판했지만 그는 35년 징역형(2012–2045년)의 거의 7년 옥살이를 하고, 2017년 5월 17일 풀려난다. 그는 2016년 두 번이나 캔자스 미군 감옥(Fort Leavenworth)에서 자살을 시도하기도 했다. 그는 원래 남자('Bradley')로 사병 입대했다가 성 주체성 불쾌증(gender dysphoria)으로 성전환 수술을 하고 여성('Chelsea')이 됐다. 그의 사면 이유로 그가 잘못을 인정하고 사죄했으며, 그가 누출한 기밀은 가장 낮은 단계의 정보이며, 아직도 성전환 수술에서 오는 심신질환을 앓고 있음을 들었다.[77]

끝으로, 1970년대와는 달리 지금은 사이버시대 개인 사생활(privacy) 침해와 보호 문제가 새롭게 제기된다. 특히, 우방국 정치지도자들의 감청, 도청 행위도 새로운 국가안보 딜레마로 등장했다.

2013년 10월 독일 《슈피겔》(*Der Spiegel*)이 스노든 파일을 근거로, "미 NSA가 독일 총리의 휴대전화를 감청했다"라는 뉴스를 터뜨리자 메르켈 총리는 "친구 사이에 감청은 있을 수 없는 일"이라고 다그친다. 이에 미 대통령 오바마는 "현재 감청하지 않고 있고, 앞으로도 감청하지 않을 것"이라고 밝힌 바 있다.

최근에 또다시 미 NSA가 프랑스 전 대통령 시라크(Jacques Chirac), 사르코지(Nicolas Sarkozy), 그리고 현 대통령 올랑드(Francois Hollande) 등을 2006년에서 2012년 사이에 도청, 감청한 사실을 프랑스 탐사보도 전문매체인 〈메디아파르〉(Mediapart)가 위키리크스 웹 사이트를 인용, 보도한다. 이에 올랑드 대통령은 2015년 6월 24일 긴급안보회의를 소집하고, "프랑스는 자국의 안보를 위협하는 어떤 행위도 용납하지 않겠다"라고 밝힌다. 프랑스 대통령 궁이 "미국은 프랑스 지도자에 대한 첩보행위를 하지 않겠다는 약속을 지켜야 한다"[78]라고 압박하자, 오바마는 올랑드와의 통화에서 "그런 [불법] 정보수집을 지금은 하고 있지 않다"고 확인[79]한다.

또 하나, 오늘의 전자정보와 기밀은 나라와 나라 사이의 정보교환과 공유의 시간 간격도 사실상 사라졌다.

지금은 나라 사이의 물리적 장벽과 인위적—기술적, 법적, 제도적 등— 장애물을 뚫고 손쉽게 침투하고 잠입할 수 있다. 하여, 장벽과 장애물에 온갖 틈새들을 쉴 새 없이 뚫고 만들어 그 정보와 기밀을 빼내 가기 때문에 그 방지책도 시급한 상황이다.

슈미트-코엔이 제기했듯이, "무슨 정보를 공개하는 것이 적절하고, 그리고 무슨 정보를 일시적이라도 편집해야 하는가를 누가 결정하는가? 구체적으로, 왜 어산지는 무슨 정보가 공공이익에 부응한다고 스스로 결정한 것인가? 그리고 만약 그의 폭로의 결과로 억울하게 손해, 손상을 입은 사람들에게 그가 책임을 지겠다고 하면 어떻게 해야 하는가?" 등에 관한 것들이다.

위 질문에 슈미트-코엔의 다음과 같은 해답도 어리벙벙하기는 마찬가지다. "이 세상 일을 컴퓨터가 아닌 사람이 하는 동안은 아무리 투명하고, 기술적으로 플랫폼이 단단, 튼튼하다 하더라도 우리는 [궁극적으로] 판단의 문제에 당면할 수밖에 없다."[80]

한마디로, 우리나라를 포함, 미국, 영국, 일본 등 많은 나라들도 아직 사이버 범죄에 대한 국내법, 국제법이 체계화, 제도화 과정에 있다는 이야기다. 위에서도 지적했지만, 푸틴 러시아 정권의 2016년 '미 대통령 선거 개입 해킹' 사건은 전자인간시대의 '신형 스파이(Cloak-and-Dagger)'전쟁, 또는 새로운 국가 간 SNS 사이버 '전쟁'의 극적인 단면의 하나이다. 이제 나라 사이에 벌어지는 '사이버전쟁'에 국제법도 새 틀을 시급히 마련해야 한다.

• 권은희와 국가기관의 대통령 선거개입

2012년 12월 대한민국 대통령 선거 때 국정원, 국방부 사이버사령부, 국가

보훈처, 경찰 등 국가기관이 인터넷, 휴대폰 등 전자 기기 소셜네트워크(SNS)를 이용하여 특정 후보를 지지하는 이른바 댓글 사건이 불거진다.

이 사건의 발단은 2012년 12월 16일 밤 대선 후보들의 마지막 3차 TV 토론이 끝난 뒤, 극히 이례적으로 곧바로 밤 11시에 당시 서울시 수서경찰서장(이광석)이 특정 후보에게 유리하게끔 애매모호하게 국정원 대선개입 사건 '중간 수사' 결과를 발표한 것이었다. 그래서 그날 밤 대선 후보들의 TV 토론을 직접 보고 들은 국민이 3일 뒤 선거 날(12월 19일) 투표에 하나의 판단기준이 될 수 있는 그 토론 평가 기회를 사실상 가로채 버린 꼴이 되었다.

당시 수서경찰서 수사과장 권은희는 이 국정원 대선개입 사건을 직접 수사하는 과정에서 그가 국정원 여직원 김 모 씨의 주거지와 차량, 스마트폰, 카카오톡과 포털 사이트 계정 확보를 위한 서버 압수수색 영장을 준비하던 중 서울경찰청장 김용판으로부터 직접 전화를 받는다. 권은희는 법정에서 김용판이 이 사건이 "내사 사건이라는 점, 검찰의 영장기각 가능성 등을 이유로 영장신청을 만류했다"고 증언[81]한다.

따라서, 이 사건은 2012년 12월 선거에서 특정 대통령 후보에 유리한 투표 결과를 낳는 데 영향을 미친 것은 물론이고 전자인간시대에 한국 '사이버 정치'의 부정, 불법적 선거행태를 선보인 구체적인 사례다.

이 사건으로 박근혜 대통령의 정통성(legitimacy) 문제가 도마 위에 올랐다. 안타깝게도 그러나, 사법권 독립의 전통이 일천하고, 감사원, 국정원, 검찰, 경찰 등 행정부 사정, 정보, 사찰기구가 아직까지도 '권력의 시녀'라는 굴레를 벗어났다고 떳떳하게 내세울 수 없는 상황인 것도 대한민국 민주주의의 현주소다.

더구나, 집권 여당(새누리당)이 국회 과반 다수의석을 차지하고 있는 현실적인 정치역학 구도까지 겹쳐서, 1970년대 초 미 대통령 선거에서 불거진

'워터게이트' 사건(Watergate Affairs)처럼 의회가 나서서 곧바로 탄핵을 추진할 가능성은 희박했다. 그러나 2016년 4월 총선에서 여당이 다수 의석을 확보하지 못한 데다, 최순실-박근혜 국정농단 사태까지 드러나자, 박근혜는 대한민국 헌정사상 헌법재판소의 탄핵으로 대통령직에서 파면으로 물러나는 새 기록을 남겼다.이 사건은 지난 4년간 오늘의 한국 정치 현실 속에서 "뒤늦은 정의는 저버린 정의다"라는 경구[82]를 빼닮은 꼴이기도 했지만, 끝내는 "진실로 덕의가 없으면 화를 당하게 된다(苟非德義 則必有禍)"로 마침표를 찍었다.

위 권은희 사건의 연장선상에서 최근 국정원법과 공직선거법 위반 혐의로 기소된 전 국정원장 원세훈 등 고위 간부들의 국가정보원 댓글 사건에 대한 1심 서울중앙지법 형사합의 21부(부장판사 이범균)는 원세훈을 국정원법 위반죄로 징역 2년 6월에 집행유예 4년, 자격 정지 3년을 선고하면서 그의 선거법 위반혐의는 무죄라는 '해괴한 판결[83]을 내린다.

이에 대해 한 현직 판사(수원지법 성남지원 부장판사 김동진)가 한국에서 "법치주의는 죽었다"며 이 판결을 비판하는 글을 법원 내부 게시판에 올리자 이를 법원이 곧바로 삭제한 소동까지 벌어진다. 이로 인해 박근혜 정권은 행정부의 '권력의 시녀' 논란에 이어 '사법부의 독립성[84]마저 흔들리고 꼬이는 상황에까지 이른다.

우리나라 현대 정치사, 헌정사 차원에서만 보면, 우리의 민주주의는 12년 이승만 권위주의 독재, 30년이 넘는 박정희-전두환-노태우 등 군부권위주의 독재정권하에서 우리 국민이 맨주먹으로 쟁취한 피와 땀과 눈물의 결정이기에 이러한 상황은 더욱 눈살을 찌푸리게 한다.

유엔 벵갈루루 회의 법관행동준칙, 미 연방법관행위규범, 독일 법관의 공개적 의견 표명에 관한 원칙 등을 보기로 들며, 특히 우리나라 법원징계법과 법관윤리강령을 위반했을 개연성을 제기하거나 현재 진행 중인 사건에 의견을 표명함으로써 재판의 공정성을 해칠 가능성 등 논란[85]에 휩싸인 김동진 판사는 그의 글에서 다음과 같이 서술하고 있다.

도대체 '선거 개입'과 관련이 없는 '정치 개입'이라는 것은 뭘 말하는 것일까? 이렇게 기계적이고 도식적인 형식논리가 국민들을 납득시킬 수 있는 것일까? (…) 이것은 궤변이다! (…) 대통령선거가 있었던 해에 국정원장이 정치적 중립 의무를 저버리고 커다란 잘못을 저질렀음에도 불구하고 이렇게 처리해도 되는 것인가? 이 판결은 '정의(正義)'를 위한 판결인가? 그렇지 않으면 재판장이 고등법원 부장판사 승진심사를 앞두고 입신영달(立身榮達)에 중점을 둔 '사심(私心)'이 가득한 판결일까? (…) 나는 후자라고 생각한다.[86]

위 1심 판결을 뒤집고 2015년 2월 9일 이 사건 2심(항소심)인 서울고법 형사 6부(부장 김상환)는 원세훈의 공직선거법과 국가정보원법 위반혐의 모두를 유죄로 판결, 징역 3년과 자격정지 3년을 선고하여 그를 법정 구속했다. 같은 혐의로 기소된 전 국정원 3차장 이종명에겐 징역 1년에 집행유예 2년, 전 심리전 단장 민병주에겐 징역 1년 6월에 집행유예 2년을 선고[87]했다.

권은희 사건과 국정원 등 국가기관 대통령 선거개입 사건 등에 대한 행정부 국가기관 스스로 행한 최종수사 결과 발표[88]도 있었다. 법원의 최종 판결[89]은 앞으로 두고 봐야겠지만, 여기서 내가 주목하는 것은 사이버 전자인간시대에 불거진 국가기관이 연루된 최초(전 세계적으로까지는 연구조사를 해봐야 하겠지만), 적어도 한국 역대 대통령 선거사의 신종 전자형 불법선거개입 사건이라는 것이다.

소셜네트워크 등 전자매체를 불법, 탈법적으로 이용한 이 댓글 사건이

2012년 12월 박빙의 대통령선거에 특정 후보에게 유리한 결과를 가져온 것은 숨길 수 없는 사실이다. 따라서 이런 사태의 재발을 막기 위한 '신종 전자형 불법, 탈법 선거' 방지책 문제가 제기된다. 위에서도 지적했듯이, 이 신종 불법 사이버 선거개입 사건이 한국판 "뒤늦은 정의는 저버린 정의"의 전형이란 딱지는 앞으로 한국 헌정사에 남을 것이다.

또 하나, 이 사건은 대통령, 국회의원, 광역시 · 도지사, 시 · 도 · 구의원 등 중앙 · 지방선거에서 넓은 의미의 '공직자'의 SNS를 통한 정치활동 범위와 한계에 대한 보다 포괄적이고 체계적이고 정밀한 법적 기준의 필요성도 제기한다.

사이버 전자인간시대 공무원의 정치적 중립은 무엇이고 어떻게 정의해야 하는가? 하는 문제도 전문가와 시민공청회 등 열린 토론을 거쳐 시급히 마련해야 한다고 나는 생각한다. 공무원도 국민(시민)의 한 사람이다. 따라서 사이버 전자인간시대에 헌법과 법률이 보장하는 공무원의 정치적 중립을 지키는 책무를 포함, 선거 등 정치판에서의 그가 한 개인(시민)으로서 누릴 수 있는 SNS를 통한 정치활동의 자유는 무엇이며 어디까지인가도 구체화, 법제화할 때가 온 것이다.

이를 달리 표현하면, 대한민국이 전자인간시대를 이끄는 미국 등의 나라들과 함께 앞서거니 뒤서거니 어깨를 나란히 하는 것은 자랑스럽지만, 앞장서서 '전자화된 선거'(e-election)를 선도하고 시행하는 과정에서 신종 부정, 불법선거에도 맨 처음 연루된 것은 매우 안타깝고 부끄럽다. 또 하나의 아이러니는 위에서도 밝혔지만, 박근혜가 탄핵소추로 헌재로부터 대통령직 파면 결정에 이른 그 뿌리도 바로 2012년 대통령 선거 때 국정원, 국방부 사이버사령부, 경찰청 등 국가기관의 SNS를 통한 특정 후보 직간접 지원으로까지 거슬러 올라간다는 사실이다.

아무튼 이 사건을 계기로 사이버 전자인간시대 국가기관의 '신종 불법, 탈법행위' 재발방지책을 맨 먼저 내놓는 것으로 이 불명예를 씻는 것이 여야 정치권의 몫이라고 나는 생각한다.

간추리면, 지금 우리가 살고 있는 전자인간시대에 사람도, 삶도, 사회, 경제, 정치도, 국가와 정부도 모두 알게 모르게 바뀌었고, 쉴 새 없이 가파른 속도로 바뀌고 있다. 이 새 시대 이전의 잣대로 오늘의 사회, 경제, 정치, 국가, 정부를 품을 수 없는 상황에 이미 와 있다. 위에서 누누이 밝혔듯이, 터, 틀, 판이 바뀌었고 끊임없이 바뀌고 있다. 한 순간이 3년같이 긴(一刻如三秋) 삶과 세상이 아니라, 거꾸로 3년이 한 순간처럼 빠른(三秋如 一刻) 삶과 세상으로…

그럼에도 불구하고, 700만 년 전 원인(原人)과 오늘의 변형, 전자인간을 비전문가의 눈으로 얼핏 두 얼굴의 겉모습만 힐끗 보면, 모두 입은 하나고, 눈, 코, 귀 구멍은 둘이다. 둘 다 그 원형(原型)과 근본은 같다.

위 근본과 변형이라는 같은 논리를 정치라는 인간 활동의 터, 틀과 판에 적용하면, 과연 지금도 크게 변하지 않고 남아 있는 근본 정치, 정치인 원형은 무엇이며, 정치, 정치인 변형은 무엇일까?

⁂

정치 원형

위 질문과 관련하여 다시 아리스토텔레스를 주목해 보자. 그는 정치조직(political associations)을 사람과 사람 사이의 관리(경영, 통치 등) 관계로 본다. 그리고, 관리자가 관리하는 피관리자 숫자를 기준으로 세 가지 '지도자' 유형—몇 사람(당시는 노예)을 거느리고 다루는 주인(a master), 좀 더 많은 사람을 책임지는 가장(家長, manager of a household), 훨씬 더 많은 사람을 다루고 다스리는 정치가(statesman)나 왕(王, monarch)—으로 나누고 있는 것[90]이 흥미롭다. 그리고 그는 본질적, 또는 본성적으로 도시국가가 개인보다 먼저[91]라는 논리도 편다. 인간은 정치적 동물이라는 그의 통찰의 또 다른 표현이다.

하지만, 이 장과 이 책의 끝맺음으로 나는 위 질문에 대한 해답을 얻기 위해 중국 고전 사서(四書)의 하나인 《대학》(大學)[92]에 나오는 4차원, 4단계—인간, 가정(가족), 국가, 세계—개념을 정치 원형으로 삼고, 21세기 오늘을 사는 이 '전자인간'으로 끊임도 쉴 새도 없이 변모와 적응을 거듭하는 그 변형을 모색해 보고자 한다.

먼저《대학》의 4차원, 4단계 인간과 인간 조직의 원형을 살펴보자. 이를 한 구절로 요약하면, 흔히들 말하는 수신제가치국평천하(修身齊家治國平天下)다. 이 4차원, 4단계 인간과 인간 조직체의 최소한의 단위는 개인이다. 예나 지금이나 사람은 더 이상 쪼개거나 조각 낼 수 없다. 지금 하루가 다르게 변하는 인간 그 자체의 변화—자연인간, 복제인간, 전자인간, 기계인간(AI bot)—를 논외로 한다면 그렇다.

위 4차원, 4단계 인간조직 원형이 이 저자와 근본적으로 다른 중요한 점 하나를 미리 밝히면, 《대학》에서는 본말(本末)—사람과 모든 물체의 뿌리와 가지—, 종시(終始)—모든 일의 끝과 시작—, 그리고 선후(先後)—무엇이 앞이고 무엇이 뒤인가—를 배우는 것이라는 순차적(sequential)개념[93]으로 인식, 접근하고 있다면, 나는 이 모두를 동시적(simultaneous)개념으로 보고 싶다는 것이다.

다시 말하면, 나는 개인, 가정, 국가, 천하(天下, 세계) 모두에게 주어진 길(道, 바른 길, 자질, 임무, 과제)—스스로의 몸과 마음을 올바르게 닦는 일, 가정과 가족을 잘 꾸려 가는 일, 나라를 덕으로 다스리는 일, 온 누리에 평화를 이룩하는 일 등—을 동시다발적으로 개인은 개인대로 가정은 가정대로 국가는 국가대로 끊임없이 배우고, 닦고, 익히며, 실천, 실행하는 것이라는 생각이다. 이 세상에서 태어나서 살다가 떠날 때까지…

이를 유념하면서 먼저 수신(修身)부터 평천하(平天下)까지를 한번 살펴보자.

옛날부터 지금까지 덕(德)으로 천하(天下, 세계)를 밝히고자 하는 사람(者)은 먼저 그 나라를 그렇게(덕으로) 다스려야 하고, 그렇게 나라를 다스리려는 사람은 먼저 그 가정(가족)을 그렇게 꾸려 가야 하며, 그렇게 그 가정을 꾸려 가려는 사람은 먼저 그 스스로를 그렇게 닦아야 한다[94]고 역설한다.

그 스스로를 그렇게 닦는 사람은 먼저 올바름으로 그 마음을 가다듬어야 하고, 올바름으로 그렇게 마음을 가다듬으려는 사람은 정성을 다해서 그 뜻을 이루어야 하고, 정성을 다해서 그렇게 뜻을 이루려는 사람은 그렇게 앎에 이르기까지 최선을 다해야 하고, 앎에 이르면, 모든 사물을 판단, 분석할 수 있게 된다[95]는 것이다.

모든 사물을 판단, 분석하게 된 뒤에야 앎에 이르게 되며, 앎에 이르게 된 뒤에야 정성을 다한 뜻을 이루게 되며, 정성을 다한 뜻을 이룬 뒤에야 마음이 올바르게 되고, 마음이 올바르게 된 뒤에야 몸을 닦게 되며, 몸을 닦은 뒤에야 가정을 보살필 수 있고, 가정을 보살핀 뒤에야 나라를 다스릴 수 있고, 나라를 다스린 뒤에야 온 세상이 평화로울 수 있다[96]고 보았다. 따라서 천자(天子)로부터 하찮은 민중(庶人)에 이르기까지 모든 사람은 그 사람 됨됨이를 닦고 가꾸는 것[97]이 가장 중요하다는 이야기다.

간추리면, 사람은 어진 백성이든 지도자이든 한 인간(개인)으로서 물격(物格), 치지(致知), 의성(意誠), 심정(心正)에 이르러야만이 개인, 가정, 나라, 세상이 모두 평안하다는 이른바 "수신위본"(脩身爲本)을 강조하고 있다.

사람에게 올바른 마음(正心)이 없으면 보아도 보지 못하고, 들어도 듣지 못하고, 먹어도 그 맛을 모른다.[98] 나라를 올바르게 다스리기 위해서는 그는 먼저 그의 가정을 잘 꾸려 가는 사람이어야 한다. 왜냐하면, 그 스스로 그의 가정도 제대로 꾸려 가지 못하면서 다른 사람[가정]을 이래라 저래라 가르칠 수 없기 때문이다.[99]

더 나아가서, 한 가정의 인자스러운 모범이 온 나라에 인자스러움을 널리 퍼지게(興仁)하고, 한 가정의 겸양이 온 나라에 겸양을 널리 퍼지게(興讓) 하며, 한 사람의 탐욕과 흉포(貪戾)함이 온 나라를 문란하게(作亂)한다.[100]

마지막의 경구(警句)는 "미꾸라지 한 마리가 온 웅덩이를 흐린다"는 우리 속담을 닮았다. 특히 그 '한 사람'이 나라를 통치하는 정치(국가)지도자라면 더욱 그렇다. 2016년 10월부터 온 나라와 온 국민을 볼모로 삼고 끝까지 오불관언(吾不關焉), 오만방자한 겹겹 철면피로 일관한 최순실-박근혜 국정농단 사태가 그 산 증표다.

그리고 민중의 마음을 얻는 길이 나라를 얻는 길이요, 민중의 마음을 잃으면 나라를 잃게 된다[101]고 경고한다. 따라서, 지배자(君子)는 먼저 스스로 덕을 쌓는 데 최선을 다해야 하고, 그가 덕이 있으면 민중을 얻게 되고, 민중이 있으면 그들이 그에게 땅(영토)을 주고, 땅이 있으면 그는 재산을 얻게 되고, 재산을 유용하게 쓸 수 있게 된다고 말한다. 한마디로, 덕 있는 사람에겐 재산이 따르기(德者本也, 財者末也)[102] 마련이라고 일깨워 준다.

간추리면, 《대학》의 4차원, 4단계(脩身, 齊家, 治國, 平天下) 모델은 하나의 군자정치론(君子政治論)이랄까? 즉, 어떤 인품과 자질을 가진 사람이 나라를 다스려야 민중이 안심, 안전, 안정, 안보를 누리고, 나라가 복되고, 세상이 평안한가를 밝히고 있다.

같은 맥락에서 베버가 본 정치인도 잠시 살펴보자. 그의 정치와 정치인에 관한 그의 통찰과 혜안은 이 책 3부 제13장, 〈직업으로서의 정치〉에 담겨 있으므로 여기서는 그가 그리는 '이상형' 정치인의 모습만을 짧게 요약해 본다.

정치인 원형

베버의 '이상형' 정치인 개념화를 요약하기에 앞서, 나는 내가 직접 잠시나마 함께 일했거나, 자주 아니면 드물게나마 만났거나, 멀리서 인쇄, 방송매체나 출판물을 통해 알고 있는 우리나라 국정 최고 책임자인 대통령들을 비롯, 총리, 장관, 국회의원, 장성, 외교관, 재벌 총수들의 이미지들을 내 머릿속에서 한번 상상해 본다. 어떤 이미지는 아주 뚜렷하고, 또 어떤 이미지는 희미하고 가물가물하지만…

물론 내 이미지는 그들의 실재, 실체와도 다르고, 다를 수밖에 없다. 그들에 대한 좋거나 나쁜 편견이, 온갖 그릇된 또는 올바른 감정이나 선입견이, 나도 모르는 사이에 내 마음속, 머릿속에 스며들어 차곡차곡 쌓여서 나만이 갖고 있는 그들의 이미지이기 때문이다. 한마디로, 이미지는 이미지고, 실체는 실체다. 거짓, 허상, 날조는 진실, 진상, 진리가 아니다.

그 어둡고, 어려운 군부독재 시절, 김지하의 시, 〈오적〉(五賊)[103]에 등장하는 사람들—재벌, 국회의원, 고급공무원, 장성, 장차관—이 지금도 줄줄이 쇠고랑을 차는 신세가 되는 꼴을 우리 국민은 자주 목격하기 때문인가. 꼭 우리나라만의 '연중행사'나 흉행은 아니지만.

김지하 시인은 우리말 위 오적에 나오는 인물들을 한문으로 '高級公務員'을 '跍礫功無源' 등으로 모두 바꿔 쓰고 있다. 이 바꿔 쓴 한문을 내 나름대로 풀이하면, '억세게 큰 개, 간교한 원숭이, 높은 곳에 발을 꼬고 거들먹거리며 걸터앉아 있는 돼지, 살쾡이, 눈을 부릅뜬 개미' 등으로 비유하고 있는 것도 같아 웃음과 재미를 보탠다.

더욱 흥미로운 것은 오적의 '적'은 한문으로 원수나 전쟁의 상대방인 '敵'(enemy)이 아니라, 남의 물건(國庫, 국민재산, 자산)을 훔치는 도둑이라는 '賊'(thief)이다. 이 글자를 들여다보면, 도둑은 먼 옛날에 '돈'으로 쓰인 조개 패(貝)자와 군사무기라는 뜻의 '융'(戎)자가 합쳐진 한자다. 돈과 칼이 붙어서 도둑이 됐다? 돈으로 칼을 샀다? 칼로 돈을 빼앗다?

억지 좀 부리자면, 한문 '賊'자는 아이젠하워(Dwight D. Eisenhower, 1890–1969) 전 미 대통령이 1961년 1월 17일 그의 퇴임, 고별연설에서 경고했던 '군산복합체'(military industrial complex)를 닮았다고 할까? 알다가도 모를 일이다. 최근 우리나라에서 불거진 방위사업 비리를 척결하기 위한 '방위산업비리 합동수사단 수사'[104]가 일회용 '반창고'로 끝나거나 '용 머리에 뱀 꼬리'가 아니길 바란다.

김 시인이 위 담시(譚詩) 〈오적〉에서 재벌, 국회의원, 고급공무원, 장성, 장차관을 희화화(戱畵化)한 것과는 달리, 베버는 재력, 금력, 공권력 등 사회 전반의 부패와 폐해를 다루지 않고 있다. 그가 오직 정치인이 쉽게 빠질 수 있는 함정과 유혹에만 국한하고 있는 것이 크게 다르다. 아무튼 그가 개념화한 '이상형 정치인'의 자질과 조건을 잠시 한번 살펴보자.

베버는 '이상형' 정치인에게 결정적으로 가장 중요한 세 가지 자질로 열정(Leidenschaft), 책임감(Verantwortungsgefühl), 그리고 균형감각(Augenmaß)을 든다(자세한 것은 이 책 3부 제13장, 〈직업으로서의 정치〉 참조).

그는 열정은 불임(不妊)의 흥분(sterile Aufgeregtheit, sterile excitation)이 아니고 큰 목적(大義, Sache, cause)이든, 신이든, 악마든, 그의 주군(主君)이든 헌신이라고 정의한다.

하지만, 이상적인 정치인이 되기 위해서는 그의 열정이 아무리 진실할지라도 단순히 그 감정만으로는 충분하지 못하고 그의 대의에 헌신하는 열정이 행동지침이 되어야 하고, 이 대의에 대한 책임감이 따라야 한다고 주문한다. 또한 이상적 정치인의 결정적인 심리적 자질인 균형감각, 즉 실제 상황들에 대한 대응과 처리에는 냉철한 집중력과 신중함이 함께 필요하다고 힘주어 말한다.

따라서 그는 정치인은 사건, 사안, 사물과 그에 관련된 사람들과 일정한 거리(Distanz, distance)를 항상 두어야 하며, 거리 두기의 부재(Distanzlosigkeit, loss of distance)는 모든 정치인의 가장 치명적인 죄악의 하나라고 본다.

왜냐하면, 정치는 우리 몸이나 마음의 부분들이 아니라 머리로 만들며, 정치인이 그의 똑같은 가슴속에 어떻게 따뜻한 열정과 냉철한 균형감각을 함께 융화할 수 있느냐가 지극히 어려운 과제이기 때문이라는 것이다.

그는 불임의 흥분에 사로잡힌 정치인이나 단순히 딜레탕트(아마추어) 정치인들과 열정의 정치인을 분별하는 영혼(정신, 마음)의 엄격한 길들이기는 오직 모든 의미에서의 초연함(초월, 공평무사, Distanziertheit, detachment)의 습관을 익히는 것으로만 가능하다고 본다.

정치인은 1차적으로, 열정, 책임감, 균형감각을 가져야 하고, 그의 내면에선 매일, 매 시간, “아주 사소하고 너무나도 인간적인 적(敵)”(Einen ganz trivialen, allzu menshlichen Feind, quite trivial and all–too–human enemy, 우리말로 하면, 정치인은 맨 먼저 그 스스로는 온갖 유혹을, 그리고 친인척, 친구, 동향인 등 이른바 혈연, 학연, 지연의 갖가지 연줄)을 극복해야 한다고 힘주어 말한다.

대의를 위한 헌신에 치명적인 적인 아주 비속한 허세(허풍, 허영심, Eitelkeit, vanity)를 극복하고 사안, 사물, 사건과 이와 연관된 사람들은 물론이고, 맨 먼저 자기 자신으로부터 ‘일정한 거리 두기’를 지켜야 한다고 베버는 주문한다. 그의 이 주문은 누구에게나, 특히 정치인에게는 결코 쉽지 않은 실천, 실행하기 힘든, 그러나 꼭 극복해야 할 과제요 도전이다.

베버는 아주 널리 퍼진 인간의 자질인 허세로부터 아마 그 누구도 완전히 자유스러울수 없으며, 학자들의 경우 이 자질은 일종의 직업병(Berufskrankheit, occupational disease)이라고 스스로 인정한다. 그러나 학자의 허세는—아무리 눈살을 찌푸리게 하고, 불쾌할지라도—그것이 대체로 연구활동에 지장을 별로 가져다주지 않는다는 의미에서 상대적으로 무해(無害)하다고 그는 생각한다.

하지만, 권력쟁취를 위한 불가피한 수단으로서의 권력 본능(Machtinstinkt, power instinct)에서 비롯된 허세는 이상적 정치인이라는 직업의 고결한 정신에 역행할 뿐만 아니라 오로지 대의만을 위해 봉사한다는 각오와 자세를 망가뜨리고, 오직 자기도취에만 빠져들어 객관성을 잃기 때문이다. 그리하여, 그 폐해와 해악은 그를 지지해 준 온 국민(시민)이 고스란히 짊어지게 된다는 것이다.

한마디로, '거리 두기 부재'에서 비롯된 객관성 부재(Unsachlichkeit, lack of objectivity, 공평무사, 불편부당의 실종)와 무책임성(Verantwortungslosigkeit, irresponsibility)은 정치인이 범하기 쉬운 치명적인 유혹이자 죄악이다.

아무튼, 위에서 인용한 소책자, 《대학》이나, 베버의 '이상형' 정치인 둘 다 지도자의 자질을 거의 원론적인 입장에서 논하고는 있지만, 그런 지도자를 어떻게 찾아내고 어떻게 뽑아서 그가 지도자로서 어떻게 민중을 다스리게 되는가 하는 지도자 선출 과정과 통치 방식에 대해서는 아무런 해답이나 방책이 없다.

따라서, 이러한 문제점을 유념하면서, 다음은 위 4차원, 4단계 인간과 인간조직, 그리고 베버의 '이상형' 정치인을 원형으로 하고, 이 저자가 이 책에서 다루고 있는 터, 틀, 판이라는 개념으로 지금 21세기 인간과 정치조직의 변형은 어떤 모습이며, 어떤 모습이어야 할까 등을 잠시 살펴보는 것으로 이 장을 마무리하고자 한다.

이에 앞서, 우리나라 2016년 정치 풍경을 한번 살펴보자. 아무리 보아도 낡을 대로 낡았다. 아직도 '그 모양 새 꼴, 새 모양 그 꼴' 같다.

자유민주국가에서 정치는 덧셈이라야지, 뺄셈이 아니다. 오직 선거만이 너든 나든 한순간 '정치적으로' 죽고 사는 정기적으로 치르는 제로섬 게임이다. 선거는 정치 지망생을 포함, 정치인이 선출직 '공직 관문'을 통과하려는 필요조건으로, 이른바 각자도생(各自圖生)의 소리(小利)가 판치는 게임이다.

선거는 민주정치라는 큰 틀의 아주 중요한 일부분이지만, 좋은 정치, 제대로 기본을 갖춘 정치인은 이 '소리 게임'을 치르면서도 대의(大義)를 불요불굴의 의지와 집념으로 끝까지 지켜야 한다. 그의 눈앞에 어른거리는 소리만을 위해서 대의를 저버리거나 잊고, 잃는 어리석음은 금물이다. 그런 정치인은 베버가 주문한 "개성"을 가진 정치인(家)이 못 된다.

길게 멀리 보면, 집권 여당이 야당을 갈라놓고 '어부지리'(漁父之利)로 이긴다는 '선거 계략'도 얼간이들의 꼼수이지, 정치의 올바른 길은 아니다. 정치의 정석(定石)과는 거리가 멀다.

구체적으로, 우리만의 '정치괴질' 두 가지 치부를 한번 살펴보자.

이른바 "3김 시대"의 전직 두 대통령이 세상을 떠나고, 18년 군사-유신 독재 정권을 누린 박정희 대통령의 영애가 대통령이 되자, 삼국시대 신라왕조의 골품제(骨品制)의 성골(聖骨), 진골(眞骨)이 되살아난 듯, '친박', '진박', '중박', '비박', '반박' 등 '정치인 편가르기' '딱지 붙이기'가 언론 방송 논객들의 단골메뉴가 되어 쉴 새 없이 '박박' 확대 재생산만을 거듭하다 보니 국민의 삶은 더욱 팍팍하다. 주권재왕(主權在王)의 시대도 아닌 '디지털 혁명 시대에 왜 권력 주변에 '허수아비'들만 거드럭거리고 어슬렁거리는가?

정당 이름이 무슨 죽을 죄를 지은 일도 없고, '요술 방망이'도 아닌데 왜 시도 때도 없이 헌신짝 버리듯 정당 이름 바꾸기를 일삼는가? 잘못이나 죄는 사람이, 당을 이끄는 리더들이 짓고 당명만 바꾸는 것으로 화를 면하겠다는 이 버릇은 고질이자 괴질이다. 도대체 지구상에 지금 그런 민주주의 나라, 그런 정당이 어디에 있는가? 정치인의 잘못은 당명 바꾸기가 해소하는 것이 아니라 선거에서 정기적으로 국민이 심판한다.

미국의 민주당, 공화당은 같은 당명으로 적어도 150년의 연륜을 지금까지 쌓았다. 영국의 보수당(CP, Conservative Party)은 그 전신(前身) 토리(Tory)로까지 그 뿌리를 찾아 올라가면 330여 년이고, 1834년 필(Robert Peel, 1788–1850, 영국 수상을 두 번, 1834–35, 1841–46년 역임)의 "보수 선언"(Conservative Manifesto)을 기준으로 해도 181년 전까지 거슬러 올라간다. 노동당(LP, Labor Party)도 1900년 노동대표위원회(The Labor Representation Committee)를 창립하고, 6년 뒤 출범한 노동당 당명을 기준으로 해도 벌써 109년의 연륜을 넘겼다.

장미는 그 꽃이 향기롭고 아름다워서이지, 그 이름은 '장미'든 '장마'든 무슨 상관인가? 지도자, 당원, 사람(시민, 국민)은 바뀌지 않고 맨날 허튼 구호만 외치고 당 이름만 바꾼다고 우리 삶, 정치, 정당의 행태가 바뀐다고 생각하는 것은 환상이다.

우리 정치의 이 괴질을 이겨 내고, 낡은 정당정치를 청산하겠다면, 국정최고 책임자인 대통령의 국정운영에서부터 정당에 이르기까지, '알맹이 없는 허튼 구호, 편가르기, 딱지 붙이기, 정당 이름 바꾸기' 등 비생산적 '소모정치' '네 탓–내 탓 책임전가(轉嫁) 정치'는 끝내야 한다. 전자인간시대에 걸맞은 삶의 정치, 사람 중심의 정치, 타협과 협상의 '열린 정치'의 새 싹이 돋아나고 무럭무럭 자라서 언젠가 '자유민주정치의 우람한 나무'로 우뚝 서기를 진정으로 바란다면…

또 하나, 위《대학》에서처럼 4차원, 4단계로 분명하게 획을 긋지는 않았지만, 슈미트와 코엔의 최근 저서에서도 새로운 디지털 시대에 변모, 변화하는 삶을 크게 개인의 미래 모습과 그의 정체성(identity), 시민권(citizenship), 국가의 미래, 안팎에서 일어날 수 있는 미래의 사이버 혁명, 테러, 분쟁, 전쟁 등으로 분류하여 다루고 있다. 이 공저자의 최근 저서가 이 저자의 다음 새 정치의 터, 틀, 판을 정리하는 데 크게 도움을 주었음을 미리 밝힌다.

정치 변형—새 정치의 터, 틀, 판

전자인간시대의 사람(개인)은 이미 뒤죽박죽 얽히고설킨 세상을 살고 있다. 그의 바깥세상은 온갖 컴퓨터와 인터넷 기기로 실제 세계(physical world)와 가상세계(virtual world)로 거의 전 인류, 전 지구촌이 연결되어 있고, 하루가 다르게 연결되어 가고 있다. 이 가상세계는 모든 것이 "등거리"(equidistant)[105]이고 오늘의 전자인간은 인류 역사에서 "지울 수 없는 기록을 남기는 첫 인간"[106]이기도 하다.

또한, 개인은 이제 1평방 밀리미터 크기 전자 감지기가 그의 몸 속을 돌아다니며 체온, 심장박동 등 그의 건강상태를 측정하여 몸 밖의 작은 헝겊을 통해 그 기록을 그 본인이나 담당 의사에게 보내는 세상[107]이다.

정치 판도 갈수록 바뀌고 있다. 오늘의 개인은 몇 가지 단순 개념으로 껴안을 수 없을 만큼 다양하고 복잡하다. 일자리(직업)도 다양하고, 계층, 학력을 포함, 기술, 지식, 삶의 양식이나 방식도 문자 그대로 천차만별이다. '노예 같은' 삶을 사는 사람과 나라는 아직도 지구촌 곳곳에 있지만, 적어도 '전 지구적 연결성'(global connectivity)은 이제 현실이 되고 있다.

인구도 가상세계가 실제세계보다 더 많아지고, 더구나 이른바 '클라우드 기반 데이터 저장(소)'(cloud-based data storage)[108]에 개인정보가 축적되어 그 개인정보를 누구나 제멋대로 조작할 수도 있기 때문에 개인의 사생활(privacy)이나 정체성(identity), 안전 · 안보(security), 컴퓨터 등 전자 기기 사용자 보호 문제 등이 갈수록 커질 수밖에 없다. 하나의 미봉책으로 '암호화'(encryption)—정보를 뒤섞어서 오직 신원이 확실한 사람만이 해독할 수 있는 잠금장치—도 갈수록 더 늘어나고, 더 정밀해지고 있다. 이와 관련 구체적인 사건 하나를 소개하면, 최근 애플(Apple) 저가형 '아이폰 5C' 잠금장치 해제를 놓고 미 연방수사국(FBI)과 애플이 법정 투쟁을 시작하려 한 것이다. 사건의 발단은 2015년 12월 2일 미 캘리포니아 주 샌버너디노에서 총기 테러로 14명이 사망한 것이다. 이 총격 테러의 주범인 무슬림(Syed Farook)의 위 아이폰 잠금장치 해제와 관련해 애플은 개인 회사와 그 고객의 (개인)사생활(privacy) 보호를 근거로, FBI는 국가안보를 이유로 서로 법정투쟁을 불사하겠다는 입장을 굽히지 않다가 FBI가 스스로 고용한 훼손된 데이터 복원 전문업체(Digital Forensic)에 용역을 주어 그 잠금장치 해제에 성공함으로써 3개월 만에(2016년 3월 28일 현지시각) 싱겁게 끝났지만, 앞으로 미국뿐만 아니라 우리나라를 포함, 수많은 나라들도 전자인간시대의 국가안보와 개인의 사생활 보호문제를 둘러싼 분쟁과 갈등은 날이 갈수록 '뜨거운 감자'의 하나다.

새 정치의 터는 이제 한 마을, 한 도시, 한 국가가 아니다. 명실 공히 전 지구가 '하나의 전자 마을'(a global electronic village)이다. 지구촌 마을과 도시, 나라들의 경제 발전 단계, 정치 형태, 과학기술 수준 등에 따라 아직도 인간 삶이 문자 그대로 천차만별(千差萬別), 천태만상(千態萬象)이지만.

오늘 전자인간시대의 새 정치를 터 차원에서 보면, 이제 신종 지카(ZIKA)

바이러스, 에볼라(Ebola), 메르스(MERS, 중동호흡기증후군) 같은 전염병이든, 천인공노(天人共怒)할 '이슬람국가'(IS) 극단 분자의 화형(火刑)과 같은 인질 살육 만행이든, 현재 진행 중인 우크라이나의 '국제화된 내전'이든, 사실상 지구촌 전 인류가 실시간으로 그 소식을 공유하고 공감한다. 적어도 영상, 가상세계에서만은 그렇다. 또한, 위에서도 이미 지적한 바 있지만, 터의 개념은 이제 사이버 공간을 포함, 지구 밖 태양계, 다(多)우주까지로 거의 무한대로 커지고, 넓어지고, 깊어지고 있다.

새 정치 틀도 하루가 다르게 바뀌고 있다. 이미 위에서도 여러 차례 강조했듯이 국가 개념도 서양의 주권 개념의 국가나 중국 왕조시대 천하(天下) 개념을 훨씬 뛰어넘는 지구, 우주, 다우주로까지 새 터, 새 틀, 새 판이 커지고, 넓어지고, 깊어지고 있다. 시민, 국민 개념도 갈수록 한 국가, 한 지역에 국한되지 않고 2중 국적, 다국적 시민, 국민이 늘어나고 열리는 추세다.

이와 관련하여 슈미트와 코엔은 "궁극적으로 인터넷이 정부도 없고 지도자도 없는 고전적인 [무정부, anarchy] 국제관계 이론의 세상을 낳게 될 수도 있다"[109]라고 내다보는 것도 내 눈길을 끈다.

경제금융 분야의 '핀테크'(financial-technique)처럼 선거 과정이나 투표, 개표도 전자 기기와의 접목, 접속으로, 이미 전자 정치, 전자 민주주의, 전자 정부, 전자 선거(e-politics, e-democracy, e-government, e-election)라는 새 틀이 시험, 실행 과정에 있다. 전자 투·개표, 전자 여론조사도 일상이 된 지 오래다. 사이버 정치구조나 체제의 종합적이고 구체적인 모습은 아직 현재 진행형이지만. 궁극적으로, 그 종착역은 21세기 전자형 옛 그리스 시대 '직접민주주의'(electronic direct democracy)의 부활[110]일 수도 있다.

슈미트와 코엔은 현존하는 사이버 정치체제를 크게 세 가지 형태—열린 민주주의(open democracy), 억압적 독재(repressive autocracy), 실패한 국가(failed state)—로 구분[111]하여 전자인간시대 '데이터 혁명' 문제를 다루고 있다.

첫째, 열린 민주국가에서는 이제 시민이 뉴스나 정보출처가 정확하든 사실과 동떨어진 것이든, 합법적이든 불법적이든, 그것이 개인의 세금납부, 범죄, 여행, 전화 등 사생활에 대한 기록이든, 온갖 데이터가 난무함으로써 투명성과 효율성은 높아졌지만 아직 전자인간시대의 가상세계에 대한 보편적이고 일반화한 규범과 규제가 제대로 정리, 정착하지 못한 상황이다.

둘째, 독재국가에서는 국가가 의심하는 반정부, 반국가분자들(political dissidents)의 개인휴대용 컴퓨터(laptops)에 몰래 잠입하여 카메라를 장착, 그들이 집에서 무슨 말, 무슨 짓을 하고 있는지 그 모든 것을 듣고 보고 할 수 있는 기술(malware, spyware)이, 즉 전자인간시대 검열(censorship) 방법인 '필터링'(濾過, filtering)이 이미 작동, 운영 중[112]이다. "오늘의 독재자들과 권위주의자들은 옛날의 그들보다 훨씬 치밀하고, 능청맞고 약삭빠르다"[113]라는 것이다. 꼭 독재국가의 독재자들만 그럴까 하는 의문도 제기된다.

사이버 전쟁무기 맬웨어(malware) 예를 들어 보자. 2010년 이란 나탄즈(Natanz) 핵 시설 모니터링 시스템에 잠입, 그 가동중단을 가져온 '스턱스넷 웜'(Stuxnet worm)과 '두쿠'(Duqu)는 2012년 6월 이란 핵무기 프로그램을 멈추게 하거나 방해하는 미국과 이스라엘의 공동 프로젝트[114]로 드러난다. 스턱스넷 이전에 개발된 'Resource 207'도 속속 드러난다. 2014년 발견된 '플레임 바이러스'(Flame Virus)도 같은 프로젝트로 알려졌다.

러시아 카스페르스키 실험소(Kaspersky Labs)의 카스페르스키는 새 맬웨어, '마스크'(Mask, Careto in Spanish)도 발견한다. 그는 마스크도 위 플레임과 비슷한 감시 프로그램이지만 자료나 기록물(files), 근본원리, 핵심기술(keystones)과 컴퓨터 작동원리 풀이법(encryption) 등도 훔쳐가는 훨씬 더 정교한 맬웨어[115]라고 규정한다.

2007년 에스토니아 수도 탈린(Tallinn)의 웹사이트 디도스(DDoS, distributed denial of service) 공격을 시작으로 지금은 거의 모든 나라들이 개입된 것도 같다. 구체적으로, 이 저자가 위키피디아(Wikipedia)에 나오는 2016년 4월 24일 오전 11시 18분 실시간 디도스 공격 지도(Top Daily DDoS attacks worldwide, map.nonsecorp.com/#/)를 보면, 공격 순위는 시시각각 바뀌지만 미국, 중국, 한국, 네덜란드, 독일, 사우디아라비아, 영국(UK), 러시아, 대만 등이다.

이를 '새 군사 경쟁'(new arms race)으로 규정하고 미국의 사이버사령부(USCYBERCOM)[116]를 비롯하여, 중국, 러시아, 이스라엘, 이란, 한국 등도 유사한 사령부를 신설, 활동 중이다. 이러한 사이버 온라인 시대 전쟁 환경(터), 전쟁 개념과 방법(틀), 전쟁 지역(판)의 근본적인 변화를 20세기 '냉전'(Cold War)에서 '코드전'(Code War)[117]으로의 전이(轉移)라고까지 부른다.

하나의 구체적인 보기로 미 무인공군기(drones) 비중이 2005년 5%에서 2012년 기준 31%까지 증가[118]했다.

또 하나, 슈미트와 코엔은 지금 독재국가들이 세계에서 전자 기기 연결성이 가장 적은 나라들이지만 장기적으로는 커뮤니케이션 기술이 이들 독재국가들을 잠식하고 깨부수게 될 것이라고 본다. 한편, 민주국가는 가상세계의 시민 참여의 지혜의 덕을 볼 것이지만 부유한 독재국가는 가상세계를 악용, 시민감시와 통제를 더욱 강화하는 전자형 '경찰국가'(Police State 2.0)가 될 것이라고 전망[119]한다. 낙관과 비관이 교차한다.

셋째, 소말리아처럼 실패한 국가의 경우, 사실상 무정부 상태인 권력 공백(power vacuum) 속에서 해적 행위나, 최근 불거진 옛 군벌(warlords) 비슷한 폭력 집단(ISIS, 이라크-시리아 이슬람 국가) 무장세력들의 포학무도한 극도의 야만적인 무차별 살상행위 등도 오늘의 가상세계, 사이버 정치의 어두운 단면이다.

새 정치의 판도 당연히 새 정치 터와 틀의 변화와 함께 덩달아 지금 새 모습으로 태어나고 있는 소용돌이 속에 우리는 지금 살고 있다. 그 모습도 어떤 것은 이미 드러나 보이고, 어떤 것은 아직도 마치 흙 속에서 돋아나는 새싹처럼 그 모습을 감추며 몰래 자라나고… 그것이 버섯이라면 독버섯인지, 아닌지 판가름하기도 어렵다.

요컨대, 과학과 기술은 가치중립적(value-neutral, value-free)이다. 오늘의 전자인간시대도 그 예외가 될 수 없다. 그러나 그 과학과 기술을 사용하는 사람은 가치중립적일 수 없다. 전자인간시대도 전자 기기의 개발, 사용과 이용—선용(善用)/악용(惡用), 합법(合法)/불법(不法), 이기(利器)/흉기(凶器)—은 사람의 몫이다. 인간이 이 지구라는 터에 존재하는 한 과학탐구와 학문연구는 밑도 끝도 없이 지속될 것이다. 정치도 이 세상이 존재하는 한 어떤 형태, 어떤 방식으로든 사람과 함께할 것이다.

끝으로, 인공지능(artificial intelligence, AI)과 인간지능(human intelligence, HI)의 차이는 무엇일까? '100% 전자인간'(homo electronicus)이 지금 이 세상에 탄생했다고 가정해 보자. 이 전자인간은 일찍이 아리스토텔레스가 인간 행동과 감정의 기준으로 정리한 덕성과 악성이나, 유교의 사단칠정(四端七情)을 갖게 될까? 아니면, 이것이 과학과 정치, 기계와 사람의 최소한의 차이인가?

기계와 기계, 기계와 사람이 부딪히는 소리와 사람의 살과 살이 부딪히는 소리와 느낌(feeling)은 다른가? 다르지 않은가? 사람의 몸과 몸, 마음과 마음, 머리와 머리를 잇는, 아니면 뒤죽박죽 몸, 마음, 머리를 잇는 감성(pathos), 이성(logos), 윤리성(ethos)은 어떤가?

100% 인공지능 인간(AI bot, android, humanoid)은 유익할 것인가? 아니면 인류 멸망을 가져올 것인가? 이 해답은 끝내는 사용자인 사람과 사람도 예측

못한 인재(人災)나 천재지변(天災地變)에 달려 있다. 바로 그 사람이 지금 네 가지 갈래—로봇 인간, 전자인간, 복제인간, 자연인간—로 뒤죽박죽, 뒤범벅이 되고 있다. 그리고 일찍이 카를 마르크스가 이야기한 다수 노동자가 창출한 '잉여노동'(surplus labor)의 '잉여가치'(surplus value)를 자본가가 착취하는 세계가 아니다. 즉 특정 계급(자본, 자산가)이 다른 특정 계급(무산자)을 착취하는 사회[120]는 옛날 이야기가 되어 가고 있다. 이제 '전자인간', '로봇인간'의 등장으로, 그리고 언젠가는 '복제인간'의 범람(?)으로 특정 계급이 아니라, 인간(인류), 특히 '자연인간' 자체가 알게 모르게 '잉여인간'(surplus human)이 되어 가고 있는 것도 같다.

하나 분명한 것은 그러나, 우리는 지금 전자인간시대라는 신천지에 살고 있다는 사실이다. 이 신천지는 지금 이 순간도 지구촌 곳곳에서 과학과 정치를 포함, 사람과 전자 기기가 쉴 새 없이, 끊임없이 가꾸고 일구는 새 터, 새 틀, 새 판이다. 그리고 이 새 터, 새 틀, 새 판에서 우리도 알게 모르게 새 사람으로 탈바꿈을 거듭하고 있다. 새 학문(과학), 새 (과)학자, 새 정치, 새 정치 인간을 포함해서…

3부

막스 베버

제 11 장

베버의 삶과 학문

가정환경

베버의 두 강의의 우리말 번역문을 읽기에 앞서, 먼저 그의 가정환경[1]을 잠시 살펴보자.

베버는 1864년 4월 21일 독일 동부 작센(Sachsen, Saxony) 주 라이프치히(Leipzig) 시의 남동쪽 도시 에어푸르트(Erfurt)에서 첫째 아들로 태어난다. 그의 부모는 2년 간격으로 줄곧 아들, 딸 모두 여덟을 낳았으나, 그 가운데 두 딸은 일찍 죽고 그를 포함, 아들 넷과 딸 둘이 성장한다.

베버의 아버지(Max Weber Sr.)와 어머니(헬레네 팔렌슈타인, Helene Fallenstein) 쪽 모두 옛 조상 때부터 비교적 상류 부르주아 집안이다. 유산(遺産)계급 출신이다. 특히 그의 어머니 조상들은 대대로 교육자 명문 집안이었다고 한다. 따라서 그의 부모는 진보적이고 진취적인 개신교 배경에다, 이지적이고 문화적으로 세련된 삶을 꾸린 셈이다.

그의 아버지는 국가자유당 고위간부로 당시 독일 제국의회(Reichstag) 의원을 지냈고, 수도 베를린 시 건설담당 책임자로 일하는 등 정치인이자 고위공직자였다.

한마디로, 베버는 그가 원하는 지적 호기심을 마음껏 누리고 채울 수 있는 비교적 풍성하고 유복한 가정에서 태어난 셈이다. 적어도 겉으로 보기에는… 뒤에 언급되지만, 그의 아버지와 어머니의 관계, 특히 결혼생활이 결코 순탄치 않았던 것 같다.

"나는 지금 뼛속 깊숙이까지 피곤하다"

그는 어릴 적부터 남다른 지적 호기심이랄까? 아니면, '천재성'을 보여 준다. 보기를 들면, 그의 아내 마리안네(Marianne Schnitger, 1870–1954)는 남편 전기(傳記)[2]에서 베버는 당시 독일 대학 예비중학교(Gymnasium) 때 벌써 스피노자, 쇼펜하우어, 칸트, 마키아벨리의 저서 등을 읽었다고 밝힌다. 그리고 그때 이미 베버는 아무도 모르게 혼자서 독일의 문호, 괴테의 전집 40권도 모두 읽었다[3]고 한다.

그림 11-1

막스 베버(15살, 왼쪽)와 그의 두 동생, 카를(Karl)과 알프레트(Alfred), 1879년.

그는 1877년 14살 생일을 앞두고 두 개의 역사 논문[4]을 쓸 정도로 이미 학문에 깊숙이 빠진다. 그의 대학, 대학원에서의 학위취득 과정 등도 놀랍다. 그가 법학박사 학위 및 변호사 자격증, 국가교수 자격증 취득과 당시 3년 군복무를 함께 모두 9년

그림 11-2
막스 베버, 1894(30세)

그림 11-3
막스 베버와 부인 마리안네, 1894

만에 마무리 짓는 것도 범상치 않다.

1882년 18살인 베버는 그의 아버지처럼 하이델베르크대학에서 법학을 전공한다. 그 다음 해인 1883년부터 이듬해까지 1년간 그는 슈트라스부르크에 있는 그의 삼촌 집에 살며 1차 군복무도 마친다.

그리고 베를린대학으로 옮겨 법학을 계속 전공하고, 다시 괴팅겐 대학으로 옮겨 가서 그곳에서 실시하는 변호사(Referendar) 자격시험을 준비한다. 그리하여 1886년 그가 22살 때 합격한다. 그 다음 해인 1887-1888년 다시 1년 동안 슈트라스부르크와 포젠에서 2차 군복무를 마치고, 1889년 그가 25세 때 베를린대학에서 우수한 성적(magna cum laude)으로 법학박사학

그림 11-4
막스 베버, 1907년경(43세)

위를 받는다.

2년 뒤인 1891년엔 27세로 국가교수 자격시험(Habilitation)도 합격한다. 그 이듬해 1892년엔 마지막 3차 군복무도 끝낸다.

군복무기간 3년을 빼면, 사실상 그는 6년 동안에 법학사, 법학박사학위, 변호사 자격증, 국가교수 자격증, 그리고 이 학위들과 자격증들을 받기 위한 학위와 자격시험 논문만도 세 편을 써야 하는 '중노동'(重勞動)을 이겨낸다.

더구나 그는 한 대학에서 이 과정을 마치지 않고, 하이델베르크, 베를린, 괴팅겐 등 세 대학을 거쳤고, 그 사이사이에 또 군복무 3년을 마쳤으니, 요샛말로 하면, '동에 번쩍, 서에 번쩍', 문자 그대로 동분서주(東奔西走)의 삶이었다.

좋은 의미로는, 젊은 나이에 그가 몸과 마음을 철두철미 단련한 것으로 보이지만, 다른 한편으로는 이 혹독한 도전과 시련 때문에 그가 32세 때부터 거의 5, 6년 동안 앓게 되는 신경질환(nervous exhaustion)[5]을 부추긴 것은 아니었는가 하는 생각도 나는 하게 된다. 그가 지적, 학문적으로 가장 왕성한 시기로 볼 수 있는 50대 중반에 이 세상을 마감하게 된 한 원인이 아닌가 하는 아쉬움도 남는다.

그림 11-5
막스 베버, 1917년(53세). 3년 뒤 56세로 타계.

독일은 산업혁명에서는 영국, 프랑스에 뒤졌

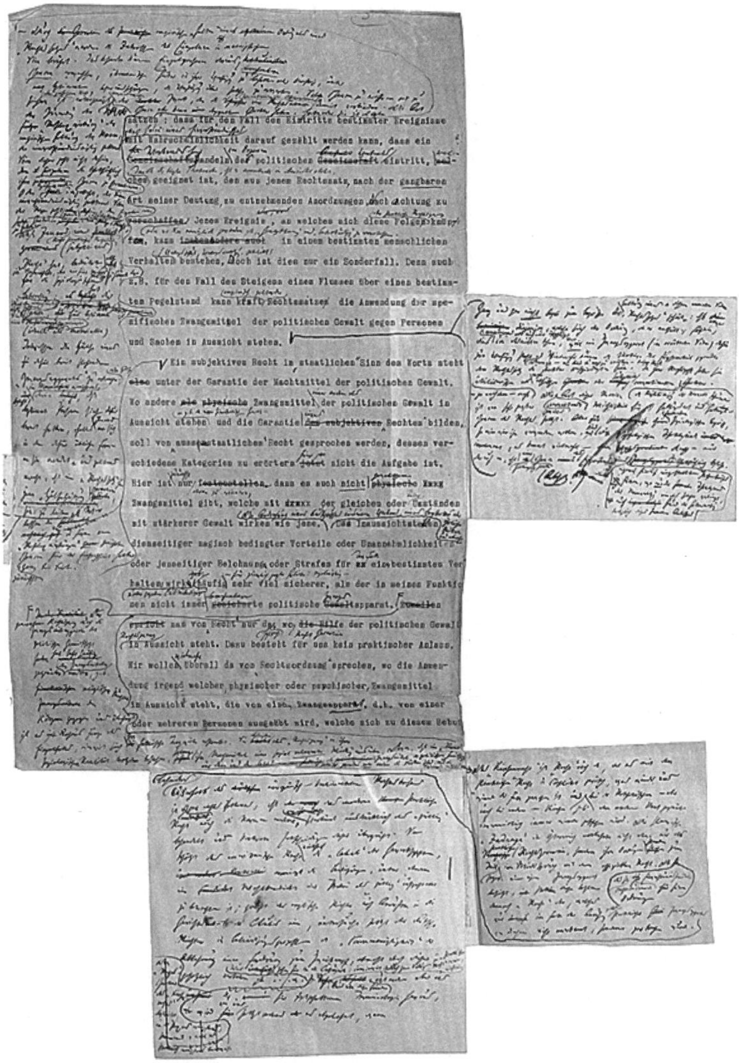

그림 11-6

막스 베버의 저서, *Wirtschaft und Gesellschaft* (*Economy and Society*, 1925)의 원고. Akademie Artuell, 01-2014, p. 54. 출처: Wikipedia.

지만, 베버가 살았을 당시에는 철도(기차, 전차, 전동차 등), 전기와 운송혁명에서는 가장 앞서가는 나라였다. 그리고 그때는 세계에서 경제성장 속도가 가장 빠른 나라였다. 마치 1970년대, 80년대 한국이나 오늘의 중국처럼.

그가 그러한 나라에서 태어나 삶을 꾸린 것도 사실(행운?)이지만, 그래도 오늘과 같은 최첨단, 초고속, 초정밀, '전자인간' 다(多)우주 시대도 아니고 고속도로나 전자정보 초고속도로(information super-highway)[6]나 슈퍼그리드(Super Grid)[7]는 물론이고, 자가용 자동차마저 보편화된 시대가 아닌, 겨우 초기 전기, 철도 시대가 갓 시작[8]하는 상황에서 그는 촛불, 기껏해야 가스램프, 전등불 아래서 독서나 집필을 했을 것이다.

더구나 그가 이 대학 저 대학 동분서주할 때 교통수단도 그땐 비행기도 없었으므로 수레 마차나 전차, 기차를 타고 다녔을 것이라고 상상한다면, 그의 위 교육과 군복무 과정은 정신적으로, 신체적으로 큰 시련이었음이 분명하다.

특히 그의 마지막 논문인 〈Politik als Beruf〉(Politics as a Vocation) 원문 샘플[9]이나 그의 역저 《경제와 사회》(*Wirtschaft und Gesellschaft*, 1925)의 원고(그림 11-6 참조)를 보면, 요즘 같은 iPad, iPod, 스마트폰도 없는 시대지만, 그래도 수동식 타자기로 글을 쓰고 난 다음에 다시 잉크 펜으로 여기저기 끼적끼적 고치고, 붙여 넣고, 짜깁기하고… 마치 헝클어진 누더기 같은 모양이니 지금에 비교하면 당시 글쓰기가 얼마나 힘든 일이었는가를 짐작할 수 있다. 무엇보다도, 그가 그의 글 한 구절, 한 구절에 얼마나 심혈을 기울였는가를 한눈에 보고 느낄 수 있다.

베버가 타계하기 1년 전 위 두 논문을 쓰는 과정에 한 동료 교수에게 보낸 편지에서, "나는 지금 뼛속 깊숙이까지 피곤하다"(I am bone-tired)[10]라며, 그의 마음과 몸 상태를 표현한 한 구절이 당시 그의 피로가 얼마나 겹겹이 쌓였는가를 극적으로 말해 준다.

구체적으로,[11] 그가 56세로 이 세상을 떠날 때까지 그는 독일 국내는 물론이고 해외 여행 기록만 보아도, 잉글랜드 – 스코틀랜드 – 제네바 – 코르시카 – 로마 – 스위스 – 로마 – 플로렌스 – 프랑스 리비에라 – 로마 – 홀란드 – 벨기에 – 미국 – 프랑스(프로방스)– 플로렌스 – 잉글랜드 – 이탈리아 – 파리 –프로방스 – 이탈리아 – 브뤼셀 – 비엔나 등 같은 곳을 다시 들르고, 또 들르고 하며 거의 유럽 전역을 돌아다녔고, 대서양 건너 미국까지도 방문한다. 영국이나 미국은 물론 배(여객선)를 타고.

오늘의 기준으로 보아도 그렇지만, 그는 그 시대에 단연 보기 드문 '제트족'(jet-setter)의 한 사람이었음이 분명하다. 그땐 물론 상용 비행기도 없었지만. 그의 이 해외 여행 기록만 봐도 그가 얼마나 숨 가쁘게 바쁜 나날을 보냈는지를 어림짐작할 수가 있다.

폭넓은 연구활동, 안정을 잃은 교수생활

그의 '동분서주' 바쁜 삶은 또한 그의 교수생활, 연구, 정치사회활동 등에도 정착성, 안정성이 턱없이 부족했다는 것을 간접적으로 입증하기도 한다.

고질인 정신질환에도 불구하고, 그가 생을 마감할 때까지 그의 숨가쁜 교수생활과 사회참여자로서의 정치사회활동은 사실상 계속된다.

물론 그러한 그의 삶의 배경에는 당시 독일 안팎에서 벌어지는 급격한 정치경제사회변동과 변혁이 함께했다. 그는 바로 그러한 거의 혁명적 변화의 소용돌이, 그 한복판의 산물이요, 산 증인이었다는 것을 어렴풋이 그러나 극적으로 보여 주는 셈이다.

1893년 29세인 베버는 프라이부르크대 경제학 교수, 베를린대 상법 교수로 동시에 임명된다. 1894년에는 프랑크푸르트에서 복음-사회주의 집회(Evangelical-Social Congress)에 참여, 진보적인 기독교 사회주의자로도 활동한다.

그 해 가을에는 프라이부르크로 이사하여, 1895년 5월 이 대학 경제학 교수로 강의를 시작한다. 그 다음 해인 1896년에는 하이델베르크대 정치학 교수로 임명된다. 1897년엔 제국의회 의원 출마 권유를 받기도 하지만 접는다.

베버가 〈직업으로서의 과학〉 강의 첫머리에서, "우리 정치(또는 국가)경제학자들은"(uns Nationaloekonomen, we political economists)으로 그의 말문을 여는 것을 봐도 그가 단순히 학문의 한 분야에만 특수화했다기보다는 자연과학, 사회과학 전반에 대한 광범위한 렌즈를 가진, 영어 술어로 표현하자면, '폭넓은 눈으로 보는 학문 접근'(a broad-gazed approach)을 추구한 셈이다.

그가 이 세상을 떠난 해인 1920년에도 그는 종교사회학(sociology of religion) 관련 연구논문들을 모은 책을 집필 중이었고, 그의 역작인 《경제와 사회》[12]의 1부는 그때 이미 출판 제작 중이었으니, 위에서도 이미 밝혔지만, 그가 이 세상을 마감하는 마지막 순간까지도 심혈을 기울이며 얼마나 학문 연구에 피나는 노력으로 몰두, 몰입했는지를 엿볼 수 있다.

내가 미국에서 공부하고 가르칠 때는 미 학계에서 베버를 정치사회학(political sociology) 분야 첫 개척자의 한 사람으로 분류하기도 했다. 미국의 한 사전(*The American Heritage College Dictionary*, 4th edition, 2007)은 그를 "독일 사회학자, 사회학의 현대 분석 방법의 개척자"로 소개하고 있다. 하지만, 그를 어느 특정 학문 분야라는 한 틀 안에 넣기에는 그의 학문의 폭도 넓고 속도 깊다.

따지고 보면, 그가 일평생 갈고 닦은 학문의 기초나 연구배경이 그러한 그의 학문의 너비와 깊이를 쌓아 올린 셈이다. 어렸을 때는 역사를 좋아했고,

대학에서는 그의 아버지처럼 처음엔 법학을 전공했으며, 그의 법학박사 학위논문은 유럽 중세시대 무역회사의 역사였다.

또 그가 스물네 살 때 가입한 첫 학회는 공교롭게도 사회정치학회(Verein für Sozialpolitik)였다. 위에서도 밝혔지만, 그는 교수로서 맨 처음엔 프라이부르크대학에서 경제학 교수, 베를린대학에선 상법 교수, 하이델베르크대학에서는 정치학 교수, 빈대학에서는 다시 경제학 교수로 임명되었던 것을 보면 당시 그의 명성이나 학문 분야의 너비와 깊이를 가히 짐작할 수 있다.

〈직업으로서의 과학〉 강의에서 베버는 그에게 가까운 분야를 아래와 같이 스스로 밝히고 있다.

> […] 사회학, 역사, 경제학, 정치학, 그리고 이들 과학들을 해석하는 과제를 결정하는 문화철학의 여러 형태들 […]

아버지와의 충돌—아버지는 죽고, 아들은 정신병을 앓다

그의 부모와의 관계에서 특기할 만한 사건 하나가 있다. 1897년 7월 큰아들인 베버는 그의 해묵은 어머니–아버지 결혼생활의 갈등과 파열음에 대한 그와 그의 동생들의 오랫동안 쌓인 불만을 터뜨리고, 노골적으로 어머니 편을 들고 나서며 아버지와 충돌한다.

그의 하이델베르크 집에 부모와 가족들이 모두 모인 자리에서 33세인 베버는 61세인 그의 아버지에게 일종의 '폭탄선언'을 한다.

> [우리는] 어머니 혼자서만 편리한 시간에 매년 4, 5주 동안 우리들을 방문할 수 있는 권리를 주장합니다. 이것이 이루어지지 않는다면 아버지와의 어떤 가족관계도 우리에

겐 무의미하며, 우리 관계의 지속은 우리에겐 아무런 가치가 없습니다.[13]

아버지와 아들 사이의 이 맞대결의 충격 때문이었는지 그의 아버지는 한 달 만에 세상을 떠난다. 아들 집 방문을 끝내고 집에 돌아오자마자 아버지는 그의 한 친구와 함께 여행을 떠나 버린다. 그리고 여행 중에 병을 앓고 곧바로 죽게 된다.

아들 베버도 그 다음 해 봄 뇌신경쇠약 증세로 쓰러지고, 여름엔 정신병원에 입원까지 하고… 아들도 갑작스런 아버지 죽음에 죄책감을 깊이 느낀 탓일까? 그해 크리스마스 때 또 한 차례 정신쇠약으로 그는 드러눕는다. 그 뒤 그가 생을 마감할 때까지 그는 정신질환에서 완전히 헤어나지 못하고 요양, 휴양, 휴가 여행을 거듭한다.

아무튼 베버의 직업인으로서의 활약상 자체는 이 책의 주제가 아니므로 다른 베버 전문학자의 몫으로 넘기고, 여기서는 그가 살았던 안팎의 당시 시대 상황만을 조금 더 살펴보고자 한다.

당시 안팎 정치상황—격동과 격변

베버가 태어난 1864년 당시 에어푸르트는 비스마르크(Otto von Bismarck, 1815–1898; 재상 재임 기간은 1871–1890)가 독일통일을 하기 이전의 작센(Sachsen) 왕국에 속했다. 그가 태어난 해에 멀리 대서양 건너 신대륙 미국에서는 남북전쟁(1861–1865)이 막바지에 이른다.

비스마르크는 특유의 정치력, 특히 외교력을 발휘하여, 당시 오스트리아 등을 제외한 유럽에서 언어와 전통을 공유하면서도 서로 흩어져 사는 크고 작은 독일민족들의 왕국, 공국(公國)들을 한데 모아 독일통일을 이룩한다.

그림 11-7

독일(프로이센)재상 비스마르크(Otto von Bismarck, 1815–1898. 오른쪽)와 프랑스 황제 나폴레옹 3세(Louis Napoléon, 1808–1873. 왼쪽)

출처: Wikipedia

그가 여섯 살 때인 1870년 7월 이른바 프로이센과 프랑스 사이에 프로이센–프랑스전쟁(Franco-Prussian War)이 일어나자 당시 프로이센 수상인 비스마르크는 프랑스와의 이 전쟁을 3개월 만에 쉽게, 빨리 승리로 이끈다.

이 전쟁 승리를 계기로 비스마르크는 그 이듬해인 1871년 1월 18일 베르사유 궁의 프랑스 국왕 나폴레옹 3세 앞에서 프로이센 왕 빌헬름 1세의 독일제국 황제(Deutscher Kaiser) 옹립 선언(그림 11–7 참조)을 하고 그 스스로는 새 독일제국(Reich)의 첫 재상이 된다.

이처럼 베버의 유년기, 소년기, 성년기는 비스마르크의 독일공국 통합과 확장, 제국 창건 등 융성기와 겹친다. 이 기간 동안 '철혈 재상' 비스마르크는 당시 유럽 강국인 영국, 프랑스, 러시아 등과의 권력 각축 대결구도 속에서 때로는 중립, 때로는 동맹으로 군사안보 강경책을 주도면밀하게 구사하며,

이른바 유럽의 세력 균형(balance of power) 전략을 성공적으로 이룩하여, 대체적으로 독일제국과 유럽은 오랜 평화 안정기를 맞이한다. 적어도 프로이센-프랑스 전쟁 종식에서 1차 세계대전 발발 때까지는…

다시 말하면, 그는 비스마르크 시대에 태어났고, 그의 아버지를 포함, 그의 가정의 정치성향은 국가자유주의(national liberalism)로, 비스마르크의 게르만 민족 중심 군주주의와는 거리가 한참 멀었다.

내가 최근 재미있게 읽은 《비스마르크 전기》(*Bismarck: A Life*)[14]에 인용된 베버의 비스마르크에 대한 다음과 같은 냉엄한 혹평이 크게 돋보인다.

> 그는[비스마르크] 정치 교육이 송두리째 없는 나라를 남겼다. […] 독일국민은 정치 의지를 송두리째 빼앗기고 오직 정상(頂上)의 위인(偉人)이 그들을 위해 그들의 정치를 도맡아 준다는 생각에만 익숙해져 버린 것이다. 그리고 더 나아가서 정당 투쟁에서 그 자신[비스마르크]의 권력정치를 감추기 위해 군주에 대한 감정을 부당하게 악용한 결과로 [독일국민은] '군주정'의 미명하에 그가 이끈 정부가 무슨 짓을 하든 상관없이 인내심을 갖고 숙명처럼 순종하는 데만 익숙해진 것이다.[15]

1차 세계대전에 패배한 독일제국의 참상은 말할 것도 없고, 2차 세계대전 뒤 공산전체주의 독재 시절의 옛 소련이나 동구권, 특히 오늘 바로 이 순간 북한 주민의 모습이 위에서 베버가 지적한 군주(일인 독재자)에 대한 순종의 극도, 극심, 극렬, 극악의 산 사례가 아닐까 한다. 순종을 넘어 소름 끼치게 끔찍할 만큼 굴종(屈從)에 가까운, 사람이 아니라 '기계'가 되어 버린, 그 혹독한 삶이 바로 우리 북녘 동포의 오늘의 모습이라니 말문이 막힌다.

그러나 베버의 비스마르크에 대한 위 혹평이 꼭 틀린 지적은 아니지만, 비스마르크가 재상으로서 당시 옹기종기 흩어져 살던 크고 작은 독일공국들을 통일하고, 독일 산업노동자를 보호하기 위한 환자보험법(Sickness Insurance Law of 1883), 상해(傷害)보험법(Accident Insurance Law of 1884), 그리고 노인, 장애인보험법(Old Age and Disability Insurance of 1889) 등 세계 최초로 '복지국가'의 기틀을 마련한 공로 등도 함께 다루어지고 밝혀져야, 그의 비스마르크에 대한 평가가 그 스스로 〈직업으로서의 정치〉 강의에서 정치인의 세 가지 자질의 하나로 강조하며 내세운 '균형감각'을 잃지 않는 게 아닌가 한다.

아무튼, 베버가 50세 되는 해에 제1차 세계대전[16]이 발발하고, 독일이 패전하는 민족적 수모와 굴욕도 그는 몸소 겪는다. 그리고 러시아에서는 1917년 10월 볼셰비키 공산혁명으로 제정 러시아가 하루아침에 멸망하고 전체주의 공산독재정치가 새 둥지를 튼다.

베버는 이렇게 엄청난 안팎의 정치적 혼돈, 격랑, 격동, 격변 속에서 탄생한 독일 바이마르 공화국(The Weimar Republic, 1919–1933)도 잠깐이나마 맞이하지만, 안타깝게도 그는 그 출범 다음 해인 1920년 6월 14일 56세로 생을 마감한다.

혼외정사 — "예쁜 여자들이 없다면 인생은 무엇일까?"

끝으로 베버의 부부 사이에서 벌어진 몇 가지 흥미롭고 좀 색다른 이야기를 소개하는 것으로 그의 인생 역정에 대한 소묘를 마치고자 한다.

먼저 그의 부인 마리안네는 우리 족보 개념으로 보면, 사촌 누나의 딸이다. 우리나라 촌수로 치면 그의 아내는 '조카뻘'이다. 베버 아버지 큰형의 딸과 남편 사이에서 태어난 마리안네는 3살 때 어머니가 죽고 고아가 되어 이 친척, 저 친척 집에서 기거하며 어렵게 자란다.

베버의 어머니는 가끔 찾아오는 마리안네를 친딸같이 사랑한다. 마리안네가 22살 때는 아예 베버의 베를린 집에서 함께 산다. 이런 상황에서 마리안네와 베버 사이에 사랑이 서로 싹튼 것이다.

문제는 아주 가까운 핏줄이기 때문에 둘의 근친결혼을 가족들은 달갑지 않게 생각한다. 하지만, 1892년 그가 34세 때 28세인 마리안네와 약혼하고, 그 다음 해에 결혼한다. 둘 사이에는 아이가 없었지만 남편은 학자로, 부인은 독일 여성해방운동 선구자로 서로 왕성한 삶을 펼친다.

남편이 죽은 해인 1920년 4월 7일 베버의 막내 여동생 릴리(Lili Schäfer)가 네 아이들을 남겨 둔 채 자살하자, 베버와 마리안네는 이 어린 조카 아이들을 모두 양자로 삼는다. 그러나 두 달 뒤인 6월 14일 베버도 급성폐렴으로 세상을 떠난다.

두 가지 에피소드만 소개하면, 하나는 베버의 혼외정사 이야기다. 베버는 하이델베르크대 교수 시절인 40대 때부터 열 살 아래인 그의 제자요 동료 교수의 부인인 엘세 야페(Else Jaffé von Richthofen, 1874–1973)와 20년 가까이 사귀어 온 과정에서 비밀리에 열애(熱愛)에 빠진다.

엘세는 베버의 처 마리안네와도 서로 누이동생처럼 절친하게 지낸 사이였기에 훨씬 혼란스럽다. 그래서 뒤에 이 정사를 눈치챈 마리안네와 엘세와 베버 사이에 미묘한 삼각관계도 생긴다.

엘세는 또 베버의 네 살 아래 동생인 하이델베르크 대의 저명한 경제학 교수, 알프레트 베버(1868–1958)와도 사랑에 빠져 함께 사는 등 당시 독일 사회 최고 지식인들의 성적으로 문란한(자유로운?) 삶의 일면을 극적으로 보여준다.

베버가 이 제자와의 정사에 관해, 그리고 그의 여자(여성)에 관해 다음과 같은 솔직 담백하게 심정을 토로한 것도 내 눈길을 끈다.

어떤 경우에는 나는 특별히 '에로틱'한 여자들을 좋아할 수도 있지만, 그렇다고 마음 속으로부터 그런 여자를 사랑하게 되거나 친구가 되리라고 결코 생각하지 않는다. 왜냐하면, 그런 여자들에게는 나는 어울리지 않고 […] 오직 '에로틱'한 남자만 가치가 있기 때문이었다.[17]

베버는 또 한 친구에게 보낸 편지에서,

예쁜 여자들이 인생의 문제들을 얼마나 많이 더 복잡하게 만드는지! 하지만, 또 그런 여자들이 없다면 인생은 무엇일까![18]

더욱 놀라운 사실은 위 베버의 솔직담백한 생각의 인용구가 그의 아내인 마리안네가 쓴 《베버의 전기》에 나온다는 것이겠다.

또 하나. 베버의 부인 마리안네[19]는 그 스스로도 그의 남편 못지않은 사회활동가, 저술가로서 보기 드문 뛰어난 발자취를 남긴다. 베버는 56세로 타계하지만 마리안네는 84살까지 장수한다.

무엇보다도, 마리안네는 독일 여성운동의 선구자이자 활동가로서뿐만 아니라 당대 여성문제 저술가로서도 명성이 높았다. 특히 남편이 세상을 떠난 뒤 베버의 저술 전집 10권을 집대성하여 출간한다.

더구나 아내로서 남편의 전기까지 쓴다는 것은 극히 보기 드문 일이어서 크게 돋보이고 놀랍다. 1920년 남편이 세상을 떠난 해에 마리안네는 독일연방여성연합회(Bund deutscher Frauenvereine, BDF) 초대 회장으로 활동하기도 한다.

끝으로, 베버에 대한 두 저명한 교수의 촌평을 소개하는 것으로 이 장을 맺고자 한다.

그의 친구요 독일의 저명한 정신심리학자이자 실존주의 철학 창시자의 한 사람인 야스퍼스(Karl Theodor Jaspers, 1883-1969)는 베버를 "그 시대의 가장 위대한 독일인"이며, "그의 이른 죽음으로 마치 독일 세계가 그 심장을 잃어버린 느낌"[20]이라고 했다.

베버가 빈대학에서 잠시 가르칠 때 서로 잠깐 만난 적이 있는 오스트리아 유대인 출신으로 미국에 망명해 온 경제학자 미제스(Ludwig von Mises, 1881-1973)는 그를 이렇게 평가한다.

> 이 천재의 너무 이른 죽음은 독일에게는 큰 재앙이었다. 베버가 좀 더 오래 살았더라면 오늘의 독일 국민은 히틀러의 국가사회주의에도 부서지지 않는 이 '아리안'의 모범을 볼 수 있었을 터인데.[21]

제 12장

—

직업으로서의 학문*

—

학문의 외적 환경

여러분은 내가 〈직업으로서의 학문〉에 대해 이야기하기를 바랍니다. 요새 우리 정치경제학자들은 항상 학문의 외적 환경부터 시작하는 현학적인 버릇이 있는데 나도 그 버릇을 따르고자 합니다. 이 경우 우리는 이런 질문으로 시작합니다: 직업으로서의 학문의 조건은 물질적으로 무엇을 의미하는가? 이 질문은 지금 실제로, 그리고 본질적으로는 한 대학원생이 대학에 남아서 직업으로 학문에 헌신하려고 하는데 그 전망은 어떤 것인가 하는 것입니다. 독일의 고유한 대학 여건을 이해하기 위해서는 다른 나라는 어떤지 비교하

* 우리말 번역을 위한 저본으로, "Science as a Vocation", *Max Weber: Essays in Sociology*, translated and edited by H.H. Gerth and C. Wright Mills (New York: Oxford University Press, 1946), pp. 129-156를 사용했고, 그의 독일어 원본, "Wissenschaft als Beruf", *Gesammelte Aufsätze zur Wissenschaftslehre* (Tübingen, 1922), pp. 524-555를 참고했다.

는 것이 편리합니다. 이 경우 미국이 독일과 가장 대조적이기 때문에 우리는 그 나라들에 초점을 맞추고자 합니다.

학문의 길—독일과 미국의 차이

독일에서는 젊은이가 학문에 헌신하려면 개인강사(Privatdozent, private lecturer) 자리를 갖고 시작한다는 것을 누구나 다 알 것입니다. 이 자리는 한 권의 책에 근거해서 그 분야 전문가들과 그가 대화를 나누고, 그들의 동의를 얻은 다음에 주거지를 갖게 되기도 하지만, 보통 대학교수들 앞에서 공식 시험을 치르기도 합니다. 그런 다음 강의를 맡지만, 월급은 없고 강의를 듣는 학생들로부터 약간의 강사료를 받습니다. 강의 제목이나 내용은 강사 스스로 결정합니다.

미국 대학에서의 아카데미 직업은 아주 다른 방법으로, 즉 '조교'(assistant)로 임용되면서 시작합니다. 예외적으로 독일에서도 극히 소수의 유명한 자연과학연구소나 의과대학에서 소수의 조교들을 처음 임용했다가 시간이 많이 지난 다음 전임으로 채용하기도 합니다.

사실상 독일에서 학자가 되려면 그의 가정이 경제적으로 넉넉해야 한다는 전제조건이 깔려 있습니다. 따라서 젊은 학자가 돈 없이 학자가 되려는 것은 극히 위험천만한 모험입니다. 그는 급여를 주는 자리가 나타날지 아닐지도 모르는 상황에서 몇 년을 더 참고 견뎌야 합니다.

미국에서는 관료제도 비슷하게 젊은 학자들은 처음부터 월급을 받습니다. 물론, 그 강사료가 반(半)숙련노동자 월급 정도로 적습니다. 하지만, 고정급여를 받는다는 안정감은 있습니다. 독일처럼, 그러나, 그 역시 학교에서 평생 직장을 갖는다는 보장은 없고 그가 학교의 기대에 못 미치면 자주 쫓겨납니다.

미국의 젊은 학자들은 많은 학생들을 그의 강의실에 끌어들여야 한다는 학교 측의 기대가 있습니다. 이런 기대는 독일 대학 조교나 강사에게는 있을 수 없습니다. 한번 조교로 발탁되면 내쫓을 수 없습니다. 물론, 강사는 '권리들'을 주장할 수는 없지만, 오랜 기간 동안 학교에 봉사했기 때문에 학교 측이 그를 배려해야 한다는 도덕적 권리를 갖고 있다고 생각합니다. 그는 또한—이것이 흔히 중요합니다만—다른 개인강사들의 전임강사 자격 문제가 거론될 때 그도 고려 대상이 되기를 기대합니다.

원칙적으로, 자격이 있는 학자에게만 교수자격을 꼭 줘야 하는가, 아니면, 이미 등록이 되어 있는 강사들만 고려해야 하는가, 즉 현 강사진이 강의를 독점해야 하는가는 다루기 힘든 딜레마입니다. 지금 곧바로 살펴보겠지만, 이는 대학교수라는 직업의 양면성과 관련이 있습니다. 일반적으로, 후자, 즉 이미 등록된 현 강사진에서 정규 강사 자격자를 뽑는 것이 보통입니다. 그러나 이 관습은 정교수(正教授)가 아무리 양심적이라 하더라도 그 자신의 제자들만 뽑을 위험을 가중시킵니다. 이 문제에 대한 내 자신의 견해를 말한다면, 내가 가르친 제자라 하더라도 다른 학교에서 교육을 받은 학자와 겨루어 정당하게 자격심사를 거쳐야 한다는 원칙을 따르고 있습니다. 하지만 실제로는 내가 생각할 때 가장 좋은 자질을 가진 학자의 하나라고 생각한 후보가 다른 대학에 가면 나 같은 원칙을 지키지 않기 때문에 자격심사에서 번번이 떨어집니다.*

독일과 미국의 또 다른 차이는 독일에서는 개인강사는 그가 원한다 하더라도 미국에 비해 가르치는 과목이 더 적다는 것입니다. 그의 전공 분야는 무슨 과목이든 가르칠 수 있는 공적 권리가 있지만, 그보다 더 나이든 개인

---

* 특히 지금도 우리나라 대학에서는 이런 비합리적인 관례(악습)가 우심한 상황이 아닌가?

강사들을 배려해야 하는 부담도 있습니다. 대체로, 정교수는 '큰' 과목들을 가르치고 개인강사는 2차적인 과목들에 국한됩니다. 이러한 과목 배분의 장점은, 물론 젊은 강사들에게 가르치는 기회를 제한하는 것 같기도 하지만, 젊을 때 그가 자유롭게 학문적 탐구를 할 수 있는 시간을 많이 주는 셈이라는 점입니다.

미국에서는 원칙적으로 강좌 배분이 정반대입니다. 강사가 젊을 때는 강사료를 받는 대신 혹사를 당하는 셈입니다. 보기를 들면, 독일어 학과의 경우, 정교수는 고작 3시간짜리 괴테 한 과목만 가르치면 그만입니다. 그러나 젊은 조교는 독일어의 반복적 어학연습을 가르치는 것은 물론이고, 울란트 [Ludwig Uhland, 1787–1862, 상대적으로 잘 알려지지 않은 '무명' 시인, 정치인] 과목을 포함, 일주일에 12시간을 가르쳐야 합니다. 학교 교직원이 과목을 설정하고, 여기에 조교는 독일 연구소의 조교처럼 따를 수밖에 없습니다.

교수처럼 운(運)이 좌지우지하는 건 이 세상에 없다?

최근에 독일 대학제도가 학문의 광범위한 영역에서 미국 제도를 따라가는 방향으로 변화하고 있는 것을 우리는 관찰할 수 있습니다. 의학이나 자연과학의 대규모 연구기관들은 '국가자본주의' 기업들처럼 많은 기금 없이는 관리할 수가 없습니다. 우리도 자본주의 기업이 작동하는 경우는, '노동자와 그의 생산수단의 분리'라는 똑같은 상황을 맞고 있습니다. 노동자, 즉 조교*는 국가가 그에게 사용하도록 준 도구들에 의지하게 됩니다. 그리하여 마치 공장에서 고용인이 그의 경영에 매달리듯이 조교는 연구소의 소장에게 의존합니다. 왜냐하면, 실제로 이 소장은 연구소가 '그의' 것이라고 믿으며 연구

* 맹자(孟子)는 인간노동을 노력자(勞力者)와 노심자(勞心者)로 나눈다. 이 경우, 조교는 '노심자'에 가깝다.

소를 운영하기 때문입니다. 따라서 독일 연구소 조교의 위치는 종종 준무산자(準無産者)만큼이나 불안정하고 미국 대학의 조교들처럼 불안합니다.

아주 중요한 측면에서 독일 대학생활은 일반적으로 독일인의 생활도 그렇지만, 미국화되어 가고 있습니다. 이러한 변화는 우리 분야에서 본질적으로 도서관의 경우처럼 기술공이 개인적으로 기구들을 소유하듯이 그들 분야들을 삼켜 버릴 것이라고 나는 확신합니다. 이러한 변화는 과거에 기술공이 그랬듯이 진행 중입니다.

모든 자본주의와 동시에 관료화된 기업들처럼 이에 유리한 점이 있는 것은 숨길 수 없습니다. 그러나 이런 문제들을 지배하는 '정신'은 독일 대학의 역사적 분위기와는 다릅니다. 겉모습뿐만 아니라 실제 내용 면에서도 이러한 대규모 자본주의적이고 기업화된 대학과 전통적인 일반 정교수 사이에는 엄청난 격차가 존재합니다. 이러한 대조는 내적인 태도에도 작용하고 있습니다만 여기서는 다루지 않겠습니다. 내용 면에서, 그리고 외형에서 독일의 옛 대학의 구조는 사실상 사라져 버렸습니다. 아직 남아 있거나 본질적으로 증가한 것은 대학 직업의 특유한 요인, 즉 개인강사나 조교가 정교수 자리나 연구소의 소장 자리에까지 올라가는 데 과연 성공할 수 있느냐는 문제입니다. 그것은 단순히 운(Hazard)입니다. 물론 기회 하나만으로 결정되지는 않지만 운이 굉장히 크게 작용합니다. 지구상에 있는 직업 가운데 교수직처럼 운이 크게 작용하는 경우를 나는 알지 못합니다. 개인적으로 나보다 더 많은 학문업적이 있는 내 세대들 가운데 내가 아주 빠른 시간에 한 분야의 정교수로 임용된 것을 운으로 보기 때문에 더욱 그렇습니다. 그리고, 참으로 이런 경험 때문에 나는 많은 사람이 정반대 방향으로 부당한 운명에 빠지거나, 그들의 모든 능력에도 불구하고 교수직 선정 과정에서 합당한 자리를 얻지 못하는 분들에 대해 날카로운 눈을 갖고 있습니다.

비단 교수 선임에서뿐만이 아니고 다른 직업, 직장 선임 과정에서도 능력보다는 운 하나만이 아니라 '인간적인, 모든 지나치게 인간적인 요인들'(einmal vorzugsweise Menschlichkeiten, human all too human factors)*이 대단히 큰 역할을 한다는 사실입니다. 대학에서 너무나 많은 보잘것없는 사람들이 중책을 맡는 데 대해 교수진과 교육부 사람들의 개인적인 부족함 때문이라고 책망하는 것도 옳지는 않습니다. 보잘것없는 사람들의 득세는 인간협동의 법칙의 결과로, 특히 여러 조직들의 협동에서 기인한다고 볼 수 있습니다. 이 경우는 추천하는 교수진과 교육부 직원의 밀착의 결과입니다.**

'으뜸'은 재앙인가?

수백 년 전으로 되돌아가지만 교황을 선출하는 경우가 교수 선발 방식과 비교가 됩니다. 이 보기도 교수 선출 방식처럼 가장 중요한 통제된 절차를 거칩니다. '가장 유망하다고 알려진' 추기경이 실제로 교황이 되는 경우는 거의 없습니다. 가장 적합한 추기경보다 종종 제2, 제3의 인물이 교황이 되는 것이 상례입니다. 미국의 대통령 후보경선도 비슷합니다. 최상의, 가장 뛰어난 인물이 전당대회에서 대통령 후보가 되는 경우는 극히 예외적입니다. 대체로 두 번째 또는 세 번째 인물이 후보 지명을 받아 출마합니다. 미국인들은 이러한 범주들에 대한 기술적인 사회학적 개념을 만들었고, 이러한 보기들을 연구하여 집단적 의지에 의한 선출 법칙을 탐구하는 것이 흥미를 끌지만 여기서는 다루지 않겠습니다. 하지만, 이러한 선출 법칙이 독일 대학의 조직

---

* 우리나라 용어로 말하자면, 학연, 지연, 혈연 등.

** 베버의 위 비판과 관찰은 현재 우리나라 대학의 현실에도 어느 정도 적용된다고 생각한다. 인간이기에 미국, 영국 등 다른 선진국 대학에서도 있을 수 있는 병폐지만, 상대적으로 우리나라는 아직도 더 우심하다. 앞으로 이 병폐를 어떻게, 얼마나 최소화하느냐가 우리나라 대학의 발전과 학문의 질 향상에 관건이 아닐까 한다.

에도 적용되며, 위와 같은 실수에 놀랄 것은 없고, 그보다 얼마나 많은 숫자의 최적임자가 임용되었는가, 즉 부적격자보다 적격자 임용의 비율에 더 관심을 보여야 하는데 그 비율이 생각보다는 꽤 높습니다. 다만 몇몇 나라의 의회들이나 혹은 독일에서의 왕들이 이제까지 그랬지만, 혹은 지금 독일의 혁명세력들이 그러했듯, 대학교수 선발 과정에 정치적인 이유로 이들이 간여하게 되면 그들 입맛에 맞는 범용한 사람들(Mittelmäßigkeit, mediocrities)만이 모든 기회를 독차지하게 됩니다.

대학교수들은 모두 의견이 제각각이기 때문에 임용 문제를 논의하기를 꺼립니다. 하지만, 내가 겪은 많은 경우들로 보면 예외 없이 선의만의 순수한 객관적 요인들이 교수임용에 결정적으로 작용합니다.

학자와 선생—연구하는 일과 가르치는 일

또 하나 분명히 해야 할 것이 있습니다: 학자가 될 운명의 결정이 크게는 '운'이라는 것은 단지 집합적 의사 형성을 통한 선발의 불충분함 때문이라는 것은 아닙니다. 학문에 뜻을 가진 모든 젊은이들은 그 앞에 놓인 '이중성'의 과제를 명백히 인식해야 합니다. 그는 학자(Gelehrte, scholar)일 뿐만 아니라 선생(Lehrer, teacher)의 자격을 갖추어야 합니다. 그리고 이 두 역할은 반드시 일치하지 않습니다. 탁월한 학자가 선생으로서는 엉망일 수가 있습니다. 여러분에게 나는 헬름홀츠[Herman Ludwig Ferdinand von Helmholtz, 1821–1894, 독일의 의학자, 물리학자]나 랑케[Leopold von Ranke, 1795–1886, 독일의 역사학자]의 '출중한 가르침'을 상기시키고자 합니다. 이런 분들은 결코 드물지 않습니다.

지금 독일 대학들, 특히 작은 대학들은 입학생 모집을 둘러싸고 웃지 못할 경쟁에 빠져 있습니다. 대학도시들의 대학생 숙박시설을 소유한 집주인들이 잔치를 열어 1,000번째 하숙생을 축하하는가 하면, 2,000번째 하숙생을 위해 횃불 행진까지 합니다. 수강료에 대한 관심 때문에—그리고 이것을 공개적으로 인정해야 한다고 보는데—'학생들을 끌어 모으는' 이웃 관련 학과 임용에까지도 영향을 미칩니다. 그리고 이런 것뿐만 아니라 등록학생 숫자가 자질의 시험대가 됩니다. 학자적 역량은 계량화하기가 쉽지 않고, 특히 담대한 혁신자들—종종 논쟁을 불러일으키는—도 당연히 그러합니다. 그래서 거의 모두가 많은 학생들이 등록하는 것을 가장 큰 축복이며 가치라는 생각에 영향을 받습니다. 어느 개인강사가 학생을 잘 가르치지 못한다고 말하는 것은 그가 세계에서 가장 훌륭한 학자일지라도 학자로서의 사형선고나 마찬가지입니다. 그리고 그가 좋은 선생이냐 나쁜 선생이냐는 그의 강의를 생색내듯이 듣는 학생들의 등록숫자가 판가름합니다.

어느 강사에게 학생들이 많이 몰려오느냐는 순전히 외적인 것들, 즉 그 강사의 성품이나 심지어 목소리 등이 보통 우리가 생각하는 것보다는 훨씬 더 크게 작용합니다. 내 오랜 경험과 심사숙고로 보면 학생들을 많이 끄는 강좌들에 대해 그 과목이 얼마만큼 불가피한지는 모르지만 나는 깊은 불신을 갖고 있습니다. 민주주의는 그것이 정착되어야 하는 곳에서는 실천되어야 합니다. 학문적 훈련은, 우리가 독일 대학들의 전통에 따라서 실천하게 되어 있는 것으로서, '지식인 귀족사회의 일'이며, 결코 이를 우리는 감춰서는 안 됩니다.* 물론, 가르침을 받지는 않았지만 배우려는 마음이 열려 있는 학생들

* 베버가 대학을 사실상 '지적 귀족사회'라고 솔직히 표현하는 것이 흥미롭다. 비단 교수들뿐만 아니라 학생들마저 그런 우월감이나 특권의식을 갖는 것이 옳은가는 물론 쟁점이 될 수 있지만, 오늘의 국내외 대학 현실에선 소수 정예 엘리트 교육과 보편화, 개방화된 대중 교육이라는 두 축이 접점을 찾아야 하기에 더욱 그렇다. 그러나 모든 불필요한 외부 간여나 간섭으로부터의 대학 내 학문연구가 자율성, 독립성을 가져야 한다는 차원에서, 그리고 캠퍼스 밖의 비(非)학문, 반(反)학문적 행위나 압력으로부터 대학이 자유로워야 한다는 의미로서의 그의 '지적 귀족사회' 개념은 지금도 유효하다고 이 역자는 생각한다.

에게 학문의 문제들—우리에게만 결정적인 것들을—을 이해할 수 있도록 설명하는 것이나, 그리고 그들이 독립적으로 사유하도록 하는 것은 아마 가장 어려운 교육 과제라고 하겠습니다. 그러나 이 과제가 실현될지, 못 될지는 등록 학생 수가 결정하는 것은 아닙니다. 그리고—우리의 주제로 돌아가서—다름 아닌 이 기술은 개인적으로 타고난 재능이지 학자로서의 자질과 꼭 일치하지는 않습니다.

프랑스와는 대조적으로 독일에는 학문의 '불멸의 대가들' 조직체가 없습니다. 독일의 전통에 의하면 대학들은 연구와 교수에 다 같이 봉사해야 합니다. 한 개인이 이 두 가지 능력을 모두 갖추었는가, 아닌가는 절대적으로 우연일 뿐입니다. 학문의 길이란 '미친 모험'입니다. 만약 한 젊은 학자가 대학 교수 자격 취득(Habilitation)에 대해 내게 자문을 요청한다면, 책임을 지고 그에게 적극적으로 권유할 수가 없습니다. 만약 그가 유대인이라면 "아예 그런 희망을 버리라"라고 사람들은 말할 것입니다. 그가 유대인이 아니더라도 이런 질문을 꼭 할 것입니다: "탁월하지 못한 얼치기들, 얼간이들이 해마다 당신보다 더 잘나가는 꼴을 당신이 보고도 분통이 터지거나 울분을 터뜨리지 않고 버틸 수 있다고 정녕 믿는가?" 이 질문에 대해 자연히 이런 대답을 항상 들을 것입니다: "물론이지요, 나는 오직 내 '천직'을 위해 살 뿐입니다." 하지만, 나는 오직 극소수만이 이런 꼴을 울분 없이 견딜 수 있다는 것을 알고 있습니다.

이 정도로만 학자라는 직업의 외적 상황에 대해 말하겠습니다.* 그러나 여

---

* 위에서 베버는 당시 독일에서, 특히 대학에서 유대인들이 얼마나 우심한 차별을 받고 있었는가를 극적으로 밝히고 있다. 마치 그가 죽은 뒤 10년 남짓 지나서 독일에 히틀러 나치 정권이 등장하여 제2차 세계대전 중 자행한 유대인 대량학살 만행을 예견, 예고나 하듯이… 베버와 거의 같은 시대에 오스트리아에서 연구와 교수활동을 한 정신분석학의 태두, 프로이트(Sigmund Freud, 1856–1939)도 그의 고전이 된 저서 《꿈의 해석》[1]의 여러 군데에서 당시 유럽에서의 유대인 차별 현상들을, 특히 개인적으로 그의 뼛속 깊이 사무친 그의 아버지가 겪은 수모를 열거하고 있는 것도 베버와 같은 맥락에서 내 눈길을 끈다. 또 베버가 대학 안에

러분들은 실은 '학문의 내재적 소명'(inneren Berufe zur Wissenschaft, inward calling for science)에 대해 내가 이야기하는 것을 듣고 싶어 한다고 생각합니다. 직업으로서의 학문 조직과 달리, 학문의 내적 상황은 무엇보다도 학문이 이제 과거에는 상상할 수도 없었던 전문화 단계에 접어들었고, 이는 영원히 지속될 거라는 사실에 조건지어집니다. 외적으로나 내적으로 개인이 학문 분야에서 그가 엄격한 전문가라면 진실로 완전한 무엇인가를 달성할 수 있는 확고한 의식을 가질 수 있는 지점에 이른 셈입니다.

우리가 때때로 마주치는 이웃 학문 분야들과 중첩되는, 그리고 사회학자들이 계속해서 떠맡는 모든 일은 기껏해야 전문가에게 그 스스로의 견해로는 쉽게 이르지 못하는 유용한 질문들을 제기하는 것일 뿐이라는 체념 섞인 깨달음입니다. 그 자신의 연구는 불가피하게 항상 불완전할 수밖에 없습니다. 오직 엄격한 전문화를 통해서만이 학자는 무언가 그가 달성한 것이, 평생 동안 꼭 한 번쯤, 그리고 결코 또 다시는 없겠지만, 길이 남는다는 것을 완전히 의식할 수 있을 것입니다. 실로 결정적이고 훌륭한 업적은 오늘날 언제나 전문화된 업적입니다. 그리고 누구든 경주마에 곁눈 가리개를 한 것과 같은 능력이 없다면, 그리고 그의 영혼의 운명이 이 원고의 한 구절에 대해 그가 올바른 추측을 했는가, 못했는가라는 것에 달려 있다는 생각에 이르는 능

서 속된 말로 잘나가는 교수들이란 그들의 학문의 탁월함이나 우수성보다도 학문 외적 요인에 의해 대부분 결정되는 것을 비꼬고 있는 것도 돋보인다. 이제 유대인 차별보다는 거꾸로 유대인의 각계, 각 분야에서의 맹활약상과 우월성이 오히려 비(非)유대계의 원성(怨聲)과 부러움, 두려움을 되살아나게 할 정도로 세계는 크게 변했다. 오늘의 중동 아랍 국가들과 이스라엘의 갈등 관계에서나 미국 내에서의 유대인들의 각계각층에서의 창의적이고 지배적인 역할은 또 다른 차원의 큰 긍정적 변화이고… 베버가 지적한 대학 내 비학문적 요인의 작용도 미국 같은 경우는 지금 교수의 길이 자연스럽게 크게 둘로 나뉘어, 오로지 자기 전공, 전문분야에 몰두, 몰입하는 순수한 학문(연구)의 길(track 1)과 학과장, 학장, 총장 등 대학경영에 수완과 능력을 발휘하는 제2의 길(track 2)이 공생한다. 물론 교수사회를 대학 행정, 경영의 길과 학문의 길, 그리고 학문의 길을 다시 연구의 길과 학생만을 주로 가르치는 길이 있다고 칼로 무 자르듯 나눌 수도 없지만… 특히 우리나라는 대학 내 보직을 그에 따르는 책임과 봉사의 기회가 아니라, 그 직위를 '감투'나 '벼슬'로 착각하는 전근대적 낡은 사고나 관행이 아직도 사라지지 않는 것도 숨길 수 없는 현실이다.

력이 없다면 학문을 포기하십시오. 그런 사람은 학문에 대한 '개인적인 체험'을 결코 할 수 없습니다. 문외한들이 조롱하는 이러한 해괴한 도취 없이는, 이러한 열정, 당신의 추측이 성공하게 될지 아닐지에 따라 '당신이 이 세상에 태어나기 전에도 수천 년이 지났고, 그리고 더 많은 수천 년이 앞으로 침묵 속에서 기다린다'라는 것 없이는, 당신에겐 학문이 천직이 아니니 다른 일을 해야 할 것입니다. 왜냐하면 그가 열정적인 헌신으로 그것을 추구하는 것이 아니라면 한 인간으로서의 아무런 인간적 가치가 없는 것이기 때문입니다.

하지만, 그러한 열정이 성심 성의껏 그리고 심오하게 아무리 넘쳐흐른다 하더라도 한 문제의 학문적 결과물을 꼭 가져온다는 보장도 없습니다. 물론 열정은 결정적으로 중요한 '영감'(Eingebung, inspiration)의 선결조건입니다. 요즘 젊은이들 사이에서는 학문이 실험실에서나 통계조사 시스템에서 마치 '공장 안에서'처럼 조작된 계산 때문에, 즉 개인의 '가슴이나 영혼'이 아닌, 오직 냉철한 지성만이 작용해야 할 계산에 문제가 있다는 생각이 널리 퍼져 있습니다. 첫째로, 그러한 생각에는 공장에서 하는 일과 실험실에서 하는 일에 대한 명확성이 결여되었다고 말할 수 있습니다. 공장에서나 실험실에서나 어떤 사람에게 어떤 '착상'이 우러나와야 하고, 무엇인가 가치 있는 것을 성취하려면 그 개념은 올바른 것이어야 합니다. 그리고 그러한 직감(直感)은 억지로 끌어내어서도 안 됩니다. 그것은 냉철한 계산과도 아무런 관련이 없습니다. 물론 계산은 불가분한 선결요건입니다. 보기를 들면, 어느 사회학자가 늙은 나이에도 수만 개의 아주 사소한 계산들을 그의 머릿속에서 몇 달 만에 한 번씩 한다고 해서 자랑할 짓은 못 됩니다. 만약 누군가 무엇인가를 알아내기 위해 최종 결과는 별것도 아니지만, 이런 과제를 기술 조교들에게 비난받지 않고 몽땅 떠맡길 수도 없습니다. 그러나 만약 그의 계산들의 방향에 대해서나 그의 계산과정에서 나타날 결과물의 함의에 대해서 아무런 '개념'이 떠오르지 않는다면 이 작은 결과물은 쓸모가 없습니다.

보통 그러한 '착상'은 꼭 항상 그렇지는 않지만 엄청난 노력의 토양에서만 준비됩니다. 학문적으로, 아마추어(Dilettant, dilettantes)의 개념이 전문가의 개념과 비슷하거나 오히려 전문가의 개념보다 더 학문적 함의를 가질 수도 있습니다. 최상의 가정들과 통찰들 가운데 많은 것이 아마추어들로부터 나왔습니다. 전문가와 아마추어가 다른 것은 헬름홀츠가 마이어[Julius Robert von Mayer, 1814–1878]에게 말했듯이 아마추어에게는 정확하고 신뢰할 수 있는 절차가 부재합니다. 따라서 그는 그의 개념의 함의(含意)들을 통제하고, 평가하고, 활용하는 위치에 있지 못합니다. 마치 학문을 열성만으로 못 하듯이 개념은 연구를 대체하지 못하며 연구도 역시 개념을 대체하지도 개념을 짜내지도 못합니다. 무엇보다도 열정과 노력, 이 둘이 합쳐져서 개념을 유인할 수는 있습니다.

착상들은 우리를 즐겁게 하기 위해서 나타나는 게 아니라, 그들이 즐거울 때 우리에게 나타납니다. 최고의 아이디어들은 이혜링[Hermann von Ihering, 1850–1930, 독일–브라질 출신 동물학자]이 묘사했듯이 소파에 앉아서 담배를 피우다가, 혹은 헬름홀츠가 학문적인 정확성을 갖고 그 스스로의 체험을 예기했듯이 오르막길을 걸어 올라가는 순간 등, 우리가 기대하지도 않은 순간이나 장소에서 문득 떠오르지 우리가 머리를 짜낸다거나 책상에 앉아서 탐구한다고 떠오르지 않습니다. 하지만 아이디어들은 우리가 그렇게 책상 앞에 앉아서 골머리를 앓고 그 해답들을 찾으려고 열정적인 헌신을 하지 않는다면 그렇게 튀어나오지도 않고, 튀어나올 수도 없습니다.

아무튼, 학자는 모든 학문연구에 뒤따르는, 즉 착상이 나타날 수도 혹은 나타나지 않을 수도 있다는 모험을 감수해야 합니다. 그가 탁월한 학자일지라도 그 스스로 개발한 유익한 착상이 없을 수 있습니다. 이런 일이 꼭 학문에서만 일어난다고, 그리고, 예를 들어 실험실에서 하는 일과 기업 사무실에서 하는 일이 다르다고 믿는 것도 큰 잘못입니다. '기업적 상상력'이 없는, 즉 아이디어들이나 이상적인 직감들을 갖지 못한 상인이나 대(大)기업가라면 차라리 사무직원이나 기술직 관료로 평생 동안 남아 있는 게 더 낫다고 생각합니다. 그는 조직에서 결코 진정으로 '창의적'일 수 없습니다. 학자들의 오만이 빚은 환상처럼 학문 분야에서의 영감이 한 현대 기업가에 의해 실생활 분야에서 문제들을 극복하는 것보다 더 큰 역할을 결코 하지 않습니다. 다른 한편으로는, 그리고 이 역시 잘못 인식되고 있는데, 영감은 예술의 영역에서 작용하는 것 못지않게 학문에서도 중요한 역할을 합니다. 수학자가 자나 계산기들, 혹은 다른 기계장치들만을 가지고 그의 책상에 앉아서 학문적으로 가치가 있는 결과를 얻을 수 있다고 생각하는 것은 어린애 같은 수작입니다. 바이어슈트라스[Karl Theodor Wilhem Weierstrass, 1815-1897, 독일이 낳은 저명한 수학자] 같은 탁월한 학자의 수학 상상력은 예술가의 상상력에 비교해서 그 의미와 결과에 대한 지향이 아주 다르고, 근본적으로 그 질도 다릅니다. 그러나 심리 과정들은 다르지 않습니다. 둘 다 광기[Rausch, frenzy, 광기, 광란, 도취, 술, 약물 등에 취함, 플라톤의 'mania' 같은 의미]와 '영감'이 있습니다.

지금, 우리는 과학 영감을 타고난 '재능들'(Gabe, gifts) 말고도 우리도 모르는 숨겨진 '운명들'(Schicksalen, destinies)에 의존하고 있습니다. 끝으로 하나 중요한 것은, 이처럼 '의심할 수 없는 진실' 때문에, 특히 젊은이들 가운데 하나의 이해가 가는 태도가 인기를 끌고 있습니다. 그리고 우상숭배가 오늘의 모든 길거리 광장이나 잡지들을 점거하는 데 이들을 이용하고 있습니다. 이 우상들은 '개성'(Persönlichkeit, personality)과 개인적인 체험(Erleben, personal experience)들입니다. 이 둘은 깊이 연관되어 있고 후자가 전자를 구성하고 그에 속한다는 생각이 지배합니다. 사람들은 인생을 '체험'하겠다고 애를 씁니다. 하나의 개성이 그의 신분과 위치에 걸맞게 말입니다. 그리고 만약 우리가 인생을 '체험하는 데' 성공하지 못한다면 우리는 적어도 이러한 신의 은총(Gnadengabe, this gift of grace)을 가진 것처럼 시늉이라도 해야 합니다. 이전에는 이 '체험'을 쉬운 독일어로 감동(Sensation)이라고 불렀습니다. 그리고 그때는 무엇이 개성이고, 그 개성이 무엇을 의미하는가에 대해 보다 적절한 개념이 있었다고 나는 믿습니다.

학자와 예술가의 인기나 명성은 사고파는 것이 아니다

신사 숙녀 여러분. 학문 분야에서는 자기가 지금 바로 하고 있는 연구에만 오직 헌신하는 사람만을 개성을 가졌다고 합니다. 그리고 이는 학문 분야에만 적용되는 건 아닙니다. 오직 자기 일과 자기 일만을 위해 봉사하지 않은 위대한 예술가를 우리들은 모릅니다. 예술에 관한 한 괴테와 같은 위치에 있는 인물일지라도 그의 '인생'을 예술창작 속에 개입시키려는 자유는 걸림돌이 되었습니다. 누군가 이 말을 의심할지라도 그는 그런 자유를 누리기 위해서는 괴테가 되어야 합니다. 모든 사람이 최소한 이 정도는 인정합니다. 즉 천 년 만에 한 번 나타날까 말까 한 괴테 같은 인물일지라도 이런 자유는 그 값을 치르지 않을 수 없습니다. 정치판에서도 문제들은 다르지 않습니다. 하지만 오늘은 이 문제를 다루지 않겠습니다. 그러나 학문 분야에서는 그가 헌신해야 할 주제에 대해 스스로 흥행주(impresario)가 되어 '체험'을 통해 인정받으려고 무대에 올라가서 묻습니다: 내가 '한 사람의 단순한 전문가'가 아닌 그 이상이라는 것을 어떻게 입증할 수 있습니까? 아무도 아직까지 말하지 않은 형태와 내용의 무엇인가를 어떻게 나는 관리해야 합니까? 하고. 그러한 사람은 '개성'이 없습니다. 오늘날 그런 행위는 '하나의 군중 현상'(heute massenhaft auftretende Erscheinung, crowd phenomenon)이며, 그것은 항상 쩨쩨한 인상을 남기고 그 분야에 관심 있는 사람의 위신을 떨어뜨립니다. 이보다는 연구과제에의 내적 헌신(innere Hingabe, inner devotion), 그것만이 학자가 헌신하려는 주제의 위상과 존엄성을 끌어올릴 수 있습니다. 이 점에서는 예술가와 별 차이가 없습니다.

학문의 생명은 짧고, 예술의 생명은 길다?

학문연구 업적과 예술이 공유하는 이러한 전제조건들과는 대조적으로 학문은 예술작품과 근본적으로 다른 운명을 갖고 있습니다. 학문연구는 '진보의 행로'에 묶여 있지만 예술의 영역에는 같은 의미의 진보는 없습니다. 어느 한 시기의 예술작품이 가령 '원근법'과 같은 새로운 기법을 썼다고 해서 그런 기술과 화법을 쓰지 않은 예술작품보다 예술적으로 더 윗자리에 있다고 말할 수 없습니다. 즉 그러한 조건들과 수단들은 없지만 만약 예술작품의 형태가 그 실체를 잘 묘사하고 있고 그 작품의 소재를 예술적으로 훌륭히 소화했다면 말입니다. 진정한 '성취'(Erfülllung, genuine fulfillment)에 이른 예술작품은 능가할 수 없고(unsurpassed) 결코 낡지(antiquated)도 않습니다. 물론 개인들마다 예술작품에 대한 평가가 다를 수 있지만 그 누구도 완벽한 작품을 다른 완벽한 작품이 '앞질렀다'(outstripped)고 말할 수도 없습니다.

학문은 우리 모두 잘 알지만 10년, 20년, 50년이 지나면 달성한 것들이 낡아서 버려지게 되는 운명입니다. 그것이 학문이 처한 운명이며, 다른 문화 영역에 비교해서도 마찬가지지만 학문이 아주 특별한 의미에서 헌신하고 있는 바로 학문업적의 의미입니다. 모든 학문 '성취'는 새로운 질문들을 제기합니다. 그것은 '능가하거나' 낡게 만듭니다. 누구든 학문에 헌신하려는 사람은 이 사실을 인정해야 합니다. 학문성과들은 물론 그들의 예술적 우수성이나 연수의 수단으로서의 중요성 때문에 만족감을 오랫동안 가져다 주기도 합니다. 하지만, 그들은 학문적으로 능가당합니다. 다시 강조하지만 왜냐하면 그것이 우리의 공동운명이요, 더 나아가서 우리의 공동목표입니다. 우리는 언젠가 다른 학자가 우리가 달성한 것보다 더 앞서가는 이론이나 발견을 할 것이라는 희망이 없다면 일할 수 없습니다. 원칙적으로 이러한 발전은 끊임없이 지속됩니다. 그리고 그럼으로써 우리는 학문의 의미를 탐구하기에 이르렀습니다. 왜냐하면, 결국, 그러한 법칙에 무엇인가 종속되어 있다는 것이 좋은지 그리고 그 자체로 의미가 있는지는 아직 자명하지 않기 때문입니다. 누군가는 왜 끝이 없는, 끝이 있을 수 없는 일에 몰두하는가?

첫째로, 우선 넓은 의미에서 순수한 실용적이고 기술적인 목적들을 위해서입니다. 즉, 학문적 경험을 우리의 실생활 활동들에 우리가 활용할 수 있다는 기대들 때문입니다. 좋습니다. 하지만, 이것은 오직 실천, 응용하는 사람들에게만 의미가 있습니다. 직업이 연구나 교수인 사람의 태도는 무엇입니까? 즉 그 역시 그런 태도를 가지고 있습니까? 그는 '학문을 위한 학문'에 종사하지 다른 사람들같이 단순히 학문을 활용해서 상업적인 또는 기술적인 성공을 거두고, 또 더 잘 먹고, 더 잘 입고, 더 밝게, 더 잘 지배하기 위해 연구하는 것만은 아닙니다. 그러나 이러한 특수한 조직에 합류하여 끊임없이 일하며, 결국은 낡기 마련인 생산물들만을 만드는 데서 무엇을 그는 달성하기를 희망하는가? 이 질문은 몇 가지 일반적인 고려사항을 필요로 합니다.

학문발전은 수천 년 동안 인류가 추구하고 추진해 온 '지식화 과정'의 한 부분일 뿐이지만 가장 중요한 부분이기 때문입니다. 지금 극히 부정적인 시각으로들 보고 있는 것도 사실이지만, 우리는 첫째로 학문이 창조하고, 학문적으로 추진된 기술에 의한 이 '지식주의자 합리화'(intellektualistische Rationalisierung, intellectualist rationalization)가 실질적으로 무엇을 의미하는지를 명확히 해 봅시다.

문명인에게 죽음은 아무 의미가 없다?

가령, 오늘 이 강당에 앉아 있는 모든 사람이 미국의 인디언이나 아프리카의 호텐토트보다 우리가 살아가는 삶의 조건들에 대한 지식을 더 많이 갖고 있는가? 아니라는 것입니다. 물리학자가 아니라면 그가 타고 다니는 전차가 어떻게 만들어졌고 왜 움직이느냐에 대해 아무것도 모릅니다. 그리고 그것을 알 필요도 없습니다. 그는 전차가 잘 움직이리라고 믿으며 그가 기대한 대로 그렇게 잘 움직이면 만족합니다. 하지만 그는 어떻게 하여 움직일 수 있는 전차를 생산하는가에 대해서는 아무것도 모릅니다. 원주민은 그가 사용하는 기구들에 대해 우리와는 비교가 안 될 만큼 많이 알고 있습니다. 지금 여기 이 강의실에 정치경제를 가르치거나 연구하는 동료들도 있지만, 우리가 오늘 돈을 쓰는데 "왜 어떤 때는 같은 물건을 비싸게, 또 어떤 때는 싸게 사게 됩니까?"라는 질문에 이분들 모두의 설명이 거의 모두 다를 것입니다. 원주민은 그러나 그가 그날 먹을 음식을 얻기 위해 무엇을 해야 하고 어떤 절차를 따라야 하는가를 알고 있습니다. 따라서 그가 사는 사회의 지식화나 합리화가 증가한다고 해서 그가 살고 있는 조건에 대한 그의 일반 지식도 함께 증가하는 것은 아닙니다.

그것은 다른 것, 즉 누군가 원한다면 언제든지 배울 수 있는 지식이나 믿음을 의미합니다. 따라서 그것은 원칙적으로 신비스러운 계량화할 수 없는 힘들이 작용해서가 아니라, 오히려 누구든 원칙적으로 모든 것을 계산할 수 있다는 것을 의미합니다. 이는 세계가 마법의 미몽에서 깨어났다는 것을 의미합니다. 누구나 정신들(영혼)을 다루거나 구하기 위해 이제 마술, 마법에 매달릴 필요가 없다는 것입니다. 야만인은 그런 신비스러운 힘들에 의존했었지만, 기술적인 수단과 계산들이 서비스를 제공합니다. 이는 무엇보다도 지식화를 의미합니다.

이렇게 미몽으로부터 깨어나는 과정은 서양 문화에서는 수천 년 동안 지속되어 왔습니다. 그리고, 일반적으로 이 '진보'(Fortschritt, progress)는 학문의 연결고리, 그리고 동력에 속합니다.* 지금, 학문은 순수하게 실질적이고 기술적인 것 이상의 무슨 의미들을 가지고 있는가? 여러분은 톨스토이의 작품들 속에서 이 질문이 가장 원칙적인 형태로 제기된 것을 발견할 것입니다. 그는 독특한 방법으로 질문을 던집니다. 모든 그의 심사숙고는 죽음이 의미가 있는 현상인가, 아닌가로 집약됩니다. 그리고 그의 답변은 이렇습니다. 문명인에게 죽음은 아무 의미가 없습니다. 문명인의 개인생활은 그 자신의 절박한 의미가 '끝없는 진보'에 놓여 있기 때문에 결코 마지막에 다다를 수가 없습니다. 왜냐하면 진보의 행진에 서 있는 사람 앞에는 항상 더 밟아야 할 발자국이 또 있기 때문입니다. 그리고 그 누구도 무한의 정상(頂上)에 죽을 때까지 오르지 못합니다. 아브라함이나 과거의 농부들은 늙어서 죽었지만, 그리고 죽을 때는 그들의 삶이 제공한 모든 것을 다 맛보며 인생의 생체적 사이클(organischen Kreislauf des Lebens, the organic cycle of life) 굴레 속에서 삶을 충분히 살았습니다. 왜냐하면, 그의 인생의 의미나 그의 생의 마지막 날까지 삶이 그에게 줄 것들을 모두 주었고, 또 그가 해결해야 할 수수께끼도 남아

* 위 베버의 주장은 한편으로는 수긍이 가지만 다른 한편으로는 문명, 문화사회의 시민이 갖고 있는 평균 지식과 기술의 양과 질이, 즉 집단지성이, 원시사회 원주민의 그것보다 엄청나게 더 많다고 나는 그에게 반론을 제기한다. 또 그가 마치 지식화, 합리화 또는 "마법이나 미몽에서 깨어나는 과정"(the process of disenchantment)이 서양문화에서만 수천 년 동안 진행되어 왔고 동양사회나 미개사회에서는 부재했던 것처럼 단정하는 것도 무리라고 생각한다.

있지 않고, 그는 인생을 '충분히' 살 만큼 살았기 때문입니다. 그러나 문명인은 개념, 지식, 그리고 여러 문제들에 의해 문화가 지속적으로 풍요로워지는 소용돌이 속에 있기 때문에 "삶에 피로를 느낄지는 몰라도 결코 삶에 만족할 줄은 모릅니다." 그는 '영혼의 삶'(das Leben des Geistes, the life of the spirit)이 가져다 주는 새로운 것의 오직 가장 사소한 부분만을 붙잡을 뿐이며 그가 붙잡은 것마저도 항상 일시적이고 결정적이지도 않습니다. 따라서 그에게 죽음은 아무 의미가 없는 사건입니다. 그리고 죽음이 의미가 없으므로 그런 문명화된 삶도 의미가 없습니다. 바로 그의 진보성이 죽음의 무의미함에 낙인을 찍습니다. 톨스토이는 그의 최근 소설 작품들을 통해 그가 이러한 생각을 그의 예술의 주제로 삼고 있다는 것을 우리는 알 수 있습니다.

학문의 가치는 무엇인가?—플라톤의 동굴의 우화

어떤 선택을 할 것인가? '진보'가 기술적인 차원을 뛰어넘어 인정할 만한 의미를 가지고 있어서 진보는 소명으로서 헌신할 만한 것인가? 이 질문은 꼭 제기해야 합니다. 그러나 이것은 단순히 사람의 천직으로서의 학문에 관한 문제만이 아닙니다. 이 질문을 제기하는 것은 '인간이라는 전체적인 삶'(Gesamtleben der Menschheit, total life of humanity) 속에서 학문이라는 직업에 관해 묻는 것입니다: "학문의 가치는 무엇입니까?"라고.

여기에서는 과거와 현재의 대조가 엄청납니다. 여러분은 플라톤의 《공화국》 제7권에서 시작하는 훌륭한 이미지를 기억하실 겁니다. 동굴 벽을 향해 쇠사슬에 묶여 있는 동굴 사람들. 그들은 얼굴이 그들 앞 바위 벽만 보도록 묶여 있습니다. 그들 뒤에서 햇빛이 들어오지만 그들은 볼 수가 없습니다. 그들은 오직 이 햇빛이 바위 벽에 반사하는 그림자 이미지들(Schattenbilden, shadowy images)만 보면서 그 관계들만을 알려고 합니다. 그런데 어느 날 이 죄수들 가운데 한 사람이 그의 쇠사슬을 끊고 바위 벽을 뒤로 하고 처음으로 그가 이제까지 못 본 햇빛을 봅니다. 처음 갑자기 내리쬐는 햇빛에 그의 눈이 가려지자 허우적거리다 그가 본 것에 대해 더듬더듬 말합니다. 그러자 다른 죄수들이 그가 미쳐서 헛소리한다고 비웃습니다. 그러나 서서히 그는 시력을 되찾아 빛을 볼 수 있게 되자, 그의 임무는 다시 동굴 사람들에게로 되돌아가 그들을 빛으로 이끄는 것이 됩니다. 그는 철학자입니다. 태양은 학문의 진리이며, 허상들과 그림자들이 아닌 '실체'(wahren Sein, true being)를 파악하게 합니다.

그런데 오늘 누가 학문을 이런 식으로 봅니까? 오늘 젊은이들은 정반대로 느낍니다. 학문의 지적 구조는 진정한 삶의 피와 체액을 메마른 손으로 파악하려고는 하지만 그것을 따라잡지 못하고 인위적인 추상화의 비현실적 영역을 차지하고 있습니다. 그러나 플라톤의 동굴의 벽 그림자 극 속의 삶에는 진정한 현실이 박동합니다. 그리고 그 외에는 삶의 파생품들, 생명이 없는 귀신들, 그것뿐입니다. 어떻게 이런 변화가 일어난 것입니까?

개념의 발견

플라톤의 《공화국》에서의 '열정적인 열광'(leidenschaftliche Begeisterung, passionate enthusiasm)은 궁극적으로 모든 학문 지식의 위대한 도구의 하나인 개념(Begriff, concept)을 처음으로 의식적으로 그가 개발했다는 사실로 설명해야 합니다. 표면적으로는 소크라테스가 발견한 것으로 보입니다. 그는 이 세상에서 그것을 발견한 유일한 사람은 물론 아닙니다. 인도에서도 아리스토텔레스의 논리와 비슷한 논리의 첫 시작들을 찾을 수는 있습니다. 그러나 개념의 중요성을 인식한 것은 다른 곳에서는 우리가 찾아볼 수 없습니다. 그리스에서 처음으로, 자신이 아무것도 모른다는 것을 혹은 다름 아닌 이것만이 진실, 즉 맹목적인 사람들의 작태가 그러한 것처럼 결코 사라지지 않을 영원한 진실이라는 것을 인정하지 않을 수 없게끔 '논리적 나사'(logischen Schraubstock, logical screws)로 누군가를 죄는 데 편리한 수단이 나타났습니다. 그것은 소크라테스 제자들에게 떠오른 엄청난 체험입니다. 그리고 이로부터 만약 누군가, 진, 선, 미, 또는, 가령 용기, 영혼 등의 올바른 개념을 찾을 수 있다면 그는 또한 그의 '진정한 실체'도 파악할 수 있습니다. 그리고 이것은 어떻게 인생을 올바르게 살 것인가를, 그리고, 무엇보다도, 한 국가의 시민으로서 어떻게 행동해야 하는가를 이해하고 가르치는 방법을 활짝 열어 놓은 셈입니다. 왜냐하면, 모든 사고(思考)를 정치적으로 하는 옛 그리스 인에게 이 문제는 모든 것이었습니다. 그리고 이런 이유들 때문에 학문에 헌신했습니다.*

합리적 실험

두 번째 위대한 도구 또는 학문연구, '합리적 실험'(rationale Experiment, rational experiment)도 르네상스 시대의 '헬레니즘 정신'(Renaisancezeit, Hellenic spirit)의 재발견과 함께 나타났습니다. 실험은 신뢰할 수 있도록 체험을 통제하는 수단입니다. 이러한 실험 없이는 오늘의 '실험과학'(empirische Wissenschaft, empirical science)은 불가능합니다. 실험들은 그 전에도 있었습니다. 이

---

* 베버는 위에서 고대 그리스와 함께 고대 인도에서의 유사한 개념의 발견을 인정했지만, 동아시아, 특히 중국에서도 소크라테스와 거의 같은 시대에 또는 그보다 훨씬 앞서서 노자, 공자는 물론이고, 그 뒤 맹자, 장자 등도 도교나 유교 사상 등을 통해 비슷한 위 기본 개념들을 대화형식으로 풀이하고 정의했다는 것이 사실이므로 개념을 옛 그리스에서 맨 처음 개발했다는 그의 지론은 많은 논란의 여지를 남긴다.

를테면, 인도에서 금욕주의적 요가 기술에 적용하려고 생리학적 실험을 했습니다. 옛 그리스에서도 전쟁기술을 목적으로, 그리고 중세시대에는 유럽에서 '채광'(Bergbaus, mining)을 목적으로 수학적 실험을 했습니다. 그러나 실험을 연구의 한 원리로까지 발전시킨 것은 르네상스의 업적입니다. 그들은 실험의 선구자들로서 예술의 위대한 혁신자들입니다. 다빈치나 그와 비슷한 사람들, 그리고 무엇보다도 실험적 피아노들을 이용한 16세기 실험 음악가들이 두드러집니다. 이들 서클로부터 실험이 과학에, 특히 갈릴레오를 통해서 접목되고, 베이컨을 통해서 실험이 이론에 접목됩니다. 그 다음에 대륙에 있는 대학들의 여러 가지 정밀과학분야가 처음에는 이탈리아 대학들에서, 그 다음엔 네덜란드 대학들에 의해 채택됩니다.*

학문은 무엇을 의미하는가?

현대의 문턱에 서 있는 이들에게 학문은 무엇을 의미하는가? 레오나르도나 음악 혁신가들 같은 형(型)의 예술 실험가들에겐 학문은 진정한 '예술의 길'(Weg zur Kunst, path to true art)이요, 또한 진정한 '자연에로의 길'(Weg zur Natur, path to true nature)입니다. 예술은 학문을 한 등급 올리기 위해 있었습니다. 이것은 또한 동시에 그리고 무엇보다도 예술가를 사회적으로나 인생의 의미라는 관점에서도 독토어(doctor)의 등급으로 올리는 것을 의미했습니다. 이것은, 이를테면 레오나르도가 《사생첩》(寫生帖, Malerbuch, sketch book)을 쓴 야망이기도 합니다. 그런데 오늘은? '자연으로 가는 길'로서의 학문은 젊은이에겐 신성모독처럼 들립니다. 오늘의 젊은이들은 그 정반대를 선언합

* 이 두 번째 도구의 발견 역시 베버의 위 주장은 너무 유럽 문화, 문명 중심인 느낌이다. 범(汎)세계 과학 발전사로 보면, 너무 편협한 단견이라고 볼 수도 있지 않을까 한다.

니다. 즉 그 스스로의 본성과 모든 자연으로 되돌아가기 위해 학문의 지성주의로부터의 구원을 바랍니다. 예술로 가는 길로서의 학문은? 이에 대해서는 어떤 비판도 필요 없을 정도입니다.

그러나 정밀과학들이 등장하는 시기에는 누구든 많은 것을 기대합니다. "한 마리 기생충의 해부 속에서 신의 섭리의 증거를 여기 내가 여러분에게 가져왔소"라는 스바메르담[Jan Swammerdam, 1637–1680, 네덜란드의 저명한 생물학자, 특히 곤충연구가]의 이야기를 만약 여러분들이 기억한다면, 여러분은 개신교주의와 청교도주의에 의해 (간접적으로) 영향을 받은 과학자가 그의 과제를 어떻게 구상하는가, 즉 신의 길을 보여 주려 한다는 것을 알 수 있을 것입니다. 사람들은 이제는 철학자들을 통해 그들의 개념들과 추론들로 신의 길[Weg zu Gott, path to God]을 찾지 않습니다. 모든 경건주의[17세기 말 독일 루터 교회의 한 부류로 종교의 감정적이고 개인적인 측면을 강조함] 신학, 특히 슈페너[Philip Jacob Spener, 1635–1705, 독일의 루터교 신학자. 경건주의의 기초자]는 중세 시대에 추구한 방법으로는 신을 찾을 수 없다는 것을 알았습니다. 신(神)은 보이지 않습니다. 신의 길들은 우리의 길들이 아니고, 그의 생각들이 우리의 생각들이 아닙니다. 정밀과학들에서는 그러나, 신의 역사(役事)를 물리적으로 파악할 수 있는 곳이면 누군가 신이 이 세상에 계획한 것이 무엇인가를 추적할 수 있다고 희망했었습니다. 그런데 지금은? 누가—자연과학에서 발견되는 이른바 '큰 어린이들*'을 제외하면—아직도 천문학, 생물학, 물리학, 또는 화학의 발견들이 세상의 의미에 대해서 무엇인가를 가르칠 수 있다고 믿는단 말입니까? 만약 그런 '의미'가 있다면, 어느 길에서 그런 흔적들과 마주친단 말입니까? 만약 이들 자연과학들이 이런 방식으로 선도해야 한

---

* 조금 뒤 그의 이야기에서 나타나지만, 베버는 대학교 학과장들과 신문사 논설위원들을 비꼬는 투로 이렇게 표현한다. 그가 말하는 '큰 어린아이들'은 우리말 '철없는 어른들'을 닮은 것도 같다.

다면, 우주의 '의미'는 바로 그 뿌리들로부터 소멸한다는 믿음을 주는 것입니다.

마지막으로, '신에게로 가는 길'로서의 학문? 학문, 이 특별히 비종교적인 권력? 학문이 오늘날 비종교적이라는 것은 누구나 그의 마음속 가장 깊은 곳에서는 설령, 그 스스로는 인정하지 않더라도 의심의 여지가 없습니다. 학문의 합리주의와 지성주의로부터의 구원이 신과의 화합의 삶을 영유하는 데 있어서 근본적인 전제조건입니다. 이것이, 혹은 이 의미와 비슷한 것이 바로 종교에 몰입했거나 또는 종교적 체험들을 갈망하려는 독일의 젊은이들 가운데서 누구나 흔히 듣는 근본적인 표어의 하나입니다. 그들은 종교적인 경험뿐만 아니라 경험 그 자체를 갈구합니다. 다만 한 가지 이상한 것은 현재 따르는 방법입니다. 즉 지성주의가 다루지 않은 유일한 영역들인 비합리적인 영역들을 지금 의식하기에 이르렀고, 그것을 렌즈 안에 넣었다는 사실입니다. 왜냐하면, 실제로 이것이 바로 낭만적 비합리주의의 현대 지성주의적 형태가 지향하는 곳입니다. 지성주의로부터의 해방이라는 이 방법은 그들이 착상한 목표와는 정반대의 결과를 낳을 수 있습니다.

행복을 발명했다는 '최후의 인간들'(letzten Menschen, last men)에 대한 니체의 통렬한 비판 뒤에, 나는 학문—즉 학문에 근거한 삶을 통제하는 기술—이 바로 '행복으로의 길'(Weg zum Glück, the way to happiness)이라고 자축해 온 순진한 낙관주의도 접어 두겠습니다. 이것을 대학교 학과장 자리나 신문사 논설위원실의 몇몇 '나이 든 어린아이들'(großen Kindern, big children)을 빼놓고 과연 누가 믿겠습니까? 우리들 주제로 되돌아갑시다.

지금까지 모든 과거의 환상들, 즉 실존의 길(Weg zur wahren Sein, way to true being), 진정한 예술의 길(Weg zur wahren Kunst, way to true art), 진정한 자연의 길(Weg zur wahren Natur, way to true nature), 진정한 신의 길(Weg zum wahren Gott, way to true God), 진정한 행복의 길(Weg zum wahren Glück, way to true happiness) 등등, 이 모두 잘못된 정의(定義)라고 떨쳐 버리면, 이러한 내재적 전제조건들 아래서 직업으로서의 학문은 지금 무엇을 의미하는가? 톨스토이는 가장 단순하게 다음과 같이 대답합니다. 학문은 대답을 주지 못하므로 무의미하다. 우리에게 오직 중요한 문제는 "우리는 무엇을 해야 하고 그리고 어떻게 살아야 하는가?"이다. 이를 오늘 밤 사용한 말들로 다시 표현하자면, 서로 다투는 신들 가운데 어느 신을 따라야 하는가로 요약할 수 있습니다. 그런데 학문이 이 중요한 문제에 대해 답을 주지 못한다는 것은 논란의 여지가 없습니다. '학문은 답을 주지 않는다'는 의미로서의 단 한 가지 남은 질문은 학문이 질문을 정확히 제기한 사람에게 약간 '유용한가, 아닌가' 입니다.

오늘날 학문은 '전제조건들로부터 자유롭다'라고들 말합니다. 과연 그럴까요? 이것은 어떻게 사람마다 이해하는가에 달려 있습니다. 모든 학문연구는 논리와 방법의 규범이 옳다고 전제합니다. 이것은 세상 어디에서나 우리의 예비교육의 일반적인 기초입니다. 그리고 적어도 우리의 특별한 질문을 위해 이 전제조건들은 학문에서 가장 문제가 되지 않는 부분입니다. 학문은 또한 학문연구를 통해서 얻은 결과물이 세상에 '알릴 만한 가치가 있는 것'이라고 전제합니다. 이 가정 속에는 물론 모든 우리의 문제들도 포함됩니다. 왜냐하면, 이 전제는 과학적 방법으로 검증할 수 없기 때문입니다. 그것은 오직 궁극적 의미를 참조하여 해석만 할 수 있습니다. 즉 우리는 각자의 삶에 대한 궁극적인 입장*에 따라 수용하거나 거부해야 합니다.

더구나, 학문연구와 그의 가정들과의 관계의 성격이 그 구조에 따라 서로 크게 다릅니다. 자연과학의 경우, 예를 들면, 물리학, 화학, 천문학은 과학이

---

* 인생관, 국가관, 종교관, 세계관, 우주관 등.

추구할 수 있는 '우주 변화의 궁극적 법칙들'(letzten Gesetze des kosmischen Geschehens, the ultimate laws of cosmic events)을 알아내는 것이 가치가 있다는 것은 당연하다고 전제합니다. 이 경우는 그런 지식으로 기술적인 결과물을 얻을 수 있을 뿐만 아니라 그런 지식 추구 그 자체가 '직업'이라면, 그 지식 추구 자체만으로도 의미가 있습니다. 하지만 이런 가정도 그는 검증할 수 없습니다. 더구나 이 학문 분야들이 가치가 있다고 묘사하는 세계의 존재 그것이 '의미'를 갖고 있는지를, 혹은 그런 세계에서 산다는 것이 말이 되는지 등등을 입증하기가 쉽지가 않습니다. 학문은 이런 질문들에 답을 묻지 않습니다.*

의학

실질적인 기술이며, 학문적으로도 크게 발전한 현대 의학을 한번 살펴봅시다. 의학 사업의 일반적인 '전제조건'은 의학은 삶을 유지하고 가능한 한 최대한으로 삶의 고통을 덜어 주는 과제를 갖고 있다는 주장을 하찮게 말합니다. 그러나 이 과제 역시 문제가 있습니다. 의사는 치명적인 병에 걸린 사람이라도, 그리고 이 환자 스스로 목숨을 끊어 달라고 애걸을 하더라도, 그의 친척들이 그의 삶이 이제 아무 가치가 없다고 판단하더라도, 그리고 그의 가치 없는 생명을 지탱하는 비용을 도저히 감당할 수 없으니 이 환자를 고통으로부터 구제하도록 요구해도, 그의 수단으로 생명을 보전합니다. 아마 미치

* 궁극적으로, 지금 21세기 초고속 최정밀, 다(多)우주('multi-verse')'전자인간' 시대에 베버의 위 관찰은 이미 낡은 것인지, 아직도 대부분 또는 일부분만이라도 유효한 판단인지는 오늘을 사는 과학 전문가의 몫이다. 다만 19세기 중반에 태어나 20세기 초에 이 세상을 마감한 사회과학자로서의 베버의 위 분석이 아직 전기 시대조차 보편화되지 않은 '과학 환경'에서 과학의 근본적인 목적, 의미와 의문을 천착하려 노력하고 나름대로 통찰했다는 것이 자연과학자가 아닌 나는 놀라울 뿐이다.

광이일지라도, 그의 친척들이 인정하든 말든, 모두들 빨리 꼭 그가 죽기를 바랄지라도 말입니다. 의학의 전제들*과 형법은 의사가 그의 치료 노력을 포기하는 것을 금하고 있기 때문입니다. 인간 삶이 가치가 있는지, 어느 때 그러한지, 이런 질문을 의학은 제기하지 않습니다. 자연과학은 만약 우리가 '삶을 기술적으로 통제하기' 위해서 우리는 무엇을 해야만 하는가에 대한 질문에 대답합니다. 자연과학도 왜 우리가 우리 삶을 기술적으로 통제해야 하는지, 왜 그것을 우리가 바라는지, 궁극적으로 그것이 무슨 의미가 있는지 등에 대해서는 아예 간여하지 않거나 학문의 목적들로 가정만 할 뿐입니다.**

---

* 가령 히포크라테스 선서.

** 그가 이 강의를 거의 100년 전인 1919년 1월에 했다는 것을 상기할 때, 21세기 초를 사는 우리에게도 존엄사(尊嚴死), 안락사(安樂死, euthanasia, mercy killing) 문제가 전 세계적으로, 특히 유럽, 미국 등뿐만 아니라 우리나라에서도 지금 의학계와 시민사회의 크나큰 미해결 논쟁거리이며 법정논란을 자주 일으키고 있다는 점에서 베버의 위 통찰도 놀랍다. 물론 그의 위 관찰은 원론적인 주장이지 그때나 지금이나 의료계의 현실은 아니다. 세 가지 구체적인 보기를 들어 보자. 미국에서 교수생활을 할 때, 아마 1970년대 말로 기억하는데, 나는 학교에서 강의를 하다 갑자기 아랫배 한쪽의 극심한 통증으로 급히 인근 병원을 찾았다. 병원 직원이 나를 곧바로 응급실로 안내해서 치료할 것을 바랐지만, 그는 아랑곳하지 않고 먼저 의료보험 카드를 요구하지 않는가? 다행히 카드가 있어서 곧 처리가 되어 담석증 수술을 받고 10여 일 만에 퇴원했지만, 만약 그때 나에게 보험 카드가 없었다면 어떻게 되었을까? 2011년 일이다. 내 아내가 호놀룰루 장모님 댁에서 갑자기 우심한 고열로 역시 그곳 종합병원 응급실을 찾았으나 똑같이 사전 서류심사, 치료비용 등이 확인된 다음에야 혈액검사 등 치료가 가능했다. 나중에 알게 된 이 비용이 터무니없이 비싼 것은 말할 것도 없고. 최근 미국에서 한 젊은 여성(Brittany Maynard, 29)이 불치병인 악성 뇌종양 (Stage IV glioblastoma)으로 고통을 참다 못해 스스로 존엄사를 결정, 삶을 마감[2]했다. 미국은 지금 50개 주 가운데 환자 스스로 존엄사를 선택할 수 있는 법이 있는 주는 여섯(오레곤, 몬태나, 워싱턴, 뉴멕시코, 버몬트, 캘리포니아)이다. 전 세계적으로 존엄사를 허용하는 나라는 네덜란드, 벨기에, 룩셈부르크 등이고, 프랑스는 허용 법안이 계류 중이고 일본은 의식불명 3개월부터 호흡기 사용중단이 가능하고, 우리나라는 연명 치료중단을 허용하는 법원 판례가 있고, 독일은 아직도 '살인행위'로 처벌한다[3]고 한다. 2016년 1월 8일 국회는 '호스피스 완화의료 및 임종과정에 있는 환자의 연명의료 결정에 관한 법'(웰다잉 법)을 통과시켰다. 이로써 환자는 '자기 결정'에 따라 심폐소생술, 인공호흡기, 혈액투석, 항암제 투여 등을 중단하고 존엄한 죽음을 맞을 수 있는 길이 열렸다. 1997년 '보라매병원 사건'을 계기로 존엄사 논의가 시작된 뒤 19년 만이다. 또한, 환자의 연명의료를 의사가 중단할 경우의 '살인방조죄'나 환자가족이 '살인죄' 처벌을 받을 위험도 사라진 셈이다. 이 법의 효력은 2년 뒤인 2018년에 시작된다.[4] 물론 베버가 살았던 당시와 지금 독일의 병원 운영실태는 어떤지 구체적으로 조사하거나 실제로 내가 독일에서 겪어 보지 못해 이러쿵저러쿵 말할 수는 없다. 더구나 내가 몸소 겪은 위 두 이야기는 의사가 결정하는 일이 아니고 의사를 돕는 병원 관리자의 운영방식이라고 할 수도 있겠지만 미국이나 우리나라 병원에서 의료보험 카드나 돈(현금카드 등)이 없는 환자가 병원을 찾았을 때 실제로 어

미학

미학이라는 분야도 살펴봅시다. 예술작품이 있다는 사실은 미학에 주어져 있습니다. 미학은 어떠한 조건들 아래서 이 사실이 존재하는가를 찾으려 하지만 미학은 예술의 영역이 '악마적 장관'(壯觀)(Reich diabolischer Herrlichkeit, diabolical grandeur)의 영역인지, '이 세상의 영역'(Reich von dieser Welt, realm of this world)인지,그리하여, 그 핵심에서 신에 대해 적대적인지, 그 가장 깊은 내면의 귀족적인 영혼 속에서 인류의 박애에 대해 적대적인지 문제를 제기하지 않습니다. 그리하여, 미학은 예술작품이 마땅히 꼭 있어야 하는가라는 질문도 하지 않습니다.*

법학

법학을 살펴봅시다. 법학은 법사상의 규범에 따라 무엇이 유효한가를 확립하는데, 부분적으로는 논리적인 '강제력'에 의해, 또 부분적으로는 관행에 의해 정형화된 구법(舊法, schemata)의 틀에서 결정됩니다. 법사상은 일정한 법칙이나 일정한 해석의 방법은 구속력을 갖는다고 인정합니다. 법이 꼭 존재해야 하는가, 또는 이들 규범을 설정해야 하는가 같은 질문에 대해서는 법학이 대답하지 않습니다. 법학은 오직 말합니다: "만약에 우리의 법사상의 규범에 따라 누군가 이런 결과를 바란다면, 이 합법적 규칙이 그것을 얻기 위해서 합당한 수단이다."**

떤 취급을 받는지는 쉽게 짐작할 수 있다.

* 글쎄, 베버의 위 설명은 너무 짧다. 솔직히 그가 무슨 주장을 하고 있는지 잘 모르겠다. 과연 그의 주장이 올바른 미학의 정의인지, 아닌지의 비판은 아마 미학자의 몫이라고 생각한다.

** 베버의 법학에 대한 아주 짤막한 위 몇 가지 주장에 대한 비판도 너무 추상적이고 무엇을 뜻하는지 법학을 잘 모르는 이 역자에겐 솔직히 알 길이 없다. 이 역시 전문 법학자의 몫이다.

역사 문화학

역사 문화학도 살펴봅시다. 이 분야는 정치, 예술, 문학, 그리고 사회현상들을 기원들을 통해 어떻게 이해해야 하고 해석해야 하는가를 가르칩니다. 그러나 이와 같은 문화현상의 존재에 대해 가치가 있는가 하는 질문에 대해서는 답을 주지 않습니다. 나아가서 위 질문을 알기 위해 노력할 가치가 있는가에 대해서도 답을 하지 않습니다. 연구 절차를 통해, '문명인'(Kulturmenschen, civilized persons) 공동사회에 대해 한몫을 하는 데 관심이 있다는 것을 전제합니다. 그러나 그런 입장이나 이 관심을 전제하는 것을 '학문'으로 입증할 수는 없습니다. 실은 그것이 자명하지 않습니다.*

예언자와 선동가는 대학 강단에 속하지 않는다

끝으로, 나와 가까운 분야인 사회학, 역사, 경제학, 정치학, 그리고 위 학문 분야들을 해석하는 그들의 과제를 가능하게 하는 문화철학의 유형들도 살펴봅시다. 이렇게 말하는 데 나도 동의합니다. 정치는 강의실에서 설 자리가 없습니다. 정치는 학생들 편에서 보면 강의실에 속하지 않습니다. 이를테면, 만약 베를린의 내 전 동료 교수 디트리히 셰퍼의 책상을 평화주의자 학생들이 둘러싸고 소란을 피우거나, 나와 의견이 많은 면에서 크게 다른 푀르스터 교수에 항의하며 반(反)평화주의자 학생들이 소란을 피우거나, 다 마찬가지로 나는 이 모두를 개탄할 수밖에 없습니다. 정치는 비정규 조교의 경우에도 강의실에 설 자리가 없습니다. 특히 정치를 학문적으로 탐구하는 데 관심이 있

* 베버의 위 미학, 법학, 역사 문화학 등에 대한 몇 마디는 너무 짧고 내용이 간략하고 압축되어 있어서 이렇다 저렇다 촌평을 하는 것마저도 힘들다. 그의 원문노트에는 위 내용들이 훨씬 많은데, 영문번역자가 의도적으로 삭제했는지, 원래 원문이 그런지는 이 역자도 모르는 상황이다.

는 강사들이라면 더더욱 그렇습니다.

현실정치에 어떠한 입장을 취하는 것과 정치구조와 정당의 성향을 분석하는 것은 별도의 문제입니다. 정치집회에서 민주주의를 이야기할 때는 누구든 그의 개인적인 입장을 숨기지 않습니다. 실은 그의 입장을 명확하게 개진하고 입장을 꿋꿋이 지키는 것이 그의 '신의 저주를 받은 의무'입니다. 그런 집회에서 그가 쓰는 말들도 학문적인 수단이 아니고 표를 얻으려 유세를 하고 다른 후보들에게 승리하기 위한 수단입니다. 그들이 쓰는 말들은 심사 숙고하는 사상의 흙을 갈아엎어 부드럽게 하는 보습이 아니고 칼들입니다. 그런 말들은 무기들입니다. 그러나 이런 말들을 강의에 또는 강의실에서 그런 방식으로 쓰는 것은 폭행입니다. 예를 들어, 만약 '민주주의'를 토론한다면, 그가 여러 가지 그 유형들을 놓고 그들이 다른 정치체제와 비교해서 삶의 여러 조건들을 위해 어떤 결과를 낳는 데 어떻게 기능하고 결정하는가를 분석합니다. 그 다음 그는 민주주의 유형들과 비민주주의 정치질서 형태들을 대조시켜 학생이 그의 '궁극적인 이상들'(letzten Idealen, ultimate ideals)의 관점에서 자기 견해를 분명히 할 수 있도록 노력하는 것입니다. 그러나 진정한 선생은 학생에게 표현이든, 암시든, 어떤 정치적 입장을 담은 정치공약을 강요하는 것에 대해 민감해야 합니다. "사실들이 스스로 말하도록 하라"(Tatsachen sprechen laeßt, to let the facts speak for themselves)라고 말하는 것은 하나의 정치적 입장을 학생에게 떠넘기는 가장 불공정한 방법입니다.

왜 우리는 이런 행동을 자제해야 합니까? 내가 미리 말합니다만, 몇몇 존경 받는 동료 교수들도 이러한 자제가 가능하지도 않고, 설령 가능하다 하더라도 그 스스로를 선언하는 것을 회피하려는 핑계라는 의견을 갖고 있습니다. 지금은 아무도 '학자'(akademischer Lehrer, academic teacher)의 의무가 무엇인가를 과학적으로 제시할 수 없습니다. 우리는 그 학자에게 한편으로는 사실들을 말하고 수학적 또는 논리적 관계들을 혹은 문화적 가치들의 내재적 구조를 결정하는 것과, 다른 한편으로는 문화의 가치와 그것의 개별적 내용물들에 대한 질문들과 문화공동체나 정치조직 안에서 사람이 어떻게 행동해야 하는가 하는 질문에 대해 그의 보는 눈이 '지적 정직성'(intellektuelle Rechtschaffenheit, intellectual integrity)을 갖고 있는가를 오직 요구합니다. 이런 것들은 잡다한 문제들입니다. 만약 그가 왜 강의실에서 두 가지 형태의 문제들을 다루어서는 안 되느냐고 묻는다면, 답은 이렇습니다: 예언자와 선동가는 대학 강단에 속하지 않는다.

예언자와 선동가에게는 "길거리로 나가서 공개적으로 세상을 향해 말하시오", 즉 비판이 가능한 곳에 가서 말하라고 합니다. 강의실에서는 우리는 우리의 청중 반대편에 서 있고, 청중은 침묵을 지켜야 합니다. 나는 학생들이 그들의 경력 때문에 어떤 선생의 강의를 꼭 들을 수밖에 없고, 더구나 아무도 이 선생을 비판하며 반대할 수 없는 상황을 악용하는 것은 무책임하다고 생각합니다. 선생의 임무는 그의 지식과 학문 체험을 갖고 학생들에게 봉사하는 것이지, 그의 개인적인 정치적 견해들을 그들에게 주입시키는 것이 아닙니다. 물론 선생도 개별적으로는 그의 개인적인 공감을 완전히 없애는 것이 쉽지는 않습니다. 그렇게 되면, 그는 그 스스로의 양심의 심판장에서 가장 혹독한 비판을 받게 됩니다. 그리고 이런 결함은 아무것도 입증하지 못하고, 다른 실수들도, 가령 사실을 왜곡한 발언 같은 것들을 하게 됩니다. 또 진리탐구라는 의무에 대해 아무것도 입증하지 못하는 것은 말할 것도 없습니다. 나는 또한 학문이라는 그 이익을 위해서도 이를 거부합니다. 나는 우리의 역사학자들의 업적을 통해 학자가 자기의 개인적인 가치판단을 피력할 때마다 완전한 사실들의 이해가 멈춘다는 것을 입증할 수 있습니다. 하지만 이것은 오늘 밤 주제를 넘어갈 뿐만 아니라 긴 설명이 필요합니다.

학문은 기적과 계시를 모른다

나는 오직 묻습니다: 독실한 가톨릭교도와 프리메이슨 회원(Freimaurer, freemason)이 종교와 국가의 형태들에 대한 혹은 종교사(宗教史)에 관한 강의를 들으며 어떻게 이들 주제들에 대한 비슷한 평가를 할 수 있을까 하는 것입니다. 이것은 불가능합니다. 하지만 교수는 이 두 사람을 위해 그의 지식과 방법으로 봉사해야 하며 그 스스로에게 이를 요구해야 합니다. 독실한 가톨릭 신자는 선생이 그의 교조적 전제들로부터 자유로이 기독교를 일으킨 여러 가지 요인들을 설명하는 것을 결코 인정하지 않을 것이라고 지금 여러분은 바르게 말할 것입니다. 옳습니다! 차이는, 그러나, 다음과 같은 데 있습니다: 학문은 종교적 유대를 거부하는 의미에서 전제조건들로부터 자유롭고, 기적이나 계시는 모릅니다. 만약 안다면, 학문은 그 스스로의 '전제조건들'에 불성실하게 됩니다. 신자는 기적과 계시 둘 다 압니다. 그리고 '전제조건들로부터 자유로운' 학문은 그에게서, 실증적 설명이 원인 요소로는 제거해야 하는 그러한 초자연적 개입들 없이 과정이 설명될 수 있다면, 그 과정은 학문이 시도하고자 하는 방식대로 설명되어야 한다는 것을 인정하는 것 말고 그 이상도 그 이하도 기대하지 않습니다. 그리고 신도는 그의 믿음에 불충하지 않고도 이를 할 수 있습니다.

그러나 학문의 공헌은 사실들을 알려고 하지 않는 사람이나 오직 실질적인 관점만 생각하는 사람에게도 의미가 있습니까? 아마 학문은 무엇인가 공헌한다고 봅니다.

유용한 선생의 제1차적 과제는 그의 학생들에게 '불편한' 사실들—여기서 나는 그들이 지지하는 정당 의견의 불편한 사실들을 뜻합니다만—을 인식하도록 가르치는 것입니다. 왜냐하면, 모든 정당의 의견에 극도로 불편한 사실들이 있고, 내 자신의 의견이나 다른 사람의 의견에도 마찬가지입니다. 내가 '도덕적 달성'이라는 표현을 적용한다면 지나치다는 생각도 들지만 아무튼 그렇게 하기가 쉽지 않은 것은 사실입니다.

지금까지는 나는 개인의 사견을 주입하는 것을 피해야 하는 실질적인 이유들만을 말했습니다. 그러나 이것들만이 이유들이 아닙니다. 확실하게 주어진 수단들과 전제를 내세운 목적을 토론하는 것을 제외하면, 실질적이고 실리적인 위치를 '학문적으로 호소'하는 것이 불가능한 이유들은 훨씬 심각합니다.

학문적인 호소란 아무 의미가 없다

'학문적인 호소'는 원칙적으로 무의미합니다. 세상의 여러 가지 가치영역들이 서로 화합할 수 없는 투쟁을 벌이고 있기 때문입니다. 밀의 철학은 내가 별로 칭찬할 것이 없지만 "만약 누구나 순수한 체험에서 출발하면 다신교주의(Polytheismus, polytheism)에 도달한다"라는 그의 말은 옳다고 생각합니다. 이것은 피상적인 형식화이고 자가당착적이지만 그 속에 진실이 있습니다. 적어도 오늘 우리는 무엇인가 아름답지 않음에도 불구하고, 나아가서는 아름답지 않기 때문에 오히려 '성스러울 수'(heilig, sacred) 있다는 것을 또다시 깨닫게 됩니다. 여러분은 이것을 성경의 이사야 53장과 시편 21장에서 찾을 수 있습니다. 그리고 니체 이후로는 무엇인가 선(善)이 아닌데도 아름다운 것이 아니라, 바로 선이 아니기 때문에 아름다울 수 있습니다. 여러분은 프랑스 시인 보들레르[Charles Pierre Baudelaire, 1821–1867]가 그의 시집 《악의 꽃》(*Les Fleurs du mal*, 1857)에서 이런 생각을 벌써 읊었다는 것을 찾을 수 있습니다. 무엇인가 아름답지도 거룩하지도 선하지도 않지만 그것이 진실임을 관찰하는 것은 상식입니다. 참으로 그런 면에서는 사실입니다. 그러나 모든 이런 것들은 오직 여러 가지 질서들과 가치들의 신들이 참여하고 있는 투쟁의 가장 초보적인 경우들입니다. 나는 프랑스 문화와 독일 문화의 가치를 어떻게 '학문적으로' 결정할 수 있는지 모릅니다. 왜냐하면, 여기 역시, 다른 신들이 서로 지금도 싸우고 있고 앞으로도 끊임없이 계속될 것이기 때문입니다.

옛날 사람들이 신들이나 악마들의 마법과 미몽에서 아직 깨어나지 못한 그들만의 세계에서 살았듯이, 우리도 살고 있습니다. 다만 우리는 다른 의미로서 그러합니다. 마치 옛날 그리스 사람이 어떤 때는 사랑과 아름다움의 여신 아프로디테에게 그의 몸을 바치고, 또 어떤 때는 태양신 아폴론에게 몸을 바치고, 그리고, 무엇보다도, 모든 사람이 그 도시의 신들에게 모든 것을 희생했듯이, 우리도 지금 사람의 행동거지만 깨어났고, 그것의 신비의 겉옷을 벗었다지만, 속을 들여다보면 마찬가지입니다. 그리고 분명히 '학문' 이 아니라 운명이 이들 신들과 그들의 투쟁들을 지배하고 있습니다. 무엇이 이 종파, 저 종파의 신이고, 혹은 어느 종파의 신이 더 좋은지는 이해할 수는 있습니다. 이러한 이해만으로는 그러나, 강의실에서 교수 한 사람이 이 문제를 토의하기에는 한계가 있습니다. 그에 관한 크고 중요한 문제에 결론을 내리기도 힘듭니다. 대학교수나 학과장들보다는 다른 세력들이 이 문제를 좌지우지하고 있습니다.

과연 누가 산상 수훈(山上垂訓, 마태복음, 5–7장)의 윤리를 '학문적으로 논박하겠다'고 나설 수 있습니까? 이를테면, "악마를 물리치지 마십시오"라는 구절이나, 혹은 다른 쪽의 뺨을 내미는 이미지는? 그러나 속세의 기준으로 보면, 이것은 품위가 없는 행위의 윤리입니다. 누구든 이 윤리가 내세우는 종교적 존엄성과 이와는 아주 다르게 설교하는, 즉 '압도적인 악에 대해 공동책임을 지지 않기 위해서는 악마에 대항해야 한다는' 남자다운 행위의 존엄성 가운데 하나를 선택해야 합니다. 우리의 궁극적인 관점에서 보면, 하나는 악마고, 다른 하나는 신이며, 각자 개인은 어느 쪽이 그에게 신이고, 어느 쪽이 악마인가를 결정해야 합니다. 그리고 이것은 인생의 모든 과정에서도 마찬가지입니다.

모든 종교적 예언으로부터 흐르는 윤리적이고 질서정연한 삶의 행동의 거창한 합리주의는 이 '필요한 한 가지'를 얻으려고 다신교주의를 폐기합니다. 내면, 외면의 삶의 현실들에 부딪쳐서 기독교는 우리 모두가 역사를 통해서 잘 알듯이, 여러 가지 타협과 상대적 판단을 할 필요가 있다고 생각합니다. 오늘날 하루하루 삶의 일상은 종교에 도전합니다. 많은 옛 신들이 그들의 무덤에서 나옵니다. 그들은 마법과 미몽에서 깨어나 비인격적인 세력들의 형태를 취합니다. 그들은 우리의 생명을 통제하는 권력을 장악하려 하고 또다시 이 세력들은 영원한 투쟁을 재개합니다. 현대인, 특히 젊은이에게 어려운 것은 하루하루 삶에의 적응입니다. 동시에 도처에서 쫓는 '체험'이 바로 이러한 약점으로부터 나옵니다. 왜냐하면, 우리의 숙명적인 시대의 엄중한 심각성을 인정하지 못하는 것이 약점이기 때문입니다.

우리의 문명은 우리의 눈들을 천 년 동안이나 가리게 한 뒤, 우리가 이들 투쟁을 또다시 명백히 실현하도록 운명지어지고 있습니다. 기독교 윤리의 거창한 도덕적 열광을 향한 배타적 수련으로 눈이 가려진 우리를.

그러나 오늘의 주제에서 멀어져 가는 이 문제들은 그만하고, "옳소, 그러나 우리는 사실의 단순한 분석들과 그 발표가 아니라, 무엇인가 더 많이 체험하기 위해서 강의 들으러 왔소"라고 말하며, 반응하는 우리의 '젊은이들'은 옳지 않습니다. 잘못은 그들이 교수로부터 그들 앞에 놓인 것과 다른 무엇을 추구하는 데 있습니다. 그들은 선생이 아닌, 지도자를 갈구합니다. 그러나 우리는 오직 선생들로서 강단에 서게 됩니다. 그리고 여러분이 쉽게 보듯이, 완전히 두 가지 다른 것들입니다. 여러분을 다시 한 번 미국으로 인도하겠습니다. 왜냐하면, 거기서 우리는 이런 문제들의 가장 거대한 원형의 모습을 관찰할 수 있기 때문입니다.

'온통 시험만 치르는 괴물'과 '채소 장수' 선생

미국 학생들은 독일 학생들에 비해 이루 말할 수 없을 정도로 적게 배웁니다. 믿을 수 없을 만큼 많은 시험을 치르지만 그의 학교생활은 독일 학생처럼 '온통 시험만 치르는 괴물'(absolute Examensmench, absolute creature of examinations)이 되게 하는 심각한 문제는 없습니다. 왜냐하면, 미국은 공직에 들어가는 입장권 같은 시험을 얻는 자격증을 요구하는 관료제가 아직 시작 단계에 있기 때문입니다. 미국 젊은이는 개개인의 개인적인 실현에 연관된 것이 아니면 전통이고, 공공기관이고, 무엇이든, 누구든 존경하지도 않고 관심도 없습니다. 이것을 미국 사람들은 '민주주의'라고 부릅니다. 아무리 그 의도가 현실적으로 왜곡되었다 하더라도 이것이 민주주의의 의미입니다. 그리고 이러한 의도가 중요할 뿐입니다. 자신을 상대하는 선생에 대한 미국인의 인식은 다음과 같은 것입니다: 선생은 그의 지식과 방법들을 나에게 나의 아버지의 돈을 받고 판다. 마치 채소 장수가 나의 어머니에게 양배추를 팔듯이. 그리고 그것이 전부다. 물론, 만약 그가 미식 축구 선생이라면, 그는 이 분야에서 한 지도자입니다. 그러나 그가 그런 사람(또는 다른 스포츠 경기의 비슷한 감독이나 코치 등)이 아니라면, 그는 단순히 선생일 뿐입니다. 그리고 젊은이는 그 누구도 선생이 그에게 하나의 세계관(Weltanschauung, worldview)이나 행동지침을 판다고 생각하지 않습니다. 지금, 이런 방식으로 만들어 말은 했지만 우리는 이것을 거부해야 합니다. 중요한 문제는 내가 의도적으로 약간

과장해서 극적으로 말한 이러한 감정 속에 '한 알의 진실'(Korn Wahrheit, grain of salt)이 있는가 하는 것입니다.*

교수는 지도자가 아니다

학생 여러분! 여러분은 우리들의 강의를 들으러 와서 지도자의 자질들을 우리들로부터 바라겠지만, 그것은 여러분이 교수들 100명 가운데 99명은 인생의 가장 중요한 문제들에 대해서나, 혹은 행동거지에서 '지도자들'이 되기 위해 우리들이 '축구 마스터들'이라고 하지도 않고, 또 그래서도 안 된다는 것을 미리 알지 못한 때문입니다. 한 개인의 가치는 그가 지도자의 자질들을 가졌는가, 아닌가에 달려 있지 않다는 것을 여러분은 알아야 합니다. 그리고 적어도 한 인간을 훌륭한 학자나 교수로 만드는 자질들은 실생활에서, 혹은 특히 정치판에서 방향들을 제시하는 한 지도자의 자질들과는 다릅니다. 만약 어느 선생 한 사람이 이 자질을 가졌다면, 그것은 순전히 우연입니다. 그리고 만약 강의실의 모든 선생들이 그런 자질을 가져야 한다는 학생들의 기대에 대응해야 하는 상황이라면, 그것은 심각한 문제입니다. 모든 선생들이 강의실에서 하나의 지도자로서 행세하도록 내버려 두는 것은 훨씬 더 심각한

---

* 베버 스스로도 인정했듯이 미국 학생과 교수(교사), 독일 학생과 교수(교사)를 너무 극단적으로 대조시킨 것은 두 나라 당시의 현실은 물론이고 오늘의 현실과도 결코 맞지 않는다. 그럼에도 불구하고, 우리나라의 미풍양속의 하나인 스승–제자 관계 차원에서 봐도, 그리고 내가 미국 대학에서 거의 20년, 한국 대학에서 거의 15년을 직접 교단에 서서 겪은 체험으로 봐도 그의 미국 대학생–교수 관계를 양배추를 사고파는 일종의 '상행위'(商行爲)나 계약관계로 본 것은 근본적으로 그가 옳고, 깊은 통찰이요 탁견(卓見)이라고 생각한다. 반면, 나는 독일의 경우는 잘 모르지만 우리나라 스승–제자 관계도 지금 많이 변질되고 있고, 어찌 보면 미국을 닮아 가고 있는 추세라고까지 할 수 있겠지만, 아직도 상거래 같은 차가움보다는 인간적 따뜻함이 많이 남아 있다고도 볼 수 있겠다. 물론 언제, 어디서나 인간관계에 모두 적용되는 이야기지만 선생과 제자, 교수와 학생 개개인의 개성 또는 인간 됨됨이에 따라 문자 그대로 천차만별이지만… 궁극적으로는, 그러나, 미국, 독일, 한국, 일본, 중국 등 세계 어느 나라, 어느 시대든 사람 입에 오르내릴 만한, 스승–제자를 포함, 귀감이 될 만한 깊은 인간관계란 물론 가뭄에 콩 나듯 극히 보기 드문 일이다.

문제입니다. 왜냐하면, 선생들 가운데 자기를 스스로 한 지도자로 자처하는 사람들이 실은 종종 지도자들로서 가장 자격이 없는 인물들이기 때문입니다. 자격이 있든 없든 간에 강의실 상황은 그들을 지도자들로 실증할 그 가능성 자체를 제공하지 않습니다. 어느 한 교수가 젊은이의 상담자로서 활동하기를 원한다면, 그리고 그들과의 개인적인 인간관계에서 한 인간으로서 그들의 신뢰를 얻는 것을 즐길 수는 있습니다. 그리고 만약 그가 세계관들과 정당정책들 간의 싸움판에 개입할 수도 있다고 느낀다면 그는 밖으로 나가서, 시장 터에서나 언론인 앞에서, 또는 집회에서나 조직체 모임 등 그가 원하는 곳에 가서 해야 합니다. 끝내는, 그러나 청중이든 반대할 수도 있는 사람들이든 침묵을 지킬 수밖에 없는 곳에서 어느 한 사람이 그의 주장을 내세우는 용기는 너무나도 얄밉고 얄팍합니다.

학문은 우리 실생활에 무엇을 공헌하는가?

끝으로, 여러분은 이런 질문을 하겠지요: "만약 그렇다면 학문은 실제로, 그리고 긍정적으로 실생활, 개인적인 '삶'에 무엇을 기여합니까?" 이에 대해 우리는 다시 직업으로서의 학문의 문제에 되돌아갑니다.

첫째로, 물론 학문은 외적 물체들이나 사람의 활동들을 측정하여 우리 삶을 제어하는 기술에 기여합니다. 이렇게 말하면 여러분은 끝내는 미국 아이처럼 채소 장수와 크게 다르지 않다고 말을 하겠지요. 나는 전적으로 동의합니다.

둘째로, 학문은 채소 장수가 할 수 없는 무엇인가를 기여합니다: 사고하는 방법들, 기구들, 그리고 사고의 훈련 등입니다. 아마, 여러분들은 말하겠지요: 글쎄요, 채소는 아니지요. 하지만, 그것도 채소들을 획득하는 수단들과 크게 다르지 않습니다. 글쎄요, 오늘은 이 문제에 대해서는 일단 여기서 멈춥시다.

다행히도, 그러나, 학문의 공헌은 여기서 끝나지 않습니다. 우리는 여러분에게 제3의 목적, 즉 '정확성(Klarheit, clarity)을 얻는 것'이라는 데 도움을 주도록 하겠습니다. 물론, 우리 스스로 정확성을 소유하고 있다는 것을 전제합니다. 이렇게 본다면, 우리는 여러분에게 다음과 같이 정확히 할 수가 있습니다:

실제로, 여러분은 가치 문제에 관해서는 단순히 이런저런 입장을 취할 수 있습니다. 사회현상들을 보기들로 생각해 봅시다. 만약 여러분이 학문적 체험에 의거하여 이러이러한 입장을 취한다면, 여러분의 확신을 실제로 실천하기 위해서 여러분은 이러이러한 수단들을 사용해야 합니다. 그런데 이들 수단들을 여러분이 파기해야겠다고 생각하는 경우가 생기면, 여러분은 목적과 불가피한 수단들 가운데 단순히 선택을 할 수밖에 없습니다. 목적은 수단들을 '정당화'합니까? 안 합니까? 선생은 이 선택의 필요성을 여러분에게 마주 대하게 할 수는 있습니다. 그가 한 선동가가 되기를 원하지 않고, 한 선생으로 남아 있기를 바란다면, 그는 그 이상 할 수가 없습니다. 물론, 그는 또한 여러분에게 만약 여러분이 이런저런 목적을 원해서 모든 체험이 야기할 부차적인 결과들을 협상에 고려해야 한다고 말할 수는 있습니다. 또다시 우리는 전과 같은 상황에 빠지게 됩니다. 이런 것들은 두 악마 가운데 '조금 덜한 악마'나 혹은 '상대적으로 최선이다'라는 원칙에 의거하여 자주 결정할 수밖에 없는 기술자에게 일어나는 문제들이기도 합니다. 그에게는 오직 한 가지 가장 중요한 것, 즉 목적만이 보통 주어집니다. 이로써, 최종적으로 우리는 학문이 이처럼 정확성의 목적을 제공할 수 있다는 것과 동시에 학문의 한계들에도 이르게 됩니다.

이 밖에도, 우리는 말할 수 있고, 말해야 합니다. 즉, 학문의 의미로 보자면 이러저러한 실제적 입장을 내적 일관성으로 도출할 수 있고, 또한 이런저런 궁극적 가치기준으로부터 정직성을 도출할 수 있다고. 아마 그것이 하나 또는 몇 개의 그러한 본질적인 입장에서 도출될 수 있겠지만, 이들과 또 다른 입장들에서 함께 동시에 도출될 수 없습니다. 상징적으로 말하면, 여러분이 하나의 신을 숭배하며, 그 입장을 고수하기로 결정하면 다른 신에겐 죄를 짓는 것이나 마찬가지입니다. 그리고 만약 여러분이 여러분 스스로에게 충실하게 되면 여러분은 주관적으로 의미가 있는 일정한 마지막 결론에 도달하게 됩니다. 이만큼 원칙적으로, 적어도 달성합니다. 철학은, 하나의 특별한 분야로서, 그리고 다른 학문 분야의 원칙들의 본질적이고 철학적인 토론들도 이것을 달성하려고 시도합니다. 따라서 만약 우리가 우리의 연구에 자신이 있다면, 우리는 그 개인에게 그 자신의 행위의 궁극적인 의미에 대해 설명하도록 도와줄 수 있습니다. 이것은 그 개인 스스로의 사생활일지라도 결코 하찮은 일은 아닙니다. 다시 강조하지만, 이 일에 성공한 선생에게 나는 이렇게 말하고 싶습니다: 그는 '도덕적' 힘을 위해 헌신합니다. 그는 자기 명확성과 책임감을 불러일으키는 임무를 잘하고 있습니다. 그리고 나는 이것을 더 달성할수록 더욱더 그가 사적으로 주입시키고 싶은, 또는 그 자신의 입장을 그의 청중에게 제시하려는 욕망을 회피할 수 있을 것이라고 믿습니다.

우리 삶은 온갖 신들의 싸움이다

여기서 내가 제시하는 가정은 하나의 근본적인 사실, 즉 삶이 '우주 어디에나 존재하고', 그리고 그것을 각각 스스로의 기준에 따라 해석하는 한 항상 그 '토론의 출발점'이 된다는 것입니다. 삶은 이 신들*의 상호 간의 끊임없는 투쟁입니다. 직설적으로 말하면, 궁극적으로 생명에 대한 가능한 태도는 화합이 가능하지 않습니다. 따라서 그들의 투쟁은 최종 결론에 결코 다다를 수 없습니다. 따라서 결정적인 선택이 필요합니다. 학문이 어떤 조건들 속에서 어떤 사람에게 가치 있는 '직업'인가, 또는 학문 그 자체가 객관적으로도 가치 있는 '직업'인가도 강의실에서는 이야기할 수 없는 판단들입니다. 학문의 가치를 긍정한다는 것이 거기에서 가르친다는 전제가 됩니다. 나는 개인적으로 바로 그러한 내 일을 긍정적으로 받아들입니다. 그리고 나는 또한 오늘의 젊은이가 지성주의를 가장 사악한 악마로 증오하거나, 혹은 증오한다고 상상하는 입장으로부터 벗어나 그렇게 받아들입니다. 그런 의미에서 이 젊은이들에게 이렇게 말합니다: 악마는 노회하다는 걸 아시오. 그를 이해하려면 노회해야 하오. 나이는 생년월일을 의미하지 않습니다. 만약 여러분이 이 악마와 한판 승부를 다투려면 지금 많은 사람들처럼 도망가지 말라는 것입니다. 첫째로, 그 악마의 힘과 그의 약점을 알기 위해서는 그가 하는 짓을 끝까지 지켜봐야 합니다.

학문은 오늘날 서로 연관된 사실들에 대한 자기 명확성과 지식에 공헌하는 특별한 분야로 조직된 '직업'입니다. 이것은 선각자들이나 예언자들이 성스러운 가치들과 계시들을 베푸는 '은총의 선물'이 아니며, 우주의 의미에 관한 현인(賢人)들이나 철학자들의 관조를 나눠 가지는 것도 아닙니다. 이것은 분명히 우리의 역사적인 상황의 불가피한 조건입니다. 우리는 우리 스스로에게 진실되게 남아 있는 한 이것을 회피할 수 없습니다. 그리고 만약 여러분이, 톨스토이의 질문으로 되돌아가, 학문이 대답하지 않으면 누가 이 질문에 대답하겠습니까? "우리는 무엇을 해야 하며, 어떻게 우리의 삶을 정리해야 합니까?" 혹은 오늘 밤 여기서 한 말을 쓰자면, "지금 서로 싸우고 있는

* 유신론, 무신론, 자본주의, 사회주의, 기독교, 회교, 힌두교, 유교 등등.

신들 가운데 어느 신을 위해 봉사해야 합니까?" 혹은, "완전히 다른 신에게 헌신해야 한다면, 그 신은 누구입니까?" 그땐 오직 예언자나 구세주만이 대답을 줄 수 있다고 말할 수밖에 없습니다. 만약 그런 사람이 없다거나, 혹은 그의 메시지를 믿을 수 없다고, 그때 여러분은 분명히 이 지구상에 그가 강제로 나타나도록 하지는 않을 것입니다. 즉 국가 봉급을 받는 특권층인 수천 명의 교수들로 하여금 '소(小)예언자들'(kleine Propheten, petty prophets)처럼 그들의 강의실에서 그의 역할을 하도록 말입니다. 그들이 할 수 있는 일의 전부는 사태의 결정적인 상태에 대해 알지 못한다는 것을 보여 주는 것뿐입니다. 즉, 우리의 수많은 젊은 세대가 단순하게 갈구하는 예언자는 존재하지 않습니다. 그러나 결정적으로 중요한 이 인식이 그들에겐 중요하지 않습니다. 진실로 종교적으로 '음악적'인 한 사람의 '내향적' 관심이 결코 도움을 받을 수 없습니다. 만약 그에게 탁상공론(卓上空論) 식의 예언이나 하는 자리를 주고, '신도 예언자도 없는 시대에 살아갈 수밖에 없다'는 근본적인 사실을 그와 다른 사람들에게 베일로 가려 버린다면 말입니다. 그의 종교 기관의 보전을 위해서는 이런 것에 저항해야 한다고 생각합니다.

신학은 학문인가?

지금 여러분은 이렇게 말할 것 같습니다: '신학'의 사실적 존재와 '학문'이 되어야 한다는 주장에 대해 어떤 입장을 취해야 하는가? 하고. 답변에 겁을 내거나 회피하지 맙시다. 물론, '신학'과 '교리'는 보편적으로 존재하는 것은 아니지만, 그렇다고 꼭 기독교에만 존재하는 것도 아닙니다. 오히려 굉장히 발전된 형태가 이슬람교(Islam), 마니교(Manichäismus, Manichaeanism), 그노시스주의(Gnosis, Gnosticism), 오르페우스교(Orphik, Orphism)[윤회와 응보 등을 믿는 고대 그리스의 신비주의 종교], 파시교(Parsismus, Parsism), 불교(Buddhismus, Buddhism), 힌두 종파들(hinduistischen Sekten, Hindu sects), 도교(Taoismus, Taoism), 우파니샤드(Upanishaden, Upanishads, 옛 인도 철학서), 그리고 물론, 유대교(Judentum, Judaism)에도 존재합니다. 두말할 필요도 없이 그들의 체계적인 발전은 서로 크게 다릅니다. 서양의 기독교가—유대인의 신학적 소유물들과 비교해서—훨씬 많이 신학을 제도적으로 확장하고 정교하게 정리하고, 그리고 그렇게 계속 노력하는 것은 우연만이 아닙니다. 서양에서 신학의 발전은 역사적으로 가장 큰 의미를 가지고 있습니다. 이것은 '헬레니즘 정신'(hellenische Geist, Hellenic spirit)의 산물이며, 동양의 모든 신학이 (분명히) 인도의 사상으로 거슬러 올라가듯이 서구의 모든 신학도 거기로 귀착합니다. 모든 신학은 성스러운 가치들의 소유의 지적 합리화를 대변합니다. 학문도 전제조건들로부터 절대적으로 자유롭지 못합니다. 그리고 학문은 이 전제조건들을 거부하는 사람에게 그의 근본적인 가치를 실증하지 못합니다. 모든 신학은, 그러나, 그 사업과 그 존재를 정당화하는 데 필요한 몇 가지 전제조건들을 더 보탭니다. 그들의 의미와 범위도 각각 다릅니다. 모든 신학은, 이를테면 힌두교 신학을 포함해서 세계는 의미를 가져야 한다고 전제합니다. 그리고 문제는 지적으로 이해할 수 있는 이 의미를 어떻게 전제하느냐 하는 것입니다.

칸트의 인식론도 마찬가지입니다. 그도 전제조건을 그의 출발점으로 삼습니다. 즉, "학문적인 진리는 존재한다. 그리고 그것은 유효하다." 그리고 그는 묻습니다: "어느 사고(思考)의 전제조건하에서 진리가 가능하고 의미가 있는가?" 현대 심미주의자들(ästhetiker, aestheticians), 이를테면 루카치(G. V. Lukacs, ?1885–1971)는 '예술작품들은 존재한다'는 전제조건에서 시작하여, 다음 질문을 던집니다: "어떻게 그들의 존재가 의미 있고 가능한 것인가?"

그러나 원칙적으로 신학은 이런 전제조건들에 만족하지 않습니다. 신학은 정식으로 더 앞선 전제조건, 즉 어떤 '계시'는 구원에 필요한 '사실'이며, 그리고 그것이 삶의 의미 있는 행동을 가능하게 한다고 합니다. 따라서 이 계시들은 믿어야 한다는 것입니다. 더구나, 신학은 어떤 주관적 상태나 행동들은 '신성성'(Qualität der Heiligkeit, quality of holiness)을 소유하며, 삶의 방식이나, 혹은 적어도 종교적으로 의미가 있는 요소를 구성한다고 전제합니다. 그렇다면 신학에 대한 질문은, 어떻게 이 전제조건들을 무조건 수용하면서 우주관을 의미 있게 해석한다는 말입니까 하는 것이 됩니다. 신학은 이 전제조건들이 '학문'의 한계들을 뛰어넘어 있다고 봅니다. 그것들은 보통 우리가 생각하는 '지식'(Wissen, knowledge)이 아니라, 홀림, 신들림(Haben, possession) 즉 '무엇인가에 사로잡힌 상태나 감정'이라는 것입니다. 누구든 믿음에 '홀려들지' 않거나, 혹은 다른 성스러운 상태에 사로잡히지 않는다면, 그들은 그들의 대체로서 적어도 모든 다른 학문의 대안으로서 신학을 가질 수 없다는 것입니다. 도리어, 모든 '긍정적' 신학에선 독실한 신자는 아우구스티누스(St. Augustine, 354–430)의 문구에 다다를 수밖에 없습니다: 나는 불합리하기 때문이 아니라, 어처구니가 없는데도 불구하고 믿는다.

종교적인 대가가 되는 능력—'지성의 희생'(Opfer des Intellekts, sacrifice of intellect)—이 바로 긍정적인 종교인의 결정적인 특징입니다. 이것이 그렇다는 것은 신학에도 불구하고(혹은 신학의 결과로) '학문'이라는 가치영역과 '성자(聖者)의 성역'(聖域) 사이의 긴장은 결코 연결이 가능하지 않다는 사실을 잘 보여 줍니다. 이치에 맞게 보면, 오직 신도만이 '지성의 희생'을 예언자에게, 교회의 신봉자에게 바칩니다. 몇몇 현대 지식인들의 영혼을 장식하는데 필요한, 말하자면, 진짜 골동품들이라고 보증하는 하나의 새로운 예언은 아직 나오지 않았습니다(그리고 나는 여기서 의도적으로 누군가를 불쾌하게 할지는 모르지만 이 이미지를 반복합니다). 그렇게 함으로써, 현대 지식인들은 종교가 그런 골동품들 속에 끼어 있다고 기억하려 하지만, 종교만은 소유하고 있지 않습니다. 그래서 대체 방법으로 그들은 온 세상에서 수집한 작은 성스러운 이미지들을 집 안의 작은 예배 장소에 장식하거나, 혹은 그들이 서점가(책방)에서 사서 모은 신비스러운 신성(神性)의 존엄성을 나타낸다고 생각하는 온갖 심령적 체험들을 통해 대체물들을 만들어 냅니다. 이것은 한갓 바보짓이요 자기기만입니다. 하지만, 만약 최근의 젊은이 집단 가운데 누군가 조용히 그들의 공동체에 하나의 종교적, 우주의, 혹은 신비적 관계의 해석을, 때로는 자아(自我)의 몰이해에서 오는 해석일지라도 밝히면서 서로 성장해 가는 것은 바보짓이 아닙니다. 진정한 형제애의 모든 행동은 무엇인가 불멸하는 하나의 '초개인적 영역'(überpersönlichen Reich, super-personal realm)에 기여한다는 각성과 연계될 수 있다는 것이 사실일지라도, 나는 순수한 인간적, 공동체적 존엄성이 오직 종교적 해석들에 의해서만 고양된다는 데 대해서 회의적입니다. 하지만, 이 문제는 우리의 주제가 아닙니다.

우리 시대의 운명은 합리화와 지식화라는 특징을 가지며, 그 무엇보다도 '세계의 미몽으로부터의 깨어남'(Entzauberung der Welt, disenchantment of the world)이라는 특징을 갖습니다. 정확히는 궁극적이고 가장 숭고한 가치들은 공공생활로부터 신비적 삶의 초자연적 영역이나 직접적이고 개인적인 인간관계들의 형제애 속으로 물러났습니다. 우리의 가장 위대한 예술이 친밀하지만 기념비적이지 않은 것은 우연이 아닙니다. 마찬가지로, 옛날처럼 마치 횃불이 온 세상을 요동치게 하여 많은 공동체를 용접하듯 서로 융합하는 것이 아니라, 오늘날[베버 당시]은 가장 작은 규모의 친밀한 서클들 안에서 개인적이고 인간적 상황들을 만들어 조용히 '예언적 성령'(prophetisches Pneuma, prophetic pneuma)에 부응하는 무엇인가에 박동하는 것도 우연은 아닙니다.

만약 우리가 강압적으로 예술에서 하나의 기념비적 스타일을 '발명'하겠다고 시도한다면, 지난 20년 동안 수많은 기념비적 건물들같이 '가련한 괴물들'(jämmerliches Mißgebilde, miserable monstrosities)을 생산할 뿐입니다. 만약 누군가 하나의 새롭고 진실한 예언도 없이 새 종교를 지적으로만 해석하려 든다면 그땐 비슷한, 아니 더 사악한 결과를 낳을 것입니다. 끝으로, '학문적인 예언'은 오직 광신도들(fanatische Sekten, fanatical sects)만을 창조할 뿐 결코 참다운 공동체를 만들지 못합니다.*

이 시대의 운명을 짊어질 수 없는 사람에게는 이렇게 말해야 합니다: 변절자들임을 매일매일 선전하지 말고, 차라리 조용히, 소박하게 그리고 검소하게 되돌아가라고 말입니다. 옛날 교회들은 그에게 동정심을 갖고 문을 활짝 열 것입니다. 이러나저러나 그는 그의 '지적 희생'을 불가피하게 가지고 가야 합니다. 만약 그가 진실로 그렇게 할 수 있다면 우리는 그를 꾸짖지 않을 것입니다. 왜냐하면, 무조건적인 종교적 헌신 때문에 지적 희생을 감수하는 것과, 지적 정직성이라는 당연한 의무를 회피하는 것은 도덕적으로 완전히 다른 문제이기 때문입니다. 이 회피는 그 스스로의 궁극적 입장을 명확히 밝힐 용기가 없거나 연약한 상대적 판단으로 그 의무를 용이하게 할 때 나타나게 됩니다. 내 눈에는 그러한 종교에로의 귀속은 대학교 강의실 안에서는 꾸밈없는 지적 정직성 이외에 또 다른 덕행이 없다는 것을 알지 못하는 아카데믹 예언보다 한 차원 위에 있습니다. 하지만, 새로운 예언자들과 구세주

---

* 베버가 죽기 3년 전에 제정 러시아에서 볼셰비키 혁명이 성공하여 첫 공산당 정권이 출범했고, 그의 사망 뒤 2년이 지나 이탈리아에서는 무솔리니(Benito Mussolini, 1883–1945)의 파시스트 정권이, 그리고 그의 사망 13년 뒤에는 그의 조국 독일에서도 히틀러(1889–1945)의 나치 독재정권이 등장한다. 위 강의에서 진정성이 결여한 '새 종교들'에 대한 그의 준엄한 경고와 힐난은 이미 그가 공산주의, 나치즘, 파시즘, 일본 군국주의 같은 속물, 괴물들–'새 종교들'–이 (현 북한의 3대에 걸친 김일성–김정일–김정은 '퇴화, 변형된' 공산전체주의 세습독재는 말할 것도 없고) 인류에 끼친 엄청난 재앙을 예견, 예고하고 있는 것 같아서, 한편으로는 섬뜩하기도 하고, 또 다른 한편으로는 그의 통찰력이 섬광처럼 빛난다.

들을 기다리는 수많은 사람들을 보면, 셈족의 하나인 옛 에돔 사람들이 망명 당시에 부른 아름다운 파수꾼(夜警)의 노래를 우리에게 떠오르게 합니다:

세일에서 누가 나를 부른다. "파수꾼아, 밤이 얼마나 지났느냐?" 파수꾼아 날이 새려면 얼마나 더 남았느냐? 파수꾼이 대답한다. 아침이 곧 온다. 그러나 또다시 밤이 온다; 묻고 싶거든, 물어보아라. 다시 와서 물어보아라.

—이사야, 21장 11—12절

이것을 들은 사람들은 묻고 또 묻고 2000년 이상을 기다렸고, 우리는 그 운명을 알고는 크게 동요합니다. 이것으로부터 우리는 갈망하고 기다리는 것만으로는 아무것도 얻을 수 없으니 우리는 달리 행동해야 한다는 교훈을 얻기를 바랍니다. 우리는 곧바로 일을 시작해야 합니다. 그리고 인간관계에서나 우리의 직업이 그날그날 요구하는 일에 충실해야 합니다. 이것은 그러나 간단명료합니다. 만약 모두가 바로 그의 생명줄을 지탱하는 수호신(Daemon, demon)을 찾아 그에게 순응한다면.*

---

* 위 경고를 끝으로 그가 사망한 뒤 10여 년이 지나, 독일에 히틀러 나치 정권이 등장하고, 1939년 제2차 세계대전을 맞는다. 그리하여 독일 및 유럽에 거주하는 600만 명이 넘는 유대인 대량학살이 나치에 의해 자행된다. '악마 같은' 만행이다.

제2차 세계대전이 끝나자, 유대인은 1948년 5월 14일 이스라엘 독립국가를 출범시키는 데 성공했지만, 지금도 이스라엘은 팔레스타인 문제를 포함, 주변 아랍 국가들과의 분쟁의 핵으로 남아 있다는 아이러니를 안고 있다.

이런 역사와 정치 맥락에서 보면, 베버의 이 문제에 대한 위의 통찰—마냥 묻고 기다리며 노래만 부르지 말고 새로운 대안, 대책을 찾으라는 충언—은 더욱 돋보인다. 마냥 피를 흘리며 서로 싸우지만 말고, 새로운 대안, 대책을 세우라는 새 경고도 된다.

곧 당장 오늘의 이스라엘-팔레스타인 두 주민들에게나, 중동에서 또다시 불거진 이슬람교 나라들 사이의 뿌리 깊은 종파분쟁—사우디 아라비아를 주축으로 한 수니파와 이란 중심의 시아파—을 겉으로 내세운, 그러나 그 밑바닥에는 중동 오일과 미국, EU, 러시아, 중국 등의 이 오일의 수출입과 수급을 둘러싼 치열한 '지분 경쟁'과 각축이 얽히고설켜 '새 전쟁으로 치닫는 조짐에도 위 베버의 경고는 새롭게 다가온다.

아니, 어느 지역, 어느 나라, 어느 누구보다도 지금 한반도와 남북 집권자에게 위 베버의 예견과 경고는 아직도 유효하다. 북한이 스스로 자기 무덤파기 식으로 다섯 차례에 걸쳐 '핵무기 불장난'을 막무가내로 자행한 것이 바로 그가 경고한 악마들의 마법이나 미몽의 악순환에서 깨어나지 못한 바보들의 단말마적 발작이 아닌가 한다. 그러면, 우리의, 21세기 초 대한민국의, 현 국정최고책임자의, 이에 대한 대응과 대책은 무엇이어야 할까?

이에 대한 답을 베버는 우리에게 다음과 같이 넌지시 알려 준다: "옛날 사람들이 신들이나 악마들의 마법과 미몽에서 아직 깨어나지 못한 그들만의 세계에서 살았듯이, 우리도 마찬가지 입니다. 다만 우리는 다른 의미로서의 [마법과 미몽에 빠져서]"라고…

그렇다면, 우리는, 지금 대한민국은, 어떤 마법과 미몽에 빠져 있고, 어떻게 이 수렁에서 빠져 나와야 할까? 한번 조용히 생각해 보자.

지금 우리가 철석같이 믿는 신, 신들, 악마, 악마들은 과연 누구이고 무엇인가? 미국인가? 중국인가? 미국과 중국인가? 미국, 중국, 일본, 러시아, 아니 유엔인가? 아니면 우리 스스로를? 핵무기? 아니면, 핵무기보다 더 가공할 '초'핵무기인가? …

핵무기는, 그리고 그 핵무기에 맞서겠다는 더 '가공할' 무기, 무기, 무기…는 우리 삶 속에서 거의 금기(禁忌)에 가까운 최후의 수단 아닌가? 더구나, 지금 남북한 사이에 '눈에는 눈, 이에는 이, 핵에는 핵' 하는 식으로 우리 스스로도 미처 알게 모르게 깊이 빠져들어 간 이 깊은 수렁—21세기형 마법과 미몽의 악순환—은 우리 삶의 목표도 의미도 아니지 않는가? 누군가는 살아남고, 누군가는 죽는다는 '전쟁 게임'이 아닌가? 국경이 알게 모르게 무너지고 있는 '전자인간' 시대에 "나라들 사이엔 영원한 동맹도 영원한 적도 없다. 오직 국가이익만이 영원한 지침이다"라는 영국 수상, 팔머스톤(Henry John T. Palmerston, 1784-1865)의 발언은 아직도 유효한가?

따라서, 우리도 모르게 깊이 빠져들어 간 위 '마법과 미몽'에서 벗어나 새로운 정책과 전략이나 해법을 찾으려면 먼저 북한을 제대로 알아야 한다고 나는 생각한다. 그럼 북한은 지금 어떤 형국(보다 자세한 구체적인 대안과 정책은 이 책 제8장 참조할 것)인가?

북한 인민은 자유가 없다. 20세기-21세기형 '노예'다. 사회는 사실상 안팎으로 겹겹이 꽉 막히고 갇혔다. 안에서 스스로 문을 꽁꽁 닫고, 밖에서 또 틀어막아서, 세계에서 가장 고립된 '나라'다. 숨통이 막힐 만큼 답답한 삶은 북한인민만이 아니라, 김정은과 그의 소수 집권층도 매한가지다.

정치는 변형된 1인 공산전체주의 독재체제다. 김씨 3대 세습독재는 처음 시작(1948년 9월 9일)부터 지금까지 끝나지 않았다. 경제는 1인 지도자의 주먹구구식 '즉흥 지시' '현지 지도'가 판친다. 북한의 통상 등 1부 경제지표는 간접적으로나마 알 수는 있다지만, 대부분의 경제동향은 거의 알 수도, 믿을 수도 없다. '장마당'이 갈수록 늘어나고, 스마트폰 소유자가 300만 명이 넘는다는 소식도 들리지만, 바깥 세상 잣대로 보면 북한경제는 지금 21세기 '전자인간' 시대에도 '먹통 경제,' '마법, 미몽 경제'다.

1974년 노벨 경제학 수상자인 하이에크(Friedrich August von Hayek, 1899-1992) 교수는 그의 마지막 저서[5]에서 공산권 국가들이 소멸한 가장 큰 이유로 공산당 집권세력이 국가보다도 훨씬 먼저 인류가 자연발

생적으로 시작, 수천 년 성장/발전시켜 온 '시장'(경제)를 하루아침에 '계획 경제'라는 미명하에 파괴한 '치명적인 오만'이라고 했다. 북한은 바로 이 '치명적인 오만'의 가장 흉악하고 혹독한 사례다. 그렇다면, 해법은 자명하다.

안으로는, 바로 이 극악한 참상을 낳은 북한의 틀과 판을 바꾸는 것이다. 북한 스스로, 그리고 가장 가까운 우리가, 나아가서는 우리와 북이 함께, 러시아를 비롯한 지난 세기말 유럽 사회주의 국가들과 중국, 베트남, 그리고 이제는 쿠바까지도 벗고, 털고, 바꾸고 있는 그 '1당 독재, 계획경제'라는 낡은 틀과 판을 북한도 버리고, 바꾸는 것이다. 버리고, 바꾸도록 유인하는 것이다. 대한민국 대통령은 5년마다 바뀌어도 중단 없이 우리가 앞장서서 그런 안팎 분위기를 조성하고, 그런 설득, 그런 정책을 꾸준히 끊임없이 만들고, 펼치는 것이다.

다음은 어떻게 바꾸냐다. 단숨에 단 칼로? 그땐 저항, 희생, 비용이 너무 엄청나다. 마음과 뜻대로라면, 마치 나무가 자라듯, 알게 모르게 인내와 끈기로 그리고 끊임없이 이 새 틀과 새 판을 정교하게 짜는 것이다. 새 틀, 새 판의 방향과 목표는 뚜렷하다. 북한 인민은 속박에서 자유를 찾게 하고, 그 '철통같이' 갇힌 사회에 틈새를 파고, 뚫고 찾아내서 열리게 하고, 새 순이 돋아나듯 시장경제가 다시 되살아나게 하고, 김정은과 현 극소수 집권세력의 '개인적인 공포와 불안요인'들을 하나하나 제거해서, 개혁과 개방이 그들에게 1차적으로 위협이 아니라 혜택이라는 확신을 심어 주어야 한다.

밖으로는 북의 돈, 기름, 밥 등 생명의 마지막 '젖줄'인 중국, 그리고 러시아에 대해서는 어떻게 할까가 관건이다. 북이 지금 동네방네 안팎으로 '핵'이다, '수소 폭탄'이다, '대륙간 탄도 장거리 미사일'이다, '핵 잠수함 소형화, 경량화, 다용도화 핵탄두 개발'이다 목청을 높이는 바로 이 무기들이 우리와 일본, 미국뿐만 아니라 이 무기들의 방향만 틀면 곧바로 가장 가까운 중국과 러시아를 겨냥한 대량살상무기로 돌변한다고 일러 주어야 한다. 그것이 허풍이 아니고, 사실이며 현실이니까.

조지 부시 전 미 대통령이 '악의 축'이라고 한 세 나라 가운데 이라크의 후세인은 미국과의 전쟁으로 참수되고, 그 정권도 무너졌다. 이란은 유럽연합, 러시아, 미국과 핵 통제 협약 합의 이행으로 관계정상화를 이루어 냈다. 이제 '외톨이' 북한만 남았다. 이라크와 이란은 김정은에겐 산 타산지석이다.

끝내는 그러나 북한의 현 참상을 바꾸고, 핵을 포함, 이 참상의 해법이 모두 베버가 그토록 힘주어 강조한 "불가능한 것을 가능하게 하는" 정치 지도력에, 그리고 그 지도력을 흔들림 없이 뒷받침하는 국민, 아니 그런 지도력과 국민의 상승 작용(leadership-people synergy)이 필수 조건이다.

제 13 장

직업으로서의 정치*

여러분의 요청으로 내가 하는 이 강의는 여러 가지 면에서 여러분을 실망시킬 것입니다. 여러분은 자연스럽게 오늘의 실제 문제들에 대해 내 입장이 무엇인가를 기대하겠지만, 그것은 마지막에 내가 우리 인간 삶에서 정치행동의 중요성에 관해서 몇 가지 문제들을 제기할 때 순전히 공식적인 방법으로 다룰 것입니다. 오늘 강의는 누군가 그가 정치활동을 하는 데 무슨 정책과 무슨 내용을 가져야만 하는가 하는 모든 질문들은 고려하지 않을 것입니다. 왜냐하면, 그런 질문들은 직업으로서의 정치는 무엇을 의미하며, 무엇을 의미할 수 있는가라는 일반적 문제와는 전혀 관련이 없기 때문입니다. 그럼 우리의 주제로 돌아갑시다.

---

* 우리말 번역을 위한 저본으로 "Politics as a Vocation", *From Max Weber: Essays in Sociology*, translated and edited by H.H. Gerth and C. Wright Mills (New York: Oxford University Press, 1946), pp. 77-128를 사용했고, 독일어 원본은 Max Weber, *Politik als Beruf* (München und Leipzig, Verag von Duncker & Humblot, 1919, Alle Rechte vorbe halten Altenburg, Pieresche Hofbuchdruckerei, Stephen Geibel & Co. Anmer Kungen (Wikisource). https://de.wikisource.org/wiki/politik_als_Beruf) 참조.

정치는 무엇인가?

정치를 우리는 무엇이라고 이해하는가? 이 개념은 극히 광범위하여 실행되고 있는 모든 독자적인 지도력을 포함합니다. 누군가는 은행들의 화폐정책을, 독일제국은행(Reichsbank)의 할인율 정책을, 노동조합의 파업 정책을 말합니다. 또 누군가는 지방정부의 교육정책이나 한 자율적인 협회 회장의 정책을, 그리고, 끝으로 한 세심한 아내가 남편을 지도하려 드는 그녀의 정책까지를 말합니다. 오늘 밤에는 우리의 분석은 물론 광범위한 개념에 기초하지는 않습니다. 따라서 오늘날의 경우, 우리는 정치를 한 국가의 한 정치조직의 오직 지도력, 혹은 지도력의 영향력으로 이해하고자 합니다.

국가는 무엇인가?

그러나 사회학적인 관점에서 정치조직(politischer Verband, political association)이란 무엇인가? 국가(Staat, state)란 무엇인가? 사회학적으로 국가는 그것의 목적들만으로는 정의할 수 없습니다. 정치조직이 관여하지 않는 과제도 거의 없고, 누군가 정치조직에만 유일하고 고유하다고 분류할 수 있는 그런 과제도 거의 없습니다. 오늘날 국가는, 혹은 역사적으로, 그러한 정치조직들은 현대 국가의 옛 모습들입니다. 궁극적으로, 사회학적으로는 현대 국가를, 모든 정치적 결사들에도 해당하는, 그것에 고유한 특수한 수단, 즉 물리적 폭력(physischen Gewaltsamkeit, use of physical force)으로서만 정의할 수 있습니다.

"모든 국가는 폭력 위에 기초한다"라고 트로츠키가 브레스트-리토프스크[Brest-Litovsk, 벨라루스 서남쪽 한 도시]에서 한 말은 분명히 옳습니다. 만약 '폭력 수단 사용'을 아는 사회조직이 존재하지 않았다면 그땐 '국가'의 개념도 배제해야 하며, 그러한 상황에서는 '무정부'(Anachie, anarchy)가 나타날 것입니다. 물론, 폭력은 국가의 정상적인 혹은 유일한 수단—어느 누구도 그렇게 말할 수는 없습니다—은 아닙니다. 그러나 폭력은 국가가 가진 특수한 수단입니다. 오늘날 국가와 폭력의 관계는 특히 밀접합니다. 과거에는 아주 다양한 제도들—친족, 가족으로부터 시작해서—의 폭력의 사용은 아주 정상적인 것으로 알려졌었습니다. 오늘날에는 그러나, 우리는 한 국가는 주어진 영토에서 합법적인 폭력 사용의 독점을 (성공적으로) 주장하는 하나의 인간 공동체라고 말해야 합니다. '영토'는 국가 특성들 가운데 하나입니다. 구체적으로, 지금은 폭력행사 권한이 국가가 기관이나 개인들에게 오직 허용한 한도 내에서만 주어집니다. 국가는 폭력행사 '권한'의 유일한 원천입니다. 따라서 우리에게 '정치'는 국가들 간에 혹은 한 국가 안에서 집단들 간에 권력을 나눠 가지려는 혹은 권력배분에 영향력을 행사하려는 힘겨루기입니다.

이는 본질적으로 그 용어의 일반적인 용법에 부합합니다. 질문이 '정치적'인 질문이다, 혹은 장관이나 공직자가 '정치적인' 공직자이다, 혹은 어떤 결정이 '정치적으로' 이루어진 것이다라고 할 때, 언제나 그 의미하는 바는 권력의 배분, 유지, 혹은 이전에 따르는 이해관계가 질문에 답하고, 결정을 내리거나 공직자의 활동범위를 결정하는 데 결정적이라는 것입니다. 정치활동에 적극적이고 열심인 사람은 다른 목적들, 이상이든, 이기적인 목적이든, 혹은 '권력 그 자체를 위한 것이든', 즉 권력이 가져다주는 '특권의식'(Prestigegefühl, prestige-feeling)을 즐기기 위한 수단으로서든 권력에 열중합니다.

국가는 역사적으로 그에 앞서 존재했던 정치기구들과 마찬가지로 사람들이 사람들을 지배(Herrschaft, domination)하는 한 관계요, 합법적인(즉 합법적이라고 생각하는) 폭력의 수단에 의하여 지탱되는 한 관계입니다. 국가가 존재하려면 권력을 쥔 자들의 권위에 피지배자가 순종해야만 합니다. 언제 그리고 왜 사람들은 순종하는가? 이 지배는 무슨 내재적 정당화들과 무슨 외적 수단들에 근거하는가?

먼저, 원칙적으로 세 가지 내재적 정당화들(inneren Rechtfertigungsgründe, inner justifications), 즉 근본적인 '통치의 합법화'(Legitmitätsgründe einer Herrschaft, legitimation of domination)가 있습니다.

첫째, '영원한 과거'(ewig Gestrigen, eternal yesterday)의 권위, 즉 머나먼 옛날부터 인정한, 그리하여 순종하는 것이 습관화된 거의 신성화한 관행의 권위입니다. 이것이 족장(Patriarch, patriarch)이나 먼 옛날 세습에 기초한 왕이나 군주가 행사하는 '전통적 지배'입니다.

비범하고 '개인적인 은사(恩賜, persönlichen Gnandengabe, personal *gift of grace*)'(카리스마, charisma)의 권위, 즉 계시, 영웅적 자질, 또는 개인의 지도력의 다른 자질들에 대한 절대적인 개인적 헌신과 개인적인 신뢰입니다. 이것은 예언자, 혹은—정치현장에서는—선출된 군벌(軍閥), 국민투표로 등장한 통치자, 대(大)선동가, 정당지도자가 행사하는 '카리스마식' 지배입니다.

끝으로, 합리적으로 창제된 규칙들에 기초한 합법성(Legalität, legality)의 힘으로 법규나 기능적 '자격'(Kompetenz, competence)의 유효성으로 통치하는 것입니다. 이 경우는 복종을 법규상 의무들의 이행으로 기대하게 됩니다. 이것은 현대 '국가의 공복(公僕)'(Staatsdiener, servant of the state)이나 그를 닮은 모든 권력 소유자들이 행사하는 지배입니다.

현실적으로, 복종은 공포와 희망이라는 강도 높은 동기들—마법적 권력자들이나 권력자의 앙갚음에 대한 공포, 이 세상에서나 혹은 저 세상에서의 응보에 대한 희망—그리고 다른 온갖 이해관계들에 의해 결정됩니다. 이에 대해 지금 말하고자 합니다. 그러나, 이 복종의 '합법화'에 대해 묻게 되면, 이 세 가지 순수 유형들—'전통적', '카리스마적', 그리고 '법적'—과 마주치게 됩니다.

카리스마를 가진 지도자

지배의 정당성 개념들과 그들의 내재적 합리화는 지배 구조에 대한 대단히 중요한 의미를 갖습니다. 물론, 순수한 모형들이란 현실에서는 거의 찾아보기가 어렵습니다. 그러나 오늘 우리는 이 순수 모형들의 대단히 복잡한 변형들, 변이(變異) 과정들, 그리고 온갖 짜맞추기들을 다룰 수는 없습니다. 이 문제들은 '정치학'(allgemeinen Staatslehre, political science)에 속합니다. 여기서 우리는 무엇보다도 두 번째 지배 모형, 즉 지도자의 순전히 개인적인 카리스마에 복종하는 사람들의 헌신에 의한 통치에만 관심을 갖고자 합니다. 왜냐하면, '소명' 개념의 근원을 가장 잘 표현하기 때문입니다.

예언자, 전쟁 지도자, 혹은 옛 그리스 아테네의 시민회의(Ekklesia, ecclesia)나 의회 대(大)선동가의 카리스마에 대한 헌신은 사람들이 지도자를 소명을 받은 지도자로서 개인적으로 인정한다는 것을 의미합니다. 사람들은 그에게 전통 때문에 혹은 법규 때문에 복종하는 것이 아니라, 그를 믿기(glauben, believed) 때문에 복종합니다. 만약 그가 한순간의 편협하고 허황된 '벼락감투'나 쓴 인물이 아니라면 지도자는 그의 대의(大義)를 위해 살고, 그리고 그의 업무에 충실해야 합니다. 그의 문하생들, 그의 추종자들, 그의 개인적인 파벌 동료들의 헌신은 그의 인간 됨됨이와 그의 자질들을 향한 것입니다.

카리스마를 가진 지도력은 모든 곳에서 그리고 모든 역사적 시기마다 등장해 왔습니다. 과거에는 가장 중요하게, 한편으로는 마법사와 예언자, 다른 한편으로는 선출된 전쟁 지도자, 갱 두목과 용병대장[condottiere, 주로 14-16세기 이탈리아의 용병대장] 등 두 가지 형태로 등장했습니다. 도시국가의 땅에서 나타난 자유 '선동가' 형태의 정치 지도력이 우리에게 큰 관심을 끕니다. 도시국가에서처럼 선동가는 서양에만, 특히 지중해 문화에만 고유합니다. 의회의

'정당 지도자' 형태의 정치 지도력도 법치 국가(Verfassungsstaates, constitutional state)의 토양에서만 성장했습니다. 이 역시 서양에만 유일합니다.

권력자는 권력을 어떻게 유지하는가?

가장 진정한 의미로서의 '소명'의 정치인들이 물론 권력을 둘러싼 정치투쟁의 교차점에서 오직 결정적인 인물들은 결코 아닙니다. 그들의 보조 세력들도 매우 결정적일 수 있습니다. 어떻게 정치적으로 강력한 권력자들이 그들의 지배를 지탱하는가? 이 질문은 모든 지배에 해당합니다. 따라서 전통적, 법적 그리고 카리스마적 등 모든 형태의 정치 지배에도 마찬가지입니다.

지속적인 행정이 필요한 조직화된 지배는 합법적 권리를 보유한다고 주장하는 주인들[영주, 고용주, 소유주 등]에게 복종이 길들여진 인간행동을 요구합니다. 한편, 이런 복종 때문에 조직화된 지배는 경우에 따라 물리적 폭력의 사용에 필요한 물질적 소유물이 요구됩니다. 그리하여, 조직화된 지배는 개인적인 요원과 행정에 필요한 물질적 도구들의 통제를 요구합니다.

정치 지배 조직을 대외적으로 대표하는 행정요원은 물론, 다른 조직과 마찬가지로 조금 전에 우리가 얘기한 합법성 개념만이 아니라, 집권자에 대한 복종에 묶여 있습니다. 개인적인 이해관계에 호응하는 두 가지 수단이 더 있습니다. 즉 '물질적 보상과 사회적 명예'(materieller Entgelt und sozialer Ehre, material reward and social honor)입니다. 제후(Vasallen, vassal)들의 봉토(Lehen, fiefs), 세습 관료들의 수급(Pfründen, prebends), 현대 공무원들의 봉급, 기사(騎士)들의 명예, 장원(estates)의 특권들과 문관의 명예가 이들의 각기 다른 보상들이라고 하겠습니다. 이 보상들을 잃게 된다는 공포가 행정요원과 집권자 사이의 유대에 최종적, 결정적 기초입니다. 전쟁에 참여한 사람들에게는 영예와 전리품이 있고, 선동가의 추종자들에겐 '약탈품'(Spoils, 'spoils'), 즉 공직의 독점을 통한 피지배자의 착취가 있습니다. 그리고 정치적으로 결정된 이득이나 허영심, 자만심을 부추기는 특혜도 따릅니다. 이 모든 보상들은 또한 카리스마를 가진 지도자가 행사하는 지배에서 나옵니다.

폭력에 의해 통치를 유지하기 위해서는 하나의 경제조직과 마찬가지로 일정한 물질적 재물, 재화가 요구됩니다. 관료들 스스로 행정수단들을 소유하느냐, 혹은 관료가 행정수단들과 분리되느냐 하는 원칙에 따라 모든 국가들을 분류할 수 있다고 생각합니다. 이런 분리는 오늘날 우리가 말하는 자본주의 기업에서의 물질적 생산수단이 봉급을 받는 고용인과 무산자가 '분리되었는가' 하는 것과 같은 맥락입니다. 집권자는 직원들, 관료들, 혹은 그들이 누구든 간에 그들의 복종을 기대할 수 있어야 합니다. 행정수단은 돈, 건물, 전쟁물자, 운송수단, 말(馬) 등 여러 가지입니다. 문제는 집권자가 스스로 행정을 지휘하고 조직하느냐, 아니면 이 권한을 '개인적인 심복'(persönliche Diener, personal servants)에게, '고용한 직원'(angestellte Beamte, hired officials)에게, 혹은 '사적인 총신'(寵臣, persönliche Günstlinge, personal 'favorites')이나 '믿는 친구'(Vertraute, confidant)에게 맡기느냐 하는 것입니다. 이들은 그러나 그들 마음대로 물질적 행정수단을 사용하지 않고 주군(主君)의 지휘를 받습니다. 이러한 분리는 과거 모든 행정조직들의 관례입니다.

행정의 물질적 수단이 자동적으로 전체 또는 부분적으로 '의존적인' 행정관료에 의해 통제되는 이 정치연합들을 우리는 신분계급으로 조직된 연합이라고 부를 수 있습니다. 가령, 봉건적 연합의 봉신(封臣)은 그에게 맡겨진 봉토의 행정과 사법권의 비용을 자기 주머니에서 감당했습니다. 그 스스로 전쟁에 필요한 무기나 물자 등을 공급했고, 그의 밑에 있는 봉토관리자(Untervassallen, subvassals)도 마찬가지였습니다. 물론, 이는 봉건영주의 권력 위상에 영향을 미쳤습니다. 영주의 권력 위상이 오직 개인적인 신임과 봉토 소유의 합법성, 그리고 군주로부터 유래하는 봉토의 사회적 명성에 달려 있었기 때문입니다.

그러나 모든 곳에서 가장 오래된 정치 조직화를 뒤돌아봐도, 우리는 또한 영주 스스로 행정을 직접 챙긴 사실을 발견합니다. 그는 행정에 관해 사람들이 개인적으로 그에게 의존하도록 만들어서 행정을 그의 손에 장악하려고 합니다. 즉 노예들, 가정 관료들, 수행원들, 개인적인 총신들, 그의 저장고, 금고에서 나온 물품이나 돈을 맡긴 수급자들 말입니다. 영주는 그 자신의 주머니와 그의 상속 유산에서 나오는 수입으로 비용들을 부담하려 합니다. 또 그는 그에게 개인적으로 의존하는 군대를 창설하려 합니다. 이 군대는 그의 곡물 창고, 저장고, 그리고 무기 창고들에서 장비를 갖추고 식량을 공급받습니다. 장원들의 연합은 영주가 하나의 자율적인 '귀족사회'의 도움으로 통치하며, 그리고 이 제도와 그의 지배를 나눠 갖습니다. 그리고 개인적으로 행정, 관리하는 영주는 그의 가족들이나 서민들(Plebejer, plebeians)의 지원을 받습니다. 이들은 무산자 계층으로 아무런 사회적 영예를 갖지 못하고, 물질적으로도 그에게 철저히 사슬에 묶여 있으며, 그들 스스로는 어떤 경쟁적 권리도 주장할 수도 없습니다. 모든 형태의 가부장적이고 세습적인 지배는 술탄 전제정치(sultanistischer Despotie, Sultanist despotism)든, 관료주의 국가이든 위 통치형태에 속합니다. 관료주의 국가질서는 특히 중요합니다. 그것의 가장 합리적인 발전은 바로 현대 국가의 특징이기 때문입니다.

현대 국가, 현대 행정과 자본주의 기업의 병행 발전

어디서나 현대 국가의 발전은 군주의 조치를 통해서 시작되었습니다. 그는 그의 옆자리에서 자동적으로 '사적인' 행정권을 행사하는 자들과 그들 멋대로 행정, 군사, 그리고 재정 조직과 정치적으로 사용 가능한 온갖 재물, 재화들을 가진 수단을 몰수하는 길을 만들어 주었습니다. 이 모든 과정은 독립적인 생산자들의 점진적 몰수를 통한 자본주의 기업들의 발전과정과 완전히 유사합니다. 끝내는, 현대 국가는 정치조직의 모든 수단을 통제하는데, 사실상 한 사람의 지도자하에서 이루어집니다. 어떠한 개인 관료도 그가 지불하는 돈, 건물, 저장고, 수단들, 그리고 군수물자(Kriegsmaschinen, war machine) 등 모두를 개인적으로 소유하지 못합니다. 현대 국가에서는—그리고 이것이 국가개념에서 본질적입니다만—행정직원(Verwaltungsbeamten, administrative staff)과 행정관료(Verwaltungsarbeiter, administrative officials)의 분리, 그리고 노동자들과 행정조직의 물질적 수단의 분리가 완료됩니다. 바로 여기 [독일에서] 가장 현대적인 발전이 시작되고 있습니다. 그리고 우리는 지금 우리의 두 눈으로 '정치적 수단의 몰수자의 몰수'(Expropriation dieses Expropriateurs der politischen Mittel, expropriation of this expropriator of the political means)가 시작되는 것을 목격하고 있습니다.

[1918년 독일의] 혁명은 적어도 지도자들이 법규상 권한들을 갖게 되었다는 것만큼은 성공했습니다. 지도자들은 찬탈 혹은 선거로 정치 직원들과 물질적 재산, 재물, 기구들을 통제하게 됐고, 그리고 그들의 합법성을—옳고 그름을 떠나서—피지배자의 의지로부터 도출합니다. 이 지도자들이 적어도 이 외견상의 성공에 기초하여 자본주의 기업들의 몰수도 단행할 것인지 아닌지는 또 다른 문제입니다. 자본주의 기업들의 방향은 광범위한 유사점에도 불구하고 정치행정의 그것과 아주 다른 법들을 따르기 때문입니다.

오늘은 이 문제에 대해서는 우리는 입장을 밝히지 않겠습니다. 나는 오직 우리의 생각에 필요한 순수하게 개념적 측면만 말하겠습니다. 현대 국가는 통치를 조직화하는 하나의 강제적인 연합이다. 그것은 일정한 영토 내에서 지배의 수단으로서 물리적 폭력의 합법적인 사용을 독점하려는 노력에 이제까지 성공하고 있습니다. 이 목적을 위해 국가는 조직의 물질적 수단들을 통합하고, 그리고 옛날에 이런 수단들을 그들 스스로 장악하고 행사했던 영주들의 모든 '자율적인 공직자들'(eigenberechtigten ständischen Funktionäre, autonomous functionaries)에 대해 몰수했습니다. 국가는 그들 자리를 모두 빼앗아 차지했고 지금 그 정상에 우뚝 섰습니다.

직업 정치인의 등장

지구 위에 있는 모든 나라들에서 여러 가지 모습으로 성공을 거두고 있는 정치적 몰수를 진행하는 과정에서 다른 의미의 '직업 정치인들'이 등장했습니다. 그들은 처음엔 군주에 봉사하기 위해 등장합니다. 그들은 카리스마를 가진 지도자와는 달리, 그들 스스로 영주들이 되기를 원하지 않았습니다. 그 대신, 그들은 몰수 투쟁과정에서 '정치적 영주들'(politischen Herren, political lords)에 봉사하기 위해 등장했고, 군주들이 그들을 언제든, 어떻게든 마음대로 활용할 수 있도록 배치되어 있었습니다. 즉, 그들은 한편으로는 군주들의 정치를 관리하는 대가로 삶을 꾸려 갔고, 다른 한편으로는 가장 이상적인 인생의 실속도 챙겼습니다. 이 역시 오직 서양에서만 군주들 이외의 권력자들에 봉사하는 이런 종류의 직업 정치인이 발견됩니다. 과거에는, 그들은 군주의 가장 중요한 정치적 도구였고, 또한 그의 정치적 몰수의 도구였습니다.

'부업' 정치인—유형의 변천

'직업 정치인들'을 상세히 토론하기에 앞서, 그들의 존재가 제공하는 국사

(國事)의 모든 측면을 명확히 합시다. 정치는 경제 추구와 마찬가지로 인간의 부업(Gelegenheits, avocation)일 수도, 혹은 그의 직업일 수도 있습니다. 누군가 '임시 정치인'(Gelegenheits "politiker", occasional politician)으로 정치에 참여하여 정치구조들 내에서, 또는 그들 사이에서 권력의 배분에 영향력 행사를 시도하기도 합니다. 우리가 투표할 때, 혹은 한 정치 집회에서 박수를 치거나 항의를 하는 경우와 같이 자신의 의도를 표출할 때, 혹은 정치적 연설을 할 때 등등 우리는 모두 '임시 정치인들'이 됩니다. 대부분 사람들의 정치와의 관계는 이 정도로 그칩니다. 오늘날 부업으로서의 정치는 모든 정당 당원들과 자발적 정치단체들의 대표들이 필요할 때만 적극적으로 활동하고 참여합니다. 따라서, 그들에겐 정치는 물질적으로나 이상적으로나 처음부터 결코 '그들의 삶'이 아닙니다. 국가의 각종 자문위원회 위원들이나 그 비슷한 심의기구 위원들처럼 소집될 때만 기능하는 사람들도 마찬가지입니다. 의회 회기 중에만 적극적으로 정치활동을 하는 우리 의회 의원들의 꽤 넓은 층도 마찬가지입니다. 이런 계층들을 특히 과거에는 봉건 신분계층에서 찾아볼 수 있었습니다. 군사무기, 장비들의 자체적 소유자들, 행정에 중요한 물자들의 소유자들, 개인적인 특권, 특전들을 누리는 계층 등이 이런 계급이라고 하겠습니다. 그들의 대부분은 그들의 삶 모두를, 혹은 우선적으로, 혹은 이따금씩 이상으로까지 정치에 바치지는 않았습니다. 오히려, 그들은 지대(地代, Renten, rent)나 이윤을 획득하기 위해 그들의 특권을 활용했습니다. 그리고 그들은 그들과 같은 '신분–계층' 가운데 특히 '대영주'(大領主, Fürst, prince)가 요청할 때만 오직 정치연합들의 봉사에 적극 참여했습니다. 군주가 독자적으로 마음대로 부리고 활용할 수 있는 정치조직을 창조하는 투쟁에 끌어들인 보조세력들도 위 특권계층과 비슷했습니다. 자문관들과 옛날로 훨씬 더 올라가서 '쿠리아'[Curia, 고대 로마 원로원]에 모인 원로원 의원의 많은 숫자가, 그리고 군주의

다른 심의기구들 위원들도 같은 성격이었습니다. 그러나 옆에 있다가 이따금 정치에 참여하는 이 보조세력들은 군주에게는 충분하지 못했습니다. 필요에 의해 군주는 전적으로, 그리고 오로지 그만을 위해 헌신하는 '협조요원'(Hilfskräften, staff of helpers)을 찾게 됐고, 그리하여 이것만을 그들의 전공(專攻)직업으로 만들었습니다. 이렇게 등장하게 된 세습적 정치조직의 구조는, 그리고 이뿐만 아니라 문화의 전체적인 특징(Gepräge, articulation)은 군주가 어디서 대리인들을 보충했느냐 하는 문제에 크게 달려 있었습니다.

'자유'공동체의 출범

'자유'(이른바) 공동체들을 스스로 구성한 정치연합들에게도 정치적으로 광범위한 군주권(Fürstenmacht, princely power)을 완전히 철폐하거나 크게 제한하기 위해서는 역시 직원이 필요했습니다.

그들이 자유로워졌다는 것은 폭력에 의한 지배의 의미에서가 아니라, 모든 권한의 고유한 원천으로서 전통(대부분 종교적으로 신성화된)에 의해 합법화된 군주권이 없어졌다는 의미에서입니다.* 이러한 공동체들의 '역사적 고향'은 서양입니다. 도시는 통치체(politischer Verband, body politic)로서의 핵이었고, 그 형태는 맨 처음 지중해 연안 도시에서부터 나타났습니다. 이 모든 경우들에서 정치가 그들의 전업(專業,haupt–beruf, major vocation)이 된 정치인들은 도대체 어떤 모습이었을까요?

---

* 베버는 여기서 이젠 왕권신수설(王權神授說)이 사라졌다고 말하고 있는 것 같다. 물론 훨씬 넓은 의미에서의 '왕권'이지만.

전업 정치인—두 가지 모형

정치를 자기의 직업으로 만드는 데는 두 가지 방법이 있습니다. 즉 '정치를 주요 목표나 보람으로 사는' 방식이 하나고, '정치에 기식(寄食)하거나 의존하여' 사는 방식이 또 하나입니다. 이 두 대조는 물론 서로 배타적이지는 않습니다. 관례로 보면, 사람은 적어도 마음속으로는 두 가지를 다 하고 싶어하고, 분명히 두 가지 방식을 실제로 다 하기도 합니다.* 정치를 '위해' 사는 사람은 마음속으로부터 정치를 그의 삶으로 만듭니다. 그는 그가 행사하는 벌거벗은 권력의 소유 그 자체를 즐기거나 그의 삶이 하나의 '목적'을 위해 봉사하는 의미를 갖고 있다는 의식으로 그의 마음의 균형을 바로잡고 자기 감정도 살찌게 합니다. 이러한 정신적 의미에서 대의(大義, Sache, cause)를 위해 사는 모든 진지한 사람은 또한 이 대의로 먹고 삽니다. 두 구분은 따라서 문제의 가장 중요한 본질적인 측면, 즉 경제적인 것과 직결됩니다. 정치를 그의 영구적인 소득 원천으로 만들려고 다투는 사람은 직업으로서 정치에 기식("von" der Politik als Beruf, live "off"politics as a vocation)하는 것이고, 그러지 않는 사람은 정치를 '위해' 사는("für" die Politik, live "for" politics) 것입니다. 사유재산 질서가 지배하는 사회에서는 어떤 사람들은—만약 여러분이 원한다면—한 개인이 이런 경제적 의미에서 정치를 '위해' 살기 위해서는 몇 가지 사소한 전제조건들이 존재해야 합니다. 정상적인 상황에서는 정치인은 정치가 그에게 가져다주는 소득으로부터 경제적으로 독립해야만 됩니다. 이것은, 간단히 말하면 정치인은 부유하거나, 혹은 충분한 소득을 얻는 삶의 개인적인 위치에 있어야 합니다.

이것은 적어도 정상적인 상황에서의 경우입니다. 전쟁 영주의 추종자들이

* 우리나라 속담을 여기에 비유하면, '꿩도 먹고 알도 먹는' 정치인이랄까?

나 혁명 영웅을 따라다니는 거리에 모인 군중들이나 다 마찬가지로 정상적인 경제 조건들에는 관심이 없습니다. 두 집단 모두 전리품, 약탈품, 몰수, 압류물, 기부금, 그리고 값싼 강제 통화 부과 등 모두 본질적으로 같은 짓들을 해서 먹고 삽니다. 그러나, 부득이 이들은 비상 상황의 경우입니다. 일반 하루하루 경제생활에서는 오직 어느 정도의 재산만이 그를 경제적으로 독립적일 수 있게 만듭니다. 그러나 이것만으로는 부족합니다. 직업 정치인은 또한 경제적으로 '없어도 되'(abkömmlich, dispensable)어야 합니다. 즉, 그가 항상 그리고 사적으로 그의 능력과 생각의 전부를, 혹은 거의 대부분을 경제적 취득에만 빠져 있지 않아도 될 만큼 그의 소득이 있어야 합니다. 두말할 것도 없이 금리생활자(Rentner, rentier)는 이런 의미에서 없어도 되는 사람입니다. 그는 순전히 일하지 않고 받는 소득이 이미 있는 사람이기 때문입니다. 그는 지난날의 영주나 대농장주, 그리고 땅 임대료를 받는 귀족들입니다. 고대나 중세시대에는 그들은 노예나 농노 소작료를 받았고, 현대에 와서는 배당이나 채권증서, 혹은 그와 비슷한 것을 받습니다. 이들이 바로 자산가들입니다.

노동자나—그리고 이것은 잘 알릴 필요가 있는데—기업가, 특히 현대 대규모 기업가 모두 같은 의미에서 '없어도 되는' 사람들이 못 됩니다. 왜냐하면, 기업가는 그의 기업에 매달려 있어야 하기 때문에 그렇습니다. 이것은 농업의 계절적 성격을 고려할 때 농업에 종사하는 기업가보다는 기업에서 일하는 기업가에게 더 들어맞습니다. 기업가는 그의 기업을 주로 다른 사람에게 잠시라도 맡긴다는 것이 어렵습니다. 그는 의사처럼 없어서는 안 됩니다. 그리고 신분이 높을수록 그는 더 없어도 되기가 어렵습니다. 순수한 조직적인 이유들로 보면, 변호사는 없어도 되기가 훨씬 쉽습니다. 그래서 변호사는 직업 정치인으로서 비교할 수 없을 만큼 더 큰, 또는 지배적인 역할을 했습니다. 우리는 이 분류는 계속하지 않겠습니다. 그 대신 몇몇 결과들을 살펴봅시다.

유산자 정치인과 무산자 정치인

한 국가나 한 정당의 지도력(경제적인 의미에서)이 오로지 정치만을 '위해' 살고, 정치에 기생하거나 의지하며 살지 않는다면, 이는 정치 지배계층을 '금권 정치, 재벌 중심 정치차원에서 모집'(plutokratische Rekrutierung, plutocratic recruitment)했다는 것을 의미합니다. 물론, 그러한 금권 중심 리더십은 동시에 정치 지배계층이 정치에 기생하거나 의지하려 들지 않는다는 의미가 아닙니다. 또 이 지배계층이 그들 자신의 경제이익을 챙기기 위해 그들의 정치지배를 활용하지 않을 것이라는 의미도 아닙니다. 이 모든 것은 두말할 필요가 없습니다. 이제까지 어느 정도 정치를 생계수단으로 삼지 않은 정치는 결코 없었습니다. 그 의미는 오직 이것입니다: 직업 정치인은 그의 정치활동에 대해서 직접 보상을 갈구하지 않지만, 재력이 없는 모든 정치인은 절대적으로 그것을 요구할 수밖에 없다는 것입니다. 한편으로는, 무산자 정치인(vermögenslose Politiker, propertyless politician)은 정치를 통해 오로지, 또는 압도적으로 사적인 경제 혜택만을 추구한다는 뜻으로 우리가 말하는 것은 아닙니다. 그가 일차적으로, 원목적(Sache, cause)을 생각하지 않을 것이라는 의미로 우리가 말하는 것도 아닙니다. 그것은 모두 잘못 이해한 것입니다. 모든 경험에 비추어, 자신의 삶의 경제적 '안전보장'(Sekurität, security)에 대한 고심이 의식적이든 무의식적이든 부자의 인생행로의 핵심입니다. 아주 무모하고 거리낌 없는 정치 이상주의는 오로지, 적어도 눈에 띄게 무산자 계층에서, 즉 한 사회의 경제질서를 유지하려는 데 힘을 쏟는 계층 밖에서 발견됩니다. 특히 비상 상황에서, 따라서 혁명적 시대에 더욱 두드러집니다. 금권이나 재산, 자산이 없이 정치에 관심 있는 사람들—지도자와 그들의 추종자—의 모집은 그들 스스로 서로 이해하는 정치를 하면 정규적이고 신뢰할 수 있는 소득이 따르게 된다는 전제조건과 연결되어 있습니다.

정치는 '명예롭게'(ehrenamtlich, honorifically), 그리고 사람들이 보통 말하듯, '자주적으로'(unabhängigen, independently), 즉 부유한 사람들이, 특히 금리생활자들(Rentnern, rentiers)이 할 수 있습니다. 거꾸로, 정치 리더십이 무산자들에게도 접근 가능하게 하려면 그땐 그들에게 최소한의 물질적인 뒷받침이 필요하다는 이야기가 됩니다. '먹고 살기 위해 정치'하는 직업 정치인은 순수한 '성직자'(Pfründer)이거나 월급을 받는 '관료'(Beamte, official)입니다. 정치인으로서 소득을 구체적인 봉사에 대한 대가로 수수료나 부수입으로 받거나—팁이나 뇌물은 이런 범주의 오직 비정규적이고 공적으로 불법적인 소득으로 분류됩니다—혹은 고정된 소득을 물품이나 월급으로 또는 이 두 가지로 받습니다. 하나의 '기업가'입니다. 마치 용병(傭兵)이나 하청을 받거나 돈을 주고 산 공직자처럼 말입니다. 혹은 미국의 '보스'(Boss, boss)처럼 그의 비용을 일종의 자본투자로 보고 그의 영향력 행사를 통해 성과를 거둘 수 있다고 생각하기도 합니다. 또, 신문기자, 정당의 서기, 현대 내각 각료 혹은 정치관료는 고정된 봉급을 받기도 합니다. 과거 봉건시대의 봉토, 토지 증여, 그리고 여러 가지 형태의 전형적인 성직자 수급(受給)처럼 말입니다. 화폐경제의 발달로 임시수당이나 특히 수급은 군주들이나 승리한 정복자들, 혹은 성공적인 정당 당수들이 그들의 추종자들에게 주는 전형적인 보상이 되었습니다. 오늘날엔 성실한 봉사자들을 정당 지도자들이 모든 종류의 공직들—정당, 신문사들, 협력 사회단체들, 건강보험, 국가와 지방정부 등—에 심어 주기도 합니다. 모든 정당 투쟁들은 객관적인 목적들을 위한 투쟁인 동시에 공직 임명권(patronage)을 얻기 위한 투쟁입니다.

공직 임명권—여러 나라들 사례

독일에서는 지방정부와 중앙정부 대변자 사이의 모든 투쟁은 베를린, 뮌헨, 칼스루에, 혹은 드레스덴이든 간에 어느 권력이 공직 임명권을 관장하느냐로 모두 초점이 쏠립니다. 정당들은 그들 당의 공식 목적들에 대한 도전행위보다도 공직 참여에서의 패배를 훨씬 뼈저리게 느끼게 됩니다. 프랑스에서는 주지사(Präfektenschub, prefects)의 정당 간 교체를 항상 중대한 변화로 간주해 왔습니다. 그래서 정부의 프로그램 수정보다도 훨씬 더 큰 소동, 소란을 피우기도 합니다. 그에 대한 반응은 거의 입씨름, 말싸움으로 끝납니다. 어떤 정당들은, 특히 미국의 정당들은 헌법의 해석을 둘러싼 투쟁이 사라진 뒤에는 순전히 '공직 임명권 정당들'이 되어 일자리를 나눠 주고 표를 얻는 데 도움이 되도록 '물질적 프로그램'을 바꾸는 것으로 전락해 버렸습니다.

스페인에서는 최근까지도 두 거대 정당들이 편리하게 고정된 방법을 써서, '선거'라는 수단을 위로부터 날조하여 그들의 추종자들에게 관직을 마련하기 위해 권력을 서로 교대했습니다. 스페인의 식민지들에서도 '선거'라는 미명하에, 그리고 '혁명'이라는 명분으로 실제로 돈, 목숨, 운명이 걸린 것은 항상 '국가 밥통'(Staatskrippe, state bread-basket)으로 승자가 먹고 사느냐가 투쟁의 목적이었습니다.

스위스에서는 정당들이 평화적으로 공직을 비례적으로 서로 배분했습니다. 그리고 우리의 '혁명적인' 헌법 초안들도, 보기를 들면, 바덴[Baden, 독일 남서쪽 스위스와 프랑스 국경 지역으로 독일 바이마르 공화국, 1918-1933 때의 한 주] 헌법은 이를 장관직에도 적용하려 했습니다. 따라서, 주정부와 주정부 공직을 엽관(獵官)들이 이권, 공직 임명권을 할당하는 기관처럼 생각했습니다.

무엇보다도, 가톨릭중심당(Zentrumspartei, Catholic Center party)은 이 초안

에 가장 열성적이었습니다. 바덴 주에서 정당은 정당 공약의 한 부분에서 공직을 능력, 경력은 무시하고 신앙고백(Konfessionen, confession)의 비례로 분배하려고도 했습니다. 모든 정당들의 이러한 추세는 계속 증가하고 있습니다. 일반 관료화로 공직이 증가하고 공직은 특히 안정된 살림을 보장하기 때문에 공직 요구도 엄청 증가하기 때문입니다. 정당들은 이런 방식으로 자리 제공 목적의 수단이 되어가고 있습니다.

현대 관료사회(조직, 제도)의 발전

현대 관료가 하나의 고도의 자질을 가진 직업 노동세력으로 오랜 시간 동안 준비 수련과정을 거쳐 발전한 것은 모든 제도의 반대편에서였습니다. 정직성, 완전무결성(Integrität, integrity)을 향한 현대 관료사회는 신분 명예에 대한 높은 자긍심을 길러 왔습니다. 이러한 자긍심 없이는 '엄청난 부패와 저속한 속물근성'이 치명적으로 위협합니다. 그리고 그러한 정직성, 완전무결성 없이는 국가기관의 순수한 기술적 기능마저도 위험에 처할 수 있습니다. 경제를 위한 국가기관의 중요성도 계속 증가하고 있고, 특히 증가하는 사회화 과정(Sozialisierung, socialization)과 함께 그 중요성이 더더욱 증가할 것입니다.

미국은 대통령 선거 결과에 따라 '전리품 나눠 먹기식 정치인들'(Beute-politiker, booty politicians)을 통해 아마추어 행정이 우편배달원에 이르기까지 수십만 명의 관료들을 교체하는 결과를 낳았습니다. 이 행정은 '종신직 민간 공무원'(lebenslänglichen Berufsbeamten, professional civil servant for life)에 대해서는 아는 게 아무것도 없었습니다. 그러나 이 아마추어 행정은 미국의 민간 공무원 개혁(Civil Service Reform)에 의해 폐기된 지도 이미 오래입니다. 순전히 기술적이고, 논란의 여지 없는(unabweisliche, irrefragable) 행정의 필요성이 이러한 발전을 가져왔습니다.

유럽에서는 노동분리에 근거한 '전문가 관료사회'(Fachbeamtentum, expert officialdom)가 지난 500년 동안 점차적으로 발전하여 등장했습니다. 당시 왕국들이나 노르만 정복자들이 만든 국가들의 이탈리아 도시들이나 영지들(領地, Signorien, seigniories)이 그 첫 시작이었습니다. 그러나 군주의 재정을 담당하는 행정과 관련하여 결정적인 계기가 마련됩니다. 황제 막시밀리안 2세[1527-1576]의 행정개혁들은 관료가 이 분야에서 군주의 권한을 성공적으로 빼앗는다는 것이 얼마나 어려운 일인가를 여실히 보여 줍니다. 극도의 비상사태와 투르크 지배의 압력이 있었음에도 불구하고 말입니다. 재정 분야는 적어도 통치자의 취미(dilettantism)를 감당할 수는 있었습니다. 통치자는 그 당시까지만 해도 무엇보다도 기사(騎士)였습니다. 전쟁 기술의 발전은 전문가와 전문화된 장교를 필요로 했고, 법 절차의 세분화는 수련된 법관을 필요로 했습니다. 이 세 가지 분야—재정, 전쟁, 그리고 법—에서 보다 앞선 국가들의 경우는 전문가 관료사회가 16세기에 확실히 승리했던 것입니다. 귀족, 성직자 등 중세 유럽의 고위 계급들을 제압하고 절대군주제도(Absolutismus der Fürsten, princely absolutism)가 주도적 위치에 오를 때 전문가 관료사회에로의 점진적인 군주의 전제 통치, 지배의 양위(讓位)도 동시에 이루어졌습니다. 바로 이 관료들은 고위 계급들을 군주가 물리쳐서 승리하는 데까지만 도와줬을 뿐입니다.

'지도적 정치인들'의 성장

'지도적 정치인들'(leitenden Politiker, leading politicians)의 발전은 눈에 훨씬 덜 띄지만 특별히 훈련된 관료사회(Beamtentums, officialdom)의 주도적 등장과

함께 실현됩니다. 물론, 군주들을 참으로 결정적으로 돕는 자문관들은 언제나 전 세계적으로 있어 왔습니다. 동양에서는 국정(國政)을 성공적으로 이끌어 가는 데 있어서 술탄의 개인적인 책무를 최소화해야 할 필요성 때문에 '재상'(宰相, Großwesirs, Grand Vizier) 같은 전형적인 인물을 만들어 냈습니다. 무엇보다도, 서양에서는 로마 교황의 특사나 고대 로마의 지방총독 등, 특히 베네치아 특사(venezianischen Gesandtschaftsberichte, the Venetian legates)의 보고서에 영향을 받아, 중세 이탈리아의 마키아벨리 때인 카를 5세[1500–1558, 신성로마제국의 황제] 시대에 외교는 처음으로 '의도적으로 연마한 예술'이 되었습니다. 전문 외교가는 베네치안 보고서를 열정, 열의를 갖고 읽고, 또 읽고 했습니다. 대부분 인문 교양, 교육을 받은 이 예술의 명인들은 서로 잘 훈련된 전수자(傳受者)로 행세했습니다. 마치 중국 춘추전국시대의 인도주의적 정치가들처럼 말입니다. 한 '지도적인 정치가'에 의한 내정(內政)을 포함한 모든 정책을 공식적으로 통일한 지침의 필요성은 헌법 발전을 통해 궁극적으로 강요적으로 불거졌습니다. 물론, 군주들의 고문관들 혹은 '리더' 같은 개인적인 인물들은 이전에도 계속 있어 왔습니다. 그러나 가장 발전된 국가들 가운데 행정기구의 조직은 다른 차원에서 전개되어 왔습니다. 최고위 협력적 행정기구가 생겨난 것입니다. 이론적으로, 그리고 사실상 점진적으로 축소되어 왔지만 군주의 주재하에 그들은 결정을 내리는 자리에서 만났습니다. 이 협력적 제도는 비망록이나 반대 의견, 정책을 담은 반(反)비망록, 다수와 소수 간의 합리적인 투표 등을 개발하는 데 큰 몫을 했습니다. 관료나 최고위 협력적 행정기구와 더불어 군주는 순전히 개인적인 '막역한 친지들'(persönlichen Vertrauten, confidants)—'내각'(Kabinett, cabinet)—이 둘러싸고 있어서 그는 이들을 통해 국가 위원회의 결의안들이나 다른 최고위 기구들이 요청한 안건들을 고려한 다음 최종 결정을 내리는 절차를 밟았습니다. 군주는 자꾸자꾸 일종의 아마추어 애호가(딜레탕트) 비슷하게 되어 가고 협력적 체제와 내각을 통해 불가피하게 증가하는 전문 지식을 갖춘 잘 훈련된 관료들의 무게로부터 벗어나기를 원했습니다. 다만, 그 대신 최고위 리더십은 고수하기를 바랐습니다. 이러한 관료사회와 전제정치(專制政治)의 잠재적 투쟁은 어디서나 존재했습니다. 오직 의회와 정당지도자들의 '권력욕구'(Machtaspirationen, power aspirations)만이 상황에 변화를 가져오게 했습니다. 아주 다른 조건들이 외형적으로는 같은 결과를 낳았습니다. 물론 차이들이 전혀 없는 것은 아니지만 말입니다. 세습 왕조, 왕가가 실제 권력을 계속 장악하려는 곳에서는—특히 독일이 그 좋은 보기이지만—군주의 이해관계와 관료사회의 이해가 맞아떨어져서 의회와 의회의 권력 장악의 도전에 함께 맞섰습니다. 이 과정에서 관료들은 각료 등 지도적 자리를 그들 가운데서 스스로 차지하기를 원했고, 이를 위해 이 자리들을 '관료 경력직'으로 만들려고 했습니다. 왕은 이 와중에 그 스스로 판단하여 헌신적인 관료들 가운데 그가 신임할 수 있는 누군가를 임명하려고 했습니다. 두 정당은 그러나 정치 리더십이 하나의 통일된 공동협력의 방식으로 의회에서 이 협력체제를 한 사람의 내각 수반으로 대체하려고 했습니다. 더구나, 정당들 간의 투쟁이나 정당들의 공격으로부터 군주가 순수하게 공식적으로 벗어나기 위하여 왕은 그를 의회에서 대변해 주고 또 책임도 걸머지는, 즉 의회에서 질의응답하고 정당들과 협상도 할 수 있는 한 인물이 필요하게 됩니다. 모든 이런 이해관계들이 같은 방향으로 맞아떨어져서 통합된 관료사회를 이끌 장관이 등장하게 됩니다.

영국처럼 군주로부터 의회가 그 수장권(首長權, Parlamentsmacht, parliamentary supremacy)을 획득한 곳에서는 의회 권력의 발전은 국가기구의 통일이라는 방향으로 훨씬 강력하게 진전됩니다. 영국에서는 '내각'은 다수를 차지한 정당위원회 의회 '지도자'를 수상으로 하는 관례를 발전시켰습니다. 이 정당

권력의 공식적인 법적 근거는 없지만, 이것만이 오로지 정치적으로 결정적입니다. 공식적인 협력체들은 실제 집권세력, 즉 정당의 조직들이 아니기 때문에 실제 정부의 '책임자들'이 될 수가 없습니다. 집권당은 안으로는 권력을 계속 유지하고, 밖으로는 '큰 정치'(große Politik, grand politics, 국정 주요현안들)에 관여하는 문제들을 은밀히 토론할 수 있는 실력자들로만 구성된 하나의 '상설 조직'을 필요로 하게 됩니다. 내각이 바로 이 조직입니다. 그러나 일반 국민과의 관계에서, 특히 의회 기구와 연관하여 정당은 모든 결정에 책임을 지는 한 사람의 '지도자'—내각수반(Kabinettchefs, cabinet head)—가 필요하게 됩니다. 영국 체제는 유럽 대륙에서도 '의원내각제도'로 채택되고 있습니다. 오직 미국[당시 1920년대]에서만이, 그리고 미국의 영향을 받은 민주국가들 몇몇에서 이와 아주 다른 체계가 자리잡았습니다. 미국 체제는 직접 국민이 선출한 승리한 정당의 지도자[대통령]가 정부부처의 수장들을 임명하고, 그는 오직 예산과 입법 관련 문제에 관에서만 의회의 동의가 필요합니다.*

행정관료와 정치관료의 구분

정치의 조직으로서의 발전은 권력투쟁에서의 훈련을 요구했고, 현대 정당정책이 개발한 이 투쟁의 방법들은 '공직 기능인들'(öffentlichen Funktionäre, public functionaries)을 두 가지 범주로 분리시키게 됩니다. 물론, 엄격하지는 않지만 그래도 분명히 분리됩니다. 이 두 범주는 한편으로는 '행정관료들'(Fachbeamte, administrative officials)이고, 다른 한편으로는 '정치관료들'(poli-

* 미국 행정부처 고위 관료들은 헌법상 미 대통령의 지명(nomination) → 미 상원 승인(confirmation) 절차를 밟는다. 따라서, 위 베버의 예산, 입법 관련 안건만이 의회(U.S. Congress)의 동의를 받아야 한다는 것은 사실과 좀 다르다. 물론 특별한 경우가 아니면 대부분의 대통령의 주요 요직 지명자는 상원 동의가 거의 요식행위이지만…

tische Beamte, political officials)입니다. '정치'관료[우리 나라의 '별정직 공무원'과 비슷한 개념]들은 진정한 의미에서 그들의 자리가 쉽게 마음대로 언제나 옮겨지고, 해고도 쉽고, 적어도 잠시 동안 만에 물러날 수도 있다는 사실을 정규적으로 그리고 외적으로 인식합니다. 그들은 마치 프랑스의 지사(知事)들이나 다른 나라의 그 비슷한 자리와 비교가 됩니다. 그리고 이들은 사법 기능까지 가진 관료의 '독립성'과 극히 대조적입니다. 영국에서는 관료들이 고정된 관례에 따라 의회 다수당이 바뀌면 공직에서 물러납니다. 그리하여 내각이 바뀌고, 이 역시 '정치관료'에 속합니다. 이들 정치관료들 가운데는 일반적인 '내무'행정에 능력이 있는 사람이 있습니다. 정치성향의 관료는 무엇보다도, 나라의 '법과 질서' 유지 업무, 따라서 기존 권력관계를 유지하는 업무를 수행합니다. 프러시아에서는 이 정치관료들은 푸트카머의 법령(Puttkamerschen Erlaß, Puttkamer's decree)[1]에 의거해서, 즉 불신임을 피하기 위해 '정부의 정책을 대표'하는 의무를 부과받습니다. 그리고 프랑스의 주지사들처럼, 그들은 정치관료들 선거에 영향을 미치는 관료기구로 이용되기도 합니다. 독일 체제 '정치'관료의 대부분은—다른 나라들과는 대조적으로—이 관직에 들어가는 데 요구되는 대학졸업 증명, 특별시험, 특별 준비 봉사활동 등에서 행정관료와 비슷한 자격들을 갖고 있습니다. 오직, 정치기구의 수장(首長)들, 장관들만 이러한 현대 민간 관료기구의 구체적인 특징을 공유하지 않습니다. 옛날 정권에서도 프로이센 교육부 장관이 고등교육을 받지 않고도 그 자리에 앉을 수 있었습니다. 하지만, '전문 자문관'(Vortragender Rat)이 되려면 원칙적으로 소정의 시험을 거쳐야만 했습니다. 전문가, 정부부처 고참 과장(課長, Dezernent) 그리고 전문 자문관은 물론 그들 부처의 수장들보다도 기술적인 문제점들에 대해서 무한히 더 정보를 잘 알고 있지만 말입니다. 영국에서도 비슷했습니다. 따라서, 모든 일상적인 일 처리에 있어서는 장관보다 그 부처 과장이 더 힘이 세다고 할 수 있고, 또 그런 이유가 다 있었습니다. 장관은 단순히 정치권력 판도를 대표했을 뿐입니다. 그는 이 강력한 정치관료들을 대변해야 했고, 또 그의 부하 전문 관료들의 정책제안들을 처리하고, 정치적인 성격의 지시나 명령을 그들에게 하달했습니다.

필경엔, 사기업에서의 일들도 아주 비슷합니다. 마치 '국민'이 전문관료들에 의해 사실상 끌려가듯이 기업경영에서도 진짜 '주인'인 주식 보유자들은 별 영향력을 행사하지 못합니다. 그리고 기업의 정책을 결정하는 인사들, 은행을 지배하는 '중역들'도 오직 경제 지시, 지침을 내리고 경영진을 뽑는 일은 하지만, 실제로 기업이나 은행을 끌고 가는 기술적인 능력은 없습니다. 따라서, 혁명적 국가의 현 구조는 원칙적으로는 아무것도 새로운 것이 없습니다. 그것은 행정 권력을 절대적 아마추어들(absoluten Dilettanten, absolute dilettantes)에게 맡겼고, 그들은 기관총을 장악한 덕분에 전문 관료들을 오직 실무 두뇌와 수족으로만 이용하고 싶어합니다. 현 체제의 어려움들은 여기에 있지 않고 다른 곳에 있지만 오늘 우리의 관심사와는 관련이 없습니다. 우리는 '지도자들'과 그들의 추종자들, 즉 '직업 정치인들'(Berufspolitiker, professional politicians)의 특성이 무엇인가를 묻는 것입니다. 그들의 성격이 그동안 많이 바뀌었고 사례마다 서로 크게 다릅니다.*

직업 정치인의 주요 유형들

지금까지 우리는 과거에는 '직업 정치인들'이 사회 신분계급들 안에서 군주

* 우리나라 헌법은 '민치'(民治), 즉 주권재민(主權在民)을 명문화하고 있지만 실제로는 아직도 많은 곳에서 '관치'(官治), 즉 관존민비(官尊民卑) 행태가 판치고 있다는 비판이 거세다. 요샛말로 '관피아'는 언론을 포함, 국민 쪽에서 관료의 전횡이나 부패를 성난 눈초리로 보는 아우성이 아닐까? 또 장관이 '단관'(短官)이라는 우스갯소리는 대통령의 잦은 각료 교체 문제의 심각성에 대한 직업행정관료나 국민의 지적이고,

들이 싸워 이기는 과정에서 군주들 편에서 도와주면서 발전한 것을 보아 왔습니다. 여기서 간략히 이 직업 정치인들의 주요 유형들을 한번 살펴봅시다.

당시 사회계급들과 대결하며 군주는 이 주요 사회계급들 밖의 정치적으로 이용할 수 있는 계층들의 지지를 찾게 됩니다. 이런 계층으로 서부와 동부 인도, 불교 국가인 중국, 일본, 라마교의 몽고에서는 중세 유럽의 기독교 영토들에서와 마찬가지로 맨 먼저 '성직자'가 있었습니다. 성직자는 '글을 읽고 쓰기 때문에' 기술적으로 유용했습니다. 브라만[인도 힌두교 최상층 사회계급] 계급들, 불교 승려들, 라마교 승려들의 채용이나 신부들과 목사들을 '정치 자문역들'로 임용한 것은 글을 읽고 쓸 줄 아는 행정세력들을 구축해서 그들과 함께 황제, 군주, 또는 '칸'(Khan)이 귀족 계급과 맞서서 승리하겠다는 속셈에서 비롯되었습니다. 대영주에 맞섰던 봉신(封臣)들과는 달리, 성직자, 특히 독신(獨身) 성직자는 정상적인 정치경제 이해관계들은 멀리했고, 또한 그 스스로나 그의 자손들을 위한 권력투쟁의 유혹에 빠지지 않을 수 있었습니다. 그 자신의 신분 때문에 성직자는 군주 행정 관리기구와는 '분리되어' 있었습니다.

'인문주의적 교육을 받은 지식계급'이 두 번째 계층입니다. 한때 유럽에서는 군주의 정치고문이나, 그리고 무엇보다도 '서기'(Denkschriftenverfasser, memorialist)가 되기 위해서는 라틴어로 연설문과, 그리스어로 시문(詩文)을 쓸 수 있을 만큼 배움이 있어야 했습니다. 이것은 바로 인문주의 학파들이 처음 부흥기를 맞이한 때였고, 군주가 '시학'(詩學, Poetik, poetics) 교수제도를 처음 설립한 시기이기도 합니다. 이것은 또한 우리의 교육체제에 꽤 많은 꾸준한 영향력을 끼친, 정치적으로는 깊은 결과를 낳지는 않았지만, 하나의 과도기이기도 합니다. 동아시아에서는 좀 달랐습니다. 중국의 '상급관리'(Mandarin, mandarin, 정부고위층 문관 또는 문신)는 지금도 그리고 원래 서양의 대충 르네상스 시대의 인문주의자와 비슷합니다. 즉 인문학자(Literat, literati)는 인문학 수련을 받고 고대의 기념비적인 불후의 작품들로 시험을 치러야 했습니다.* 여러분이 이홍장[李鴻章, Li-Hung-Tschang, 중국 청나라 대정치가, 군지휘자, 외교관, 1823-1901]의 일기를 읽게 되면, 그가 가장 자랑스럽게 생각하는 것은 그가 쓴 시들과 그가 훌륭한 서예가(Kalligraph, calligrapher)라는 것이었습니다. 이 계층은 관습적으로 중국의 고대 문화를 발전시키고 또 그 문화를 따르는 것이었습니다. 아마도 유럽의 운명도 만약 중국 문관들과 같은 시기의 인문주의자들이 비슷한 영향력을 갖는 기회가 조금이라도 있었다면 비슷했을지도 모릅니다.

세 번째 계층은 '왕실 귀족'(Hofadel, court nobility)입니다. 군주들은 하나의 사회계급으로서의 귀족들의 정치권력을 몰수하는 데 성공한 다음에는 이 귀족들을 왕궁에 데려와서 그들을 위해 정치적으로 외교적으로 봉사, 헌신하도록 이용했습니다. 17세기 우리 교육체제의 변혁은 적어도 부분적으로는 궁중 귀족들이 직업 정치인들로서 기존 '인문주의 관료들'(humanistischen Literaten, humanist literati)을 대체하고 군주들을 위해 직접 봉사했던 사실과 관련이 있습니다.

네 번째는 특별히 영국에만 있었던 제도입니다. 그곳에서 발전한 '귀족계층'(Patriziat, patrician stratum)은 '소귀족'과 '도시에 사는 금리생활자'(städtische Rentnertum, urban rentiers)로 구성되어 있었습니다. 이들은 기술적으로 '신사계급'(gentry)이라고 부르게 됩니다. 영국의 신사계급은 원래는 군주가 봉건영주들(Barone, barons)에 대항하기 위해 모집한 계층입니다. 군주는 이 계층을 자치정부(self-government) 공직에 임명했습니다. 그리하여, 군주는 이들에 점점 훨씬 더 의존하게 됩니다. 신사계급은 자치정부 행정의 모든 공직을 그

* 여기서 베버는 중국, 한국 등에서 과거시험에 합격하기 위해서는 사서오경(四書五經) 등 중국 고전을 필수로 해야 한다고 어렴풋이나마 이야기하고 있는 것 같다.

들 자신의 사회적 권력 이익 장악에 대한 아무런 보상도 없이 모두 다 차지하게 됩니다. 신사계급은 모든 대륙 국가들의 운명이 되었던 관료화(Bureaukratisierung, bureaucratization)로부터 영국을 구출합니다.

다섯 번째 계층은 대학교육을 받은 '율사'(律士, Juristen, jurist)로 서양에서만, 특히 유럽 대륙에서만 고유합니다. 그리고 이 계층은 유럽 대륙의 정치구조에 결정적으로 중요한 의미를 갖습니다. 후기 로마 관료주의 국가에 의한 변혁으로 인한 로마법의 엄청난 여파(餘波)는 유럽 모든 곳에서 훈련된 율사들에 의해 시작된 정치 관리혁명이 '진화하는 합리적 국가'(Entwicklung zum rationale Staat, evolving rational state)의 방향으로 가고 있다는 사실에서 그 무엇보다도 가장 명확하게 두드러집니다. 이 정치 관리혁명이 영국에서도 일어났습니다만 전국변호사대조합(großen nationalen Juristenzünfte, great national guilds of jurists)은 로마법을 수용하는 것에 반대했었습니다.

인도의 미마사 종파(indischen Mimamsa-Schule, Indian Mimasa School, 힌두교 철학의 정통 종파)의 합리적인 법률적 사고(思考)의 모든 시작들이나 이슬람교의 고대 법률적 사고의 모든 진전된 연구도 신학적 사고의 형태들로부터 벗어난 '합리적인 법의 개념'을 막을 수는 없었습니다. 무엇보다도, 법적 재판 절차가 인도나 이슬람권에서는 완전히 합리화되지 못했습니다. 그러한 합리화는 이탈리아의 율사들에 의하여 고대 로마법제가 차용되면서만이 대륙에 전파되었습니다. 로마법제(römischen Jurisprudenz, Roman jurisprudence)는 '세계 제패'에 이른 한 도시국가로부터 등장한 정치구조의 산물로서, 아주 독특한 특성의 산물입니다. 중세 후기 로마법학자들과 교회법학자들(Kanonisten, canonists)의 '현대적 적용'(usus modernus)은 자연법 이론들과 혼합되었는데, 이 이론들은 법학과 기독교적 사고로부터 태어나 나중에는 세속화되었습니다. 이 '법적 합리주의'는 이탈리아의 행정관[Podestat, Podesta, 중세 이탈리아의 도시

행정 책임자], 프랑스 왕의 율사들(Königsjuristen, crown jurists)(이들이 왕권으로 영주들의 지배를 침식하기 위한 공식적 수단을 만들어 냈다), 성직자 위원회의 교회법학자, 신학자(자연법 측면에서 사고하는), 유럽 대륙 군주들의 법원 율사, 법학자, 네덜란드의 자연법 교수, '왕권 저항론자'(monarchomachists),[2] 영국 왕과 의회 율사, 프랑스의 귀족 세습권자(noblesse de robe), 그리고 마지막으로 프랑스 혁명 시기의 변호사 등이 그 대표적인 인물들입니다.

이러한 법적 합리주의 없이는, '절대국가'(absoluten Staates, absolute state)의 등장이나 프랑스 혁명을 상상할 수 없습니다. 만약 여러분들이 프랑스 의회의 항의, 질책이나 프랑스 3부회(평민, 귀족, 성직자 등, Estates-General)를 16세기부터 1789년까지 찾아보면 여러분들은 '율사 정신'(Juristengeist, spirit of the jurists)을 모든 곳에서 발견할 것입니다. 그리고 여러분들이—당시 동등한 선거구에서 선출된 의원들이지만—프랑스 의회 의원들의 직업 구성을 보면 한 사람의 무산자(Proletarier, proletariat), 약간의 부르주아 기업인들, 그리고는 각종 율사 출신들이 무더기로 뽑혔음을 알게 될 것입니다. 율사들이 없었다면, 급진적인 지식인들과 그들의 프로젝트들을 낳게 한 특별한 정신(spezifische Geist, specific mentality)도 거의 상상할 수 없습니다. 프랑스 대혁명 이래 현대 변호사와 현대 민주주의는 절대적으로 함께 속합니다. 그리고 하나의 독립된 신분집단으로서의 변호사들도 오직 서양에서만 존재합니다. 그들은 중세시대부터 재판의 합리화의 영향하에 형식적인 독일의 법적 절차들의 '변호인'(Fürsprech)으로 시작해서 발전해 왔습니다.*

---

* 베버가 살았던 19세기 중반에서 20세기 초까지만 해도 그의 위 주장이 적어도 형식적으로는 맞는다고 할 수도 있겠지만, 지금은 우리나라만 해도 격세지감을 느낄 정도로 서구형 변호사(특히 미국 변호사 자격증을 가진)가 많아졌다. 더구나 더 깊이 들여다보면(물론 이 분야 전문가의 심층 사료 비교 연구가 필요하지만), 동아시아, 특히 중국, 한국 등에서도 서양과 같은 시기에 또는 훨씬 먼저부터 서구의 율사(변호사)와 비슷한 기능과 역할을 했던 관료와 관직이 존재했었다. 신라시대의 사정부(司正府), 고려시대의 사헌부(司憲府), 조

서양 정치에서의 변호사의 중요성

정당들의 출범 이래 서양 정치에서 변호사의 중요성은 우연이 아닙니다. 정당들을 통한 정치관리는 단순히 이익집단들의 관리를 뜻합니다. 우리는 잠시 뒤 이 말이 무슨 뜻인지를 보게 될 것입니다. 훈련된 변호사의 기술은 의뢰인들의 입장을 유효하게 변론하는 것입니다. 이 점에서 변호사는 어떤 '공무원'보다 뛰어납니다. '적[즉 영국, 프랑스 등 제1차 세계 대전, 1914-18년 연합국을 지칭함]의 프로파간다'가 우리에게 가르쳐 주었듯이 말입니다. 분명히 변호사는 논리적으로 불리한 논거를 가진 '승소하기 힘든 약한' 소송일지라도 변호를 잘해서 이길 수는 있습니다. 그가 이긴 것은 기술적으로 그것을 '유리한 사건'인 양 만들기 때문입니다. 그러나 오직 변호사만이 논리적으로 강한 논거의 지원을 받아서 소송을 잘 처리하여 성공적으로 소송을 변론합니다. 정치인으로서의 민간 공무원은 아주 자주 모든 면에서 좋은 사건임에도 불구하고, 기술적으로 불리한 변호를 하여 불리한 사건으로 만들어 버립니다. 이것이 우리가 겪어야 했던 것입니다. 엄청날 정도로 오늘의 정치는 사실상 말과 글이라는 수단으로 공개적으로 행사되고 있습니다. 말의 영향을 제대로 가늠하는 것은 변호사의 업무 관련 사항이지 민간 공무원의 몫이 아닙니다. 후자는 선동가가 아니고, 또 그런 사람이 되는 것이 목적도 아닙니다. 만약, 선동가가 되려고 한다면 그는 별 볼 일 없는 그런 사람이 되기 쉽습니다.

그의 올바른 직업에 따른다면 진정한 공무원—그리고 우리의 지난 정권을 평가하는 데 있어서 이것이 결정적이지만—은 정치에 관여해서는 안 될 것입니다. 차라리, 그는 제국 '행정'에 열심히 임했어야 합니다. 이것은 이른바 '정

선시대 사헌부(司憲府)나 이조 중종(재위 1506–1544) 때 시작된 암행어사(暗行御史) 제도 등도 지방관료를 포함, 백관을 감찰하고, 풍속을 바로잡고, 억울한 일을 없애고, 백성을 옥죄어 짜는 못된 짓을 금하는 일을 맡은 그 좋은 보기라고 생각한다.

치'행정관에게도, 적어도 공식적으로는 국가의 존재 이유(Staatsräson, raison d'être), 즉 통치질서의 사활이 걸린 이익(Lebensinteressen der herrschenden Ordnung, vital interests of the ruling order) 차원에서 보면 두말할 필요 없이 적용됩니다. 그는 직무에 '경멸과 편견 없이'(Sine ira et studio, without scorn and bias) 열중해야 합니다. 따라서, 그는 정치인, 지도자와 추종자가 항상 그리고 필요 때문에 해야 하는 '싸움'(kämpfen, fight)은 결코 해서는 안 됩니다.

정치인의 자질과 국가 공무원의 자격요건

입장을 분명히 갖는 것, 열정—경멸과 편견—, 이것이 정치인, 무엇보다도 정치지도자의 요건입니다. 그의 행동은 민간 공무원의 그것과 아주 다릅니다. 참으로, 책임의 원칙에서 보면, 정반대를 따라야 합니다. 민간 공무원의 명예는 상급자들의 명령을 마치 그 명령이 그 자신의 확신인 것처럼, 양심껏 수행하는 능력에 달려 있습니다. 이것은 그 명령이 그에게 잘못으로 비쳐져도, 그리고 만약, 민간 공무원의 항의에도 불구하고 상급자가 그 명령을 밀어붙일 때도 마찬가지입니다. 최고 수준의 의미로서의 이러한 도덕적 수련과 자기희생 없이는 모든 기구가 산산조각 날 수 있습니다. 정치지도자나 지도적인 정치가의 명예는 그러나, 그가 하는 행위에 대해서 정확하게 오직 그가 개인적으로 책임을 지는 것입니다. 그 책임을 거부하거나 떠넘겨서는 안 됩니다. 이것이 바로 높은 도덕적 위상에 있는 공무원이 별 볼 일 없는 정치인이 되는, 그리고, 무엇보다도 정치적인 의미에서 책임지지 않는 정치인들이 되어 버리는 그 근본적인 이유입니다. 이런 의미에서는 그들은 낮은 도덕적 위상의 정치인들입니다. 우리들이 불행하게도 자주 지도적 자리에 앉아 있는 그들에게서 체험했듯이 말입니다. 이것을 우리는 '공무원 규칙'(Beamtenherrschaft, civil service rule)이라고 부르며, 그리고 만약 우리가 성공이라는 기준에서 체제에 정치적으로 무엇이 문제인가를 누설하게 된다면 이보다 더 공무원 사회의 명예를 먹칠하는 것도 없을 것입니다. 그러나 다시 정치적 인물의 유형들로 되돌아가서 살펴봅시다.

법치국가(Verfassungsstaat, constitutional state)가 출범한 이래, 그리고 확실히 민주국가가 설립된 뒤로는 '선동가'(Demagoge, demagogue)가 서양에서의 전형적인 정치지도자가 되었습니다. 이 단어가 주는 불쾌감 때문에 우리는 이 '선동가' 명칭을 맨 처음 갖게 된 클레온[Kleon, ?-422 B.C., 옛 그리스 아테네에서 페리클레스가 429 B.C.에 사망한 다음, 그 뒤를 이어 당시 민주당파를 이끈 정치가]과 페리클레스[Perikles, c. 495-429 B.C., 아테네의 민주주의를 크게 발전시킨 큰 정치지도자]를 잊어서는 안 됩니다. 고대 민주주의 국가의 공직들을 제비뽑기(Los, lot)로 채웠던 것과는 대조적으로 페리클레스는 아무런 직책을 갖지 않은 채로 아테네 시민들(Demos)로 구성된 시민회의(Ekklesia, Ecclesia)를 최고의결기관으로 이끌었습니다. 현대 선동행위도 웅변을, 만약 현대 선거 출마자들이 선거 연설들을 해야 할 때는 엄청나게 많이 활용하고 있습니다. 그러나 인쇄물이 지금은 더 오래 남습니다. 정치선전, 광고 전문가, 그리고 무엇보다도 언론인이 요새는 선동류(類) 정치로 가장 대표적입니다.

언론의 빛과 그림자

이 강의 한계 내에서 현대정치·언론의 사회학을 소묘하는 것은 거의 불가능합니다. 아마 그 자체만으로 하나의 장(章)이 되겠으니 말입니다. 하지만, 이에 관한 몇 가지는 짚고 넘어가겠습니다. 모든 선동가들의 공통점으로, 그리고 변호사나 (그리고 예술가도) 언론인은 하나의 고정된 사회계층으로 분류하기가 어렵다는 운명을 공유합니다. 적어도 이것이 영국과 또 옛날 프로이센의 상황과는 대조적인 대륙 국가들의 경우입니다. 언론인은 '사회'가 윤리적으로 최하위의 대변자로 평가하는 일종의 '최하층 천민 계급'(Pariakaste, pariah caste)에 속합니다. 따라서, 언론인들에 대한 아주 이상한 관념들이 파다합니다. 좋은 언론 업적은 적어도 어떤 학문 업적에 못지않게 '천재'가 필요하다는 것을 모두가 인식하지 못하는 것 같습니다. 특히, '지시가 떨어지자마자' 즉각 만들어 내야 하는 필요성 때문에, 그리고 더구나 아주 다른 생산 조건하에 눈에 확 띌 만큼 인상적이고 효과적이어야 하는 필요성 때문에 말입니다. 전쟁이 보여주었듯이, 언론인의 책임이 훨씬 더 크고, 그리고 모든 훌륭한 언론인의 책임의식은 평균적으로 학자의 그것에 비해 조금도 덜하지 않고 오히려 더 높다는 것을 거의 누구도 인정하려 하지 않습니다. 이것은 무책임한 언론행적들과 그들로 인해 자주 일어나는 나쁜, 터무니없는 악영향들을 기억하기 때문입니다.

유능한 언론인의 분별력이 다른 사람들 평균보다 위에 있다는 것을 아무도 믿지 않습니다. 그렇지만, 이것은 사실입니다. 거의 비교가 안 되는 엄청난 유혹들과 현재 언론활동에 따르는 다른 여러 조건들이 낳은 결과들이 대중들로 하여금 언론을 '경멸과 개탄스러운 비겁의 혼합물'로 여기게끔 만든 셈입니다. 하지만 오늘은 여기서 우리가 어떻게 해야 하는가는 다룰 수 없습니다. 여기서 우리는 정치언론인의 직업적인 운명과 정치지도자로서의 자리를 획득하는 그의 기회에만 관심이 있습니다. 지금까지는 언론인은 [독일에서는] 사회민주당(sozialdemokratischen Partei, Social Democratic Party)에서만 오직 유리한 기회가 있어 왔습니다. 이 당 내에서 논설부분 자리들 대부분이 차지할 수 있는 공식 자리지만, 이 자리들은 지도자의 자리를 얻는 기초가 되지는 못했습니다.

부르주아 정당들에서, 대체로, 이러한 접근 방법으로 정치권력에 오를 기회는 지난 세대 때와 비교해서 더 나빠졌습니다. 두말할 필요도 없이 모든 주요 정치인은 언론에 영향력을 갖는 것이 필요하고, 그래서 언론과 관계를 필요로 합니다. 그러나 정치지도자들이 언론인 출신 가운데서 나온다는 것은 절대적인 예외였고, 또 그것을 기대해서도 안 됩니다. 그 이유는 언론인이 무엇보다도 무산자들에게 절대 없어서는 안 되는 존재로, 즉 그들의 '불가결성'(Unabkömlichkeit, indispensability)이 점점 크게 부상했기 때문입니다. 언론인은 엄청나게 증가한 언론활동의 격렬성과 속도가 직업적으로 언론인의 발을 묶어 놓아 버린 셈입니다. 매일 또는 최소한 주간으로 글을 써서 자기 삶을 꾸려가야 할 필요성은 마치 정치인들의 발목을 잡고 매달리는 것과 같습니다. 나는 타고난 리더들이 권력을 잡겠다는, 신체적인 그리고 무엇보다도 정신적인 이 강박감 때문에 영구히 마비가 된 경우들을 알고 있습니다. 독일의 전 정권[독일제국 Kaiser Wilhelm II, 1871–1918] 때 국가의 집권세력들과 정당들의 언론과의 관계는 언론 수준에 유해하기 짝이 없었지만, 그 이야기를 다 하려면 또 하나의 장이 필요합니다. 이러한 조건들에서 우리의 적들[제1차 세계 대전 연합국들]은 달랐습니다. 그러나 거기에서도 역시, 그리고 모든 현대 국가들에서는 언론 종사자들의 정치적 영향력은 차츰차츰 줄어드는 반면 언론의 자본주의 사주(社主, lord)들의 영향력은 더더욱 커져만 갑니다. 그 좋은 보기가 영국의 '사주(社主), 노스–클리프[Viscount Alfred Charles William Harmsworth North-cliffe, 1865–1922. 그는 1896년 The Daily Mail, 1903년 The Daily Mirror를 창간하고, 1906년엔 The (London) Times의 경영권을 가진 언론재벌]입니다.

지금까지는 그러나, '구인 광고'(kleinen Anzeigen, want ads)를 주로 하는, 특히 '신문 체인'(Zeitungskonzerne, chain newspapers)을 장악한 우리의 대(大)자본주의 신문들의 관심은 정례적으로 그리고 전형적으로 정치적 무관심의 양육자였습니다. 왜냐하면, 독립적인 정책으로는 이윤을 낼 수가 없었기 때문입니다. 특히 정치적으로 강력한 세력들로부터의 특혜를 받을 수 없었기 때문입니다. 광고사업 역시, 전쟁[제1차 세계 대전] 중에 하나의 수단으로 언론에 영향력을 행사하기 위하여 거창하게 시도되었습니다. 지금까지도 이 시도가 바람직하다고 생각하여 지속되고 있습니다. 물론 훌륭한 신문들은 이런 압력을 회피할 수 있으리라고 기대하지만 소규모 영세 신문들의 상황은 아주 다릅니다. 아무튼, 현재로서는 아무리 언론이 다른 측면에서 매력적일지라도, 아무리 영향력의 지렛대, 활동범위, 특히 언론이 낳는 정치적 책임 등이 지대할지라도 언론인 경력을 갖고 정치지도자로 부상한다는 것은 정상적인 길이 못 됩니다. 지금은 좀 기다려 살펴봐야 하겠습니다. 아마도 언론이 이 기능을 이제는 갖고 있지 않는 건지, 혹은 언론이 이것을 아직까지도 갖고 있지 않는 건지 말입니다. 익명의 원칙을 폐기하는 것이 이 점[언론인 직업의 정치지도자로서의 기능]에서 변화를 가져올는지도 아직 분명치 않습니다. 몇몇 언론인들은—모두는 아니지만— 익명 원칙 폐기를 지지합니다. 전쟁[제1차 세계대전] 중에 독일 언론으로부터 우리가 경험한 것은, 그리고 특히 항상 그들의 이름을 밝힌 고용된 명사(名士)들이나 유명 작가들의 신문 '경영'은 불행하게도 잘 알려진 경우들에서 보면, 우리가 생각했던 것처럼 책임감도 꼭 증가한 것 같지는 않습니다. 어떤 신문들은 정당에 상관없이 이름을 밝히면서도 가장 악명 높은 인쇄물을 만들어 한 길가에서 팔아서 더 많은 판매부수를 늘리기도 했습니다. 선정주의(煽情主義, Sensationsjournalisten, sensationalism)를 일삼는 발행인들이나 언론인들은 돈은 많이 벌었겠지만, 그렇다고 명예마저 얻지는 못했습니다. 여기서 판매를 늘리는 원칙에 대해 반대한다는 말은 결코 아닙니다. 이 문제는 참으로 얽히고설킨 것이기도 합니다만 무책임한 선정주의 현상은 대체로 오래가지 못합니다. 지금까지는 그러나, 선정주의는 진정한 리더십이나 책임 있는 정치경영의 길은 아닙니다. 앞으로 이러한 조건이 어떻게 전개될 것인지는 좀 더 지켜봐야겠습니다. 하지만 언론인 경력은 모든 상황에서 직업적인 정치활동의 가장 중요한 수단의 하나로 남아 있습니다. 이것은 물론 모든 사람이 최소한 연약한 성격을 가진, 특히 지위나 신분 보장이 있어야만 내적 균형을 유지할 수 있는 사람들에겐 길이 아닙니다. 한 젊은 학자의 삶이 하나의 도박이라고 하지만 그는 그래도 확실한 신분 보장의 벽들로 둘러 쌓여 있어서 그가 미끄러지는 것을 막아 줍니다. 그러나 언론인의 삶은 모든 면에서 절대적으로 도박이며, 항상 다른 어떤 상황에서도 거의 일어나지 않는 방식으로 그의 내적 균형이 시험대에 오르는 상황에 처하게 됩니다. 직장 생활에서 자주 겪는 쓰라린 경험들도 아마 최악이 아닐 수 있습니다. 성공한 언론인을 향한 내적 요구는 특히 힘든 것입니다. 겉으로 보기에 같은 위치에 있는 것 같은 상황 속에서 세상에서 큰소리치고, 판치는 권력자와 어울려서 살롱들에 자주 드나들며, 그가 두렵기 때문에 모든 사람이 종종 아첨하는가 하면, 그를 초대한 사람이 그의 손님들 앞에서 '언론의 청소부들'(Pressebengeln, scavengers from the press)[마치 썩은 고기를 먹는 하이에나같이 언론이라는 매체를 악용하여 돈을 뜯어먹는 저속한 언론인들]과의 친분 관계를 과시하려는 상황에서 항상 제정신을 바싹 차리고 있는다는 게 결코 쉽지는 않은 일입니다. 더더구나, 우리 삶에서 일어날 수 있는 모든 문제들에 대해서 이러쿵저러쿵 자기 입장을 빨리 그리고 설득력 있게—'시장'(Markt, market)이 무엇을 요구하든 상관하지 않고—표현하는 것도 쉽지 않습니다. 그리고 이것, 즉 무자비한 결과를 가져올 수도 있는 것을 절대적으로 천박해지지도 않고, 그리고 무엇보다도 그 스스로를 제외함으로써 그의 개인적인 위엄을 잃지 않으면서 쓴다는 것 말입니다. 많은 언론인들이 인간적으로 실패하거나 쓸모 없는 사람들이 되는 것은 놀랄 만한 일이 아닙니다. 오히려, 그럼에도 불구하고 밖에서 보는 사람들은 쉽게 이해하거나 상상하기 힘들겠지만, 이 신분층에도 많은 소중하고 아주 진실된 사람들이 있다는 것이 놀랍습니다.

만약 직업 정치인의 한 유형으로서의 언론인이 어느 정도 상당한 과거로까지 거슬러 올라간다면, 정당요원이 된 인물은 지난 수십 년의 발전에서 나타나고, 부분적으로는 지난 몇 년 전에야 등장합니다. 역사적 진화 속에서 이런 인물의 지위를 이해하기 위해서는 우리는 정당들과 정당조직들을 살펴봐야 합니다.

정치지도자와 추종자(지지자)의 유래와 유형들

모든 정치연합들, 즉 집권자들이 정례적으로 선출되는 작은 시골 지역들의 과제들의 범위를 뛰어넘는 정치조직은 정치경영에 관심이 있는 사람들에 의해서 관리되기 마련입니다. 이것은 상대적으로 적은 숫자의 사람들만이 일차적으로 '정치의 삶'(politischen leben, political life)에 관심을 갖게 됩니다. 하여, 정치권력을 나눠 갖는 데도 관심을 보인다는 말입니다. 그들은 스스로 자유로운 방식으로 뽑은 추종자를 모으고 그들 스스로가, 또는 그들이 후견하는 후보들을 선거에 내보내고 재정적 수단도 마련하고 표를 얻기 위해 뛰니다. 이런 경영 패턴이 아니고서는 큰 지역들 정치연합들에서 선거를 치를 수가 없습니다. 실제로는 이것은 선거권을 가진 시민들을 정치적으로 적극적인 층과 정치적으로 소극적인 층으로 구분하는 것을 의미합니다. 이러한 구분은 자발적인 태도에 근거합니다. 따라서 이것은 의무적인 투표나, '직업적 신분집단' 대표성이나, 혹은 기타 현 정국(政局)과 직업 정치인들의 규칙에 공개적으로 또는 실제로 반대하는 그 비슷한 조치들로도 없어지지 않습니다. 적극적인 리더십과 그들을 자유로이 따르는 추종자는 어느 정당이든 그 생명의 필요 요소들입니다. 정당추종자들과 그들을 통한 소극적 선거인단은 지도자의 선거에 필요합니다. 그러나 정당들의 구조는 차이가 많습니다. 보기를 들면, 겔프 당원들(Guelfen, the Guelfs, 12–15세기 이탈리아의 교황당원들)과 기벨린(Ghibellinen, Ghibellines, 신성로마제국 황제의 지지자들) 같은 중세시대 도시들의 '정당원들'은 전적으로 순수한 개인적인 추종자들이었습니다. 만약 누군가 이들 중세시대 정당들에 관한 여러 가지 문제들을 고려하게 되면, 그는 볼셰비즘[Bolschewismus, Bolshevism, 레닌, 트로츠키, 스탈린 등이 이끈 옛 소련 이른바 사회민주노동당 다수파, 즉 볼셰비키 공산주의]과 소비에트를 연상하게 됩니다. '겔파당규약'(Statuto della perta Guelfa)—원래는 기사도(騎士道) 삶을 사는 모든 가족들과 그들이 가진 봉토들만의 [몰수]를 의미했지만, [나중엔] 그들을 공직에서 배제하고 투표권, 지방 당위원회, 엄격한 군사조직(기관)들 [임용]도 거부하고, 그리고 첩보원들에게는 포상금(프리미엄)을 주었던 것을 생각해 보십시오. 그 다음 볼셰비즘의 엄선된 군과 특히 러시아에서의 정보조직들, '부르주아'의 무장해제와 정치권 박탈, 즉 기업가, 상인, 금리생활자, 성직자, 왕조 세습자, 경찰간부들과 몰수 정책을 보십시오.

한편으로는 중세시대 정당의 군사조직이 등록된 봉건영주들을 기초로 하여 조직된 순수한 기사의 군대로 구성되었고, 귀족들이 거의 모든 중요한 자리들을 독차지했다는 것과 다른 한편으로는 소비에트가 높은 보수를 받는 기업가를 보존했거나 다시 등장시키고, 집단임금제, 테일러 시스템[Taylor system, Frederick Taylor, 1856–1915],[3] 군부와 생산현장의 규율과 외국자본 도입, 추구 등에서 유사성은 훨씬 더 두드러집니다. 따라서 한마디로 말하면, 소비에트는 볼셰비즘이 부르주아 계급제도라고 맞서 싸웠던 모든 제도들을 또다시 수용할 수밖에 없었습니다. 소비에트는 국가를 지키기 위해, 그리고 경제를 살리기 위해 그렇게 할 수밖에 별도리가 없었습니다. 더구나, 소비에트들은 그들의 국가권력의 중요한 도구로 옛날 오크라나(Ochrana, 제정 러시아의 비밀경찰) 요원들을 다시 채용할 수밖에 없었습니다. 그러나 우리는 여기서 그러한 조직을 폭력조직으로서가 아니라 선거투표의 장(場)에서 냉정하고 '평화로운' 정당운동을 통해 권력을 잡으려는 직업 정치인들로 다루게 됩니다.

정당의 유래와 발전

우리가 보통 알고 있는 정당들은, 예를 들면, 영국에서는 맨 처음에 귀족사회의 순수한 추종자들이었습니다. 만약 어떤 이유에서든 한 귀족이 당적(黨籍)을 바꾸게 되면 모두가 덩달아 당적을 바꿨습니다. 개혁법(Reform Bill of 1832)이 시행되기까지는 대귀족 집안들과 특히 왕은 선거구의 대부분을 그들 멋대로 좌지우지했습니다. 거의 귀족 정당들에 가까운 '명사들의 정당들'(Honoratiorenparteien, parties of notables)이 부르주아의 권력 확장세와 맞물려 모든 곳에서 발전하게 됩니다. 서양 사회의 전형적인 지식계급의 정신적 리더십 아래에서 재산을 가진, 그리고 문화적으로 세련된 서클들은 정당들에 들어가서 그 정당들을 따르는 것으로 차별화하려 했습니다. 이들 정당들은 부분적으로는 계급 이익, 부분적으로는 가족 전통, 그리고 부분적으로는 이념적 이유들에 따라 결성되었습니다. 성직자, 교사, 교수, 변호사, 의사, 약제사, 부농(富農), 제조업자—영국에서는 이 전체 계층이 신사계급에 속한다고 생각했지만—가 모여 처음에는 대부분 지방 정치 클럽으로 이따금씩 만나는 조직으로 만들어졌습니다. [사회가] 불안해지면 '소시민들'(Kleinbürgertum, petty bourgeoisie)은 그들의 목청을 높였고, 가끔씩 무산자들도 만약 마땅히 그들 속에서 나와야 할 그들의 지도자들이 나오지 않으면 그랬습니다. 이 단계에서는 영구적 연합으로 조직된 정당들은 개방된 나라들에서는 아직 존재하지 않았습니다. 오직 의회의 대표들만이 결속을 가졌고, 그리고 지방 유지들이 후보 선정에 결정적 역할을 했습니다. 선거 프로그램은 부분적으로는 후보들의 선거 호소를 위해, 부분적으로는 유지들의 집회를 위해 시작되었고 또 의회 정당의 결의 안으로도 시작되었습니다. 이 클럽의 리더십은 부업이었고 상황에 따라서 요구되는 명예직이었습니다.

클럽이 없는 곳에서는(대부분이 그런 경우였습니다만) 정상적인 상황에서는 일정하지 않은 정치경영이 항상 정치에 관심이 있는 소수의 사람들 손에 맡겨졌습니다. 오직 언론인만이 돈을 받는 직업 정치인입니다. 오직 신문경영만이 하나의 지속적인 정치조직입니다. 신문 이외에는, 오직 의회의 회기가 있을 뿐입니다. 의회 의원들이나 의회 정당지도자들은 만약 정치적 행동이 필요할 때 지방의 어떤 유명인사들의 도움이 필요한가를 압니다. 그러나 정당들의 영구적 조직들은 오직 당원들의 적절한 당비지원과 대표가 의회활동들을 설명하는 정례적인 회의와 공청회들을 열 수 있는 큰 도시들에서만 존재합니다. 정당은 오직 선거기간 동안만 살아 숨 쉬고 북적거립니다.

의회 의원들은 폭넓은 서클들이 지지하고 온 나라가 한마음, 한 목소리로 열광하는 강건하고 통일된 프로그램들에 대한 지방 간의 선거타협의 가능성에 관심을 쏟습니다. 일반적으로 이러한 이해관계들이 한 정당 조직의 추진력을 만들고, 더더욱 탄탄하게 합니다. 원칙적으로 그러나, 명사들의 조직체로서의 정당기구의 성격은 변화하지 않은 채로 남아 있습니다. 이것은 지방당 제휴 협력체와 책임자들의 연락망이 중소도시를 포함, 전국적으로 확산되어도 마찬가지입니다. 의회정당의 의원이 중앙당 사무국의 리더로 활동하며 지방 조직들과 끊임없는 교신을 유지합니다. 중앙당 이외에는 봉급을 받는 당료들은 아직 없습니다. 아주 '명망 있는' 사람들만이 존경을 즐기며 지방 조직들을 이끕니다. 그들은 원외(의회 밖) '명사들'[조직]을 만들어 의석(議席)을 갖고 있는 정치명사들[의원들]과 함께 영향력을 행사합니다. 그러나, 정당이 편집한 당보(黨報)는 언론과 지방 모임들에 점차적으로 많은 지적 자양분을 제공하게 됩니다. 당원의 정규적인 기부금이 절대로 필요하게 되고, 이 기부금의 일부는 본부의 경비를 감당할 수밖에 없습니다.

얼마 전까지만 해도[베버가 강의한 1920년 1월, 2월 기준] 대부분의 독일 정당 조직들은 아직도 이 수준의 발전단계에 있었습니다. 프랑스에서는 적어도 부분적으로는 정당발전 초기 단계 모습이 아직도 가장 크게 돋보이고, 의회 내 조직도 걸음마 단계입니다. 열린 나라에서는 소수의 지방, 지역 명사들과 후보들이 만든 프로그램들과 그들의 후원자들이 내놓은 구체적인 선거운동 자리들을 우리는 볼 수 있습니다. 물론, 이 공약들은 의회 의원들의 결의안들이나 프로그램들을 어느 정도 지방, 지역 특성에 맞게 적응, 적용한 것들입니다. 이 제도는 오직 부분적으로만 중단되었습니다. '상근 직업 정치인'(hauptberuflichen Poliker, full-time professional politicians)의 숫자는 대부분 선거로 당선된 의원들, 중앙당 사무국 소수의 당료, 언론인 등 소수였습니다. 프랑스에서는 이 제도에는 '정치적인 자리'[politischen Amt, political office, 정상적인 절차를 밟아서 임용되지 않고, 예를 들면 우리나라의 별정직이나 선거를 통해 차지한 자리 등]를 가졌거나 혹은 곧 당장 한 자리를 원하는 구직자들도 포함했습니다. 정치는 공식적으로 그리고 압도적으로 부업(Nebenberuf, avocation)이었습니다. 각 부처 자리에 임용될 수 있는 의원들의 숫자도 또한 극히 제한되어 있었고, 유지들이라는 그들의 위상 때문에 선거 후보들도 마찬가지였습니다.

그러나, 정치관리에서의 이해관계—특히 물질적인 것—를 가진 사람들의 숫자는 대단히 많았습니다. 왜냐하면, 한 부처의 모든 행정조치들, 그리고 특히 인사에 관한 모든 결정들은 부분적으로 '선거 기회'에 그들의 영향을 감안해서 이루어지기 때문입니다. 각기 다른 모든 소원들은 지방 대표들의 중개를 거쳐 가야만 했습니다. 좋든 싫든 부처의 장관은 이 의원들에게, 특히 의원이 그 장관과 같은 다수에 소속한 경우에는 귀를 기울일 수밖에 없었습니다. 그래서 누구나 그런 영향력을 얻으려고 애썼습니다. 한 사람의 의원이 공직인사권을, 그리고 그의 지역구의 모든 인사권을 좌지우지했습니다. 다음 선거에 당선되기 위해서 의원은 또한 지방유지들과도 관계를 유지해야만 했습니다.

가장 현대적인 형태의 정당조직은?

그렇다면, 지금 가장 현대적인 형태의 정당조직들은 이러한 지역유지들과 무엇보다도 의회의원들이 좌지우지 통치하는 목가적인(牧歌的) 국가와는 뚜렷한 대조가 됩니다. 이 현대적인 형태들은 민주주의의, 일반대중 선거권의, 일반대중에게 구애하여 조직화하고, 방향의 통일과 엄격한 기강, 규율을 발전시켜야 할 필요성의 산물입니다. 지역 유지들의 지배(支配, Herrschaft, rule)와 의회 의원의 지도(指導, Lenkung, guidance)는 막을 내립니다. 의회 밖에 있는 '직업적' 정치인들이 조직을 장악하게 됩니다. 그들은 '기업가'(Unternehmer, entrepreneurs)—미국의 보스(Boss)나 영국의 '선거 대행자'(election agent)가 사실상 그런 기업가들이다—이거나 혹은 고정 월급을 받는 당료들입니다. 형식적으로 대대적인 민주화가 진행 중입니다. 의회 정당은 독단적으로 프로그램을 이제 짜내지 못하며 지방, 지역 명사들도 선거후보를 선정하지 못합니다. 오히려 조직화된 당원들의 총회에서 후보들을 선출하고 상급의회에서 당 대의원들을 결정합니다. 지방당 대회에서 중앙당 전당대회까지 여러 단계의 대회가 있습니다. 따라서 자연스럽게 조직 내에서 '지속적으로'(kontinuierlich, continuously) 일을 처리하는 사람들 손에 권력이 사실상 있습니다. 아니면, 권력이 조직의 운영 과정에서 재정적으로 또는 개인적으로 의존하는 이들—예를 들면, 문학, 예술의 후원자(Mäcenaten, Maecenases)나 이익을 추구하는 사람들이 만든 강력한 정치 클럽[Tammany Hall, 뉴욕시 민주당 집행위원회의 별명으로, 특히 19세기에 트위드(William M. Tweed, 1823-1878)가 뉴욕시 민주당 '보스'(boss)로 시 행정, 인사권, 특혜 등 모든 이권에 사실상 개입, 장악하고 좌지우지하여 '태머니 홀'은 정치, 정당부패의 대명사가 됨]—의 손에 놀아납니다. 이것을 앵글로-색슨 나라들 특성에 맞게 '기계'(Maschine, machine)라고 부릅니다. 그리하여, 이 기계를 지휘하는 사람들이 의회 의원들을 좌지우지합니다. 그들은 그들의 의지를 최대한 반영하는 자리에 있을 뿐만 아니라, 당 대표 선출에도 특별한 중요성을 갖습니다. 이 기계를 따르는 사람이 원내 당 대표를 제치고까지 당 대표가 됩니다. 이를 달리 표현하면, 그러한 기계의 창조는 '인민대중투표식'(plebiszitären, plebiscitarian) 민주주의를 의미합니다.

정당 지지자들, 무엇보다도 당료와 당 기업가는 자연스럽게 그들 지도자가 승리하면 개인적인 보상, 즉 공직이나 다른 특혜 등을 기대합니다. 그들이 단순히 의회 의원으로부터가 아니라, 그들의 리더로부터 이러한 보상을 기대한다는 것이 중요합니다. 그들은 정당 안 선거 투쟁과정에서 '리더의 개성'(Führerpersönlichkeit, leader's personality)의 선동적 효과가 투표율과 선거구민의 의원에 대한 요구를 증가시키고, 그로 인하여 권력과 그들의 지지자들의 보상도 그들이 희망한 만큼 증가시킨다고 기대합니다. 이상적으로는, 그들의 주요 동기의 하나는 한 사람을 위해서 충직하고 헌신적으로 일하는 데서 오는 보람이지, 단순히 평범한 사람들로 구성된 하나의 정당의 추상적인 프로그램이 아닙니다. 이런 관점에서는 모든 리더십의 '카리스마적' 요소가 정당체제에서는 작동합니다.

지방, 지역유지들과 그리고 의회 의원들과 영향력을 둘러싸고 계속 암투(latenten Kampf, latent struggle)에도 불구하고, 서로 아주 다를 정도로 다양한 정도로, 이 제도는 발전했습니다. 이것은 처음 미국에서의 부르주아 정당들의 경우가 되겠습니다. 그리고 특히 독일에서의 사회민주당들이 그 뒤를 따랐고. 모두가 인정하는 그런 리더가 존재하지 않으면 곧바로 후퇴가 일어나고 그런 리더가 나타나도 당 내의 유명 인사들의 허영심과 개인적 이해관계들을 잘 보살펴야 하는 부담도 있었습니다. 기계도 일상적인 사무를 관장하고 있는 당료들이 장악하게 되기도 합니다. 사회민주당 서클의 몇몇 사람들의 견해로는 그들의 당이 이미 이런 '관료화'에 압도되어 버렸다고 합니다. 그러나 당료들은 강력한 선동적 호소력을 가진 한 지도자의 개성에는 상대적으로 쉽게 순응하기도 합니다. 당료들의 물질적인 그리고 이상적인 이해관계들이 지도자의 호소력으로 기대되는 정당권력의 효과들과 긴밀하게 연관되어 있을 뿐만 아니라, 심리적으로는 그 자체가 당료들에겐 리더를 위해 일하는 더 큰 보람이 될 수도 있습니다. 유명 인사들과 당료들이 정당을 지배하고 있는 상황에서는 지도자들의 등장이 대체로 부르주아 정당들의 경우지만 훨씬 어렵습니다. 왜냐하면, 이상적으로는 유명 인사들은 그들이 소속한 위원회 위원 자리나 시시한 위원장 자리로 '먹고 살기' 때문입니다. '새 인간'(homo novus)으로서의 선동가에 대한 분노와 정당 경험의 중요성에 대한 확신(그 중요성은 실제로 어느 정도 사실이지만), 그리고 오랜 정당 전통의 붕괴에 대한 이념적 우려 등—이런 요인들이 유지들의 행위를 결정합니다. 그들은 정당 내의 모든 전통주의적 요인들에 의지할 수는 있습니다. 무엇보다도 지방이나 소(小)부르주아 투표자는 그에게 익숙한 유지들의 이름을 찾기도 합니다. 그는 그가 모르는 사람을 불신합니다. 그러나, 한번 이 사람이 승리하고 나면 그는 훨씬 더 그 사람을 변함없이 지지합니다. 다음에는 유지들과 정당이라는 이 두 구조적 형태의 투쟁 몇 가지 큰 보기들을 살펴봅시다. 특히 오스트로고르스키[Moisey Yakovlevich Ostrogorsky, 1854–1919][4]가 묘사하고 있는 일반 국민형태의 등장을 살펴봅시다.

첫째로, 1868년까지는 영국의 정당 조직은 거의 순수한 유명 인사들의 조직이었습니다. 예를 들면, 시골에서는 토리당(Tories)[5]은 영국 국교도 성직자(Anglican Parsons), 학교 교장 그리고, 무엇보다도 각 지역의 지주계급들의 지지를 받았습니다. 휘그당(Whigs)은 비(非)국교도 목사들(그런 사람이 하나라도 있다면), 우체국장, 대장장이, 양복장이, 밧줄 제조자 등 기술자, 기능공들로 사람들과 자주 만나 대화를 통해 정치적 영향력을 퍼뜨리는 부류들이었습니다. 도시에서는 정당들이 부분적으로는 경제로, 부분적으로는 종교로, 그리고 부분적으로는 단순히 가정, 가족들마다 물려받은 정당에 대한 의견들 때문에 서로 갈라졌습니다. 그럼에도 불구하고 항상 유지(有志), 명사들은 정치조직의 기둥들이었습니다.

이 모든 제도 위에는 의회, 내각을 구성한 정당들, 그리고 내각의 수장으로서의 지도자와 반대 당의 지도자가 서 있었습니다. 이 리더에는 그를 보좌하는 정당조직에서 가장 중요한 직업 정치인인 원내총무(whip)가 있었습니다. 공직 인사권(ämpterpatronage, patronage)은 바로 원내총무의 권한이었고, 따라서 구직자들은 그에게 몰려왔고, 그는 지역 선거구 의원들과 상의해서 관리해야 했습니다. 지역구마다 점차적으로 직업 정치인 계층이 형성되기 시작합니다. 처음에는 지역에서 뽑은 선거운동 책임자들은 봉급이 없었습니다. 그들은 우리 나라[독일]의 '의회 대변인'(vertrauensmänner) 비슷한 자리를 차지했습니다. 그러나, 그들과 함께 자본주의 기업가형(型)도 선거구에서 형성되어 갔습니다. 이 '선거운동 책임자'(election agent)의 존재는 영국의 현대 법령이 공정선거를 보장하는 상황에서 불가피한 것이었습니다.

이 법령은 선거운동 비용을 규제하려는 목적과 후보자로 하여금 그의 선거비용을 진술하는 것을 의무화해서 '돈의 위력'(Macht des Geldes, power of money)을 억제하려 했습니다. 왜냐하면, 영국에서는 후보가 그의 목청을 높여 떠드는 것 이외에도—과거에 우리[독일]가 그랬던 경우보다 훨씬 심하게—

그의 돈주머니를 늘리는 것을 즐겼기 때문이었습니다. 후보가 일정한 비용을 내놓도록 하는 것도 선거운동 책임자에겐 큰 일이었습니다. 의회와 국가, '지도자'와 당의 명사, 유력 인사들 사이의 권력배분에 있어서 영국의 지도자는 매우 두드러지게 높은 위치에 있었습니다. 이 지위는 중대하고 흔들림 없는 정치전략을 짜내야 한다는 엄중한 사실에 근거합니다. 그럼에도 불구하고 원내 당이나 당의 유력인사들의 영향력도 아직 무시할 수는 없었습니다.

이것이 옛날 정당조직의 모습이었습니다. 이것은 절반은 유력, 유명인사들이고 절반은 봉급을 받는 기업형 조직이었습니다. 1868년 이후에는 그러나 '코커스' 제도(caucus system, 정당간부회의)가 맨 먼저 버밍햄(Birmingham)에서 시작해서 전국으로 퍼져 나갔습니다. 체임벌린[Sir Joseph Austen Chamberlain, 1863-1937, 영국 정치인으로 1925년 노벨 평화상 수상]은 한 비(非)국교도와 함께 이 제도를 출범시켰습니다. 이러한 발전의 계기는 선거권(참정권, franchise)의 민주화였습니다. 다수 대중의 지지를 얻기 위해서는 명백히 민주적 연합들의 거대한 기구가 필요했습니다. 모든 도시 선거구마다 끊임없이 조직이 움직이도록 그리고 모든 것을 엄격히 관료화하기 위해 선거연합이 구성되어야 했습니다. 따라서 지역구 선거위원회에 임명된 봉급 받는 당료 숫자가 크게 늘어났습니다. 그리고, 전반적으로 아마 투표자의 10% 정도는 이런 지역구 선거위원회 위원이 됐습니다. 선출된 당 운영자들은 다른 사람들과 연대하여 '정당정치의 공식적인 기수'(旗手, formelle Träger der Parteipolitik, formal bearers of party politics)가 되었습니다. 추진세력은 지역 서클로 이들은 무엇보다도 시정(市政)에 이해관계가 있는 사람들로 구성되었고, 이들로부터 항상 '가장 기름진 물질적 기회들'[fettesten materiellen Chancen, fattest material opportunities, 특혜, 이권 등 시정 관련 각종 정치거래]이 흘러나왔습니다. 이 지역 서클들은 또 재정에 관해서도 맨 먼저 간여했습니다. 이렇게 '새로 등장한 기계'가 의회의원들에 의해 관리되지 않게 되자, 과거 권력 소지자들과 투쟁이 벌어지게 되고, 무엇보다도 의회 내 정당 원내총무(whip)와 대결하게 됩니다. 지역에 이해관계를 가진 사람들의 지지를 받는 기계가 이 투쟁에서 승리하게 되고 정당 원내총무는 이 기계에 순응하고 타협할 수밖에 없었습니다. 결과는 모든 권력의 소수에로의 집중과 궁극적으로는 당의 최고위층에 서 있는 한 사람에로의 집중을 가져왔습니다. 전체 제도는 자유당(Liberal Party)에서 글래드스턴[William Ewart Gladstone, 1809–1898; 1868–1894 사이에 네 번 영국수상 자리에 오름]이 권좌에 오르는 과정에서 정립되었습니다. 이 기계가 유력 인사들을 누르고 재빠르게 승리를 거둘 수 있었던 것은 글래드스턴의 '기품 있는 선동'(großen Demagogie, grand demagogy)에 대한 감흥과 대중들의 그의 정책의 윤리적 실체에 대한 확고부동한 믿음과 그리고, 무엇보다도 그의 개인적인 도덕적 인품에 대한 신뢰였습니다. 정치에서의 제왕적 일반 국민투표 요소(cäsaristisch-plebiszitäres Element, Caesarist plebiscitarian element), 즉 선거라는 전쟁터에 독재자가 나타난 셈입니다. 1877년 처음으로 국민총선에서 코커스(정당간부회의)가 활성화되어 크게 성공함으로써 디즈레일리[Benjamin Disraeli, 1804–1881; 1868년 그리고 1874–1880 두 차례 영국 수상]가 그의 정치적 성공의 정상에서 물러나게 됩니다. 1886년에 이르면, 기계가 거의 완전히 카리스마를 가진 리더(personality)에 흡입되어 버려서 [아일랜드의] 자치 문제(home rule)가 제기되자 꼭대기부터 밑바닥까지 전체기구가 글래드스턴이 맨땅을 밟고 서 있는지 아닌지 불문하고 무조건 그의 말만 믿고 따랐습니다. 즉, 그들은 말하기를 글래드스턴이 옳든 그르든 우리는 그를 따른다는 식이었습니다. 그리고 이 기계는 바로 그것을 맨 처음 만들어 낸 체임벌린을 내팽개쳤습니다.

이처럼 기계같이 작동하는 당 조직(Maschinerie, machinery)은 상당한 인력을 필요로 합니다. 영국에서는 정당정치로 직접 먹고 사는 인력이 2천 명 정도

됩니다. 물론, 구직자들이나 이권 등을 노리기 위해 정치에 적극적인 사람들이, 특히 시정(市政)에 훨씬 더 많습니다. 경제적인 기회들뿐만 아니라 간부급 정치인에게는 그의 허영심을 만족시키는 기회들도 많습니다. [영국에서] 치안관[Justice of Peace]이나 의회의원[MP, Member of Parliament]이 되겠다는 것은 물론 가장 큰(그리고 정상적인) 야심입니다. 그리고 분명히 좋은 교양을 갖춘 사람들, 즉 '신사들'은 그들의 목적을 달성하기도 합니다. 최고의 목표는, 물론, 귀족의 반열(Peers-Würde, peerage)에 오르는 것입니다. 특히 거부(巨富)로서 문학, 미술 등 후원자들 경우에 약 50%의 정당 재정은 이름을 밝히지 않은 기부자들에 의존합니다.

기계의 결과는?

지금, 그렇다면, 이 전체 제도의 결과는 어떠하겠습니까? 요새 의회 의원들은 내각 장관 몇 사람들(그리고 소수의 반란자들)을 빼놓으면, 정상적으로 잘 훈련된 '거수기'(Stimmvieh, yes men)들일 것입니다. 우리도 독일제국 의회(Reichstag)에서 의원은 적어도 그의 개인적인 서신 왕래를 그의 책상에 앉아서 하면서 나라의 복리를 위해 일하는 척이라도 합니다. 영국에서는 그런 제스처마저도 요구되지 않습니다. 의회의원은 당을 배반하지 않고 오직 투표만 해야 합니다. 그는 당 원내대표가 부르면 꼭 나타나야 합니다. 그리고 내각이나 혹은 반대당 리더가 지시하는 대로 행동해야 합니다. 개방된 나라의 코커스 기계는 만약 강력한 리더가 그 기계를 거의 완전히 장악하고 있는 경우에는 원칙도 없이 멋대로 운영됩니다. 그리하여, 대중을 앞세운 독재자(plebiszitäre Diktator, plebiscitarian dictator)가 사실상 의회 위에 군림합니다. 그는 기계의 수단으로 대중을 그의 뒤에 끌고 다니고, 의회의원들은 그에겐 단순히 그의 지지자로 등록된 정치적 엽관수령자(獵官, politische Pfründner, spoilsmen)일 뿐입니다.

어떻게 이런 강력한 리더들의 선출이 있게 된 걸까요? 첫째, 무슨 능력으로 그들이 선출될까요? '의지의 자질'(Qualitäten des Willens, qualities of will)—세계 어디서나 결정적인— 다음으로, 선동적인 연설이 무엇보다도 가장 결정적인 요인입니다. 지성인을 향해 연설하는 코브던[Richard Cobden, 1804–1865] 같은 의회 의장들의 시대나 언뜻 봐도 '엄정한 사실들 그 자체가 말하도록 하는'(Tatsachen-sprechen-lassens, letting sober facts speak for themselves) 연설기법을 숙달한 글래드스턴의 시대 이래 그것의 성격은 그동안 변화해 왔습니다. 현재는 자주 순전히 감정적인 수단을 사용합니다. 즉, 구세군이 대중들을 움직이게 만드는 수단 같은 것을 말입니다. 지금 돌아가는 세상은 '대중을 감정적으로 착취하는 기반 위의 독재'(Diktatur, beruhend auf der Ausnutzung der Emotionalität der Massen, dictatorship resting on the exploitation of mass emotionally)라고 부를 수 있겠습니다.* 그러나, 고도로 발전된 영국의회의 위원회 제도는 모든 정치인들로 하여금 위원회 일 처리를 하는 데 서로 협력하기 위해 리더십을 나누어 갖지 않으면 안 되게 만들고 있습니다. 최근 수십 년 동안의 모든 중요한 장관들은 바로 이 아주 실질적이고 효과적인 업무훈련 전력(前歷)을 갖고 있습니다. 위원회 보고서 작성 경험과 그 심의과정에서의 공개적 비판 등이 진짜 지도자들을 골라내고 단순한 선동가들은 배제하는 하나의 조건입니다.

---

* 바로 위 베버의 구절은 나치 정권이 등장하기 10여 년 전이지만, 히틀러 나치 정권의 등장을 예견, 예측이나 한 것 같은 그의 통찰이 이 역자로 하여금 섬뜩함을 느끼게 할 정도다. 하지만, 꼭 히틀러, 스탈린, 김일성–김정일–김정은 같은 독재자들만이 아니고, 오늘의 '전자 인간' 온라인–오프라인 SNS 전천후(全天候) 대중매체 시대에, 자유민주국가의 지도자들이라고 위 '대중을 감정적으로 착취하는 기반 위에'라는 틀에서 크게 벗어났는가 하는 의문까지도 제기된다.

영국이 그러했습니다. 이곳의 코커스 제도는 그러나 미국의 정당조직에 비교하면 약한 형태였습니다. 후자는 '대중주의적 원칙'(plebiszitäre Prinzip, plebiscitarian principle)을 빨리 도입했고, 특히 그 순수한 표출이었기 때문입니다.

워싱턴[George Washington, 1732-1799, 미 초대 대통령]의 생각으로는 미국은 '신사들'(gentlemen)이 국정을 관리하는 하나의 연방공화국(Gemeinwesen, commonwealth)이 되어야 한다는 것이었습니다. 그가 살았던 당시의 미국의 신사는 바로 지주(地主, Grundherr, landlord)이거나 대학교육을 받은 사람이었습니다. 적어도 맨 처음 시작할 때는 그랬습니다. 마치 영국에서 한때 지방, 지역 명사들이 그랬듯이, 처음에 정당들을 조직할 때는 하원의원들이 지도자들이라고 자처했습니다. 1824년까지는 정당조직이 아주 느슨했습니다. 현대적 발전이 처음 일어난 몇몇 공동체에서는 1820년대 이전부터 '정당 기계'(Parteimaschine, party machine)가 만들어지기 시작했습니다. 그러나 잭슨[Andrew Jackson, 1767-1845, 미 제7대 대통령]이 서부 농민들의 후보로 처음 대통령으로 당선되자 옛 전통이 무너지고 맙니다. 1840년 후에는 미 의회의 지도적인 의원들이 좌지우지하던 공식적인 정당 리더십이 끝나고 맙니다. 한때 대단했던 의회 지도자들, 보기를 들면, 칼훈[John Caldwell Calhoun, 1782-1850, 미 의회 지도자, 부통령(1825-1832)]이나 웹스터[Daniel Webster, 1782-1852, 미 정치가, 웅변가] 등은 정치에서 은퇴하고, 의회는 개방된 나라의 정당기계에 모든 권력을 빼앗기게 됩니다. '대중주의적 기계'(plebiszitäre 'Maschine, plebiscitarian machine)가 너무 빨리, 오직 거기[미국]에서만 발전했기 때문에 행정부—이것만이 중요한데—공직 인사권의 최고책임자는 바로 대중 투표 방식[베버 당시만 해도 미 국민 유권자가 직접 투표하고, 상하 양원 의회 총 의석수와 같은 선거인단의 다수를 얻은 후보가 대통령으로 당선됨]으로 선출된 대통령 한 사람에게만 있었습니다. 권력의 분리에 입각해서 대통령은 행정집행에서 의회로부터 거의 독립적이었습니다. 그러므로 승리의 대가로, '관직-급'(office-prebend)을 '전리품'처럼 그 제공을 대통령 선거에서 약속했습니다. 잭슨을 통해 엽관제도[spoils system: "To the victor, belong the spoils" 선거구호가 밝히듯이 선거에서 이긴 정당이 정실로 관직을 배정, 배분하는 일]가 제도적으로 하나의 원칙이 되고, 이 문제에 결론이 난 셈입니다.

승리한 후보의 지지자들에게 연방정부 일자리를 맡기는 이 엽관제도(獵官制度)는 오늘의 정당 형성에 무슨 의미를 가질까요? 아무런 원칙을 갖지 않는 정당들끼리 난립하고 경쟁하는 것을 의미합니다. 정당들은 순전히 구직자들의 조직들이 되었고, 어떻게 하면 표를 얻는 기회가 생기느냐에 따라 그들의 색깔을 어느 정도 바꾸고 그들의 공약들도 바꾸는 많은 유사점을 갖고 있으면서도 다른 곳에서는 [미국의 정당 같은 것[6]은] 아직 찾아볼 수 없습니다. 정당들은 공직 인사권, 즉, 대통령직과 각 주의 지사직을 쟁취라는 가장 중요한 선거운동을 위해 단순히 그리고 절대적으로 만들어집니다. 공약들과 후보들도 미 의회위원들 개입 없이 당들의 전국 전당대회(Nationalkonventionen, national conventions)에서 선출됩니다. 그리하여, 그들은 정당 전당대회에서 그리고 공식적으로 아주 민주적으로 선출된 당 대의원들에 의해서 선출되어 등장합니다. 이 대의원들은 예비선거들(primaries)에서 당의 직접 투표자들의 투표를 모아서 그들의 위임을 받은 다른 대의원들의 모임에서 선정됩니다. 예비선거에서는 대의원들이 국가 지도자로서 후보의 이름을 미리 밝히고 선출됩니다.*

---

* 현재 4년마다 열리는 대통령 후보선정의 주요 의제인 전당대회 대의원 선출 방식과 대의원 성격이 50개 주마다 조금씩 다르다. 아이오와 주와 같이 코커스(Caucus)에서 대의원을 뽑기도 하지만, 대부분[38개 주]은 예비선거(Primary)로 각 당 대의원을 뽑고 전당대회에서 특정 대통령 후보만을 지지할 수밖에 없는 구속력을 갖는 대의원, 구속력이 느슨한 대의원, 'unit rule'에 의해 주에 따라 대의원이 특정 후보에게 모두 표를 몰아주는 방식 등이 있다. 대통령 후보 1차 투표에서 후보 판가름이 나지 않으면 곧바로, 2차, 3차 투표를 실시하고, 이 2, 3차 투표에서도 후보가 결정되지 않는 경우는 대의원의 특정 후보 지지 구속력(unit)이 사라지고 대의원의 자유, 자율 투표가 가능해지는 경우 등 50개 주(州)마다 매우 복잡하고, 다양하다.

정당들 내에서는 후보지명 문제를 둘러싸고 격렬한 싸움이 벌어집니다.[7] 끝내는, 오직 각 주에서 선출된 상원의 동의만을 거치지만, 30만 명에서 40만 명의 공직 임명이 대통령의 손에 달려 있기 때문입니다. 따라서, 상원의원들은 굉장히 강력한 정치인들입니다. 이에 비교해서 하원의원들은 정치적으로는 아주 무력합니다. 그들은 공직 임명과는 무관하고 정부각료들도 단순히 대통령의 보조자들로서 국민의 신임이나 불신임과 관계없이 활동할 수 있기 때문입니다. 대통령은 국민에 의해 합법적으로 누구나 상대하고, 의회와도 대결합니다. 이것은 '권력 분리'의 결과입니다.

미국에서는 이런 식으로 지탱되는 엽관제도가 기술적으로 가능합니다. 미국의 문화는, 그 젊음과 함께 순전히 '아마추어 경영'(Dilettantenwirtschaft, dilettante management)이 가능할 수 있었습니다. 오직 자신들의 정당을 위해 좋은 봉사를 했다는 사실 이외에 그들을 신용할 만한 아무런 경력도 없는 30만, 40만의 그런 정당 당원들이 있는 이런 국가 사태는 엄청난 해악 없이 오래갈 수는 없었습니다. 오직 거의 무한한 경제적 기회들을 가진 나라였기 때문에 최악의 부패와 낭비가 묵과된 셈입니다.*

미 정치 보스(boss)는 누구인가?

지금 그리하여, 보스(Boss)는 대중 중심적 정당기계라는 이 제도의 그림에 나타난 인물입니다. 누가 보스인가? 그는 그 스스로의 힘으로 그리고 위험을 무릅쓰고 선거에서 표를 모아서 몰아주는 하나의 정치자본주의 기업인입니다. 그는 처음엔 변호사로서 혹은 술집 주인으로서, 혹은 그와 비슷한 시설물들의 소유자, 경영자로서, 혹은 채권자로서 관계들을 만들었는지도 모릅니다.

---

* 베버가 관찰한 시대와는 달리 지금은 미국도 엽관제도가 사라진 지 오래다.

여기서부터 그가 일정한 숫자의 표를 '마음대로 요리할 수 있을 때까지'(control) 그의 인간 연결고리를 넓혀 갑니다. 그가 이 정도에까지 이르면 다른 이웃 보스들과 접촉하여 관계를 맺고, 열성, 열의, 수완 그리고 무엇보다도 모든 분별력을 동원해서 이미 훨씬 앞서 가 있는 이들의 눈길을 사로잡은 다음, 그가 꼭대기에 오르게 됩니다. 보스는 당 조직에 있어서 불가결합니다. 그리고 그 조직이 그 손 안에 집중되어 있습니다. 그는 재정적 수단들을 대부분 제공합니다. 어떻게 그것들을 얻을까요? 아마도 부분적으로는 당원들의 기부금으로 그리고 특히 그와 그의 당을 통해 공직을 갖게 된 관료들의 봉급에서 일부를 받아낸 것들입니다. 더구나, 뇌물이나 팁(tips)도 있습니다. 많은 법령들 가운데 하나라도 저촉되지 않고 무사히 넘어가기를 바라는 자가 보스의 묵인이 필요할 때도 돈을 내야 합니다. 하지만 이런 것들만으로는 정치기업에 필요한 자본을 축적하기엔 역부족입니다. 보스는 '재계 거물들'(great financial magnates)의 돈의 직접 수령하는 사람으로서도 꼭 필요한 인물입니다. 봉급쟁이 당료들이나 다른 누구를 믿고 선거 목적들에 필요한 돈들을 맡길 수는 없기 때문입니다. 보스는 자본주의 서클들이 선거를 재정적으로 돕는 과정에서 신중하고 철저한 분별력을 갖고 재정문제를 처리하는 데 '가장 적절한 사람'(natural man)입니다. 전형적인 보스는 절대적으로 '냉철한'(sober) 사람입니다. 그는 사회적 명예도 추구하지 않습니다. '직업적인 사람'은 '건전한 사회'에서는 멸시당합니다. 그는 오직 권력만을, 돈의 원천으로서의 권력만을, 또 권력을 위한 권력만을 추구합니다. 영국의 리더와는 대조적으로 미국의 보스는 어둠 속에서 일합니다. 그가 공개적으로 이야기하는 것을 들을 수 없습니다. 그는 연설자들에게 그들이 정략적으로 무엇을 이야기해야 하는가를 제시합니다. 그 스스로는 그러나 침묵을 지킵니다. 관례로는 상원 자리를 제외하고는 공직을 갖지 않습니다. 헌법에 의거하여 상원의원은 공직 인사권 행사에 참여할 수 있기 때문에 지도적인 보스들은 자주 이 기구의 자리를 차지합니다. 공직의 분배는 맨 먼저 당에 대한 봉사에 따라 책정됩니다. 그러나 재정적으로 누가 돈을 많이 내느냐에 따라 자주 배분하기도 하고, 개별 공직 자리에 따라 기부금 액수 비율이 정해져 있습니다. 그래서 공직을 팔고 사는 제도가 존재합니다. 이 제도는 물론 17세기나 18세기 기독교 국가(Kirchenstaates, church state)를 포함하여 다른 나라의 군주정하에서도 자주 자행되었습니다.

보스는 확고부동한 정치적 '원칙들'을 갖고 있지는 않습니다. 그는 태도에 있어서 완전히 주의, 주장이 없는, 어찌 보면 파렴치한 사람이고, 오직 묻는 것은 어떻게 하면 표를 얻을 수 있는가 하는 것입니다. 흔히 그는 교육을 별로 잘 받은 사람도 아닙니다. 그러나 대체로 그는 남에게 해를 끼치지 않는 올바른 사생활을 꾸려 갑니다. 경제적 윤리 차원에서 돈, 귀금속 등을 집 안에 숨기려는 때에 대부분의 우리 모두가 할 수도 있는 것처럼, 그의 정치적인 도덕성도 자연스럽게 정치행위의 평균 윤리 수준에서 크게 벗어나지 않습니다. '직업적' 정치인으로서의 보스가 사회적으로 멸시당하는 것에 대해서도 그는 아랑곳하지 않습니다. 그가 개인적으로 연방정부의 높은 자리를 차지하지 않고, 그것을 원치 않는다는 것은 당 밖의 지식인들, 즉 유명인사들이 그가 선거에서 큰 호소력을 갖는다고 믿게 되면 후보가 될 수 있다는 훌륭한 이점이 됩니다. 그리하여, 지금 독일에서 그런 것처럼, 똑같은 옛 정당 유명인사들이 계속 출마하는 일이 없습니다. 이렇게 사회적으로 비난 받는 권력자들이 실권을 쥔 '무원칙한'(gesinnungslosen, unprincipled) 정당들 구조는 능력 있는 인물이 대통령에 당선되는 데 도움을 줍니다—즉 우리 같으면 절대로 정상에 오를 수 없는 사람들입니다. 물론, 이 보스들은 그들의 돈과 권력의 원천(源泉)을 위협할 것 같은 '아웃사이더'(outsider)는 거부합니다. 하지만 투표자들에게 호감을 주어야 승리할 수밖에 없는 경쟁적 투쟁에서, '부패의 반대자들'(Korruptionsgegner, opponents of corruption)로 알려진 후보들에게도 자주 양보하고 또 그들을 포용하기도 합니다.

그리하여, 엄격하게 그리고 철저히 꼭대기에서 밑바닥까지 조직화된, 그리고 비상한 안정성을 가진 클럽이 지지, 후원하는 하나의 강력한 자본주의적 정당 기계가 존재합니다. 태머니 홀과 같은 이 클럽들은 기사단(騎士團)을 닮았습니다. 그들은 오직 정치적 통제를 통해, 특히 대도시 정부를 가장 중요한 전리품의 대상으로 하여 이윤을 추구합니다. 이러한 정당생활의 구조는 미국과 같은 높은 단계의 민주주의에 의해, 즉 '새 나라'(Neulandes, new country)에서만 가능했습니다. 이러한 연결고리는 시간이 지나면서 이 제도가 점진적으로 소멸해 가는 기초가 됩니다. 미국도 이제 이러한 '아마추어'(Dilettanten, dilettantes)에 의해 통치될 수는 없습니다.* 15년 전쯤 [베버가 이 강의를 한 1920년 기준으로 1905년경] 미국 노동자들에게 정치인들을 멸시한다고 하면서도 그들이 정치를 하도록 왜 허락, 허용하느냐고 묻자, 대답은 이랬습니다: 우리가 침을 뱉을 수 있는 사람들을 공직에 있게 하는 것이 당신네들 경우처럼, 관료계급들이 우리에게 침을 뱉는 것보다는 더 나으니까요.** 이것은 미국 '민주주의'의 옛날 견해입니다. 그때에도 사회주의자들은 완전히 다른 생각들을 가지고 있었고, 지금 그러한 상황은 이제 통하지 않습니다. 아마추어 행정은 이제 불충분하고 관료개혁(Civil Service Reform)으로 연금을 받을 권리를 갖는 종

---

* 베버가 관찰한 미국의 정당 '기계' 역시 이제 사라진 지 오래다. 시카고에서 아버지(Richard J. Daley, 1902–1976)가 시장을 연거푸 21년, 1955–1976년을, 또 그의 아들(Richard M. Daley, 1942–)이 시장을 22년, 1989–2011년을 할 만큼 선거/정치 '기계'의 뿌리가 깊을 수도 있다는 것을 예외로 한다면…

** 위 답변 속에서 관존민비(官尊民卑) 행태는 우리만이 꼭 뽑고 버려야 할 뿌리 깊은 관료병폐의 유산이자 정치문화의 고질이 아니고 유럽도 비슷했었구나 하는 것을 새삼 느낀다. 더구나 민주주의를 도입한 지 70년이 가까웠는데도, 아직도 우리나라 중앙, 지방관료를 막론하고 그 행태, 행패가 여기저기 남아 있으니, 위 한마디는 촌철살인(寸鐵殺人)격으로 이 역자의 가슴속 깊이 와 닿는다. 우리나라 관료들이, 만약 베버의 위 대목을 읽는다면, 그 스스로는 얼마나 그런 고질, 병폐에서 벗어났는지 뼛속 깊이 반성(反省), 자성(自省)의 기회로 삼아야 하는 것은 물론이고…

신직 공직의 수가 계속 늘고 있습니다. 이 개혁으로 우리 나라[독일]의 관료들과 비슷하게 대학교육을 받은 부패하지 않고 유능한 사람들이 공직을 차지하고 있습니다. 바로 지금도 선거가 끝난 다음 '전리품'처럼 채워졌던 약 10만 명 남짓 공직이 사라졌습니다. 그 대신, 공직자들에게 그들의 자격 증명에 기초하여 연금혜택을 줍니다. 엽관제도는 그리하여 점진적으로 뒷전으로 밀려나고 정당 리더십도 함께 변혁을 맞을 것입니다—하지만 아직, 어떻게 변할지 모르겠습니다.

독일의회는 왜 무기력한가?

지금까지 독일에서의 정치경영의 결정적 환경은 본질적으로 다음과 같습니다.

첫째, 의회가 이제까지 힘이 없었습니다. 그 결과 지도자의 자질을 가진 인물들이 오랫동안 의회에 들어오지 않았습니다. 그곳에서 누가 무엇을 성취할 수 있습니까? 행정 내각에 한 자리가 열리면 그[의원]는 행정 책임자에게: "내 선거구에 그 자리에 잘 맞는 한 유능한 사람이 있으니 채용하시오"라고 말할 수는 있었을 것입니다. 그러면 그[행정부 책임자]는 흔쾌히 그렇게 하겠습니다라고 동의하지요. 고작 이것이 독일 의회의원의 권력에 대한 본능을 만족시킬 수 있는 일의 전부란 말입니다. 이것마저도 그가 본능을 가진 사람이라면 말입니다.

이 외에 독일의 잘 훈련된 전문관료사회의 엄청난 중요성을 추가해야 합니다. 이 요소가 바로 의회의 무기력(無氣力)을 가져온 셈입니다. 우리의 공직사회는 세계에서 최고입니다. 공직사회의 이러한 중요성은 공무원들이 공직뿐만 아니라, 내각 장관 자리들까지 그들 스스로 차지하겠다고 요구하는 지경에 이르렀습니다. 바이에른 주 의회(bayerischen Landtag, Bavarian state legislature)에서는 지난해[1919년]에 의원내각제(parliamentary government) 도입에 대해 토론을 할 때 만약 주 의회 의원들이 주 내각 장관 자리들을 차지하려 든다면 유능한 인재들이 공직을 찾지 않을 것이라는 말이 있었습니다. 더구나, 민간 행정관료들은 영국 위원회 토론에서와 같은 의회의 통제를 제도적으로 회피하고 있습니다. 행정부는 의회가—소수의 예외가 있기는 하지만—의원들 가운데 참으로 유능한 부처 장관들로 의회 내에서 훈련할 수 있는 것이 불가능하게 만들어 놨습니다.

셋째 요인은 미국과는 대조적으로 독일에는 당원들이 최소한 개인적으로 갖고 있는 '진실한 세계관'(bona–fide Weltanschaungen)을 대변하는 원칙 있는 정치견해들을 갖고 있는 정당[8]들이 우리에겐 있습니다. 지금, 이런 정당들 중에서 두 개의 가장 중요한 정당—가톨릭중심당과 사회민주당—은 그들의 첫 시작부터 소수당들이었고, 소수당이 될 수밖에 없다는 의미로 출범했습니다. 독일제국 가톨릭중심당의 지도자들 서클은 의회민주주의에 반대한다는 것을 처음부터 결코 숨기지 않았는데, 소수당이 되어, 그들이 해왔던 것처럼 정부를 압박해서 구직자들을 취직시키는 데 큰 어려움을 겪을 것이 두려웠기 때문입니다. 사회민주당도 원칙과 일관성 있는 정당이었지만 의회주의 정부를 도입하는 데 불리한 조건이었습니다. 당시 존재했던 부르주아 정치질서에 참여한다는 것 자체가 당을 더럽힌다고 생각했기 때문이지요. 이 두 정당이 의원내각제를 반대함으로써 의원내각제 정부도 불가능했습니다.

독일의 정당과 직업 정치인은?

이 모든 것을 고려할 때 독일에서는 과연 무엇이 직업 정치인이 되게 했을까요? 그들은 권력도 책임도 없는 오직 유명인사들로서 종속적인 역할만 할 수 있었습니다. 그 결과로 그들에겐 [옛 중세유럽 상인과 장인(匠人)들의] 동업조합(guild) 본능이 모든 곳에서 새롭게 되살아났습니다. 누구든 그들과 같은 성향이 아니면 시시한 자리로 먹고 사는 유명인사들의 서클에서 높이 올라가는 것이 불가능했습니다. 나는 모든 정당들—사회민주당도 예외는 아니고—에서, 지도자 자질을 가졌는데도 유명인사들이 용인하지 않았기 때문에 정치경력이 비극으로 끝난 많은 이름들을 열거할 수 있습니다. 모든 우리 정당들은 이러한 발전의 과정을 밟았고, 유명인사들의 동업조합이 되었습니다. 예를 들면, 베벨[Ferdinand August Bebel, 1840–1913, 1869년 독일 사회민주당 공동창설자, 지도자]은 지적 능력은 보통이었지만 성격적으로 온건하고 청렴했기 때문에 지도자였습니다. 그가 순교자였다는 사실이나 그가 대중들이 보기에 결코 신뢰를 저버리지 않았다는 사실만으로 대중들이 절대적으로 그의 뒤를 따르는 결과를 가져왔습니다. 당 안에서 그에게 심각하게 도전할 만한 세력이 없었습니다. 그가 죽은 다음에야 그러한 리더십도 함께 끝났고 관료통치가 시작되었습니다. 노동조합 임원들, 당 비서 등 당료들 그리고 언론인이 정상에 오르게 됩니다. 관료사회의 본능들이 정당을 지배하게 됩니다. 아주 보기 드문 존경스러움이라고 말할지 모르지만 다른 나라들, 특히 미국의 흔히 부패하기 쉬운 노동조합 임원들과 비교해서 높이 존경받는 관료사회라고 하겠습니다. 위에서도 지적했던, 관료사회 통치의 결과들이 정당에서도 역시 시작되었습니다.

1880년 이후로는 부르주아 정당들은 완전히 유명인사들의 동업조합이 됩니다. 물론, 가끔 정당들은 홍보를 목적으로 밖에서 지식인들을 끌어들이기도 합니다. “우리에게는 이런 유명한 인물들이 있습니다”라고 선전하기 위해서 말입니다. 하지만, 오직 불가피한 경우나 누군가 출마하겠다고 우기고 버티는 경우를 빼고는 가능한 한 이 유명인사들을 선거에 출마시키는 것은 피합니다. 똑같은 정신이 의회에서도 압도했습니다. 우리의 의회 정당들도 동업조합이었고 지금도 그렇습니다. 제국의회 의사당에서 연설하는 모든 연설문은 그것을 발표하기에 앞서 철저히 검열을 받아야 합니다. 이는 그것들의 전례를 찾을 수 없는 지루함으로 볼 때 명백합니다. 오직 호출을 받아야만 그[의원]는 말문을 열 수 있었습니다. 영국, 그리고 또한—아주 다른 이유에서이지만—프랑스의 관례와 비교해서도 이보다 더 극심한 대조를 상상하기 어려울 것입니다.*

독일에도 새로운 변화의 바람이 불기 시작했다?

지금은, 통상적으로 혁명이라고 불리는 거대한 붕괴의 결과로 변혁이 진행되고 있는 것 같습니다. 그런 것 같습니다. 아직 확실하지는 않습니다. 처음에는 새로운 형태의 정당 기구들이 나타나고 있는 것 같습니다. 첫째, 아마추어 기구들이 있습니다. 이것들은 특히 종종 여러 대학의 학생들이 참여하여 그들이 생각할 때 지도자 자질들을 갖추고 있다고 생각하는 사람에게, 우리는 당신을 위해 필요한 일을 하고 싶으니, 일을 좀 실행하십시오라는 형식으로 진행됩니다. 둘째, 사업가들 중심의 기구들입니다. 리더십 자질이 있는 사람들에게 접근해 투표권자 한 사람당 정해진 액수를 받고 선전활동(propaganda)을 해주겠다는 사람들입니다. 만약 여러분들이 위 두 기구 중 솔직히 어느 기구를 순전히 기술적 · 정치적 입장에서 더 신뢰할 수 있느냐고 묻는다면, 나는 후자를 더 신뢰한다고 말하겠습니다. 그러나 이 두 기구 모두 빠르게 나타난

---

* 위 베버의 독일 제국의회 의원들의 맥 빠진 의회활동 묘사는 특히 우리나라 유신독재 시절의 '거수기', '허수아비' 국회의원 비아냥을 상기시킨다. 물론 제국의회 의원들이나 유신독재하의, 특히 당시 유정회(維政會) 의원을 포함, 여당 의원들도 북한 김일성–김정일–김정은의 변형된 공산전체주의 3대 세습독재하의 이른바 '최고인민회의' 의원들같이 거의 완벽한 '자동 기계'는 아니었고, 그래도 사람 냄새도 좀 나고, 민주정치 신념이 꺾이지 않은 의원들도 더러 있었지만…

거품들로 급속히 사라졌습니다. 기존 기구들도 스스로 변모를 했고, 활동을 계속했습니다. 이 현상은 오직 리더들이 있는 경우에만 새 기구들이 나타났다는 사실의 징후들일 뿐입니다. 그러나 비례대표성이라는 기술적인 특이성은 리더들의 등장을 배제했습니다. 오직 길거리 군중들 속의 몇몇 독재자들만이 나타났다가 곧바로 사라졌습니다. 그리고 군중독재의 지지자들만이 엄격한 방법으로 조직되었습니다: 바로 거기서 이 사라져 가는 소수들의 권력이 나왔습니다.

이 모든 것들이 변화한다고 가정해 봅시다. 그러면, 위에서 말한 것 다음에는, 국민투표에 의한 리더십은 '추종자들의 영혼 부재'(Entseelung der Gefolgschaft, soullessness of the following), 그들의 '지적 무산자화'(geistige Proletarisierung, intellectual proletarianization)를 낳게 됩니다. 미국의 [정당]'기계'같이—유명인사들의 허영이나 독립적 견해의 허식에 아랑곳하지 않는—유용한 기구가 되기 위한 것이라면, 그러한 지도자의 지지자들은 맹목적으로 그에게 복종했습니다. 링컨[Abraham Lincoln, 1809–1865, 미 제16대 대통령]의 당선은 오직 이러한 정당조직의 성격을 통해서 가능했습니다. 그리고 위에서 이미 얘기했듯이, 글래드스턴도 코커스를 통해 가능했습니다. 이것은 단순히 지도자들의 지침을 받는 데 대한 대가였습니다. 그러나, 오직 하나의 선택만이 있을 뿐입니다. '기계'를 가진 '지도자 민주주의'(Führerdemokartie, leadership democracy)냐, 아니면 '지도자 없는 민주주의'(führerlose Demokrakie, leaderless democracy)냐, 즉 천직이라는 사명감도 없고 하나의 지도자를 만드는 내면의 카리스마적 자질도 없는 직업 정치인들의 지배냐입니다. 그리고 '정당 내 반대분자들'은 이런 여건에서 이것을 '붕당'통치(Herrschaft des 'Klüngels,' rule of the 'clique')라고 규정하는 것을 의미합니다. 현재 우리 독일에는 오직 후자[leaderless democracy]만 있습니다. 앞으로, 제국에서 적어도 현 상황이 영구성을 가지려면 맨 먼저, 독일 참의원(Bundesrat)이 부활하여, 제국의회의 권한과 그리고 지도자들을 선정하는 기구로서의 중요성을 필요한 만큼 제한해야 합니다. 무엇보다도, 현 형태로서의 비례대표제는 '지도자 없는 민주주의'의 전형적인 현상입니다. 이것은 유명인사들의 자리 배분의 정치흥정을 손쉽게 할 뿐만 아니라, 앞으로 조직화된 이익집단들이 정당들의 후보들 명단을 만드는 데 영향력 행사도 가능하게 하고, 또한 진정한 리더십이 일어설 자리가 없는 '무(無)정치 의회'(unpolitisches Parlament, unpolitical parliament)를 창조할 수도 있기 때문입니다. 오직 제국 대통령만이 만약 그가 의회가 아닌 국민투표 방식으로 선출되는 경우는 지도자 요구의 안전판(einzige Ventil, safety valve)이 될 수 있을 것입니다. 특히, 만약 대도시들에서 시장이 시민투표로 선출되어 그의 부처들을 독립적으로 조직할 수 있는 권한이 있다면, 실제로 검증된 일 처리 능력에 기초한 리더십이 나타나고 선택될 수 있다고 봅니다. 누군가 부패를 철저히 척결하고자 할 때 미국의 경우가 그러합니다. 이는 그러한 선거를 위한 정당 조직화를 필요로 합니다. 그러나, 사회민주당을 포함, 지도자들에 대한 '소(小) 부르주아 계급'(kleinbürgerliche, petty bourgeois)의 혐오감은 미래 정당 구성이나 이 모든 기회들을 아직도 완전히 불투명하게 하고 있습니다.

그러므로, 오늘날 하나의 직업으로서 정치경영이 어떻게 형상화될지는 아무도 알 길이 없습니다. 정치적으로 재능이 있는 사람들이 어떠한 수단과 기회들을 통해 만족스러운 정치과제들을 수행할 수 있느냐는 더더욱 불투명합니다. 누군가 물질적인 여러 환경조건들로 봐서 '정치의 삶'('von' der Politik zu leben)을 선택해야 한다면, 그는 전형적이고 직접적인 길로 언론인이나 당료라는 대체직종을 생각할 수밖에 없습니다. 아니면, 그는 이익집단들—노동조합, 상공회의소, 농업협회, 기능공 연합, 노동위원회, 경영자연합 등이나 시정부의 적당한 자리들—의 대표가 되는 것을 고려해야 합니다. 이것의 외형적

모습에 관해 언론인과 마찬가지로 당직자도 '낙오자'(Deklassiertheit, déclassé)라는 악평을 감내해야 한다는 것 외엔 더 할 수 있는 말이 없습니다. '임금 글쟁이'(Lohnschreiber, wage writer), 혹은 '임금 말쟁이'(Lohnredner, wage speaker)라는 이야기들이 실제 밖으로 튕겨 나오지는 않더라도 불행하게도 항상 그의 귓전에 그 소리가 울리는 것입니다. 만약 그가 내적으로 방어할 수도 없고 그 스스로에게도 적합한 대답을 할 수 없다면, 이 이력에서 떠나는 것이 더 좋습니다. 왜냐하면, 어떤 경우든 엄청난 유혹들에도 불구하고 이 길은 계속적으로 실망을 안겨 줄 것이기 때문입니다. 지금, 그렇다면 어떠한 내적 즐거움을 이 이력이 줄 수 있고, 이 길에 들어서는 사람에게는 어떠한 개인적인 조건들과 전제가 있는 것일까요?

정치인은 누구이고 무엇인가?

글쎄요, 첫째로 정치라는 직업은 '권력이라는 감정'(Machtgefühl, feeling of power)을 가져다줍니다. 사람들에게 영향력을 행사한다는, 그들에 군림하는 권력에 참여한다는 생각, 그리고 무엇보다도 비록 그가 공식적으로 미미한 자리에 있더라도 매일매일 판에 박힌 일상을 넘어 그의 손안에 역사적으로 중요한 사건들의 '신경섬유질'(Nervenstrang, nerve fiber)을 쥐고 있다는 감정입니다. 그러나 지금 그에 대한 질문이 있습니다. 무슨 자질들을 가지고 그는 이 권력(개인적인 경우에 아무리 좁게 그 한계를 그었다 하더라도)을 정당하게 행사할 수 있겠습니까? 그에게 주어진 권력에 대한 책임을 어떻게 해야 잘 행사하는 것입니까? 하는 것입니다. 이와 함께 우리는 문제가 있는 윤리적인 질문도 하게 됩니다. 만약 그가 역사의 수레바퀴에 그의 손을 올리는 것이 허용될 때 그는 어떤 인간이어야 하는가?

정치인에게 결정적으로 세 가지 탁월한 자질은 열정, 책임감, 그리고 균형감각이라고 말할 수 있습니다.

사실 그대로의 열정은 '대의'에 대한, 그것의 지배자인 신 또는 악마에 대한 열정적인 헌신을 뜻합니다. 내 친구, 고(故) 지멜[Georg Simmel, 1858-1918, 사회학자, 신칸트학파(neo-Kantian) 철학자, 사회학 방법론 개척자]이 자주 말했던 '불임(不妊)의 흥분'(sterile Aufgeregtheit, sterile excitation)이라는 의미의 열정은 아닙니다. 그리고 특이하게도 어느 정도 러시아의 지식인들(물론 전부는 아니지만!)이 자주 들춰냅니다. 이것은 우리가 '혁명'이라는 자랑스러운 이름으로 장식하여 이 사육제(Karneval, carnival) 기간 동안 우리[독일] 지식인들이 크게 들떠서 뛰노는 그런 흥분이기도 합니다. 이것은 지적으로 흥미로운 '낭만주의'로 모든 객관적인 책임감이 결여된 공허(Leere, emptiness)로 빠져들게 됩니다.

물론, 단순한 열정만으로는 아무리 진실된 감정일지라도 충분하지 않습니다. '대의'에 헌신하는 열정이 '행동의 지침'이 되어 이 대의에 대한 책임감을 갖도록 해야 합니다. 그리고 이를 위해서는 균형감각이 필요합니다. 이것은 정치인에게는 결정적인 심리적 자질입니다. 즉, 내적인 집중과 평온함을 갖고서 현실이 자신에게 작용하게 해야 합니다. 그렇게 해서 사물과 사람들에 대해 그의 '거리'(Distanz, distance)가 있게 됩니다. '거리 두기의 부재' 그 자체는 모든 정치인의 가장 치명적인 죄악의 하나입니다. 이것이 심해지면 우리 지식인들의 후진들을 정치적으로 무능하게 되어 버리게 하는 자질들의 하나입니다. 단순히 문제는 어떻게 하나의 동일한 영혼 속에서 따뜻한 열정과 냉철한 균형감각이 함께 벼려질 수 있는가입니다. 정치는 몸이나 마음의 부분들이 아니라 머리로 만들어집니다. 하지만, 정치에의 헌신은, 만약 그것이 경솔한 지적 장난이 아니고, 진정성을 가진 인간 행위라면, 오직 열정에서만 나와야 키워질 수 있습니다. 그러나, '불임의 흥분'에 사로잡힌 단순한 정치적 딜레탕트들과 열정적인 정치인을 구별시키는 영혼의 엄격한 길들이기는 오직 모든 의미에서의 거리두기의 습관으로만 가능합니다. 정치적 '인격'의 '강점'은 1차적으로 열정, 책임, 균형의 자질을 소유하고 있다는 것을 의미합니다.

따라서, 매일, 매시간, 정치인은 내면적으로 아주 사소하고 너무나도 인간적인 적(敵)을 극복해야 합니다. 대의를 위한 모든 헌신에 대한, 그리고 자기 자신에의 거리를 비롯해 모든 거리에 대한 치명적인 적, 즉 아주 비속한 허영심입니다.

정치인에게 허세, 객관성 부재, 무책임성은 치명적인 죄악이다

허영심(Eitelkeit, vanity)은 널리 만연한 자질로, 아마도 그 누구도 그것으로부터 완전히 자유스러울 수는 없습니다. 아카데미나 학자들 서클에서 허영심은 일종의 직업병이기도 합니다. 그러나 학자의 경우는 허영심—아무리 불쾌하게 나타날지라도—은 대체로 과학적 연구활동에 지장을 별로 초래하지 않는다는 의미에서 상대적으로 무해(無害)합니다. 정치인의 경우는 아주 다릅니다. 그는 불가피한 수단으로서의 권력을 쟁취하기 위해 일합니다. 따라서, 보통 말하는 '권력 본능'(Machtinstinkt, power instinct)이 그에겐 정상적인 자질입니다. 그의 직업의 고결한 정신에 역행하는 죄는, 그러나 이 권력쟁취가 객관성을 잃기 시작하고, 오로지 '대의'(der 'Sache')만을 위해 봉사하는 대신에 순전히 개인적인 자기도취에 빠지는 경우입니다. 왜냐하면, 궁극적으로 정치 영역에는 오직 두 가지 종류의 치명적인 죄악이 있기 때문입니다. 객관성의 부재(Unsachlichkeit, lack of objectivity)와 그리고—자주 그러나 항상 그렇지는 않지만, 무책임입니다. 허영은 개인적으로는 가능한 한 전면에 드러나고 싶은 욕구이지만, 정치인이 두 죄악 중 하나 또는 둘 모두를 저지르게 하는 유혹입니다. 이것은 선동가의 경우 '효과'(Wirkung, effect)에 의존하기 때문에 훨씬 두드러집니다. 그는 지속적으로 배우가 되는 위험에 빠지고, 그의 활동의 결과에 대한 책임도 가볍게 생각하고, 오직 그가 만들어 내는 '인상'(Eindruck, impression)에만 신경을 씁니다. 그의 객관성 부재는 권력의 실체가 아니라 권력의 매혹적인 겉모습만의 유혹에 빠져들게 합니다. 그의 무책임은 그러나, 그가 아무런 실질적인 목적도 없이 단순히 권력 그 자체를 위한 권력만을 즐긴다는 것을 넌지시 비출 뿐입니다. 권력은 불가피한 수단입니다. 아니 그렇기 때문에 권력쟁취는 모든 정치의 원동력의 하나이지만, 권력을 쥔 벼락출세 허풍선이, 권력이 주는 감동에 빠진 헛된 자기도취(Selbstbespiegelung, vain self-reflection), 그리고 권력 그 자체에 대한 일반적인 온갖 숭배보다 정치권력을 더 해롭게 일그러뜨리는 것은 없습니다. 단순히 '권력 정치인'은 큰 결과를 얻을 수 있을지 몰라도, 실제로는 그가 한 일은 아무것도 이루지 못하고 무의미할 뿐입니다. (우리들 가운데도 그런 사람을 열렬히 숭배해 찬양하고자 애쓰기도 합니다.) 이 문제에 관해서는 '권력정치'(Machtpolitik, power politics)의 비판론자들이 절대적으로 옳습니다. 이런 마음가짐의 전형적인 대변자들의 갑작스런 내적 붕괴로부터 우리는 의기양양해하지만 완전히 공허한 제스처 뒤에 있는 내적 약점과 무기력을 볼 수 있습니다. 이것은 인간행위의 의미에 대한 조잡하고 무감각해 보이는 태도의 산물입니다. 그리고 이것은 모든 행동, 특히 정치행위가 비극과 뒤얽혀 있다는 것을 아는 것과는 아무런 상관이 없습니다.

정치행동(활동)의 결과는?

정치행동의 궁극적 결과는 자주, 아니 거의 규칙적으로 그의 원래의 목적과는 완전히 부적합하고, 그리고 때로는 역설적인 관계에 놓이기도 합니다. 이것은 모든 역사에서 본질적이지만 이 점에 대해서는 여기서 상세하게 입증하지 않겠습니다. 그러나 이러한 사실 때문에 대의를 위한 봉사는, 만약 행동이 내재적인 힘을 견지하기 위해서라면 없어서는 안 됩니다. 정치인이 권력을 쟁취하여 그 권력을 사용하여 봉사하려는 대의가 정확히 무엇인가는 신념의 문제에 가깝습니다. 정치인은 국가를 위해서 인도주의적, 사회적, 윤리적, 문화적, 세계적, 혹은 종교적 목적 등을 위해서 봉사하기도 합니다. 정치인은 '진보'에 대한 강한 신념에 의해 지탱되기도 합니다. 무엇이든 간에 신념을 가지고, 아니면 그는 냉정히 이런 신념을 버리기도 하면서 그는 하나의 '이념'(einer 'Idée', an 'idea')에 봉사하기 위해 맞서거나, 아니면 그것을 원칙적으로 거부하며 일상생활의 외적인 목적들을 위해 봉사하려 합니다. 그러나 신념(Glaube, faith)은 어떤 종류든 항상 존재해야 합니다. 그렇지 않으면, 아무리 겉으로 보기에 강력한 정치적 성공이라고 하더라도 피조물의 쓸모 없음의 저주라는 그늘이 드리워지게 됩니다.

정치와 윤리

위에서 말한 이야기와 함께 우리는 오늘 밤 우리 관심사의 마지막 문제, 즉 하나의 '대의'로서의 정치의 '근본적 가치'(Ethos, ethos)를 토의하게 됩니다. 정치는 자신의 목적들과는 별개로 인간행동의 전체적인 윤리적 경제 내에서 어떤 소명을 완수할 수 있습니까? 즉 말하자면, 정치에 익숙한 윤리적 상황에서. 확실히 여기서는 궁극적인 '세계관들'(Weltanschauungen)이 충돌할 것이며, 여러 세계관들 중에 누구든 끝내는 하나를 선택할 수밖에 없습니다. 내 생각으로는 아주 잘못된 방향으로 최근에 다시 가시화된 이 문제를 결연하게 다뤄 봅시다.

그러나, 맨 먼저 아주 사소한 왜곡(Verfälschung, falsification)으로부터 우리가 자유로워져야 합니다: 즉, 윤리는 처음엔 도덕적으로 고도의 절충적 역할을 하는 것처럼 보입니다. 몇 가지 예를 들어 봅시다. 한 여자를 사랑하다가 또 다른 여자를 사랑하게 된 한 남자가 그 여자는 자기 사랑을 받을 만한 가치가 없어서, 혹은 그 여자가 자기를 실망시켰기 때문에, 혹은 무슨 다른 비슷한 '이유들'이 있다라고 말하면서, 그가 자기 스스로에게 이것을 정당화할 필요를 느끼지 않는 사람을 여러분은 찾기가 힘들 것입니다. 이것은 기사도(騎士道) 정신이 매우 모자란 태도로, 그가 그 여자를 이미 사랑하지 않으며, 그 여자는 그것을 감내해야 한다는 명백한 사실에 가공의 합리화를 덧붙인 것일 뿐입니다. 이러한 '합리화'만을 근거로 그 사람은 자신의 권리를 요구하고, 불행을 일으킬 뿐만 아니라 여자를 궁지로 몰아붙입니다. 성공한 호색한(好色漢) 경쟁자도 똑같은 방법으로 접근합니다. 즉, 그의 상대방은 별 볼일 없고, 그렇지 않다면 그는 밀려나지 않았을 것이다. 이것은 전쟁에서 승리한 다음, 승자가 품위도 없이 "내가 옳았기 때문에 내가 이겼다"고 독선적인 주장을 하는 것과 다를 바 없습니다. 혹은, 만약 누군가 전쟁의 공포 속에서 심리적으로 쓰러지면서, 이것은 도저히 견디기 힘들다고 말하는 대신, 그가 이 감정 대신 전쟁에 대한 우려를 합리화할 필요가 있다고 느껴서, "나는 도덕적으로 나쁜 대의를 위해 싸운다는 것을 참을 수 없었기 때문에 그런 것이다"라고 강변하는 것과 같습니다. 전쟁에 패배한 사람들도 마찬가지입니다. 전쟁이 끝난 다음, 늙은 여자들처럼, '죄지은 자'[전쟁범, Schuldigen, guilty one]

를 찾아내려 하는 대신에—사회구조가 전쟁을 낳을 수밖에 없었던 상황이라도—남자답고 절제를 잘하는 모든 사람은 적에게 말합니다. "우리는 전쟁에서 졌고, 당신네들이 이겼오. 지금은 모든 것이 끝났습니다. 이제 우리는 객관적인 이해관계가 어떻게 움직이느냐에 따라 어떤 결론을 내려야 할지 그리고 무엇보다도 승자에게 부담이 되는 미래의 책임이라는 관점에서 무엇이 중요한 것인지 토론합시다." 다른 것들은 품위 없는 것이 될 것이고, 부메랑이 될 것입니다. 어느 나라든, 만약 이익이 손상되었을 때는 용서하지만, 그러나 만약, 특히 고집불통의 독선으로 그의 명예가 침해되면 그 어느 나라도 용서하지 않습니다.* 몇 십 년 뒤에 햇빛을 본 모든 자료들은 품위 없는 한탄, 저주 그리고 경멸을 되살아나게 하고, 종전에 이른 전쟁이 적어도 도덕적으로 파묻히는 것을 용인하지 않습니다. 이는 오직 객관성과 기사도, 그리고 무엇보다도 오직 존엄성(Würde, dignity)으로만 가능합니다. 그러나 사실 양쪽 모두의 존엄성의 부재를 의미하는 '윤리'를 통해서는 가능하지 않습니다. 정치인이 관심을 갖는 미래나 미래에 대한 책임 대신에 이 윤리는 과거 죄과에 대한 정치적으로 소득이 없는 문제들에 관심을 두는데, 이런 문제들은 정치적으로 타결될 수 없습니다. 이런 방식으로 행동하면, 만약 그러한 죄과가 존재한다면, 정치적으로 유죄입니다. 그리고 전체 문제를 바로 물질적 이해관계를 통해 불가피하게 왜곡하는 것을 간과하게 됩니다. 즉 승자는

* 베버는 제1차 세계대전 뒤 패전국인 독일의 입장에서 위 이야기를 하고 있지만, 오늘의 일본, 특히 현 아베 정권에게는 가슴속 깊이 새겨야 할 따끔한 경고이기도 하다. 제2차 세계대전 뒤, 오늘의 독일[서독]이 승자가 아닌 패전국으로서의 국가 자세와 정책, 특히 유대인 대량학살 문제나 나치 정권에 의해 피해를 입은 나라 사람들에게 보여 준 진정 어린 참회와 그에 따르는 현 독일 역대 정부의 책임 있는 보상, 배상 정책과 전후 일본의, 특히 현 아베 정권의 일련의 을씨년스런 돌출행동은 극히 대조적이기 때문이다. '종군 위안부'(또는 성 노예, comfort women or 'sex slave') 문제를 포함, 아시아, 네덜란드 등 피해 국가들에 대하여 지금까지 보여 준 일본 정부의 행태와 정책은 너무나도 실망스럽다. 베버가 위 구절에서 밝혔듯이, 개인도 나라도 물질적 손실과 상처보다도 마음속에 꽂힌 원한의 치유가 훨씬 견디기 힘들고 오래 머물지 않는가? 개인이든 국가든 잘못에 대한 진솔한 자기반성과 성찰 없이 성숙한 인간, 성숙한 국가로 거듭날 수 있을까?

가능한 최대한의 도덕적, 물질적 이득을 바라게 되고, 패자의 바람은 죄의 고백을 편의와 맞바꾸고자 하는 것입니다. 만약 '비속한'(gemein, vulgar) 것이 있다면, 바로 이것입니다. 그리고 이것은 '옳다는 것'(Rechthabens, being in the right)의 수단으로서 '윤리'를 이런 방식으로 착취한 결과입니다.*

지금, 그렇다면 윤리와 정치는 실제로 어떤 관계를 갖고 있는가? 간혹 이야기하듯이 이 둘은 서로 아무런 연관이 없는 것인가? 아니면, 그 정반대가 옳은가? 즉 정치행동의 윤리는 다른 행동윤리와 마찬가지인가? 때로는 이 두 전제 사이에 배타적인 선택이 존재한다고 믿습니다. 즉, 이 전제들 중 하나만이 옳다는 것입니다. 그러나 성애, 기업, 가족이나 공적인 관계이든, 아내, 채소 장수, 아들, 경쟁자, 친구, 피고이든, 세상의 윤리는 똑같은 내용의 계율을 구성할 수 있다는 것이 사실입니까? 정치가 아주 특별한 수단, 즉 '폭력'(Macht, violence)으로 뒷받침되는 권력으로 작동한다는 것은 정치에 대한 윤리적 요구에는 별로 중요하지 않다는 말입니까? 볼셰비키(Bolshevik)와 스파르타쿠스단[Spartacist, 1916년 카를 리프크네이트, 로자 룩셈부르크 등의 독일 사회주의자들이 조직한 단체로서, 1919년 1월 베를린에서 총파업과 무장투쟁을 주도] 이데올로그들이 여타 군사독재자와 마찬가지로 이 정치 수단을 사용하기 때문에 똑같은 결과를 낳고 있다는 걸 보고 있지 않습니다까? 노병(勞兵)혁명위원회(Arbeiter- und Soldatenräte, 1918년 11월 혁명 중 독일 노동자와 군인에 의해 설립) 통치하의 권력자들과 그들의 딜레탕티즘과 '구체제'(alten Regimes, old regime)의 권력자들은 무엇이 다릅니까? 새로운 윤리라며, 맨 앞에 앞장서서 지금 논쟁을 벌이는 대표적인 논객들과 그들이 비판하는 적수들이나 다

* 베버의 이 강의는 1920년 1월, 2월에 한 것이고, 제1차 세계대전의 패전국인 독일과 승전국인 프랑스 등 연합국과의 평화조약, 이른바 베르사유 조약(Versailles Treaty)은 1919년 6월 28일 체결되었기 때문에, 그는 직설이 아닌 간접화법으로, 즉 상대적으로 추상적이고 일반론적인 어구들로 넌지시나마 당시 이 조약의 부당성을 밝히고 또 비판하고 있는 것 같다. 그의 특유의 객관성, 균형감각, 진정성을 잃지 않으면서.

른 선동가들은 어떤 점에서 다를까요? 고결한 의도라는 점에서라고 사람들은 말할 것입니다. 좋습니다! 그러나 우리가 여기서 말하는 것은 그 수단입니다. 그리고 적수들도 완전히 개인적으로는 성실성을 갖고 그들의 궁극적인 의도도 고귀한 내용이라고 똑같은 방법으로 주장합니다. 칼을 쓰는 사람은 모두 칼로 망합니다[마태복음, 26장 52절]. 싸움은 어디에서나 싸움입니다. 그러니, '산상수훈'(Bergpredigt, 마태복음, 5-7장)의 윤리를 봅시다.

산상수훈은 복음서의 절대적 윤리를 의미합니다. 그리고 이 계명들을 지금 인용하는 사람들이 믿는 것보다 훨씬 중요한 문제입니다. 이 윤리는 결코 가볍게 웃어넘길 일이 아닙니다. 과학에서의 '인과 관계'(Kausalität, causality)를 이야기했듯이, 이 윤리에도 같은 것이 적용됩니다. 즉, 누구나 자기 마음대로 멈추게 할 수 있는 합승마차가 아닙니다. 이것은 전부이거나 아무것도 아닌 것입니다. 시시함들이 초래되어야 하지 않는다면, 바로 이것이 복음서의 의미입니다. 따라서, 예를 들면, 한 젊은 부자에 대해 이렇게 말합니다. "그는 슬픔을 안고 떠났다. 엄청난 재산을 가졌기 때문이다." 그러나 복음사가의 계명은 무조건적이고 명명백백합니다. 즉, 네가 가진 것을 내놓아라—절대적으로 모든 것을. 정치인은 이 계명이 모든 곳에서 실천되지 않는다면, 이는 사회적으로 무의미한 부담이라고 말할 것입니다. 그래서 정치인은 세금부과, 강제적 세금부과, 무조건 몰수를, 한마디로 말하면, 모두에 대한 강제와 규칙을 지지합니다. 윤리적 계명은, 그러나, 그런 것에 상관하지 않습니다. 그리고 이런 무관심이 바로 그 본질입니다. 예를 들어 봅시다. [그러나 나는 너희에게 말한다. 악한 사람에게 맞서지 마라. 누가 네 오른쪽 뺨을 치거든] "다른 뺨마저 돌려 대어라"(마태복음, 5장 39절). 이 명령은 무조건적이며 다른 사람이 뺨을 칠 권한의 근거를 묻지 않습니다. 성인(聖人)이 아니라면, 이것은 '모욕의 윤리'(Ethik der Würdelosigkeit, ethic of indignity)입니다. 바로 이것입니다. 즉, 누구든 모든 점에서 성인이 되어야 합니다. 적어도 의도에 있어서는 예수, 사도, 성 프란체스코(St. Francis)처럼, 그들과 같은 사람들처럼 살아야 합니다. '그때'에만 이 윤리는 의미가 있고, 일종의 존엄을 드러냅니다. 그렇지 못하면 의미가 없습니다. 왜냐하면, 사랑의 '무(無)우주론적'(akosmistischen, acosmic, 신과는 별도로 물질세계가 존재한다는 것을 부정하는 주장에서 나옴) 윤리의 차원에서는 "악한 사람에게 폭력으로 맞서지 마라"라고 말하지만, 정치인은 그 정반대의 명제, 즉 "너는 악을 폭력으로 맞서라"라고 말합니다. 그렇지 못하면 너는 악이 승리하게 된 데 대해 책임이 있다는 것입니다. 복음서의 윤리를 따르기를 원하는 사람은 총파업을 해서는 안 됩니다. 왜냐하면, 총파업은 강제를 의미하기 때문입니다. 그는 다니는 회사 노조에 가입할 수는 있습니다. 무엇보다도, 그는 '혁명'을 말해서는 안 됩니다. 뭐니 뭐니 해도 복음서의 윤리가 가르치고자 바라는 것은 내전이 유일한 합법적인 전쟁이라는 게 아닙니다. 복음서를 따르는 평화주의자는 무장하는 것을 거부하고, 무기를 던져 버릴 것입니다. 독일에서는 이것이 전쟁을 나아가 모든 전쟁을 종식시키기 위해 추천된 윤리적 의무였습니다. 예견할 수 있는 모든 미래에 대해 전쟁을 불신할 수 있는 유일한 수단은 '평화의 현상 유지'(Status-quo-Friede, status quo peace)라고 정치인은 말할 것입니다. 그땐, 국민들은 "이 전쟁은 무엇을 위한 것인가?"라고 물을 것입니다. 그러면, 전쟁에 대한 어리석은 논쟁이 벌어졌을 것이이지만, 지금은 이도 불가능합니다. 승리자에게는 적어도 그들 중 일부에게는, 전쟁이 정치적으로 유익할 수도 있습니다. 그리고 이에 대한 책임은 우리로 하여금 여하한의 항거를 불가능하게 만들었던 태도에 의거합니다. 지금, 절대주의적 윤리의 결과로 인한 이 '소모의 시기'가 지나면, 전쟁이 아닌, 평화가 불신받게 될 것입니다.

절대윤리와 책임윤리

끝으로, '정직의 의무'(Wahrheitspflicht, duty of truthfulness)를 우리 함께 생각해 봅시다. 절대적인 윤리를 위해서는 이것은 무조건적으로 필요합니다. 따라서, 모든 공식 문건들을, 특히 자기 나라에 책임을 전가하는 것일지라도 모두 발간하도록 결론을 내린 것입니다. 일방적인 발간자료에 근거하여 죄를 지은 데 대한 고백도 뒤따랐습니다. —그리고 그것들은 일방적이고, 무조건적이고, 더구나 결과에 대해서 고려하지 않은 것이었습니다. 정치인은 진실이 결과적으로 더 밝혀지지도 않으며, 무엇보다도 정열의 남용과 촉발에 의해 오히려 모호해진다는 것을 알게 될 것입니다. 오직 초당파적인 인사들에 의한 전반적이고 이로정연(理路整然)한 조사만이 열매를 맺을 수 있습니다. 다른 어떤 절차든 한 나라에 수십 년이 지나도 치유할 수 없는 (악)영향을 끼칠 수 있습니다. 그러나 절대윤리는 결과를 고려하지 않습니다. 그것이 바로 결정적인 점입니다.*

우리는 다음 사실을 분명히 밝혀야 합니다. 즉, 모든 윤리 지향적 행동은 두 개의 근본적으로 다른, 그리고 대립적인 격률(格率)에 의해 끌려간다고 볼 수 있습니다. 즉, 행동은 '궁극 목적의 윤리'나 '책임윤리'를 지향할 수 있습니

---

* 베버는 여기서 제1차 세계대전의 프랑스, 영국, 미국 등 승전국의 일방적인 밀어붙이기가 얼마나 위험한 것인가를 넌지시 일반론적으로 강조, 경고하고 있는 것 같다. 그가 경고한 지 10년도 채 안 되어, 히틀러 나치 정권이 등장, 제2차 세계대전의 주범이 되는 것까지도… 또 승전국 가운데는 당시 미국처럼 상대적으로 인적 · 물적 희생보다 이득이 훨씬 컸다는 것을 넌지시 밝히는 것도 내 눈길을 끈다("승전국에게는 적어도 일부는, 전쟁이 정치적으로 유익할 수도 있습니다"). 또 하나는, 앞에서 이미 밝힌 바 있지만, 제2차 세계대전 뒤 독일은 나치 피해국들에 거의 모범적으로 사죄와 보상을 한 반면, 우리 이웃 일본은 비단 우리나라뿐만 아니라 다른 아시아, 유럽 국가들에 대한 과거사 정리가 미흡했고, 아직도 이웃과의 갈등의 불씨로 남아 있다. 일본의 양식 있는 정치인이나 지식인의 노력이 없거나, 없었던 것도 아니지만, 독일과는 대조적으로 패전국 일본은, 특히 현 아베 정권은 중국의 경제적 · 군사적 부상에 극히 근시안적이고, 철 지난 군국주의-국수주의를 방불케 하는 복고적인 행위를 서슴지 않고 있다. 적반하장 격의 자기 정당화를 위한 궤변에만 몰두하고 있는 것 같아 안타깝다 못해 분노마저 자아낸다.

다. 궁극 목적의 윤리가 무책임과 같고, 책임윤리는 지조 없는 기회주의라는 이야기는 아닙니다. 당연히 아무도 그렇게 말하지는 않습니다. 그러나 궁극 목적의 윤리의 격률에 따른 행동—즉, 종교적인 의미에서, "기독교인은 올바르게 행동합니다. 그리고 주님께 결과를 맡깁니다"—과 책임윤리의 격률에 따른 행동—이 경우에는 그의 행동에 대해 (그가) 예측할 수 있는 결과에 대해 설명을 해야 합니다—사이에는 심연과도 같은 대조가 존재합니다.

여러분은 궁극 목적의 윤리를 믿는 투철한 조합주의자에게 그의 행동은 결과적으로 반동(Reaktion, reaction)의 가능성을 증가시키고, 그의 계급에 대한 탄압을 증가시키고, 그리고 계급의 상승을 저해할 것이라고 아무리 설득하려 해도 그는 눈 하나 깜짝하지 않을 것입니다. 만약 좋은 의도를 가진 행동이 나쁜 결과를 낳게 된다면, 그땐 그 행위자의 눈에는 그 자신이 아니라 세상에, 다른 사람들의 어리석음에, 혹은 그 사람들을 만든 신의 의지에 그 책임이 있습니다. 그러나 책임윤리를 믿는 사람은 정확하게 사람들의 평균적인 결함을 참작합니다. 피히테(Johann Gottlieb Fichte, 1762–1814, 칸트 학파인 독일 철학자이자 민족주의자)가 정확하게 말했듯이, 그는 사람들의 '선함과 완전함'(ihre Güte und Vollkomenheit, goodness and perfection)을 가정할 수 있는 권리도 없다는 것입니다. 그는 그들에 대해 그가 예측할 수 있는 만큼 그 자신의 행동으로 인한 결과 때문에 그들을 귀찮게 하고 싶지도 않다는 것입니다. "그 결과에 대해 내가 책임져야 하기 때문"이라고 그는 말할 것입니다. 궁극 목적의 윤리의 신봉자는 순수한 의도들의 불꽃이 꺼지지 않도록 지키는 것에만 책임을 느낄 뿐입니다. 예를 들면, 사회질서의 불의에 항거하는 불꽃 같은 것입니다. 성공이 가능하리라는 관점하에서, 그의 비합리적인 행동의 목적은 그 불꽃을 계속 새롭게 되살리는 것입니다. 그것들은 오직 전형적인 가치만을 가질 수 있고 또한 가져야 하는 행위들입니다.

그러나 문제는 이것만으로 아직 끝나지 않습니다. 이 세상의 어떤 윤리도 수많은 경우에 누군가 '좋은' 목적을 달성하기 위하여 도덕적으로 의아스러운, 혹은 적어도 위험한 수단을 쓸 수밖에 없는 희생을 치러야 한다는 사실이나, 그리고 흉악한 결과까지도 맞게 될 수 있다는 가능성이나 확률 그 자체를 회피할 수는 없습니다. 이 세계의 어떠한 윤리도 윤리적으로 좋은 목적이 언제 그리고 어느 정도 윤리적으로 위험한 수단이나 결과를 '정당화'할 수 있다고 결론내릴 수 없습니다.

정치의 결정적인 수단은 폭력입니다. 여러분은 수단과 방법 사이의 긴장의 정도를 윤리적으로 관찰하려 할 때, 다음의 이야기 속에서 그것을 엿볼 수 있습니다: 일반적으로 알려진 사실이지만, 전쟁[1차 세계대전] 중에도 혁명적 사회주의자들(지머발트파)[사회주의자들의 회의가 대전 중인 1915년 9월 4일부터 8일까지 스위스 수도 베른(Bern) 근처 지머발트(Zimmerwalt)에서 열림]은 누군가 뚜렷하게 공식화할 수 있는 하나의 원칙을 선언했습니다: "만약 우리가 몇 년 더 전쟁을 치르고 그 다음 혁명을 하느냐, 아니면 지금 평화를 얻고, 혁명은 없게 되느냐는 선택에 당면한다면, 우리는 몇 년 더 전쟁을 치를 것이다." "이 혁명은 무엇을 가져올 수 있소?"라는 다음 질문에 대해서는 과학적으로 훈련된 사회주의자라면 이렇게 답변했을 것입니다: '아무도 우리가 의미하는 바 사회주의라고 일컫는 경제로의 이행에 대해 말할 수 없을 것입니다. 부르주아 경제가 봉건적 요소들과 군주제의 잔재들만 털어버리고 재등장할 것입니다.' 바로 이러한 대단치 않은 결과를 위해, 그들은 '몇 년 더 전쟁'을 기꺼이 받아들이겠다는 것입니다. 마찬가지로, 아주 강건한 사회주의자로서의 확신을 가진 사람일지라도 그런 수단을 요구하는 목적을 거부할 수 있다고 말할 수도 있겠습니다. 볼셰비즘과 스파르타쿠스주의, 그리고 일반적으로 혁명적 사회주의 모두가 사정은 같습니다. 만약 구체제의 권력 정치인들이 동일한 수단을 사용한다고 할 때 그들을 도덕적으로 맹비난한다면 당연히 말도 안 되는 일일 것입니다, 비록 그들의 '목적'을 거부하는 게 정당화된다고 하더라도 말입니다.

궁극 목적의 윤리는 목적을 위해 수단을 정당화하는 문제에 직면해서는 소용이 없게 될 것입니다. 실제로, 논리적으로 이 윤리는 도덕적으로 위험한 수단들을 사용하는 모든 행동을 거부해야 할 가능성만 가지고 있습니다—이론상으로는 그렇습니다! 현실세계에서는 궁극 목적의 윤리의 신봉자들이 갑작스럽게 '천년왕국의 예언자'(chilastischen Propheten, chiliastic prophet)로 돌변하는 것을 우리는 자주자주 목격합니다. 예를 들면, 조금 전까지 "폭력에는 사랑으로"(Liebe gegen Gewalt, love against violence)라고 설교하던 그들이 '최후의 폭력'(letzten Gewalt, last violent deed)을—모든 폭력을 절멸되는 상황을 만들어 내게 될— 위한 폭력의 사용을 외치고 있습니다. 똑같은 방식으로 우리 장교들은 공격하기에 앞서 병사들에게 말했습니다: "이것이 마지막이다; 이것은 승리와 함께 평화를 가져올 것이다." 절대적 목적의 윤리의 주창자는 세상의 비합리성 앞에서는 견뎌 낼 수 없습니다. 그는 우주적-윤리적 '합리주의자'입니다. 여러분들 가운데 도스토옙스키[Feodor M. Dostoevsky, 1821-1881]를 아는 분들은 이 문제가 첨예하게 드러나는 '대심문관'[Großinquistor, Grand Inquisitor] 장면을 기억할 겁니다. 만약 누군가 목적이 수단을 정당화한다는 원칙에 양보하게 되면, 그땐 궁극 목적의 윤리와 책임윤리를 한 지붕 아래로 양립시키거나, 어떤 목적이 어떤 수단을 정당화할 것이라고 윤리적으로 재가하는 것은 가능하지 않습니다.

개인적으로 그의 의심의 여지 없는 진정성은 높이 평가하지만 정치인으로서는 무조건 거부하는 나의 동료 푀르스터(F. W. Förster)는 이 어려움을 "선(善)에서는 오직 선만이 나오고, 악에는 오직 악만이 뒤따른다"라는 단순한 명제로 회피할 수 있다고 믿습니다. 그런 경우 이러한 온갖 복잡한 문제들이 존재할 수가 없습니다. 그런데 이런 명제가 우파니샤드(Upanishads, 옛 인도 철학서의 하나)가 나온 지 2,500년인데 다시 빛을 보다니 놀라울 뿐입니다. 세계사 전체의 흐름뿐만 아니라, 매일매일의 경험에 대한 솔직한 검토는 정반대의 것을 가리켜 보여 줍니다. 전 세계 모든 종교의 발전은 정반대 명제가 진실이라는 사실에서 결정됩니다. 신정론(神正論, Theodicee, theodicy, 악의 존재를 신의 섭리라고 주장)의 오랜 문제는 바로 어떻게 전능하고 선하다고 말하는 힘이 죄지은 일도 없는 고통, 마땅히 받아야 할 벌을 받지 않는 불의, 그리고 아무런 희망도 없는 어리석음이 판치는 불합리한 세상을 창조할 수 있었는가라는 그 문제입니다. 이 힘은 전능하지도 선하지도 않거나, 아니면 완전히 다른 보상이나 보답의 원칙들—우리가 형이상학적으로 해석할 수 있는 또는 우리의 이해를 영원히 벗어나 있는 원칙들—이 우리 삶을 지배하거나입니다.

이 문제—세계의 비합리성의 체험—는 이 세상 모든 종교의 원동력이 되어 왔습니다. 인도(힌두교)의 카르마(業, indische Karmanlehre, karma), 페르시아의 이원론(二元論, persische Dualismus, Persian dualism),[9] 원죄론(原罪論, Erbsünde, doctrine of original sin), 예정설(豫定說, Prädestination, predestination), '숨겨진 신'(*dues absconditus*)[10] 등 이 모든 설들이 이러한 체험으로부터 성장해 온 것입니다. 또한 초기 기독교인들은 세상이 악마들에 의해 지배되며, 정치, 즉 수단으로서의 권력과 힘을 떠맡으려는 사람은 악마적 힘과도 계약을 맺으며, 그의 행위와 관련해 선에는 항상 오직 선만이 따르고, 악에는 오직 악만 따른다는 것이 사실이 아니며 종종 그 정반대라는 것도된다는 것을 충분히 잘 알고 있었습니다. 누구든 이것을 보지 못한다면, 그는 정치적으로 어린아이(Tat politisch ein Kind, political infant)입니다.

우리는 서로 다른 법들에 의해 운영되는 여러 가지 다른 삶의 영역들에 놓여 있습니다. 종교윤리는 이 사실과 함께 여러 가지 다른 방법으로 정착, 적응하게 됩니다. 옛 그리스 헬레니즘 문화의 다신교에서는 아프로디테(그리스 신화 속의 사랑과 아름다움의 여신)나 헤라(그리스 신화의 제왕신 제우스의 아내)에게, 그리고 디오니소스(그리스 신화의 주신[酒神])와 아폴로(그리스 신화 속의 태양신으로 예언, 음악, 의학, 시, 건강 등을 주관)에게 제물을 바쳐야 했고, 이 신들은 서로 자주 싸우고 다투었다는 것을 알고 있습니다. 힌두교의 삶의 질서는 서로 다른 직업의 사람마다 다르마(達磨, Dharma, 법)라는 각기 다른 특별한 윤리규정에 따르게 하고 사람들을 영구적으로 카스트(Kaste, castes)로 구별, 차별화해 고정된 신분계급 제도 아래 머물게 했습니다. 누구나 그 계급으로 태어나면, 또 다른 세상에서 다시 태어나기 전에는 빠져나올 수 없었습니다. 직업들도 구원(구제)이라는 최고의 종교적 자산에서부터 다양한 거리를 두고 배치되었습니다. 이런 방법으로 카스트 질서는 고행자(Asketen, ascetics)와 브라만 계급에서부터 도둑과 매춘부에 이르기까지 그들 각자 직업의 내재적이고 자율적인 법규들에 의거하여 서로 다른 신분계급의 다르마를 만들 수 있도록 했습니다. 전쟁과 정치도 물론 이 속에 들어 있었습니다. 여러분들은 〈바가바드-기타〉[Bhagavad-Gita, 인도 3대 서사시의 하나인 〈마하바라타〉(Mahabharata)의 제6권에 편입되어 있는 시편. 아르두나(Arduna, Arduna)와 그의 전차 마부, 크리슈나(Krishina, 사실은 힌두교 최고의 신, 비슈누(Vishnu)의 화신)와의 대화형식의 종교철학적인 시]에 있는 크리슈나와 아르두나 사이의 대화에서도 전쟁이 삶의 영역의 전체 속에 융화되어 있는 것을 발견할 것입니다. “불가피한 경우엔 해내야 한다.” 즉, 전사 계급의 다르마에 따라서, 그리고 전쟁목적의 객관적 필요성에 따라서, 일을 하라는 것입니다. 힌두교는 그런 행동이 종교적 구원을 해치지 않으며 오히려 북돋아 준다고 믿습니다. 영웅적인 죽음에 직면할 때면, 인도의 전사는, 마치 튜턴 족[the Teuton, 기원전 4세기경부터 유럽 중부에 살았던 민족으로 오늘의 독일, 네덜란드, 스칸디나비아 등지의 특히 독일 민족] 전사들이 발할라(Valhalla, 북유럽 신화에서 오딘을 위해 싸우다 죽은 전사들이 머무는 궁전)를 믿었던 것처럼, '인드라의 천국'(Indras Himmel, Indra's heaven. 인드라는 천둥, 비를 관장하는 힌두교 베다(Veda, 종교문헌)의 으뜸 신)으로 간다고 항상 확신했습니다.* 튜턴족이 천사들의 합창단이 함께하는 기독교의 천당을 비웃었을 것처럼, 인도의 영웅은 열반(涅槃, Nirwana, nirvana)을 경멸했었을 것입니다. 이와 같은 윤리의 특수화 때문에 인도의 윤리는 부단히 정치를 다루면서 정치 자체의 법칙을 따를 수 있었고 또한 이러한 왕의 기술을 근본적으로 향상시킬 수 있었습니다.

진정 급진적인 마키아벨리즘은, 이 단어의 대중적인 의미에서는, 인도의 저술인 카우틸랴의 《아르타샤스트라》[11](기원전으로 오래전인 찬드라굽타 시대로 알려져 있습니다)가 대표적인 고전입니다. 이 문헌에 비하면, 마키아벨리의 《군주론》(*Principe*)은 순진합니다. 가톨릭 윤리로 알려진—푀르스터 교수가 그 입장에 가깝습니다만—'복음권고'(*consilia Evangelica*)[12]는 성스러운 삶의 카리스마를 겸비한 사람들의 특별한 윤리입니다. 성직자는 피를 흘리거나 무엇인가를 얻으려 해서는 안 됩니다. 반면 독실한 기사(騎士)는 피를 흘려도 되고, 시민(Bürger, burgher, 자치도시 주민)은 이익 획득을 허용받았습니다. 윤리의 단계별 이행과 그것의 '구원의 교리'(Heilslehre, doctrine of salvation)로의 융합은 인도보다 일관성이 더 없습니다. 기독교 신앙의 전제들에 의하면, 이렇게 할 수 있었고, 또 해야 할 수밖에 없었습니다. 원죄로부터 비롯된 세상의 사악함은 죄지은 자, 영혼을 위험에 빠지게 하는 이단자에 대한 징계수단으

* 위 '인드라의 천국'이야기는 중세유럽의 '십자군 원정'(Crusader)의 '성전'(聖戰, Holy War)이나 지금 이 순간에도 중동에서 '자칭' 이슬람교도들과 이스라엘과의 그칠 줄 모르는 유혈투쟁, 그리고 이슬람교도 시아파-수니파 사이의 각축에 명분으로 자주 악용되는 '성전'(jihad)를 상기시킨다.

로서 폭력과 윤리의 융합을 허용한 것입니다. 그러나, 무(無)우주론적 궁극 목적의 윤리로서의 '산상 수훈'은 종교에 기초한 절대규범이라는 하나의 자연법을 함축합니다. 이러한 절대규범은 혁명을 일으키는 그 힘을 존치하며 거의 모든 사회적 격변기에는 엄청난 기세로 등장했습니다. 특히 급진적인 평화주의자 분파를 낳게 됩니다. 펜실베이니아 주의 이 분파는 외부를 향한 폭력 사용을 중단하는 정치공동체를 설립하기도 했습니다. 이 실험은 미국 독립전쟁이 발발했을 때 퀘이커교도들이 자신들의 이상—그 전쟁의 이상이 이들의 이상이었습니다—을 위해 무기를 들고 나설 수 없었다는 점에서 비극적 방향으로 나아가게 되었습니다.

그러나 보통 개신교는 국가를 절대적으로 하늘이 준 하나의 제도로서 간주하여 폭력을 하나의 수단으로서 합법화했습니다. 개신교는, 특히 권위주의적 국가를 합법화했습니다. 루터[Martin Luther, 1483–1546, 독일의 신학자이자 종교개혁가]는 전쟁에 대한 윤리적 책임을 정부 당국에 맡겨 개인의 책임을 면해 주었습니다. 신앙 이외의 다른 문제들에 있어서 당국에 순응하는 것은 결코 죄가 될 수 없었습니다. 한편, 칼뱅주의[Kalvinismus, Calvinism, Jean Calvin, 1509–1564, 프랑스의 종교개혁자]는 신앙을 방어하기 위한 수단이라는 원칙에 의거한 폭력을 인정했습니다. 따라서, 칼뱅교도들은 종교전쟁을 인정했는데, 이슬람교에서 종교전쟁은 처음부터 생명의 한 요소였습니다. 정치윤리의 문제를 제기하는 것은 결코 르네상스 시대의 영웅숭배로부터 태어난 현대의 '불신앙'(Unglaube, disbelief)이 아니라는 것은 누구나 알고 있습니다. 모든 종교들이 이 문제와 씨름해 왔고, 얼마나 성공했느냐는 크게 달랐습니다. 이제까지 이야기한 것으로 보아 그럴 수밖에 없습니다. 정치에 있어서 모든 윤리적 문제의 특수성을 결정하는 것은 인간조직의 수중에 있는 합법적인 폭력의 구체적인 수단입니다.

누구든 무슨 목적을 위해서건 폭력적 수단과 협약을 맺으면—모든 정치인이 하듯이—그 구체적인 결과에 직면하기 마련입니다. 이것은 특히 종교든 혁명이든 전사(戰士)의 경우에 더욱 그렇습니다. 과감하게 한 예로서 현재를 들어 봅시다. 누구든 폭력으로 이 지구상에 절대 정의를 이룩하고자 하면, 그는 추종자, '인간기계'가 필요합니다. 그는 필요한 내적 그리고 외적 포상, 천상이나 이 지구상의 포상을 이 '기계'에 약속해야 합니다. 그렇지 않으면, 이 기계는 움직이지 않습니다. 현대 계급투쟁의 조건들 아래에서는, 내적 포상은 증오심의 충족과 복수의 열망, 무엇보다도, 분노와 사이비윤리의 독선입니다: 반대 세력들을 모략중상해야 하고 이단(異端)이라고 규탄해야 합니다. 외적인 보상은 모험, 승리, 전리품, 권력, 그리고 이권입니다. 지도자와 그의 성공은 완전히 그의 기계의 기능에 달려 있지 그 자신의 동기들과는 아무 상관이 없습니다. 그러므로 그가 포상을 추종자, 즉 그에게 필요한 적위병(roten Garde, Red Guard. 볼셰비키 권력을 지키기 위해 조직된 의용군), 정보원, 선동자 등에게 영구히 제공할 수 있느냐에 달려 있습니다. 그가 실제로 그가 하는 일의 조건하에서 얻는 것이란 그의 수중에 있는 것이 아니라 추종자들의 동기에 규정되는데, 이 동기는 윤리적으로 보면 압도적으로 비열합니다. 추종자는 그에 대한 인간적으로 정직한 신뢰가 있을 때만이 부릴 수 있으며, 그의 대의는 적어도 추종자의 일부가 그를 따르도록 고무시킬 수는 있지만 아마도 다수를 따르게는 결코 못 할 것입니다. 이 신뢰도 주관적으로는 진실할지라도 대부분의 경우에는 복수, 권력, 전리품, 그리고 이권에 대한 갈구의 윤리적 '합법화'(ethische 'Legitimierung,' ethical 'legitimation')일 뿐입니다. 우리는 장황하기만 한 이것에 속아서는 안됩니다. 유물론적 역사해석은 멋대로 올라타는 합승마차(Fiaker, Cab)가 아닙니다. 이것은 혁명의 주창자들의 앞에서 멈추는 것도 아닙니다. 감정을 자극하는 혁명주의(emotionalen

Revolution, emotional revolutionism) 다음에는 전통주의적인 판에 박힌 일상생활(traditionalistische Alltag, traditionalist routine of everyday life)이 뒤따르기 마련입니다. 개혁적인 지도자와 그러한 신념 자체도 빛이 바래기 마련입니다. 아니, 더욱더 분명한 결과는 신념이 정치 속물들이나 독창성 없는 기술자들의 진부한 어법의 일부가 되어 버린다는 것입니다. 이런 발전은 특히 신념 투쟁에서 훨씬 빠르게 전개됩니다. 왜냐하면, 그들은 진정한 지도자, 즉 혁명의 예언자들에 의해 이끌렸거나 고취되었기 때문입니다. 여기에, 모든 지도자의 기계가 성공할 수 있는 조건의 하나는 몰개성화(沒個性化)와 관성화(慣性化)입니다. 요약하면, 규율을 위한, 정신의 무산자화입니다. 권력을 잡은 뒤에는 개혁가의 추종자들은 대부분 아주 쉽게 진부한 이권이나 엽관 참견자 계층으로 타락해 버립니다.*

---

* 베버는 19세기 중반에서 20세기 초까지 살았다. 그는 제1차 세계대전을 패전국 독일에서 겪었고, 패전 직후 독일에서 꿈틀거리는 나치나 이탈리아, 스페인의 파시스트들의 준동도 감지한 건 사실이다. 더구나 그가 죽기 3년 전인 1917년 러시아에서 레닌과 트로츠키, 스탈린 등이 이끈 볼셰비키가 공산혁명의 성공으로 권력을 장악하는 것을 그는 목격했다. 위 몇 구절에서 나를 뼛속 깊이 감동시키는 것은 그가 관찰한 '혁명'을 이끈 지도자와 그 혁명에 가담한 추종자의 궤적과 말로(末路)다. 섬광처럼 빛나는 그의 통찰이 섬뜩하기까지 하다. 좀 딱딱하고 어려운 표현(개념들) 같기도 하지만, 특히 그가 언급한 '몰개성화', '관성화', '정신의 무산자화'가 나를 사로잡는다. 즉 혁명이라는 미명하에 '지도자'라고 앞장서서 이끄는 인간들이나 그 혁명의 바람과 물결에 끌려가는 추종자들이 그들도 모르게, '한 인간으로서 지녀야 할 개성과 영혼마저 잃어버린 기계로 추락한 허깨비 또는 허수아비 인간'으로 타락하게 된다는 통찰은 탁견이다. 히틀러의 나치 추종자나 오늘의 북한 김씨 3대 왕조의 맹신자—'기계인간'—를 보는 것 같이 생생해서 더욱 서글프고 뼈아프다. 지금 이 순간도 북 아프리카와 유럽을 휩쓸고 있는 ISIS(Iraq-Syria Islamic State)라는 '이름'으로 포장한 '무장괴한/괴물'들이 무차별 살육과 파괴를 자행하는 것도 마찬가지다.

21세기 초 '전자인간시대', 오늘의 세계를 둘러보면, 1980년대 중반, 24개 공산당 집권 국가를 정점으로 전체주의 공산독재체제는 계속 내리막길을 걷다가, 지금은 사실상 공산당이 집권하는 곳은 네다섯 나라에 불과하다. 이들—중국, 러시아(형식적으로는 이제 공산당 1당 체제는 아니지만), 베트남, 모두 하루가 다르게 변질, 변형, 개조 과정을 겪고 있다. 쿠바도 이젠 변화의 조짐을 보인다. 20세기 중반 쿠바가 미 · 소 냉전각축의 틈바구니에 끼어 꿈틀거리다가 종주국 소련의 해체로 지지기반을 잃어버리고 허둥대다 피델 카스트로(Fidel Castro, 1926–2016)로부터 권력을 2008년 정식으로 이어받은 동생 라울(Raul Castro, 1931–)정권마저도 조심스럽게 변화의 길을 모색하고 있는 중이다. 미국과 쿠바는 2015년 여름 이미 국교정상화를 했고, 지금 정상화 수순을 밟고 있다.

제12장에서도 밝혔지만, 다시 한 번 강조하면, 공식적으로 그리고 상대적으로 변화를 거부하고, 침체와

누구든 정치에, 특히 직업으로 정치에 참여하기를 바란다면, 이 윤리적 역설을 이해해야 합니다. 그는 이 역설들의 영향 때문에 그 스스로가 변하게 되는 것에 그가 책임이 있음을 알아야 합니다. 거듭 강조합니다만, 그는 모든 폭력에 도사리고 있는 악마적인 힘에 그 스스로를 끌어들인 것입니다. 나사렛이든 아시시든 인도 왕궁에서든, 무(無)우주론적 인류애와 선(善)의 위대한 거인들(virtuosi, 나사렛 출신의 예수, 이탈리아 아시시 출신의 성 프란체스코, 인도 왕궁 출신의 석가모니를 가리킴)은 폭력이라는 정치수단을 활용하지 않았습니다. 그들의 왕국은 '이 세상에' 있지 않았지만, 그들은 일했고 이 세상에다 그 터를 닦는 일을 했습니다. 플라톤 카라타예프[13]나 도스토옙스키의 성자 같은 인물들은 아직도 그들을 가장 적절하게 복원한 것으로 남아 있습니다. 영혼의 구원을, 그 자신과 그리고 다른 사람의 구원을 찾는 사람이라면, 그는 정치라는 길에서 찾으려 해서는 안 됩니다. 왜냐하면, 정치에서는 아주 다른 과제들을 오직 폭력으로만 해결할 수밖에 없기 때문입니다. 정치의 귀재든 악마든, 사랑의 신과, 그리고 교회에서 밝히는 기독교 신과 정신적인 긴장감 속에 살기 때문이며, 이 긴장감은 언제든지 결코 화합할 수 없는 갈등에 빠져들 수 있기 때문입니다. 사람들은 교회가 통치하던 때에도 이것을

고립의 늪에서 헤어나지 못하는 공산전체주의의 극도로 변질된 3대에 걸친 세습독재정권은 유독, 유일하게 북한뿐이 아닐까 한다. 북한은 지금 중국이라는 유일한 지푸라기에 매달린 채 단말마적으로 허둥대고 발버둥치는 꼴이다. 2016년 1월 제4차 핵폭탄 지하실험도 이런 북한의, 현 김정은 리더십의, 극도의 허약성과 불안정성의 표출이라고 나는 생각한다. 겉으로는 '핵 보유국'이 됐다고 안팎에 헛기침, 큰소리치지만, 그 껍질을 벗기면, 현 집권세력이 스스로 묻힐 무덤을 파고 있는 형국 같다. 김일성-김정일의 대를 이은 현 3대 김정은의 행보와 행패에 대한 이런저런 관찰도 중요하지만, 그 무엇보다도 현 북한체제, 정권의 근본적인 모순을 제대로 파악하여 그 해결의 열쇠를 찾는 일(제7장, 제8장 참조할 것)이 급선무다. 그것은 극적이든, 점진적이든 현 체제와 정권의 본질적 변화의 도출이나 그 대체에서만 비롯될 것이며, 좀 길게 멀리 내다보면, 끝내는 북한도 결코 도도한 세계사 흐름의 예외, 열외일 수는 없다고 나는 생각한다.

알고 있었습니다. 여러 차례에 걸쳐서 교황의 성무금지령[파문]이 이탈리아 피렌체 시에 가해졌고, 그때만 해도 그것은 칸트의 윤리적 판단에 대한 (피히테를 빌려 말하면) '냉담한 찬동'(kalte Billigung, cool approbation)보다 사람들과 그들의 영혼의 구원에 훨씬 더 강력했습니다. 그러나, 피렌체 시민은 '기독교-국가'(Kirchenstaat, church-state)에 저항했습니다. 그리고 마키아벨리의 《플로렌스의 역사》(*Florentiner Geschichten*, *History of Florence*)—내 기억이 틀리지 않는다면—의 한 아름다운 구절에서 그가 그의 주인공들 중 한 사람으로 하여금 자신들의 영혼의 구원보다 자신들이 태어난 도시의 위대함을 더 가치 있는 것으로 여긴 시민들을 찬양한 것도 이러한 상황과 관련된 것입니다.

만약 누군가 자신이 태어난 도시나 혹은 '조국'(현재로선 몇몇 사람들에겐 아직도 의심스러운 가치이기도 하지만) 대신에 '사회주의 미래'나 혹은 '국제평화'만을 말한다면, 지금 여기서 제기되는 것과 같은 문제에 직면하게 됩니다. 폭력적 수단으로 작동하고 책임윤리를 따르는 정치적 행동을 통해 온갖 노력 끝에 획득된 것은 모두 '영혼의 구원'을 위험에 빠뜨립니다. 그러나, 만약 누군가가 절대적 목적의 순수윤리를 따라, 신념 전쟁에서 궁극적 선(善)을 추구한다면, 그 목표는 세대를 거치면서 훼손되고 불신의 대상이 될 것입니다. 왜냐하면, '결과들'에 대한 책임이 결여되어 있는 데다 작용하기 시작한 악마적인 두 힘을 여전히 행위자가 알지 못하기 때문입니다. 이것들은 불가피하며 그의 행위에 그리고 심지어 그의 정신적 자아(自我, inner self)에 대해서도 결과들을 내놓을 것이며, 그는 그 결과들을 인식하지 못한다면 무력하게 그것들에 복종해야만 하게 됩니다.* "악마는 노회(老獪)하오. 그를 이해하려면 노

* 위 베버의 문장은 너무 추상적이어서 무슨 이야기를 하고 있는지, 독자가 이해하기도 힘들고 어리둥절할 수도 있지만, 그가 얘기하는 '신념의 전쟁'을 그가 사망하기 직전에 등장한 극좌이념인 소련의 볼셰비즘과 10년 뒤에 그의 조국에서 등장한 나치즘을 대입시키면, 그의 혜안과 통찰을 좀 더 명확하게 이해할 수 있지 않을까 한다.

회해야 하오!"라는 문장은 연대기상의 햇수라는 의미에서의 나이를 말하는 게 아닙니다. 나는 결코 나 스스로가 출생신고서에 기록된 날짜 때문에 토론에서 손해 보는 것을 용납하지 않습니다. 누구는 스무 살이고, 나는 쉰 살이 넘었다는 단순한 사실은 나로 하여금 이것만이 내가 그 앞에서 위압당하는 성취라고 생각하게 하는 근거가 못 됩니다. 나이는 결정적이지 않습니다. 결정적인 것은 인생의 현실들을 관찰하는 훈련된 불요불굴(不撓不屈)의 의지와 그 현실들에 당면하여 내적으로 걸맞게 소화하는 능력입니다.*

분명히, 정치는 머리로 만들어지지만, 그렇다고 머리로만 만들어지는 것도 아닙니다. 이에 대해서는 궁극 목적의 윤리 주창자가 옳습니다. 그 누구도 다른 사람에게 절대적 목적의 윤리 혹은 책임윤리 중 어느 하나를 따라야 한다거나, 언제는 절대적 목적의 윤리를 언제는 책임윤리를 따라야 한다고 강요할 수 없습니다. 오직 다음과 같이 말할 수는 있습니다: 만약 당신의 의견으로 '불임'의 흥분—흥분이란 결국 진실된 열정이 아닌 것입니다—의 시대가 아닌 이런 시대에, 만약 지금 갑자기 세계관적 정치인들(*Weltanschauungs* politicians)이 집단으로 불쑥 나타나 "어리석고 비열한 것은 세계이지 내가 아니다", "결과들에 대한 책임은 내가 아니라 내가 봉사하는 다른 사람들에게 있으며, 나는 그들의 어리석음과 비열함을 뿌리 뽑겠다" 같은 표어들을 건넨다면, 그때 나는 솔직히 맨 먼저 이러한 궁극적 목적의 윤리의 뒤에 있는 내적 평정의 정도를 조사하겠다고 선언하겠습니다. 열에 아홉은 그들이 책임지고 있는 일이 무엇인지도 완전히 알지 못하는 떠버리들로 낭만적인 감정에 온통 취해 버린 사람들이라는 인상을 나는 받았습니다. 인간적인 견지에

---

* 베버는 위 문장을 56세 때 말했다. 그리고 그의 이 글을 번역하는 나는 햇수로는 그보다 적어도 스무 살이 더 많지만, 나이는 햇수가 아니라는 그의 의견에 동의한다. 더구나, 이 두 강의에서 보여준 그의 혜안과 학자적 양심과 정직성에 머리를 숙인다. 그렇다. 지금 내 주변을 둘러봐도 나이 햇수와 상관없이 '노인 어린이들' 이나 '어진 젊은이들'을 나는 쉽게 보고, 때론 마주치고, 가끔은 가까이에서도 겪는다.

서, 내게 이것은 별로 흥미롭지도 않고, 나를 깊이 감동시키지도 못합니다. 반면에, '성숙한' 사람이—나이가 들었든 적든 간에—그의 행동의 결과들에 대해 책임감을 인식하고, 가슴과 영혼으로 그 책임을 진정으로 느끼는 것은 굉장히 감동적입니다. 그는 책임윤리에 따라 행동하며, 다음과 같이 말하기에 이릅니다: "내 입장은 이렇습니다. 나는 달리 행동할 수는 없습니다." 이런 것은 참으로 인간적이고 뭉클하게 만듭니다. 그리고 우리들 가운데 누구든 정신적으로 죽지 않았다면, 이런 입장에 언젠가는 다다르게 된 스스로를 발견하게 될 가능성을 알아야 합니다. 이것이 사실이라면, 궁극적 목적의 윤리와 책임윤리는 절대적인 대조가 아니라 오히려 상보(相補)이며, 오직 하나로 융화할 때만이 한 사람의 진정한 인간을 일구어 냅니다—'정치를 소명'으로 가질 수 있는 한 사람 말입니다.

지금, 그러면 신사 숙녀 여러분, 10년 뒤[1930년]에 우리 다시 이 문제를 토의해 보기로 합시다. 불행히도 온갖 이유들 때문에 그때는 우리에게 닥친 '반동의 기간'(Zeit der Reaction, period of reaction)이 오랫동안 지속된 뒤가 아닐까 저는 염려스럽습니다. 여러분의 대부분이나 그리고 (솔직하게 고백하지만) 내가 원하고 희망했던 것이 거의 아무것도 이루어지지 않을 확률이 높습니다—아마 정확히 전혀 아무것도라고 할 수는 없겠지만, 적어도 우리가 보기에는 거의 아무것도 아닌 것입니다. 이점이 나를 으스러뜨리지는 못하겠지만, 그것을 깨닫는다는 것은 내적 부담입니다. 그땐, 나는 여러분들 가운데 진정으로 '원칙을 지키는' 정치인이 되고 싶다고 느끼는 사람들이 지금 이 혁명으로 표출된 흥분의 도가니 속에 함께하면서 어떻게 되어 있는지 볼 수 있기를 바랍니다. 만약 (여기 내가 인용하는) 셰익스피어의 소네트 102[14]가 딱 들어맞는 방식으로 문제들이 전환된다면 정말 좋겠습니다.

우리 사랑이 새롭던 그땐, 그러나 봄이었지요,

그때 나는 그 사랑을 내 노래로 반기려 했지요;

꾀꼬리가 여름철이 다가오자 노래 부르더니,

그리고 시절이 깊어지자 피리를 멈추는군요.

그러나 사정이 그렇지 않습니다. 우리 앞에는 꽃이 피는 여름이 아니라, 어느 집단이 지금 외적으로 승리하든 상관없이 얼음으로 가득 찬 어둠과 가혹함이 도사리는 극지방의 밤입니다. 아무것도 없는 곳에서는 왕도 무산자(Proletarier, proletarian)도 자신의 권리를 잃고 말았습니다. 이 밤이 서서히 지나고, 봄이 찬란하게 꽃필 때까지 누가 살아남아 있을까요? 그리고 여러분 모두는 그땐 어떻게 되어 있을까요? 여러분은 비통해할까요, 아니면 단조롭게 지내고 있을까요? 여러분은 쉽게 그리고 무덤덤하게 세상과 직업을 받아들이고 있을까요? 아니면, 제3의 그리고 결코 꼭 가장 가능성이 적다고 볼 수도 없는 가능성, 즉 타고난 재능을 가진 이들의, 또는 흔한 데다 불쾌하지만, 이러한 유행을 쫓고자 애쓰는 이들의 현실로부터의 신비스런 도피가 당신의 운이 될까요? 이 모든 경우에 나는 그들이 자신들이 취한 행동에 부합하지 못했다는 결론을 내릴 것입니다. 그들은 매일매일 일상생활로서의 세계에도 부합하지 못했습니다. 그들은 정치에 대한 소명을 가지고 있었다고 생각했지만, 가장 심오한 의미에서 그 소명을 체험하지 못했습니다. 단순하게 개인 관계에서 꾸밈없는 우애라도 닦았다면 더 나았을 것입니다. 그 밖에 그들은 하루하루의 일과를 진지하게 해나가야 했을 것입니다.*

---

* 위에서도 몇 차례 지적했지만, 베버는 제1차 세계대전을 몸소 쓰라리게 겪었고, 제정러시아의 붕괴와 볼셰비키 공산혁명도 목격했고…. 그의 조국 독일이 패전의 고통 속에 제국의 겉옷을 벗고, 바이마르 공화국으로 새 옷을 입는 그 격변, 격동, 격랑의 현장에 서서, 그의 생애 이 마지막 강의를 하고 있는 것이다. 그는

천직(소명)의 정치인은 누구인가?

정치는 딱딱한 널빤지에 강하게 그리고 서서히 구멍을 뚫는 일입니다. 그것은 열정과 전망을 요구합니다. 분명히 모든 역사적 경험은 다음과 같은 진리를 확인시켜 줍니다—사람은 계속해서 불가능에 이르려고 하지 않는다면 가능한 일도 이루지 못합니다. 그러나 그러기 위해서는 그는 지도자가 되어야 하며, 그리고 지도자이자, 단어의 진지한 의미에서 영웅이 되어야 합니다. 그리고 지도자나 영웅이 아니더라도 모든 희망이 산산조각이 나도 밀고 나갈 수 있는 불요불굴의 마음가짐으로 무장해야 합니다. 이것이 지금 당장 필요한 것입니다. 그렇지 못하면, 그들은 오늘 가능한 일마저 이루지 못할 것입니다. 그가 제공하고자 원하는 것에 비해 세계가 그의 관점에서 너무나 어리석거나 너무나 비루하다고 해도 결코 무너지지 않겠다는 자신이 있는 사람만이 정치를 소명으로 가질 수 있습니다. 이 모든 것들에 직면하여, '이 모든 것들에도 불구하고!'라고 말할 수 있는 사람만이 정치를 '소명'으로 가지는 것입니다.

그가 강의하고 있는 1920년 1월, 2월이라는 시점에서 10년 뒤를 전망하고 있지만, 그 앞날은 희망보다 절망, 낙관보다 비관, 긍정보다 부정이 주류, 주제가 되고 있다. 마치 그가 그의 조국에 나치가, 유럽에 파시스트 열풍이 거세지고, 이미 러시아를 휩쓸고 있는 공산전체주의 독재의 물결이 거세질 것이라는 것을 그의 머리와 가슴속에서 깊이 감지하고 우려하는 것 같이. 어쩌면 제2차 세계대전이라는 또 하나의 인류 재앙을 예감이라도 한 듯이. 북극 빙하의 어두움과 참혹함으로 그가 비유하듯이…. 그럼에도 불구하고 베버는 이 강의의 마지막 결론 구절에서 다음과 같이 낙관, 희망, 긍정을, 그리고 불가능에의 도전이라는 '참 정치인'의 과제를 주문하고 있는 것이 크게 돋보인다.

부록

주석
참고문헌
찾아보기

제 1 장

주 석

1 1918년 뮌헨 대학에서 강의를 하고, 그곳 Duncker & Humblot 출판사가 1919년 처음 이 강의노트를 출판했고, 1922년 튀빙겐(Tübingen)에서 출판된 책, *Gesammelte Aufsaetze zur Wissenschaftslehre*에 다시 이 강의가 한 장으로(pp. 524–555) 수록되었다. 하지만, 막스 베버의 부인, 마리안네가 쓴 베버의 전기 영문 번역본 부록, 베버의 *Chronology of Max Weber's Life*에는 베버가 1919년 1–2월 사이에 위 두 강의를 발표한 것으로 기록되어 있다. 이 책에서 참조한 베버의 독일어 원본, "Politik als Beruf"는 뮌헨과 라이프치히(Leipzig)에서 Verlag von Duncker & Humblot 출판사가 1919년 동시에 출간한 것이다. 그리고 "Wissenschaft als Beruf"(1919)는 독일에서 2002년 Alfred Kröner Verlag, Stuttgart 출판사의 것임을 밝힌다.

2 이들 원주민, 원시족과 문명권 삶에 대한 비교 분석의 최근 사례로는 Jared Diamond, *The World until Yesterday: What Can We Learn from Traditional Societies?* (New York: Viking, the Penguin Group, 2012) 참조.

3 이희승 편저, 《국어대사전》(민중서림, 1961, 1982, 제32쇄)에 강의는 세 가지 뜻–공중에게 어떤 제목에 대해 이야기 함; 글이나 학설의 뜻을 설명하고 가르침(講解, 講釋, 講說), 교수하는 이의 설명에 의해서 이루어지는 수업; 대학에서의 수업–으로 풀이되어 있다.

4 위 사전은 강연을 간략히 두 가지 뜻–강의함; 공중에게 어떤 제목에 대하여 이야기함–으로 풀이하고 있다.

5 삼강오륜(三綱五倫)–군위신강(君爲臣綱), 부위자강(父爲子綱), 부위부강(夫爲婦綱); 군신유의(君臣有義), 부자유친(父子有親), 부부유별(夫婦有別), 장유유서(長幼有序), 붕우유신(朋友有信).

6 Max Weber, *Economy and Society*, volume 1, edited by Guenther Roth and Claus Wittich (Berkeley: University of California Press, 1978), p. xxxiv서 재인용: "*Economy and Society* is part of the body of knowledge on which Weber drew in his unwitting testament, his speeches on "Science as a Vocation" and "Politics as a Vocation," which he delivered shortly after the end of the first World War before a small number of politically bewildered students.

By now thousands of students have read these two rhetorical masterpieces with their poignant synopsis of his philosophical and political outlook as well as of his scholarly animus. Yet the very compactness of the two speeches impedes easy comprehension. *Economy and Society* elaborates much that is barely visible in them."

7 'speech', 'performance' 등의 최초 사용 연도와 뜻은 *The Shorter Oxford English Dictionary on Historical Principles* (Oxford: Oxford University Press, 1980) 참조.

주 석

8 여섯 가지 감각(六感)은 보통 눈(視覺), 귀(聽覺), 코(嗅覺), 입(味覺), 살갗(觸覺) 등 오감에다, 신비스런 심리적 느낌, 즉 예감(叡感, the sixth sense)을 포함한다. 일곱 가지 감정표출(七情)은 기쁨(喜), 노여움(怒), 슬픔(哀), 즐거움(樂), 사랑(愛), 악함(惡), 탐욕(慾)으로, 또는 위의 '喜', '怒'에다 우려(憂), 생각(思), 의구심(懼), 슬픔(悲), 놀라움(驚), 무서움(恐)을 합치기도 한다. 불교에서는 위의 '喜, 怒, 憂, 懼, 愛, 慾'에 증오(憎)를 넣는다.

9 미 National Geographic (January 2012)의 쌍둥이 연구 특집(pp. 37–65)에 의하면, 일란성 쌍둥이도 디지털 이미징 시스템(digital imaging system)으로 들여다보면, 주근깨(freckles), 피부 모공(skin pores), 눈썹의 곡선(the curve of their eyebrows) 등에 약간의 차이가 나타난다고 한다. 일란성 쌍둥이는 사실상 거의 일치하는 유전암호(genetic code)를 갖고 있기 때문에 유전(nature)과 환경(nurture) 중 어디까지 그들의 개성, 행태, 질병위험성 등에 영향을 미치는가에 가장 좋은 실험 대상이 되기도 한다. 미 미네소타 대학 심리학 교수 부샤드(Thomas Bouchard, Jr), 캘리포니아 주립대(Fullerton 캠퍼스)의 심리학 교수 시걸(Nancy Segal) 등에 의한 20여 년에 걸친 137쌍의 쌍둥이 연구에 의하면, 쌍둥이의 유전가능성(heritability)이 75%(0.75)로 나타났다. 이는 우리 뇌는 백지상태(Tabula rasa, blank slate)라는 행동주의자들(behavioralists)의 주장과는 거리가 멀다. 구체적으로, 지능지수(IQ Scores)의 75% 변이(variations)가 유전성이라는 것이다. 더구나 최근 연구에 의하면, 유전, 환경 이외에 제3의 요인–후성(後成, epigenetic), 유전과 환경의 다리 역할을 하는 점차적으로 진화된 후생(後生) 변성(變成)–도 주목을 받는다고 한다. 쉽게 풀이하면, DNA(혹은 유전성, genetics)는 펜으로 쓴 글처럼 지울 수 없지만, 후성(epigenetic)은 연필로 쓴 글처럼 지워질 수 있다. 즉, 변화가 가능하다는 것이다.

10 최근 한국 전자 스타트업 애니랙티브가 사물인터넷(IoT)을 기반으로 한국 전자칠판을 개발했다고. 《동아일보》, 2015년 3월 31일.

11 오감, 육감(五感, 六感—視, 聽, 嗅, 味, 觸, 그리고 sixth sense).

12 류현정 · 유진우, "몽골서도 MIT 강의 접속 … 미 대학 절반이 사라진다," 《조선비즈》 특집, 2014년 9월 1일.

13 https://www.mooc–list.com

14 류현정 등, 앞의 글에서 재인용.

15 위의 글.

16 송대진, "강의에 인공지능 이용했더니", 《중앙일보》 2016년 1월 8일. eTL(e Teaching & Learning)로 강좌 공지, 수업 자료 배포, 과제물 제출, 조별 토의 등 수업과 관련된 모든 활동이 온라인 기반으로 이루어지고 있다고. 《서울대 동창회보》, 제448호(2015년 7월 15일).

주 석

17 김기용, "청학동 기가(Giga)서당으로 오시오," 《동아일보》, 2015년 7월 7일; Kim Young-won, "KT launches 'GiGA Creative Town," *The Korea Herald*, the same date.

18 칸트(Kant)의 주요 저서로는 "순수이성 비판"(*Kritik der reinen Vernunft*, The Critique of Pure Reason, 1781); "실천이성 비판"(*Kritik der prackischen Vernunft*, The Critique of Practical Reason, 1788); "판단력 비판"(*Kritik der Urteilskraft*, the Critique of Judgment, 1790) 등이 있다.

제 2 장

주 석

1 허두영, "초딩교수, 개근교수, 적자교수…싼학교수", 《동아일보》, 2014년 4월 30일 참조.

2 http://blog.hani.co.kr/dnsjtjsl35898.

3 전체 통계는 http://blog.naver.com/PostPrint.nhn?=sminny84&logNo=120136838265 참조. 2015년도 정교수 평균연봉 상위대학 자료는 새누리당 염동열 의원(교육부 자료분석), 《중앙일보》, 2015년 9월 30일.

4 Samantha Stainburn, "The Case of the Vanishing Full-time Professor," *The New York Times*, January 3, 2010.

5 1961년부터 2007년까지 한국은 연평균 8% 경제성장률을 기록해 경제개발기구(OECD) 국가 가운데 최고다. 김병연, "시민이 살아야 경제가 산다", 《중앙일보》, 2015년 7월 30일. 구체적인 자료는 Sung Chul Yang, *The North and South Korean Political Systems: A Comparative Analysis* (Boulder, Co.: Westview Press, 1994), p. 642, 남북한 GNP Data(Table 16.1) 참조.

6 《동아일보》, 2013년 2월 6일.

7 Mark Erickson, "Science as a Vocation in the 21st Century: An Empirical Study of Science Researchers," copyright: The Continuum Publishing Group Ltd 2002, The Tower Building, 11 York Road, London SEI 7NX and 370 Lexington Avenue, New York, NY 10017.

8 다만, 대처 수상 교육개혁 이래 영국 교수들은 자신의 논문 중 네 편을 스스로 골라 평가받고, 4등급(세계를 선도하는 교수는 별 넷, 국제적으로 우수하면 별 셋, 국제, 혹은 국내에서 인정을 받으면 각각 별 둘과 하나)의 평가를 받는 것이 한국 교수와 좀 다른 점이다. 이지혜, "세계 50위 밖 서울 의대", 《조선일보》, 2014년 7월 18일.

9 자세한 설문 답변자 숫자는 위 Erickson, Table 1 참조.

10 정진위, 《Y대 학생처장이 본 1980년대 학생 민주화 운동》(연세대학교 대학출판문화원, 2014), p. 85.

11 정환규, "높은 학력(學歷), 낮은 실질 학력(學歷), 《국회보》, 2015년 3월, pp. 64–65 재인용.

12 《중앙일보》, 2013년 3월 5일.

13 국회청문회, 국회방송(2014년 7월 10일, 11일).

14 안효성, "나랏돈 연구비로 2억대 주식 투자…자녀 용돈", 《중앙일보》, 2015년 5월 27일. 길진균, "국책연구비

주 석

로 주식투자-피자배달-아들 용돈까지", 《동아일보》, 같은 날짜.

15 "미달 부실 대, 정부 돈 타내려 교직원 가족 '가짜 학생' 등록", 《조선일보》, 2013년 1월 30일.

16 "대학 발표 취업률의 허상……100중 16명, 6개월 내 퇴사", 《조선일보》, 2013년 2월 4일. "사립대 67곳, 학생 등록금 받아 교직원연금 내줬다", 《중앙일보》, 2013년 2월 4일. "1004억 횡령 혐의 서남대 설립자(이홍하) 보석으로 풀려나", 《중앙일보》, 2013년 2월 14일.

17 "좋은 직장 갈 수 있다면……대학 졸업 후 4, 5년 재수 감수", 《중앙일보》, 2013년 2월 14일 재인용.

18 "교육, 융합 형-창업가 형으로 개혁해야 우리나라 미래 있다", 《동아일보》, 2013년 2월 18일.

19 안양옥, "대한민국은 교육 실험공화국인가?", 《중앙일보》, 2015년 3월 30일. 안석배, "'학과작명소'로 전락하는 한국대학들", 《조선일보》, 2016년 5월 25일. 조장희, "대학 이대로 좋은가?", 《서울대동창신문》, 제458호, 2016년 5월 15일.

20 IEA 조사 결과에 대한 기사는 《동아일보》, 2012년 12월 12일 참조.

21 박진영, "한국 아이들, 공부 스트레스 세계서 가장 심해", 《조선일보》, 2015년 3월 12일.

22 Brook Larmer, "Inside the Chinese town where 20,000 students spend 16 hours a day, 7 days a week, studying for the biggest test of their lives–Cram City," *The New York Times Magazine*, January 4, 2015, pp. 34–41.

23 안용현, "지상최대 시험, 중국 판 수능에 드론까지 떴다", 《조선일보》, 2015년 6월 8일.

24 Brook Larmer, 앞의 글, p. 36.

25 안용현, 앞의 글.

26 Yoon Min-sik, "Korean Students Suffer Most from Study-induced Pressure," *The Korea Herald*, March 12, 2015. 한국 자료는 보건사회연구원(한국아동종합실태조사)이고, 다른 나라 통계는 2009, 2010 WHO survey 자료임.

27 William Doyle, "Why Finland has the best schools"(Tribune Content Agency), *The Korea Herald*, March 25, 2016. Susan Osgood의 인터뷰 기사, Yoon Min-sik, "Korean education needs soul-searching," *The Korea*

주 석

Herald, May 26, 2015.

28 윤정호 · 나지홍, "'가짜 합격증' 김양, SAT 만점도 사실 아니었다", 《조선일보》, 2015년 6월 12일.

29 《중앙일보》, 2012년 12월 14일.

30 《동아일보》, 2013년 2월 20일.

31 자세한 내용은 《중앙일보》, 2013년 2월 21일.

32 김대호, "재외 교민이 풀지 못하고 떠난 수수께끼", 《동아일보》, 2015년 6월 30일.

33 위 숫자는 "어린이가 웃어야 대한민국이 행복하다", 《동아일보》, 2013년 5월 3일 재인용.

34 《중앙일보》, 2013년 2월 5일, 천인성 · 이한길, "부모도 교사도 학생 인성교육 강화하라 한 목소리" 재인용.

35 직격 인터뷰, "송호근 묻고 염재호 답하다", 《중앙일보》, 2015년 4월 17일.

36 "Education: The Paramount Duty," Editorial Opinion, *The Seattle Times*, January 5, 2015.

37 Klaus Schwab의 Asia News Network column, "Nothing to fear but Fear itself," *The Korea Herald*, December 14, 2012에서 인용.

38 강규형, "한계에 온 대학, 대학원 정원", 《조선일보》, 2013년 2월 20일 참조.

39 "Demographic Structure: Shrinking Youth population sends a warning," *The Korea Herald* editorial, July 15, 2014에서 재인용.

40 신진우 기자, "내년부터 정원 줄여야 하는데……대학별 인원-평가항목 깜깜," 《동아일보》, 2014년 1월 29일, 같은 날짜 《조선일보》 김희균기자 기사 참조.

41 교육에 관한 보다 자세한 설명은 이 저자의 졸문, "가르침과 배움에 대하여", 전남 장성 교육지원청 2012년 학교운영위원회 연수 초청 특강, 2012년 6월 4일, 장성여자중학교 강당. http://blog.naver.com/scyang39.

42 노진호, "이러니 '교육부 없는 게 낫다'는 말 나온다", 《중앙일보》, 2015년 4월 30일. 안석배, "학년마다 다른 入試 누가 책임지나", 《조선일보》, 2015년 4월 30일.

제 3 장

주 석

1 "강수경 서울대교수 논문조작 재의 요청 '기각'", 《서울경제》, 2013년 1월 31일.

2 김한별(황우석 사건 제보자), "연구 현장의 좌절감, 아직 남아있어", 《중앙일보》, 2014년 10월 30일.

3 "The Chancellor Will Have to Reshuffle Her Cabinet," *Spiegel* online, 02/06/2013.

4 이 저자의 아이 둘 다 네 살 때부터 스즈키 프로그램 졸업 때까지 바로 이 스즈키 교수방법으로 바이올린을 켄터키 주(Lexington, Louisville)에서 배웠고, 1970년대 말쯤에 우리 아이들과 우리 부부가 테네시(Knoxville)까지 가서 미 전역 스즈키 총회에 온 그를 잠깐 만나 인사를 나눈 바 있다. 몇 년 뒤 우리 집사람은 아이들과 다시 위스콘신 주(Stevens Point) 같은 총회에서 두 번째로 그를 잠시 만났기 때문에 더 충격적이다. 다만 오코너의 주장이 사실로 판명된다면.

5 Sara Malm, "Japanese violin teacher whose method has been used by millions LIED about his training, LIED about learning with Einstein and is the 'biggest fraud in musical history,'' say experts. Mail Online, October 28th 2014. 고정애, "전설적 음악교사 스즈키 학력, 경력 모두 거짓말, 영국언론, 학교기록 등 공개", 《중앙일보》, 2014년 10월 28일. A blog written by Mark O'Connor, music entrepreneur, composer and violinist, September 30, 2013.

6 신준봉, "신경숙, 미시마 유키오 작품 표절했다", 《중앙일보》, 2015년 6월 17일.

7 Ernest R. Hilgard and Daniel Lerner, "The Person: Subject and Object of Science and Policy," in *The Policy Sciences*, edited by Daniel Lerner and Harold D. Lasswell (Stanford: Stanford University Press, 1959, 1965), p. 17.

8 Harold D. Lasswell, "The Policy Orientation," 앞의 책, p. 9.

9 Charles Kurzman and Erin Leahey, "Intellectuals and Democratization, 1905–1912 and 1989–1996", *American Journal of Sociology*, 109 Number 4(January 2004), pp. 937–986.

10 위 논문, pp. 973–74.

11 1445년경 구텐베르크가 발명한 금속활자는 당시 유럽의 지식혁명, 특히 1517년 종교개혁(Reformation)의 불씨가 되었다. 하지만, 그보다 221년 앞선 세계 최초의 금속활자본은 우리나라 고려시대1234년 《고금상정예문》(古今詳定禮文) 50권 28부다. 그러나 이는 지금은 존재하지 않고, 이규보(1168–1241)의 《동국이상국집》(東國李相國集)에 1234년(고종 21년)에 이 책이 발간됐다는 기록만 남아 있다. 구텐베르크보다 78년 앞서 발간된 현존하는 세계에서 가장 오래된 금속활자본은 2001년 유네스코 세계기록유산으로 등재된 고려 말, 1377년 백운경한의 《백운

주 석

화상초록불조직지심체요절》(白雲和尙抄錄佛祖直指心體要節), 약칭, 직지(直指), 또는 직지심체요절(直指心體要節) 하권(프랑스 파리국립도서관 소장)이다.

12 Harold Bloom, ***Genius: A Mosaic of One Hundred Exemplary Creative Minds*** (New York: Warner Books, 2002).

13 "…the Sefirot, attributes at once of God and of the Adam Kadmon or Divine Man, God's Image," 위의 책, p. xi.

14 위의 책, pp. 14–65. Lustre 2에는 라틴 시인이자 철학자 루크레티우스(Titus Lucretius, c.99–c.55B.C.E.), 로마의 시인 버질(Vergil, 70–19 B.C.E.), 성(聖)아우구스티누스(Saint Augustine, 354–430), 이탈리아의 단테(Dante Alighieri,1265–1321), 영국의 서사 시인 초서(Geoffrey Chaucer, 1340?–1400) 등이다. Bloom이 이들을 선정한 짤막한 설명과 이유는 그의 위의 책, pp. 66–109 참조.

15 김지현, "LG 전자 "PDP TV 생산–판매 중단", 《동아일보》, 2014년 10월 29일. 강동철, "한, 중, 일, 내년엔 '양자점 TV'로 화질 전쟁", 조선경제, 2014년 11월 4일. 서동일, "화질 경쟁 끝… QLED로 '스크린 에브리웨어' 시대 열 것", 《동아일보》, 2017년 3월 16일.

16 Hannah Arendt, ***On Revolution*** (New York: Viking, 1963), p. 110.

17 NPR, Pope says ,"God [is] not, a Magician, with a Magic Wand," October 28, 2014 11:18 AM ET. 전승훈, "프란치스코 교황, 과학 포용, 진화론–창조론 충돌 안 해", 《동아일보》, 2014년 10월 30일.

18 Pius XII, Enc. Human Genesis, 36, Wikipedia, the Free Encyclopedia(Wikipedia)에서 재인용.

19 Pope John Paul II, address to the Pontifical Academy of Sciences, October 22, 1996. Wikipedia에서 재인용.

20 이 보고서는 교황이 되기에 앞서 2004년 7월 그가 The International Theological Commission 회장으로 있을 때 발표한 "Communion and Stewardship: Human Persons Created in the Image of God, plenary sessions held in Rome, 2000–2002", published July 2004, ξ63{1}, Wikipedia서 재인용.

21 보다 자세한 것은 http://nobelprize.org 참조.

22 Explore Nature.com. 4월 18일.

23 Dennis Overbye, "Two Promising Places to Live, 1,200 Light-Years From Earth," ***The New York Times***,

주 석

April 18, 2013, Miami AFP, "Kepler telescope finds 1,284 new planets," *The Korea Herald*, May 12, 2016. 2017년 2월 22일에 또 다섯 개(모두 일곱 개)의 지구와 비슷한 태양계 밖 39광년 거리에 있는 행성(exoplanet)을 발견했다고 NASA가 밝혔다. "Seven Earth-Like Planets discovered," Paris(AFP), The Korea Herald, February 24, 2017. 보다 상세한 것은 "NASA's Kepler Provides Another Peak at Ultra-cool Neighbor," http://nasa.gov/kepler 참조.

24 Stephen Hawking, *Black Holes And Baby Universes and Other Essays* (Reading, Berkshire: A Bantam Book, 1993), pp. 133-134.

25 2013년 4월 29일 영국인 리차드 브랜슨 경(Sir Richard Branson)의 중동 아랍공화국연합(UAE) 수도 아부다비(Abu Dhabi)에 있는 민간우주항공사(spaceline), 아바 투자회사(Aabar Investments PJC)가 미국 캘리포니아주 모하비 사막에서 특별 제트 비행기(twin-fuselage jet)로 우주선(SpaceShipTwo)을 45분 만에 14,630미터를 쏘아 올려, 다시 우주선과 분리, 우주선 로켓 엔진이 16초 동안 발화하여, 우주선을 16,760미터까지 끌어 올리는 데 성공했다고. 보다 자세한 것은 "Virgin Galactic spaceship makes first powered flight" (AP), *The Korea Herald*, May 2, 2013에서 재인용. 그러나 두 번째 시험비행에서는 우주선이 공중에서 폭파, 우주비행사 한 사람은 죽고, 다른 한 사람도 중상을 입었다. Joel Achenbach and Drew Harwell, "Virgin Galactic's Spaceship Two explodes," *The Washington Post*, October 31, 2014.

26 이 빌딩 명칭, 부르즈 할리파(Burj Khalifa, Khalifa Tower 또는 Tower of Caliph)는 이 건축물 건설 아이디어를 처음 내놓았고, 그 완공에 이르기까지 '총 리더' 역할을 한 아랍에미리트연합(UAE) 대통령이자 공화국 수도 아부다비(Abu Dhabi)의 통치자인 Sheikh Khalifa bin Zayed Al Nahyan의 기여를 기리기 위해 그 이름에서 따온 것이다. 자세한 것은 Wikipedia Burj Khalifa 참조.

27 7월 31일 *USA Today*에 나온 기사를 인용, Thomas L. Friedman이 그의 고정 칼럼, "The World's Hot Spot," *The New York Times*, August 19, 2015에서 경고하고 있다.

28 삼성 엔지니어링 건설사(Samsung Engineering and Construction Company)는 부르즈 할리파의 주(主) 계약자(main contractor)였다. 말레이시아의 페트로나스 쌍둥이 빌딩(Petronas Twin Towers) 건설에는 일본회사(Hazama)가 쌍둥이 타워 1를, 위 삼성이 타워 2를 맡아 완공했고, 대만 타이베이101 빌딩 건설에도 위 삼성이 주 계약자였다.

제 4 장

주 석

1 서울대학교 개교 원년(元年)에 대한 고찰은 임광수 엮음, 《正統과 正體性 : 서울대학교 개교 원년, 왜 바로 세워야 하는가》(도서출판 삶과 꿈, 2010) 참조.

2 미국 대학의 경우 현재 7,000여 개 대학과 대학교 가운데 평가기준이 학교 졸업생(동창생)의 기부금, 부자들의 기여금, 학생당 학교 지출 비중, 그리고 월가(Wall Street) 등 금융 중심 대기업 취업만을 위주로 하고, 재학 중 학생들의 공공 봉사와 헌신이나, 졸업생의 다양한 분야에의 진출 등을 상대적으로 무시, 배제한다고 비판한다. Robert B. Reich, "College Rankings miss the Mark," *The Korea Herald*, September 19–20, 2015.

3 QS 대학평가 기준은 12가지다. 1. 예술과 인문학(arts and humanities); 2. 사회과학과 경영(social sciences & management); 3. 외국인 교수진(international faculty); 4. 엔지니어링과 기술(engineering & technology); 5. 학술논문 인용 횟수(citation per paper); 6. 고용주 평판(employer reputation); 7. 외국인 학생 수(international students); 8. 생명과학과 의학(life sciences & medicine); 9. 자연과학(natural sciences); 10. [대학교의] 학문 평판(academic reputation); 11. 학생 능력(student faculty); 12. 교수당 학술논문 등 인용 수(citations per faculty) 등이다. 보다 자세한 것은 QS 홈페이지 참조.

4 《조선일보》, 2014년 5월 12일.

5 위 http://www.timeshighereducation.co.uk 참조.

6 《중앙일보》–THE, '아시아 100대 대학' 공동발표, 《중앙일보》, 4월 11일. 자세한 것은 http://www.timeshighereducation.co.uk 참조.

7 김형기, "서울대가 홍콩대에 밀리는 이유", 《조선일보》, 2013년 9월 17일 참조.

8 김환영의 직격 인터뷰, "스탠퍼드 대 존 헤네시 총장", 중알일보, 2016년 3월 25일.

9 서영표 동아사이언스 기자, "기초과학 연구에 실패란 없어. 정부의 간섭이 예산낭비 초래," 《동아일보》, 2012년 12월 7일.

10 키르히호프(1824–1887) 교수는 루비디움(Rubidium)을 발견하고, Three laws of spectroscopy, law of thermo-chemistry, circuit laws 등을 공식화했다. 자세한 것은 Gustav Robert Kirchhoff, Wikipedia 참조.

11 알프레트 베버는 그의 큰형 막스 베버처럼 하이델베르크대 경제학 교수로 1907년부터 1933년까지 봉직하다, 히틀러 정권에 맞서 지식인 투쟁을 전개하다가 대학에서 해직되는 수난도 겪는다. 1945년 2차 세계대전이 끝난 뒤 복직하여, 경제학 이론 개발에도 큰 공헌을 한 학자로 널리 알려졌다. 보다 자세한 그의 경제학 이론에 관한 공헌은, Alfred Weber, Wikipedia 참조.

12 Jeffrey Sachs, "The Harvard IKB School of Engineering," in his Blog, posted 06/05/15.

제 5 장

주 석

1 여기서 참조한 도킨스의 저서는 *The God Delusion* (First Mariner Books edition, 2008, first Published in Great Britain by Bantam Press, 2006)이다. 그의 다른 저서로는 *The Selfish Gene, The Blind Watchmaker, Unweaving the Rainbow, The Ancestor's Tale* 등이 있다. 마찬가지로, 여기서 참조한 다이아몬드의 저서는 *The World until Yesterday: What Can We Learn from Traditional Societies?* (New York: Viking, 2012)이다. 그 밖에 내가 읽은 그의 책은 *Collapse*와 *Guns, Germs, And Steel, The Third Chimpanzee* 등이지만 여기서는 *The World until Yesterday*의 Part Five, Chapter 9만을 주로 참조했음을 미리 밝힌다.

2 Diamond, *The World until Yesterday*, p. 333.

3 Richard Dawkins, *The God Delusion*, pp. 73–74.

4 위의 책, p. 52. 세계 종교 발전사(史)에 대한 종합적인 분석은 W. Richard Comstock, general editor, *Religion and Man: An Introduction* (New York: Harper&Row, publishers, 1971) 참조.

5 Jared Diamond, *The Third Chimpanzee: The Evolution and Future of the Human Animal* (New York, a hardcover was published in 1992; First Harper Perennial edition in 1993, reissued in 2006), p. 44.

6 상세한 것은 위의 책, Chapter 16. In Black and White, pp. 276–309.

7 같은 책, Chapter 16. In Black and White, 특히 pp. 283–290 참조.

8 Jared Diamond, *Collapse: How Societies Choose to Fail or Succeed* (New York: Penguin Books, 2006), Chapter 14, Why Do Some Societies Make Disastrous Decisions?, 특히 p. 432 참조.

9 Jared Diamond, *Guns, Germs, and Steel: The Fates of Human Societies* (New York: W. W. Norton & Company, first published as a Norton paperback, 1999.

10 위의 책, pp. 359–360.

11 Sung Chul Yang, *The North and South Korean Political Systems: A Comparative Analysis* (Elizabeth, New Jersey: Hollym International, 1999), Revised Edition, pp. 35–41. 참조.

12 Diamond, *The World Until Yesterday*, pp. 334–335.

13 위의 책, p. 368.

주 석

14 위의 책, p. 329.

15 위의 책, pp. 344–346.

16 위의 책, pp. 346–351.

17 위의 책, pp. 351–355.

18 위의 책, pp. 355–357.

19 "History of Science in Early Cultures," Wikipedia. 최근 인류의 농업 혁명 분석은 Yuval Noah Harari, ***Sapiens: A Brief History of Humankind*** (London: Vintage Books, 2011), 특히 Part Two, The Agricultural Revolution, Chapters 5, 6, 7, 8, pp. 87–178 참조.

20 Diamond, ***op. cit.***, pp. 357–359.

21 불교의 팔성도(八聖道) 또는 팔정도: 正見, 正語, 正業, 正命, 正念, 正定, 正思惟, 正精進. 유교의 삼강오륜: 군위신강(君爲臣綱), 부위자강(父爲子綱,), 부위부강(夫爲婦綱)과 군신유의(君臣有義), 부자유친(父子有親), 부부유별(夫婦有別), 장유유서(長幼有序), 붕우유신(朋友有信). 신라 불교 승려인 원광법사는 세속오계–사군이충(事君以忠), 사친이효(事親以孝), 교우이신(交友以信), 임전무퇴(臨戰無退), 살생유택(殺生有擇)–를 주창한 것으로 유명하다. 즉 왕에게는 충성을, 부모에겐 효도를, 친구 사이엔 신뢰를, 전쟁에 나가면 물러서거나 도주하지 않는 용맹을, 살상행위를 할 때는 분별력을 주문한다.

22 Diamond, ***op. cit.***, pp. 359–361.

23 Richard Dawkins, ***The God Delusion***, p. 316.

24 위의 책, Chapter 10, pp. 388–420 참조.

25 유신론자, 이신론자, 범신론자의 정의는 위의 책, pp. 39–40 참조.

26 위의 책, pp. 69–70 참조.

27 위의 책, p. 35.

28 위의 책, p. 73.

주 석

29 위의 책, p. 74.

30 위의 책, p. 221. 마틴 루터(Martin Luther, 1483-1546)의 위 구절을 도킨스가 저서에서 재인용.

31 위의 책, p. 151. 진화론의 창시자인 영국의 찰스 다윈(Charles Darwin, 1809-1882)의 위 구절을 도킨스의 책에서 재인용.

32 위의 책, p. 76. 영국 러셀(B. Russell, 1872-1970) 경의 말을 도킨스가 인용.

33 위의 책, p. 234 : "Most religions evolve".

34 위의 책, p. 240 : "Morality, indeed, probably predated religion".

35 위의 책, p. 265.

36 위의 책, p. 78. 도킨스는 하버드 대 생물학자, 굴드(Stephen Jay Gould, 1941-2002)의 언급을 재인용한다.

37 위의 책, p. 83.

38 위의 책, pp. 98, 235. 참고로, 클라크의 제1법칙은 "만약 출중하고 나이가 든 과학자가 어떤 것이 가능하다고 말하면, 그가 거의 옳을 것이다. 만약 그가 어떤 것이 불가능하다고 말하면, 그는 아마 옳지 않을 것이다." 제2법칙은 "가능의 한계를 찾는 유일한 방법은 불가능을 향해 조금이라도 더 다가가는 모험을 하는 것이다"이다. 제3법칙은 "충분히 진보한 기술은 기술(奇術) 즉 마법과 구별이 안된다." 영문은 다음과 같다 : "First law: When a distinguished but elderly scientist states that something is possible, he is almost certainly right. When he states that something is impossible, he is very probably wrong. Second law: The only way of discovering the limits of the possible is to venture a little way past them into the impossible. Third law: Any sufficiently advanced technology is indistinguishable from magic." Quoted in http://en.wikipedia.org/wiki/List_of_eponymous_laws.

39 위의 책, pp. 126-127.

40 위의 책, p. 129. 벨(Paul Bell)의 1927년 이래 IQ와 종교성 상관관계 43개 연구에 근거한 것을 재인용.

41 위의 책, p. 92. 유전학자, 코인(Jerry Coyne)의 인용구를 도킨스가 재인용.

42 위의 책, p. 52.

주 석

43 위의 책, pp. 118–119.

44 위의 책, p. 123.

45 위의 책, p. 313. 영문은, "Religion is regarded by the common people as true, by the wise as false, and by the ruler as useful." 세네카(Seneca the Younger)가 이렇게 말했다고 도킨스가 인용.

46 위의 책, p. 351. 영문은 "Cruel and evil people can be found in every century and of every persuasion."

47 위의 책, p. 57. 도킨스의 입장이다.

48 도킨스가 그의 저서, *The Selfish Gene*(1976)에서 처음 사용했다고 함. 보다 자세한 설명은 Meme, http://en.wikipedia.org/wiki/Meme 참조.

49 Dawkins, *The God Delusion*, p. 223.

50 위의 책, p. 224.

51 앞 Wikipedia의 Meme.

52 Dawkins, *The God Delusion*, pp. 231–232.

53 위의 책, pp. 246–247.

54 위의 책, p. 247.

55 위 같은 페이지에서 도킨스가 인용.

56 위의 책, p. 248.

57 위의 책, p. 251. A. Zahavi, 1995, "Altruism as a Handicap–The Limitations of Kin Selection and Reciprocity," in *Avian Biology* (26: 1–3) 등 주로 꼬리치레 새(babblers)의 행동을 평생 연구함.

58 도킨스, 앞의 책, p. 253.

59 이 부분은 미 *National Geographic* (June 2011)에 실린 Charles C. Mann, "The Birth of Religion"의 중요한 부분을 요약정리하고, 내 나름대로 몇 군데 코멘트한 것임을 밝힘. 이에 대한 최근 분석으로는 Yuval Noah Harari,

주 석

Sapiens: A Brief History of Humankind(London: Vintage Books, 2014), 특히 Part Two, Chapter 5, "History's Biggest Fraud," pp. 87–109 참조.

60 위 *National Geographic*과 같은 source임.

61 도킨스, *The God Delusion*, p. 420.

62 다이아몬드, *The World until Yesterday*, p. 368.

63 도킨스, 앞의 책, p. 129.

64 다이아몬드, 앞의 책, p. 354.

65 보다 자세한 것은 표 5–1, 5–2 참조.

66 이 자료는 2012 Encyclopaedia Britannica Book of the Year (All figures are midyear estimates)를 다시 2013 *The World Almanac and Book of Facts* (New York: World Almanac Books, 2013)가 수록한 것을 재인용한 것임. 자세한 것은 이 책, p. 701 참조.

67 갤럽, Dentsu, Zuckerman 등 세계 나라별 무종교인(불신자, Irreligion by Country) 통계자료는 http://en.wikipedia.org/w/index.php?title=Irreligion_by_country&oldid=541005876. World nonreligious population by percentage, Dentsu Institute (2006) and Zuckerman (2005)로 Wikipedia에서 재인용.

68 *The 2013 World Almanac and Book of Facts*, p. 846.

69 MPI지수도 본래 인간 개발 지수인 3개 차원의 다음 10개 지수를 사용한다. Wikipedia에서 재인용.

70 Jeffrey D. Sachs, "Global Development Goals Make a Difference," *The Korea Herald*, September 3, 2013; "The United Nations Turns 70," *The Korea Herald*, August 25, 2015.

71 Joel Achenbach, "After 36 years, Voyager 1 goes interstellar," *The Washington Post*, September 13, 2013; Brooks Barnes, "Exiting the Solar System and Fulfilling a Dream," *The New York Times*, September 13, 2013.

72 Joel Achenbach,"NRC human spaceflight report says NASA strategy can't get humans to Mars," *The Washington Post*, June 5, 2014; see also, his "Exploring a possible mission to Mars," *The Washington Post*, May 6, 2013. 김성현, 이준우, "미국의 세 국가비전……'인류 火星 거주' 《조선일보》, 2014년 6월 6일.

주 석

73 이 파피루스 조각 진위(眞僞) 논쟁은 하버드 신학대 킹(Karen L. King) 교수가 2012년 9월 로마국제회의에서 처음 제기했고, 최근 컬럼비아 대 야들리(James T. Yardley) 전자공학 교수, MIT의 스왜거(Timothy M. Swager) 화학 교수 등이 이 파피루스의 잉크 화학 성분을 마이크로 라만 분광법(micro-Raman spectroscopy)으로 분석, 이 조각의 카본 블랙 잉크(Carbon black ink)가 400 B.C.에서 700-800 A.D. 사이의 것이라고 최근 실험을 통해 증명했다. 한편, 브라운 대학의 이집트학자인 데파이트(Leo Depuydt)는 이 조각에 "gross grammatical errors"가 있어 위조라고 비판하는가 하면, 출처도 그 소유자도 모르는 이 파피루스 조각 하나를 놓고 그 파피루스 조각 자체는 옛 것일지언정 그 글귀는 충분히 새로 쓴 위조(forgery)일 수 있다는 등, 논쟁은 그치지 않고 있다. Laurie Goodstein, "Papyrus Referring to Jesus' Wife Is More Likely Ancient Than Fake, Scientists Say," *International NewYorkTimes*, April 10, 2014; Noah Feldman, "Jesus may have had a wife, on paper at least," *Bloomberg*, in *The Korea Herald*, April 16, 2014.

74 이광호, "경(敬)의 실천에서 덕(德)에 대한 이해로 나아가다", 다산연구소, 2013년 9월 13일 제283호 참조.

제 6 장

주 석

1 당시 38선 획정에 관한 상세한 공식 자료 분석은 양성철 엮음 , 《남북통일 이론의 새로운 전개》(서울 : 경남대 극동문제연구소, 1989), pp. 19-132 참조.

2 전자인의 개념 , 전자인 시대의 개인, 기업 , 국가의 기능과 역할 등은 이 책 제9장에서 다루고 있음 . 2011년 이집트 , 리비아 등 아랍 정치혁명, 이른바 "아랍의 봄"(the Arab Spring)을 단편적으로나마 전자인 시대 정치현상으로 분석한 이 저자의 졸문 , Yang, Sung-chul, "The Homo Electronicus Revolution," *The Korea Herald*, 2011년 2월 24일. 디지털 시대 전반에 관한 최근 저서로는 Eric Schmidt and Jared Cohen, *The New Digital Age: Reshaping the Future of People, Nations and Business* (New York: Alfred A. Knopf, 2013) 참조.

3 전기의 역사와 그 발전에 기여한 과학자 등에 대한 보다 자세한 내용은 "Electricity," Wikipedia 참조.

4 Source: WEO-2011. Quoted in International Energy Agency, "World Energy Outlook."

5 노관범 , "경복궁 집옥재에 모였던 잊혀진 근대," 다산연구소 제380호, 2015-10-16; 임희윤 , "국내 첫 전기 발상지 '전기등소' 터 찾았다", 《동아일보》, 2015년 5월 28일. 허윤희, "경복궁 밝힌 '건달 불'", 《조선일보》, 같은 날짜.

6 이기백 , 《韓國史新論》, 新修版 , 이기백 《한국사논총(10)》(일조각 , 1990), pp. 350-351.

7 메이지 유신과 일본의 조선 침탈 상황에 대해서는 저자의 영문졸저, *Korea and Two Regimes: Kim Il Sung and Park Chung Hee* (Cambridge: Schenkman Publishing Company, 1981), Chapter One, pp. 3-25 참조.

8 Immanuel Kant, "What is Enlightenment?" in *On History*, edited, with an introduction, by Lewis White Beck, translated by Lewis White Beck, Robert E. Anchor and Emil L. Fackenheim(New York: Macmillan Publishing Company, 18th printing, 1989), pp. 3-10.

9 Francis Bacon, *Novum Organum Scientiarum* (*New Method*, 1620).

10 Rene Descartes, *Discours de la Méthode* (*Discourse on the Method*, 1637).

11 Hugo Grotius, *De jure belli ac Pacis Libritres* (*On the Law of War and Peace*: Three Books, 1625). 전쟁의 정당한 이유(근거)로 그는 정당방위, 상처에 대한 배상, 형벌을 들었다. 보다 자세한 것은 Wikipedia 참조.

12 John Locke, *An Essay Concerning Human Understanding* (1690), abridged with an Introduction and Notes by Pauline Phemister(Oxford: Oxford World's Classic, 2008). Book I, 2장, 15절(p. 23)에서 로크는 다음과 같이 경험주의 교육이론을 요약한다 : "The Senses at first let in particular Ideas, and furnish the yet empty

주 석

Cabinet: And the Mind by degrees growing familiar with some of them, they are lodged in the Memory, and Names got to them. Afterwards the Mind proceeding farther, abstracts them, and by Degrees learns the use of general Names. In this manner the Mind comes to be furnished with Ideas and Language, the Materials about which to exercise its discursive Faculty. And the use of Reason becomes daily more visible, as these Materials, that give it Employment, increase. But though the having of general Ideas, and the use of general Words and Reason usually grow together: yet, I see not, how this any way proves them innate."

13 국가 기원에 관한 동서양의 학설에 대해서는 양성철, 《통일: 우리도 분단을 극복할 수 있다》(서울프레스, 1999), 2부 분단극복과 통일의 실현, 특히, '나라, 민족, 조국', pp. 3–26 참조.

14 The Second Treatise of Government, Chapter 2 and 3 Of the State of Nature and Of the State of War, in John Locke, ***Two Treatises of Government and A Letter Concerning Toleration***, editor Ian Shapiro, contributors, John Dunn, Ruth W. Grant and Ian Shapiro (New Haven: Yale University Press, 2003), pp. 101–106.

15 위의 책, Second Treatise, Chapter XVIII, pp. 188–189 (paragraph No. 109–201).

16 위의 책, Chapter XIX, pp. 193–209 (Paragraph No. 211–240).

17 Adam Smith, ***The Theory of Moral Sentiments*** with an Introduction by Pat Moloney (New York: Barnes & Noble, 2004). Adam Smith, ***An Inquiry into the Nature and Causes of the Wealth of Nations***, a selected edition, edited and an introduction and Notes by Kathryn Sutherland (Oxford: Oxford World's Classics, 2008).

18 Adam Smith, ***An Inquiry into the Nature and Causes of the Wealth of Nations***, Introduction, p. ix.

19 위의 책, p. xvii. 그리고, Book 4.

20 Adam Smith, ***The Theory of Moral Sentiments***, Part Four, Chapter One, p. 217.

21 Adam Smith, ***Wealth of Nations***, Book IV, Chapter II, pp. 291–292.

22 Nature and nature's laws lay hid in night, God said, "let Newton be" and all was light. Wikipedia에서 재인용.

23 Charles de Secondat Montesquieu, ***De l'Esprit des Lois*** (***The Spirit of the Laws***, 1734, 1748).

24 Locke, ***Second Treatise***, Chapter XVIII, p. 192 (Paragraph No. 209).

주 석

25 보다 자세한 것은 *The Federalist Papers: Hamilton, Madison, and Jay*, introduction and notes by Charles R. Kesler, edited by Clinton Rossiter (New York: A Signet Classic, 2003) 참조. 샤피로(Ian Shapiro) 교수는 최근 그가 편집한 위 로크의 저서 서문에서 18세기와 19세기 영국의 급진주의(English radicalism)는 미국 [독립]혁명 설계자들에게 끼친 영향이 논쟁의 대상이지만, 로크의 주장이 그 스스로도 상상하기 힘들 만큼 [이들 혁명가들에게] 정치적 동기부여와 활동에 엄청나게 기여했다는 것은 의심의 여지가 없다고 밝히고 있다. Shapiro, 위의 책, p. xi..

26 Jean Jacques Rousseau, *The Social Contract*, newly translated and with an introduction by William Kendall (Chicago: A Gateway Edition, Henry Regnery Company, 1954), Book Four, Chapter II, pp. 167–68.

27 Immanuel Kant, *The Critique of Pure Reason* (*Kritik der reinen Vernunft*, 1781, New York: Penguin Classic, 2009); *The Critique of Practical Reason* (*Kritik der practishen Vernunft*, 1788, New York: Dover Philosophical Classic, translated by Thomas Kingsmill Abbot, 2004); *The Critique of Judgment* (*Kritik der Urteilskraft*, translated with introduction and notes by J.H. Bernard, 2005); *Perpetual Peace* (Zum ewigen Frieden, 1795). 이 밖에도 이 저자가 갖고 있지 않은 그의 저서는 *Metaphysics of Morals* (Metaphysik der Sitten, 1797); *Logic* (Logik, 1800); *On Pedagogy* (über Paedagogik, 1803) 등 33권이 넘는다. 보다 상세한 것은 Wikipedia 참조.

28 위 *The Critique of Pure Reason*, p. 85. |B74, 75|A50, 51.

29 이 백과사전의 프랑스어 명칭은 *Encyclopé'die, ou Dictionaire Raisonné Des Sciences, Des Arts Et Des Métiers*. 영문은 *Encyclopaedia or Dictionary of Sciences, Arts, and Trade*.

30 1882년 새 증보판 명칭은 *Encyclopédie méthodique ou par ordre de matière* (*Methodical Encyclopaedia or Arranged by Subject*). 자세한 것은 *The New Encyclopaedia Britanica* in 30 volumes, micropaedia Volume III, founded 1768, 1977.

31 Wikipedia.

32 프랑스 혁명 등에 관한 비교 분석은 Yang Sung Chul, *Revolution and Change: The Case of April Student Revolution in 1960 and the May Military Coup D'état in 1961 in Korea* (Korea University Press, 2015), pp. 8–22. 특히 Crane Brinton, *The Anatomy of Revolution*, revised ed. (New York : Vintage Books, 1965, First edition).

주 석

33 실학의 발달에 대한 보다 상세한 분석과 연구에 관한 안내는 이기백, 앞의 책, pp. 305–323.

34 김창진, "학자 집안의 선비정신이 이끈 인생 : '茶山學의 전도사, 현대의 義兵長' 朴錫武 다산연구소 이사장", 인터뷰, 2015년 7월 28일. 다산은 1801년 순조 1년 해남 윤씨 어머니가 낳은 그와 두 친형들도 당시 천주교 박해 사건—신유사옥(辛酉邪獄)—의 희생양이 된다. 3형제 가운데 큰형 약전(若銓)은 흑산도로 귀양을 가서 불후의 저서, 《자산어보》(玆山魚譜, 1815)를 남긴 채 그곳에서 생을 마감하고, 작은형 약종(若鍾)은 천주교의 순교자가 된다.

35 다산의 귀양살이 소묘는 문갑식, "세상이 날 버릴 때 의지한 곳…다산과 난 비슷한 팔자": 평생 다산초당 지켜온 윤동환, 《조선일보》, 2015년 6월 24일 참조. 최근 다산 서거 180주기 기념 학술회의에서 조성을 아주대 교수는 《육경사서학》, 《경세유표》, 《목민심서》를 유배 해제 뒤 고향에 돌아와 저술했다고 주장했다(조선일보, 2015년 6월 24일). 그러나 민족문화추진회에서 출판한 《국역 경세유표 I》(고전국역총서 90)에서는 1817년에, 《목민심서》는 1818년에, 즉 유배기간 중 저술했다고 밝히고 있다(위 《경세유표》 해제 9.1 참조).

36 《중앙일보》, 2012년 10월 4일.

37 문갑식, 앞의 글.

38 이광호, "실사구시(實事求是)의 참된 뜻은 무엇인가", 다산연구소, 제295호 2014년 1월 15일 참조.

39 민족문화추진회, 《국역 경세유표(經世遺表) I》, 고전국역총서 90(경인문화사, 1978), 방례초본 인(邦禮草本引), pp. 36–42.

40 위의 책, pp. 33–34.

41 정약용, 《목민심서 2–律己》, 이정섭 역(민족문화문고간행회, 1981), p. 75에서 재인용.

42 정약전은 귀양살이하면서 흑산도 근해의 비늘 있는 고기 71종, 비늘 없는 고기 43종, 해조류 45종, 조개류 50종, 바닷게 17종, 바다거북 1종, 고기 요리법과 그림들까지 포함한 《자산어보》(慈山魚譜, 3권 1책)를, 그리고 소나무 보호를 주창하는 《송정사의》(松政私議) 등 과학서를 남긴다. 두산 백과 등 참조.

43 정약종은 중국(淸) 천주교 신부(周文謨, Chou Wen Mu, James Chou)로부터 세례를 받은 뒤, 천주교 성서 포교에 크게 기여하고, 첫 천주교 교서, *The Principal Articles of the Religion*을 한글로 쓰기도 했다. 자세한 것은 *The New Encyclopaedia Britanica* in 30 volumes, Micropaedia Volume II, ready reference and index, founded 1768, 15th edition, 1977, p. 885.

주 석

44 1948년부터 주한 미국 대사관에서 근무한 보기 드문 한국 문제 전문가인 헨더슨(Gregory Henderson, 1922–1988)이 쓴 "Chŏng Ta-san: A Study in Korea's Intellectual History," *The Journal of Asian Studies*, vol. 16, issue 03, May 1957, pp. 377–386.

45 다산의 부친 정재원과 의령 남씨 사이에서 태어난 이복장형 정약현(丁若鉉, 1751–1821)과, 해남 윤씨가 낳은 약전(1758–1816), 약종(1760–1801), 약용(1762–1836) 등 4형제가 태어난 고향이 지금 천주교 마재 성지(현 경기도 남양주시 조안면, 다산로 698–44)가 되었다.

46 WHAT IS A CLASSIC? An address delivered before the Virgil Society on the 16th of October 1944 by T.S. Eliot. Faber & Faber LIMITED 24 Russell Square., London, p. 8. 엘리엇은 고전이 되기 위한 조건으로 포괄성(comprehensiveness), 즉 작가의 감정 표현이 거의 극치에 달해야 하며("the maximum range of feeling which represents the character of the people who speak that language…."), 작품이 모든 조건의 사람과 모든 계층(계급)에 호응할 수 있는 가장 폭넓은 호소력("the widest appeal")을 가져야 한다고 역설한다. 그는 고전의 또 하나의 조건으로 생각, 문화, 신념이 좁거나("narrow"), 가치들(values)을 왜곡하거나, 배제하거나, 과장하지 않는 뜻으로서의 보편성(universality)도 주문한다. 같은 글, pp. 27–32.

47 최진석, "문자와 한글과 일류국가," 《동아일보》, 2015년 10월 10일.

48 지금도 한국어 어휘 중 순수 우리 낱말은 47%나 30%이고, 특히 과학 용어는 85%가 한자어라고 한다. 일본의 경우 초중고교에서 2,136자의 상용한자를 가르치고, 한국은 중고교에서 1,800자 한자를 가르친다고. 최근 한 언론인은 조선 성종 때 대제학 서거정이 신라시대 이후 우리 선조들이 쓴 빼어난 시문(詩文)을 편찬한 《동문선》(東文選)은 한문이긴 하지만 내용은 우리의 전통문화와 자주적 성격이 뚜렷하다는 평을 듣는다고 한다. 권순활, "동북아 외톨이 '한자 문맹," 《동아일보》, 2015년 10월 28일 참조할 것.

49 용비어천가 영문 번역본은 하와이대 피터 리 교수에 의해 하버드대에서 1975년 출판된다. Peter H. Lee, *Songs of Flying Dragons: A Critical Reading* (Cambridge, Massachusetts, Harvard University Press, 1975).

50 방례초본(경세유표)은 본래 32권이나 이 저자가 갖고 있는 1977년 인쇄본은 4권이다. 물론 요즘도 책 크기, 활자 크기 등에 따라 책 페이지가 많고 적을 수 있지만, 호기심 삼아 이 저자가 《경세유표》의 4권(색인)을 뺀, 3권 인쇄본 한글 번역문 페이지 숫자를 셈해 보니 총 1,168쪽이다. 이는 요즘 500쪽 책 기준으로 하면 두 권이 넘는다. 다산의 저서가 당시 500권이 넘으니, 이 기준으로 30권이 훨씬 넘는다. 2012월 12월 다산 선생 탄생 250주년 기념으로 발간된 새 《여유당전서》 37권과 거의 맞아떨어진다.

51 김기동, 앞의 책, pp. 6–27.

주 석

52 이기백, 《한국사 신론》, p. 320. 광해군(1608–1623) 때 허균이 지은 것으로 알려진 〈춘향전〉은 본래 목판본으로 3종이 있었고, 첫 활자본은 1911년 박문서관판 등 30여 종이 있다고 한다. 〈춘향전〉, 〈심청전〉 등 한글 고전 작품에 대한 보다 자세한 설명은, 김기동, 《한국고전소설연구(韓國古典小說硏究)》(교학연구사, 1983), pp. 226–240, 846–860 참조.

53 강명관, 《조선시대 책과 지식의 역사》(천 년의 상상, 2014).

54 권재현,"조선은 왜, 지식강국이 못 됐나", 《동아일보》, 2014년 1월 4일; 김태훈, "지금 7500원에 파는 책 조선시대엔 2년치 쌀값", 《조선일보》, 같은 날.

55 영국 케임브리지대 코니키 교수 인터뷰 기사는 《동아일보》, 2014년 4월 24일 자. 이 저자가 아직 읽지 못한 Peter Kornicki의 원문저서는 *The History of the Book in East Asia* (Surrey: Ashgate Publishing Company, 2013).

56 《중앙일보》, 2013년 5월 15일.

57 최근 청주대 민덕기 교수는 호서사학회지 역사와 담론 제65집에서 이율곡의 10만 양병설은 왜족이 아니라 여진족을 겨냥한 대비책이었다고 주장한다. 그에 의하면, 율곡은 임진왜란이 일어나기 10여 년 전에 이미 사망했고, 그때는 도요토미 히데요시가 아직 일본 열도를 장악하지 못한 상황이었다고. 설령 민 교수의 논거가 옳다 하더라도 왜든 여진이든 외침에 대비하자는 율곡의 제언은 탁견이었음은 분명하다. 민 교수의 주장은 《충북일보》, 2014년 3월 10일.

58 최근에 출판된 그의 전기는 그의 업적과 함께 어두운 행적을 비교적 균형감각을 갖고, 공식 문서를 중심으로 객관적으로 분석한 것이 돋보인다. 상세한 것은, Jonathan Steinberg, *Bismarck: A Life* (Oxford: Oxford University Press, 2011).

59 조선의 순조 32년 1832년에 영국 상선 한 척이 충청도 해안에 나타나 무역을 요청했다. 헌종 11년 1845년에도 영국 군함 한 척이 다도해 수역을 측량하며 통상을 요청했고, 1846년엔 프랑스 군함 세 척이 충청도 해안에 출현한다. 철종 5년인 1846년엔 러시아 군함 두 척이 함경도 해안을 측량한다. 고종 3년인 1868년엔 독일 상인 오페르트(Oppert)가 두 차례나 와서 통상 요구를 하는 등 유럽과 러시아 등 여러 나라들이 벌써 19세기 중반 이전부터 우리나라 문을 두드렸으나 국가 차원에서 제대로 대응, 대처를 못한 것이다. 보다 자세한 것은 이기백, 앞의 책, pp. 344–345 참조.

60 최근 병인박해를 주제로 1887년 미국에서 출간된 희곡, 총 53쪽의 〈조선의 순교자들〉(The Martyrs of Corea)

주 석

초판본을 한국 관련 해외 서지자료 수집가(윤형원)가 입수했다고 한다. 《동아일보》, 2014년 5월 14일.

61 이기백, 앞의 책, pp. 346–347.

62 위의 책, pp. 343–348, 352–360.

63 보다 자세한 것은 Sung Chul Yang, *Korea and Two Regimes*, pp. 3–25 참조. 일본 당시 도쿠가와 막부(덕천막부) 퇴장과 메이지 유신의 생동감 있는 현장 취재는 박보균, "태평양전쟁 일본 패전 70년 〈상〉 21세기 우익·국수주의 뿌리를 찾아서", 《중앙일보》, 2015년 8월 1일 참조.

64 이기백, 앞의 책, pp. 349–354.

65 위의 책, pp. 376–381.

66 "Realpolitik–foreign policy based on calculations of power and the national interest–", Henry Kissinger, *Diplomacy* (New York: A Touchstone Book by Simon & Schuster, 1994), p. 137. 현실주의 외교에 대한 키신저의 분석은 같은 책, Chapter Six, pp. 137–167 참조. 그는 또한 미 외교정책의 현실주의와 유럽의 그것은 다르다는 논리를, 특히 미국의 한국전쟁 개입 사례를 들어 제기하지만, 적어도 19세기 말, 20세기 초 미국의 동북아 외교에서는 그런 차이를 찾기가 힘들다고 이 저자는 생각한다. 그의 이 논지는 같은 책, Chapters Nineteen and Twenty 참조.

67 《조선일보》, 《동아일보》, 《중앙일보》, 2013년 5월 13일 기사.

68 삼성전자의 스마트폰 '갤럭시S4'가 미국 소비자전문지인 컨슈머 리포트(Consumer Report) 스마트폰 부문 평가에서 AT&T, Sprint, T–Mobile 등 미 이동통신 3사로부터 각각 81점, 79점, 81점을 받아 1위를 차지했다고 한다. 이 기종이 위 전문지 10개 항목 평가–사용편의성, 메시지, 웹, 디스플레이, 전화, 배터리, 카메라 등 7개 분야에서 '최고' 평가를 받았고, LG전자의 '옵티머스G'가 Sprint 고객 평가에서 갤럭시S4에 이어 2위에 오른 것도 결코 우연이 아니다. 《동아일보》, 2013년 5월 20일.

69 United Nations E–Government Survey 2014: E–Government For the Future We Want by UN Department of Economic and Social Affairs, http://www.un.org/dpadm.

70 자료는 List of Countries by Number of Internet Users, International Communication Union official website, Wikipedia에서 재인용, 30 October 2015 at 01:17.

주 석

71 Internet Users by Region, 위와 같은 자료. ICT Facts & Figures, The World in 2015 Source: ITU www.itu.int/ict.

72 위의 자료.

73 故曰, 或勞心 或勞力, 勞心者, 治人, 勞力者, 治於人, 治於人者, 食人, 治人者食於人, 天下之通義也(사람은 마음[머리]이나 힘을 써서 삶을 꾸려 간다. 마음을 쓰는 이는 사람을 다스리고, 힘을 쓰는 이는 다스림을 받는다. 다스림을 받는 이는 사람을 먹여 살리고, 다스리는 이는 그들에게 먹는 것을 의존한다. 이 원칙은 천하의 진리다). ***The Four Books: Confucian Analects, The Great Learning, The Doctrine of the Means, and the Works of Mencius***, with original Chinese text, English translation and notes by James Legge (New York: Paragon Book Reprint Corp., 1966), p. 627.

74 이성훈, "가짜 노동자와 일하는 사람의 차이", 《조선일보》, 2015년 5월 25일.

75 공산주의의 이론과 현실에 대한 논고는, Sung Chul Yang, "Communism and Korean Communism: A Juxtapositional Comparison, 《東亞硏究》, 제7집 별책, 1986년 3월 참조.

76 "The knell of capitalist private property sounds. The expropriators are expropriated." Quoted in Karl Marx, ***Capital: A Critical Analysis of Capitalist Production***, translated from the third German edition by Samuel Moore and Edward Aveling and edited by Frederick Engels, Volume I (Moscow: Progress Publishers, 1887, 1890), p. 715.

77 Robert B. Reich, "We're all independent contractors," ***The Korea Herald***, February 28, 2015.

78 ITU World Telecommunication/ICT Indicators Database.

79 조승호,"휴대전화 쓰는 북 주민 370만 명…당국 통제 어려워져," 《동아일보》, 2015년 10월 21일. *유엔자료 2013년 6월 북한인구 24,895,480명 추정을 기준으로 하면 약 15%가 소유한 셈이다.

80 The Global Information Technology Report 2014. Xx1. 이 지표(NRI)는 정보통신기술(ICT)이 제공하는 갖가지 기회들을 나라마다 얼마만큼 잘 활용하는가를 측정한다. ICT가 국가들 경쟁력에 끼친 영향력을 더 잘 알아보기 위해서다(The NRI seeks to better understand the impact of ICT on the competitiveness of nations).

81 자료 출처: List of Countries by Number of Broadband Internet Subscriptions, International Telecommunication Union Website, Wikipedia, 18 October 2015 at 00:29서 재인용.

주 석

82 이명박 그리고 박근혜 정부를 맞으며, 글로벌 인터넷 자유 순위도 악화되었을 뿐만 아니라, 민주주의, 자유 등 지수도 모두 뒷걸음질 치고 있는 것이 매우 우려스럽다. 최근 발표된 *Global Internet Freedom ranking*에서 독일은 아이슬란드, 에스토니아, 캐나다에 이어 4위이고, 오스트레일리아와 미국은 5위, 한국은 21위, 중국은 65위다. *The Korea Herald*, October 30, 2015.

제 7 장

주 석

1 박성조 · 양성철 공저, 《독일통일과 분단한국》(서울: 경남대 극동문제연구소, 1991), p. 15.

2 독일 통일과 분단 한국에 관한 심층 비교 분석은 위의 책 참조.

3 미 국무성 공식외교문서를 중심으로 38선 획정과 한국분단의 국제정치적 역학에 관한 분석은 양성철 엮음, 《남북통일 이론의 새로운 전개》(서울: 경남대학교 극동문제연구소, 1989), 제1부, pp. 5–132 참조.

4 위의 책 참조.

5 아베 내각이 2014년 4월 1일 의결한 방위 장비 이전 새 3원칙은 (1) 국제분쟁 당사국과 유엔 결의 위반국에 무기를 수출하지 않는 대신, (2) 평화 공헌과 일본 안보에 기여하는 경우에는 무기 수출을 허용하고, (3) 일본 동의를 얻으면 수출 상대국이 무기를 목적 외로 사용하거나 제3국에 이전할 수 있다는 내용이다. 이는 1967년 에이사쿠(佐藤榮作) 일 내각이 발표한 '무기 수출 3원칙'에 이어 1976년 미키(三木武夫) 일 내각이 "3원칙 대상 외 지역에도 무기 수출을 삼간다"고 하여 사실상 무기 수출 전면금지 원칙을 밝힌 뒤, 1983년 나카소네 내각이 미국에 무기기술 제공결정 등 예외조항을 두기 시작한 이래 가장 획기적인 복고주의적 행태다. 안준용, "日, 무기수출 족쇄 풀었다", 《조선일보》, 2014년 4월 2일.

6 일본의 위 '3D' 정책은 Yang, Sung Chul, "An Integration Model for Japan and the Asian NICs in the Pacific Era," Paper delivered at the International Seminar on "The Northeast Asian Era and the Roles of Korea, China and Japan in the 21st Century," sponsored by the Institute for Northeast Asian Studies, Kyunghee University, Seoul, Korea, August 24–25, 1988 참조. 최근 103세 일본의 한 의사가 "자라나는 10대들에게 평화의 중요성을 알리고 싶었다"고 일본헌법은 전후 일본의 평화를 지켜온 '생명의 샘'이다"라고 '헌법수호' 책을 냈다는 기사가 내 눈길을 끈다. 《조선일보》, 2014년 5월 4일.

7 김현기 도쿄 특파원, "독일의 과거사 훈수," 《중앙일보》, 2015년 3월 11일.

8 오에 겐자부로, "인간감성의 미래," 연세–김대중 세계미래포럼 강연, 《동아일보》, 2015년 3월 13일.

9 박해현, "위안부 문제는 일본의 여성 경시가 원인," 《조선일보》, 2015년 3월 14일.

10 보다 자세한 분석은 양성철, "21세기 국제정치의 변화와 한국의 선택", 이정복 편, 《21세기 한국정치의 발전방향》(서울대학교출판부, 2009), pp. 642–666. Martin Jacques, ***When China Rules the World: The End of the Western World and the Birth of a New Global Order*** (New York: The Penguin Press, 2009), pp. 233–271.

주 석

11 이 내용은 베를린에서 보낸 석진환, "북한은 다른 삶을 살아온 사람들, 목소리를 듣는 노력 필요", 한겨레, 2014년 3월 28일 기사 내용을 거의 그대로 인용함.

12 구체적으로, (1) 남북한 인도적 문제해결(agenda for humanity)로 이산가족 상봉 정례화, 북의 임신부, 산모, 유아를 임신부터 두 살 때까지 영양과 보건을 지원하는 '모자(母子) 패키지 1000일 사업' 추진; (2) 북의 인프라 구축사업(agenda for co-prosperity)으로 북의 농업, 축산, 산림 개발을 위한 '복합농촌단지' 조성, 현재 진행 중인 북의 나진, 하산 남 · 북 · 러시아 협력사업과 함께, 북한의 신의주 등 남 · 북 · 중국이 참여하는 협력사업 추진, 한국의 북 지하자원 개발; (3) 남북주민 동질성 회복 사업(agenda for integration)으로 민간교류 대폭 확대와 미래 세대 인재양성교육 프로그램 공동개발, '남북교류 협력 사무소' 설치, 남북한 및 유엔이 함께하는 '비무장지대 세계평화공원' 조성 등이다. 상세한 내용은 박근혜 대통령, "한반도평화통일 구상" 독일 드레스덴 공대 연설 전문, 연합뉴스 2014년 3월 28일(현지시각).

13 베트남 전쟁 뒤 20년이 지난 1995년 7월 전쟁 '주적'(主敵)이었던 미국과 베트남은 수교한다. 그리고, 같은 해 10월 베트남 의회는 개인재산, 유산, 자본축적 등을 보장, 보호(합법화)하는 민법을 처음으로 통과시킨다. 2000년 7월엔 미국과 광범위한 무역협정도 체결한다. 그리고 같은 해 7월엔 베트남 공산당 총서기 농덕만이 미국을 방문, 당시 미 대통령 클린턴과 정상회담도 갖는다.

14 한국 정부가 러시아 크림 반도 합병을 공식 논평을 통해 규탄하자, 러시아는 북한이 옛 소련에 진 부채 가운데 98억 7천만 달러를 탕감해 주고, 북-러 간에 루블(ruble)화 결제에도 합의한 것으로 알려졌다. 문정인, "성공한 외교대통령이 되려면", 《중앙일보》, 2014년 7월 21일.

15 최근 중국 외교부장 왕이(王毅)는 전국인민대표대회(전인대) 기자회견에서 한반도 문제해결 과정을, "언덕을 오르고, 구덩이를 건너, 정도(正道)를 걷는 것"이라며, "중국은 한반도 문제에 '금지선'(red line)이 있다"라고 표현했다. 왕이는 "북의 비핵화를 가파른 언덕을 오르는 길"로, 한반도 주변 관련 국가 사이의 신뢰부족을 "구덩이"로 규정하고, "대화를 안 하는 것보다는 어떤 대화라도 하는 게 낫고, 어떤 대화라도 늦게 하는 것보다는 일찍 하는 게 낫다"며, "중국의 문 앞에서 전쟁이나 혼란이 일어나는 것을 허용하지 않을 것"이며 "이것이 한반도 문제에 대한 중국의 금지선"이라고 밝힌다. 《조선일보》, 2014년 3월 10일.

16 The US-China Strategic & Economic Dialogue는 2006년 12월 14-15일 시작, 2014년 7월 8-10일 중국 베이징에서 제6차 회담을 가졌다. 자세한 것은 U.S. Department of State(Diplomacy in Action) homepage 참조.

17 보기를 들면, 미국의 'TGiF'(Twitter, Google, Iphone, Facebook)와 중국의 'BAT'(Baidu, Alibaba,Tencent) 등. 자세한 내용은 《조선일보》, 2014년 3월 24일 경제면 참조.

주 석

18 The Interim Report on the Revision of the Guidelines for U.S.–Japan Defense Cooperation, October 8, 2014, U.S. Department of State homepage.

19 Jeremy Page and Julian E. Barnes, "China Expands Island Construction in Disputed South China Sea," *The Wall Street Journal*, February 18, 2015.

20 구자룡, 신석호, "미, '중 해상패권 우려' … 중, '인공섬 저지 땐 전쟁 불가피'", 《동아일보》, 2015년 5월 28일.

21 2012년 11월 18차 중국공산당대회에서 중국공산당 창건 100주년인 2021년과 건국 100주년인 2049년, 두 백년(兩個百年)의 새로운 비전, '중국몽'(中國夢)을 제시한다. 그리고, 2013년 9월 중화민족의 위대한 꿈을 실현한다는 두 단계 이정표로, 일대일로(一帶一路)—일대는 중국에서 중앙아시아를 거쳐 유럽으로 가는 육상 실크로드; 일로는 동남아를 거쳐 아프리카와 유럽을 잇는 새 해양 실크로드—구상(프로젝트)을 발표한다. 보다 상세한 것은 장세정, 왕웨이 기자의 중국몽 제안자, 리시광 칭화대 교수 인터뷰 참조, 《중앙일보》, 2015년 6월 20일. 오광진, "天地 흔들 '중국 판 세계화' … 新 실크로드 '일대일로'(一帶一路) 밑그림 그린 후안강(胡鞍鋼) 칭화대 교수 인터뷰," 《조선일보》, 2015년 7월 25–26일 참조.

22 Justin McCurry in Tokyo and Tania Branigan in Beijing, "Obama says US will defend Japan in Island disputes with China," *The Guardian*, April 24, 2014. 참고로 오바마의 발언 원문은 "Our commitment to Japan's security is absolute and Article Five (of the U.S.–Japan Security Treaty) covers all territories under Japan's administration, including the Senkaku islands……We don't take a position in final sovereignty on the Senkakus but historically they've been administered by Japanese and should not be subject to change unilaterally…… My hope is that Chinese will continue to engage with the US and other countries. We don't take a position in this piece of land or this piece of rock but we do take a position on the peaceful resolution of these disputes".

23 Austin Carson, "Did Russian personnel Help Take Down MH17?" *The Washington Post*, July 22, 2014.

24 7월 22일 현재, 어린이 100여 명을 포함, 사망자만 620명이다. 이 사망자의 75%가 민간인이라고. 상세한 것은 Anne Barnard, "Hamas Gambled on War as Its Woes Grew in Gaza," *International New York Times*, July 22, 2014.

25 고르바초프는 다음과 같이 말했다. "One must not get dragged back into a new Cold War. Shared threats to our security have not disappeared… in the face of shared challenges we can again find a common language. It won't be easy but there is no other way." *The African Post.com*, November 11, 2014.

주 석

26 국제은행간통신협회(SWIFT, The Society for Worldwide Interbank Financial Telecommunication) 자료에 의하면, 2014년 4월 말 현재, 국제무역 결제 통화비중은 미 달러가 81.1%, 중국 위안화, 8.7%, 유로화, 6.6%, 일본 엔화 1.4%, 영국 파운드화 0.3%, 기타 1.9%이다. 《동아일보》, 2014년 7월 15일에서 재인용.

27 BRICS는 처음 2006년 9월 뉴욕에서 브라질, 러시아, 인도, 중국 외상이 만나서 설립 필요성을 제기했고, 2년 뒤인 2008년 5월 16일 러시아(Yekaterinburg)에서 첫 공식 4개국 정상회의를 가졌고, 2010년 8월엔 남아프리카공화국이 회원국으로 참여하여, 2014년 7월 브라질(Fortaleza) 6차 정상회담에서 5개국이 각각 100억 달러를 출연하고 신개발은행을 설립하고, 금융본부는 상하이에 두기로 합의한 것이다. 자세한 것은 "BRICS," Wikipedia 참조.

28 The Shanghai Cooperation Organization(SCO)은 1996년 4월 26일 중국 상하이에서 카자흐스탄, 중국, 키르기스스탄, 러시아, 타지키스탄 등 'Shanghai Five'로 출범, 2001년에는 우즈베키스탄이 회원으로 가입했다. 옵서버 나라는 아프가니스탄, 인도, 이란, 몽골, 파키스탄이고, 이 조직 대화 파트너는 벨로루시, 터키, 스리랑카 등이다.

29 고기정, "70년 달러제국을 끝내자" 위안화, 화폐전쟁 대 공세," 《동아일보》, 2014년 7월 15일.

30 아베의 북한 대화 재개, 일 헌법 9조 재해석, 고노 담화 재해석, 그리고 최근 "주일 미군이 한반도 유사시 일본의 양해 없이는 출동할 수 없다"는 발언(2014년 7월 15일) 등이다.

31 Keith Bradsher, "China's Renminbi Is Approved by I.M.F. as a Main World Currency," *International New YorkTimes*, November 30, 2015. 중국은 IMF가 1969년 국제금융시장에서 미국 달러의 부족사태를 막기 위해 만든 가상의 통화, 특별 인출권(SDR, Special Drawing Rights)에 2016년 10월부터 중국 위안화도 SDR의 구성 통화가 되면 각국이 외환보유액으로 보유할 수 있게 된다. 국제은행통신협회(SWIFT) 2015년 8월 기준 자료에 의하면, 세계 지급 결제금액 중 통화별 비중은 미국 달러 41.73%, 유로 30.93%, 중국 위안 10.92%, 일본 엔 8.33%, 영국 파운드, 8.09% 등이다. 세계 주요 통화거래 비중 순위는 미국 달러 44.82%, 유로 27.20%, 영국 파운드 8.45%, 중국 위안 2.79%, 일본 엔 2.76% 등이다. 허남현, "위안화가 새로 편입된 SDR이 뭔가요," 《중앙일보》, 2015년 12월 9일자에서 재인용. 최근 버냉키 미 전 연준의장이 그의 블로그에서 중국 위안화가 SDR에 편입된 것을 초등학생이 숙제를 잘했다고 '금색 별'(gold star)을 붙여준 것 같은 것이라는 비유는 '야유'에 가깝다. 방현철, "위안화가 달러와 경쟁? 아직 멀었다," 《조선일보》, 2015년 12월 3일자에서 재인용.

32 Yuval Noah Harari 교수는 그의 베스트셀러 저서에서 미국, 일본을 포함, 서구유럽 국가들의 지난 500년 동안의 경제적, 군사적 융성과 지배적 석권을 "군사-산업-과학 복합체와 기술 마법"(the military-industrial-scientific complex and technological wizardry, p. 313.)라고 요약한다. 보다 상세한 것은, 그의 저서, ***Sapiens: A Brief History of Humankind*** (London: Vintage Books, 2011), 특히 Part Four(The Scientific Revolution), Chapters

주 석

14–20, pp. 273–466 참조.

33 "나의 소원, 3. 내가 원하는 우리 나라" 김구, 《백범일지》, 3판(범우사, 2002), pp. 313–315.

34 이 선언 뒤에는 당시 프랑스의 모네(Jean Monnet, 1888–1979)의 공도 빼놓을 수 없다. 모네는 프랑스 정치경제학자이자 외교관으로 위 쉬망과 함께 오늘날 EU의 초석을 놓은 선구자다. 그는 ECSC가 출범하자 첫 집행위원회 의장(the first President of the High Authority of ECSC)으로 1952년에서 1953년까지 활동했다.

35 양성철, "21세기 국제정치의 변화와 한국의 선택", 이정복 편, 2《1세기 한국정치의 발전방향》(서울대학교출판부, 2009), pp. 641–666.

36 EU가 현재 겪고 있는 여러 가지 문제점과 그 해결책에 대한 제안은, Michael J. Boskin, "Europe's Options,"(PS, Project Syndicate,), ***The Korea Herald***, July 24, 2014; Boskin, "A Five-step Plan for European Prosperity"(PS), ***The Korea Herald***, March 2, 2015. 그리고 Howard Davies, "Europe's Capital-markets Union,"(PS), ***The Korea Herald***, March 3, 2015 참조.

37 "Europe's Future in Greece's Hands," ***The Economist***, July 4, 2015. Jean Pisani-Ferry, "Three Fault Lines in European Union's Security Crisis, ***The Korea Herald***, December 3, 2015.

38 "Juncker urges euro area to consider common treasury,"(Bloomberg) ***The Korea Herald***, June 23, 2015.

39 1995년 1월 1일 CSCE (the Conference for Security and Cooperation in Europe)를 OSCE(the Organization for Security and Cooperation in Europe)로 격상, 현재 55개 회원국으로 확장했다.

40 미 대통령 닉슨과 포드, 당시 국가안보보좌관 · 국무장관이던 키신저, 그리고 소련의 상대인 브레즈네프 총서기의 화해와 협력으로 1972년 ABM Treaty, 1975년 Helsinki Final Act 등 기념비적 외교업적을 남긴다. 자세한 것은 Henry Kissinger, ***Diplomacy*** (New York: A Touchstone Book, 1994), 특히 29장 Détente and Its Discontents, pp. 733–761와 그의 저서, ***White House Years*** (Boston: Little, Brown and Company), 특히 28장 The Moscow Summit, pp. 1202–1257 참조.

41 우크라이나 사태 해결을 위한 구체적인 대안 개발 노력은 현 세르비아 외교장관이요, 현 OSCE 의장 다치치(Ivica Dačić)의 글, "The Living Legacy of Helsinki Conference,"(Project Syndicate) ***The Korea Herald***, June 23, 2015 참조.

42 김일성의 항일 빨치산 투쟁에 관한 상세한 분석은, Sung Chul Yang, ***Korea and Two Regimes: Kim Il***

Sung and Park Chung Hee (Cambridge: Schenkman Publishing Company, 1981), chapter 5, pp. 75–95. Also, Appendix 1, Chronology of Kim Il Sung's Activities, 1912–1979.

43 당시 김일성이 스탈린을 "공격[무력 남침]은 신속할 것이며, 전쟁은 3일이면 이길 수 있다"고 설득했다고. 김일성은 또한 마오쩌둥에게 "2, 3주면 북한[인민군]이 싸움을 끝낼[승리할] 수 있다"며 마오의 군사지원이나 북·중 국경에 3개 군 집결 제안을 거절할 정도로 호언을 했다고. "3일 전쟁 승리" 발언은 Kathryn Weathersby, "Stalin and the Korean War," in Leffler and Painter, eds., *Origins of the Cold War*, pp. 274–75; John Lewis Gaddis, *The Cold War: A New History* (New York: Penguin Books, 2005), p. 42, p. 270 footnote에서 재인용. "2, 3주 승리" 발언은 Chen Jian, *China's Road to the Korean War: The Making of the Sino-American Confrontation* (New York: Columbia University Press, 1994), p. 112. Henry Kissinger, *On China* (New York: Penguin Books, 2011), p. 127에서 재인용. 그러나 김일성의 호언장담이나 북의 남침이 시작된 다음 날(6월 26일) 당시 대한민국 국방장관 신성모가 "5일 이내 평양 점령하겠다", 이틀 뒤(27일) 총 참모장 채병덕이 "백두산에 태극기 꽂겠다"는 호언장담 모두 당시 안팎 사정이나 전략 움직임을 제대로 읽지 못했다는 점은 비슷하지만, 김일성은 당시 미국의 군사전략엔 깜깜했지만, 적어도 남침계획은 치밀하게 준비했고, 남측 군 지도부 발언은 엄포였다는 차이가 있다. 신성모, 채병덕 등의 호언은 김종필, "6.25 개전 초기의 진실 : 당시 정보국 북한반 선임장교 JP 회고(3)끝", 《중앙일보》, 2011년 6월 28일 대담 참조.

44 "If you should get kicked in the teeth, I shall not lift a finger. You have to ask Mao for all the help." Sergei N. Goncharov, John W. Lewis, and Xue Litai, *Uncertain Partners: Stalin, Mao, and the Korean War* (Stanford: Stanford University Press, 1993), p. 145. Kissinger, 앞의 책, p. 126에서 재인용.

45 중국에서의 공산혁명이 성공, 1949년 10월 1일 중화인민공화국이 출범하고, 장개석 국민당 정부는 대만으로 쫓겨나는 아시아 정치 · 경제 · 군사안보 지각변동이 일어난다. 그 두 달 뒤인 12월 30일 당시 미 국가안보위원회는 미 아시아 정책과 전략(NSC 48/2: The Position of the United States with respect to Asia)을 결정한다.

46 북한의 6월 25일 전면 남침 약 2개월 반 전인 1950년 4월 14일 미 백악관 NSC는 NSC 68: United States Objectives and Programs for National Security를 결정(당시 비공개 문서)한다.

47 남북한 분단과 한국전쟁 발발 배경에 관한 분석은 Sung Chul Yang, *Korea and Two Regimes: Kim Il Sung and Park Chung Hee*, Chapter 7, pp. 123–160 참조. 한국전쟁 발발의 원인에 관한 최근 분석으로는 John Lewis Gaddis, *The Cold War: A New History*, chapter 1, pp. 5–47와 Henry Kissinger, *On China*, Chapter 5, pp. 113–147 참조.

주 석

48 소련군의 동베를린 봉쇄는 제1차 베를린 위기로 이에 미, 영, 캐나다, 호주, 뉴질랜드, 남아프리카의 공군 수송기가 봉쇄가 해제될 때까지 일촉즉발의 긴장상태에서 연간 20만 회 이상 식량과 연료 등을 수송하는 '군 수송작전'이 지속되었다. 보다 자세한 내용은 "The Berlin Blockade," Wikipedia.

49 인천상륙작전 성공 확률을 리지웨이 장군은 5000분의 1의 도박으로 보았다. Matthew B. Ridgway, *The Korean War* (New York: A Da Capo Paperback, 1967), p. 40.

50 흥미로운 것은 한국군(3사단)은 1950년 9월 30일 동부전선에서 38선을 넘고, 미군(U.S. 1st Cavalry Division)은 10월 7–9일 개성 부근 서부전선에서 38선을 넘는다. 당시 유엔총회에서 10월 7일 결의안(Resolution of the U.N. General Assembly Recommending Measures for Korean Unification and Establishing the U.N. Commission for the Unification and Rehabilitation of Korea)이 통과된 뒤의 일이다. 전문은 General Assembly Official Records: Fifth Session, Supplement No. 20(A/1775), pp. 9–10. 당시 맥아더 유엔군 총사령관은 1950년 9월 27일 38선 이북에서의 작전허가를 당시 미 국방장관 조지 마셜로부터 통보받는다. 다만 "소련 또는 중공군의 대거 전쟁개입의 의도나 한국전에 군사적으로 반격하겠다는 위협이 없는 한"이라는 한 가지 단서를 달았다. Matthew B. Ridgway, *The Korean War* (New York: A Da Capo Paperback, 1967), p. 45.

51 Sung Chul Yang, *Korea and Two Regimes*, pp. 169–170.

52 미국과 유엔군의 한국전에 관한 구체적이고 생생한 한국전쟁 기록과 분석은 한국전 당시 미 8군 사령관으로, 그리고 맥아더 장군 해임 뒤 그를 이어 유엔군 총사령관을 역임하며, 사실상 남북한을 전쟁 전(前) 상태로 회복, 정전협정을 이끈 미 리지웨이 장군의 위 저서, Matthew B. Ridgway, *The Korean War* 참조. 한편, 최근 중공군 한국전쟁 참전 결정과 그 결과에 관한, 역시 상세하고 생생한 심층분석은 박실, 《중국 공문서와 자료로 본 중공군의 한국전쟁》(청 미디어, 2013) 참조. 소련 스탈린과 중공 마오쩌둥(저우언라이)의 줄다리기 협상 끝에, 중공이 군대를 파견하기로 확정(1950년 10월 19일)하자, 스탈린은 로보프(Lobov) 공군 장군에게 명하여 공군 지원을 약속한다. 당시 소련 공군은 블라디보스톡과 랴오둥 반도, 뤼순 공군기지 등에 전투기 2,800대, 전폭기 1,700대, 수송기 500대, 정찰기 300대 등 총 5,300대를 보유(박실, 같은 책, p. 84)하고 있었다고 한다. 같은 날(10월 19일) 중국 인민지원군 사령관 펑더화이(彭德懷)는 김일성을 극비리에 처음 만나, 1단계로 4개 군 12개 보병사단과 3개 포병사단 등 약 26만 명을 조선에 투입하고, 예비군 2개 군 약 8만 명도 곧 더 들어온다고 밝힌다. 그리고 필요한 경우 2단계, 3단계로 총 60만 대군이 싸우게 될 것(p. 87)이라고 작전방안을 김에게 알려 준다. 한편, 김은 펑에게 조선인민군은 개전 초보다 훨씬 줄어들어 영원(寧園) 이북에 1개 사단, 숙천(肅川)에 1개 사단, 박천(博川)에 1개 탱크사단, 장진(長津) 부근에 1개 공병연대와 탱크연대 등 약 7만 5,000명 규모라고 밝힌다. 참고로 당시 한국군을 포함, 유엔군은 20만이 채 못 됐다(pp. 87, 94). 이 밖에도 데이빗 쑤이, 《중국의 6 · 25 전쟁 참전》, 한국전략문제연구소 역(전략문제연구소, 2011) 참조.

주 석

53 李慶山, 《志願軍援朝紀實》(北京, 2008), pp. 198–201; 平松茂雄, 《중공과 한국전쟁》, 황인모 옮김(兵學社, 1989), pp. 166–170. 박실, 《중공군의 한국전쟁》(청 미디어, 2013), p. 111에서 재인용.

54 맥아더 해임 뒤, 미 의회 청문회에 관한 심층 분석과 평가는 Robert A. Caro, *The Years of Lyndon Johnson: Master of the Senate* (New York: Alfred A. Knopf, 2002), 특히 16장 'The General and the Senator,' pp. 367–382 참조. 맥아더가 미 육사(West Point) 교장일 때, 육사 체육 담당 대위로 처음 만난 리지웨이는 맥아더 해임으로 그 자리를 승계한다. 리지웨이는 그의 상사이자 선임 '전쟁영웅'인 맥아더의 군인, 그리고 한 인간으로서의 '비범한' 장점과 단점을 그의 저서에서 비교적 객관적으로 분석 평가하고 있는 것이 돋보인다. Ridgway, 앞의 책, 특히 6장(The President and the General–Dismissal of MacArthur–Causes and Consequences–The Chinese Are Driven Back)과 9장(Issues and Answers–Meaning of the MacArthur Controversy–Military and Political Implications) 참조.

55 보기를 들면, 리지웨이는 그의 위 저서에서 제한 전쟁은 "국가 이익과 국가의 실질 역량에 비추어 그 목적이 구체적으로 제한되어 있다"(p. 245)고 정의하고, 한국에서의 미국의 목표는 인천상륙작전 성공 뒤 잠깐 동안을 제외하면, 처음부터 침략을 저지(분쇄)하고, 침략자를 축출하며, 그 지역에 평화를 복원하며, 분쟁이 제3차 세계전쟁으로 확대하는 것을 방지하는 것(p. 237)이었다고 밝힌다.

56 《동아일보》, 1961년 12월 15일 참조.

57 상세한 것은 최종고, 《한독교섭사(韓獨交涉史)》(홍성사, 1983), p. 300.

58 미국이 우리에게 준 경제원조는 차관(loan)과 무상원조(grant)로 총액은 1973년부터 1977년까지 5년 동안만 해도 15억 달러였다. 한편, 일본에 대한 8개 항 대일 청구권 협상은 이승만 정부 때인 1952년 1차 회담을 시작했지만, 결국 1961년 박정희 등의 1961년 5.16 군사 쿠데타 뒤 1962년 11월 12일 대한민국 특사 김종필(金鍾泌)과 일본 외상 오히라 마사요시(大平正芳) 사이의 이른바 '김 · 오히라 메모'(비밀합의)를 근거로 1965년 6월 22일 한일 기본조약 체결과 함께 '재산과 청구권에 관한 문제해결과 경제협력에 관한 협정'이 이루어진다. 재산청구권으로 일본으로부터 3억 달러는 무상으로, 그리고 2억 달러는 연리 3.5%, 7년 거치 20년 상환조건으로 10년에 걸쳐 차관으로 받는다. 미국의 차관과 원조는 Sung Chul Yang, *The Korea and Two Regimes: Kim Il Sung and Park Chung Hee*, p. 291.

59 일제로부터의 재산청구권 문제 초기 협상 분석은 박실, 《이승만 외교의 힘: 벼랑 끝 외교의 승리》(청 미디어, 2010), pp. 388–438 참조.

60 현 OECD의 전신(前身)은 제2차 세계대전 뒤, 미국이 유럽 나라들의 전쟁 복구를 위해 만든 마셜 펀드(the

Marshall Fund) 집행 기구로 1948년 출범한 유럽경제협력기구(OEEC, the Organization for European Economic Co-operation)다. 그 첫 사무총장은 미국 예일(Yale)대 출신 경제학자이자 당시 프랑스 대통령 자문역 마르졸랭(Robert Marjolin, 1911–1986)이었다.

61 자세한 것은 Young-Iop Chung, ***Korea Under Siege, 1876-1945: Capital Formation and Economic Transformation*** (New York: Oxford University Press, 2006), p. 302.

62 위의 책.

63 보다 자세한 것은 GDP per capita in 1900 in Angus Maddison, http://National Master.com/graph/gdp per cap in 195-economy-gdp per-capita-1950.

64 위의 자료.

65 List of Countries by GDP (nominal), Wikipedia.

66 ***IMF World Economic Outlook***, April 2017.

67 장하성, "재분배보다 분배를 먼저 개혁해야 한다", 《중앙일보》, 2015년 3월 19일.

68 2015년 6월 22일 한일 국교정상화 50주년을 맞았다. 한국무역협회 자료에 의하면, 그동안 대일(對日) 수출이 715배로 늘어나고, 수입은 307배로 늘어났지만, 지난해(2014년) 대일 수출 321억 8,400만 달러, 수입 537억 6,800만 달러로, 215억 8,400만 달러 무역역조가 계속되고 있다. 《동아일보》, "한일국교정상화 50주년 특집〈중〉" 2015년 6월 23일자 인용.

69 "A21 Equivalent Patent grants for the top 20 origins, 2015," ***World Intellectual Property Indicators***, 2016 참조.

70 위의 자료.

71 Transparency International, 2016.

72 이 기준은 첫째 Basic Requirement: (1) Institutions; (2) Infrastructure; (3) Macroeconomic Environment; (4) Health and Primary Education. 둘째, Efficiency Enhancers: (5) Higher Education and Training; (6) Goods Market Efficiency; (7) Labor Market Efficiency; (8) Financial Market Development; (9) Technical Readiness; (10) Market Size. 셋째, Innovation and Sophistication Factors: (11) Business Sophistication; (12) Innovation 등 모두 12가지

주 석

분야다.

73 보다 자세한 것은, ***The Global Competitiveness Index 2015-2016***, "Competitiveness Rankings" 참조.

74 위 같은 자료. Table 1: The Global Competitiveness Index 2015–2016 Rankings.

75 *The IMD World Competitiveness Yearbook*은 300가지가 넘는 기준을 가지고, 그 가운데 2/3는 통계지수로, 1/3은 6,234명의 국제관계지도자(international executives)들을 설문조사(IMD survey)를 해서 61개국 순위를 결정한다.

76 *IMD World Competitiveness Yearbook*, 2016.

77 List of Global Health Observatory Data Repository: Life expectancy – Data by Country(CSV), Geneva, Switzerland, World Health Statistics 2015.

78 《중앙일보》, 《동아일보》 2015년 12월 4일자 통계청 2014년 생명표 기사에서 재인용.

79 UN Population Division Infant Mortality (deaths/1,000 live births)–Longitudinal Data, from Wikipedia.

80 베를린-브란덴부르크 사회과학연구센터가 통독 이후 해마다 1000명 이상 동독 주민을 대상으로 설문조사를 1990년부터 2013년까지 실시한 결과, 삶에 대한 만족도는 33%에서 55%로 크게 높아지고, 불만족도는 16%에서 13%로 줄었다고 한다. 삶에 만족한다는 응답은 1999년 60%까지 치솟았다가 2003년 40%까지 떨어졌고, 현재 다시 올라가는 추세라고. 한편, 동독 주민의 평균 가처분 소득(disposable income)도 통일 당시 서독의 절반 수준(1991년 서독이 100일 때 52.1)에서 2009년엔 80.9로 크게 따라잡았다. 동독 실업률도 2012년 10.7%로 크게 줄었지만, 서독(5.9%)에 비하면 아직 많이 뒤떨어진다고 한다. 보다 자세한 내용은, 《조선일보》 특집 기사, "통일이 미래다: 3부(1)동독주민이 보는 통일", 2014년 3월 21일.

81 그라브카는 통일을 이룩한 1990년대는 거의 정체(stagnation) 상태였고, 2000년 초에 소득이 약간 증가했다가 2010년까지 가처분 소득이 정체 상태였는데 지난 2, 3년 동안에는 약간 증가했다고 분석하고 있는 것이 눈길을 끈다. 그에 의하면, 2005년이 동서독 소득격차가 가장 컸고, 동독의 빈곤층도 2010년에는 1/5 수준이었다고. 연령별 빈곤층도 75세 이상이 가장 우심하다고 한다. 보다 상세한 것은 "Slight Decline in Income Inequality in western Germany," Five Questions to Markus Grabka, a research associate at the German Socio-Economic Panel Study of DIW Berlin, ***DIW Economic Bulletin*** 12, 2012. 그리고 Kai Daniel Schmid, Ulrike Stein, "Explaining Rising Income Inequality in Germany, 1991–2010," Macroeconomic Policy Institute, September 2013(32). 슈미트(Schmid)와 슈타인(Stein)은 독일통일 이후의 소득 불평등이 증가하고 있는 이유로 가족 수의 감소, 교육구조

주 석

변화, 자본소득분의 증가(rising capital income shares), 비전형적인 고용의 증가 추세(increasing significance of atypical employment), 상근고용자 간의 임금 격차 증가(increasing wage spread among full-time employees) 등을 든다.

82 이 인간개발 개념과 지수는 처음으로 1990년 파키스탄 경제학자 Mahbub ul Haq이 개념화하고, 뒤에 노벨경제학상 수상자인 Amartya Sen 등이 다시 보완한 것이라고 한다. 자세한 것은 Wikipedia 참조.

83 The 2005 Economist's Quality-of-Life Survey, Wikipedia에서 재인용.

84 The 2010 Newsweek, The World's Best Countries Index, Wikipedia에서 재인용.

85 www.oecd.org 참조.

86 OECD Better Life Index 2016 Ranking, Wikipedia에서 재인용.

87 2012년 국가별 세계 수출시장 1위 품목 수는 중국(1,485개), 독일(703), 미국(603), 일본(231), 이탈리아(228), 인도(144), 네덜란드(138), 프랑스(104), 벨기에(94), 영국(81), 캐나다(76), 스페인(67), 홍콩(65), 한국(65), 인도네시아(60) 순이다. 자료 출처는 한국무역협회와 UN Comtrade. 《조선일보》, 2014년 1월 23일자에서 재인용.

88 4 · 19 학생 혁명에 관해서는 저자의 박사학위 논문, Sung Chul Yang, "Revolution and Change: A Comparative Study of the April Student Revolution of 1960 and The May Military Coup D'état of 1961 in Korea," PhD Dissertation, University of Kentucky, 1970 참조.

89 이 문제에 대한 보다 자세한 설명은 Sung Chul Yang, *The North and South Korean Political Systems: A Comparative Analysis* (Westview Press, 1994), pp. 93-145 참조.

90 최경호 · 김호, "신군부, 헬기 총격 없었다더니…국과수 '185발 탄흔 확인'", 《중앙일보》, 2017년 1월 13일.

91 손태규, "전두환과 정병주", 《동아일보》, 2013년 6월 13일.

92 The 2013 Reporters without Borders World Press Freedom Index; Dashed Hopes after Spring. 2015년 World Press Freedom Index. https://index.rsf.org/#i/index-details

93 Raymond D. Gastil, *Freedom in the World: Political Rights and Civil Liberties, 1980* (New York: Freedom House, 1980), p. 27. Arend Lijphart, *Democracies: Patterns of Majoritarian and Consensus Government in Twenty-One Countries* (New Haven: Yale University Press, 1984), p. 38에 있는 Table 3.1. The World's

Democracies, January 1980에서 재인용.

94 자세한 것은 *Democracy Index 2012: Democracy At a Standstill* (A Report from The Economist Intelligence Unit), www.eiu.com.

95 위 자료.

96 미 클린턴 정부 때 노동부장관을 역임했던 Robert B. Reich의 칼럼, "The Triumph of Progressivism," *The Korea Herald*, May 25, 2013(Tribune Media Services)도 같은 맥락이다.

97 김운태 외 공저, 《한국정치론》(박영사, 1999), 제10장, 양성철, "한국 통일의 기본전략과 정책," pp. 919–951. 양성철, 《통일: 우리도 분단을 극복할 수 있다》(서울프레스, 1999), 梁性喆論集, II, III, 참조.

98 보다 상세한 분석은, Yang Sung-Chul, "Reunited Korea: Ultimate Political Task Ahead," a keynote speech delivered at the 3rd Annual Meeting of the Korean American Health Professional Association in Seattle, Washington, on September 28, 2013.

99 남북한 정책 결정 과정의 근본적 차이점과 여러 남북 관계개선의 걸림돌에 대한 자세한 분석은 Sung Chul Yang, "South Korea's Sunshine Policy: Progress and Predicaments," *Fletcher Forum of World Affairs*, volume 21: I (Winter, 2001), pp. 31–41 참조.

100 남북한이 가입하고 있는 위 경제 관련 국제기구뿐만 아니라, 정부 간 기구를 포함, 모든 국제기구 가입 현황은 《2013 외교백서》(외교부, 2013년), pp. 362–365 참조.

101 이석기, "북한 경제변화와 경제를 통한 남북관계 개선 방향", 광복 70주년 6 · 15 공동선언 15주년 대토론회(2015년 2월 27일, 한국프레스센터 20층 국제회의장).

102 한국은행 경제통계시스템, 〈표〉 북한 주요 산업 생산 실적 추이 비교(1988–2013), 위 글에서 재인용.

103 이스터 아일랜드의 붕괴를 포함 다른 사례에 대한 흥미로운 비교 분석은 Jared Diamond, *Collapse: How Societies Choose to Fall or Succeed* (New York: Penguin Books, 2006), 특히 Chapter 2, "Twilight at Easter," pp. 79–119.

104 최근 불거진 THAAD 논쟁에 대해서는, 김종대, "군사 대화와 협력이 가장 효과적인 안보전략", 광복 70주년 6 · 15 공동선언 15주년 대토론회(2015년 2월 27일, 한국프레스센터 20층 국제회의장) 참조.

주 석

105 미국 공식문서를 통한 상세한 38선 획정에 관한 분석은 양성철 엮음, 《남북통일 이론의 새로운 전개》, pp. 55–65; Sung Chul Yang, "The U.S. Policies on the Korean Question: New Hypotheses for Old Problems," in Andrew C. Nahm (ed.), ***The United States and Korea: American-Korean Relations, 1866-1976*** (Kalamazoo, Michigan: The Center for Korean Studies, Western Michigan University, 1979), pp. 218–245.

106 정전협정 본문, 부가 조항, 부속 문서 등의 영문 문서–Korean Armistice Agreement Between the Commander–in–Chief, United Nations Command, on the one hand, and the Supreme Commander of the Korean People's Army and the Commander of the Chinese People's Volunteers, on the other hand, concerning a Military Armistice in Korea, together with Annex and Supplementary Agreement, July 27, 1953–는 ***Korean Unification: Source Materials with an Introduction*** (Seoul: Research Center for Peace and Unification, 1976), pp. 154–186 참조.

107 트루먼 정부, 특히 맥아더 장군은 당시 중공군의 결의를 오판했다고 본다. 그리하여, 맥아더 장군은 중국 공산당 정치국이 한국전 참전 결정을 즉각 내리자 크게 당황했다. 당시 중국은 외교 통로(중립국 인도)를 통해 미국이 38선을 넘으면, 중국이 곧바로 개입할 것이라는 경고를 여러 차례 했으나, 미국은 사실상 무시했었다. 중공군(PLA)은 '중국지원군'이라는 이름으로 10월 15일 압록강을 건너 북한에 진입하고 25일엔 미군 주도 유엔군과 첫 군사작전에 돌입한다. 그리고 중공군 병력은 불과 8주 안에 6군(Corps), 18군단(divisions) 18만 명에서 9군, 30군단 30만 명으로 증가한다. 보다 자세한 내용은 Yang, Sung Chul, "The U.S. Role for the Peace on the Korean Peninsula (in Korean), a paper delivered for the North Korean Research Institute and the North Korean Studies Association on June 11, 2010, at the Korean War Memorial.

108 For a detailed analysis of Truman's limited rollback decision, see Bruce Cumings, ***The Origins of the Korean War: the Roaring of the Cataract, 1947-1950***, vol. II(Princeton, New Jersey, Princeton University Press, 1990), especially Chapter 21, "The War for Rollback," pp. 708–756.

109 (The U.S. crossing of the 38th Parallel was the case) "(the United States)…for the first, last, and only time evinced a touching regard for Korean reunification." 위의 책, p. 709. 커밍스의 이 구절을 리지웨이(Ridgway)는 이렇게 확인하고 있다: "…our objectives in Korea–except for a brief period following Inchon should remain what they had been from the beginning–namely, the defeat of the aggression, the expulsion of the invaders, the restoration of peace in that area, and the prevention of an expansion of the conflict into a third world war." 리지웨이 책 그 어디에도 '한반도 통일'이 미군 주둔 목표의 하나라는 구절은 없다. Matthew B. Ridgway, 앞의 책, p. 237. 한국전쟁 중, 특히 미군 주도 유엔군 38선 월경을 둘러싼 보다 자세한 당시 미 트루먼 정부와 중국 마

주 석

오쩌둥 공산정권 사이의 최근의 상황 분석은 박실, 앞의 책. 그리고, John Lewis Gaddis, *The Cold War: A New History* (New York: Penguin Books, 2005), 특히 Chapter one and two 참조.

110 Sung Chul Yang, *Korea and Two Regimes: Kim Il Sung and Park Chung Hee*, p. 124.

111 등소평 시대의 중국 외교 목표인 '도광양회'(韜光養晦, 재주를 감추고 힘을 기른다)에서 시진핑 시대 외교는 유소작위(有所作爲, 필요한 역할을 한다)로, 다시 적극작위(積極作爲, 적극적으로 할 일을 한다)로 바뀌고 있는 형국이다. 고기정 특파원, "적극작위……중 주변국 외교 새 전략", 《동아일보》, 2014년 3월 10일.

112 중국공산당은 마르크스-레닌주의, 마오쩌둥 사상, 덩샤오핑 이론, 장쩌민 3개 대표 중요 사상, 후진타오 과학발전관에 이어, 시진핑의 "4개 전면(全面) 치국 방략"—전면적 소강사회건설(2012년 18차 당대회), 전면적 개혁심화(2013년 가을 당 대회), 전면적 의법치국(2014년 가을 당대회), 전면적 당 건설(2014년 10월)—을 채택하고 있다. 보다 자세한 설명은 유상철, "시진핑 사상이 탄생하나?", 《중앙일보》, 2015년 3월 11일.

113 미 · 일은 2014년 10월 8일 가이드라인 개정 중간보고서(interim report)를 내놓고, 같은 해 12월 18일 최종 합의문 결정을 연기했다가 2015년 4월 합의, 개정했다.

114 Joint Statement of the Security Consultative Committee: Toward a More Robust Alliance and Greater Shared Responsibilities. A Joint Statement issued on October 3, 2013, in Tokyo, Japan, by Secretary of State John Kerry, Secretary of Defense Chuck Hagel, Minister of Foreign Affairs Fumio Kishida and Minister of Defense Itsunori Onodera. PRN:2013/1226.

115 이에 관한 논평으로 복거일, "일본의 낭만적 애국심," 《중앙일보》, 2015년 12월 3일 참조.

116 이 저자도 이 문제를 1989년에 제기한바 있다. "IS THE COLD WAR OVER, I, II, III," in Yang, Sung Chul, *Polemics and Foibles: Fragments on Korean Politics, Society and Beyond* (Seoul: Seoul Press, 1998), pp. 266–272.

제 8 장

주 석

1 1939년 4월 20일 런던 Canada Club에서의 그의 연설은 *Bartlett's Familiar Quotation*, 17th edition (2002), p. 665에서 재인용.

2 Chong Ik Kim, B.C. Koh et al., *Journey to North Korea: Personal Perceptions* (Berkeley: University of California, Institute of East Asian Studies, 1983). 이 책의 한글 번역본은 양성철 · 박한식, 《북한기행: 재미 한국인 학자 9인이 본 80년대 북한》(한울, 1986) 참조. 내 소련 여행담은 1978–79년 미국 한국일보 시카고 지사 교포신문에 20회 정도 연재한 바 있다. 1990년 3월 소련, 폴란드, 헝가리 등 공산권 기행은 한국일보에 일부 연재한 바 있고, 그 내용은 《양성철 논집(I), 물구나무서기 정치》(서울 프레스, 1998), pp. 281–306 참조.

3 주성하, "목숨을 저당 잡히고 얻는 부패의 자유," 《동아일보》, 2015년 5월 21일.

4 미 의회가 2004년 북한인권법(North Korean Human Rights Act)을 제정한 이래(2008년, 2012년 4년마다 이 법안 연장 통과) 국무성은 북한 인권 특사(현재 Robert R. King)를 두고 모니터링을 지속적으로 하고 있다. 이 부서도 북 수용소 수감자를 13만–20만 명으로 추정한다. 자세한 것은 미 국무성 공식 웹 사이트 참조.

5 2013년 3월 21일 47개국 회원국으로 구성된 스위스 제네바에 본부를 둔 유엔인권위원회(UN Human Rights Commission)는 북한인권 사실조사위원회 설치 결정을 내려 다루스만(Marzuki Darusman) 인도네시아 전 검찰총장을 위원장으로 하는 소위원회가 조사에 처음 착수함. 보다 상세한 내용은 David Hawk's article in 38 North, on April 1, 2013. 그리고 허선행, "유엔 북한인권 사실조사위원회(COI) 정치범수용소 문제 철저하게 조사해야", *NKvision*, 2013년 6월, pp. 38–39 참조.

6 The Report of the committee of inquiry on human rights in the DPRK–A/HRC/25/63(36 pages 요약)와 The Report of the detailed findings of the commission of inquiry on human rights in the DPRK–A/HRC/25/CRP. 1. 이 보고서에 대한 한국 신문 기사는 "北 인권범죄 레드라인' 설정…… 국제사회 개입근거 마련," 《동아일보》, 2014년 2월 18일, "유엔 北인권위, '中, 어떤 경우에도 탈북자 강제 北送 말라'", 《조선일보》, 같은 날짜.

7 Stephen Haggard, "The UN Field Office in Seoul," *North Korea: Witness to Transformation*, June 25, 2015.

8 2015년 12월 10(현지시간) 유엔안보리는 북한인권 절차투표에서 찬성 9표, 반대 4표(중국, 러시아, 베네수엘라, 앙골라), 기권 2표로 가결됐다. 투표에 앞서 자이드 라아드 알 후세인 유엔 인권최고대표[고등판무관]는 "북한 주민 12만 명이 정치범 수용소에 갇혀 있다. 광범위한 인권 유린 범죄를 자행하는 북한 책임자들을 국제형사재판소(ICC)에 회부해야 한다"고 역설했다. 부형권, "인권유린 北 책임자, ICC 회부해야," 《동아일보》, 2015년 12월 12일자에서 재인용.

주 석

9 자료 출처: Wikipedia에서 재인용.

10 위와 같음.

11 위와 같음.

12 North Korean tourism, Wikipedia.

13 한국을 찾은 외국인 여행자 수 자료 출처는 UNWTOeLIBRARY, http://statistics.unwto.org/news/2016-02-22/methodogical-notes-tourism-statistics-database-2016-edition.

14 자료는 Airports Council International. Park Han-na, "Race on to be Asia's Top Air Hub," *The Korea Herald*, December 12, 2015서 재인용.

15 강영식, "민간 교류협력을 통한 남북관계 개선의 가능성," 광복 70주년, 6.15공동선언 15주년 대토론회(2015년 2월 27일, 한국프레스센터 20층) 재인용.

16 "To jaw-jaw is always better than to war-war." At a White House Luncheon [June 26, 1954] Quoted in *Bartlett's Familiar Quotations*, 17th edition, John Bartlett, Justin Kaplan, General Editor (Boston: Little, Brown and Company, 2002), p. 668.

17 북한의 네 번째 핵실험과 광명성 4호 발사로 북미항공우주방위사령부(NORAD) 한 관계자는 최근 미의회 청문회에서 북한이 핵무기 소형화와 대륙간탄도 미사일 대기권 진입에는 성공한 것으로, 다만 대기권 재진입은 아직도 숙제인 것으로 밝혔다고. 한양대 김경민교수에 의하면, 일본의 경우, 1994년 2월 직경 3.4m, 질량 870kg 냄비모양의 오렉스(OREX)를 자국산 로켓(H2) 시험기 1호로 450km 발사해 지구궤도를 돌다가 태평양에 무사히 착수시켰다고. 자세한 것은 김경민 교수의 칼럼, 《서울신문》, 2016년 3월 22일.

18 《조선일보》, 2014년 3월 17일 A5.

19 조승호, "휴대전화 쓰는 北주민 370만 명…당국통제 어려워져," 《동아일보》, 2015년 10월 21일.

20 북한은 2008년 3G 휴대전화 통신서비스를 시작, 2012년 2월 100만 대, 2013년 5월 200만 대, 2015년 10월 370만 대를 넘어섰다. 휴대전화가 북한에 처음 소개된 것은 2002년 태국 업체 록슬리 퍼시픽의 이동통신 사업자(Sunnet)가 제공한 2G폰을 2만 명 정도에게 제한적으로 북 무역일꾼, 노동당과 군 핵심간부 등 0.1%의 특권층에게만 허용했다. 다시 2008년 이집트의 오라스콤(Orascom)이 2008년 북한 체신성과 합작, 고려링크란 회사를 설

주 석

립했고, 현재 중국서 50달러 수준 휴대전화를 수입, 북에서는 200-300달러에 팔고 있다고 한다. 이영종, "'평양 타치'로 쇼핑, 수강, 북한 흔드는 '손전화' 370만 대," 《중앙일보》, 2015년 11월 24일 참조.

21 주성하, "김정은 체제 고생길 뻔해 귀순…황장엽式 활동은 사절," 《동아일보》, 2015년 10월 22일.

22 《조선일보》, 2016년 4월 12일.

23 이에 대한 분석은 Yang, Sung-Chul, The 'Homo Electronicus' Revolution, *The Korea Herald*, February 25, 2011.

24 스테판 해거드, "슬프지만 북한은 쉽게 망하지 않는다." 《중앙일보》, 2015년 10월 17일.

25 North Korea: Witness to Transformation, PIIE, Peterson Institute for International Economics, Washington, D.C.

26 이동현, "북한 경제 최근 좋아졌지만 김정은 리더십 때문은 아니다," 《중앙일보》, 2015년 11월 16일.

27 한국무역진흥공사(KOTRA)는 2014년 북한의 최대 수출 품목은 석탄, 철광석 등 광물로 총 15억 6,800만 달러 상당이고, 이 가운데 97.4%를 중국이 수입했다고 한다. 김유림, 고정현 채널 A 기자, "단둥 조선 민속거리 가보니," 《동아일보》, 2015년 12월 2일자에서 재인용.

28 김병언, "진화하는 북한 경제, 진화 없는 대북정책," 《중앙일보》, 2015년 11월 19일.

29 김유림, "돈만 된다면 북 사람이든 남 사람이든 상관 없어," 《동아일보》, 2015년 12월 2일.

30 덩샤오핑의 "黑猫白描 住老鼠 就是好鼠" 즉 흑묘백묘론(黑猫白描論)은 그의 고향인 쓰촨(四川)성의 '黑猫黃猫' 속담에서 나왔다고 한다.

31 "굶주리는 꽃제비들〈상〉배고파 국경 넘는 아이들," 《동아일보》, 2013년 5월 30일 참조.

32 통일부 집계, 2014년 현재 남녘에 정착한 탈북자 수는 27,518명이고, 그 가운데 의사, 교사, 군사, 정보통신 등 전문직 경력자도 533명이라고. 《조선일보》, 2015년 3월 9일. 이들은 앞으로 통일을 위한 귀중한 "인간자원"이다. 보기를 들면, 박정훈, "'북조선 서울 임시정부'" 《조선일보》, 2013년 12월 27일.

33 정민교 기자, "김진경총장은 어떻게 국경과 이념의 벽을 넘었을까?" [서평] 중국과 북한에 학교를 세운 김진경 총장의 삶을 담은〈사랑주의〉, 김진경 저, 《사랑주의》(Loveism)(홍성사, 2013), 오마이뉴스, 2013년 8월 12일. 최보식이 만난 사람, "김진경 평양과학기술대 총장과 그 학생들"(1)과 (2), 《조선일보》, 2014년 6월 30일, 7월 9일 참조.

주 석

34 "평양 과기 대 총장 김진경, 그가 전하는 북한 이야기," 박경귀, 한국정책평가연구원 원장, http://blog.naver.com/PostViewnhn?blogId=pinepark&logno=6015944962서 재인용.

35 위와 같음.

36 이 문제에 대한 보다 상세한 분석은, Sung Chul Yang, *The North and South Korean Political Systems: A Comparative Analysis* (Seoul and Boulder, Seoul Press and Westview Press, 1994, Revised edition, Hollym International, 1999), pp. 247–251.

37 북한 극소수 집권세력을 정의하기도, 그 숫자를 가늠하기도 어렵지만, 북한에 정통한 기자의 글을 토대로 보면, 특권층이 누리는 특혜는 고급주택, 외제차, 자녀대학 입학권한, 최고의료 수급권한, 북한 돈 1원으로 1달러(2009년 화폐개혁 직전 1달러당 4,000원이 지금 암시장에서 거의 두 배인 8,000원 선이라고)짜리 상품을 살 수 있는 특권까지, 절대다수 굶주리고, 찌들려, 꼼짝달싹 못하고 사는 북한인민의 눈으로 보면, 별천지, 낙원에 사는 딴 나라 사람들의 삶이 아닌가? 주 기자에 의하면, 조선노동당 중앙위 비서, 내각총리, 군단장 이상 장성, 각 도 책임비서 등 북한특권층 최상위는 1일 공급제도 대상으로 식모가 주문한 각종 육류, 과일, 수산물 등이 매일 오전 6시 냉동차에 실려 집에 배달되고, 노동당 과장, 내각 부장급(장관급), 항일빨치산 연고자, 남쪽에서 송환한 비(非)전향 장기수 등은 3일에 한 번씩, 그리고 다음도 계층별로 주 공급 대상, 월 공급 대상까지 세분되어 있다고. 자세한 내용은 주성하, 위의 글, 그리고 암시장 환율은 최유식, "평양의 변화는 허상(虛像)일 뿐이다," 《조선일보》, 2015년 2월 7일자에서 인용.

38 子貢問政. 子曰,足食, 足兵, 民心之矣. 子貢曰, 必不得己而去, 於斯三者何先. 曰, 去兵. 子貢曰, 必不得己而去, 於斯二者何先, 曰, 去食, 自古皆有死, 民無信不立. Sung Chul Yang, *op. cit.*, p. 639에서 재인용.

39 *The Basic Works of Aristotle*, edited by Richard McKeon, introduction by C.D.C. Reeve (New York: The Modern Library, 2001 paperback edition), Politics, BK.III:Ch.9, p. 1189.

40 정당성과 정당성 위기에 관한 보다 상세한 분석은 Sung Chul Yang, *op. cit.*, pp. 545–560.

41 양성철, 《북한정치연구》, 제2개정판(박영사, 1995), p. 37.

42 자료출처: Wikipedia.

43 양성철, 《북한정치연구》, pp. 35–37.

44 상세한 것은 《조선일보》, 2014년 1월 3일 참조.

주 석

45 2014년 1월 6일 기자회견 내용은 《한겨레》 같은 날짜 참조.

46 이 저자가 맨 처음 터, 틀, 판, 사람, 시간 등 순수한 한글 정치학 개념들의 정의를 시도한 것은 2013년 한 강좌에서부터다. 보다 자세한 것은 양성철, 이상근 엮음, 《김대중 외교: 비전과 유산》(연세대학교 대학출판문화원, 2015), pp. 59–74 참조.

47 최종석, "남북철도 연결에 북 권력 핵심층도 긍정적," 《조선일보》, 2015년 5월 29일; 홍수영, "북 고위층 한반도종단철도에 긍정적," 《동아일보》, 같은 날짜.

48 청동기(靑銅器) 사용과 더불어 태어난 성읍(城邑)국가가 그 보기다. 북쪽으로는 송화강 유역의 부여(夫餘), 압록강 중류 지역의 예맥(濊貊), 요하(遼河)와 대동강 유역의 고조선(古朝鮮), 동북쪽 해안 함흥평야의 임둔(臨屯), 한강 이남의 진국(辰國) 등이다. 상세한 것은 이기백, 《韓國史 新論》, 新修版(일조각, 1990), pp. 33–35.

49 위의 책, pp. 37–43.

50 위의 책, pp. 87–88.

51 위의 책, pp. 25–261.

52 백제는 12년 뒤인 침류왕(枕流王) 원년(384년)에 불교가 동진(東晋)에서 온 한 승려가 전파했으나 큰 저항 없이 받아들여진다. 그러나 신라에서는 훨씬 뒤인 눌지 마립간(訥祇 麻立干, 417–458) 때 고구려를 거쳐 온 승려, 아도(阿道 또는 黑胡子)를 통해 전파되었으나 처음에는 박해를 받는다. 하여, 이차돈(異次頓) 순교(527년) 8년 뒤인 법흥왕 22년(535년)에야 불교가 공인된다. 자세한 것은, 위의 책, pp. 88–92.

53 백제 성왕(聖王, 523–554) 때인 552년 노리시치계(怒利斯致契) 등 백제승려 일행이 공식적으로 일본 열도에 불교를 전파한 것으로 알려졌다. Richard John Bowring, ***The Religious Tradition of Japan, 500-1600*** (Cambridge, UK: Cambridge University Press, 2005), pp. 16–17. Wikipedia, the Free Encyclopedia에서 재인용.

54 The Treaty of Friendship, Cooperation and Mutual Assistance 제2조는 "이 조약 당사국 한쪽이 어느 국가 또는 여러 국가의 무력공격을 받아 전쟁상태에 돌입하면, 다른 조약 당사국이 즉각(immediately) 그 가용할 수 있는 모든 군사적 그리고 다른 원조를 제공한다"고 명시하고 있다. 이 문제에 대한 보다 상세한 논의는 양성철, "한반도 평화를 위한 미국의 역할과 전망," 북한연구소, 북한학회 주최, 2010년도 상반기 국제학술회의(2000년 6월 11일, 전쟁기념관 뮤지엄 홀) 참조.

55 보다 자세한 분석은, Yang Sung-Chul, "'Long March' lies ahead for Sino-American Affairs," ***The Korea***

주 석

Herald, March 15, 2011. 최근 Bremmer-Huntsman Jr.와 Feldman이 과거 냉전시대 미 · 소 관계를 MAD(Mutually Assured [nuclear] Destruction)으로, 지금의 미 · 중 관계를 MAED(Mutually Assured Economic Destruction)로 요약한 것도 같은 맥락이다. Ian Bremmer and Jon M. Huntsman Jr., "How to Play Well with China," *The New York Times*, June 1, 2013; Noah Feldman,"Managing the Coming Cool War with China,"(Bloomberg) *The Korea Herald*, June 4, 2013.

56 한 · 중 국방장관회담(2011년 7월 15일)에 이어, 정승조 한국 군 합참의장과 팡펑후이(房峰輝)중국 인민해방군 총참모부장 회담(2013년 6월 4일) 등에서 양국 간 전략적 협력방안이 논의된 것도 그 구체적인 사례다. 특히 군 수뇌 회담에선 양국 합참의장 간 핫라인 구축도 협의한 것으로 알려졌다. 《중앙일보》, 2013년 6월 5일 참조.

57 "…extended deterrence, including nuclear umbrella….." 전문은 Joint Communique of the 44th U.S.-ROK Security Consultative Meeting, Washington, D.C. October 24, 2012. Joint Communique of the 48th U.S.-ROK Security Consultative Meeting, Washinton, D.C., October 20, 2016.

58 Press Briefing by National Security Advisor Tom Donilon, June 08, 2013, http://www.whitehouse.gov/the-press-office/2013/06/08/press-briefing-national-secur...2013-06-13.

59 이 결의안들의 자세한 제재조치와 내용은 http://www.armscontrol.org/print/5653 참조.

60 Jane Perez,"China Ban on Items of Nuclear Use To North Korea May Stall Arms Bid," *The New York Times*, September 30, 2013.

61 북 · 중 교역의 70%를 담당하는 낡은 조 · 중 친선다리(압록강철교)를 보강하기 위한 이 새 다리는 2010년 후반 착공했으며, 3억 5,600만 달러가 소요된다고 한다. 빅터 차, "중국의 대북정책, 정말 달라졌나," 《중앙일보》, 2013년 5월 29일.

62 안용현, "창춘-평양, 훈춘-나선 고속철 추진…中, 北韓 파고든다," 《조선일보》, 2015년 12월 10일.

63 The North Korea Sanctions and Policy Enhancement Act of 2016 (Public Law 114-122), section 301 of title 3, United States Code; the Presidential Executive Order, "Blocking Property of the Government of North Korea and the Workers' Party of Korea, and Prohibiting Certain Transactions with Respect to North Korea."

64 김영희, "중국은 대북 석유카드를 쓰라", 《중앙일보》, 2017년 2월 24일. 윤희영, "북한으로 중국 원유가 유입되는 경로", 《조선일보》, 2017년 5월 9일.

주 석

65 오바마 미 대통령은 2014년 12월 17일 전격적으로 쿠바와의 국교정상화를 선언한 다음, 양국간 정상화 회담이, 그리고 이란과의 미국, 유럽 핵 협상도 진행했다. U.S. Department of Treasury, North Korea Designations; Non-proliferation Designations Office of Foreign Assets Control(OFAC), Specially Designated Nations List Update, 12/2/2016. 미 재무성(OFAC)은 2016년 7월 김정은 북한 노동당 위원장에 이어 김정은의 여동생 김여정(노동당 조직선동부 부부장)을 포함, 7명과 노동성과 국가기획위원회를 2017년 1월 11일 추가 체재 명단에 올렸다.

66 캘빈 쿨리지(Calvin Coolidge, 1872–1933) 미 30대 대통령이 쿠바를 방문한 뒤 두 번째다. 윤정호 특파원, "오바마 "헬로, 쿠바"…미대통령 88년만의 방문," 《조선일보》, 2016년 3월 21일.

67 ◀ 포고(Proclamations)

— 8271. Termination of the Exercise of Authorities Under the Trading with the Enemy Act with Respect to North Korea (Effective Date–June 27, 2008).

◀ 대통령령(Executive Orders)

— the Presidential Executive Order, "Blocking Property of the Government of North Korea and the Workers' Party of Korea, and Prohibiting Certain Transactions with Respect to North Korea (Effective Date–March 16, 2016).

— 13570. Prohibiting Certain Transactions With Respect To North Korea (Effective date–April 18, 2011).

— 13551. Blocking Property of Certain Person With Respect to North Korea (Effective date–August 30, 2010).

— 13466. Continuing Certain Restrictions With Respect to North Korea and North Korean Nationals (Effective date – June 26, 2008).

◀법규(Statutes)

— The North Korea Sanctions and Policy Enhancement Act of 2016 (Public Law 114–122)

— Antiterrorism and Effective Death Penalty Act of 1996. 8 U.S. Code Section. 2339 B.

— International Emergency Economic Powers Act, 50 U.S.C. Sections 1701–1706.

— National Emergency Act, 50 U.S.C. Sections 1601–1651.

— Section 5 of the United Nations Participation Act of 1945, 22 U.S.C. Section 287c.

◀연방 규제 법령(Code of Federal Regulations, CFR)

— 31 CFR Part 510 North Korea Sanctions Regulations

주 석

◀연방정부 관보(Federal Register Notices)

— 76 FR 35740-11. Amending the North Korea Sanctions Regulations to implement Executive Order 13570.

— 76 FR 35739-41. Removing parts 500 and 505 from 31 CFR Chapter V pursuant to Proclamation 8271 of June 26, 2008.

— 75 FR 67912-10. North Korea Sanctions Regulations, 31 CFR Part 510.

— 72 FR 4960-07. Foreign Assets Control Regulations-Amendment to prohibit U.S. persons from registering vessels in North Korea.

— 71 FR 17345-06. Foreign Assets Control Regulation-Amendment to limit the authorization of property transactions involving North Korea.

68 북한이 받은 세 차례 검문, 검색은 PSI에서 가장 많은 것으로, 2002년 12월 9일 북한 화물선, "서산," 2009년 6월 북한선박, 강남," 2009년 9월 22일 부산에서의 북한 컨테이너 검색 등이다. 보다 상세한 것은 "PSI" Wikipedia 참조. 이 해운선박의 탈세나 유엔 또는 개별 국가 제재를 빠져나가기 위해 사실상 공공연히 선박의 국적을 편의적으로 악용하는 것이 거의 보편화되어 있다고 한다. 북한의 최근 유엔안보리 자산동결대상 OMN소속 선박은 31척이었다. 전 세계적으로 2015년 말 기준으로 편의치적선(FOC: Flag of Convenience)을 가장 많이 가지고 있는 나라는 파나마 8,153척, 라이베리아 3,185척, 마샬 군도 2,942척, 홍콩 2,515척, 싱가포르 3,605척이라고. 대한민국도 1,000여 척이 넘는다고. 자세한 것은 윤여상, "편의치적제(便宜置籍制)와 대북 제재 선박", 한국해양전략연구소, http://www.kims.or.kr/peri37.

69 "Panama Slaps $1 million Fine on North Korean Ship,"(AFP) *The Korea Herald*, September 30, 2013.

70 AP통신 보도를 인용한 *Washington Post* 기사, 2014년 2월 9일.

71 로이터, "Swift messaging system cuts off remaining North Korean Banks", 2017년 3월 16일.

72 양성철, 《북한정치 연구》, 제10장 주체사상과 통일 참조.

73 최근 한 미국 고전연구 교수가 북한의 김씨 3대독재와 고대 로마 독재의 유사성을 관찰한 것이 흥미롭다. James Romm, "North Korea 2014 meets Rome A.D. 65," *The Los Angeles Times*, republished in *The Korea Herald*, March 19, 2014.

74 Daniel Tudor & James Peason, *North Korea Confidential: Private Markets, Fashion Trends, Prison Camps, Dissenters and Defectors* (Hong Kong: Tuttle Publishing, 2015), pp.47-84.

주 석

75 "理想인간, 理想사회," 《양성철 논집(I), 물구나무서기 정치》(서울프레스, 1998), pp. 242–245.

76 윤희영의 News English, '북한의 솔제니친'이 쓴 단편소설들, 《조선일보》, 2016년 2월 23일.

77 한국이 회원국이 아닌 꼭 하나 국제기구는 폴란드에 소재한 국제철도협력기구(OSJD)이다. 상세한 것은 《2014 외교백서》(외교부, 2014), pp. 372–375.

78 빌 게이츠(Bill Gates)의 2015년 재산은 미 블룸버그 자료. 허정민, "국내 3대 부호 재산 31조원 북한 GDP(33조원)와 거의 맞먹어," 《동아일보》, 2015년 12월 8일 재인용.

79 인구통계는 2013년 6월 현재 유엔 경제사회이사회 자료다. 참고로 이 통계에서 북한인구는 2,489만 명으로 추계하고 있다.

80 이 '2015년 북한의 통계지표'는 대한민국 통계청이 2015년 12월 15일 발표. 2015년 12월 16일자 《중앙일보》 오늘의 데이터뉴스에서 재인용.

81 Go Myong-Hyun, "Economic Improvement in North Korea," *ISSUE Brief*, June 10, 2013, No. 58, The Asan Institute for Policy Studies 참조.

82 World Health Statistics 2016: Monitoring health for SDGs Annex B: tables of health statistics by country(Retrieved 27 June 2016).

83 List by the CIA World Factbook, 2015 estimates (deaths/1,000 live births).

84 "김정일 핵 놀음에 배곯는 북 어린이, 남보다 19cm(11세 기준) 작아" 준비해야 하나 된다. 《동아일보》 통일코리아 프로젝트, 굶주리는 꽃제비들〈상〉 배고파 국경 넘는 아이들, 《동아일보》, 2013년 5월 30일.

85 위 《동아일보》 특집기사에서 재인용.

86 상세한 것은 www.globalFirepower.com. Content copyright: 2006–2013 globalFirepower.com. All Rights Reserved.

87 자료출처: Wikipedia.

88 위와 같음.

주 석

89 북한연구소, 북한학회 2010년도 상반기 국제학술회의, 양성철, "한반도평화를 위한 주변국의 역할"(전쟁기념관 뮤지엄 홀, 2010년 6월 11일).

90 일본 수상들과 미 대통령들 간의 한반도 정책 변화에 관한 보다 상세한 분석은, Sung Chul Yang, ***Korea and Two Regimes: Kim Il Sung and Park Chung Hee*** (Cambridge: Schenkman Publishing Co., 1981), pp. 244–256.

91 윤평중 칼럼, "한반도 '그레이트 게임(Great Game)'의 승자(勝者)는?", 《조선일보》, 2013년 6월 14일.

92 David E. Sanger, "Obama strikes back at Russia for Election Hacking", ***The New York Times***, December 29, 2016. 그리고 NCCIC, FBI Reference No: JAR-16-20296: GRIZZLY STEPPE — Russian Malicious Cyber Activity(Summary) 참조.

93 현 북한 정권을 낳은 김일성의 성격 분석은 Sung Chul Yang, ***Korea and Two Regimes: Kim Il Sung and Park Chung Hee*** (Cambridge: Schenkman Publishing Company, 1981), pp. 354–359 참조.

94 DeStalinization, DeMaoization에 관한 분석은 Sung Chul Yang, ***The North and South Korean Political Systems: A Comparative Analysis***, pp. 673–680.

95 Hilary Clinton's Speech, "America's Engagement in the Asia-Pacific," at the East West Center on October 28, 2011.

96 '문명국가' 개념과 '주권국가' 개념에 대한 심층 비교 분석은 Martin Jacques, ***When China Rules the World: the End of the Western World and the Birth of a New Global Order*** (New York: The Penguin Press, 2009) 참조.

97 David Ignatius, "America's Challenge in Ukraine," ***The Korea Herald*** (The Washington Post Writers Group), March 22, 2014; Adam Michnik, "The Russian Godfather's paranoid world," ***The Korea Herald*** (Project Syndicate), March 23, 2014; Rachel Marsden, "Sanctions on Russia symbolic of a hollow culture," ***The Korea Herald*** (Tribune Content Agency), March 21, 2014 참조.

98 Jeffrey Frankel, "The Trouble with International Policy Coordination,"(Project Syndicate) ***The Korea Herald***, December 1, 2015.

99 최근 캐나다의 한 교수의 한국의 국제무대에서의 긍정적이고 창의적인 중견국 역할에 대한 집중 분석도 같

은 맥락이다. Andrew F. Cooper, "Recalibrating Middle Power Diplomacy: The Changing 'Soft Power' Brands of Republic of Korea and Canada in Comparative Perspective," EAI MPDI Working Paper no. 11, 2015–02–23.

100 이 사태에 대한 설명은 ***Ambassadors' Memoir: U.S.-Korea Relations Through the Eyes of the Ambassadors*** (Washington, D.C.: The Korea Economic Institute, 2009), pp. 160–161.

101 양성철, "해방은 선물, 남북통일은 우리의 과업입니다," 장흥학당 330회 연찬회(2009), pp. 75–95.

102 "부러뜨린 것은 부러뜨린 것으로, 눈은 눈으로, 이는 이로 갚아라. 상처를 입힌 사람은 자기도 그만큼 상처를 받아야 한다." 구약, 레위기 24장 20절.

103 표. 8–2와 같은 글, p. 4에서 인용.

104 Hans Blix, "It's time to ban the bomb,"(Project Syndicate) ***The Korea Herald***, August 1, 2015.

105 CTBT는 1996년 9월 유엔총회에서 71개국이 서명, 2015년 8월 현재 164개국이 비준했다. 그 당시(1994–1996년) 핵 원자로를 가진 이른바 Annex 2 국가들 44개국이 비준해야, 180일 뒤 CTBT가 발효할 수 있다. 2015년 8월 현재 8개국 가운데 중국, 이집트, 이란, 이스라엘, 미국은 서명은 하고 비준을 안 했고, 인도, 파키스탄, 북한은 서명마저도 안 했다. Wikipedia 참조.

106 자세한 것은 William J. Broad and David E. Sanger, "Race for Latest Class of Nuclear Arms Threatens to Revive Cold War," ***The New York Times***, April 17, 2016.

107 박영호, "북 · 미 관계 개선이 한반도 평화의 열쇠다," 《중앙일보》, 2015년 12월 3일.

108 《조선일보》, 2016년 12월 28일.

109 지만수, "북한, 변화하면 재원은 저절로 나온다," 《중앙일보》, 2015년 9월 25일.

제 9 장

주 석

1 Quoted from Rudyard Kipling (1865–1936), The Ballad of East and West (1889) in ***Kipling: A Selection of His Stories and Poems*** by John Beecroft, illustrated by Richard Powers (New York: Doubleday & Company, 1956), Volume II, pp. 425–427.

2 Quoted from Rabindranath Tagore(1861–1941), "East and West," in ***Essays of the Masters*** edited by Charles Neider (New York: Cooper Square Press, 2000), pp. 356–357.

3 하라리 교수는 사피엔스의 유원인 친척들인 난쟁이, 호모 플로레시엔시스(Homo Floresiensis, 최고 1m 키에 무게 25kg)는 약 12,000년 전에, 사피엔스보다 더 크고 힘센 네안데르탈(Homo Neanderthalensis)은 약 3만 년 전에, 데니소바인(Homo Denisova)과 솔로엔시스(Homo Soloensis)는 약 5만 년 전에 지구상에서 사라진 것으로 유해(遺骸)를 근거로 추정한다. Australopithecus 등 유원인(類猿人)을 포함, 인류 원(原)조상들 족보와 함께, 왜 Homo Sapiens가 다른 여러 친척들을 제치고 지구의 승자로 지금까지 군림하게 된 비결로 하라리는 언어, 인식 능력—learning, remembering, communicating—과 기름 램프(lamps), 배(船舶), 화살, 화살촉, 바늘 등을 만드는 기술 등을 든다. 보다 자세한 풀이는 Yuval Noah Harari, ***Sapiens: A Brief History of Humankind*** (London: Vintage Books, first published by Harvill Secker in 2014), Part One, 1, 2, 3, 4장, pp. 3–83 참조.

4 Eric Schmidt and Jared Cohen, ***The New Digital Age: Reshaping the Future of People, Nations and Business*** (New York: Alfred A. Knopf, 2013), pp. 14–15.

5 김대식의 브레인 스토리(81), 《조선일보》, 2014년 4월 24일.

6 2004년 미국의 FDA(the Food and Drug Administration)는 VeriChip(Positive ID)을 사람 몸에 이식할 수 있는 첫 전자 칩(the only–FDA–approved human–implantable microchip)으로 승인한다. 이 칩을 통해 개인의 신분, 의료 기록(ID, medical records) 등을 곧바로 알 수 있다고 한다. 보기를 들면, DNA/RNA 감별 Nanochip은 http://www.nanochipipxl.com/ 참조.

7 Crispr(clustered regularly interspaced short palindromic repeats)Cas9 게놈 편집기술 개발로 RNA의 구체적인 절차 가이드(a specific sequence of guide RNA)는 게놈(genome)의 어디에나 부착이 가능하며, Cas9 protein은 DNA의 어디든 쪼개고, 찢고, 가르기(cleave)가 가능하다고. 마치 필름 편집자가 새 프레임에 필름을 자르고, 겹고, 여기저기 새로 잇고 하듯이. 이 첫 발견은 1987년 박테리아의 'clustered repeats'를 꼽는다. 일본 병리학자, Yoshizumi Ishiro et al,(December 1987) "Nucleotide sequence of the iap gene, responsible for alkaline phosphatase isozyme conversion in Escherichia coli, and identification of the gene product." ***Journal of Bacteriology*** 169(12):5429–5433. PMC 213968.

주 석

8 벌써 수십 년 전에 내가 읽은 1962년 DNA 구조 발견으로 노벨 의학/생리학상을 함께 받은 세 학자, 미국의 왓슨(James D. Watson, 1928–), 영국의 크릭(Francis Henry Crick, 1916–2004)과 윌킨스(Maurice Wilkins, 1916–2004)이 '이를 누가 먼저 발견했느냐"를 놓고 벌인 경쟁은 치열하기보다 비열하기까지 했다. Doudna와 Zhang 두 교수 모두 그들처럼 'happy ending'이기를 바란다. James D. Watson, ***The Double Helix: A Personal Account of the Discovery of the Structure of DNA*** (1968), Atheneum, 1980, OCLC 6197022.

9 Jennifer Doudna(1964–), professor of Biochemistry and Molecular Biology at University of California, Berkeley 와 Feng Zhang(1982–), W.M. Keck Career Development professor of Biomedical Engineering in the Departments of Brain and Cognitive Science and Biological Engineering at the MIT 그리고 a core member of the Broad Institute of the MIT and Harvard and the McGovern Institute for Brain Research가 장본인이다. 현재로선 특허권(patent rights)을 Zhang교수, the Broad Institute, MIT가 모두 차지한 상황이다. 이 문제에 대한 두 교수의 최근 논문이나 코멘트는 Doudna J. A., Charpentier E. et al (August 2012). "A programmable dual-RNA guided endonuclease in adaptive bacterial immunity," ***Science*** 337(6096): 816–821 Bibcode:2012Sci…816J. Doudna, Jennifer(2015). "Genome-editing revolution: my whirlwind year with CRISPR," ***Nature*** 528(7583): 469–471. Doi:10.1038/528469a. Cong, L; Zhang, F. et al (3 January 2013). "Multiplex genome engineering using CRISPR/Cas systems," ***Science*** 339(6121): 819–823 doi: 10. 1126/science.1231143. Hsu, Patrick, Zhang, Feng et al (21 July 2013). "DNA targeting specificity of RNA-guided Cas9 nucleases," ***Nature Biotechnology*** 31(9): 827–832. Doi: 10. 1038/nbt.2647.

10 위 두 교수 사이의 특허권 문제에 대한 보도는 Jennifer Doudna, "Genome-editing revolution: My whirlwind year with CRISPR," ***Nature*** | Comment, 22 December 2015. http://www.nature.com/news/genome-editing-revolution-...; Andrew Pollack, "Jennifer Doudna, a Pioneer Who Helped Simplify Genome Editing," ***International New York Times***, May 11, 2015 | http://nyti.ms/1Hd41sA; Russell, Sabin, "Cracking the Code: Jennifer Doudna and her Amazing Molecular Scissors," ***Cal Alumni Association***. N.p., 2014 Web. 17 Mar. 2015. http://alumni.berkelely.edu/california-magazine/winter-2014-gender-assumption/cracking-code-jennifer-doudna-and-amazing; Kerry Grens, "Feng Zhang: The Midas of Methods," ***The Scientist Magazine***, August 1, 2014 | http://www.thescienist.com/?articles.view/articleNo/4058-...

11 위 김 교수는 2000년 전 로마제국 시민들에게 수백, 수천만 명 노예들이 의식주에 관련된 모든 일을 해결해 준 것이 로마의 중산층 붕괴, 귀족과 황제의 부패, 타락을 부추기고, 끝내는 제국의 멸망의 씨앗이었다고 주장한다. 김대식, "인간이 할 일이 없다면?", 《조선일보》, 2015년 2월 5일.

주 석

12 Derek Thompson, "A World without Work," *The Atlantic*, July/August, 2015, pp. 50–61. 미국의 세계 최대 네트워크 장비 회사(CISCO)는 2025년이면 제조업 일자리가 1980년 기준 25%에서 2025년이면 4–5%로 급감하고, 스타트업 혁신과 협업 기업의 증가로 대기업 시대가 막을 내릴 것이라고 전망한다. 김현예, "10년 뒤에는 미국 근로자 34%가 프리랜서", 《조선일보》, 2015년 6월 12일.

13 Fiona MacRae, "Could doctors transplant a Head onto a body in 2 years' time? Italian surgeon confident he can perform £7.5 million operation," *Mail online*, 25 Feb 2015. 최근엔 이 수술에 의료진 150명, 비용 130억이 들고, 수술 시간은 36시간이 걸린다고 한다. 이영완, "프랑켄슈타인 수술 성공할 수 있을까", 《조선일보》, 2015년 6월 15일.

14 Michio Kaku, *The Future of the Mind: The Scientific Quest to Understand, Enhance, and Empower the Mind* (New York: Doubleday, 2014).

15 위 가쿠 교수 서평은 Leyla Sanai, *The Independent*, June 3, 2015. 그리고 그의 인터뷰 기사는 김윤종, "불사의 시대, 꿈만 아니다", 《동아일보》, 2015년 6월 2일.

16 "The Firsts Issue," *National Geographic*, vol. 227, no.1(January 2015).

17 Wikipedia.

18 이영완, "어디가 아프십니까? 영혼 빼고 다 바꿔드립니다", 《조선일보》, 2015년 5월 30일.

19 카펜티어(Alain Carpentier, 1933–) 박사의 인공심장 이식 성공 스토리는 Wikipedia, Alain Carpentier 참조.

20 Falguni Pati, Jinah Jang, Dong–Heon Ha, Sung Won Kim, Jong–won Rhie, Jin–Hyung Shim, Deok–Ho Kim & Dong–woo Cho, "Printing three–dimensional tissue analogues with decellularized extracellular matrix bioink," *Nature Communications* 5, article number: 3935 doi:10. 1038/ncomms 4935 published 02 June 2014.

21 이영완, 위의 글 참조.

22 'Watson'은 미 IBM의 Deep QA 프로젝트 팀장인 페루치(David Ferrucci) 등이 개발한 것으로 IBM의 첫 CEO였던 왓슨(Thomas J. Watson)의 이름에서 딴 인공지능을 가진 슈퍼컴퓨터이고, chatterbot, 'Eugene Gootsman'은 러시아 태생의 베셀로프(Vladimir Veselov), 울라센(Sergey Ulasen), 우크라이나 태생의 뎀첸코(Eugene Demchenko)가 러시아의 상트페테르부르크에서 2001년 처음 개발했다고 한다.

주 석

23 'The Turing test'는 '컴퓨터와 인공지능의 아버지'로 불리는 영국의 과학자요 제2차 세계대전 때 독일군 암호 해독으로 유명한 Alan Turing(1912–1954)이 그의 논문, "Computing Machinery and Intelligence," in *Mind* (1950)에서 처음 제안한 것으로 "기계도 사람처럼 생각할 수 있는가?"가 그 핵심이다. 그 뒤 'the Turing test' 측정 방법의 변천은 Wikipedia 참조.

24 박형준, "도 로봇 군, 도쿄대 가긴 아직 어렵군요", 《동아일보》, 2014년 11월 14일; 김수혜, 《조선일보》, "'도쿄대 입시 도전'… 인공지능 로봇 프로젝트", 《조선일보》, 2017년 3월 16일.

25 설성인, "게임 1개 가르쳐주면 28개 스스로 터득…무섭게 진화하는 인공지능 시대", 《조선일보》, 2015년 3월 14일.

26 Andrew McAfee and Eric Brynjolfsson, "Where Computers Defeat Humans, and Where They Can't", ***The NewYorkTimes***, March 16, 2016, connection March 30, 2016

27 이정현, "안녕, 페퍼" 물으니 "좋은 일 있어요?"…감정 표현하는 로봇", 《중앙일보》, 2015년 6월 20일.

28 Robert Cheek, "The robotics Cambrian explosion," ***The Korea Herald***, August 4, 2015. Cheek는 또 전자기기를 이용한 엔터테인먼트, 즉 eSports의 변천과정도 3단계로 나눈다. 1단계(first wave)가 1980년대 미국과 일본에서 유행한 기계(standalone machines)를 이용한 것으로 Donkey Kong, Asteroids, Pac Man 등이다. 2단계는 1997년 아시안 금융위기 때 한국에서 시작한 PC방 게임, StarCraft 등이고, 3단계는 지금 ReSports로 순수한 사이버 터(cyber realm)에서가 아니라, 사이버와 실제 물리적 공간(cyberphysical realm)을 이용한 게임으로 영화, Real Steel, Big Hero 6, Robot Jox를 그 보기로 든다. 그는 이 새 현상을 "Cyberphysical Era"의 시작이라고 본다. Robert Cheek,"Take the Red Pill, See How Deep the Robot Hole Gets," ***The Korea Herald***, December 23, 2015.

29 이 소설 속 돌팔이 '과학자' 빅터 프랑켄슈타인은 거의 2년에 걸쳐 몰래 납골당에서 뼈, 섬유질, 근육, 심줄 등 다른 필요한 물질들을 모은다. 그가 어릴 적부터 혼자 몰래 읽은 연금술 책들과 대학에서 배운 화학 실험 방법 등을 활용하여, 키 8피트의 거구 '괴물' 하나를 창조한다. 빅터는 그의 창조물을 보는 순간 크게 실망하고 공포에 떨며 이 '괴물'을 한사코 피한다. 그러는 사이에 그가 지극히 사랑한 어린 동생(William)을 누군가가 죽인다. 이 동생의 보모(Justine)는 법정에서 이 아이의 살인자로 스스로 누명을 뒤집어쓴 채 처형된다. 빅터는 이 두 죽음의 실제 살인자로 '괴물'을 지목한다. 한편, '괴물'은 그의 혐오스런 겉모습과는 달리 착한 마음으로 그가 마주치는 사람들에게 다가가려 하지만, 시골 한 장님 노인을 빼곤 어린 아이들까지도 모두 그를 혐오하고 해치려 든다. 빅터와 한 번 서로 만난 '괴물'은 그의 이런 억울하고 비참한 형편을 고백하며, 그와 비슷한 여자 하나를 빅터가 만들어 주

주 석

면, 둘이 남아메리카 황무지로 사라져 다시는 돌아오지 않겠다고 약속하며, 애걸한다. 그리하여, 빅터는 '여자 괴물'을 하나 더 만든다. 하지만, 그가 어디를 가든 그림자처럼 따라다니는 이 '괴물'에 대한 혐오와 공포에 끊임없이 시달린다. 하여, 빅터는 두 '괴물'이 멀리 떠난다 해도 그곳에서 더 많은 괴물들을 양산(量産)할 것을 두려워하여 약속을 어기고 '여자 괴물'을 파괴해 버린다. 이에 격분한 '괴물'은 빅터의 하나뿐인 절친한 친구(Clerval)와 그가 어릴 적부터 함께 자란 양녀이자, 둘도 없이 서로 지극히 사랑하는 갓 결혼한 그의 아내(Elizabeth)까지 연거푸 목 졸라 죽인다. 이 잇따른 충격으로 그의 존경하는 아버지마저 사망한다. 이 과정에서 빅터는 이 괴물 '연쇄 살인자'에 대한 극도의 복수심으로, 괴물은 그의 '창조자'에 대한 극도의 분노로, 둘 다 끝내는 진짜 괴물이 되고 만다. 빅터는 북극에까지 그가 만든 '괴물'을 뒤쫓아가 죽이려 하지만 혹한과 굶주림과 피로로 먼저 죽는다. 빅터가 죽자 '괴물'도 스스로 불에 타 한줌 잿더미로 끝난다. 셸리(Mary Shelley)의 과학소설, *Frankenstein(or The Modern Prometheus)*(Garden City, New York: International Collectors Library, 1818, 1831 edition).

30 "…You are my creator, but I am your master;—obey!" 위 소설, Chapter 20, p. 596.

31 《동아일보》, 2016년 1월 1일.

32 "Mark Zuckerberg's 2016 Challenge: Code an AI Assistant," 1/4/2016 6: 59PM Wall Street Journal video. 김수연, "아이언맨 '자비스'같은 인공지능 집사 개발 도전," 《동아일보》, 2016년 1월 5일. *The Associated Press*, December 21, 2016.

33 Ralph Linton, *The Study of Man* (New York: D. Appleton–Century Co., 1936), pp. 326–327.

34 Schmidt and Cohen, 앞의 책, pp. 28–31.

35 이 약칭 '직지'(直指)는 프랑스 파리 국립도서관에 있다. 1972년 '세계 도서의 해' 기념 도서 전시회에서 세계 최초의 (청동)금속활자본으로 공인되고, 2001년에는 유네스코 기록문화유산으로 등재되었다.

36 허윤희, "直指보다 138년 앞서는 最古 금속활자본 찾았다", 《조선일보》, 2015년 3월 17일 자. 김도훈, "증도가자 보물지정 부결 관련 기자회견", 《연합뉴스》, 2017년 4월 17일.

37 "…that man is more of a political animal than bees or any other gregarious animals is evident. …man is the only animal whom she has endowed with the gift of speech…. " *The Basic Works of Aristotle*, edited by Richard McKeon, introduction by C.D.C. Reeve (New York: the Modern Library, 2001), Politics, BK.I: Ch.2. p. 1129.

주 석

38 박순찬, "영국 출장 간 김대리, 클릭 한 번에 여의도 화상회의", 《조선일보》, 2014년 4월 30일.

39 삼성 갤럭시 코어 어드밴스의 '토크 백' 기기는 손가락이 스마트폰에 닿는 위치에 따라 기능의 명칭을 음성으로 알려 주고, '음성 지원 카메라'는 피사체의 위치와 인원 정보를 파악해서 음성으로 제공하며, '라이트 센싱'은 빛을 감지해서 불빛이 켜진 방향을 소리와 진동으로 안내하는 등, 장애인에게도 큰 도움이 된다고 한다. "내게는 스마트폰이 눈이고 지팡이랍니다", 《동아일보》, 2014년 4월 21일.

40 서울대 김대형 교수 팀이 2012년 Science에 그 가능성을 제시한 뒤, 삼성전자, LG전자와 제휴, 단기적인 첫 결실로 이 'smart skin'이 개발된 것으로 보도. Kim Young-won, "Smart skin may keep the doctor away," *The Korea Herald*, May 1, 2014. KAIST 기계공학시스템학부 오일권 교수팀이 특수 처리한 그래핀을 쌓아 종잇장처럼 얇은 5마이크로미터(1마이크로미터는 100만분의 1m) 두께의 전극을 만들어 인공 근육으로 활용하는 실험에 성공했다고. 이를 뒷받침하는 발표 논문은 Jaehwan Kim, Jin-han Jeon, Hyun-jun Kim, Hyuneui Lim, and Il-won Oh, "Durable and Water-Floatable Ionic Polymer Actuator with Hydrophobic and Asymmetrically Laser-scribed Reduced Graphene Oxide Paper Electrodes," in ***American Chemical Society*** (ACS) NANO, 2014, Mar 24; 8(3), pp. 2986-97. E pub 2014 Feb 24.

41 "Black phosphorus(BP) Surges Ahead of Graphine," A Korean team of scientist tune BP's band gap to form a superior conductor, allowing for the application to be mass produced for electronic and optoelectronic devices, by Neil Mannix, IBS(Institute for Basic Science) press center. Embargo date(2015-08-14 03:00). 이 연구는 포항공대 김근수 물리학과 교수 연구 팀, 연세대 최형준, 이연준 교수 연구 팀이 이룬 업적이다. 신선미, "차세대 반도체 소재, 그래핀 넘어 포스포린?", 《동아일보》, 8월 14일. 정성호, "고성능 반도체 후보물질 '포스포린 실용화 길 찾았다," 연합뉴스, 2015년 8월 14일.

42 《조선일보》, 2015년 2월 6일.

43 위 같은 신문, 같은 날짜.

44 토마스 에디슨이 백열전등(incandescent electric lamp)을 1880년 가을 증기선, 'Columbia' 호에 처음 설치, 1881년엔 영국의 한 작은 도시(Godalming) 시가지(市街地)에 가로등을 설치한 것이 처음이라고. Wikipedia 참조.

45 자세한 것은, "Rural Electrification," Wikipedia 참조.

46 The Franklin Institute.

주 석

47 영국 아프리카 탐험가, 데이비드 리빙스턴(David Livingstone, 1813–1873)은 그의 잠베지 탐험(the Zambezi Expedition, 1856–1864) 때는 나일 강 원류를 찾지 못한다. 1866년 2차 탐험에서는 또 발원지를 잘못 짚는다. 결국 스피크와 버튼 등 다른 영국 탐험대 팀이 Lake Victoria와 Lake Albert(지금의 Lake Tanganyika와 Lake Victoria) 사이에 있는 Burundi 산 중턱 물거품(bubbles)을 나일 강 발원지로 처음 발견한 것으로 본다. 자세한 설명은 Wikipedia.

48 양쯔 강 발원지로 티베트의 Qinghai 지역 Tanggula 산맥의 Gelandaindong Peak(elevation, 5,042m)에서 찾은 옹달샘을 지목한다. Wikipedia.

49 James Clerk Maxwell, *A Dynamical Theory of the Electromagnetic Field* (1865).

50 Wikipedia.

51 미 펜실베이니아 대의 John Mauchly(1907–1980)와 J. Presper Eckert(1919–1995)가 제2차 세계대전 중 미군 용역으로 만든 전자계산기로 크기는 30 x 50피트(1,800 square–foot), 무게는 30톤이 넘고, 17,468개의 진공관(vacuum tables), 70,000개의 저항기(computer registers), 10,000개의 축전기(capacitors) 등으로 조립된 것으로, 1초에 5,000개 숫자를 더할 수 있어 당시 기존 계산기보다 1000배 빠른 전산기였다고 한다. 그러나 지금은 휴대용 계산기가 1초에 500억 개 숫자를 더한다고. "ENIAC: A Pioneering Computer," Copyright, 1999, ScienceCentral, Inc, and the The American Institute of Physics. "The Dawn of an Electronic Era," http://www.factmonster.com/ipka/A0900058.html.

52 위와 같은 자료.

53 "The Firsts Issue," *National Geographic*, January, 2015, Vol. 227. No.1.

54 ARPANET는 미 국방부 산하 Advanced Research Agency가 대학들과 연구기관들을 연결하는 목적으로 1969년 설립, 그 첫 전자 연결은 UCLA와 Stanford Research Institute였다고. NSFNET는 미 국립과학연구소(National Science Foundation, NSF)가 1985년 당시 NSF 산하의 다섯 개 Super Computers Centers와 미 과학자, 연구원, 엔지니어들과 연결, 정보와 연구자료 교환을 위해 설립. 자세한 것은 Wikipedia.

55 앨 고어는 미 상원의원으로 있을 때인 1986년 *Super Computer Network Study Act of 1986(S2594)* 법안을 상정한 것을 시작으로, 1991년인 이른바 'Gore Bill'(The High Performance Computing and Communication Act of 1991)을 통과시켜, 미 연방정부가 6억 달러(U.S.$ 600 million)을 인터넷 연구개발에 투자하는 데 주도적 역할을 한 것이다. 보다 자세한 것은 Wikipedia.

주 석

56 자료 출처: Digital in 2016, http://wearesocial.com/uk/special-reports/digital-in-2016.

57 첫 무선 휴대폰(무게 1.1kg, 길이 23cm, 두께 13cm, 너비 4.45cm)은 미 시카고 일리노이 공대(Illinois Institute of Technology) 출신 John F. Mitchell(1928-2009) 모토롤라 회사 간부(Chief, Motorola's Communication Systems Division)와 시카고 기업인 Dr. Martin Cooper(1928-2009)가 함께 개발한 것으로 알려졌다. Wikipedia.

58 김현예, "제3의 OS 타이젠…사물인터넷 시장 정조준", 《중앙일보》, 2015년 3월 13일.

59 Global Digital Statistics 2014.

60 Michael Kleiman, "Wiring the Amazon," *International New York Times*, May 19, 2014.

61 "한국 인터넷 상용화 20년〈중〉 온라인 거버넌스 지각변동", 《동아일보》, 2014년 4월 15일.

62 Quoted in "Afterword to the Second German Edition," Karl Marx, *Capital: A Critical Analysis of Capitalist Production*, translated from the third German edition by Samuel Moore and Edward Aveling and edited by Frederick Engels, Volume I (Moscow: Progress Publishers, 1971), p. 29.

63 위의 책, p. 715.

64 V.I. Lenin, *The Teachings of Karl Marx: Essays on the Theory of Marxism and its Historical Development* (New York: International Publishers, 1964), p. 18에서 이 저자가 재인용. 그러나 레닌이 인용하고 있는 footnote (Marx, *Capital*, Vol. I, p. 406)를 이 저자가 소장하고 있는 마르크스의 영문 번역본(Karl Marx, *Capital*, 3 vols, Moscow: Progress Publishers, 1971)에서는 찾을 수 없음.

65 위의 책, p. 19.

66 《맹자》, 제7장, 20절, *The Four Books: Confucian Analects, The Great Learning, The Doctrine of The Mean, And The Works of Mencius*, with original Chinese text, English translation and notes by James Legge (New York: Paragon Book Reprint Corp. 1966), pp. 463-464.

67 위의 책, 같은 페이지에서 재인용.

68 Thomas Piketty, *Capital in the Twenty-First Century*, translated by Arthur Goldhammer (Cambridge: The Belknap Press of Harvard University Press, 2014).

주　석

69 피케티 저서에 대한 총 53페이지 분량의 내 서평("피케티(Thomas Piketty, 1971), 21세기 자본론: 서평)은 2014년 말 이미 블로그에 게시한 바 있으며, 여기서는 요약하여 제시한다. 서평 전문(全文)은 "http: blog.naver.com/scyang39. 220216566499".

70 Simon Kuznets, ***Shares of Upper Income Groups in Income and Savings*** (Cambridge, MA: National Bureau of Economic Research, 1953). Simon Kuznets, "Economic Growth and Income Equality," ***American Economic Review*** 45, No. 1:1–28.

71 *The Manifesto of the Communist Party*(*Manifest der Kommunistischen Partei* in German).

72 W.W. Rostow, ***The Stages of Economic Growth: A Non-Communist Manifesto*** (London: Cambridge University Press, 1960).

73 보기를 들면, Alvin Toffler, ***Future Shock*** (New York: Bantam Books, 1970); ***The Third Wave*** (New York: Bantam Books, 1980); ***Power Shift: Knowledge, Wealth, And Violence at the Edge of The 21st Century*** (Bantam Books, 1990).

74 보다 자세한 내용은 Jared Diamond, ***Guns, Germs, and Steel: The Fates of Human Societies*** (New York: W.W. Norton & Company, 1999), pp. 268–269. Table 14.1 Types of Societies 참조.

75 Thomas S. Kuhn, ***The Structure of Scientific Revolutions*** (Chicago & London: The University of Chicago Press, 1962), p. 110.

76 위의 책, pp. 152–153.

77 이신영,"'연봉 반 토막도 좋다' 핀테크로 가는 금융 맨들", 《조선경제》, 2015년 2월 9일.

78 하현옥, "22조 원 버는 데 버핏 27년, 저커버그 8년…빨라진 부자의 탄생", 《중앙일보》 2015년 2월 6일.

79 Robert B. Reich, "The Share–the–scraps economy," ***The Korea Herald***, February 7, 2015.

80 Yuval Noah Harari, 앞의 책, p. 459.

81 이 연구소의 윌멋(Ian Wilmut), 캠벨(Keith Campbell) 등이 이 복제 양 출산 성공 주인공들이다. 보다 자세한 것은 Wikipedia 참조.

주 석

82 "God is dead. God remains dead. And we have killed him." F. W. Nietzsche, ***The Gay Science*** (***Die Fröhliche Wissenschaft***)[1882], ch. 125. John Bartlett, 17th edition, ***Bartlett's Familiar Quotations***, p. 589, footnote 2에서 재인용.

83 "…Science is the new God….Medicine, electronic communications, space travel, genetic manipulation… these are the miracles about which we now tell our children. These are the miracles we herald as proof that science will bring us the answers. The ancient stories of immaculate conceptions, burning bushes, and parting seas are no longer relevant. God has become obsolete. Science has won the battle. We concede." Dan Brown, ***Angels & Demons: Robert Landon's First Adventure*** (New York: Pocket Books, a division of Simon & Shuster,Inc., 2000), pp. 378–379.

84 Richard Dawkins, ***The God Delusion***, p. 123.

제10장

주 석

1 기원전 367년 열일곱 살인 아리스토텔레스는 플라톤의 아카데미(Academy of Plato)에서 기원전 347년까지 20년 동안 스승(플라톤)이 죽을 때까지 함께했다고 한다. 자세한 것은 ***The Politics of Aristotle***, translated with an introduction notes and appendixes by Ernest Barker (New York: A Galaxy book, Oxford University Press, 1962), p.xiii.

2 위의 책, p.xxviii.

3 그때나 지금이나 내가 인용하는 논어와 맹자는 레그(James Legge)가 번역한 것으로 페이지마다 한문과 영문 번역이 함께 실려 있는 책, ***The Four Books: Confucian Analects, the Great Learning, the Doctrine of the Mean, And the Works of Mencius***, with original Chinese texts, English translation and notes by James Legge, D.D., LL.D., (New York: Paragon Book Reprint Corp., 1966).

4 전세영, "퇴계와 율곡의 인물평가 비교연구", 《한국정치학회보》, 제48집 제4호, pp. 319–365. 전 교수 내용 분석은 퇴계 전서와 율곡 전서에 등장하는 총 219명 인물(퇴계 133명, 율곡 86명) 가운데 퇴계와 율곡 모두 품평한 인물 23명을 골라서, 다시 긍정, 부정, 혼합 평가로 나눈 다음, 11가지 평가기준을 갖고 내용 분석을 한 것으로 퍽 흥미롭다.

5 ***Rhetoric***, BK II: CH.4–25, 1389–1403 in ***The Basic Works of Aristotle***, edited by Richard McKeon, introduction by C.D.C. Reeve (New York: the Modern Library, 2001), pp. 1403–1434. 아리스토텔레스는 그의 저서, ***ETHICA NICOMACHEA(Nicomachean Ethics)***에서도 인간 행동과 그것의 초과(지나침), 중용(알맞음), 결핍(모자람) 등을 12가지 행동과 감정으로 구분하여 36가지 행동과 감정으로 체계적으로 개념 정리하고 있다. 이 정리된 개념 표는 이 저자의 졸저, 《움 – 민구의 작은 발견》(현대시문학, 2007), p. 53 참조할 것. 이 표는 ***The Ethics of Aristotle: The Nicomachean Ethics***, trans. By J.A.K. Thompson, revised with notes and appendices by Hugh Tredennick and Introduction and bibliography by Jonathan Barnes (Middlesex, England: Penguin Books, 1953, reprinted 1980), p. 104에 나온 것을 이 저자가 우리말로 번역함.

6 ***Ibid.*** BK III: CH.18, 1419, Line 25, p. 1450.

7 ***The Portable Dante***, translated, edited and with an introduction and notes by Mark Musa (New York: Penguin Books,1995), The Divine Comedy: Purgatory, p. 194 도표 참조.

8 유교의 사단(四端)은 인간 본성 네 가지 마음씨, 인(仁), 의(義), 예(禮), 지(智)는 맹자의 《맹자(孟子)》 공손축(公孫丑) 2권(BKII), 上, 6장 5절의 惻隱之心, 仁之端也, 羞惡之心, 義之端也, 辭讓之心, 禮之端也, 是非之心, 智之端也, 레그(James Legge), 앞의 책, pp. 550–551 참조. 칠정(七情)은 (1) 희(喜), 노(怒), 애(哀), 낙(樂), 애(愛), 오

주 석

(惡), 욕(欲). 또는 희, 노, 우(憂), 비(悲), 사(思), 경(驚), 공(恐). (2) 불교에서는 희, 노, 우, 구(懼), 애(愛), 증(憎), 욕(欲) 등이다.

9 "List of longest-reigning monarchs," Wikipedia 참조.

10 위와 같음.

11 10 longest uninterrupted forms of government in historical times, Eupedia, Maciamo, 22-06-13, 17:53.

12 Stephen Hawking, ***Black Holes and Baby Universes and Other Essays*** (London: Bantam Book, 1993), pp. 133-134.

13 도쿄대 개발은 영국 ***Nature Photonics*** 전자판(2월 9일 자)에 실린 논문을 일본 아사히 신문 2월 10일 보도를 《동아일보》(2015년 2월 15일)가 재게재함.

14 인류 조상 족보(Human Family Tree)는 Jared Diamond, ***The Third Chimpanzee: The Evolution and Future of the Human Animal*** (New York: Harper Perennial, 2006), p. 35 참조. 침팬지로부터 분류된 뒤, 지금까지 실제로 발굴된 가장 오래된 인류의 조상은 중북부 아프리카 차드(Chad)의 Djurab 사막에서 브뤼네(Michel Brunet) 팀이 2001년 7월부터 2002년 3월 사이에 발굴한 턱뼈 다섯 개, 치아 몇 개 등을 기준으로 측정한 원인(原人)으로, 머리 크기(두개골, brain size)는 320-380cm³로 침팬지 두개골과 비슷하고 사람 두개골(1350cm³)보다는 거의 1/4 정도로 작다. 이 발굴된 뼛조각들을 기준으로 추정해 보면, Homo sapiens보다는 "flatter face, u-shaped dental arcade, anterior foramen magnum, heavy brow ridges"한 것이 다르다고 주장한다. 상세한 것은, "Sahelanthropus," Wikipedia 참조.

15 "The Oldest Homo Sapiens: Fossils Push Human Emergence Back to 195,000 Years Ago," ***Science Daily***, 28 July 2005. Retrieved 24 July 2010. Wikipedia 에서 재인용.

16 고고학자 리키(Richard Leakey) 교수 팀이 1967년 에티오피아 오모(Omo) 강 부근에서 발굴한 인간 화석—Omo I, Omo II, 두 개의 두개골과 뼛조각 몇 개—을 처음엔 13만 년 전 인간 조상(Homo sapiens)으로 추정했으나, 2005년보다 정밀한 측정 방식(potassium-argon dating, 40AR/39AR)으로 같은 화석을 조사, 19만 5천 년 전 인간 조상으로 재추산했다. 뉴욕 Stony Brook 대학 인류학 교수 플리글(John Fleagle)은 Omo I은 '호모 사피엔스'지만, Omo II는 훨씬 더 미개하여 두 형태학(morphologies)을 구분해야 한다며 오모 화석들로부터 유추할 수 있는 호모 사피엔스의 '현대 행위'(modern behavior)의 공통점으로 "앞으로 닥칠 일을 계획하고, 신기술을 개발하고, 사회적, 교역 네트워크를 구축하며, 변화하는 상황과 환경에 적응하며, 동굴화, (신분이나 집단 정

주 석

체성을 표시하는) 구슬 만들기 등 상징적 행위를 내세우거나 또는 매장(埋葬) 등"(…planning ahead; innovating technologically; establishing social and trade networks; adapting to changing conditions and environments; and exhibiting symbolic behavior like cave painting, bead making(used to show status or group identity), or burying the dead.)을 든다. 상세한 것은, Hillary Mayell, "Oldest Human Fossils Identified," *National Geographic News*, February 16, 2005.

17 Yuval Noah Harari, *Sapiens: A Brief History of Humankind* (London: Penguin Random House, 2011), Part Two, pp. 87–180 참조.

18 오스트레일리아와 인도네시아 연구 팀이 최근 발표한 논문은 M. Aubert, A.Brumm, M. Ramli, E.W. Saptomo, B. Hakim, M.J. Morwood, G.D. Van den Bergh, L. Kinsley & A. Dosseto, "Pleistocene Cave Art from Sulawesi, Indonesia," *Nature* 514, 2230227 (09 October, 2014) I doi: 10.1038/Nature 13422 published online 08 October 2014. John Noble Wilford, "Cave Paintings in Indonesia May Be Among the Oldest Known," *The International NewYorkTimes*, October 8, 2014; "Asian Cave Drawings Older than Thought," Washington(AP) in *The Korea Herald*, October 10, 2014; 곽수근, "印尾 동굴벽화, 기존 最古 스페인 것보다 앞서[비슷]……인류 예술사 다시 써야 할 판", 《조선일보》, 2014년 10월 10일 참조.

19 James Shreeve, "This Face Changes the Human History But How?" *National Geographic*, September 10, 2015. 고인류학자인 리 버거(Lee Berger, a paleoanthropologist, University of the Witwatersrand)는 남아프리카 요하네스버그에서 북서쪽으로 30마일 지점에 있는 동굴(Rising Star) 벽에서 2015년 8월 유원인(Homo naledi)의 화석들을 발굴한다. 1974년 11월 에티오피아(Hadar, Afar)에서 도널드 요한슨(Donald Johanson)이 발굴한 '루시'(Lucy. Australopithecus afarensis) 해골(40%)은 320만 년 전으로 추정되지만, 리 버거 팀이 발굴한 뼈조각들의 연도는 아직 밝혀지지 않았다.

20 세계에서 가장 오래된 숫자를 포함, '문자 체계'(the writing systems)는 중국의 헤난(Henan) 省에서 발견된 쟈후 부호(Jiahu symbols)인데, 거북이 껍질 위에 기록된 것으로 기원전 6,600년까지, 인도의 인더스 강 계곡에서 발견된 인더스 문자(Indus Script)는 기원전 3200년으로 추정한다. 보다 상세한 것은 Wikipedia. 참조.

21 Sir Ernest Barker, *The PoliticalThought of Plato and Aristotle* (New York: Dover Publications, Inc., 1959), pp. 175–176.

22 Robert A. Caro, *TheYears of Lyndon Johnson, Master of the Senate* (New York: Alfred A. Knopf, 2002), pp. 685–710.

주 석

23 *Plessy v. Ferguson, Supreme Court of the United States, 1896. 163 U.S. 537, 16 S.C.T.1138, 41 L.ED.256.* 자세한 내용은 William Cohen and John Kaplan, ***Bill of Rights: Constitutional Law for Undergraduates*** (New York: The Foundation Press, Inc., 1976), pp. 603–614.

24 *Brown v. Board of Education, Supreme Court of the United States, 1954. 347 U.S. 483,74 S.CT 686, 98 L, ED.873.* 위의 책, pp. 614–623.

25 Robert A. Caro, ***The Years of Lyndon Johnson, The Passage of Power*** (New York: Alfred A. Knopf, 2012), pp. 558–570.

26 최근 보도에 의하면, CERN(유럽 원자핵 공동 연구소)의 핵 분쇄 시설, LHC(the Large Hadron Collider)의 분쇄 능력이 2배 이상 증가, 우주의 90% 이상을 차지하고 있는 암흑 물질(dark matter)의 연구, 특히 새 물질(supersymmetric matter) 발견도 머지 않았다고. "New Particle in physics may be found," San Jose, California(AFP), reprinted in ***The Korea Herald***, February 17, 2015. 물리학자 힉스(Peter Higgs)가 1964년 가정한 소립자를 Fermi lab(Tebatron accelerator), CERN(LHC) 등 연구소에서 실험에 성공하기까지는 40년 이상 걸렸다고 한다. 자세한 것은 "Science of Matter, Space and Time," Fermi lab. Last modified. 04/25/2014. 그리고, Wikipedia 관련 사이트.

27 3차원(three-dimensional)-increasing volume(amount of data, 정보 총량), velocity(speed of data in and out, 정보 수집과 교환 속도), and variety(range of data types and sources, 정보 유형과 출처의 다양성) 등 '3V'에 요새는 veracity(정보 정확성)까지 합친 개념으로 big data를 정의한다. Big data 개념 연원에 대한 상세한 설명은, Wikipedia 참조. Jang Young-jae, "Big data revolutionizes science and business," ***The Korea Herald***, August 14, 2014.

28 이 여러가지 문제점에 관한 쟁점은 List of largest empires, https://en.wikipedia.org/wiki/List_of_largest_empires 참조.

29 The Second French Empire(1852–1870)는 나폴레옹 1세(Bonaparte Napoleon, 1769–1821)가 집권한 1804–1814년 기간에 이어, Napoleon III(1808–1873)가 '황제'로 즉위한 1852년부터 1870년까지의 Bonapartist regme 집권기간이다. 따라서 이 저자가 이용한 자료의 기준연도를 1938년으로 잡고 있는 것은 의문으로 남는다. 그 출처, "Gordon(2005)" 도 불분명하다.

30 보다 상세한 것은 Wikipedia 의 List of Largest empires, https://en.wikipedia.org/wiki/list_of_largest_empires 참조.

주 석

31 Wikipedia 에서 재인용.

32 이석우, "잠실 롯데월드타워, 2016년 주목할 만한 세계 8대 건축물 뽑혀," 《조선일보》, 2016년 1월 4일자에서 재인용.

33 Sung Chul Yang, The North and South Korean Political Systems, *op.cit.*

34 나라들 간 1950년대부터 2040년까지의 우주탐험 족적과 계획은 Timeline of Solar System Exploration, Wikipedia 참조.

35 Eric Schmidt and Jared Cohen, *op. cit.*, p. 3.

36 "…the state is nothing but a machine for the oppression of one class by another, and indeed in the democratic republic no less than in the monarchy…." Karl Marx, "The Civil War in France" in ***The Marx-Engels Reader***, edited by Robert C. Tucker (New York: W.W. Norton & Company, Inc., 1972), p. 536.

37 "It [manufacture] converts the laborer into a crippled monstrosity, by forcing his detail dexterity at the expense of a world of productive capabilities and instincts…the individual himself is made the automatic motor of a fractional operation…." Karl Marx, ***Capital: A Critical Analysis of Capitalist Production***, translated from the third German edition by Samuel Moore and Edward Aveling and edited by Frederick Engels (Moscow: Progress Publishers, 1976), Volume I, p. 340.

38 Isaiah Berlin, "Political Liberty and Pluralism, Two Concepts of Liberty," in his book, ***The Proper Study of Mankind: An Anthology of Essays***, edited by Henry Hardy and Roger Hausheer, foreward by Noel Annan, introduction by Roger Hausheer (New York: Farrar, Straus and Giroux, 1997), p. 191에서 재인용. 마르크스의 "국가 소멸론"(theory of withering away of the state)에 관해서는 Sung Chul Yang, "Communism and Korean Communism: A Juxtapositional Comparison," 《동아연구》(서강대), 제7집(1986.3), pp. 91–136 참조.

39 '…replacing the government of persons by the administration of things,' Berlin, 앞의 책, p. 191에서 재인용.

40 "They (the Communists) openly declare that their ends can be attained only by the forcible overthrow of all existing social conditions…." Marx and Engels, ***Manifesto of the Communist Party***, in ***Marx-Engels Reader***, edited by Robert C. Tucker, p. 362.

41 Isaiah Berlin, 앞의 책, 같은 페이지.

주 석

42 남북한이 1991년 9월 17일 유엔에 동시 가입, 정식 회원국이 되어, 그 뒤부터는 국제법상 '두 국가'가 된다. 자세한 것은 이도형, 양성철(공저), 《남북한 유엔시대의 새 출발》(자유평론사, 1991) 참조.

43 위 새 용어나 개념들에 대한 정의나 설명은 Eric Schmidt and Jared Cohen, ***The New Digital Age: Reshaping the Future of People, Nations and Business*** (New York: Alfred A. Knopf, 2013), Chapter 3, pp. 82–120 참조.

44 Telecommunication Infrastructure Index(TII)는 인터넷 사용자와 온라인 사용자, 개인 컴퓨터사용자, Mobile–cellular subscriptions, TV sets 등으로 나눈다. Human Capital Index는 성인(15세 이상)의 읽기, 쓰기, 총 교육(학습) 연수 등이고, Online Service Index는 Whole–of–government, Multichannel service delivery, Bridging the digital divide; Increasing Usage, Open government, E–participation 등이다. 상세한 것은 위 보고서의 "Survey Methodology", pp. 185–192 참조.

45 매클루언(M. McLuhan)의 역저로는 ***Understanding Media:The Extensions of Man*** (New York: McGraw–Hill, 1964). 새말 '지구촌'을 누가 맨 처음 지어냈는가에 대한 논쟁이 일자 McLuhan의 아들 Eric이 그의 아버지라고 주장하는 것이 흥미롭다. Eric McLuhan, "The Source of the term 'Global Village," ***McLuhan Studies***(issue 2), Retrieved 2008–12–30. Wikipedia에서 재인용.

46 보다 상세한 설명은 양성철, "21세기 국제정치의 변화와 한국의 선택", 이정복 편, 《21세기 한국정치의 발전방향》(서울대학교출판부, 2009), pp. 645–647 참조.

47 Eric Schmidt and Jared Cohen, ***op. cit.***, pp. 101–102.

48 Isaiah Berlin, 앞의 책, 특히, "Political Liberty and Pluralism, Two Concepts of Liberty," pp. 191–242.

49 위의 책, pp. 194–206.

50 위의 책, p. 229.

51 위의 책, p. 228.

52 아리스토텔레스는 이미 인간 사회를 개인→촌락→도시국가 3단계로 나누고, 전체가 부분보다 앞선다는 논리로 "도시국가는 자연히 존재하고, 개인보다 먼저이다"(the polis exists by nature and that it is prior to the individual)라고 설파한다. 그는 한 인간이 혼자서 외톨이로 촌락과 도시국가 밖에서 만족하다고 한다면 그는 짐승이거나 신(神)이지, 인간이 아니라고 했다. 인간에게는 질서를 지키는 내재적인 충동이 있으며 이런 정치 조직을

주 석

맨 처음 건설(창조)한 사람 그 스스로가 바로 "최대의 수혜자"(the greatest benefactors)라고 힘주어 말한다. 자세한 것은 ***The Politics of Aristotle***, trans. By Ernest Barker, Chapter II, p. 6.

53 "Man was born free, but is everywhere in bondage." In Jean Jacques Rousseau, ***The Social Contract***, newly translated and with an introduction by Willmoore Kendall (Chicago: A Gateway Edition, Henry Regnery Company, 1954), Chapter I, p. 2.

54 "Over himself, over his own body and mind, the individual is sovereign." In John Stuart Mill, ***On Liberty***, annotated text, sources and background criticism, edited by David Spitz (New York: W.W. Norton Company, A Norton Critical Edition, 1975), Chapter one, Introductory, p. 11.

55 TV조선 방송, http://blog.naver.com. Tv_chosun/50184041952.

56 강갑생, "누군가는 보고 있다", 《중앙일보》, 2014년 10월 16일.

57 고정애, "거세지는 유럽분리 독립 움직임", 《중앙일보》, 2014년 9월 12일.

58 여덟 군데는 이탈리아의 Veneto, South Tyrol; 스페인의 Catalonia, The Basque region; 덴마크의 Faroe Islands; 벨기에의 Flanders; 독일의 Bavaria. 그리고 이 밖에도, 영국의 Wales, Cornwall, Northern Ireland; 이탈리아의 Sardinia; 스페인의 Galicia, Aragon; 폴란드의 Silesia; 네덜란드와 독일 사이의 Fries; 프랑스의 Brittany, Occitania, Alsace, Savoy; 핀란드의 Åland 등을 든다. Rick Noak, "These 8 places in Europe could be Next to try for Independence," ***The Washington Post***, September 8, 2014.

59 The United Nations on the Law of the Sea under Article 87(1) (a) to (f).

60 Ben Hubbard, "Saudi Arabia Cuts Ties with Iran Amid Fallout from Cleric's Execution," ***International New York Times***, January 3, 2016.

61 1618년 신성 로마제국(962–1806의 독일어권 중앙유럽(Central Europe)이 신교도(the Protestants)와 가톨릭(the Catholics)로 갈라져 1648년 전쟁이 끝났을 땐 중앙유럽과 독일이 폐허가 되고, 독일은 인구의 1/3를 잃었다고 키신저는 지적한다. Henry Kissinger, ***Diplomacy*** (New York: A Touchstone Book, 1994), pp. 56–77. 프랑스 정치사상가 아롱은 독일은 17세기 초 '30년 전쟁'에서 독일이 20세기 '30년 전쟁'(1914–1945)에서 치른 인적, 물적 비용이 훨씬 더 컸다고까지 밝힌다. Raymond Aaron, ***Peace and War: A Theory of International Relations*** (New York: Frederick A. Praeger, 1967), p. 297.

주 석

62 자세한 것은 "Islam,"Wikipedia 참조.

63 Sung Chul Yang, *The North and South Korean Political Systems: A Comparative Analysis*, pp. 102–103 참조.

64 어산지에 관한 이 글은 대부분 Wikipedia의 그에 대한 관련 기사나 내용을 참조했음을 밝힘.

65 매닝은 남자, Bradley Edward Manning으로 태어났으나 2007년 미 육군에 입대한 뒤 군 당국은 그가 '성별 인식 질환'(gender identity disorder)을 앓고 있다는 진단을 전달받았으며 현재는 'a trans woman'(성 전환 여성) Chelsea Elizabeth Manning으로 이름이 바뀜. 매닝에 관한 보다 자세한 내용은 Wikipedia 참조.

66 매닝이 위반한 법령은 *Espionage Act of 1917, McCarran Internal Security Act/Subversive Activities Control Act of 1950, Computer Fraud and Abuse Act of 1986, USA Patriot Act of 2001* 등이다. 보다 자세한 것은 List of Charges in the U.S. v. Manning, Wikipedia.

67 Wikipedia에서 재인용.

68 "Assange will not leave without U.S. assurance on extradition, his lawyer says," Sydney (AFP), *The Korea Herald*, August 20, 2014.

69 Steven Erlanger and David E. Sanger, "Ecuador Cuts Internet of Julian Assange, WikiLeaks' Founder", *The New York Times*, October 20, 2016. 미 대선에서의 러시아 정부의 '해킹' 사건 공식 발표 내용은 제8장 주석 92 참조. "US Intelligence confirms Russian Interference," Washington(AFP), printed in *The Korea Herald*, January 7, 2017.

70 스노든의 개인, 가정환경 등 상세한 배경 설명은 Wikipedia 자료를 참조함.

71 베트남 전쟁 당시 미 국방장관, 맥나마라(Robert McNamara, 1916–2009)가 주도해서 만든 미 정부 베트남전쟁 전략 비밀문서로 7,000페이지 총 47권이다. The Pentagon Papers의 공식 명칭은 U.S. Decision–making in Vietnam, 1945–1968이다. 엘스버그는 이 보고서 저작에 안보전략 전문가로 참여했다.

72 "Edward Snowden," Wikipedia 참조.

73 James Risen(October 17, 2013), "Snowden Says He took No Secret Files to Russia," *The New York Times*. Retrieved January 20, 2014. 위 주석 12에서 재인용.

주 석

74 http://en.wikipedia.org/wiki/Edward_Snowden, 2014-09-02.

75 Stephen L. Carter, "The World's Most Dangerous Software," *The Korea Herald*, February 18, 2014.

76 자료출처는 위 주석 74와 같음.

77 Charlie Savage, "Chelsea Manning to be Released Early as Obama Commutes Sentence", *The New York Times*, January 17, 2017.

78 고정애 런던 특파원, "미국 NSA, 시라크, 사르코지, 올랑드도 엿들었다", 《중앙일보》, 2015년 6월 25일.

79 Alissa J. Rubin and Scott Shane, "Hollande Condemns Spying by U.S., but not too harshly," *The International New York Times*, June 24, 2015.

80 Schmidt and Cohen, *op. cit.*, p. 42.

81 《한겨레》, 2013년 8월 20일.

82 이 격언—Justice delayed is justice denied—의 유래는 분분하지만, 1215년 영국의 대헌장(the Magna Carta of 1215) 40 에 "… to no one will we refuse or delay right or justice"라는 구절이 있다고. Wikipedia.

83 재판부는 검찰이 기소한 국정원 댓글 2,125건과 찬반 클릭 1,214건을 모두 유죄로 인정했지만, 트윗은 검찰이 위법행위로 지적한 78만 6,698건 가운데 11만 3,621건만 위법으로 인정했다. 1심 판결에 대한 보다 자세한 내용은 《한겨레》, 《동아일보》, 《중앙일보》, 《조선일보》 등 2014년 9월 12일자 판결 기사 참조할 것.

84 보기를 들면, 최대권, "司法의 정치화는 정당화 될 수 없다", 《조선일보》, 2014년 9월 20일.

85 전수용 기자, "他 판결 비난한 판사, 전세계 法官윤리 어긴 것", 《조선일보》, 2014년 9월 17일.

86 김동진 부장판사의 "법치주의는 죽었다"의 전문 가운데 《한겨레》, 2014년 9월 12일자에서 인용. 이에 대한 비판도 만만치 않다.

87 《중앙일보》, 2015년 2월 10일.

88 국방부 조사본부는 2014년 8월 14일 전 사이버사령관 등 사이버사령부 대북심리전단 요원 21명이 7,100여 건의 위법성 정치 글을 게시한 정치관여죄 혐의로 형사 입건했다고 최종 수사 보고서에서 밝혔지만, 당시 국방부

주 석

장관은 조사도 하지 않고 발표된 "조직적 대선개입 없었다"는 이 수사 결과는 "군 수뇌부를 의식한 '꼬리 자르기' '면죄부' 수사"라는 언론의 비판을 받는다. 《동아일보》, 2014년 8월 20일.

89 검찰 공소심의위원회는 '원세훈 선거법 위반 무죄' 1심 판결에 대해 9월 17일 항소한 상태다. 항소 결정 근거 등 자세한 내용은 《동아일보》, 《조선일보》, 《중앙일보》, 《한겨레》 등 2014년 9월 18일자 기사 참조.

90 *The Politics of Aristotle*, Edited and Translated by Ernest Barker, Book I, Chapter I, 1252a, p. 1.

91 *Ibid.*, 1252b, p. 6.

92 *The Great Learning* in *The Four Books* with original Chinese text, English translation and notes by James Legge, pp.307–346.

93 物有本末, 事有 終始, 知所先後… 3절, p. 310.

94 위 번역은 저자의 풀이다. 原文은 古之欲明明德於天下者, 先治其國家, 欲治其國者, 先齊其家, 欲齊其家者, 先脩其身. 4절.

95 欲脩其身者, 先正其心, 欲正其心者, 先誠其意, 欲誠其意者, 先致其知, 致知, 在格物. 위 4절의 다음 구절.

96 物格, 而后知至, 知至, 而后意誠, 意誠, 而后心正, 心正, 而后身脩, 身脩, 而后家齊, 家齊, 而后國治, 國治而后天下平. 5절.

97 自天子以至於庶人, 壹是, 皆以脩身爲本. 6절.

98 心不在焉, 視而不見, 聽而不聞, 食而不知其味. 7장 2절.

99 所謂治國, 必先齊其家者, 其家不可敎, 而能敎人者. 9장 1절.

100 一家仁, 一國興仁, 一家讓, 一國興讓, 一人貪戾, 一國作亂. 9장 2절.

101 道得衆, 則得國, 失衆, 則失國. 5절.

102 是故君子, 先愼乎德, 有德, 此有人, 有人, 此有土, 有土, 此有財, 此有用. 6절. 德者, 本也, 財者, 末也. 7절.

103 김지하, "譚詩, 五賊", 《사상계》 (1970년 5월), pp. 231–248.

주 석

104 유용원, "방산 비리 수사, 명만큼 암도 컸다," 《조선일보》, 2015년 12월 22일.

105 Schmidt and Cohen, *op. cit.*, p.98.

106 Snapchat이라는 사진이나 메시지를 10초 만에 자동으로 제거하는 전자 기기도 이미 사용 중이지만. Schmidt and Cohen, *op. cit.*, p. 55.

107 미 식약청(FDA)은 캘리포니아 주 생 · 의학 제약회사, Proteus Digital Health가 개발한 첫 전자 알약 사용을 2012년 허용했다고 한다. Schmidt and Cohen, *op. cit.*, p. 26.

108 위의 책, p. 33. 개인정보를 그 개인의 컴퓨터 안이나, 제한된 스페이스뿐만 아니라, 다른 사용자들이나, 무수한 네트워크(정보망)에 연결, 그 개인의 허락 없이도 마음대로 연결, 유출, 이용이 가능하다.

109 위의 책, p. 83. 애플과 FBI 최근 암호해지사건은 Neal Ungerleider, "Apple vs. FBI : Unlocking Pandora's Box," Tribune Content Agency, 2016년 2월 24일, 〈The Korea Herald〉 ; David Ignatius, "Apple fights wrong encryption case," Washington Post Writers Group, 2016년 2월 27일, *The Korea Herald*. 그리고 강동철, "아이폰 암호를 풀었다...주인공은 이스라엘 업체?," 《조선일보》, 2016년 3월 30일.

110 Yang Sung-Chul, "Sterile Excitation or Political Paradigm Change?" *The Korea Herald*, October 25, 2012.

111 Schmidt and Cohen, *op. cit.*, pp. 56–81.

112 슈미트와 코엔은 국가의 인터넷 검열(censorship) 즉 '여과'(filtering)를 세 가지 수준으로 나눈다. 중국처럼 가장 우심하면 '노골적'(blatant); 터키처럼 약간 '유연한'(sheepish) 나라; 독일, 한국 같은 '제한적이고 선별적인'(limited and selective) 나라 등으로 구분한다. Schmidt and Cohen, *op. cit.*, pp. 85–89.

113 돕슨(Dobson)은 오늘의 독재자는 겉만 독립적인 사법제도(a quasi-independent judicial system); 국민이 선출한 것 같아 보이는 겉치레 의회(the semblance of a popularly elected parliament); 선별적(차별적)으로 적용할 수 있도록 만든 두루뭉수리 법들(broadly written laws that are applied selectively); 암암리에 정권 반대세력에게 어디까지가 한계인가를 정해 놓고 이해시킨 다음에 반대 언론을 허용하는 매스미디어 풍토(a media landscape that allows for an opposition press as long as regime opponents understand where the unspoken limits are) 등으로 합법성을 가장한다고(feigning legitimacy) 한다. William J. Dobson, The Dictator's Learning Curve, (New York: Doubleday, 2012). Schmidt and Cohen, *op. cit.*, p. 75에서 재인용.

114 *The New York Times*의 David E. Sanger가 쓴 기사, 위 Schmidt and Cohen, *op. cit.*, p. 106에서 재인용.

주 석

115 Stephen L. Carter, "The World's Most Dangerous Software," ***The Korea Herald***, February 14, 2014.

116 Schmidt and Cohen, ***op. cit.***, p. 109.

117 *Ibid.*, pp. 112–120.

118 *Ibid.*, p. 203. 미군의 UAVs는 2014년 1월 기준 7,362 RQ-II Ravens; 990 AeroVironment Wasp IIIs; 1,137 AeroVironment RQ-20 Pumas; 그리고 306 RQ-16 T-Hawk, 246 Predators와 MQ-1c Grey Eagles; 126 MQ-9 Reapers; 491 RQ-4 Global Hawk 등이다. 자세한 것은 "UAVs in the U.S. military", Wikipedia.

119 *Ibid.*, pp.75–81.

120 마르크스의 잉여노동, 잉여가치 개념 정의와 자본가의 노동착취 주장은 Karl Marx, ***Capital: A Critical Analysis of Capitalist Production***, edited by Frederick Engels, translated from the third German edition by Samuel Moore and Edward Aveling, volume I, (Moscow: Progress Publishers, 1893, 1971). 특히 Part III, Part IV, Part V, Part VI, Part VII, pp. 173–666 참조.

제11장

주 석

1 베버의 상세한 가족 계보는, Max Weber, ***A Biography***, "A Genealogy of Marianne and Max Weber" 참조할 것.

2 Marianne Weber, 위의 책, p. 45.

3 Dirk Käsler, ***Marx Weber: an introduction to his life and work***. (Chicago: University of Chicago Press, 1988). p. 2. Retrieved 24 March 2011. Wikipedia에서 재인용.

4 "About the Course of German History, with Special Regard to the Positions of the Emperor and the Pope"와 "About the Roman Imperial Period from Constantine to the Migration of Nations." 이 두 논문에 관한 이야기는 Marianne Weber, 앞의 책, p. 46 참조.

5 Max Weber, A Biography, p. 703.

6 보기를 들면, 2012년 시작, 2015년 초 완공될 'Asia Pacific Gateway"(APG)는 해저 케이블로 한국, 중국 일본, 홍콩, 대만, 싱가포르, 베트남, 태국, 말레이시아 등 동아시아 지역 9개 국가를 연결한다. APG가 신설되면 전송속도가 1초당 38.4 테라비트(Tbps)로 기존의 이 지역 19,000km 해저 케이블의 속도(초당 2.45–7.68Tbps)에 비해 '초고속 도로'로, 1초에 영화 7,200편을 전송할 수 있는 속도라고 한다. 황태호, "내년 초 바다 밑 1만 km '한류; 아우토반' 뚫린다", 《동아일보》, 2014년 9월 3일. 또한, 143,000km의 Asia–Pacific Information Superhighway와 117,000km Trans–Asian Railway Networks를 연계하는 프로젝트도 협의 중이라고. Shamshad Akhtar, "Asia–Pacific Information Superhighway," ***The Korea Herald***, October 15, 2014.

7 기존 전력망에 정보기술(IT)을 접목하는 것이 스마트 그리드(Smart Grid)라면 여러 나라가 생산한 전기를 국가 간 전력망을 통해 공유한다는 새 구상으로 이미 1단계로 영국–벨기에–독일–노르웨이가 25–30GW를 목표로 구체화했고, 한국, 러시아 등 아시아 슈퍼 그리드도 협의 단계에 이르렀다고 한다. 강병철, "아시아는 이제 전기로 통한다", 《중앙일보》, 2014년 8월 22일.

8 미국의 발명가 토마스 에디슨(1847–1931)이 전등(電燈)을 발명한 것은 1879년이지만 19세기 말까지는 도시 중심으로 전기 송전시설이 완료되었고, 1930년까지도 대부분의 도시들은 전기 시설이 완료되지만 농촌이나 지방은 그때까지도 10% 정도만 전기 혜택을 보았다.

9 Marianne Weber, Max Weber, p. 349 원고 사진 참조.

10 위의 책, p. 664.

주 석

11 위의 책, 부록, Chronology of Max Weber's Life에 나오는 그의 여행 기록. 자세한 것은 이 Chronology, pp. 701–708 참조.

12 이 책의 영문번역본은, Max Weber, ***Economy and Society***, edited by Guenther Roth and Claus Wittich(Berkeley, Los Angeles, London, University of California Press, 1978). First printing in 1968 by Bedminster Press Incorporated, New York.

13 Max Weber, A Biography, p. 231.

14 Jonathan Steinberg, ***Bismarck: A Life*** (Oxford: Oxford University Press, 2011).

15 Max Weber, ***Parlament und Regierung im neugeordneten Deutschland: Zur politischen Kritik des Beamtentums und Parteiuaesens*** (Max Weber, ***Gesammelte politische Schriften***, ed. Johannes Winckelmann, 5th edition, Tübingen, 1988), 310–20. Jonathan Steinberg, 앞의 책, p. 479에서 재인용.

16 《뉴욕타임스》는 최근 제1차 세계 대전 100주년 기념 특집기사에서 1차 세계 대전은 사망자, 부상자, 행방불명자를 포함, 3,700만 명의 희생자를 낳고, 전쟁 종식과 함께 킹(kings), 카이저(kaisers), 차르(czars), 술탄(sultans)이 사라지고, 이와 함께 제국(empires)이 무너지고, 화학무기가 등장하고, 여성인력이 노동력으로 진입하는 정치경제와 사회 지각변동을 가져왔다고 품평하고 있다. Steven Erlanger, "The War to End All Wars? Hardly. But It Did Change Them Forever"; Allison Smale,"Militarism and Humanism Cast Shadow on Germany," International New York Times, June 26, 2014.

17 Max Weber. A Biography, p. xxxiii, p.xlii.

18 위의 책, 위의 쪽.

19 마리안네의 저술에는, ***Beruf und Ehe*** ("Occupation and Marriage," 1900); ***Ehefrau und Mutter in der Rechtsentwicklung*** ("Marriage, Motherhood, and Law," 1907), ***Die Frage nach der Scheidung*** ("The Question of Divorce,"1909); ***Autortaet und Autonomie in der Ehe*** ("Authority and Autonomy in Marriage," 1912); ***Frauen und Kultur*** ("Women and Culture," 1913); ***Max Weber, Ein Lebensbild*** (Max Weber: A Biography", 1926); ***Die Frauen und die Liebe*** ("Women and Love," 1935); ***Erfuelltes Leben*** ("The Fulfilled Life," 1942); ***Lebenserinnerungen*** ("Memoirs," 1948) 등이 있다. 보다 자세한 것은 http://en.wikipedia.org/wiki/Marianne_weber 참조.

주 석

20 Peter Baer, "The Grammar of Prudence: Arendt, Jaspers and the Appraisal of Max Weber," in ***Hannah Arendt in Jerusalem***, edited by Steven E. Aschheim, University of California Press (2001), p. 410. Wikipedia 에서 재인용.

21 Ludwig von Mises, ***Memoirs*** (Mises Institute, Auburn, Alabama, 2009. Originally, 1940), p. 88. Wikipedia 에서 재인용.

제12장

주 석

1 Sigmund Freud, *The Interpretation of Dreams*, the complete and definitive text, translated and edited by James Strachey (New York: Basic Books, A Member of the Perseus Books Group, 2010). 특히 그가 열 살인가, 열두 살 때 산책하면서 그의 아버지로부터 들은 이야기다. 그의 아버지가 젊은 시절 어느 날 정장 차림으로 양복을 입고 새로 산 모자를 쓰고 프로이트가 태어난 고향의 포장된 한 길가 도로를 걷고 있는데, 한 기독교인이 그의 아버지에게 다가와 머리를 내리치며 모자를 단번에 진흙탕에 날려 버리고, "유대인! 이 도로에서 곧 당장 물러나라"라고 소리를 질렀다는 것이다(p. 218). 프로이트는 또 같은 대학의 유대 계 동료교수가 그에게 찾아와서 정교수 승진에서 탈락한 이유가 "종파적 고려"(denominational considerations)라고, 즉 유대교인이라는 이유 때문이었다고 불만을 표시했다는 대목(p. 162)도 넌지시 밝힌다.

2 John M. Crisp, "States should pay more attention to death options,"(MCT Information Services), *The Korea Herald*, November 3, 2014.

3 《조선일보》, A20, 2014년 11월 4일. 나지홍 뉴욕 특파원 등이 쓴 기사.

4 자세한 내용은 박세미, "'존엄한 죽음' 환자가 선택", 《조선일보》, 2016년 1월 9일. 같은 날짜 《동아일보》, 《중앙일보》 참조.

5 *The Collected works of F. A. Hayek*, volume I, *The Fatal Conceit: The Errors of Socialism*, edited by W. W. Bartley III(Chicago: University of Chicago press, 1988).

제13장

주 석

1 Vernon L. Lidtke, ***Outlawed Party: Social Democracy in Germany, 1878-1890*** (Princeton: Princeton University Press, 1966), pp. 244-254. 보기를 들면, 당시 프로이센 내무부는 법령(under the Minor State of Siege paragraph of the Socialist Law)에 근거해서 베를린과 그 주변에서의 공공 행사는 최소한 행사일정 48시간 이전에 사전승인을 받도록 했다.

2 16세기 프랑스의 왕권 제한론자들(monarchomachists, Languet, Hotman, Duplessis-Mornay 등)은 신법과 국법(the laws of God and of the land)을 어긴 '폭군'(tyrant)은 국민이 저항해야 한다고 주장함. 자세한 설명과 해석은 Hans J. Hillerbrand, ***The Division of Christianity: Christianity in the Sixteenth Century*** (Louisville, Ky., Westminster John Knox Press, 2007), p. 444.

3 F. W. Taylor의 과학적 경영은 1880년대부터 개발된 특히 제조공장 경영방식으로 1910년대, 1920년대에 절정에 이르다가 1930년대에 와서는 뒤처져 버렸지만, 그가 주창한 몇 가지 개념이나 경영기법, 특히 분석; 종합(synthesis); 논리; 합리성; 실증주의(empiricism); 직업윤리(work ethic); 능률과 낭비의 제거(efficiency and elimination of waste); 최상 실행(실천)의 표준화(standardization of best practices); 무조건적으로 전통을 지키기나 단순히 특정 기술을 가진 특정 노동자의 사회적 신분 보호하기의 거부(disdain for tradition preserved merely for its own sake or merely to protect the social status of particular workers with particular skill sets); 수공업(手工業) 위주에서 대량생산으로의 변혁(the transformation of craft production into mass production); 그리고 노동자들 간 지식 이동과 노동자들로부터 기계 도구, (제조생산) 과정 그리고 문서화의 지식 이동 등은 아직도 그 빛이 바래지 않았다. 상세한 것은 http://en.wikipedia.org/wiki/Scientific_management, 2012-04-26 참조.

4 벨라루스 인(Belorussian) 정치학자로 비교정당조직 연구의 선구자의 한 사람. 그의 저서로는, ***Democracy and the Organization of Political Parties*** (originally written in French, 1902).

5 옛날 영국 두 개 초기 정당(Whig and Tory) 명칭의 하나임. 휘그(Whig)는 원래 스코틀랜드 게일 어(Scottish Gaelic) 용어로 말 도둑이라는 비속어로, 1679년 당시 영국 왕 제임스 2세(James II) 왕위 승계를 반대하는 쪽이었고, 토리(Tory)는 아일랜드(Irish) 용어로 교황절대주의 무법자라는, 역시 비속어로 로마 가톨릭 신자들이면서도 당시 왕위승계를 지지하는 세력이었음. Whig는 현 영국 정치의 자유당이나 노동당의 뿌리에 가깝고, Tory는 현 보수당의 효시로 볼 수 있다.

6 지금 정치학 용어(개념)로는 미국 같은 정당을 '거간꾼 정당'(brokerage party)이라고 하고, 유럽처럼 당의 정체성이나 목표가 뚜렷한 정당은 특정 이념, 신념, 목표를 지향하고 실현하겠다는 이른바 '주창자[선교사] 정당'(missionary party)라고 부른다. 후자는 구조적, 체질적으로 주로 의원내각책임제에서 소수당 난립과 연립내각을 낳기 쉽고, 전자는 미국처럼 대통령 중심제에서 양당체제를 이끈다. 물론 영국(UK)같이 의원내각체제에서도 양당체제도 가능하지만.

7 베버의 이 부분은 약간 과장된 것 같다. 그 당시는 몰라도 제2차 세계대전 이후 지금은 당 전당대회도 대부분

주 석

현직 대통령이 재선에 도전하는 경우는 '왕관 씌우기' 대회(coronation convention)라고 해서 집권당 내 도전자가 없이 극히 의례적인 요식행위로 재추대된다. 극히 예외적으로 집권당 내에서도 도전자가 나타나기도 하지만, 물론 전당대회에서 당원들이 미 베트남 전쟁 참여 때와 같이 전쟁이냐/평화냐 같은 국가 중대 이슈를 놓고 갈라지는 이른바 '쪼개진 대회'(divided convention), 당 내에서 이념적으로 보수/진보 진영으로 극단적으로 갈라진 '이념 대결 대회'(ideological convention), 마지막으로 당내 '파벌 대 파벌'로 갈라진 '파벌 중심 대회'(factional, or fractured convention) 등이 특히 집권을 노리는 반대 당의 전당대회에서는 있어 왔다.

8 위 주석 6에서도 이미 밝혔지만, 현 비교 정당 용어로는 미국 정당(공화당, 민주당)은 지지기반을 넓게 잡고 출발한, 그리고 1차적으로 다수의 지지자(다수 득표)를 모아 선거 승리에 전심전력/전력투구하는 'broad-based brokerage party'라면, 독일 등 특히 서유럽 국가들은 종교(가톨릭, 개신교 등), 이념(사회주의, 공산주의, 자유주의, 민주주의 등) 등 처음부터 득표보다는 정치이념이나 종교적 가치 함양에 1차적인 목표를 세워서, 원칙과 일관성이 있는 이른바 'missionary party'를 말한다.

9 베버는 페르시아 사람인 마니(Mani, AD 216–276?)가 3세기경 제창한 마니교(Manicaeism)를 뜻하는 것으로, 마니교는 이 세상에 광명(선(善), 신(神), 정신계)와 암흑(악(惡), 악마, 물질계)의 대립을 주장함.

10 Dues absconditus(hidden God)는 중세 유럽의 대종교철학자, 토마스 아퀴나스(Thomas Aquinas, 1225–1274)가 인간은 단순히 명상만으로, 또는 신의 활동의 분석이나 관찰만으로는 신을 알 수 없다고 한 개념이다.

11 이 고전 영문번역본은 *Polity*란 제목으로 1926년 출판 됨. 예수 그리스도보다 훨씬 앞선 북인도의 왕 찬드라-굽타(Tschandva-guptas, Chandragupta, 322?–298 B.C.) 때 힌두교 정치가-철학자인 찬아캬(Chanakya, 350–275 B.C. 그의 이름은 또 Kautilya, Vishnugupta라고도 함)가 쓴 정치경제 철학서다.

12 본래 라틴어로 된 복음주의 실천강령으로, 영문 the "Manual of Prayers," Third Plenary Council of Baltimore, 1888을 여기 옮겨 보면, 세 가지 행동 원칙(Voluntary poverty, Chastity, Obedience), 네 가지 항상 기억해야 할 사항(death, judgment, hell, heaven), 그리고 열여덟 가지 매일 명상해야 할 주제(God to glorify; Jesus to imitate; The Blessed Virgin and the Saints to venerate; The Angels to invoke; A soul to save; A body to mortify; Sins to expiate; Virtues to acquire; Hell to avoid; Heaven to gain; Eternity to prepare for; Time to profit by, Neighbors to edify; The world to despise; Devils to combat; Passions to Subdue; Death perhaps to suffer; And Judgment to undergo.)로 되어 있다. http://www.preces-latinae.org/thesaurus/Numeri/Meitatio.html에서 인용.

13 레오 톨스토이의 대작, 전쟁과 평화에 나오는 등장인물의 한 사람으로, 그는 이 소설의 주인공인 피에르(Pierre Bezukhov)와 함께 감옥에 갇힌다. 카라타예프는 거의 천사에 가장 가까운 심성을 가진 농부로, 끝없는 낙관주의, 친절, 관용 등을 주창하며, 피에르에게 인생의 지혜를 감옥에서 가르쳐 준다.

14 베버가 그의 강의에서 인용하는 셰익스피어의 Sonnet 102는 전체 구절의 중간 부분이다. 그 앞부분과 뒷부분

주 석

을 모두 읽어 봐야 그가 전달하는 그 뜻에 좀 더 가깝게 갈 수 있을 것 같다.

소네트 102 앞부분은:

My love is strength'ned, though more weak in seeming,
I love not less, though less the show appear;
That lover is merchandiz'd whose rich esteeming
The owner's tongue doth publish everywhere.

뒷부분은:

Not that the summer is less pleasant now
Than when her mournful hymns did hush the night
But that wild music burthens every bough,
And sweets grown common lose their dear delight.

The Riverside Shakespeare(Boston: Houghton Mifflin Company, 1974), Poems(Sonnets), p. 1767.

참고문헌

단행본

Aaron, Raymond. *Peace and War: A Theory of International Relations.* New York: Frederick A. Praeger, 1967.

Arendt, Hannah. *On Revolution.* New York: Viking, 1963.

Aristotle. *The Basic Works of Aristotle.* Edited by Richard McKeon, introduction by C. D. C. Reeve. New York: The Modern Library, 2001.

______. *The Ethics of Aristotle: The Nicomachean Ethics.* Translated by J. A. K. Thompson, revised with notes and appendices by Hugh Tredennick and introduction and bibliography by Jonathan Barnes. Middlesex: Penguin Books, 1980 (1953).

______. *The Politics of Aristotle.* Translated with an introduction, notes and appendices by Ernest Barker. New York: Oxford University Press, 1962.

Barker, Ernest. *The Political Thought of Plato and Aristotle.* New York: Dover Publications, Inc., 1959.

Berlin, Isaiah. *The Proper Study of Mankind: An Anthology of Essays.* Edited by Henry Hardy and Roger Hausheer, foreward by Noel Annan, introduction by Roger Hausheer. New York: Farrar, Straus and Giroux, 1997.

Bloom, Harold. *Genius: A Mosaic of One Hundred Exemplary Creative Minds.* New York: Warner Books, 2002.

Bowring, Richard John. *The Religious Tradition of Japan, 500-1600.* Cambridge, UK: Cambridge University Press, 2005.

Brinton, Crane. *The Anatomy of Revolution.* New York : Vintage Books, 1965.

Brown, Dan. *Angels & Demons: Robert Landon's First Adventure.* New York: Pocket Books, 2000.

Caro, Robert A. *The Years of Lyndon Johnson, Master of the Senate.* New York: Alfred A. Knopf, 2002.

______. *The Years of Lyndon Johnson: The Passage of Power.* New York: Alfred A. Knopf, 2012.

Chen, Jian. *China's Road to the Korean War: The Making of the Sino-American Confrontation.* New York: Columbia University Press, 1994.

Chung, Young-Iop. *Korea Under Siege, 1876-1945: Capital Formation and Economic Transformation.* Oxford: Oxford University Press, 2006.

참고문헌

Cohen, William and John Kaplan. *Bill of Rights: Constitutional Law for Undergraduates.* New York: The Foundation Press, Inc., 1976.

Comstock, W. Richard, ed. *Religion and Man: An Introduction.* New York: Harper& Row Publishers, 1971.

Cumings, Bruce. *The Origins of the Korean War:The Roaring of the Cataract, 1947-1950.* Vol. II. Princeton, New Jersey: Princeton University Press, 1990.

Dante. *The Portable Dante.* Translated, edited and with an introduction and notes by Mark Musa. New York: Penguin Books, 1995.

Dawkins, Richard. *The God Delusion.* London: Bantam Press, 2006.

______. *The Selfish Gene.* Oxford: Oxford University Press, 1976.

Diamond, Jared. *Collapse: How Societies Choose to Fail or Succeed.* New York: Penguin Books, 2006.

______. *Guns, Germs, and Steel: The Fates of Human Societies.* New York: W. W. Norton & Company, 1997.

______. *The Third Chimpanzee: The Evolution and Future of the Human Animal.* New York: Harper Perennial, 2006.

______. *The World until Yesterday: What Can We Learn from Traditional Societies?* New York: Viking, 2012.

Eliot, T. S. *What Is a Classic?* An address delivered before the Virgil Society on the 16th of October 1944. London: Faber, 1945.

Gaddis, John Lewis. *The Cold War: A New History.* New York: Penguin Books, 2005.

Gastil, Raymond D. *Freedom in the World: Political Rights and Civil Liberties, 1980.* New York: Freedom House, 1980.

Goncharov, Sergei N., John W. Lewis, and Xue Litai. *Uncertain Partners: Stalin, Mao, and the Korean War.* Stanford: Stanford University Press, 1993.

Hamilton, Alexander, James Madison, and John Jay. *The Federalist Papers.* Introduction and notes by Charles R. Kesler, edited by Clinton Rossiter. New York: Signet, 2003.

Harari, Yuval Noah. *Sapiens: A Brief History of Humankind.* London: Vintage Books, 2014.

Hawking, Stephen. *Black Holes and Baby Universes and Other Essays.* London: Bantam Book, 1993.

International Institute for Management Development(IMD). *World Competitiveness Yearbook 2016.* IMD

Publishing, 2016.

Jacques, Martin. ***When China Rules the World: The End of the Western World and the Birth of a New Global Order.*** New York: Penguin Books, 2009.

Janssen, Sarah. ***The World Almanac and Book of Facts 2017.*** New York: World Almanac Books, 2016.

Kaku, Michio. ***The Future of the Mind: The Scientific Quest to Understand, Enhance, and Empower the Mind.*** New York: Doubleday, 2014.

Kant, Immanuel. ***Perpetual Peace: A Philosophical Sketch*** (1795). Translated by Ted Humphrey. Indianapolis: Hackett Publishing Co., 2003.

______. ***The Critique of Judgment*** (1790). Translated with Introduction and Notes by J. H. Bernard. New York: Dover Classic Publications, INC, 2005.

______. ***The Critique of Practical Reason*** (1788). Translated by Thomas Kingsmill Abott. New York: Dover Publications, INC, 2004.

______. ***The Critique of Pure Reason*** (1781). Translated, edited, and with an Introduction by Marcus Weigelt, based on the translation by Max Müller. New York: Penguin Books, 2007.

Kim, Chong Ik and B. C. Koh et al. ***Journey to North Korea: Personal Perceptions.*** Berkeley: University of California Institute of East Asian Studies, 1983.

Kim, Se-Jin. ***Korean Unification: Source Materials with an Introduction.*** Seoul: Research Center for Peace and Unification, 1976.

Kissinger, Henry. ***Diplomacy.*** New York: A Touchstone Book, 1994.

______. ***On China.*** London: Penguin Books, 2011.

______. ***White House Years.*** Boston: Little, Brown and Company, 1979.

Kuhn, Thomas S. ***The Structure of Scientific Revolutions.*** Chicago: The University of Chicago Press, 1962.

Kuznets, Simon. ***Shares of Upper Income Groups in Income and Savings.*** Cambridge, MA: National Bureau of Economic Research, 1953.

Lee, Peter H. ***Songs of Flying Dragons: A Critical Reading.*** Cambridge, MA: Harvard University Press, 1975.

Legge, James, trans. ***The Four Books: Confucian Analects, the Great Learning, the Doctrine of the Mean, and the Works of Mencius.*** With original Chinese texts. New York: Paragon Book Reprint Corp., 1966.

Lenin, V. I. ***The Teachings of Karl Marx: Essays on the Theory of Marxism and its Historical Development.***

New York: International Publishers, 1964.

Lijphart, Arend. *Democracies: Patterns of Majoritarian and Consensus Government in Twenty-One Countries*. New Haven: Yale University Press, 1984.

Linton, Ralph. *The Study of Man*. New York: D. Appleton–Century Co., 1936.

Locke, John. *An Essay Concerning Human Understanding*. Abridged with an introduction and notes by Pauline Phemister. Oxford: Oxford University Press, 2008.

______. *Two Treatises of Government and A Letter Concerning Toleration*. Edited and with an introduction by Ian Shapiro, with essays by John Dunn, Ruth W. Grant and Ian Shapiro. New Haven: Yale University Press, 2003.

Marx, Karl. *Capital: A Critical Analysis of Capitalist Production*. Volume I. Edited by Frederick Engels and translated from the third German edition by Samuel Moore and Edward Aveling. Moscow: Progress Publishers, 1971.

______. *The Civil War in France*. In *The Marx-Engels Reader*. Edited by Robert C. Tucker. New York: W.W. Norton & Company, Inc., 1972.

Marx, Karl and F. Engels, *Manifesto of the Communist Party*. In *Marx-Engels Reader*. Edited by Robert C. Tucker. New York: W.W. Norton & Company, INC, 1972.

McLuhan, M. *Understanding Media: The Extensions of Man*. New York: McGraw–Hill, 1964.

Mill, John Stuart. *On Liberty*. Annotated text, sources and background criticism, edited by David Spitz. New York: W.W. Norton, 1975.

Musa, Mark, trans. *The Portable Dante*, by Dante Alighieri. Penguin Classics. New York: Penguin Books, 1995.

Nahm, Andrew C., ed. *The United States and Korea: American-Korean Relations, 1866-1976*. Kalamazoo, Michigan: The Center for Korean Studies, Western Michigan University, 1979.

Piketty, Thomas. *Capital in the Twenty-First Century*. Translated by Arthur Goldhammer. Cambridge: Belknap Press, 2014.

Pritchard, Jack, comp. *Ambassadors' Memoir: U.S.-Korea Relations: Through the Eyes of the Ambassadors*. Washington, D.C.: The Korea Economic Institute, 2009.

Ridgway, Matthew B. *The Korean War*. New York: Da Capo Press, 1967.

Rostow, W. W. *The Stages of Economic Growth: A Non-Communist Manifesto*. London: Cambridge

University Press, 1960.

Rousseau, Jean Jacques. ***The Social Contract***. Translated and with an introduction by Willmoore Kendall. Chicago: Henry Regnery Company, 1954.

Schmidt, Eric and Jared Cohen. ***The New Digital Age: Reshaping the Future of People, Nations and Business***. New York: Alfred A. Knopf, 2013.

Shelley, Mary. ***Frankenstein or The Modern Prometheus***. Garden City, New York, International Collectors Library, 1818, 1831 edition.

Smith, Adam. ***An Inquiry into the Nature and Causes of the Wealth of Nations***. Edited and an introduction and notes by Kathryn Sutherland. Oxford: Oxford University Press, 2008.

______. ***The Theory of Moral Sentiments***. With an Introduction by Pat Moloney. New York: Barnes & Noble, 2004.

Steinberg, Jonathan. ***Bismarck: A Life***. Oxford: Oxford University Press, 2011.

The Economist Intelligence Unit. ***Democracy Index 2012: Democracy At a Standstill***. The Economist Intelligence Unit Limited, 2013.

Toffler, Alvin. ***Future Shock***. New York: Bantam Books, 1970.

______. ***Power Shift: Knowledge, Wealth, and Violence at the Edge of The 21st Century***. New York: Bantam Books, 1990.

______. ***The Third Wave***. New York: Bantam Books, 1980.

Tudor, Daniel and James Peason. ***North Korea Confidential: Private Markets, Fashion Trends, Prison Camps, Dissenters and Defectors***. Hong Kong: Tuttle Publishing, 2015.

UN Department of Economic and Social Affairs. ***United Nations E-Government Survey 2014: E-Government for the Future We Want***. New York: United Nations, 2014. https://publicadministration.un.org/egovkb/portals/egovkb/documents/un/2014-survey/e-gov_complete_survey-2014.pdf.

Watson, James D. ***The Double Helix: A Personal Account of the Discovery of the Structure of DNA***. New York: Atheneum Press, 1968.

Weber, Max. ***Economy and Society***. Volume 1. Edited by Guenther Roth and Claus Wittich. Berkeley: University of California Press, 1978.

World Intellectual Property Organization. ***World Intellectual Property Indicators 2016***. Geneva: World

참고문헌

Intellectual Property Organization, 2016.

Yang, Sung Chul. *Korea and Two Regimes: Kim IL Sung and Park Chung Hee*. Cambridge: Schenkman Publishing Co., 1981.

______. *Polemics and Foibles: Fragments on Korean Politics, Society and Beyond*. Seoul: Seoul Press, 1998.

______. *Revolution and Change: The Case of April Student Revolution in 1960 and the May Military Coup D'état in 1961 in Korea*. Seoul: Korea University Press, 2015.

______. *The North and South Korean Political Systems: A Comparative Analysis*. Revised edition. Elizabeth, New Jersey: Hollym International, 1999 (first edtion : Seoul Press and Westview Press, 1994).

강명관. 《조선시대 책과 지식의 역사》. 천 년의 상상, 2014.

김구. 《백범일지》. 3판. 범우사, 2002.

김기동. 《한국고전소설연구(韓國古典小說硏究)》. 교학연구사, 1983.

김운태 외. 《한국정치론》. 박영사, 1999.

김진경. 《사랑주의》. 홍성사, 2013.

민족문화추진회. 《국역 경세유표(經世遺表) I》. 고전국역총서 90. 경인문화사, 1978.

박성조 · 양성철. 《독일통일과 분단한국》. 경남대 극동문제연구소, 1991.

박실. 《이승만 외교의 힘—벼랑 끝 외교의 승리》. 청 미디어, 2010.

____. 《중국 공문서와 자료로 본 중공군의 한국전쟁》. 청 미디어, 2013.

쑤이, 데이빗. 《중국의 6 · 25 전쟁 참전》. 한국전략문제연구소 역. 전략문제연구소, 2011.

양성철 . 《북한정치연구》. 제2개정판. 박영사, 1995.

______. 《양성철 논집(I), 물구나무서기 정치》. 서울프레스, 1998.

______. 《움—민구의 작은 발견》. 현대시문학, 2007.

______. 《통일—우리도 분단을 극복할 수 있다》. I, II. 서울프레스, 1999.

양성철 엮음. 《남북통일 이론의 새로운 전개》. 경남대학교 극동문제연구소, 1989.

양성철 · 박한식. 《북한기행—재미 한국인 학자 9인이 본 80년대 북한》. 한울, 1986.

참고문헌

양성철 · 이상근 엮음. 《김대중 외교—비전과 유산》. 연세대학교 대학출판문화원, 2015.

외교부. 《외교백서》. 외교부, 2013; 2014; 2015; 2016.

李慶山. 《志願軍援朝紀實》. 北京: 中共黨史出版社, 2008.

이기백. 《韓國史新論》. 일조각, 1990.

이도형 · 양성철. 《남북한 유엔시대의 새 출발》. 자유평론사, 1991.

이희승 편저. 《국어대사전》. 민중서림, 1982(1961).

임광수 엮음. 《正統과 正體性—서울대학교 개교 원년, 왜 바로 세워야 하는가》. 삶과 꿈, 2010.

정약용. 《목민심서 2—律己》. 이정섭 역. 민족문화문고간행회, 1981.

정진위. 《Y대 학생처장이 본 1980년대 학생 민주화 운동》. 연세대학교출판문화원, 2014.

최종고. 《한독교섭사(韓獨交涉史)》. 홍성사, 1983.

논문, 기사 등

Aubert, M., A. Brumm, M. Ramli, E. W. Saptomo, B. Hakim, M. J. Morwood, G. D. Van den Bergh, L. Kinsledy and A. Dosseto. "Pleistocene Cave Art from Sulawesi, Indonesia." ***Nature*** 514, no. 7521 (9 October, 2014).

Cong, L. and F. Zhang et al. "Multiplex genome engineering using CRISPR/Cas systems." ***Science*** 339, no. 6121 (3 January, 2013).

Cooper, Andrew F. "Recalibrating Middle Power Diplomacy: The Changing 'Soft Power' Brands of Republic of Korea and Canada in Comparative Perspective." EAI Middle Power Diplomacy Initiative (MPDI) Working Paper no. 11 (February, 2015).

Doudna, Jennifer A. "Genome-editing revolution: my whirlwind year with CRISPR." ***Nature*** 528, no. 7583 (22 December 2015).

Doudna, J. A. and E. Charpentier et al. "A Programmable Dual-RNA-Guided DNA Endonuclease in Adaptive Bacterial Immunity." ***Science*** 337, no. 6096 (17 August 2012).

Erickson, Mark. "Science as a Vocation in the 21st Century: An Empirical Study of Science Researchers." ***Max***

Weber Studies 3, no.1 (2002).

Go, Myong-Hyun. "Economic Improvement in North Korea." ***ISSUE Brief***, no. 58 (June 10, 2013).

Grabka, Markus. "Five Questions to Markus Grabka: Slight Decline in Income Inequality in western Germany." Interview by Erich Wittenberg. ***DIW Economic Bulletin*** 2, no. 12 (7 December, 2012).

Grens, Kerry. "Feng Zhang: The Midas of Methods." ***The Scientist Magazine***, August 1, 2014.

Haggard, Stephen. "The UN Field Office in Seoul." ***North Korea: Witness to Transformation***, June 25, 2015.

Hawk, David, "A United Nations Commission of Inquiry for North Korea." ***38 North***, April 1, 2013. http://www.38north.org/2013/04/dhawk040113.

Henderson, Gregory. "Chöng Ta-san: A Study in Korea's Intellectual History." ***The Journal of Asian Studies*** 16, 3 (May 1957).

Hilgard, Ernest R. and Daniel Lerner. "The Person: Subject and Object of Science and Policy." In ***The Policy Sciences***. Edited by Daniel Lerner and Harold D. Lasswell. Stanford: Stanford University Press, 1959.

Hsu, Patrick and Zhang, Feng et al. "DNA targeting specificity of RNA-guided Cas9 nucleases," ***Nature Biotechnology*** 31, no. 9 (21 July 2013).

International Theological Commission. "Communion and Stewardship: Human Persons Created in the Image of God." http://www.vatican.va/roman_curia/congregations/cfaith/cti_documents/rc_con_cfaith_doc_20040723_communion-stewardship_en.html.

Ishiro, Yoshizumi et al. "Nucleotide sequence of the iap gene, responsible for alkaline phosphatase isozyme conversion in Escherichia coli, and identification of the gene product." ***Journal of Bacteriology*** 169, no. 12 (December 1987).

Kant, Immanuel. "What is Enlightenment?" In ***On History***. Edited, with an introduction, by Lewis White Beck, translated by Lewis White Beck, Robert E. Anchor and Emil L. Fackenheim. New York: Macmillan Publishing Company, 1989.

Kim, Jaehwan, Jin-han Jeon, Hyun-jun Kim, Hyuneui Lim, and Il-won Oh. "Durable and Water-Floatable Ionic Polymer Actuator with Hydrophobic and Asymmetrically Laser-Scribed Reduced Graphene Oxide Paper Electrodes." ***American Chemical Society NANO*** 8, no. 3 (18 February 2014).

Kipling, Rudyard. ***The Ballad of East and West*** (1889). In ***Kipling: A Selection of His Stories and Poems***. Editied by John Beecroft, illustrated by Richard Powers. New York: Doubleday & Company, 1956.

Kurzman, Charles and Erin Leahey. "Intellectuals and Democratization, 1905-1912 and 1989-1996." ***American***

Journal of Sociology 109, no. 4 (January 2004).

Kuznets, Simon. "Economic Growth and Income Equality." ***American Economic Review*** 45, no. 1 (March 1955).

Larmer, Brook. "Inside the Chinese town where 20,000 students spend 16 hours a day, 7 days a week, studying for the biggest test of their lives–Cram City." ***The New York Times Magazine***, January 4, 2015.

Lasswell, Harold D. "The Policy Orientation." In ***The Policy Sciences***. Edited by Daniel Lerner and Harold D. Lasswell. Stanford: Stanford University Press, 1959.

Mann, Charles C. "The Birth of Religion." ***National Geographic***, June 2011.

Mayell, Hillary. "Oldest Human Fossils Identified." ***National Geographic News***, February 16, 2005.

National Geographic, "The Firsts Issue," 227, no. 1 (January, 2015).

Pati, Falguni, Jinah Jang, Dong–Heon Ha, Sung Won Kim, Jong–won Rhie, Jin–Hyung Shim, Deok–Ho Kim and Dong–woo Cho. "Printing three–dimensional tissue analogues with decellularized extracellular matrix bioink." ***Nature Communications***, June 2, 2014.

Reporters without Borders. "2013 World Press Freedom Index: Dashed Hopes after Spring." https://rsf.org/en/news/2013–world–press–freedom–index–dashed–hopes–after–spring.

Reporters without Borders. "World Press Freedom Index 2015: decline on all fronts." https://rsf.org/en/news/world–press–freedom–index–2015–decline–all–fronts.

Schmid, Kai Daniel and White Stein. "Explaining Rising Income Inequality in Germany, 1991–2010." ***IMK*** 32 (September 2013).

Shreeve, James. "This Face Changes the Human History But How?" ***National Geographic***, September 10, 2015.

Tagore, Rabindranath. "East and West." In ***Essays of the Masters***. Edited by Charles Neider. New York: Cooper Square Press, 2000.

"The Global Competitiveness Index 2015–2016 Rankings." In ***The Global Competitiveness Report 2015-2016***. Edited by Klaus Schwab. Geneva: World Economic Forum, 2015.

Thompson, Derek. "A World without Work." ***The Atlantic***, July/August, 2015.

Turing, Alan. "Computing Machinery and Intelligence." ***Mind*** 59, no. 236 (October, 1950).

UN Human Rights Council. ***Report of the commission of inquiry on human rights in the Democratic***

People's Republic of Korea. 7, February 2014. https://documents-dds-ny.un.org/doc/UNDOC/GEN/G14/108/66/PDF/G1410866.pdf?OpenElement.

UN Human Rights Council. ***Report of the detailed findings of the commission of inquiry on human rights in the Democratic People's Republic of Korea***. 7, February 2014. https://documents-dds-ny.un.org/doc/UNDOC/GEN/G14/108/71/PDF/G1410871.pdf?OpenElement.

U.S. Congress. ***North Korea Sanctions and Policy Enhancement Act of 2016***. HR 757. 114th Congress.

U.S. Department of Defense. "Joint Communique of the 44th U.S.-ROK Security Consultative Meeting." Washington, D.C. October 24, 2012. http://archive.defense.gov/news/44thSCMJointCommunique.pdf.

U.S. Department of Defense. "Joint Statement of the Security Consultative Committee: Toward a More Robust Alliance and Greater Shared Responsibilities." Issued by Secretary of State John Kerry, Secretary of Defense Chuck Hagel, Japanese Minister for Foreign Affairs Fumio Kishida, and Japanese Minister of Defense Itsunori Onodera, in Tokyo, Japan, Oct. 3, 2013. https://www.defense.gov/Portals/1/Documents/pubs/U.S.-Japan-Joint-Statement-of-the-Security-Consultative-Committee.pdf.

U.S. Department of Treasury. "North Korea Designations; Non-proliferation Designations." https://www.treasury.gov/resource-center/sanctions/OFAC-Enforcement/Pages/20161202.aspx (last Updated: 12/2/2016).

Weathersby, Kathryn. "Stalin and the Korean War." In ***Origins of the Cold War: An International History***. Edited by Melvin P. Leffler, and David S. Painter. New York: Routledge, 1994.

World Health Organization. "Global Health Observatory Data Repository: Life expectancy Data by Country." http://apps.who.int/gho/data/view.main.SDG2016LEXv?lang=en (last updated June 6, 2016).

Yang, Sung Chul. "An Integration Model for Japan and the Asian NICs in the Pacific Era." Paper delivered at the International Seminar on 'The Northeast Asian Era and the Roles of Korea, China and Japan in the 21st Century', sponsored by the Institute for Northeast Asian Studies, Kyunghee University, Seoul, Korea, August 24-25, 1988.

______. "Communism and Korean Communism: A Juxtapositional Comparison." 《동아연구》, 제7집(1986. 3).

______. "Reunited Korea: Ultimate Political Task Ahead." A keynote speech delivered at the 3rd Annual Meeting of the Korean American Health Professional Association in Seattle, Washington, on September 28, 2013.

______. "Revolution and Change: A Comparative Study of the April Student Revolution of 1960 and The May Military Coup D'état of 1961 in Korea." PhD Dissertation, University of Kentucky, 1970.

______. "South Korea's Sunshine Policy: Progress and Predicaments." ***Fletcher Forum of World Affairs*** 25, no. 1 (Winter, 2001).

______. "The U.S. Role for the Peace on the Korean Peninsula (in Korean)." A paper delivered for the North Korean Research Institute and the North Korean Studies Association on June 11, 2010, at the Korean War Memorial.

Zahavi, A. "Altruism as a Handicap: The Limitations of Kin Selection and Reciprocity." *Journal of Avian Biology* 26, no. 1 (March 1995).

강영식. 〈민간 교류협력을 통한 남북관계 개선의 가능성〉. 광복 70주년 6 · 15공동선언 15주년 대토론회(2015년 2월 27일).

김종대. 〈군사 대화와 협력이 가장 효과적인 안보전략〉. 광복 70주년 6 · 15공동선언 15주년 대토론회(2015년 2월 27일).

김지하. 〈譚詩 · 五賊〉. 《사상계》, 1970년 5월.

양성철. 〈해방은 선물, 남북통일은 우리의 과업입니다〉. 장흥학당 330회 연찬회(2009).

______. 〈21세기 국제정치의 변화와 한국의 선택〉. 이정복 편. 《21세기 한국정치의 발전방향》. 서울대학교출판부, 2009.

______. 〈한반도 평화를 위한 미국의 역할과 전망〉. 북한연구소, 북한학회, 2010년도 상반기 국제학술회의(2010년 6월 11일).

이광호, 〈실사구시(實事求是)의 참된 뜻은 무엇인가〉. 다산미디어 실학산책(다산연구소), 2014년 1월 10일. http://www.edasan.org/html2/board/index.html?scolumn=name&skeyword=%C0%CC%B1%A4%C8%A3&bid=b32&page=&ptype=view&idx=5062.

이석기. 〈북한 경제변화와 경제를 통한 남북관계 개선 방향〉. 광복 70주년 6 · 15 공동선언 15주년 대토론회(2015년 2월 27일).

전세영. 〈퇴계와 율곡의 인물평가 비교연구〉. 《한국정치학회보》, 제48집 제4호(2014. 9).

허선행. 〈유엔 북한인권 사실조사위원회(COI) 정치범수용소 문제 철저하게 조사해야〉. *NKvision*, 2013년 6월.

찾아보기

1세대 로봇(first-wave robots) 373
1차 산업혁명 180
2세대 로봇(second-wave robots) 373
2중 국적, 다국적 시민, 국민 479
2차 산업혁명 416
3·1 운동 261
3D 정책 229
3D 프린팅 223
3세대 로봇(AI bots) 373
4·19 학생민주혁명 205, 248, 260
4D(detect, defend, disrupt, and destroy) 개념 315
4개 전면 치국 방략 280
4안(安) 304
4차 산업혁명시대 219
4차원, 4단계(脩身, 齊家, 治國, 平天下) 468, 470, 474
5·16 군사 쿠데타 205, 248
5·18 광주 민주항쟁(1980) 205, 248, 261
5M 298
5MW 영변 원자로 356
5M 변화 조짐 298
5세대(5G) 이동통신기술 216
6·10 만세 사건 261
6·10 민주항쟁(1987) 260
6·15 남북정상공동선언(2000) 273
7·4 남북공동성명(1972) 273
9·11사태 280
10만 양병설(養兵說) 205
10·4 남북정상공동선언(2007) 273
11월 광주학생 사건(1929) 261
12·12 신군부 정부 전복 205
20세기 냉전(Cold War) 481
21세기 신형 노예 집단 326
21세기 자원 전쟁 340
21세기판 디아스포라(diaspora)의 전형 302
30년 전쟁(1618–1648) 451
38선 남북한 분단 획정 178, 228
38선 이북 반격(limited rollback) 결정 245
100% 미국 사람 376
100% 인공지능인(humanoid, android, AI bot) 371
《1984》 448
2009년 5월 25일 북의 제2차 지하 핵실험에 대한 유엔안보리 결의 1874호(2009년 6월 12일) 317
2010년 새 전략무기합의(New START) 358
2012년 12월 12일 북의 위성 발사에 대한 유엔안보리 결의 2087호(2013년 1월 22일) 317
2013년 2월 7일 제3차 지하 핵실험에 대한 유엔안보리 결의 2094호(2013년 3월 7일) 317
2016년 1월 6일 제4차 지하 핵실험과 2월 8일 탄도미사일 발사에 대한 유엔안보리 결의 2270호(2016년 3월 2일) 317
2016년 국방백서 357

A이론/B이론(Theory A/Theory B) 452
AIIB 278
BANT(바이두·알리바바·넷이즈·텐센트) 393
Brexit 309
CCTV 448
CIA 456
dd 217
Deep Blue 372
divide et impera, divide and rule 353
DNA 367
e-Government 순위 444
EU 다섯 가지 자유 445
FANG(미 페이스북·아마존·넷플릭스·구글) 393
Five Eyes(FVEY) 458
G-2 234

찾아보기

Girondist 190
$H_a = f(s_1, s_2, s_3 + t)$ 308, 442
IBM 391
IMF 282
IMF 특별인출권(SDR) 239
IoE 223
IoT 223
ISIS(Islamic State of Iraq and Syria) 100
MERS 사태 206
MTurk(Mecanical Turk) 414
NATO 243, 282
NSC 48/2 244
NSC 68 245
OECD 282
online shopping sites 390
QWERTYUIOP 389
RCEP 278
r > g 불평등 구조 407
SIPRI Yearbook(2015) 332
SLBM(submarine-launched ballistic missile) 333
SNS(social networking service) 390
virtual world 443
WWW(The World Wide Web) 390

가가린(Yuri Gagarin) 436
가상(영상)인간(virtual person) 443
가상세계(virtual world) 477
가상 체첸국 446
가상 쿠르드 국가 446
가장(家長, the manager of a household) 468
가치인식 192
가치중립적(value-neutral, value-free) 482
가톨릭 사제(priest) 141
간디 88
간판 '흉물' 259
갈릴레이 92
감가상각의 법칙 342
감성(pathos) 482
감춰진 경제(shadow economy) 408
갑신정변(甲申政變) 214
갑오경장(甲午更張) 214
강성 권력(hard power) 234
강연 22, 23
강의 22, 23
강제 노예 수용소(Gulag) 293
강철 덮개 296, 327
강화(江華)조약 249
개념(Begriff)의 발견 129
개발도상국 250
개성(Persönlichkeit, personality) 37, 447
개성공단 306, 355
개신교 목사(minister) 141
개신교 문화권 164
개인(individual) 447
개인숭배와 우상화 323
개화파 203
객관성 부재(Unsachlichkeit, a lack of objectivity, 공평무사, 불편부당의 실종) 474
거대한 해수(海獸) 288
거리(Distanz, distance) 473
거리 두기의 부재(Distanzlosigkeit, loss of distance) 473, 474
《걸리버 여행기》 442
겉모습의 선진국 66
게놈-교정 혁명(genome-editing revolution) 367, 417
게이츠(Bill Gates) 389
견인(牽引) 정책 340
경복궁 향원지 181
경성 권력(hard power) 338
《경세유표》(經世遺表) 191, 195, 196

찾아보기

경영 마인드(management mind) 340
경의선, 경원선 철도 연결 310
경제금융 352
경제 대공황(Great Depression) 383
경제상호원조회의(Comecon) 282
경제자유지수 264, 294
경제적 자립 325
경제협력개발기구(OECD) 248
경험주의(empiricism) 183
경험주의자(empiricist) 189
경화(硬貨, hard currency) 국가 354
계(system) 368
계급(유산자, 무산자) 438
계급투쟁 219
《계명》(啓明) 201
계몽 183
계몽주의 182
고난의 행군 325
고농축 우라늄 사태 357
고려대 120
고르바초프(Mikhail Gorbachev) 237
고생대(古生代, Paleozoic Era) 400
고소득(high-income) 31개 나라 257
고전적인 국제관계 이론의 세상 479
공공 영상 영역(public virtual space) 449
공산권 붕괴 313
《공산당 선언》(1848) 409
공산전체주의 독재(communist totalitarian dictatorship) 411
공산진영의 종주국 347
공자 420, 421
《공화국》 420
공화주의 183
공화파(Jacobin) 190
과두정치(oligarchy) 429
과학기술혁신 102
과학의 여왕 180
광격자(光格子) 시계 426
광학분야 색채이론 187
괴베클리 테페(Göbekli Tepe) 155
구결(口訣) 311
구글(Google) 391
구글 딥 마인드(deep mind) 372
구단선(Nine-Dash Line) 235
구류장, 집결소, 노동단련소, 교화소 324
구석기(Paleolithic) 400
구텐베르크 200, 201
국가(state) 138, 411
국가 개념 438
국가기밀 누설자 455
국가소멸론(theory of withering away of the state) 439
국가순위와 위상 265
국가의 기본 4대 요소 433
국가형태 429
국경(national border or boundary) 445
국민투표(2016년 6월 23일 브렉시트, Brexit) 445
국방안보 전략 338
국수주의 211
국유토지 사용권 361
국정원 등 국가기관의 불법 대선 개입 사건 268
국제금융통화 거래 354
국제 상설 중재재판소(The Permanent Court of Arbitration) 235
국제연맹(The League of Nations) 439
국제연합 440
국제은행 간 통신협회(SWIFT) 322
국제인터넷주소관리기구(ICANN) 398
국제철도협력기구(The Organization for Cooperation of Railways) 309
국제통화기금(IMF) 238
국제투명성기구(TI) 253

찾아보기

국제판 합종연횡 337
국제형사재판소(ICC) 294
국지전(limited war) 351
국채보상운동 261
국토의 국가소유권 즉 사유재산 부재 361
군국주의(militarism) 383
군국주의 일본 227
군사독재 247
군사안보의 종속변수나 부차적 변수 336
군사적 자위 325
군산복합체(military industrial complex) 472
군자정치론(君子政治論) 470
권력 본능(Machtinstinkt, power instinct) 474
권리장전(Bill of Rights of 1689) 189
권위주의 군사독재정권 261
권위주의 독재(authoritarian dictatorship) 411
권은희 사건 463
귀납적 방법 183
귀족사회 85
균형감각(Augenmaß) 472
그래핀(graphene) 인공근육 385
그로티우스(Hugo Grotius) 184
극단 민주정치(extreme democracy, ochlocracy) 429
근대 부르주아(the modern bourgeois) 402
근린 궁핍화 정책(beggar-thy-neighbor policy) 354
글로벌 디지털 통계(Digital in 2016) 395
금강산 관광사업 274, 306
금기(taboos) 139
《금오신화》(金鰲新話) 201
금융화폐 경제통상 공세 238
금장태 192
금 태환(gold-dollar convertibility) 350
기(紀, periods) 400
기계인간 365, 423
기관(organ) 368
기독교 교회당 141
기술혁신(technological breakthrough) 101
기적(miracle) 149
기축 통화국 239
기해사옥(己亥邪獄) 211
김구 241
김대중-김정일 정상회담(2000) 296
김대중 정부 270, 297, 307, 340
김동진 464
김병연 300
김성일 204
김시습(金時習) 201
김옥균 214
김일성 244
김일성-김정일-김정은 3대 세습독재 205, 234, 288, 294, 303, 305
김일성주의(Kimilsungism) 325, 326
김정남 363
김정남 독극물(VX) 암살 사건 299, 363
김정희 192
김지하 471
김진경 302
김홍집(金弘集) 214
꽃제비 327

나당(羅唐)동맹 335
나치 독일 227
나치 죽음의 수용소(Nazi death camps) 293
나치즘(Nazism) 383
나토(NATO) 집단안보동맹 343
낙랑(樂浪) 310
난사군도(南沙群島, Spratly Islands) 235
난사·중사·시사 군도(南沙·中沙·西沙 群島) 339
남로당파 245

찾아보기

남명천화상송증도가(南明泉和尙頌證道歌) 382
남북 간의 범민족적 합의 273
남북 간 인적 교류 296
남북 분단(38선 획정) 278
남북 분단의 비극 178
남북 신뢰의 집 275
남북 적십자회담(1970) 275
남북전쟁(1861–1865) 430
남북한 군사분계선(DMZ) 246
남북한 통일 269
남티롤 450
내용 분석(content analysis) 422
냉전시대 335
네로(Nero Claudius Caesar) 431
네안데르탈인(Neanderthal man) 133, 426
노동당(Labor Party) 476
노력자(努力者)–노심자(勞心者) 219
노르웨이령 그린란드(Greenland Norse) 135
노무현–김정일 정상회담(2007) 296
노무현 정부 270
노벨 108
노벨상 수상 조급증 65
노예사회(serfdom) 411
노예해방 101, 429
노키아(Nokia) 391
《논어》 420
놀런드(Marcus C. Noland) 300
농경 · 농본사회 180
농경사회 157
농경사회의 등장 427
농경, 어로(Farming and Fishing) 사회 400
농업혁명(agricultural revolution) 409
농촌전기화 법안(Rural Electrification Act of 1935) 387
뇌파도(electrocortigograms) 369
뉴딜(New Deal) 383
뉴턴(Isaac Newton) 92, 114, 187
뉴턴의 중력 이론 187
니체 417
닉슨 339

다빈치 92
《다빈치 코드》(The Da Vinch Code, 2003) 417
다신교(polytheism) 132
다신교 사상(polytheism) 150
다우주(多宇宙, outer cosmos) 112
다우주(multi–verse, multi–universe or parallel universe) 443
다윈 84, 92, 130, 148, 417
다윈의 진화론 412
다이아몬드(Jared Diamond) 130, 411
다지역 기원설 427
다차원 빈곤 지수(MPI) 165
다품목화 252
단말마적 발악 328
단테(Alighieri Dante) 424
달랑베르(Jean Le Rond d'Alembert) 189
닷컴(.com) 389
당쟁 204
대량–고(高)소비 시대(age of high mass–consumption) 409
대량살상 무기 확산 317
대량살상무기 확산방지구상(PSI) 321
대량생산(mass production) 416
대량 생산품(mass surplus goods) 411
대량 학살 178
대륙간 탄도미사일(ICBM) 357
대륙세력(continental powers) 240
대리전(proxy war) 351
대승(Mahayana)불교 311
대영제국(British Empire) 433
대의 민주주의 429

찾아보기

대일 청구권 배상금 248
대중강연 25
대체[전자 기기]인간 413
대학구조개혁 추진계획 75
대학예비학교 68
대한민국 국방부 357
대한민국 유일 합법 정부 336
대화협력의 틀(CSCE) 343
덩샤오핑 301
데이터 혁명 480
데카르트(René Descartes) 183, 189
데탕트(Détente) 외교 243, 440
도(道) 193
도시국가(polis, city-state) 421, 468
도시 중심 메트로(the Urban, Metropolitan, Megalopolitan) 사회 400
도약을 위한 전제조건(preconditions for take-off) 409
도킨스(Richard Dawkins) 130
독립선언(1776) 189
독립성(independence) 285
독립적인 개성 325
독일 고고학연구소 155
독일 법관의 공개적 의견 표명 464
독일제국 창건(1871) 233
독재 사이버 연합(autocratic cyber union) 446
동굴벽화 427
《동물농장》 324
동방정책 339
동부 우크라이나 내전 351
동북 3성 310
동서독 통일 256
동시적(simultaneous)개념 468
동우크라이나 사태 450
《동의보감》(東醫寶鑑, 1610) 203
동인(東人) 204
동중국해 방공식별구역(ADIZ) 281
동티모르 441
동학농민 혁명 214
두 가지 자유—부정적 자유, 긍정적 자유 446
두보 92
드론(drone, 무인 항공기) 414
드롭박스 223
등거리(equidistant) 가상세계 477
디도스(DDoS, a distributed denial of service) 공격 481
디드로(Denis Diderot, 1713–1784) 189
디스토피아(dystopia) 367
디지털 디바이드(digital divide) 217
디지털 연결성(global digital connectivity) 366
때(t, time) 308, 442

라부아지에 92
라이엘 92
라이프니츠(Gottfried Wilhelm von Leibniz) 187
라플라스 92
러셀 149
러시아 434
러시아 미 대선개입사건 337
러시아의 크림 반도 강제병합 450
러시아 정부 정보조직(G.R.U.) 337
러시아 제국 433
러일전쟁(1904–05) 214, 227, 335
레닌 383, 402
로스토(W. W. Rostow) 409
로크(John Locke) 184, 189
롬바르디아 450
루빈(Andy Rubin) 391
루소(Jean Jacques Rousseau) 188, 448
루스벨트 88
루터(Martin Luther) 200
루트–다카히라 밀약(The Root–Takahira

찾아보기

Agreement) 213
르네상스 180
리지웨이 장군 246
린턴(Ralph Linton) 375

마르크스(Karl Marx) 84, 400, 438
마르크스의 유물변증법 401
마르크스 자본론 405
마스크(Mask, Careto in Spanish) 480
마쓰오 바쇼 92
마오쩌둥 88, 239, 244, 279, 301, 339
마오쩌둥 사후 재평가(deMaoization) 342
마이어 108
마재 성지(聖地) 198
막스-플랑크-연구소(Max-Planck-Institut) 126
만물 인터넷(IoE, the internet of everything) 223, 368, 438
매닝(Chelsea Manning) 453
매클루언(Herbert Marshall McLuhan) 444
맥스웰(James Clerk Maxwell) 388
맥아더 245, 246, 278
맥아더 헌법 229, 262
맬웨어(malware) 480
《맹자》 420
맹자 402, 420, 421
머리(Charles Murray) 89
메디슨(James Madison) 188
메르스(MERS, 중동호흡기증후군) 206, 479
메르켈(Angela Merkel) 229-232
메이지 유신(明治維新) 182, 212
명령경제(command economy) 275
명예혁명(1688) 189
모아이 석상(Moais) 135
모차르트 92
《목민심서》(牧民心書) 191
몽테뉴 93
몽테스키외(Charles Montesquieu) 188, 196
무굴 제국(Mughul) 136
무력 북진통일 246
무력 통일 270
무력합병(annexation) 351
무리(band) 411
무산자(proletariat)-유산자(bourgeoisie) 219
무산자 혁명 219
무솔리니(Benito Mussolini) 383
무신론자 147
무인공군기(drones) 481
무정부(anarchy) 실험 437
무종교자 164
무책임성(Verantwortungslosigkeit, irresponsibility) 474
무한 대(代, eons) 400
무함마드(Muhammad) 451
무혈 평화통일 226, 270
무혈 합병(Anschluss) 384
문명국가(civilization state) 349
문화 국가 241
문화유산(cultural inheritance) 151
문화전파(cultural transmission) 151
문화혁명 323
물활론(物活論, animism) 132
미8군사령부(USAG-H) 315
미 NSA의 지구 감시망(global surveillance apparatus) 458
미 간첩법(Espionage Act of 1917) 453
미 고고도 미사일 방어(THAAD) 277
미 국가안보처(NSA) 456
미국 민주당, 공화당 476
미국 방위영역(defense perimeter) 244
미국 영토 434
미국 정부의 독자적인 대북 제재조치 319
미 군정기 178, 263

찾아보기

미군 주도의 유엔군 178
미래 가상 인물 378
미 북한인권법 320
미 사드(THAAD) 배치 문제 314
미얀마 아웅산 테러사건(1983) 299
미 연방법관행위규범 464
미 · 영 · 소 연합세력(Allied Powers) 339
미 · 인도 전략 대화(U.S.–India Strategic Dialogue) 347
미 · 일 간 체결한 국방 협력 가이드라인 281
미 · 일 국방협력지침 235
미 · 일 밀착 343
미일 안보조약 5조 236
미 재무성 외국자산통제국(OFAC) 320
미켈란젤로 92
민주공화정(democratic republic) 411
민주국가 개념 442
민주사회계약이론 184
민주정치(democracy) 429
민주주의 지수 295
밀 448
밀턴 93
밀폐 · 밀실공포증(claustrophobia) 205, 303
밈(meme) 130, 151
밈 풀(meme pool) 151
밑으로부터의 투쟁 273

바르샤바 조약기구(The Warsaw Pact) 282, 348
바벨탑 117
바스크 450
바이에른 450
박근혜 232
박근혜 정권 206, 264, 344
박근혜 탄핵, 파면 결정 269
박석무 191
박영효 214
박왕자 씨 총격 사건 307
박정희 장기 군사정권 260
박제가(朴齊家) 191
박지원(朴趾源) 191
박헌영 245
《반계수록》(磻溪隨錄) 190
반동의 시대 431
발명특허(patents) 인증 순위 252
발육장애 북한 어린이들(stunted children) 332
방공식별구역(Air Defense Identification Zone) 235
방사성 탄소 연대 측정법(carbon dating) 381
방위산업비리 합동수사단 수사 472
《백과사전》(Cyclopaedia or an Universal Dictionary of the Arts and Sciences) 189
백과전서파(Encyclopédistes) 182
백색 왜성 113
《백운화상초록불조직지심체요절》(白雲和尙抄錄佛祖直指心體要節) 381
밴 플리트(Van Fleet) 장군 246
벌거벗은 현실주의(naked realism) 338
벌린(Isaiah Berlin) 446
범신론자 146
법관윤리강령 465
법원징계법 464
법의 정신 196
법적 · 정치적 상부구조(legal and political superstructure) 402
법치국가(law–states) 429
법치주의 188
베네토 450
베르사유 조약 177
베를린 봉쇄(Berlin Blockade) 245
베버 288, 472
베버의 국가와 정부(통치) 개념 438
베버의 역설(逆說) 360

찾아보기

베버의 이상형 정치인 474
베이징-선양-창춘-훈춘 간 고속도로 317
베이징원인(Peking Man) 133
베이컨(Francis Bacon) 183
베토벤 92, 94
베트남 270
베트남전쟁 440
벼랑 끝 극단 돌출 행위(brinkmanship) 342
별과 별 사이의 공간(interstellar space) 443
별기군(別技軍) 213
병영국가 273
병인박해(丙寅迫害) 211
병인양요(丙寅洋擾) 211
병자수호조약(丙子修好條約) 213, 249
병진(竝進)노선 233, 305, 362
병행 전략 344
보불전쟁 208, 209
보수당(Conservative Party) 476
보이저 1호(Voyager I) 170
보이지 않는 손(an invisible hand) 186, 187
보편화된 인공지능(AGI, artificial general intelligence) 373
복고주의적 해체나 재병합(revanchist dissolution or re-annexation) 449
복제 양(羊), 돌리(Dolly) 416
복제인 423
복제인간 365, 367, 413
볼셰비즘(Bolshevism) 383
볼셰비키 정권 134
볼테르(François-Marie Voltaire) 189
부르즈 할리파 114-117
부산-마산 민주항쟁(1979) 260
부족 138
부호(富豪) 전제조건 39
북대서양조약기구(NATO) 229, 243, 348
북방 4개 섬 440
북 사이버전 인력 357
북의 사이버 외화벌이 299
북의 5차 핵실험 296
북·중 우호, 친선, 협력, 상호원조 조약 313
《북학의》(北學議) 191
북학파(北學派) 191
북한 고농축 우라늄 사태(2002) 355, 357
북한 교살 다섯 가지 307
북한 대량살상무기 공격방향 318
북한 식량 부족량 331
북한 아동사망률 330, 331
북한의 군사비 규모 332
북한의 솔제니친 327
북한의 지리적 고립 310
북한의 "혁명적 변화" 네 가지 시나리오 300
북한인권 보고서 293
북한 플루토늄 보유량 356, 357
북한해외동포위원회 290
북한 핵 문제 해결의 새 패러다임 335, 355
분단국 260
분단극복의 해법 338
분리주의적 자치독립 추세(separatist autonomic independence proclivity) 449
분업 이론 186
불가사리 북한 288, 289, 328
불가지론 147
불교 사찰(temple) 141
불교 승려(monk) 141
불교의 팔정도(八正道) 143
불량국가(rogue state) 320, 326
불법국가(caprice-states) 429
불의 기원 180
불임(不姙)의 흥분(sterile Aufgeregtheit, sterile excitation) 472
붉은 자본주의(red capitalism) 354
브라운(Dan Brown) 150

찾아보기

브라질 434
브란트(Willy Brandt) 229
브레즈네프(Leonid Brezhnev) 291
브레진스키(Zbigniew Brzezinski) 28
브레턴우즈 세계금융통화무역체제 238
브르타뉴 450
브릭스 5개국 239
블로그(blogs) 390
블룸(Harold Bloom) 92
블릭스(Hans Blix) 357
비(非)공산주의자 선언 409
비교분석 436
비교정치 421, 435
비무장지대(DMZ) 획정 247
비스마르크(Otto von Bismarck) 208, 233
비(非)전략 핵무기들(nonstrategic nuclear weapons) 358
빅데이터(Big Data) 223, 433
빅뱅(Big Bang) 이론 138, 426
빅 브라더(Big Brother) 448
빌헬름 1세() 208
빛의 미립자 이론(corpuscular theory of light) 187

사단 칠정(四端七情) 424
사람(human being) 308
'사람'이라는 개념 423
사물 인터넷(IoT, internet of things) 223, 368, 438
사생활(privacy) 449
사실인식 192
사실조사위원회(CI) 293
사이버 공간(cyberspace) 443
사이버스페이스 실무협의 315
사이버 연결성(cyber connectivity) 449
사이버 전쟁 349, 462
사이보그(cyborg) 415
사이비 정치 자선가(pseudo-political philanthropist) 384
사이비종교 종주 323
사적 영상 영역(private virtual space) 449
사하로프 87
사할린 439
사회공동체 해체 185
사회주의 국가 164
산상수훈 145
산업혁명(industrial revolution) 410
산업혁명의 원천 182
삼강오륜(三綱五倫) 23
삼권분립이론 188
삼연(三緣) 54
상대성 이론 412
《상정고금예문》(詳定古今禮文) 200
상하이협력기구(SCO) 239, 282
상호경제원조위원회 348
상호의존성(cyber interdependence) 449
상호이익중심 협상전략 344
상호이타주의(reciprocal altruism) 154
상호확증소멸(mutually assured destruction, MAD) 349
새 군사 경쟁(a new arms race) 481
새 냉전 복귀 237
새 연결고리(connectivity) 392
새 정치의 인간활동(H_a, human political activities)
새천년 발전 목표들(MDGs) 166
생명의 나무(tree of life) 417
생명의 원천 179
생시몽 438
서로가 확실히 함께 경제를 망치게 되는 결과(mutually assured economic destruction, MAED) 349

찾아보기

서울대 119
서인(西人) 204
선군(先軍)노선 305
선제적 군사행위 281
선진경제 257
성균관대학교 120
성숙을 향한 밀어붙이기(drive to maturity) 409
성 아우구스티누스 148
성장비결 361
성현정 374
《성호사설》(星湖僿說) 191
세(世, epochs) 400
세계경쟁력센터(WCC) 255
세계경제규모 251
세계 군사균형(World Military Balance) 332
세계대학평가순위 121, 122
세계디지털통계(Global Digital Statistics) 390
세계무역기구(WTO) 238
세계보건기구(WHO) 316
세계식량농업기구(FAO) 316
세계 아동사망률 330
세계은행(World Bank) 238, 282
세계정치학회(IPSA) 총회 290
세계 지적 재산기구(WIPO) 253
세계 최장기 집권자 424
세네카(Seneca) 150
세르반테스 93
세속국가 138
세속오계(世俗五戒) 143
세월호 참사 206
세이건(Carl Sagan) 147, 426
센카쿠 열도(댜오위다오, 釣魚島) 236
셋슈 도요 92
셰익스피어 92, 94
셸리(Mary Shelley) 374
소극적 자유(negative liberty) 447
소련연방(USSR) 433, 441
소명(김命, berufen, calling) 33
소셜네트워크(SNS) 444
소크라테스 420, 421
소포클레스 94
솔제니친 87
송재소 192
쇄국정책 212
쇄국주의 211
수니파(Sunni) 451
수데텐란트(Sudetenland) 384
수렵채집(Hunter-gatherer) 사회 400
수신위본(脩身爲本) 469
수신제가치국평천하(修身齊家治國平天下) 468
《수용소 군도》(Gulag Archipelago) 323
수출입 다변화 252
순수이성 189, 193
순차적(sequential) 개념 468
순치(脣齒) 혈맹 317
순혈(純血) 민족주의 384
숭불(崇佛) 정책 194
숭유(崇儒) 정책 194
슈미트(Eric Schmidt) 375
스노든(Edward Snowden) 455
스마트 전자 패치(smart electronic medical patch or a 'smart skin') 385
스마트 파워(smart power) 338
스마트폰 개방형 운영시스템(open-source operating system) 391
스미스(Adam Smith) 185
스바메르담 108
스웨덴 SIPRI 332
스위프트(Jonathan Swift) 442
스즈키 83
스카이프 223
스탈린 88, 244, 323, 431

찾아보기

스탈린 격하운동(deStalinization) 342
스탈린 공산전체주의 독재 291
스탈린 사망 246
스탠퍼드대 125
스푸트니크(Sputnik) 436
시민, 시민국가, 시민사회 188
시민정치문화 263, 274
시사군도(西沙群島, Paracel Islands) 235
시아파(Shiite) 451
시장경제 186
시진핑 276
식물 순화(plant domestication) 156
신간회(新幹會) 사건 261
신개발은행(New Development Bank) 설립 239, 282
신경숙 83
신냉전 296
신라 통일기(676) 233
신민 326
신민정치문화 263, 267, 274
신분 좇기와 인정받기(status and recognition) 447
신석기(Neolithic) 400
신유사옥(辛酉邪獄) 191, 211
신의 가설(God Hypothesis) 131
신정국가 138
신종 불법, 탈법행위 재발방지책 467
신형 노예 집단 293
신흥 경제 부국 351
실사구시(實事求是) 194, 338
〈실사구시설〉(實事求是說) 192
실제 세계(physical world) 477
실질적인 기반(real foundation) 402
실천이성 193
실크로드 전략 235
실패한 국가(failed state) 276, 479
실학사상 183, 190
실학파(實學派) 190
심비안(Symbian) 391
쐐기 개념 347

아데나워(Konrad Adenauer) 229
아랍에미리트연방 164
아랍의 봄(The Arab Spring) 300
아래로부터 번지는 바람 301
아렌트(Hannah Arendt) 101
아르헨티나 434
아리스토텔레스 92, 304, 420, 421, 423, 448, 467
아마존고(Amazon Go) 414
아바스 왕조 434
아베 신조(安倍晋三) 229
아베 정권 281
〈아빠의 유언장〉 374
아세안(ASEAN) 252
아시아(the Asiatic) 402
아시아에로의 회귀(pivot to Asia) 280
아시아지역 인프라 투자은행(AIIB) 239, 277, 282
아우구스티누스 105
아이젠하워(Dwight D. Eisenhower) 246, 472
아인슈타인 88
아프리카 기원설 427
아프리카의 신생국가 440
안드로이드(Android) 391
안보국방외교 352
안재홍(安在鴻) 191
알-무타나비 92
알제리 434
알파고(AlphaGo) 372
암호화(encryption) 478
앙시앵 레짐(ancien régime) 190
애니미즘(animism) 150
애치슨(Dean G. Acheson) 244

찾아보기

애플 iOS 392
양분론(兩分論) 해석 365
양적 완화(quantitative easing) 354
어산지(Julian Assange) 452, 454
억압적 독재(repressive autocracy) 479
언각대(偃角代, Hadean Time) 400
언론-방송교수 27
에디슨(Thomas Edison) 181, 387
에볼라(Ebola) 479
에펠탑 115
엘리엇, T. S. 199
엘스버그(Daniel Ellsberg) 455
엥겔스(Friedrich Engels) 401
여성 시대 218
《여유당전서》(與猶堂全書) 191
여제(麗濟)동맹 335
여존남비(女尊男卑) 218
역내포괄적경제동반자협정(RCEP) 277
역성혁명(易姓革命) 194
역조의 벽 252
연결성 102
연대(年代, eras) 400
연성 권력(soft power) 234, 338
연세대 120
연역적 방법 184
연평도 포격 만행 275, 307
연화(軟貨, soft currency) 국가 354
열린 민주주의(open democracy) 479
열정(Leidenschaft) 81, 472
《열하일기》(熱河日記) 191
영·일 동맹 212
영혼창조설 137
오늘 밤 싸운다(Fight tonight) 315
오바마 236, 430
오바마 미 대통령 행정명령 318
오바마 정부 321, 335
오스만 제국 136
오스트리아 270
오에 겐자부로(大江健三郎) 230
오웰 324, 448
오일러 92
〈오적〉(五賊) 471
오프라인 물질세계 366
온라인 공개강좌 30
온라인 인공 영상세계 366
와트 92
완전한 민주주의 265
완충 지대 318
완충지대 전략 개념 319
왓슨(Watson) 371
왕(monarch) 468
왕국 138
왕권신수설(王權神授說) 136, 183, 188
왕정(kingdom, monarchy) 411
외벽(外壁) 308
《용비어천가》(龍飛御天歌) 200
우라늄 붕괴 기법(uranium decay technique) 427
우주(outer space) 443
우주 간 여행 기술 113
우주, 생명, 문명 기원의 시간표(A Timeline of the Universe, Life, and Civilization) 425
우주의 생성 426
우크라이나 288
우크라이나의 크림 반도 236
우호연합(Entente cordiale) 209
운양호(雲揚號) 사건 182, 213
울타리 둘러쌓기(hedging) 전략 347
워즈니악(Stephen Wozniak) 389
워커 미 8군 사령관 246
원격 디지털 저장 시스템(a remote digital storage system) 379

찾아보기

원세개(袁世凱) 214
원세훈 465
원인(原人, hominid) 426
원죄(original sin) 418
웨스트팔리아 조약 349
위로부터의 혁신 301
위만 조선(衛滿朝鮮) 310
위정척사(衛正斥邪) 211
위키리크스(WikiLeaks) 452
유고슬라비아 연방 441
유대교 목사(rabbi) 141
유대교 회당(synagogue) 141
유라시아 이니셔티브 307, 309, 340
유럽경제협력기구 348
유럽석탄철강공동체(ECSC) 242
유럽안보협력회의(CSCE) 243
유럽연합(EU) 229, 242
유목민(遊牧民, the Nomadic) 사회 400
유물변증법(dialectical materialism) 401
유물사관(materialistic interpretation of history, historical materialism) 401
유비쿼터스 223
유성룡(柳成龍) 203, 204
유신 독재체제 205, 260
유신론자 146
유아사망률 255
유엔 2014년 전자 정부 조사 보고서(United Nations E-Government Survey 2014) 394
유엔 및 유엔 산하 세계 경제관련 전문 · 독립 기구들 275
유엔발전기금(UNDP) 257
유엔 벵갈루루 법관행동준칙 464
유엔세계보건기구(WHO) 330
유엔세계여행기구 295
유엔식량농업기구(FAO) 331
유엔아동기금(UNICEF) 316, 331
유엔안보리 결의 1718호(2006년 10월 14일) 317
유엔 안보리 북한 제재 결의(2270호, 2321호) 322, 362
유엔인권고등판무관 294
유엔인권위원회 316
유엔 전자 정부 조사(United Nations E-Government 2014) 444
유연성(類緣性, affinity) 312
유인원(類人猿, Ramapithecus) 426
유인(誘引) 정책 340
유일사상체계 10대 원칙 323
유일수령이론 323, 326
유전자 치료(gene therapy) 369
유토피아(utopia)의 길 367
유형원(柳馨遠) 190, 196
육감칠정(六感七情) 26
윤리성(ethos) 482
은하계 426
음악교사 83
의병 활동 261
의회민주주의 188
이광호 192
이기적 유전자(the selfish gene) 153
이두(吏讀) 311
이라크-시리아 이슬람 국가(ISIS) 237, 445
이명박 정권 206, 264, 344
이분법(二分法) 173, 365
이상형(Idealtypus, ideal type) (과)학자 32
이상형 정치인 472
이성(logos) 482
이세돌 372
이수광(李睟光) 190
이스터 아일랜드(Easter Island) 276, 342
이슬람교 성원(聖院, mosque) 141
이슬람교 지도자(imam) 141
이승만 권위주의 독재 247, 280

찾아보기

이식(移植, implant) 370
이신론자 146
이이(李珥) 205
이익(李瀷) 191
이익 중심(interest-based) 협상전략 233
이테르븀(yb) 광격자 시계 426
이헤링 108
이황(李滉) 202
인간개발 이니셔티브(Oxford Poverty & Human Development Initiative) 165
인간개발 지수(The Humanity Index) 165
인간 개성의 3개 모델 84
인간-기계 통합(hybridization-evolution or human-machine integration) 373
인간 복제(human cloning) 371
인간의 오만 115
인간의 한계 115
인간적인 적(敵)(Einen ganz trivialen, allzu menshlichen Feind, a quite trivial and all-too-human enemy) 473
인간 정치조직체 138
인간 조직의 원형 468
인간지능(human intelligence, HI) 482
인공지능(artificial intelligence, AI) 368, 399, 482
인공 초지능(ASI, artificial superintelligence) 373
인권법(The 1964 Civil Rights Act) 430
인도 434
인류(homo sapiens) 426
인류문명사 424, 427
인류의 재앙 115
인물, 전자형 가상 375
인종차별(racial segregation) 430
인천국제공항 295
인천상륙작전 245, 278
인터넷 규약(the Internet Protocol Suite, TCP/IP) 389
일대일로(一帶一路) 280
일류대학 병 71
일반의지(volonté générale) 188
일본 227, 281
일본 자위대 229
일본헌법 262
일시적 군사한계선 228
일신교(monotheism) 132, 150
일인(一人), 일당(一黨) 세습독재 국가 272
일제 강점기 250, 261, 263
임금소득 불평등 252
임둔(臨屯) 310
임오군란 214
임진왜란(1592-98) 190, 202, 204
입(entrance) 북한 278
입장 중심(position-based) 대북 협상전략 232
입헌민주왕정(constitutional monarchy) 411
잉여가치(surplus value) 416, 483
잉여노동(surplus labor) 411, 416, 483
잉여생산품(surplus goods) 416
잉여식량(surplus food) 141, 416
잉여인간(surplus human) 368, 411, 416, 483

자국 중심 현실주의 237
자기공명 단층(MRI, magnetic resonance imaging) 촬영 369
자기도취 외세 혐오 증후군(narcissistic xenophobia syndrome) 342
자동 언어번역 소프트웨어(autonomous language translation software) 380
자비스(Jarvis) 375
자연법사상 184
자연인 365, 413, 423
자원외교 352
자유무역 184
자유무역이론 개발 186

찾아보기

자유민주주의 기적 207
자유진영의 종주국 347
자유항해 184
자율주행 차(driverless car) 380, 386
잡스(Steven Jobs) 389
장제스(蔣介石) 383
재균형(rebalance) 280
저렴한 노동비용(인건비) 361
적(賊, thief) 472
적(敵, enemy) 472
적극작위(積極作爲) 239, 280
적극적 자유(positive liberty) 447
적색 거성 113
전기뱀장어 137
전기시대 180
전기인간 179
전기형(型) 가상 인물 375
전도기 신석기 156
전두환, 노태우 신군부 정권 260
전략과 경제 대화(Strategic & Economic Dialogue) 234
전략적 인내 접근 316, 321
전자검경(electron microscopy) 388
전자 기업(e-Business) 101
전자 민주주의(e-democracy) 224
전자인간(homo electronicus) 132, 179, 365, 366, 423
전자인간 413
전자인간시대 217
전자인간시대의 새 정치현상 300
전자적분기와 계산기(ENIAC, Electronic Numerical Integrator and Calculator) 389
전자 정부 438
전자 정부 발전 지수(EGDI) 444
전자 정치(e-Politics) 101
전자 행정(e-Administration) 101
전자형 가상 인물 375
전자형 직접민주주의(digital or electronic direct democracy) 99, 224, 479
전쟁과 평화 개념 184
전쟁비용 > 평화비용 공식 297
전쟁 전 현상 유지(status quo ante antebellum) 247, 280
전 지구적 연결성(global connectivity) 477
전통사회(traditional society) 409
점진적 통합의 길 289
정권의 정당성(legitimacy) 305
정당한 전쟁 184
정묘·병자호란(1627, 1636) 190
정보통신기술(ICT)혁명 시대 258
정부 기밀문서 절도죄 453
정부 해체 185
정부형태 425
정약용(丁若鏞) 191, 195
정인보(鄭寅普) 191
정전협정 245
정전회담 246
정주영 362
정체성(integrity) 285
《정치》 420
정치 423, 431
정치가(statesman) 468
정치 가치(political values) 432
정치교수 27
정치 기계(Maschine) 288
정치망명 454
정치망명자 460
정치비용 361
정치적 동물(zoon politikon, a political animal) 382, 448, 468
정치적 자주 325
정치조직(political associations) 467

찾아보기

정치체제 425
정치학 425
제1의 물결(first wave) 409
제1차 세계대전 209
제1차 십자군 성전(聖戰) 135
제2의 물결(second wave) 410
제3의 물결(third wave) 410
제국(empire) 411
제국주의 시대 237
제이(John Jay) 188
제정 러시아 287
제퍼디(Jeopardy) 371
제퍼슨(Thomas Jefferson) 188
제한된 반격 전략(limited rollback policy) 279
제한 전쟁(limited war) 246
젤베거(Katharina Zellweger) 298
조국의 평화적 통일 272
조기교육 예산 73
조맹부 92
조선 노동당 7차 대회 362
조직화된 종교(organized religion) 156
족장체제(chiefdom) 411
종교의 기능 138, 145
종교적 밈(religious meme) 152
종교 틀 311
종군위안부 231
종신교수 42
종신교수 제도 44
종족(tribe) 411
주권국가(sovereign state) 349
주권재민(主權在民) 184
주권재왕(主權在王) 475
주인(master) 468
주자소 202
주체사상 323, 325, 326
주춧돌 개념 347
주한미군 179
죽의 장막 296
줄기세포(stem-cell) 371
중견(middle power) 국가 352, 355
중공군 245
중국 434
중국 꿈(中國夢)의 위대한 부흥(great rejuvenation) 280
중국의 대학교육 67
중국의 베트남 국경침공(1979년 2월) 339
중국의 실용주의 301
중국인민지원군 179, 245
중농(重農)학파 191
중동 국가 440
중립화 평화통일 270
중사군도(中沙群島, Macclesfield bank) 235
중상(重商)학파 191
중석기(中石器, Mesolithic) 400
중·소 국경분쟁(1969년 3월) 339
중화주의의 부활 231
지구온난화의 최전선 117
지구의 생명체 426
지구촌(global village) 개념 444
지능 봇(ASI-enhanced AI bots) 373
지동설(Copernican or heliocentric theory) 412
《지봉유설》(芝峰類說) 190
지상낙원 417
지속 발전 가능한 목표들(SDGs) 167
지속성(continuity) 285
지식의 나무(tree of knowledge of good and evil) 417, 418
지식인 85
지식인 귀족사회 52, 53
지옥에서 부른 노래 327
지적 희생 105, 106
지질학 400

찾아보기

지카(ZIKA)바이러스 478
직립인(homo erectus) 426
직업병(Berufskrankheit, occupational disease) 474
직접 민주주의 429
진번(眞番) 310
진보 94
진보의 시대 431
진보의 행진 263
집단 대량 학살 사건 134
집단안보 229
집현전(集賢殿) 311
《징비록》(懲毖錄) 203
찌꺼기-부스러기만 나눠 먹는 경제(share-the-scraps economy) 415

차세대 신형 핵무기 개발 358
차이콥스키 94
창살 없는 감옥 293, 324
창살 있는 감옥 293, 324
창조교육 72
창조설(creationism) 150
창조적 리더십 311
창조적 지성 132
채권자(채권국) 353
채무자(채무국) 353
책임감(Verantwortungsgefühl) 472
처칠(Winston S. Churchill) 88, 287, 297
척화비(斥和碑) 211
천동설(Ptolemaic or geocentric theory) 412
천명(天命)사상 136
천안함 사건 274, 307
천체물리학(astrophysics) 432
천황 절대주의 230
천황제 267
철기(Iron Age) 400
철의 실크로드 프로젝트 307, 309, 340
철의 장막 296
첫 인간(first human, homo sapiens) 426
첫 휴대폰(IBM Simon) 391
청동기(Bronze) 400
청일전쟁(清日戰爭) 214, 227, 335
체제생존 전략의 수단 360
초-국가(supra-state) 345
초(超)대량 학살 사건 134
초불확실성(hyper-uncertainty) 337
총성 없는 전쟁 282
최남선 201
최순실-박근혜 국정농단 사태 259, 464
추장국 138
추축국(Axis Powers, Triple Alliance) 209, 227, 210, 339, 439
출(exit) 북한 278
친미 스파이 음모론 245
친(親)의회주의 183
친통일지향적(unification-friendly) 외교 338

카자흐스탄 434
카지노 자본주의(casino capitalism) 354
카탈루냐 450
칸트(Immanuel Kant) 183, 193
칼리굴라(Caligula, Gaius Cladius Caesar Germanicus) 431
칼리다사 92
캄브리아기(Cambrian period) 400
캐나다 434
커밍스 279
컴퓨터 작동원리 풀이법(encryption) 480
케플러 62e · 62f 112
켄터키 420
코드전(Code War) 481
코르시카 450

찾아보기

코르타나(Cortana) 373
코엔(Jared Cohen) 375
코페르니쿠스 412
쿠바 320
쿠푸 피라미드 115
쿤(Thomas Kuhn) 412
퀘벡(Quebec) 450
크라우드 소싱 인터넷 시장(crowdsourcing internet market) 414
크로마뇽인(Cro-Magnon) 426
크리스퍼 유전자 가위-CRISPR-Cas9 367, 417
크림 반도 288, 351
크메르 루주(Khmer Rouge) 134
큰 목적(大義, Sache, cause) 472
클라우드(the cloud) 223, 379
클라우드 기반 데이터 저장(소)(cloud-based data storage) 478
클라인락(Leonard Kleinrock) 389
키신저(Henry Kissinger) 28
키플링 365
킹 88

타고르 365
탈나치(deNazization) 229
태영호 360
태프트-가쓰라 밀약(The Taft-Katsura Agreement) 213
터(site, s_1) 308, 442
테러 지원국 지정 320
토리(Tory) 476
토플러(Alvin Toffler) 409
톨스토이 93, 102
톰린슨(Ray Tomlinson) 389
톰슨(Joseph John Thomson) 388
통상외교 352
통일외교 352
통일정책과 전략의 기본 골간의 일관성(consistency) 285
통일 준비과정 257
통일준비위원회 284
통치(regieren) 99
투자개념 340
투치족(Tutsi) 135
투표권법(The Voting Rights Act) 430
튀르고(A. R. J. Turgot) 189
트럼프 431
트럼프 정부 282, 321, 342
트로츠키(Leon Trotsky) 383
트루먼 88, 246
트위터 223
특수창조설 137
틀(structure, s_2) 308, 442

파스테르나크 87
파스퇴르 92
파시스트 이탈리아 227
파시즘(Fascism) 383
판(stage, s_3) 308, 442
패러다임(paradigm) 84
페리(Commodore Matthew C. Perry) 212
페이스북 223
페퍼(Pepper) 373
펜타곤 공문서(The Pentagon Papers) 사건 455
평균수명 255
평화헌법(제9조) 281
폐기(disarmament) 357
포괄 핵실험 금지조약(Comprehensive Nuclear Test Ban Treaty, CTBT) 358
포스포린(phosphorene) 385
포위심성(包圍心性, siege mentality) 303
포템킨 마을(Potemkin village) 293
폭군 185

찾아보기

폭정(tyranny) 185, 429
푸틴(Vladimir Putin) 236, 288
푸틴 러시아 정권의 2016년 미 대통령 선거 개입 해킹 462
프랑스 대혁명 189
프랑켄슈타인 374
프로이센 208
프로이트 84
플라이스토세(洪積世, Pleistocene Epoch) 400
플라자 합의(The Plaza Accord) 350
플라톤 129, 420
플랑드르 450
플러스 섬(plus-sum) 새 게임 틀 238
플루토늄 357
피그스 만(灣) 사태(Bay of Pigs Incident) 320
피카소 88
피케티(Thomas Piketty) 402
핀란드의 교육 70
필터링(濾過, filtering) 480

하나의 지구 전자 마을(a global electronic village) 478
하나의 중국 정책 351
하라리 415
하마스(Hamas) 237
하버드대 119
"하얀 종이판"(tabula rasa/blank slate) 경험주의 교육이론 184
하와이 420
하이델베르크대학 119
학문적 폐경기 45
한강의 기적 207, 216, 247, 260
한국전쟁(1950-1953) 234, 243, 245, 430
한글(훈민정음) 311, 199
한(漢)나라 310
한·미 간 우주협력 315
한미상호방위조약(1954) 297, 346
한미안보협력회의(SCM) 314
한·미 억지전략위원회 315
한미연례안보협의회 314
한미연합사(USFK) 315
한미자유무역협정 346
한반도에너지개발기구(KEDO) 355
한반도 적화통일 246
한사군(漢四郡) 310
한일수호조규(병자수호조약) 182, 249
한정된 인공지능(ANI, artificial narrow intelligence) 373
한·중 군사협력 관계 314
한·중 자유무역협정(FTA) 276, 346
한·중 정상회담 276
함무라비 법전 428
함포외교 213
합리적 실험(das rationale Experiment) 130
합리주의자(rationalists) 189
합스부르크 왕가(Habsburg) 136
합헌군주주의 188
항미원조(抗美援朝) 245
항일 무력투쟁 261
항일연군 244
해거드(Stephan Haggard) 300
해밀턴(Alexander Hamilton) 188
해양세력(maritime powers) 240
해외 조세회피(Panama Papers) 408
핵과 대륙간 탄도미사일을 입은 고슴도치 341
핵탑재 가능 스커드-ER(사거리 1000km) 357
핵확산금지조약(NPT) 357
햇볕정책 270, 339
행복 지수(Better Life Index) 258
행태주의(behavioralism) 422
향가(鄕歌) 311
허균(許筠) 201

찾아보기

허난설헌 203
허세(허풍, 허영심, Eitelkeit, vanity) 473
허준 203
헌법재판소 225, 464
헌법 전문(前文) 262
헬름홀츠 108
헬싱키 합의(Helsinki Accords, Final Act) 243
혁명 전쟁(Revolutionary War) 430
현실주의(Realpolitik) 외교 215
현실주의적 접근 338
현실주의 정책(Realpolitik) 234
현현성(顯現性, manifestation) 312
호모 사피엔스 366, 423
호주 434
호킹(Stephen William Hawking) 425
홀림 105
홉스(Thomas Hobbes) 288
《홍길동전》(洪吉童傳) 201
홍대용(洪大容) 191
화살 쏘기 354
환대서양무역투자동반자(TTIP) 282
환율 전쟁 354
환태평양경제동반자기구(TPP) 277
황금 같은 실험실 435
황옌(黃巖, Scarborough Shoal) 235
황우석의 논문 조작 사건 82
황윤길 204
후삼국 분단기 233
후투족(Hutu) 135
흠이 있는 민주주의(flawed democracy) 267, 268
히틀러 88, 178, 287, 431
히포크라테스 97
힉스 보손(Higgs Boson) 432

양성철(梁性喆)

1939년 전남 곡성 출생. 서울대 정치학 학사, 미 하와이대 정치학 석사, 컬럼비아대와 미시간대 연수, 켄터키대에서 정치학 박사(Ph.D)학위 취득. 미국 동 켄터키대, 켄터키대, 인디애나대, 노스웨스턴대 등에서 강의. 켄터키대에서 종신교수로 재직 중 1986년 봄 학기 서울대 초빙교수로 귀국, 가을 학기부터 경희대 평화복지대학원 교수로 재직. 대학 재학 중 학보병 지원, 군복무(1960-62). 한국일보 기자(1963-65), 한국국제정치학회 회장(1993), 제15대 국회의원(1996-2000), 주미 대사(2000-2003), 고려대 석좌교수(2003-2008) 역임.

저서

《분단의 정치: 박정희와 김일성의 비교연구》. 한울, 1987.
《북한정치론》. 박영사, 1991.
《북한정치연구》. 박영사, 1993.
《한국정부론: 역대 정권 고위직 행정 엘리트 연구, 1948-1993》. 박영사, 1994.
《삶의 정치》. 서울프레스, 1997.
《물구나무 서기 정치》. 서울프레스, 1998.
《통일: 우리도 분단을 극복할 수 있다》. I, II권. 서울프레스, 1999.
《움: 민구의 작은 발견》. 현대시문학사, 2007.

공저 · 편저

양성철 · 박한식 편. 《북한기행》. 한울, 1986.
양성철 엮음. 《남북통일이론의 새로운 전개》. 경남대학교 극동문제연구소, 1989.
박성조 · 양성철. 《독일통일과 분단한국》. 경남대학교 극동문제연구소, 1991.
이용필 · 임혁백 · 양성철 · 신명순. 《남북한 통합론》. 인간사랑, 1992.
이도형 · 양성철. 《남북한 유엔시대의 새출발》. 자유평론사, 1992.
김운태 외. 《한국정치론》. 박영사, 1994.
양성철 · 강성학 편. 《북한외교정책》. 서울프레스, 1995.
양성철 · 이정복 외. 《한국의 정치》. 나남, 1996.
양성철 · 이용필. 《북한체제변화와 협상전략》. 박영사, 1996.
김갑길 · 양성철 외. 《남북한체제의 강고화(强固化)와 대결》. 소화, 1996.
한국정치외교사학회 편. 《한국현대정치사》. 집문당, 1997.
이정복 편. 《21세기 한국정치의 발전방향》. 서울대학교출판부, 2009.
양성철 · 이상근 편. 《김대중 외교: 비전과 유산》. 연세대학교 대학출판문화원, 2015.
구영록 · 길승흠 · 양성철. 《남북한의 평화구조》. 법문사, 1990.

영문 저서

Korea and Two Regimes: Kim Il Sung and Park Chung Hee. Schenkman, 1981.

Polemics and Foibles: Fragments on Korean Politics, Society and Beyond. Seoul Press, 1998.

The North and South Korean Political Systems: A Comparative Analysis. Hollym International Corp., 2001.

Revolution and Change: A Comparative Study of the April Revolution of 1960 and the May Military Coup d'état of 1961 in Korea. Korea University Press, 2015.

영문 공저 · 편저

Se-Jin Kim and Chang-Hyun Cho et al. *Government and Politics of Korea*. Silver Spring, Md. : Research Institute on Korean Affairs, 1972.

Se-Jin Kim and Chang-Hyun Cho et al. *Korea: A Divided Nation.* Silver Spring, Md. : Research Institute on Korean Affairs, 1972.

Andrew C. Nahm, ed. *The United States and Korea: American-Korean Relations, 1866-1976*. The Center for Korean Studies, Western Michigan University, 1979.

C. I. Eugene Kim, B. C. Koh, ed. *A Journey to North Korea: Personal Perceptions.* University of California Institute of East Asian Studies, 1983.

Chung-won Choue, ed. *Changing International Environment and Korean Peninsula.* Kyung Hee University, 1988.

Young Koo Cha and John Q. Blodgett et al. *The Korean Peninsula: Prospects for Arms Reduction under Global Détente.* Westview Press, 1990.

Sung Chul Yang, ed. *Democracy and Communism: Theory, Reality and the Future*. Korean Association of International Studies, 1995.

James Cotton, ed. *Politics and Policy in the New Korean State: From Roh Tae-woo to Kim Young-sam.* St. Martin's Press, 1995.

Sung-hum Kil and Chung-in Moon, ed. *Understanding Korean Politics: An Introduction.* Albany: State University of New York Press, 2001.

Kwak, Tae-hwan, Kim Chonghan, and Kim Hong Nack, eds. *Korean Reunification: New Perspectives and Approaches.* Institute for Far Eastern Studies, Kyungnam University, 1984.

학문과 정치

막스 베버와 21세기 전자인간시대

초판 발행 2017년 12월 15일
초판 2쇄 2018년 10월 17일

지은이 **양성철**
펴낸곳 **고려대학교출판문화원**
www.kupress.com
kupress@korea.ac.kr
02841 서울특별시 성북구 안암로 145
02-3290-4230, 4232
Fax 923-6311
찍은곳 한국컴퓨터인쇄정보

ISBN 978-89-7641-944-6 93340

값 45,000원
* 잘못 만들어진 책은 바꿔드립니다.